来麻烦，强迫读者吃压缩饼干，使他们消化不良，这简直就是罪过。因此，我在尽量精简各个流派学术成果的前提下，希望能够用精炼的文字把复杂的问题说清楚。

增订这样的专著，必须阅读大量的外文文献（英文、德文、法文、俄文、日文），同时需要查询海量的数据资源，这是非常困难的工作。不过，我一直热爱语言学流派的研究，并且懂得多种外文，也喜欢读外文专著，所以，尽管近年来我身患眼病，视力不济，困难重重，我始终没有在这些困难面前退却，仍然坚持阅读各种外文文献。“治史需读原著”，这是我一贯坚持的治学原则，今后我还要坚持这样的原则。

在增订本写作的过程中，浙江大学刘海涛教授给我提供了珍贵的资料，谨此致谢。

这个增订本增加了“莫斯科语义学派”、“语料库语言学”、“语言类型学”、“认知语言学”、“计算语言学”等新的章节，改写了“生成转换语法”、“配价语法”、“格语法和蒙塔鸠语法”、“心理语言学”、“社会语言学”、“数理语言学”等章的内容，并且增补了一些语言学家的照片。本书的附录提供了我自1961年以来的主要著作年表，以便读者查询。

本书的修订本出版后，深受读者欢迎，有的读者说，《现代语言学流派》这本书，把他们带进了现代语言学的科学殿堂，使他们的眼界大开，耳目一新。希望增订本的出版，能给读者带来更加丰富的现代语言学的信息，得到更多读者的喜爱。

冯志伟

2012年10月24日（重阳节）于杭州下沙

第一版前言

语言渗透到人类生活的各个领域，凡是与人类社会生活有关的一切活动，都不可能没有语言。特别是随着现代信息科学的兴起和发展，作为信息主要负荷体的语言，将会在人类社会生活中起着越来越大的作用。目前，语言学正在同各种现代科学技术相结合，把语言的信息处理技术变为一种社会生产力。这样语言学的研究，就不仅仅同精神文明的建设有着密切的关系，而且还同物质文明的建设有着越来越密切的关系；将会有越来越多的人来关心语言学，特别是现代语言学的问题。

20 世纪以来的现代语言学主要包括哪些流派？这些流派的基本理论和方法是什么？这些流派都有些什么样的著作？它们的代表人物是谁？……本书将深入浅出地给读者介绍这方面的知识。

1979 年到 1981 年间，我曾两次到法国格勒诺布尔理科医科大学（Université Scientifique, Technologique et Médicale de Grenoble, 简称 l'USTMG）进修，有机会直接接触许多在国内看不到的珍贵材料，亲自了解到现代语言学发展前沿的一些最新情况，这些都给本书的写作提供了极为有利的条件。

本书在写作过程中，曾参考过海内外时贤著作多种，在每章末均列出了主要的参考文献。在本书出版之际，谨向这些研究者深致谢意。

近年来，我国对于现代语言学的研究有了很大的进展，许多同志在这方面做了很好的工作，本书力图反映出他们工作的新成果，但由于水平有限，难免挂一漏万，敬希广大读者批评指正。

冯志伟

1984年5月1日于北京

修订本前言

本书在1987年出版后，海内外的反响比我原来预料的热烈，不久就销售一空。有不少读者写信给我要我帮他们买这本书，我只好把自己所存的留为纪念的样书都送给了他们。也有一些高等学校的语言学教师写信告诉我，学生们喜欢读这本书。还有些从事自然语言计算机处理的技术人员写信对我说，这本书使他们对现代语言学基本理论的发展有了初步的了解，对他们的研究工作很有用处。北京大学中文系朱德熙教授的博士研究生张敏（现在新加坡国立大学任教）在1989年写了个书评，题目为《〈现代语言学流派〉评介》（载《语文建设》杂志1989年第4期），认为“这是一本写得非常成功的著作”。我对阅读和喜爱这本书的读者们表示衷心的感谢。

本书第一版出版后，我就应邀到德国夫琅禾费研究院（Fraunhofer Gesellschaft，简称FhG）新信息技术与通讯系统研究所担任客座研究员，从事数据库的开发，于1988年回国；1990年至1993年又应邀到德国特里尔大学（Universität Trier）担任客座教授，讲授计算语言学和汉语语言学方面的问题；1996年我又被聘为德国康斯坦茨高等技术学院（Fachhochschule Konstanz）的国际术语学与应用语言学中心（Centrum für internationale Terminologie und angewandte Linguistik，简称CiTaL）的学术顾问。前后三次出国，在德国一共停留了将近五年的时间。在德国停留的这段时间，我看了几本国外新近出版的有关现代语言学的专著，搜集了不少新的材料，对于西方现代语言学的情况有了更多的了解。

最近，出版社的同志建议再版此书，我想，既然读者喜欢这本书，我本人也有新的材料，于是就欣然同意。在这个修订本中，又增加了“叶斯柏森的语言理论”“法兰西学派”和“配价语法”三章，对于其他章节，也做了一些修改和补充。希望读者对修订本提出宝贵的意见。

冯志伟

1998年3月1日于北京

《现代语言学流派》评介

张　敏

一

20世纪在语言学史上是一个令人振奋而又使人眼花缭乱的时代。一方面，索绪尔之后的现代语言学摆脱了古老传统的重负，几十年间异军突起，成就斐然，在西方人文科学中获得了“领先科学”的美称，留下了一笔丰厚的遗产；另一方面，近20年来不同的学术流派和新兴学科层见叠出，理论翻新极为迅速，让人目不暇接。人们在渴求了解、吸收现代语言学最新成果的同时，面对这种千头万绪的局面，极易感到茫然和困惑。

冯志伟先生的《现代语言学流派》（1987年7月第一版，以下简称《流派》）一书，正是切合当前我国关心现代语言学发展的读者的需要而撰写的一本专著。近年来我国学者在介绍引进国外语言学理论方面做了大量工作，然而比较通俗实用，能起到向导作用的入门书还不多见。已有的介绍性读物大多言之过简，而为数众多的译文专著对语言学的初学者和一般读者来说又失之过繁。《流派》一书可以说避免了这些缺陷。它在380页的篇幅里深入浅出地介绍了索绪尔的语言学说、布拉格学派、哥本哈根学派、美国描写语言学、法国功能语言学、英国伦敦学派、转换生成语法、格语法、蒙塔鸠语法、心理语言学、社会语言学、数理语言学，介绍了它们的基本理论和方法、代表人物及主要著作。这本书写得通俗易懂，立论又不失严谨；既提供了充足的信息，又不流于烦琐，可以说是一部可供“排疑解惑”的难得的入门书。

二

对学术流派的介绍不外以下三方面：1. 源流，2. 观点、方法，3. 评价。《流派》一书兼顾了这三个方面，但又有所偏重，总的来说是详于观点方法而略于源流评价。这本书不是一部语言学史，而是一部实用性的专论，所以它避开了一般史书容易陷入的流弊，即面面俱到、连篇累牍地探源溯流、评说是非，而把主要的笔墨花在如实地向读者勾勒出西方语言学流派的原貌之上。在对各学派的理论方法进行介绍时，做到了准确客观、清晰流畅、具体实用。这构成了《流派》一书最主要的特色。

1. 叙述准确、评价客观是这本书一个显而易见的优点。作者通晓数国外语，又曾在国外从事专门的研究工作，掌握了大量第一手材料，在介绍各流派的观点方法时力求一种自然科学式的严谨，甚至对一些细节的叙述都力求准确可信。例如，一般认为美国描写语言学在语言分析中完全排斥意义，《流派》在介绍其理论基础时不袭陈说，而是从对布龙菲尔德原著的引证中得出他对意义的理解和态度是模棱两可的结论，进而把布氏的后继者分成主张纯形式描写和主张研究意义的两派，然后引述了这两派的代表人物布洛克、弗里斯等人的言论，说明前者“在实际研究中不得不求助于意义”，后者“实际上仍以形式的研究为出发点”。最后点明，“注意形式描写”乃是它们真正的共同点。像这样细致、准确的介绍在全书中随处可见。

不尚空谈、不发宏论，而是在踏踏实实陈述事实的基础上稍作点评，力求公允，这也是《流派》的一大长处。书中见不到大段大段的褒贬文字，更见不到使人生厌的那种“戴高帽”“盖棺论定”的腔调。作者对每一流派学科都看到了其优势和独特的贡献，对其缺陷不足也做了分析，但更多地则是让读者从客观事实中得出自己的看法。

2. 在不大的篇幅里要对读者讲清现代语言学各学派的全貌及其精微奥博之处，确非易事，面对纷繁的材料，作者下了一番归纳整理的功夫，所以《流派》的叙述显得层次分明、脉络清晰，具有较强的可读性。比如，转换生成语法头绪较多、前后变化很大。《流派》以三个独立的章节分别介绍了其发展的三个阶段。每一章又分作多个小节，一层层分析了各个时期生成语法的背景、主要目标、方法、体系、成果以及作为转折契机的缺陷与不足，这样安排了一条非常清楚的线索，使读者很容易掌握其来龙去脉和思想发展。在“美国描写语言学”一章，作者的归纳更为精粹。这个学派在语言分析的方法和实践上留下了大量东西，不易讲清。作者在介绍了它的形成、代表人物和代表著作之后，详细分析了其行为主义理论基础。接下来从“方法”“步骤”“模型”三方面进行介绍。首先把描写语言学的基本方法归纳为以下四种：（1）替换分析法；（2）对比分析法；（3）分布分析法；（4）IC 分析法，分别做了具体的说明，并指出四种中以分布分析为最关键。然后介绍的是这一学派分析语言的过程、步骤。先介绍了海里斯的做法，即把分析分作从语音到形态直到关系的两个阶段四个步骤来进行，并指出除了这种从小到大的步骤之外，描写语言学还有一种从大到小的分析步骤，即层次分析的步骤。接着又介绍了语法描写的两个重要模型：IA 和 IP。最后余下一节，以法位学为代表简述了描写语言学后期的发展。通过作者的整理，这一学派理论方法的精髓要旨就清清楚楚地呈现在读者面前了。此外，为了帮助读者深入领会所介绍的内容，作者还在适当的地方点出了各种方法的实质，如“分布分析法是一种以寻找同类环境为原则的归类法”（P. 107），“IC 分析法可用上下文无关文法作其数学说明”（P. 210），等等。这些特点都使得这本书的介绍更完整更清楚，更适合初学者的需要。

3.《流派》的另一特色是叙述具体、编排实用。通观全书，我们发现作者特别注重对各流派具体方法的介绍，尤其注意所介绍方法的“可操作性”，每每列出详细的公式以及操作步骤，辅以实例进行解说。例如，介绍描写语言学的四种基本方法时，都是从弗里斯、格里森、海里斯等人的原著中摘取合适的实例，一步一步进行分析说明的。又如在“数理语言学”一章中，对代数语言学里的三种语言模型都详细地列出了其推导、分析过程。谈到“运用信息论方法研究语言”时，一般容易陷入高谈阔论，但作者在这里摒弃了浮泛之言，在短短五页的篇幅里介绍了一个俄语字母排列的随机试验，并列出了“熵 Ho”和“多余度 R”的计算公式，演示了其计算方法，最后还介绍了汉字熵的测定。这种对具体方法的实际演示在书中比比皆是，它远比蜻蜓点水、浮光掠影式的介绍要高明得多，对读者特别是从事汉语实际研究的同志的帮助和启发显然也大得多。

这本书在写法的详略、体例的编排上也处处体现了方便读者的实用原则。在篇幅上对各个流派不是均摊，而是以较大篇幅（108 页，约占全书三分之一）介绍了转换生成语法。这固然反映了作者在观念上对此学派地位的重视程度，但这样安排显然也考虑到了在我国读者中的实用价值。在西方，生成语法目前仍旧处于主导地位。正如 J. 莱昂斯所说："你可以接受或反对他的观点，但你不能忽视它。"对有志于语言学、特别是从事具体研究工作的人来说，不懂生成语法就几乎无法读懂近年来国外发表的语言学论文，甚至是汉语研究的论文，所以生成语法是相当重要的一课。自然《流派》对之着墨最多，写得也最为精彩。另外，这本书的编排体例也有较强的实用性。例如对源流的介绍尽管简单，却在其中详尽地开列各学派的代表著作，并附了原文书名，每章末尾附上了中外文参考文献，便于有兴趣的读者深入钻研。又如书后编制了名词索引和外国人名索引，更增加了本书的实用性。这虽属枝节问题，但国内学术著作大多没做到这一点。

除了以上特点之外，还值得一提的是，这本书往往能在老话题中讲出新东西来，书中有不少问题是国内语言学界从未介绍过或很少提及的。例如作者介绍了乔姆斯基的形式语言理论，从中我们不仅可以看出乔氏在计算机科学界的贡献和影响，更重要的是能加深对其语言学观点方法的领悟与认识。文科读者从其形式化的严谨表述方式中还能大开眼界，窥见现代学科发展趋势的一斑。《流派》对苏联东欧学者的语言集合论模型的介绍也很新颖，对我们颇有启发。此外在谈及法国语言学时还专门介绍了两个很有欧洲特色的语言理论：从属关系语法和心理机械论。这些新内容都为本书增添了独特的价值。

三

当然，这本书也存在不尽如人意之处。一般认为，广义的结构语言学是本世纪初至现今语言学发展的主流，这一点在《流派》的内容安排上得到了充分的体现。除引言和短短的第十二章“心理语言学和社会语言学”之外，其余各章，从索绪尔到乔姆斯基到数理语言学，都可归入这一范畴。对于近年来西方涌现出的五花八门的其他新兴学科学派，这本书未能详加介绍，不能不说是一个缺憾。另外，在介绍形式语言理论和代数语言学时，对一些较基本的概念如来自集合论的“自反”“分划”，未能充分照顾到文科读者的特点，事先做一番定义界说。这一点反而不如作者在另一本更专业化的著作中处理得好①。但总的来说，这不过是大醇小疵，《流派》确实是一本写得非常成功的著作，很值得向广大读者推荐。

（转载自《语文建设》1989 年第 4 期）

① 冯志伟：《数理语言学》，知识出版社，1985 年版。在这本书里作者用四分之一的篇幅为文科读者介绍了必备的离散数学知识。

目录

第一章　现代语言学的历史前奏

语言学是一门古老的学科，它已有很长的发展历史。为了弄清楚现代语言学的来龙去脉，我们首先简要地回顾一下在现代语言学产生以前，语言学经历了什么样的发展过程。

第一节　传统语言学

语言学有三个重要的传统：古印度传统，古希腊传统，阿拉伯传统。

为了传播和阅读古代印度的宗教颂歌《吠陀经》（Veda），古印度的语言学家们用经验的方法，对于梵语（Sanskrit）的语法做过相当精细的描述。著名语言学家巴尼尼（Pānini，生于公元前4世纪）的《梵语语法》，由3996条诗歌体的规则所组成。这些规则分成章节段落，讲解梵语的形态现象和语音现象。

古印度语法学家把词分为四类：静词、动词、介词、小品词。表示实体意义的词叫静词；表示动作的词叫动词；介词的功能是限制静词和动词的意义；小品词包括比较小品词、连接小品词以及诗歌中作形式成分的小品词。代词和副词不算独立的词类，分别归入静词和动词中。

古印度语法学家还研究构词法，他们把词分为词干和词尾两部分。词干是不变部分，词尾是变化部分。他们把静词分成七种变格形式，分别叫作第一格、第二格等。

古印度的语音学也很发达，提出了发音器官、发音部位、塞音、擦音、元音、半元音等语音学上的概念。他们把元音看作独立的语音成分，把辅音看作从属成分，因为没有辅音也可以构成音节。

由此可见，古印度语言学已达到了相当高的水平。

如果说古印度语言学是采用经验的方法来研究语言现象，那么，古希腊的语言学则是从哲学方面来研究语言问题，而且语言研究也主要是由哲学家来进行的。

词与物的关系是古希腊哲学家研究的主要问题之一。有的主张“**按性质**”（phúsei），即语言是出于天然的，是合乎逻辑的；有的主张“**按规定**”（thései），即语言是由人们规定的，它的结构有许多是不合逻辑的。这两派各持理据，互不相让，争论了几个世纪。

斯多噶学派（the Stoics）从理论的角度，确定了语法范畴，提出了格的名称。这些名称后来在希腊语和拉丁语语法中巩固了下来。

直到公元前2世纪，形成了亚历山大里亚学派（the Alexanderians），古希腊的学者们才开始从语言的角度出发，用批评的眼光来研究语言。他们研究语音学（phonetics），把语音分为元音和辅音，又从辅音中分出半元音，但他们的研究水平远远赶不上古代的印度人。他们研究词类（parts of speech）和形态学（morphology），把词分为八类：静词、动词、形动词[①]、代词、介词、副词、连词和成分词[②]。他们指出，静词有格和数的变化，动词有时态、人称和数的变化，动词可以分出五种式（直陈式、命令式、能愿式、从属式和不变式）、三种态（主动态、被动态和中动态）、三种数（单数、复数和双数）、三种人称（谁说话、对谁说、说及谁）、三种时（现在时、过去时和将来时）。

古罗马人对语言研究的贡献并不很大。瓦罗（M. T. Varro，公元前116—前27）把亚历山大里亚学派的语法体系运用于拉丁语，著成《拉丁语研究》（*De Lingua Latina*）一书，共24卷，是拉丁语法的专著。传统语法的术语便是用拉丁语形式书写的，至今，这些术语大部分还在通用着。

阿拉伯人自很早的时候起就研究哲学、天文学、数学、化学和医学，著作众多，水平很高，他们创造了世界文化史上灿烂辉煌的阿拉伯文化。阿拉伯语言学是阿拉伯文化的一部分，也达到了相当高的水平。

阿拉伯语有着丰富的词汇和严密的句法，阿拉伯学者们吸收了古印度语言学和古希腊语言学的经验，建立了阿拉伯语的语法体系。著名语言学家西巴维希（Sibawaihi）写出了第一部阿拉伯语的语法著作《书》（*Al-kitabu*），这部权威性著作的完整性和系

---

① 形动词是既有静词特点又有动词特点的词。

② 成分词是置于可以变格的静词前后的词。

统性，让后代学者惊讶不已，赞叹不止。

阿拉伯学者们明确地把字母和语音区别开来，指出了书写和发音的不一致。他们提出了阿拉伯语所特有的“**三辅音词根**”的概念，认为每个阿拉伯语的词都由三个辅音表示词汇意义，元音和其他辅音表示语法意义。例如，在下面阿拉伯语的单词中：

kataba（他从前写）

katabat（她从前写）

katib（著作家）

kitab（书）

这些单词的词根都是 **k-t-b**，中间分别插入 a-a-a、a-a-at、a-i、i-a 来表示不同的语法意义，**k-t-b** 就是“三辅音词根”。欧洲人后来懂得用“词根”（root）这一术语来表示一个词的中心部分，也是从阿拉伯语的语法学者那里学来的。

中世纪欧洲在语言学理论上停滞不前。这个时期，拉丁语成为科学上的通用语，只有掌握了拉丁语才能打开教会教育和世俗教育的通路，因此拉丁语成了语言学的主要研究对象。学者们特别强调“规范性”，认为“语法就是使说话说得好，写作写得好的技术”。

拉丁语在中世纪已是一种死的语言，主要用于书面交际，因此，这个时期的语音学的研究完全被忽视了，学者们研究的是书面的字母，而不是口说的语音。

由于学者们主要研究拉丁语法，他们便笼统地把拉丁语法看成是一种普遍语法。因此，当他们研究其他语言的时候，往往机械地把拉丁语法的规范硬套在这些语言上面，结果弄得削足适履。

17世纪，法国出现了一个唯理语法学派，其代表人物是法国波尔·洛瓦雅尔（Port-Royal）教派的安托尼·阿尔诺（A. Arnaud，1612—1694）和克洛德·朗斯诺（C. Lancelot，1615—1695）。1664年，他们出版了《普遍唯理语法》（*Grammaire Généraleet Raisonnée*）[①] 一书，用逻辑的方法来研究语法，力图找出“语言艺术的自然基础”和“适用于一切语言的一般原则”。

这种“**唯理语法**”是以法国哲学家笛卡尔（R. Descartes，1596—1650）对于良知和理性的理解为出发点的。他们认为，人类的心理、人类的概念是处处相同的，是不可变易的，语言是思想的表现，语言和思想之间有着内在的联系，因此，语法和逻辑之间也必然有着内在的联系，语法应该依赖于逻辑，逻辑的标准应该是确定语法现象正确性的标准。唯理主义哲学认为，语言是人类理性的产物，而人类的理性是共同的，因此，语言和语法也有共性，这种共性就是唯理主义的普遍语法。

15世纪由意大利兴起、16世纪逐渐发展到整个欧洲的文艺复兴运动，大大地促进了研究古典文学遗产的“语文学”（philology）工作的开展，地理上的新发现，殖民地扩张的开始，对新民族宣传基督教教义的要求，扩大了欧洲学者们的语言学视野，他们积累了大量的语言学素材。

西班牙学者赫尔伐士（L. Hervasy Panduro）于1800年出版了《语言目录》（*Catalogue de las Lenguas*）一书，共分六卷，包含

---

① A. Arnauld et C. Lancelot，Grammaire générale raisonnée，1660.

300 多种语言材料，这些材料不仅限于词汇，而且对某些语言（约 40 种）的语法也做了简短的说明。

德国语言学家阿德隆（J. C. Adelung）于 1806 年至 1817 年间出版了四卷本的《米特里达脱斯或普通语言学》（*Mitridates oder allgemeine Sprachenkunde*），援引了差不多 500 种语言的材料。

这些成果，都为语言的历史比较研究提供了有利的条件。

第二节　历史比较语言学

19 世纪初期的语言学曾受到三种因素的影响：历史主义观点在科学中的贯彻，浪漫主义思想的发展和欧洲学者对梵语的研究。

历史主义的观点是从哲学、社会学和法学中传入语言学的，语言学家们开始广泛地采用历史主义的原则来说明各种语言现象。浪漫主义的思想引起了学者们追溯语言过去的历史的兴趣，促进了对各种活语言的古代发展历史的研究。对梵语的研究不仅使欧洲学者们熟悉了古印度的语言，而且还促使他们开始把欧洲语言同梵语进行对比。

1786 年，在东印度公司任职的英国学者威廉·琼斯（William Jones，1746—1794），在印度加尔各答的亚洲学会上宣读了一篇论文，认为皮肤黝黑的古印度人使用的梵语同皮肤白皙的欧洲人使用的许多古代语言有着共同的来源。

图 1-1　威廉·琼斯

例如，希腊语、拉丁语和梵语的

“母亲”“二”“三”这三个词对应如下：

	母亲	二	三
希腊语	mētēr	duo	treis
拉丁语	māter	duo	trēs
梵语	mātā	dvāu	trayah

威廉·琼斯指出：无论多么古老，梵语的结构是最奇特的，它比希腊语更完备，比拉丁语更丰富，并且比这两种语言都更精美，可是它们无论在动词的词根方面，还是在语法的形式方面，都有很显著的相同点，这不可能是出于偶然的；事实上，这些相同点是这样的显著，使得研究这三种语言的语文学家，没有一个能不相信它们是出于共同的来源。印度与欧洲相距数千英里，古代印度人和古代欧洲人的肤色截然不同，但是他们讲的语言却有着共同的来源。这确实是人类历史上一个石破天惊的伟大发现！

1808 年，德国浪漫派诗人史勒格尔（F. Von Schlegel，1772—1829）发表了《论印度人的语言和智慧》（*über die Sprache und Weisheit der Indier*），进一步指出，梵语与欧洲许多语言的共同点不是出于偶然的。他提出了“**比较语法**”（comparative grammar）这个术语，并说：“比较语法将给我们以关于语言谱系的崭新的知识，正如比较解剖学曾给自然历史以光明一样。”①

图 1-2　史勒格尔

① F. Von Schlegel，über die Sprache und Weisheit der indier，1808：28.

威廉·琼斯和史勒格尔是历史比较语言学的先驱，但他们未能找出梵语和欧洲语言的语音对应规律，因此他们的研究还不能算是真正的历史比较语言学。

1816 年，德国语言学家葆朴（F. Bopp，1791—1867）出版了《论梵语动词变位系统，与希腊语、拉丁语、波斯语和日耳曼语相比较》（*über der Konjugationssystem der Sanskritsprache in Vergleichung mit jenem der griechischen, lateinischen, persischen und germanischen Sprache*）一书，他认为这几种语言都出于一种共同的原始语言，只不过梵语比其他语言保存有更多的原始形式。他以梵语的形式来解释拉丁语和希腊语的许多形式，找出了它们的动词变位系统的对应关系，获得了很大的成功。这本书被认为是历史比较语言学的奠基性著作，而葆朴也就成了历史比较语言学的第一个奠基人。

1818 年，丹麦语言学家拉斯克（R. K. Rask，1787—1832）发表了《古代北方语或冰岛语的起源研究》（*undersōgelse om det gamle Nordiske eller Islandske Sprogs Oprindelse*）。

图 1-3　葆朴

图 1-4　拉斯克

拉斯克指出，在语音方面，日耳曼诸语言的词和其他印欧语的词存在着有规律的形式对应关系。例如，凡是其他印欧语（如拉丁语）有 p 音的地方，日耳曼语（如英语）便有 f 音。试比较：

	父亲	脚	少
拉丁语	**p**aret	**p**ēs	**p**aucā
英　语	**f**ather	**f**oot	**f**ew

此外，拉斯克还看出了冰岛语与印度语和波斯语有一个较远的共同来源。

当时，丹麦科学院举行论文比赛，研究丹麦语的来源。拉斯克把他的书寄到哥本哈根去应征，获得了丹麦科学院的奖金。

1819 年，德国语言学家雅可布 · 格林（Jacob Grimm，1787—1863）① 出版了《德语语法》（*Deutsche Grammatik*）一书（此书实际上是研究日耳曼语发展史的），在 1822 年《德语语法》修订版《论字母》一节中，提出了“**格林定律**”（Grimm's law）。

图 1-5　雅可布 · 格林

雅可布 · 格林认为，日耳曼语（哥特语）与其他印欧语言（拉丁语、希腊语、梵语）之间，存在着如下的语音对应规律：

① 雅可布 · 格林也是《格林童话》的作者之一。一些语言学著作中把 J. Grimm 翻译为“格里木”，极易导致读者误以为“格林”和“格里木”是两个不同的人，为了避免这样的误解，本书把 J. Grimm 翻译为“格林”。

1. 日耳曼语中的 f 对应于其他印欧语中的 p；

2. 日耳曼语中的 p 对应于其他印欧语中的 b；

3. 日耳曼语中的 θ 对应于其他印欧语中的 t；

4. 日耳曼语中的 t 对应于其他印欧语中的 d；

等等。

现将日耳曼语中的哥特语与拉丁语、希腊语、梵语的语音对应规律列表比较如下（表 1-1）：

表 1-1　格林定律

哥特语	f	p	b	θ	t	d	h	k	g
拉丁语	p	b	f	t	d	t	c	g	h
希腊语	p	b	ph	t	d	th	k	g	kh
梵语	p	b	bh	t	d	dh	š	J	h

例如，哥特语的 **f**ótus（脚）对应于希腊语的 **p**oús（脚），其中，哥特语的唇齿音 f 对应于希腊语的双唇音 p。

这样的对应规律，拉斯克早在 1818 年就已经发现了，雅可布·格林把这些规律系统化，并且进一步提出了“音变”（Lautverschiebung）的理论来解释语音对应规律。这是雅可布·格林对历史比较语言学的一个重要贡献。

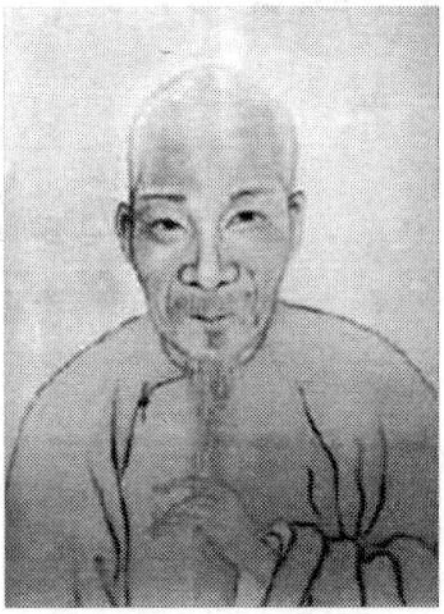

图 1-6　钱大昕

我国学者钱大昕（1728—1804）在《潜研堂文集·卷十五·答问第十二》中说，“凡今人所谓轻唇者，汉魏以前，皆读重唇，知轻唇之非古矣。”他在《十驾斋养心录·卷五·古无轻唇音》中又强调：**“凡轻唇之音古读皆为重唇”**，并论证了上古汉语双唇爆破音在后世演变为唇齿摩擦音的规律，说明了上古汉语中没有“轻唇音”①。

例如，在上古汉语中，“伏羲”即“庖羲”（轻唇音“伏”读为重唇音“庖”），“扶服”即“匍匐”（轻唇音“扶”读为重唇音“匍”）。

钱大昕发现的“古无轻唇音”的规律类似于格林定律中的拉丁语、希腊语和梵语的 p 对应于哥特语的 f 的规律，p 是双唇爆破音（也就是重唇音），f 是唇齿摩擦音（也就是轻唇音）。

《十驾斋养心录》自序于清朝嘉庆四年，相当于公元 1799 年，也就是 18 世纪行将结束的最后一年，可见，钱大昕的发现比丹麦语言学家拉斯克 1818 年发现印欧语的 p 对应于日耳曼语的 f 早了 19 年，比德国语言学家雅可布·格林 1822 年提出“格林定律”早了 23 年。这是我国学者对于世界语言学的重大贡献。

1833 年，德国语言学家波特（A. P. Pott，1802—1887）发表了《词源探讨》（*Etymological Investigations*）一书。书中指出，某个语言形式的词源，就是这个语言形式的历史；要得到某个语言形式的词源，不仅必须找到它在该语言里较古的形式，而且还要找到它在各亲属语言里的形式，因为它们都是同一母语形式的变体。例如，要说明英语单词 mother（母亲）的词源，首先要找到 9 世纪古英语的形式 mōdor，然后还要找到它与古北欧语 mōðer、古弗里斯兰语 mōder、古撒克逊语 mōdar 等日耳曼语言的亲属关系，

① 钱大昕所说的“轻唇音”也就是“唇齿摩擦音”。

并构拟出古日耳曼语的原始形式＊mōder①；最后，再把这个古日耳曼语的原始形式同梵语 mātā、阿维斯达语（古伊朗语）mātā、古亚美尼亚语 māir、古希腊语 méter、拉丁语 māter、古爱尔兰语 māthir、古保加利亚语 māti 相比较，找出它们的亲属关系，最后根据这样的对比，构拟出这个词的原始印欧语形式＊mātēr。波特为历史比较语言学提出了系统的方法。

从 1816 年到 1833 年短短的 17 年之内，历史比较语言学的理论和方法都有了长足的进步，为其之后的发展奠定了坚实的基础。

德国语言学家施来赫尔（A. Schleicher，1821—1868）总结了前人的成果，致力于古印欧语的重建。

图 1-7　施来赫尔

施来赫尔认为，语言同其他自然现象一样受着相同的功能规律和发展规律的支配，因此可以把自然科学中所制定的精确方法应用于语言发展过程和分类的研究。他在 1861—1862 年出版的《印度日耳曼语比较语法纲要》（*Kompendium der Vergleichenden Grammatik der indogermanischen Sprachen*）一书中，根据已经发现的规律来重建原始印欧语，并追溯出它在每一分支中的发展。他把自己对各种语言相互关系的研究成果和它们先后形成的过程绘成了印欧系语言发展的**谱系树**（Stammbaum）。施来赫尔在《印

① 在原始形式之前加一星号＊，以示区别。

度日耳曼语比较语法纲要》一书中绘出的谱系树如下（图 1-8）：

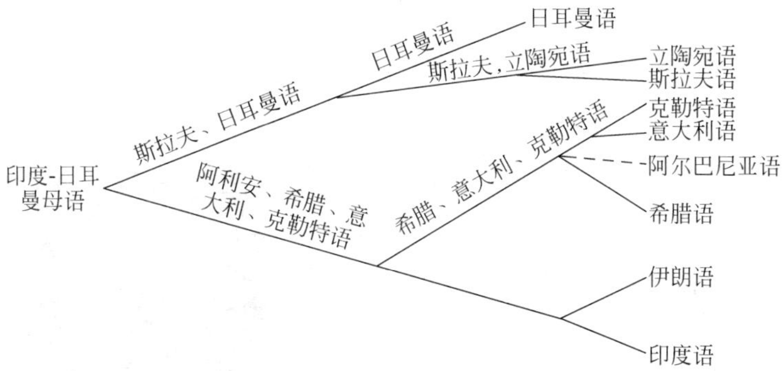

图 1-8　谱系树

19 世纪 70 年代，德国语言学家勃鲁格曼（K. Brugmann，1849—1919）、奥斯托霍夫（H. Osthoff，1842—1907）、雷斯琴（A. Leskien，1840—1916）、德尔布吕克（M. Delbrück，1842—1922）、保罗（H. Paul，1846—1921）成立了“新语法学派”（Neugrammarians）。当时的学术权威看不起他们，认为他们都是一些初出茅庐、不见经传的无名之辈，把“新语法学派”讽刺地称为“**青年语法学派**”（Junggrammatiker），他们也就顺水推舟，把自己叫作“青年语法学派”。

他们把语言变化的规律归纳为两条极其重要的原则：

1. 语音规律不容许有例外：一切语音的变化都是缓慢的、自发的、依照自然的盲目需要而进行的，它们都是语言变化中的生理因素引起的结果。因此，语音规律就跟物理学的定律一样，不容许有任何的例外。

2. 由类推作用构成新形式：所谓类推作用，就是以语言中某些词和形式为标准，另一些词和形式向它们看齐，从而构成新的词或新的形式。

青年语法学派的这些研究，进一步深化了历史比较语言学的理论，把历史比较语言学向前推进了一大步。

然而，历史比较语言学家们对于他们的成绩太乐观了，以至于保罗在1870年公然宣称：只有研究语言历史的语言学才是科学，其他的研究都不是科学。他傲慢地把其他方面的语言学研究一律排斥在科学的大门之外。这种唯我独尊的态度必然会阻碍语言学的进一步发展。

图1-9　保罗

于是，在语言学界掀起了一场新的革命，这场革命的主将是著名的瑞士语言学家索绪尔（F. De Saussure，1857—1913）。从索绪尔开始，语言学便进入了现代语言学的新阶段。

第三节　洪堡特的语言学理论

德国学者威廉·冯·洪堡特（Karl Wilhelm von Humboldt，1767—1835）早年从政，35岁起出使了罗马、维也纳、伦敦。1814—1817年间，他以普鲁士内阁大臣身份两次出席巴黎和会，是一位外交家。在国内事务方面，威廉·冯·洪堡特曾担任普鲁士内政部文教署长，在短短一年的任期内，他进行了教育改革，于1810年创建了柏林大学，以完美人性的培育为办学宗旨，以教学与科研并重为立校之本，聘请一流学者任教使柏林大学成为后来欧洲各国大学教育效法的范式。1819年，威廉·冯·洪堡特出任普鲁士日常事务部长，因主张革新宪政、保障公民权益而遭到保守派的围攻，于是他退隐归乡，与书为伴，潜心治学，成为遐迩闻名的学者。

威廉·冯·洪堡特在古典文学、文艺美学、伦理学、政治学、法学、历史等方面都有很高的成就。他在这些领域留下的著作总量远远超过了他的语言学著作。

图1-10　威廉·冯·洪堡特

威廉·冯·洪堡特对于语言研究有浓厚的兴趣。他在28岁时（1795）的《论思维和说话》一文中，就显露出他对于语言研究的兴趣。

1799年，威廉·冯·洪堡特与他弟弟亚历山大·冯·洪堡特（Alexander von Humboldt）分道奔赴异国，开拓他们各自的学术领域的疆土：亚历山大·冯·洪堡特去了美洲，五年后满载地理、物理、生物、气象诸学科的成果而归；而威廉·冯·洪堡特去了比利牛斯山区，考察巴斯克民族及其语言状况。两年后，他又再度前往该地区，写出了长篇学术游记《巴斯克人》，其中述及巴斯克语的语法和词汇。威廉·冯·洪堡特的这项考察，属于“田野调查”，是一项基础性的语言学研究工作。

威廉·冯·洪堡特还试图创立一门“普通语言学”，对人类语言的生存环境、内部构造、相互关系等进行总体性的理论研究。

在《普通语言学论纲》一文中，他就如何建立这门学科提出了一些设想：一方面，要构筑一个理论框架，以求把握人类语言的总体特征和根本属性；另一方面，要探察各种民族语言的特殊性，尽可能穷尽所有的差异。他认为，对于生涯有限的研究者个人来说，这两个方面的研究势必会起冲突，不易两相兼顾，放眼宏观会失之粗泛，深究细节则有可能错过全体。威廉·冯·洪堡特说："飘浮在山顶的云朵，只有从远处眺望才有确定的形状，而一旦我们走进其中，便化为一片灰蒙的雾气；与此相仿，各种语言的作用和特性虽然整体说来可以清晰地认识，可是一旦我们着手考察与其特性有关的具体细节，我们的对象便仿佛会从手中溜脱。"在处理全世界语言的共同性与不同民族语言的特殊性这个问题的时候，我们常常会有"不识庐山真面目，只缘身在此山中"的感受，威廉·冯·洪堡特一语道破了这样的感受。

威廉·冯·洪堡特的语言学著作除了《论人类语言结构的差异及其对人类精神发展的影响》①（1830—1835）这部影响深远的巨著之外，还有如下的著作：

1.《论思维和说话》（1795 年前后）

2.《普通语言学基础论纲》（1810—1811）

3.《论与语言发展的不同时期有关的比较语言研究》（1820）

4.《论不同语言的性质及其对文学和精神教养的影响》（1821）

5.《论语法形式的产生及其对观念发展的影响》（1822）

---

① 洪堡特，《论人类语言结构的差异及其对人类精神发展的影响》（姚小平译），商务印书馆，1999 年。

6.《论语言的民族性》（1823 年前后，今存残篇）

7.《论拼音文字及其与语言结构的联系》（1824）

8.《普遍语言形式的基本特征》（1825 年前后）

9.《论汉语的语法结构》（1826）

10.《致阿贝尔·雷慕沙：论语法形式的通性以及汉语精神的特性》（1826）

11.《论双数》（1827）

12.《论南太平洋诸岛屿上的语言》（1828）

13.《论确认东方语言亲属关系的最佳手段》（1828）

14.《论某些语言中方位副词与代词的联系》（1829）

15.《论人类语言结构的差异》（1827—1829）

这些著作大都着眼于语言的历史比较和类型比较，我们这里不做详细的说明，而主要介绍威廉·冯·洪堡特在语言理论方面的研究。

威廉·冯·洪堡特对语言理论的最主要的贡献是：

第一，**他探讨了语言的本质和功能、语言与思维的关系、语言的文化内涵等具有普遍意义的理论问题，为现代语言学思想奠定了基础。**他未竟之作《论爪哇岛上的卡维语》（*über die Kawisprache auf der Insel Jawa*）的导论《论人类语言结构的差异及其对人类精神发展的影响》（*über die Verschiedenheit des menschlichen Sprachbaues und ihren Einfluss auf die geistige Entwicklung des Menschengeschlechts*），是第一部关于普通语言学的著作，被后人誉为“语言哲学的教科书”。

第二，**他认为“语言绝不是产品（Ergon），而是一种创造活**

动（Energeia）”①。他说：“我们不能把语言视为一种僵死的制成品（Erzeugtes），而必须在更大的程度上将它看作一种创造过程（Erzeugung）”。语言能力是人类大脑功能的重要组成部分，正因为语言是大脑的一种能力，说话人才能运用有限的语言手段创造出无限的语言行为。

第三，**他认为一个民族的语言和思维是不可分割的**。他声称“一个民族的语言就是它们的精神，一个民族的精神就是它们的语言”，语言的不同，对于客观世界的理解和解释也不同。

第四，**他根据语音、语法和词汇上的相似性，把世界的语言区分为孤立语（isolating languages）、黏着语（agglutinative languages）和屈折语（inflectional languages）三种类型**。他认为，汉语是典型的孤立语，梵语是典型的屈折语，包括黏着语在内的其他语言则处于这两种极端类型之间。

威廉·冯·洪堡特的这些理论贡献，使他成为普通语言学当之无愧的奠基人。

本章参考文献

1. R. H. Robins，A Short History of Linguistics，1967.
2. J. Lyons，Introduction to Theoretical Linguistics，1977.
3. 威廉·冯·洪堡特著，姚小平译，《洪堡特语言哲学文集》，商务印书馆，2011年。

① Ergon 和 Energeia 都是希腊语的单词，洪堡德用它们来强调“产品”和“创造活动”的差别。

4. 安托尼·阿尔诺，克洛德·朗斯诺著，张学斌，柳丽译，姚小平校，《普遍语法理论》，商务印书馆，2011 年。

5. 岑麒祥，《语言学史概要》，科学出版社，1964 年。

6. 胡明扬，《波尔·罗瓦雅尔语法》简介，《国外语言学》，1980 年，第 3 期，第 29—34/38 页。

7. 姚小平，洪堡尔特语言理论的历史背景，《外语教学与研究》，1987 年，第 3 期。

第二章　索绪尔的语言学说

瑞士语言学家费迪南·德·索绪尔（Ferdinand de Saussure）是现代语言学的奠基人。索绪尔提出的语言学说，是语言学史上哥白尼式的革命，对于现代语言学的发展有着深远的意义。现代语言学的流派各有不同，但不论哪一个流派，都直接或间接地受到了索绪尔语言学说的影响。本章中，我们将介绍索绪尔的生平及其名著《普通语言学教程》的主要论点。

第一节　索绪尔的生平

索绪尔于1857年生于瑞士日内瓦。他的祖先原来是法国人，但早已入了瑞士籍。

他的父亲是一位自然科学家，在瑞士颇有名气。早在中学时期，索绪尔就在日内瓦市立图书馆读到了葆朴等语言学家的著作，对语言学产生了兴趣。但是，1875年中学毕业后，他却按照父母的愿望，进日内瓦大学学习物理和化学专业。

然而，语言学仍然深深地吸引着他。一年之后，他下决心离开日内瓦，转学到德国莱比锡大学专攻语言学。

在大学期间，他与青年语法学派的勃鲁格曼、奥斯托霍夫、德尔布吕克和保罗交往甚密，共同从事印欧系语言的历史比较研究工作。1879 年转学到柏林大学，同年发表了《论印欧系语言元音的原始系统》（Mémoire sur le Système primitive des voyelles dans les langues indoeuropéennes）一文，在理论上解决了印欧系语言元音原始系统中的一个疑难问题。这时他才 22 岁，才华初露，引起了欧洲语言学界的注意。

1880 年索绪尔再回莱比锡大学考取了博士学位，完成了博士论文《论梵语绝对属格的用法》（De l' imploi du génitif absolu en sanscrit）。

1881 年至 1891 年在法国巴黎高等研究学院任教，讲授日耳曼语比较语法、拉丁语希腊语比较语法、立陶宛语等课程，同时还兼任巴黎语言学会秘书，培养了梅耶（A. Meillet）、格拉蒙（M. Grammont）等语言学家，建立了法兰西学派。

1891 年冬，索绪尔回到瑞士担任日内瓦大学教授。

1892 年起每年开设梵文课程。

1892 年讲希腊语与拉丁语语音学、印欧系语言的动词。

1893 年讲希腊语与拉丁语词源学研究、希腊语动词。

1894 年讲古希腊碑文选读、希腊语名词的性数格变化研究。

1895 年讲波斯诸王碑文、希腊方言与古希腊碑文、荷马史诗的词源与语法研究。

1896—1903 年讲希腊文学作品中的方言。

1902—1903 年同时还讲欧洲地理语言学。

1904—1905 年讲英语与德语的历史语法。

1906 年讲日耳曼历史语言学、古英语、古高地德语。

1906 年开始讲普通语言学，1906—1907 年、1908—1909 年、1910—1911 年连续讲了三个教程。

图 2-1　索绪尔

索绪尔在开设普通语言学这门课之前，已经把整个印欧系主要语言（梵语、波斯语、希腊语、拉丁语、古日耳曼语、古高地德语、古英语）都教了一遍或几遍。他深知历史比较语言学的缺陷，所以他决心摆脱 19 世纪的历史比较语言学，走一条新的道路。他在普通语言学课程中，提出了现代语言学的基本观点。

但是，索绪尔严谨的治学态度使得他下不了决心把他的教程写成书籍或讲义。他需要长时间的潜心思考，以便概括出一个较好的语言学系统。他不满意自己已经提出的理论，总是力图不断地修正自己的理论，因此，一直到他生命的终止，始终没有把他的教程写成一部书。索绪尔于 1913 年死于喉癌。

他死后，他的学生巴利（C. Bally）、薛施蔼（A. Sechehaye）、里德林格（A. Riedlinger）合作，根据同学们的笔记和索绪尔本人的札记进行整理组合，编成《普通语言学教程》（*Cours de linguistique générale*）一书，1916 年在瑞士的洛桑出第一版，1922 年在法国的巴黎出第二版，其后还连续出了第三版、第四版，1949 年出了第五版。世界上各种重要的语言差不多都有这个《普通语言学教程》的译本。

1957 年，巴利的学生、瑞士语言学家哥德尔（R. Godel）出版了《索绪尔普通语言学教程稿本溯源》（*Les Sources manuscrites du Cours de linguistique générale*），把巴利和薛施蔼未曾看到的康士坦丁（E. Constantin）听第三次讲课的笔记整理后，登载于《索绪尔研究集刊》（*Cahier Ferdinand de Saussure*）第十六期上。

1967 年起，由瑞士语言学家恩格勒（R. Engler）评注的《索绪尔普通语言学教程恩格勒评注本》（*Cours de linguistique générale, Édition critique par R. Engler*）法文本开始出版，共分四个分册分别出版。

1972 年出了由意大利语言学家莫罗（Tullio De Mauro）详细评注的法文新一版出版，叫作《索绪尔普通语言学教程莫罗评注本》（*Cours de linguistique générale, Édition critique par Tullio De Mauro*）。

1993 年，根据康士坦丁听第三次讲课的笔记整理而成的《第三次普通语言学教程》（*Troisième Cours de linguistique générale*）的法文本，由日本学者小松荣介（Eisuke Komatsu）编辑，并于同年由日本学习院大学（Université Gakushuin）在东京（Tokyo）出版；该书中译本由屠友祥翻译，于 2002 年由上海人民出版社出版。

索绪尔的语言理论产生于风云变幻的 19 世纪末 20 世纪初。它的产生并非偶然，与当时的社会科学思潮特别是与社会学、心理学、语言学的发展有密切的联系。

当时社会科学正处于转型的关口，两大哲学流派——“德国唯心主义哲学”和“经验实证主义”都把社会看成一种结果，一种第二性的、派生的现象，而不是第一性的、实质的东西。基于这样的认识，关于社会的研究无法成为科学。而法国著名社会学家涂尔干（Emile Durkheim）、奥地利心理学家弗洛伊德（Sigmund Freud）通过他们各自的研究发现：对于个人来说，社会不仅是个人行为的总和，也不仅是精神的偶然表现，而是一个实体，并且是第一性的实体。因此，社会科学研究的不是孤立的社会事实本身，而是社会事实和社会意义的结合，要把社会事实放在整个社会框架中去探求它们的功能。他们的这种新理论使社会科学向科学性迈出了关键的一步。

索绪尔的语言学理论，正是在这样的背景下产生的。

第二节　《普通语言学教程》的主要内容

《普通语言学教程》是索绪尔最重要的也是唯一的一本著作。我们要研究索绪尔的语言学说，必须把它作为首要的根据；同时，我们也要参照《索绪尔普通语言学教程稿本溯源》《索绪尔普通语言学教程恩格勒评注本》《索绪尔普通语言学教程莫罗评注本》和《第三次普通语言学教程》等其他的版本。本书的介绍主要依据《普通语言学教程》。

《普通语言学教程》除绪论外，共分为五编：

（一）一般原则

（二）共时语言学

（三）历时语言学

（四）地理语言学

（五）回顾语言学的问题 结论

“绪论”简单地叙述了语言学的历史，语言学的材料和任务，语言学和毗邻科学的关系，语言学的对象，语言的内部要素和外部要素，文字以及音位学等。

“一般原则”部分主要讲语言符号的性质，符号的不变性和可变性，静态语言学和演化语言学。

“共时语言学”部分讲语言的具体实体，同一性、现实性和价值，语言的价值，句段关系和联想关系，语言的机构，语法及其区分，抽象实体在语法中的作用。

“历时语言学”部分讲语音变化、语音演化在语法上的后果，类比作用，类比和演化，流俗词源，黏合作用，历时的单位，同一性和现实性。

“地理语言学”部分讲关于语言的差异，地理差异的复杂性，地理差异的原因，语言波浪的传播。

“回顾语言学的问题”讲历时语言学的两种展望，最古的语言和原始型语言重建，人类学和史前史中的语言证据，语系和语言的类型。

由此可见，这本书的内容是很广泛的。下面我们着重介绍书中的几个独特的观点。

1. 言语活动、言语和语言

索绪尔认为，要在整个言语活动（langage）中找出与语言（langue）相当的部分，必须仔细考察可以把言语（parole）循环重建出来的个人行为。

这种行为至少要有两个人参加：这是使循环完整的最低限度的人数。所以，假设有甲乙两个人在交谈（图2-2）：

图2-2　两个人在交谈

循环的出发点是在对话者之一例如甲的脑子里，在这里，被称为概念（concept，用字母 c 表示）的意识事实是跟用来表达它们的语言符号的表象或音响形象（image，用字母 i 表示）联结在一起的。假设某一个概念在脑子里引起一个相应的音响形象，这完全是一个心理现象。

接着是一个生理过程：脑子把一个与音响形象有相互关系的冲动传递给发音器官，然后把声波从甲的口里送到乙的耳朵里：这是纯粹的物理过程。随后，循环在乙方以相反的程序继续着：从耳朵到脑子，这是音响形象在生理上的传递；在脑子里，是形象和相应的概念在心理上的联结[①]。如果轮到乙方说话，新的行为就继续下去——从他的脑子到甲方的脑子——进程跟前一个完全相同，连续经过同一些阶段，可以图示如下（图2-3）：

---

① 德·索绪尔对于心理现象的分析，一般采用了德国赫尔巴特（Herbart）联想心理学的术语和概念，这使他和新语法学派很接近。试参看德尔勃吕克的《语言学的基本问题》和保罗的《语言史原理》。——中译本校注

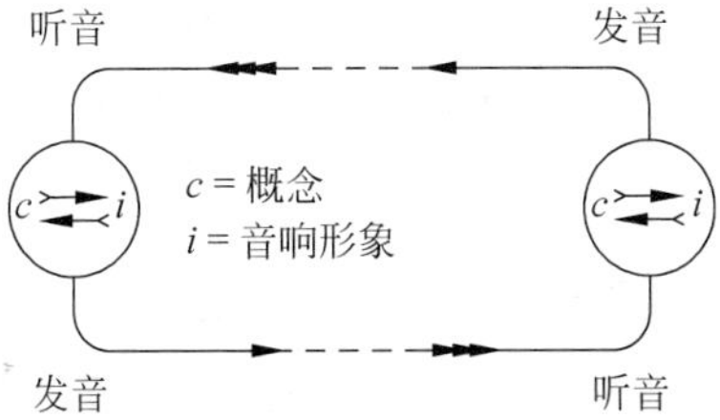

图 2-3　交谈跨着物理、生理和心理等领域

这种分析当然不是很完备的；我们还可以区分出：纯粹的音响感觉，音响感觉和潜在的音响形象的合一，发音的肌动形象，等等。我们考虑的只是大家认为是主要的要素；但是上图已能使我们把物理部分（声波）同生理部分（发音和听音）和心理部分（词语形象和概念）区别开来。重要的是不要把词语形象和声音本身混为一谈，它和跟它联结在一起的概念都是心理现象。

上述循环还可以分为：

（1）外面部分（声音从口到耳的振动）和包括其余一切的里面部分；

（2）心理部分和非心理部分，后者既包括由发音器官发出声音的生理事实，也包括个人以外的物理事实；

（3）主动部分和被动部分：凡从说话者的联想中枢到听者的耳朵的一切都属主动部分，凡从听者的耳朵到他的联想中枢的一切都属被动部分；

最后，在脑子里的心理部分中，凡属主动的一切（c→i）都可以称为执行的部分，凡属被动的一切（i→c）都可以称为接受的部分。

此外，我们还要加上一个联合和配置的机能。只要不是孤立的符号，到处都可以看到这个机能；它在作为系统的语言的组织中起着最大的作用。

索绪尔认为，要彻底了解这种作用，我们必须离开个人行为，走向社会事实，因为个人行为只是言语活动的胚胎。

在由言语活动联系起来的每个个人当中，会建立起一种平均数：每个人都在复制（当然不是很确切地，而只是近似地）与相同的概念结合在一起的相同的符号。

这种社会的进化是怎么来的呢？上述循环中的哪一部分可能是跟它有关的呢？因为很可能不是任何部分都同样在里面起作用的。

我们首先可以把物理部分撇开。当我们听到人家说一种我们不懂的语言的时候，我们的确听到一些声音，但是由于我们不了解，我们仍然是在社会事实之外。

心理部分也不是全部起作用的：执行的一方是没有关系的，因为执行永远不是由集体，而是由个人进行的。个人永远是它的主人；我们管它叫言语。

由于接受机能和配置机能的运用，在说话者当中形成了一些大家都觉得是相同的印迹。索绪尔提出：我们究竟应该怎样去设想这种社会产物，才能使语言看来是完全跟其他一切分立的呢？

如果我们能够全部掌握储存在每个人脑子里的词语形象，也许会接触到构成语言的社会纽带。这是通过言语实践存放在某一社会集团全体成员中的宝库，一个潜在地存在每一个人的脑子里，或者说得更确切些，潜在地存在一群人的脑子里的语法体系；因为在任何人的脑子里，语言都是不完备的，它只有在集体中才能完全存在。

基于如上的分析，索绪尔把语言现象分为言语活动（langage）、言语（parole）和语言（langue）三样东西，它们之间是彼此联系而又互相区别的。

“言语活动是多方面的、性质复杂的，同时跨着物理、生理和心理几个领域，它还属于个人的领域和社会的领域。我们没法把它归入任何一个人文事实的范畴，因为不知道怎样去理出它的统一体。”① “因此，言语活动的研究就包含着两部分：一部分是主要的，它以实质上是社会的、不依赖于个人的语言为研究对象，这种研究纯粹是心理的；另一部分是次要的，它以言语活动的个人部分，即言语，其中包括发音，为研究对象，它是心理·物理的。”②

“把语言和言语分开，我们一下子就把（1）什么是社会的，什么是个人的；（2）什么是主要的，什么是从属的和多少是偶然的分开来了。”③

言语“是人们所说的话的总和，其中包括：（a）以说话人的意志为转移的个人的组合，（b）实现这些组合所必需的同样是与意志有关的发音行为。所以在言语中没有任何东西是集体的；它的表现是个人的和暂时的”。④

---

① 索绪尔，《普通语言学教程》，中译本，第30页，商务印书馆，1980年。
② 索绪尔，《普通语言学教程》，中译本，第41页，商务印书馆，1980年。
③ 索绪尔，《普通语言学教程》，中译本，第35页，商务印书馆，1980年。
④ 索绪尔，《普通语言学教程》，中译本，第42页，商务印书馆，1980年。

言语“是个人的意志和智能的行为，其中应该区别开：(1) 说话者赖以运用语言规则表达他的个人思想的组合；(2) 使他有可能把这些组合表露出来的心理·物理机构”。①

与言语相反，语言“是言语活动事实的混杂的总体中一个十分确定的对象。……它是言语活动的社会部分，个人以外的东西；个人本身不能创造语言，也不能改变语言；它只凭社会的成员间通过的一种契约而存在”。②“这是通过言语实践存放在某一社会集团全体成员中的宝库，一个潜存在每一个人的脑子里，或者说得确切些，潜存在一群人脑子里的语法体系；因为在任何人的脑子里，语言都是不完备的，它只有在集体中才能完全存在。”③

“语言以许多储存于每个人脑子里的印迹的形式存在于集体中，有点像把同样的词典分发给每个人使用。所以，语言是每个人都具有的东西，同时对任何人又都是共同的，而且是在储存人的意志之外的。语言的这种存在方式可用如下的公式表达：

$$1+1+1+\cdots\cdots=1$$（集体模型）”。④

言语和语言“这两个对象是紧密相连而且互为前提的：要使言语为人所理解，并产生它的一切效果，必须有语言；但是要使语言能够建立，也必须有言语。从历史上看，言语的事实总是在前的。如果人们不是先在言语行为中碰到观念和词语形象的联

① 索绪尔，《普通语言学教程》，中译本，第35页，商务印书馆，1980年。
② 索绪尔，《普通语言学教程》，中译本，第36页，商务印书馆，1980年。
③ 索绪尔，《普通语言学教程》，中译本，第35页，商务印书馆，1980年。
④ 索绪尔，《普通语言学教程》，中译本，第41页，商务印书馆，1980年。

结，他怎么会进行这种联结呢？另一方面，我们总是听见别人说话才学会自己的母语；它要经过无数次的经验，才能储存在我们的脑子里。最后，促使语言演变的是言语：听别人说话所获得的印象改变着我们的语言习惯。由此可见，语言和言语是互相依存的；语言既是言语的工具，又是言语的产物。但是这一切并不妨碍它们是两种绝对不同的东西”。①

索绪尔把语言比作乐章，把言语比作演奏，把语言和言语的关系比喻为乐章和演奏的关系。他说：“在这一方面，我们可以把语言比之于交响乐，它的现实性是跟演奏方法无关的；演奏交响乐的乐师可能犯的错误绝不会损害这种现实性。”② 这是一个非常贴切的比喻。

2. 语言是一个符号系统

“语言是一种表达观念的符号系统，因此，可以比之于文字、聋哑人的字母、象征仪式、礼节形式、军用信号，等等。它只是这些系统中最重要的。”③

据此，索绪尔又把语言比喻为代数。他说：“语言可以说是一种只有复杂项的代数”④。例如，德语名词数的变化，Nacht（夜，单数）：Nächte，（夜，复数）。这个语法事实可以用 a/b 这一符号来代表，但是，其中的 a、b 都不是简单项而是复杂项，它们分别从属于一定的系统之下。Nacht 有名词、阴性、单数、主

---

① 索绪尔，《普通语言学教程》，中译本，第 41 页，商务印书馆，1980 年。
② 索绪尔，《普通语言学教程》，中译本，第 40 页，商务印书馆，1980 年。
③ 索绪尔，《普通语言学教程》，中译本，第 37—38 页，商务印书馆，1980 年。
④ 索绪尔，《普通语言学教程》，中译本，第 169 页，商务印书馆，1980 年。

格等特征，它的主要元音为 a；Nächte 有名词、阴性、复数、主格等特征，它的主要元音为 ä，结尾加了 e，ch 的读音从/x/变为/ç/。这样，就可以形成许多对立，所以叫作复杂项。每个符号孤立地看，可以认为是简单项，但是从整体来看，却都是复杂项。“语言的实际情况使我们无论从哪一方面去进行研究，都找不到简单的东西；随时随地都是这种相互制约的各项要素的复杂平衡。”①

“语言符号连结的不是事物的名称，而是概念和音响形象。后者不是物质的声音，纯粹物理的东西，而是这声音的心理印迹，我们的感觉给我们证明的声音表象。”

“我们试观察一下自己的言语活动，就可以清楚地看到音响形象的心理性质：我们不动嘴唇，也不动舌头，就能自言自语，或在心里默念一首诗。”②

由于语言符号是一种两面的心理实体，因此索绪尔把它表示为下图（图 2-4）：

图 2-4　语言符号是一种两面的心理实体

索绪尔把概念和音响形象的结合叫作符号，把概念叫作“所指”（signifié），把音响形象叫作“能指”（signifiant）。他说：

---

① 索绪尔，《普通语言学教程》，中译本，第 101 页，商务印书馆，1980 年。
② 索绪尔，《普通语言学教程》，中译本，第 101 页，商务印书馆，1980 年。

“我们建议保留用符号这个词表示整体，用所指和能指分别代替概念和音响形象。后两个术语的好处是既能表明它们彼此间的对立，又能表明它们和它们所从属的整体间的对立。”①

由索绪尔的定义可以看出，能指和所指都是心理的东西，而由能指和所指组成的符号，似乎也只是心理的东西。这种观点，在他解释“语言”和“言语”的时候也说过：“言语活动是异质的，而这样规定下来的语言却是同质的。它是一种符号系统；在这系统里，只有意义和音响形象的结合是主要的；在这系统里，符号的两个部分都是心理的。”②

“语言符号虽然主要是心理的，但并不是抽象的概念，由于集体的同意而得到认可，其全体即构成语言的种种联结，都是实在的东西，它们的所在地就在我们脑子里。”③

这种本质上是心理的语言符号有什么特点呢？索绪尔指出了两个特点：

第一，**符号的任意性**。

“能指和所指的联系是任意的，或者，因为我们所说的符号是指能指和所指相联结所产生的整体，我们可以更简单地说：语言符号是任意的。”④

符号的任意性原则“支配着整个语言的语言学，它的后果是不能枚举的；人们经过许多周折才发现它们，同时也发现了这个

① 索绪尔，《普通语言学教程》，中译本，第102页，商务印书馆，1980年。
② 索绪尔，《普通语言学教程》，中译本，第36页，商务印书馆，1980年。
③ 索绪尔，《普通语言学教程》，中译本，第37页，商务印书馆，1980年。
④ 索绪尔，《普通语言学教程》，中译本，第102页，商务印书馆，1980年。

原则是头等重要的”。①

“任意性这个词还要加上一个注解。它不应该使人想起能指完全取决于说话者的自由选择（我们在下面将看到，一个符号在语言集体中确立后，个人是不能对它有任何改变的）。我们的意思是说，它是不可论证的，即对现实中跟它没有任何自然联系的所指来说是任意的。”②

“能指对它所表示的观念来说，看来是自由选择的，相反，对使用它的语言社会来说，却不是自由的，而是强制的。语言并不同社会大众商量，它所选择的能指不能用另外一个来代替。”③

“人们对语言说：‘您选择罢！’但是随即加上一句：‘您必须选择这个符号，不能选择别的。’已经选定的东西，不但个人不能改变丝毫，就是大众也不能对任何一个词行使它的主权；不管语言是什么样子，大众都得同它捆绑在一起。”④

自然会出现这样的问题：既然语言符号是任意的，那么为什么我们不能看到由这些符号所组成的语言的普遍的、突然的变化呢？

索绪尔指出了四种阻碍这种变化的因素；

（1）**符号的任意性**：“符号的任意性本身实际上使语言避开一切旨在使它发生变化的尝试”⑤。由于符号的任意性，我们不能

---

① 索绪尔，《普通语言学教程》，中译本，第103页，商务印书馆，1980年。
② 索绪尔，《普通语言学教程》，中译本，第104页，商务印书馆，1980年。
③ 索绪尔，《普通语言学教程》，中译本，第107页，商务印书馆，1980年。
④ 索绪尔，《普通语言学教程》，中译本，第107页，商务印书馆，1980年。
⑤ 索绪尔，《普通语言学教程》，中译本，第109页，商务印书馆，1980年。

够论证哪一种能指更为合理的问题。例如，“姐妹”这个词为什么法语要用 sœur 而不用 sister（英语的“姐妹”），“牛”这个词为什么德语要用 Ochs 而不用 bœuf（法语的“牛”），等等，那是没有什么道理可说的。这样，也就缺少符号变化的基础。

（2）**构成任何语言都必须有大量的符号：**这一事实使得符号难以改变。

（3）**语言系统的性质太复杂：**他认为：“因为这个系统是一种很复杂的机构，人们要经过深入思考才能掌握，甚至每天使用语言的人对它也很茫然。人们要经过专家、语法学家、逻辑学家等的参与才能对某一变化有所理解；但是经验表明，直到现在，这种性质的参与并没有获得成功。”①

（4）**集体惰性对一切语言创新的抗拒：**“语言无论什么时候都是每个人的事情；它流行于大众之中，为大众所运用，所有的人整天都在使用它。在这一点上，我们没法把它跟其他制度作任何比较。法典的条款、宗教的仪式，以及航海信号等，在一定时间内，每次只跟一定数目的人打交道，相反，语言却是每个人每时都在里面参与的，因此它不停地受到大伙儿的影响。这一首要事实已足以说明要对它进行革命是不可能的。在一切社会制度中，语言是最不适宜于创新的。它同社会大众的生活结成一体，而后者在本质上是有惰性的，就是一种保守的因素。”②

索绪尔继续写道：“语言之所以有稳固的性质，不仅是因为

---

① 索绪尔，《普通语言学教程》，中译本，第 110 页，商务印书馆，1980 年。

② 索绪尔，《普通语言学教程》，中译本，第 111 页，商务印书馆，1980 年。

它被绑在集体的镇石上，而且因为它是处在时间之中。这两件事是分不开的。无论什么时候，跟过去有连带关系就会对选择的自由有所妨碍。”①

“时间”与“说话的大众”组成了表明语言实质的背景。“同社会力量的作用结合在一起的时间的作用”，使得“离开了时间，语言的现实性就不完备，任何结论都无法作出”②。“要是单从时间方面考虑语言，没有说话的大众——假设有一个人孤零零地活上几个世纪——那么我们也许看不到有什么变化；时间会对它不起作用。反过来，要是只考虑说话的大众，没有时间，我们就将看不见社会力量对语言发生作用的效果。”③

第二，**能指的线条性。**

能指属听觉性质，只在时间上展开，而且具有借自时间的特征：

（a）它体现一个长度，

（b）这长度只能在一个向度上测定：它是一条直线。

这是一个似乎为常人所忽略的基本原则。它的后果是数之不尽的，它的重要性与符号的任意性规律不相上下，语言的整个机构都取决于它。

3. 内部语言学和外部语言学

语言学的研究对象是语言，由于语言有它的内部要素，也有它的外部要素，所以语言学也可以有内部语言学和外部语言学之

---

① 索绪尔，《普通语言学教程》，中译本，第111页，商务印书馆，1980年。
② 索绪尔，《普通语言学教程》，中译本，第116页，商务印书馆，1980年。
③ 索绪尔，《普通语言学教程》，中译本，第116页，商务印书馆，1980年。

分。索绪尔关于语言的定义，就是要把一切跟语言的组织、语言的系统无关的东西排除出去，这些东西，可用“外部语言学”这个术语来统称。

外部语言学要研究的内容有：

第一，语言学和民族学的一切接触点，语言史与种族史或文化史之间的关系，一个民族的风俗习惯在语言中的反映等。

第二，语言和政治史的关系。一个民族征服另一个民族并对它进行殖民化等重大的历史事件，对许多语言事实有无可估量的影响，高度的文明有利于某些特殊语言（如法律语言、科学术语）的发展。

第三，语言和各种制度如教会、学校等的关系。这些制度和一种语言的文学发展又有密切的联系。文学语言在任何方面都超越了文学为它制定的界限，例如沙龙、宫廷、科学院都对它产生影响。还有文学语言同地方方言发生冲突的问题。语言学家还应该考察书面语和口语的相互关系，因为任何文学语言都是文化的产物，到头来都会使它的生存范围脱离口语的范围。

最后，凡是与语言在地理上的扩展和方言分裂有关的一切，都属于外部语言学的范围。外部语言学可以把各种细节一件件地堆积起来而不致感到被系统的老虎钳钳住。

而内部语言学则不容许随意的安排。索绪尔指出：“语言是一个系统，它只知道自己固有的秩序。把它跟国际象棋相比，将更可以使人感觉到这一点。在这里，要区别什么是外部的，什么是内部的，是比较容易的：国际象棋由波斯传到欧洲，这是外部的事实，反之，一切与系统和规则有关的都是内部的。例如我把木头的棋子换成象牙的棋子，这种改变对于系统是无关紧要的；但是假如我减少或增加了棋子的数目，那这种改变就会深深地影响到棋法。”① “在任何情况下，人们都会提出有关现象的性质问题，而要解决这个问题，我们必须遵守这条规则：一切在任何程度上改变了系统的，都是内部的。”②

4. 语言的系统性与符号的价值

语言的符号不纯粹是语言的事实，而是系统的组成要素，这个系统代表了语言。进入系统中的符号的功能，是由系统的组成成员的各个要素之间的相互关系来决定的。语言是一个系统，这个系统中的所有要素形成一个整体。正如象棋可以归结为各个棋子的位置的组合一样，语言是一个仅仅以它的各个具体单位的对立为基础的系统。“下棋的状态与语言的状态相当。棋子的各自价值是由它们在棋盘上的位置决定的，同样，在语言里，每项要素都由于同其他各项要素对立才能有它的价值。”③

“系统永远只是暂时的，会从一种状态变为另一种状态。诚然，价值还首先决定于不变的规约，即下棋的规则，这种规则在开始下棋之前已经存在，而且在下每一着棋之后还继续存在。语言也有这种一经承认就永远存在的规则，那就是符号学的永恒的原则。”④

索绪尔进一步用下棋来解释“价值”。“比方一枚卒子，本身

① 索绪尔，《普通语言学教程》，中译本，第46页，商务印书馆，1980年。
② 索绪尔，《普通语言学教程》，中译本，第45页，商务印书馆，1980年。
③ 索绪尔，《普通语言学教程》，中译本，第128页，商务印书馆，1980年。
④ 索绪尔，《普通语言学教程》，中译本，第128页，商务印书馆，1980年。

是不是下棋的要素呢？当然不是。因为只凭它的纯物质性，离开了它在棋盘上的位置和其他下棋的条件，它对下棋的人来说是毫无意义的。只有当它披上自己的价值，并与这价值结为一体，才成为现实的和具体的要素。假如在下棋的时候，这个棋子被弄坏了或者丢失了，我们可不可以用另外一个等价的来代替它呢？当然可以。不但可以换上另外一枚卒子，甚至可以换上一个外形上完全不同的卒子。只要我们授以相同的价值，照样可以宣布它是同一个东西。”①

由此可见，在像语言这样的符号系统中，各个要素是按照一定规则互相保持平衡的，同一性的概念常与价值的概念融合在一起，反过来也是一样。

词既然是系统的一部分，就不仅具有一个意义，而且是具有一个价值。例如，法语的 mouton（羊，羊肉）跟英语的 sheep（羊）可以有相同的意义，但是没有相同的价值。这里有几个原因。特别是当我们谈到一块烧好并端在桌子上的羊肉的时候，英语说 mutton（羊肉），而不说 sheep。英语的 sheep 和法语的 mouton 的价值不同，就在于英语除 sheep 之外，还有另一个要素 mutton，而法语的词却不是这样，也就是说，mouton 一词在法语词汇系统中的地位与英语 sheep 一词在英语词汇系统中的地位不一样。可见，词的价值不是由标志它的客观对象的关系来确定的，而是由它对其他词的关系及其在该语言中的地位来决定的。

---

① 索绪尔，《普通语言学教程》，中译本，第 155—156 页，商务印书馆，1980 年。

价值就是系统的功能，价值就是语言事实在该语言系统中的意义。

法语复数的价值跟梵语复数的价值不一样，尽管它们的意义大体上相同。梵语有三个数，而不是两个（“我的眼睛”“我的耳朵”“我的胳膊”“我的腿”等都要用双数），认为梵语和法语的复数有相同的价值是不正确的，因为梵语不能在任何情况下都按法语的规则采用复数。“由此可见，复数的价值决定于它之外的和周围的一切。”①

斯拉夫语有规则的区分动词的两种体：完成体表示动作的整体，好像是时间上没有任何过程的一个点；未完成体表示在时间的线上正在进行的动作。这些范畴会给法国人造成很大困难，因为他们的语言没有这些范畴；如果它们是预先规定的，情况就不会是这样。所以我们在这些例子里所看到的，都不是预先规定了的观念，而是由系统发出的价值。

因此，索绪尔得出结论：“语言是形式而不是实体。”②

价值的概念是索绪尔语言学说的基本概念，它是“系统”的概念所派生出来的概念之一，与索绪尔在分析语言系统的过程中所提出的其他概念交织在一起。“同一性的概念常与价值的概念融合在一起，反过来也是一样。”③“价值就包含着单位，具体实

---

① 索绪尔，《普通语言学教程》，中译本，第162页，商务印书馆，1980年。

② 索绪尔，《普通语言学教程》，中译本，第169页，商务印书馆，1980年。这句话的法文原文是：“la langue est une forme et non une substance”（见法文原本第169页）。中译本把“substance”译为“实质”，欠妥，我们这里把它改译为“实体”。

③ 索绪尔，《普通语言学教程》，中译本，第156页，商务印书馆，1980年。

体和现实性的概念。”①

由于价值决定了符号的功能，因此，价值的概念是索绪尔语言学说的体系中具有枢纽性意义的概念之一。

5．共时语言学和历时语言学

在索绪尔看来，语言是一个具有价值的符号系统，而任何有研究价值的科学，在研究自己的对象时，必须区别共时的观点和历时的观点，也就是说，要把它们放在同时轴线和连续轴线上来研究。“不管在什么地方都应该依照下图分出：（1）同时轴线（AB），它涉及同时存在的事物间的关系，一切时间的干预都要从这里排除出去；（2）连续轴线（CD），在这轴线上，人们一次只能考虑一种事物，但是第一轴线上的一切事物及其变化都位于这条轴线上。”②（见图2-5）

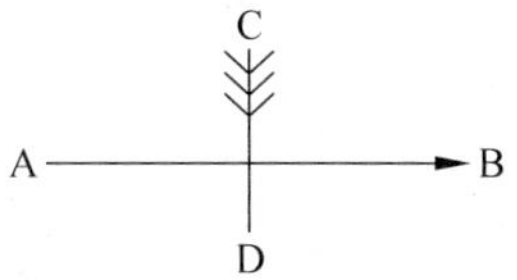

图2-5　同时轴线和连续轴线

索绪尔指出：把一段树干从横面切断，我们将在断面上看到一个相当复杂的图形，它无非是纵向纤维的一种情景；这些纵向纤维，如果把树干垂直切开，也可以看到。这里也是一个展望依存于另一个展望：纵断面表明构成植物的纤维本身，横断面表明这些纤维在特定平面上的集结。但是后者究竟不同于前者，因为它可以使人看到各纤维间某些从纵的平面上永远不能理解的关系。（见图2-6）

---

① 索绪尔，《普通语言学救程》，中译本，第156页，商务印书馆，1980年。
② 索绪尔，《普通语言学教程》，中译本，第118页，商务印书馆，1980年。

图 2-6　树干的纵向和横向

“对研究价值的科学来说，这种区分已成了实际的需要，在某些情况下并且成了绝对的需要。在这样的领域里，我们可以向学者们提出警告，如果不考虑这两条轴线，不把从本身考虑的价值系统和从时间考虑的这些价值区别开来，就无法严密组织他们的研究。”①

“价值系统越是复杂，组织得越是严密，正因为它的复杂性，我们越有必要按照两条轴线顺次加以研究。任何系统都不具备这种可与语言相比的特点，任何地方都找不到这样准确的价值，这样众多，这样纷繁，这样严密地互相依存的要素。”②

所以，索绪尔主张区分两种语言学——共时语言学和历时语言学。“有关语言学的静态方面的一切都是共时的，有关演化的一切都是历时的。同样，共时态和历时态分别指语言的状态和演化的阶段。”③

索绪尔认为，“我们研究语言事实的时候，第一件引人注目的事是，对说话者来说，它们在时间上的连续是不存在的。摆在他面前的是一种状态。所以语言学家要了解这种状态，必须把产生这种状态的一切置之度外，不管历时态。他要排除过去，才能深入到说话者的意识中去。历时的干预只能使他的判断发生错误。要描绘阿尔卑斯山的全景，却同时从汝拉山的几个山峰上去

① 索绪尔，《普通语言学教程》，中译本，第 119 页，商务印书馆，1980 年。
② 索绪尔，《普通语言学教程》，中译本，第 119 页，商务印书馆，1980 年。
③ 索绪尔，《普通语言学教程》，中译本，第 119 页，商务印书馆，1980 年。

摄取，那是荒谬绝伦的；全景只能从某一点去摄取。语言也是这样：我们要集中在某一个状态才能把它加以描写。要是语言学家老是跟着语言的演化转，那就好像一个游客从汝拉山的这一端跑到那一端去记录景致的移动。”①

因此，“语言学在给历史许下了过大的地位之后，将回过头来转向传统语法的静态观点。但是这一次却是带着新的精神和新的方法回来的。历史方法将作出贡献，使它青春焕发。正是历史方法的反戈一击才使人更好地了解语言的状态。”②

共时语言学把语言当作一个系统来研究，而历时语言学的研究对象不形成系统。换言之，共时语言学仅仅与语言有关，而历时语言学则与言语有关。

“于是，语言学在这里遇到了它的第二条分叉路。首先，我们必须对语言和言语有所选择；现在我们又处在两条道路的交叉点上：一条通往历时态，另一条通往共时态。”③

“共时语言学研究同一个集体意识感觉到的各项存在并构成系统的要素间的逻辑关系和心理关系。历时语言学相反地研究各项不是同一个集体意识所感觉到的相连续要素间的关系，这些要素一个代替一个，彼此间不构成系统。”④

一旦掌握了这个二重的分类原则，我们就可以补充说：语言中凡属历时的，都只是由于言语。一切变化都是在言语中萌芽

---

① 索绪尔，《普通语言学教程》，中译本，第 120 页，商务印书馆，1980 年。
② 索绪尔，《普通语言学教程》，中译本，第 121 页，商务印书馆，1980 年。
③ 索绪尔，《普通语言学教程》，中译本，第 141 页，商务印书馆，1980 年。
④ 索绪尔，《普通语言学教程》，中译本，第 143 页，商务印书馆，1980 年。

的。任何变化，在普遍使用之前，无不由若干个人最先发出。

现代德语说：ich war（我从前是），wir waren（我们从前是），可是在古代德语中，直到16世纪，还是这样变位的：ich was，wir waren（现在英语中还说：I was，we were）。war是怎样代替了was的呢？有些人受了waren的影响，于是按类推作用造出了war；这是一个言语的事实。这个形式一再重复，为社会所接受，就变成了语言的事实。

可见，在索绪尔学说中，共时语言学与历时语言学的区分在客观上来源于语言与言语的区分。不过，有时这种说法也有不一致之处。

例如，在《普通语言学教程》（中译本）第142页上，作了如右的一个图（图2-7）：

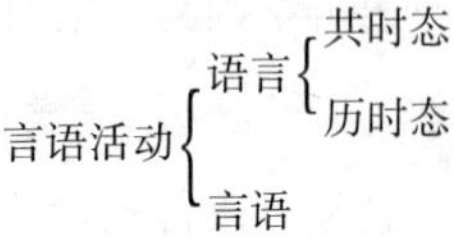

图2-7　言语活动

图2-7中，共时态和历时态都与语言相联系，这种说法，与索绪尔一贯的说法是不一致的。

我们能够既在共时态中，又同时在历时态中来研究语言及其现象吗？索绪尔做了否定的回答：“这两种观点——共时观点和历时观点——的对立是绝对的，不容许有任何妥协。”①

例如，拉丁语crispus（波状的、卷皱的）给法语提供了一个词根crép-，由此产生出动词crépir（涂上灰泥）和décrépir（除去灰泥）。另一方面，在某一时期，人们又向拉丁语借了dēcrepitus（衰老）一词，词语不明，并把它变成了dērcérpit。这样，今天说

---

① 索绪尔，《普通语言学教程》，中译本，第122页，商务印书馆，1980年。

法语的人们在 un mur decrépi（一堵灰泥剥落的墙）和 un home décrépit（一个衰老的人）之间建立了一种关系，尽管在历时上这两个词彼此毫不相干。例如，人们现在往往说 la façade décrépite d'une maison（一所房子的破旧门面）。可见，在共时观察的语言系统中，那些从历时的观点看来完全是不同的东西，却可以得到相反的评价。而实际上，历时事实同它们产生的共时的静态事实之间并没有任何关系。

索绪尔指出："所以，要把这样一些不调和的事实结合在一门学科里将是一种空想。在历时的展望里，人们所要处理的是一些跟系统毫不相干的现象，尽管这些现象制约着系统。"①

那么，共时语言学与历时语言学哪一种更为重要呢？索绪尔认为，共时观点比历时观点更为重要，因为对说话者来说，"它是真正的、唯一的现实性"②。换句话说，如果语言学家只注意历时的背景，那么他看到的绝不是语言，而只是一系列在形式上变化着的语言现象。

他批评历史比较语言学："自有近代语言学以来，我们可以说，它全神贯注在历时态方面。印欧语比较语法利用掌握的资料去构拟前代语言的模型；比较对它来说只是重建过去的一种手段。对各语族（罗曼语族、日耳曼语族等等）所做的专门研究，也使用同样的方法；状态的穿插只是片断的、极不完备的。这是葆朴所开创的路子，他对语言的理解是混杂的、犹豫不定的。"③

---

① 索绪尔，《普通语言学教程》，中译本，第 125 页，商务印书馆，1980 年。
② 索绪尔，《普通语言学教程》，中译本，第 130 页，商务印书馆，1980 年。
③ 索绪尔，《普通语言学教程》，中译本，第 120 页，商务印书馆，1980 年。

他也批评传统语法："传统语法对语言的有些部分，例如构词法，毫无所知；它是规范性的，认为应该制定规则，而不是确认事实；它缺乏整体的观点；往往甚至不晓得区别书写的词和口说的词，等等。"①

他赞扬波尔·洛瓦雅尔语法："波尔·洛瓦雅尔语法试图描写路易十四时代法语的状态，并确定它的价值。它不因此需要中世纪的语言；它忠实地遵循着横轴线，从来没有背离过。所以这种方法是正确的。但并不意味着它对方法的应用是完备的。"②

他为古典语法辩护："曾有人责备古典语法不科学，但是它的基础比之葆朴所创立的语言学并不那么该受批评，它的对象更为明确。"③

"古代语法只看到共时事实，语言学已揭露了一类崭新的现象。但这是不够的，我们应该使人感到这两类事实的对立，从而引出一切可能的结果。"④

6. 句段关系和联想关系

索绪尔认为，在语言的机构中，一切要素都是按照"**句段关系**"（rapports syntagmatiques）和"**联想关系**"（rapports associatifs）运行的。这两种关系相当于我们心理活动的两个形式，并产生各种不同的语言价值。

什么是句段关系呢？

---

① 索绪尔，《普通语言学教程》，中译本，第121页，商务印书馆，1980年。
② 索绪尔，《普通语言学教程》，中译本，第121页，商务印书馆，1980年。
③ 索绪尔，《普通语言学教程》，中译本，第121页，商务印书馆，1980年。
④ 索绪尔，《普通语言学教程》，中译本，第121页，商务印书馆，1980年。

在话语中，各个词，由于它们连接在一起，彼此便结成了以语言的线条性为基础的关系，排除了同时发出两个要素的可能性，这些要素一个挨着一个排列在言语的链条上面，它们之间结成的关系，叫作句段关系。这些以长度为支柱的结合，叫作**句段**（syntagmes）。所以，句段总是由两个或两个以上连续的单位组成的。例如，法语的 re-lire（再读），contre tous（反对一切人），1a vie humaine（人生），Dieu est bon（上帝是仁慈的），S'il fait beau temps，nous sortirons（如果天气好，我们就出去），等等。“一个要素在句段中只是由于它跟前一个或后一个，或前后两个要素相对立才取得它的价值。”①

什么是联想关系呢？

在话语之外，各个有某种共同点的词会在人们的记忆里联合起来，构成具有各种关系的集合，这种不在前后相续的环境中出现，而是在说话者的脑子里出现的联系，叫作联想关系。例如，法语的 enseignement（教育）这个词会使人们在心里不自觉地涌现出许多别的词。

在图 2-8 中，当说法语 enseignement（教育）这个单词的时候，会出现一些联想关系：或者出现与 enseignement 的词根相同的词 enseigner（教书——不定式动词）、renseignons（我们教——动词复数第一人称），如图中的①所示；或者出现与 enseignement 的意思相近的词 éducation（教育）、apprentissage（学习），如图中的②所示；或者出现与 enseignement 的后缀相同的词

① 索绪尔，《普通语言学教程》，中译本，第 171 页，商务印书馆，1980 年。

changement（变化）、armement（军备），如图中的③所示；或者出现与 enseignement 的发音相近的词 clement（宽大的）、justement（恰巧），如图中的④所示。

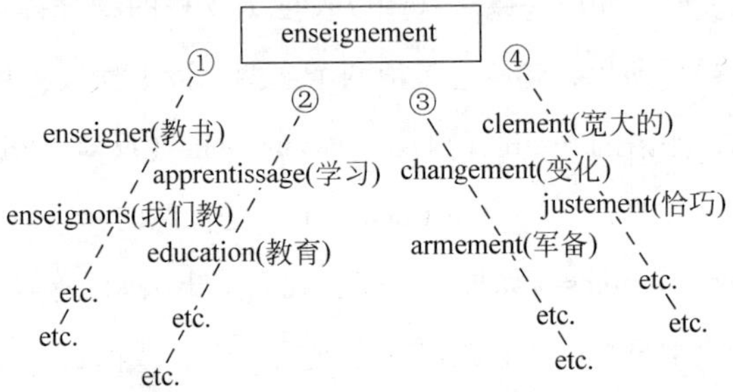

图 2-8　联想关系

这些词在某一方面都与 enseignement 有共同点，产生联想。

索绪尔认为，在整个语言机构中不外就是这两种关系的运用。

“语法的传统区分可能有它们的实际用途，但是不符合自然的区别，而且缺乏任何逻辑上的联系。语法只能建筑在另一个更高的原则上面。”①

“每一事实应该都可以这样归入它的句段方面或联想方面，全部语法材料也应该安排在它的两个自然的轴线上面。只有这样分配才能表明我们对共时语言学的通常框架做了哪些改变。”②

在《普通语言学教程》的结尾，索绪尔写道：“我们刚才闯入我们这门科学的边缘领域进行探索，从那里得出了一个教训，

① 索绪尔，《普通语言学教程》，中译本，第 188 页，商务印书馆，1980 年。
② 索绪尔，《普通语言学教程》，中译本，第 189 页，商务印书馆，1980 年。

虽然完全是消极的，但是因为符合本教程的基本思想，所以更加显得饶有趣味，那就是：语言学的唯一的、真正的对象是就语言和为语言而研究的语言。”①

加了黑点的最后一句话后来被索绪尔研究者、瑞士语言学家哥德尔（R. Godel）考证出并不是索绪尔本人的原话，但是这句话确实体现了《普通语言学教程》一书的基本精神。

《普通语言学教程》一书于1916年在洛桑出了第一版（1972年在莫罗的《索绪尔普通语言学教程莫罗评注本》中，对第一版中的许多问题详加注释，但除序言和注释外，仍保留了第一版页次），1928年出现日译本，1931年出现德译本，1933年出现俄译本，1959年出现英译本，1980年才出现中译本。尽管其中有些译本出现得比较晚，但是，索绪尔关于语言是一个符号系统的思想，关于语言和言语区分的思想，关于共时语言学与历时语言学区分的思想等，对现代语言学都产生了深远的影响。

法国著名语言学家梅耶（A. Meillet，1868—1936）在《历史语言学和普通语言学》第一册绪言中指出："每个世纪都有它的哲学的语法。中世纪曾试图在逻辑的基础上建立语法，直到18世纪，普通语法只是逻辑的延长。19世纪把自文艺复兴以来在物理科学和自然科学里所用的观察事实的方法扩展到心理事实和社会事实，以至把每种语言的语法表现为事实的总和。可是直到现在，这些事实差不多还没有整理。索绪尔的《普通语言学教程》的笔记曾向我们指出了怎样去着手整理，但是要用语言本身的观

① 索绪尔，《普通语言学教程》，中译本，第323页，商务印书馆，1980年。

点去整理语言事实还是一个很大的工程。”①

美国著名语言学家布龙菲尔德（L. Bloomfield）在对萨丕尔（E. Sapir）《语言论》的评论中，赞许索绪尔给“语言研究的新方向提供了理论基础”②。这个“语言研究的新方向”就是现代语言学，正是在这个意义上，我们才一再强调说，索绪尔是现代语言学的奠基人。

法国语言学家本温尼斯特（E. Benveniste）在索绪尔逝世50周年的纪念会上对索绪尔的学术贡献做过这样的总结：“在研究人类和社会的各种科学里，语言学已经成为一门成熟的科学，成为在理论研究上及其技术发展方面最活跃的学科之一。而这门革新了的语言学，肇源于索绪尔，语言学通过索绪尔而认识了自己，并团结成一支队伍。在同语言学交叉的各种思潮中，在语言学众说纷纭的不同流派里，索绪尔所起的作用是不容怀疑的，这一颗闪闪发光的种子被他的弟子们接受下来，已经化为万丈的光芒，并勾画出一派处处有他存在的风光。”③

本章参考文献

1. F. De Saussure, Cours de linguistique générale, 5e edition, Payot, Paris, 1949. 中译本，《普通语言学教程》，高名凯译，岑麒祥、叶蜚声校

① A. Meillet, Linguistique Historique et Linguistique Générale, I, Paris, 1948, P. viii.

② L. Bloomfield, Classcal Weekly, 1922: 142—143.

③ E. Benveniste, Problèmes de lingistique générale (1), Paris, Gallimard, 1966: 45.

注，商务印书馆，1980 年。

2. F. De Saussure, Troisième Cours de linguistique générale, Université Gakushuin, Tokyo, 1993. 中译本，《第三次普通语言学教程》，屠友祥译，上海人民出版社，2002 年。

3. 岑麒祥，瑞士著名语言学家索绪尔和他的名著《普通语言学教程》，《国外语言学》，1980 年，第 1 期。

4. 许国璋，关于索绪尔的两本书，《国外语言学》，1983 年，第 1 期。

5. 萧国政主编，冯志伟校订，《现代语言学名著选读》，北京大学出版社，2008 年。

第三章　布拉格学派

语言学中的结构主义是由索绪尔关于语言是一个符号系统的理论发展出来的，主要包括三个学派：布拉格学派、哥本哈根学派和美国描写语言学。

本章我们介绍布拉格学派；第四章、第五章分别介绍哥本哈根学派和美国描写语言学。

第一节　布拉格学派的形成

1926 年，马德修斯（V. Mathesius，1882—1945）、特鲁别茨柯依（Н. С. Трубецкой，1890—1938）、雅可布逊（R. Jakobson，1896—1982，20—30 年代侨居布拉格，后移居美国，在美国哈佛大学和麻省理工学院任教）等学者在捷克的布拉格成立布拉格语言学会（Cercle Linguistigue de Prague），由马德修斯担任会长。

1928 年，第一次语言学家国际会议在荷兰的海牙召开，布拉格语言学会的成员们在会议上十分活跃，提出了好几篇音位学论文，被称为“布拉格音位学派”。1929 年在布拉格召开的国际斯拉夫语言学家会议上，他们提出了一个“论纲”，后来通常被称为“布拉格学派的论纲”。1930 年，布拉格语言学会在布拉格主持召开了国际音位学会议，会后成立了国际音位学协会，特鲁别茨柯依当选为主席。1929—1939 年，他们出版了《布拉格语言学会会刊》（*Travaux du Cercle Linguistique de Prague*）。1935—1953 年，出版季刊《词与文》（SaS），该刊的副标题是：“布拉格语言学会机关刊物”。1953 年布拉格语言学会在组织上解体后，《词与文》成为了捷克科学院的刊物，至今仍在出版。

马德修斯是功能语言学（functional linguistics）的先驱之一，他所说的功能主要包括交际功能和表现功能。语言的基本功能是交际功能，表现功能伴随着交际功能。

图 3-1　马德修斯

马德修斯提出了“**功能句子观**”（Functional Sentence Perspective，简称 FSP）。

他主张在分析句子时要特别着重已知信息和新信息的分布方式所产生的效果。他把已知信息称为“主位”（theme），指的是听话人在心目中已经知道的东西，他又把新提供的信息称为“述位”（rheme），与“主位”相互对应。

在词序自由的捷克语中，如果简单地根据单词的前后顺序把句子中的单词分为“主语”（subject）和“谓语”（predicate），往往难以描述单词在句子中的那些非常规的排列，马德修斯把句子中单词的顺序与信息结构联系起来，从信息的分布方式来分析句子，而不拘泥于句子中单词的前后顺序，不仅可以恰当地解释捷克语中的自由的词序现象，而且也可以很好地解释其他斯拉夫语言中的自由词序现象。

马德修斯还提出了“**功能命名学**”（functional onomatology）。

他认为，单词是命名单位的基本形式，要区分单词的系统意义（system meaning）和单词的实现意义（concretization）。单词的系统意义也就是它在语言分析中的字面意义，而单词的实现意义则是在上下文情景中的实际上所实现的意义。

命名单位的首要特征是约定俗成。例如，英语称作是 stick（棍子）的物体，德语称作 Stock，法语称作 bàton。指称 stick，Stock，bâton 与它们所指的对象之间没有必然的联系。

命名单位的第二个特点是它的一般性。例如，英语的 stick 可能指的是任何一根棍子，而不是某一根特定的、具体的棍子，单词所指的具体概念一般只有在上下文语境中才能确定。

布拉格学派的语言学理论，既受到索绪尔很大的影响，也受到波兰著名语言学家博杜恩·德·库尔特内（J. Baudoin de Courtenay，1845—1929）的影响。

图 3-2　博杜恩·德·库尔特内

博杜恩·德·库尔特内早在 1870 年就明确地提出了区分语言和言语的问题。1876 年他还提出了应当区分语言的静态和动态的思想，这些都与索绪尔的理论有共同之处。

博杜恩·德·库尔特内的最

大贡献在音位学方面。在1881年，他就指出，必须明确地区分音素和音位这两种不同的语言单位。音素是一种纯语音现象，而音位则是词的某一部分语音性质的总和。

他提出必须区分两门不同的语音学学科：人类语音学和心理语音学。人类语音学从生理—声学观点研究人类语言所有的语音，即音素。心理语音学研究同意义相关联的语音观念，即音位。

但是，博杜恩·德·库尔特内不同于索绪尔，他很重视语言与社会的关系，强调语言的外部历史与内部历史的相互作用，不像索绪尔那样，认为语言学的唯一的对象只是语言本身。

博杜恩·德·库尔特内重视语言单位的实体，不像索绪尔那样，只重视语言单位之间的关系。

博杜恩·德·库尔特内同索绪尔一样，强调语言的共时研究，但他只是把共时研究作为一种方法，并不把共时研究与历时研究机械地对立起来。

博杜恩·德·库尔特内的这些观点，对于布拉格学派有着很深的影响，使得布拉格学派在很多问题上的看法，与丹麦哥本哈根学派不同，具有自己鲜明的特色。

布拉格学派在1929年提出的论纲中，强调要把语言看作一种功能体系，主张评价任何语言现象时，都要从它所在的功能、它所达到的目的着眼。

布拉格学派特别注重音位的研究。特鲁别茨柯依的《音位学原理》一书，在西方语言学界遐迩闻名，是布拉格学派的代表性著作。

布拉格学派十分重视历时音位学的研究，他们不像索绪尔那样，认为系统的概念同历时的变化水火不相容，而主张历时也可以构成系统。

布拉格学派最早提出了“**语言联盟**”（Sprachbünde）的理论。他们指出，邻近地域的语言也可能获得一些共同特征，因而语言的共同特征不一定完全来源于亲属关系。雅可布逊1931年在《论音位的语言联盟》一文中指出：“在语言学里，由于对来源问题特别感兴趣，而把对存在于相邻语言的结构中并且没有共同来源的那些现象的研究推到后面去了。其实，语音学应当考虑的不仅是各个语系，而且也要考虑到语言联盟。在讨论语言联盟的问题时，音位学的方法似乎成了最有效的方法之一。音位体系的许多组成成分具有极大的普遍性，远远超出了个别语言或语系的界限。”①

布拉格学派很重视语言的文体的研究。他们认为，“诗的语言”（即文学作品的语言）有特殊的不同于标准语言的规范，因此，它应该成为语言学的一个特殊研究项目。

近年来，布拉格学派还关注计算语言学的研究，他们研制的“布拉格依存树库”是目前世界上规模最大的依存树库。

第二节　特鲁别茨柯依和他的《音位学原理》

布拉格学派在音位学研究方面苦心孤诣，成就极大，它的基本观点，集中地体现在特鲁别茨柯依的《音位学原理》一书中。

---

① *Travaux du Cercle Lingusltique de Prague*, 1931：234.

在这一节中，我们将着重介绍布拉格学派的这一代表性著作。

特鲁别茨柯依于1890年4月16日生于莫斯科，他的父亲是前莫斯科大学校长。特鲁别茨柯依从小就有机会参加学术活动，13岁时就经常参加莫斯科人种学协会的集会，15岁时就已经发表民俗学方面的论文了。

1908年进入莫斯科大学，最初学哲学和心理学，从第三学期起，才转入语言文学专业学习语言学。在这里，他学完了印欧语历史比较语言学的一些课程。

1913—1914年到德国莱比锡，聆听了当时著名语言学家勃鲁格曼和雷斯琴等人的讲课，学习梵语和阿维斯塔语。

1915年回国任莫斯科大学副教授，讲授历史比较语言学的课程。

1917年夏天，特鲁别茨柯依到高加索，不久，十月革命爆发，贵族出身的他逃亡国外，当时他才27岁。

图3-3　特鲁别茨柯依

1919年年末，特鲁别茨柯依到了保加利亚的索菲亚。

1922年到奥地利的维也纳，并在维也纳大学任教。这个时期，他的兴趣在历史比较语言学及斯拉夫学方面。

1929年之后，特鲁别茨柯依的学术活动转到了音位学方面。他参加了布拉格语言学会，并成了该学会的重要领导人之一。

在这个时期，他发表了一系列音位学方面的文章，其中最重要的有：

1.《元音音位的一般理论》（德文版，1929）

2.《论语素音位学》（法文版，1929）

3.《关于语素音位学的一些想法》（德文版，1931）

4.《摩尔达维亚语与俄语音位系统的比较》（德文版，1932）

5.《论当前音位学》（法文版，1933）

6.《俄语的语素音位系统》（德文版，1934）

7.《音位描写指南》（德文版，1935）

8.《音位对立的理论》（法文版，1936）

9.《音位对立的中和》（德文版，1936）

特鲁别茨柯依晚年的生活很不安定。希特勒占据奥地利之后，他曾因写文章揭露种族主义的虚伪性而被逐出大学，经常受到盖世太保的纠缠。疾病损害了他的健康，他愤世嫉俗，继续进行音位学的研究，决心把12年的研究成果用德文写成《音位学原理》（*Grundzüge der Phonologie*）一书。

这部书大部分是他在病榻上口授的。

1938年6月25日，在这本书接近完成（仅差20页）的时候，他不幸与世长辞了，一生只活了48岁，《音位学原理》也就成了一部未完成的著作。

在特鲁别茨柯依去世之后，《音位学原理》用德文出版，1938年7月在《布拉格语言学会会刊》上出第一版，1958年在哥廷根出第二版，1949年，康基诺（G. Contimeau）把它译成法文（*Principes de Phonologie*，Paris，1949）；1960年，霍洛道维奇（A. A. Холодович）把它译成俄文（*Основы Фонологии*，Москва，

1960）。

特鲁别茨柯依的音位理论，是经过了辛勤的劳动建立起来的。

他收集了大量的语言材料。在研究元音音位系统的时候，特鲁别茨柯依在1928年9月19日的一封信中写道："我把自己记得的所有的元音系统（共34个）整理出来，尝试把它们加以比较。我来维也纳后继续进行这一工作。现在，我已经有了46'号'语言，我还将逐步积累，直到收集到100种语言。"①

后来，这个数字被大大地突破了，在《音位学原理》一书中，他收集的材料竟达220种语言之多，如此丰富的材料使他有可能在经过诚实艰巨的劳动之后，得出比较稳妥的结论，因而他的著作也就有了更高的科学性。

《音位学原理》包括序论、音位学、辨义论、标界论四部分。

辨义论又分七章：1. 基本概念，2. 划分音位的原则，3. 辨义对立的逻辑分类，4. 辨义语音对立的音位系统，5. 辨义对立的中和，6. 音位的组合，7. 关于音位统计学。

这部著作还差20页没有完成。据估计，这20页可能包含句子的标界符号一章和一个结论。此外，他还打算扩充参考文献的注解，更细致地修订充实和压缩某些章，设立并使用一套统一的标音符号，最后在全书的开头加一个前言。但这些计划中的工作由于他的英年早逝而成了未竟之业。

---

① R. Jakobson, Notes autobiographiques de N. S. Trubetzkoy, *Principles de phonologie*, 1949, P. xxvi.

特鲁别茨柯依的主要兴趣是在历时音位学方面。他写这本书，只不过是为历时音位学的研究做一个准备罢了。他打算再写《音位学原理》第二卷，讨论历时音位学、音位地理学、语素音位学及文字与语言音位结构的关系等问题，但这一计划也由于他的英年早逝而未能实现。“出师未捷身先死，长使英雄泪满襟”。惜哉！

《音位学原理》一书是特鲁别茨柯依关于音位学研究的总结性著作，通过我们对此书的介绍，可窥见其音位理论的概貌。

应该指出，特鲁别茨柯依的音位理论，有许多观点是在当时布拉格语言学会的另一领导人雅可布逊的启示下形成的，特鲁别茨柯依的观点，实际上也就代表了当时的雅可布逊和当时的布拉格语言学会的观点。因此，我们可以从对于特鲁别茨柯依音位理论的介绍中，了解到布拉格语言学派这一重要结构主义流派的基本观点。

1. 音位学的研究范围

特鲁别茨柯依根据索绪尔的学说，主张区分言语（parole）和语言（langue）。他认为，言语是具体的，它总是发生在一定的时间和地点，而语言则是一般的、稳定的。语言存在于某一语言共同体全体成员的意识中，它是无数具体的言语的基础；另一方面，语言的存在，只是因为它在具体的言语中被体现，没有言语，语言也就不存在。语言和言语是同一个现象——言语活动（langage）的两个相关的方面，它们互为前提，密不可分地联系着，但本质上它们是完全不同的东西，应该彼此独立地加以考察。

言语和语言不同，言语的能指和语言的能指也不同。

第一，言语的能指是具体的音流，是为人们的听觉所感知的物理现象，而语言的能指则是安排言语的声音方面的规则。

第二，言语的能指是无限多样的，而语言的能指则是数目有限的规范。

第三，言语的能指是表面看来没有秩序的、发音动作前后交叉的一串不间断的音流，而语言的能指单位则形成一个秩序井然的系统，言语的音流只是因为其中的片段有助于与这个系统中的项目挂上钩，才具有一定的秩序。

由于言语的能指与语言的能指是如此不同，因而就必须分属不同的学科来研究：研究言语的能指的学问叫作“**语音学**”（phonetics），而研究语言的能指的学问叫作“**音位学**”（phonology）。

语音学可以把语音当作一种纯粹的物理现象来研究，也可以把它当作一种纯粹的生理现象来研究。语音学的唯一的任务就是指出某个音是怎样发的，它要把任何关于研究的语音综合体与语言意义之间的关系的问题完全排除在外。

特鲁别茨柯依指出，“一个凭听觉器官来工作的优秀的语音学家，应该通过专门的语音训练来磨炼自己的听力和感受能力，这种训练的意义仅仅在于熟练地听出句子和词，并在发音时感受到它们，而不必注意它们的意义，只要感受到语音和发音动作就行了，这正如一个不懂得这种语言的外国人所做的那样。因此，语音学可以定义为关于人类言语的物质方面（即语音）的科学。”①

---

① Н. С. Трубецкой，Основы Фонологии，俄译本，第 17 页，Москва。

而“音位学应该研究在某种语言中哪些语音区别是同意义的区别有关系的，研究相互区别的各个成分（或者‘特征’）之间有什么样的关系以及它们按什么规则组织成词（以及相应地组成句子）”①，“音位学家应该只注意在语言中完成一定功能的那些语音事实”②。

因此，特鲁别茨柯依认为，可以把语音学看成是纯粹的语音现象的研究，把音位学看成是这种语音的语言功能的研究。

语音学属于经验现象的范畴，音位学则属于关系的范畴、功能的范畴和价值的范畴。

语音学研究的发音动作方面和声学音响方面都是自然现象，因而只能用自然科学的方法来研究，语音的发音动作方面及声学音响方面的研究材料，都只能到具体的言语活动中去汲取。而音位学所研究的语音的价值则是抽象的，这种价值首先应该是关系和对立，它们都是非物质的东西，不能为我们的听觉或触觉所感知，因而应该采用纯粹语言学的方法（广泛地说，应该采用社会科学或人文科学的方法）去研究。

当然，语音学与音位学的这种区别并不妨碍它们相互吸收研究成果。在描写语言的语音结构的时候，语音学在一定的程度上要考虑该语言的音位系统，对于在音位学上重要的对立也要比对于在语音学上完全不重要的对立更加仔细地加以考察。音位学也得利用语音学的一些概念，某种语言的音位描写，首先要揭示该

---

① Н. С. Трубецкой，Основы Фонологии，俄译本，第 18 页，Москва。
② Н. С. Трубецкой，Основы Фонологии，俄译本，第 19 页，Москва。

语言中具有辨义功能的语音对立。

但是，特鲁别茨柯依认为："这种相互联系只能涉及音位和语音描写的初级阶段（初级音位学及初级语音学），而且即使是在这个范围内也绝不应该混淆它们的界限。"① "音位学之与语音学，正如政治经济学之与商品学，财政学之与古币学的关系一样。"②

这样，特鲁别茨柯依便把音位学从传统的语音学中分出来，划清了音位学与语音学的界限。他认为："语音学与音位学区分得不清楚，正是语音学经典教材的一个方法论上的缺点。这个缺点既阻碍了语音学又阻碍了音位学的发展，我们今后没有任何理由再重蹈覆辙了。"③

在划清了音位学和语音学的界限之后，特鲁别茨柯依又进一步把"音位学"与"风格音位学"区分开来。

他认为，人类的言语要以说者、听者和所谈到的对象三方面的存在为前提，因而每一个语言表达都应该包括三个平面：

（1）谁在说；

（2）用什么样的口吻说；

（3）说什么。

表示"谁在说"的平面叫作"表达平面"，表示"用什么样的口吻说"的平面叫作"感情平面"，表示"说什么"的平面叫作"报导平面"。

---

① Н. С. Трубецкой，Основы Фонологии，俄译本，第 22 页，Москва。
② Н. С. Трубецкой，Основы Фонологии，俄译本，第 18 页，Москва。
③ Н. С. Трубецкой，Основы Фонологии，俄译本，第 13 页，Москва。

报导平面显然应该属于音位学的范围，因为要知道“说什么”，就得了解句子，而构成句子中词和语法成分能指的，就是各种各样的音位组合。

在表达平面和感情平面中，有的手段属于言语（因而也属于语音学）的范围，有的手段属于音位学的范围。

例如，在表达平面中，我们可以根据说话者个人的声音特征识别他的性别和年龄，甚至不看说话者，只要听到他的声音就可以知道他是胖的还是瘦的。在感情平面中，例如说话者由于恐惧或激动而结结巴巴，或者由于痛苦而泣不成声等，都表示出说话者的口吻，它们都不是约定俗成的，而是由说话者个人的自然本性决定的，它们在语言中没有地位，应该属于语音学的范围。然而在表达平面中，有的手段却可以是约定俗成的。例如，在蒙古语达尔哈特土语中，女子的全部央元音和后元音都比男子要发得后一些，男子发为 u，o，a 的音，女子却发为 ǔ，ŏ，ă，男子发为 ǔ，ŏ，ă 的音，女子却发为 ü，ö，ä，。发音的不同，把男子和女子明显地分为两个社会集团。在感情平面中，有的手段也是约定俗成的。例如，德语中的 schön 在表示欢乐热情的口吻时，元音和辅音都要延长，发展成 schschöön，这些约定俗成的手段显然应该属于音位学的范围。

报导平面的一切手段都是属于音位学的，表达平面和感情平面也有一部分约定俗成的手段是属于音位学的，因而音位学就相应地分为三个部门——“报导音位学”、“表达音位学”和“感情音位学”。

但是，报导音位学的范围比表达音位学和感情音位学大得多，不能把它们视为有同样地位、同样价值的东西，于是特鲁别茨柯依把表达平面和感情平面的音位手段放到一门特殊的学科——“风格音位学”——中去探讨，而音位学这个术语只用来指报导平面上的音位的研究。

这样，特鲁别茨柯依把音位学的研究范围做了进一步的限制，把风格音位学和狭义的音位学区分开来，确定了《音位学原理》一书的探讨范围。

在报导平面上的语音特征又有三个功能：标峰功能、标界功能、辨义功能。

标峰功能的作用在于指出在某一句子中含有多少个语言单位（即词或词组）。例如，德语中每个词都有一个主重音，根据句子中主重音的数目，就可以决定该句子所包含词的数目。

标界功能的作用在于指出两个语言单位（固定词组、词、语素）之间的界限。例如，在德语中，“辅音 + h”这样的组合可以标志出两个语素的界限（ei**n** **H**aus“房子”，a**nh**alten“停止”，Wese**n**-**h**eit“事务”，de**r** **H**als“脖子”，ve**r**-**h**indeln“阻碍”，Wah**rh**eit“真理”）：辅音属于前一语素，h 属于后一语素，辅音与 h 之间，就是两个语素的界限。

辨义功能的作用在于区别有意义的语言单位。例如，德语 List（诡计）和 Mist（粪肥）的 L 和 M 就区别了这两个词的意义。

任何一种语言的语音特征都必须具有辨义功能，各种语言单位正是依靠这种具有辨义功能的语音特征的帮助才能存在。但标峰和标界的手段并不是所有的语言都具备的，而且它们也不是报导平面上的必要手段。因此，这三种功能中，辨义功能是最重要的。

对于这三种功能，特鲁别茨柯依在《音位学原理》中分“辨义论”和“标界论”来分别论述，标峰功能没有单论，只在个别地方提到。本节中我们只介绍辨义论。

2. 音位的定义

特鲁别茨柯依从两方面来给音位下定义，一方面从语音对立出发来下定义，另一方面从辨义特征出发来下定义。

从语音对立出发，他认为语音可以分为相互替换和相互排斥两种。可处于同样语音环境中的音叫作相互替换的音。如德语 S**o**（如此）——S**ie**（您），R**o**se（玫瑰）——R**ie**se（巨人）中的 o-i。在不同语音环境中出现的音叫作相互排斥的音，如德语的 ich—laut 与 ach—laut，其中，ach—laut 型发音只出现在 a，o，u 之后，ch 读为［x］，ich—laut 型发音出现在别的元音之后，ch 读为［ç］，它们出现的位置是相互排斥的。

相互替换的音可能形成辨义对立，也可能不形成辨义对立。如德语的 r 和 l 可形成辨义对立：**R**and（边缘）——**L**and（国家），füh**r**en（引导）——füh**l**en（感觉）；而在日语中，r 这个音如果误读为 l，并不会改变词义，r 与 l 不能形成辨义对立，因此，在日语的辅音中，规定只有 r 这个音，而没有 l 这个音。如ぬれる（nureru，淋湿），规范的读音是 nureru，但如果读为 nuleru，或读为 nurelu，并不会改变词义。

如果相互排斥的音不具有把它们和同一系统中的所有其他的音区别开来的共同特征，就能形成辨义对立；如果它们具有区别于该语音系统中所有其他的音的共同特征，就不能形成辨义对立。

例如，德语中的 h 和 ng 相互排斥，ng 出现在辅音和非重读的 e、i 之前，h 出现在其他的音之前，它们唯一的共同点是辅音性，而凭这一点并不能把它们和德语中的其他辅音区别开来，因而它们就形成辨义对立。相反，德语中的 ich—laut 型音［ç］和 ach—laut 型音［x］具有区别于德语语音系统中其他音的共同特征——舌背清擦音，因而它们就不能形成辨义对立。

相互替换的音形成的辨义对立叫作直接音位对立，相互排斥的音形成的辨义对立叫作间接音位对立。

构成直接或间接音位对立的成员，叫作音位单位。音位单位可大可小，可长可短，范围很不一样。例如，德语中 Ba**h**n（道路）和 B**a**nn（放逐）仅以音长相区别，而 tausend（一千）和 Tischler（细木工），除了第一个音 t 之外，其区别分布于整个词上，至于 Mann（男人）和 Weib（女人）的音，则从头到尾都不相同。

我们可以把有的音位单位分解为时间上前后相续的一系列更小的音位单位。例如，德语的 Mähne（鬃）—— Bühne（舞台）中的［mε:］和［by:］，从 Mähne（鬃）—— gähne（打呵欠）和 Mähne（鬃）—— mahne（提醒）的对立，可知［mε:］还可分为［m］和［ε:］；从 Bühne（舞台）—— Sühne（和解）和 Bühne（舞台）—— Bohne（豆）的对立，可知［by:］还可分为［b］和［y:］。而［m］［b］［ε:］［y:］不能再分解为更小的音位单位。

这种在某种语言中不能分解为更短的前后相续的音位单位的音位单位，叫作音位，换言之，音位是某种语言中最短的辨义对立的成员。

从辨义特征出发，特鲁别茨柯依指出，任何音都包含许多声学音响特征，但它不是以全部的特征而只是以其中的一部分特征区别于其他的音。例如，前面说过德语中 ich—laut 和 ach—laut 的对立是没有辨义作用的，但它们却各自可以与 k 形成对立：ste**ch**en（穿刺）—— ste**ck**en（插牢），ro**ch**（发出气味）—— Ro**ck**（上衣）。k 之区别于 ch（包括 ich—laut 和 ach—laut），在于发 k 时形成一个完全的闭塞，而发 ch 时则在舌面与上腭之间形成摩擦，其中，ich—laut 的摩擦发生于硬腭，ach—laut 的摩擦发生于软腭，如今 ch—k 形成辨义对立而 ich—laut 和 ach—laut 不形成辨义对立，这就证明了舌面和上腭形成摩擦这一特征在音位学上是重要的，而这种摩擦发生在上腭的哪一部分（硬腭还是软腭）在音位学上则是不重要的。

任何音只是以它的音位学上重要的特征参与辨义对立，作为辨义对立成员的音位并不与具体的语音实体相重合，而只与音位学上重要的特征相重合，因此，音位又可定义为某一语音实体中所有在音位学上重要的特征的总和。

那么，音位与语音的关系是怎样的呢？

特鲁别茨柯依认为，语音任何时候也不是音位本身，它只是音位的物质表征。

任何语音一方面包含音位学上重要的特征，借助于这些特征而成为一定音位的体现者，另一方面又包含一系列音位学上不重要的特征，它们的出现和选择受到许多条件的制约。

例如，德语的g，音位学上重要的特征是：小舌上升，舌间和上腭形成完全的闭塞，舌头肌肉放松，闭塞破裂时没有气流冲出。音位学上不重要的特征是：舌与上腭形成闭塞的部位、闭塞时双唇和声带的动作等。因此，在德语中，音位g可体现为一系列的音：浊、半浊、全清的g（在对话中通常是一个弱化的浊音），唇化的软腭音g（**g**ut“好”，**G**lut“炽热”），狭唇化的腭化音g（**G**üte“善良”，**G**lück“快乐”），不唇化的软腭化音g（**g**anz“完全”，Wa**g**en“车辆”），不唇化的强腭化音g（**G**ift“毒药”，**G**ier“贪欲”），适度的腭化音g（**G**elb“黄色”）等。

音位可体现于不同的音中，体现同一音位的不同的音，叫作**音位变体**，如上述的各个g，都是音位g的变体。

特鲁别茨柯依认为，如果从音位的心理性质或从它与语音变体的关系来给音位下定义，不可能得出完满的结果。音位是功能单位，只有从音位在语言中的功能出发，才能完满地界说它。他说：“我们不论把音位界说为区别意义的最小单位（Bloomfield的定义），或是词的实体外壳的语音特征（K. Bühler的定义），都归结到这样的一点，这就是：任何语言都以辨义（音位）对立的存在为前提，而音位就是这种对立的不能分解为更小的辨义单位的成员。这个一目了然的、没有歧义的定义是不能改变一点点的，如果稍微改变一下这个定义的样式，就会把问题复杂化，而这种复杂化本来是可以避免的。”①

① Н. С. Трубецкой，Основы Фонологии，俄译本，第49—50页，Москва。

3. 划分音位的原则

给音位下了定义之后，特鲁别茨柯依接着就提出了划分音位的原则。

划分音位包含两个问题：

第一个问题：如何确定两个音是同一个音位的体现还是不同音位的体现；

第二个问题：如何划分音位和音位组合的界限。

关于第一个问题，他提出了如下的原则：

（1）如果两个音不能相互替换或者相互替换之后就会改变词的意义或者把词歪曲到不能辨认的程度，那么它们就是不同音位的体现。例如，在德语中，用 a 替换 L**i**ppen（唇）中的 i 形成 L**a**ppen（抹布），引起了词义的改变，用 a 替换 F**i**sch（鱼）中的 i 形成 F**a**sch，把词歪曲到不能辨认的程度，因此 i 和 a 是德语中两个不同音位的体现。

（2）如果两个音出现在同样的位置，并且能相互替换而不改变词义，则它们是同一个音位的随选变体。

从语言规范的角度看，随选变体又可分为社会的随选变体和个人的随选变体两种。

如果随选变体能在同等程度上被使用，而不算是错误的或不合规范的，那么它们就是社会的随选变体。例如，德语中重读元音前的辅音可以延长，也可以不延长：**j**a-**jj**a，**sch**ön-**schsch**ön，它们都是合乎规范的，是社会的随选变体。

分布于某个语言社会的各个个人之中的随选变体是个人的随选变体，它们有一部分被认为是“规范的”“好的”“标准的”

发音，有一部分被认为是地方性的、社团的、病态的发音和对规范的某种歪曲。例如，法语中的r，有人发成小舌颤音，这是规范的，有人发成舌尖颤音，这是不规范的，它们都是个人的随选变体。

从功能的角度看，随选变体又可分为有风格意义的随选变体和无风格意义的随选变体两种。

有风格意义的随选变体表示言语风格的区别，它们在报导平面上没有作用，只在表达和感情平面上有作用。例如，德语重读元音前辅音的延长：**j**a-**jj**a，**sch**ön-**schsch**ön，可以表示强烈的感情，有风格作用而没有辨义作用，是有风格意义的随选变体。

无风格意义的随选变体不表示言语风格的差别，它们在报导、表达、感情三个平面上都没有作用。

（3）如果两个音的音响相近，出现的位置互补，那么它们是同一音位的组合变体。但何谓“音响相近”，特鲁别茨柯依并未正面说明，言下之意，大概是指有共同的辨义特征。

关于划分音位的第二个问题，特鲁别茨柯依认为，语音分析的最短单位和音位分析的最短单位并不是在任何情况下都重合的。有时，语音分析中的一组音在音位分析中应该看成一个音位；也有的时候，语音分析中的一个音在音位分析中应该看成是几个音位的组合。对此，他提出了如何判定一组音是单音位的体现以及如何判定一个音是复音位的体现的一系列原则。

划分出音位来之后，特鲁别茨柯依还研究了音位之间的各种关系，划分音位和音位组合的界限，这是划分音位的第二个问题。这里，我们把他的研究结果，从类聚关系和组合关系两方面加以归纳，分述如下。

4. 音位的类聚关系

特鲁别茨柯依从辨义对立的角度把音位的类聚情况做了分类，他把音位对立分为单度对立、多度对立、孤独对立、平行对立、有无对立、递级对立、等价对立、稳固对立、可中和对立等多种。

他认为，在各种对立中，兼具单度、平行、有无、可中和等特性的对立最能显示音位的内容，于是，他把这样的对立构成关联对，并找出各种关联对的关联特征。如法语中的 d—t，b—p，g—k，z—s 等关联对，其有记成员特征是浊音性，其无记成员特征是非浊音性，因而浊音性就成为了这一组关联对的关联特征。

可以按关联的亲近程度的不同，把亲近的关联归并成“关联束”。例如，古希腊语中，有浊音关联 t—d，p—b，k—g，又有送气关联 t—th，p—ph，k—kh，其中，t，p，k 既参与浊音关联，又参与送气关联，这样便构成了一个关联束（图 3-4）：

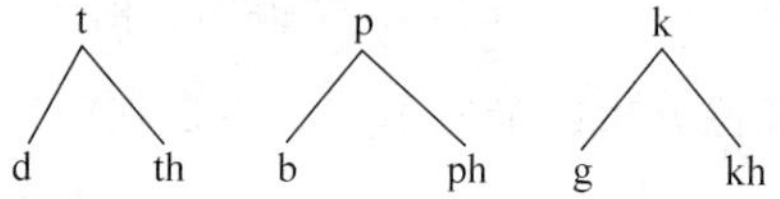

图 3-4　关联束

一种语言中形形色色的类聚，最后可构成一个更大的类聚——“音位系统”。

为了研究音位系统中的类聚关系，特鲁别茨柯依把在各种语言中构成辨义对立的语音特征分为三类：元音特征、辅音特征、超音质特征。

元音音位只能由元音特征组成，辅音音位只能由辅音特征组成，超音质特征总是附着在元辅音音位之上的，因而没有一个音位是只由超音质特征组成的。

特鲁别茨柯依给元音系统提出了三类特征：

（1）**部位特征（音色特征）：**按发音部位的不同，元音可分为八个音色类：唇化元音、非唇化元音、前元音、后元音、唇化前元音、唇化后元音、非唇化前元音、非唇化后元音。

（2）**开口度特征（响度特征）：**任何语言的元音系统中都具有不同开口度的音位对立，与音色类相应，元音可按开口度的不同分为不同的“响度级”，如开元音、闭元音等。

（3）**共鸣特征：**它可以说明元音的纯与不纯，把纯元音跟鼻化元音或带喉头作用的元音区别开来。

根据这三个特征，元音系统可分为：

（1）**直线系统：**这种系统的元音只有开口度特征，没有部位特征，因而只能排列成直线状的。如蒙古语短元音系统（图3-5）：

（2）**四角形系统：**这种系统的元音既有开口度特征，又有部位特征，因而可排成四角形的。如东卡巴语元音系统（图3-6）：

图3-5　直线系统

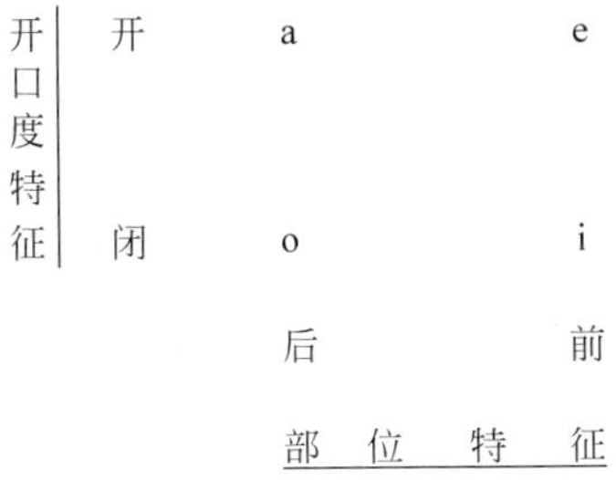

图3-6　四角形系统

（3）**三角形系统**：这种系统的元音既有开口度特征，也有部位特征，但由于开口度最大的元音不参与部位特征的对立，因而只能排成三角形的。如拉丁语元音系统（图3-7）：

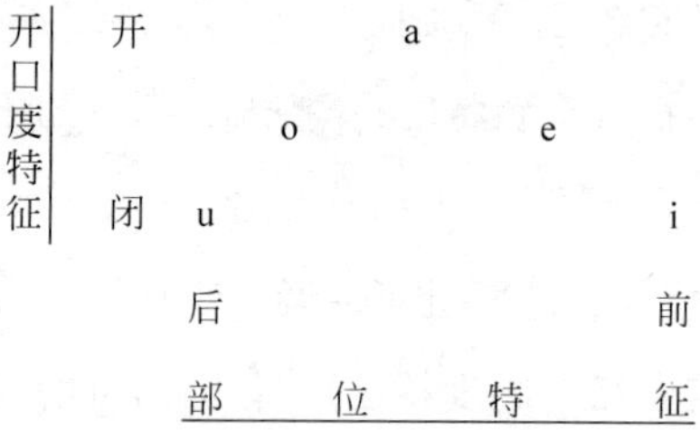

图3-7　三角形系统

对于辅音系统，特鲁别茨柯依提出了三类特征：

（1）**部位特征**：包括舌根—舌背音、舌尖—齿音、咝擦音和唇音，有时还可加上边音、腭音、舌根音、喉头音。有些语言如霍吞托语和布什曼语，还有搭嘴音和吸气音。

（2）**方式特征**：包括塞音、擦音和响音。塞音是暂音，擦音和响音是久音。

（3）**共鸣特征**：辅音系统中唯一的共鸣特征就是鼻化关联，并由此形成了口音和鼻音的对立。

对于超音质特征系统，特鲁别茨柯依提出了“音节负荷者”的概念。他认为，不仅元音可具有超音质特征，而且辅音也可具有超音质特征，音节中负荷辨义的超音质特征的部分，叫作音节负荷者。

最后，他提出了区别句子的超音质特征，其中包括：句调、区别句子的音域对立、句重音和停顿。

他指出，句子的音位问题研究得还很不够，以往的研究只是为了实用的目的（为演说家和演员服务），因此在研究时一般不区别表达、感情和报导这三种功能。

5. 音位的组合关系

上面讲的类聚关系，是音位和音位在系统中的相互关系；而组合关系，则是音位和音位在组合时的相互关系。在这方面，特鲁别茨柯依论述了两个问题。

（1）在音位组合时，对立在哪些位置失去辨义作用？——辨义对立的中和问题。

（2）具有辨义作用的音位如何组织起来？——音位的组合问题。

如果音位对立在某一位置失去了辨义作用，那么就说它们在这个位置“**中和**”了。在对立中和的地方，这个对立的特征失去了辨义作用，能够起作用的只剩下这对立的两个成员所共有的特征。这种中和了的两个音位所共有的特征的总和，叫作“原型音位”。在对立中和的地方，对立的一个成员就成为这原型音位的代表。这个原型音位与该系统中所有的其他单位相对立，而这种对立正是音位存在的基本条件。

例如，德语中的 d—t 对立如处于中和位置，则它的原型音位既不代表浊辅音，也不代表清辅音，而是“非鼻化舌尖塞音”，这样，它一方面与鼻化舌尖音 n 相对立，另一方面与非鼻化双唇塞音 p 相对立。

由于中和只在一定的位置发生作用，这个位置能区分的音位数目就比其他位置少。可见，除了一般的音位及超音质音位的系统之外，还有一个特殊的中和系统。它只在一定的位置发生作用，而且，它的范围比一般的音位及超音质音位系统小得多。

音位对立的中和可归纳为两种类型——“受环境制约的中和”及“受结构制约的中和”。

如果中和的发生取决于周围的一定类型的音位，我们把这些周围的音位看成环境，那么这种中和就是受环境制约的中和。

受环境制约的中和，可以根据一定音位在作用于该环境的某一特征与其类似或不类似而分为“异化中和”与“同化中和”。异化中和只有在它周围的音位具有与它相同的特征时才有可能发生，而同化中和只有在它周围的音位不具有这种特征时才有可能发生。

例如，在保加利亚语和立陶宛语中，腭化音与非腭化音的对立在一切辅音前中和，如果它们后面的辅音是腭化音，就是异化中和；如果它们后面的辅音是非腭化音，就是同化中和。

如果中和的发生取决于词中的一定位置，那么这种中和就是“受结构制约的中和”。

受结构制约的中和又可分为“离心中和”与“弱化中和”两种。

所谓离心中和，就是辨义对立在词或语素的边界处（或者在词头，或者在词尾，或者既在词头又在词尾）发生中和。所谓弱化中和，就是辨义对立只在具有标峰功能的音节（这个音节在大多数语言中是重音）以外的位置发生中和。

例如，在捷克语中，长元音和短元音的对立在词头中和，这就是离心中和；在南部大俄罗斯语中，o—a，e—i的对立在非重读音节中和，这就是弱化中和。

上述种种的中和类型结合起来发生的作用表现在截然相反的两个方面："一方面，由于它们的相互限制，使得可中和对立实际上只在很少的位置发生作用，而在大多数位置仍然保存着自己的音位价值。另一方面，它们又可能交叠在一起相互补充，使得中和对立在这个极其狭小的范围内也能实现自己的辨义功能。"①

在音位的组合关系方面，更普遍的是音位的组合问题。

对于任何语言都适用的普遍的音位组合规律虽然可以用归纳法得出，但这种规律只在一小部分音位组合中才起作用，对于音位组合的研究并无多大意义。因为各种语言都有其特殊的音位组合规则，所以，特鲁别茨柯依在他的著作里只介绍了研究音位组合的方法。

他认为，研究音位组合至少要回答下面三个问题：

（1）在某一位置允许出现什么音位，不允许出现什么音位；

（2）这些音位在该位置的排列顺序；

（3）在该位置允许出现的音位组合中所包含的音位的数目。

运用特鲁别茨柯依提出的下述方法，可以圆满地回答这三个问题。

（1）确定一个最适合于研究音位的组合的音位单位（词、语素），这个单位叫作"框子"。例如，德语中辅音组合的花样几乎是无穷的，可以有 kstšt（A**xtst**iel"斧柄"），ksšv（Fu**chsschw**anz"狐狸尾巴"），pstb（O**bstb**aum"果树"）等，要从中确定音位的

---

① Н. С. Трубецкой，Основы Фонологии，俄译本，第 270 页，Москва。

组合规则是非常困难的，但如果我们以语素为“框子”划定一个范围；那么要确定音位的组合规则就容易得多了。

(2) 把“框子”加以适当的分类，这种分类要与该语言的语音结构相适应。例如，德语中的这种“框子”（语素）可分为重读语素和非重读语素。重读语素在构成复合词时具有主重音或次重音（如 **Aus**wahl“选择”，Eigen**tum**“所有制”，**tier**isch“动物的”等词中的 Aus-，-tum，tier-），非重读语素不具有主重音或次重音（如 **Ge**bäude“建筑物”，wirf**st**“投掷”，现在时单数第二人称，ruh**ig**“安静的”中的 ge-，-st，-ig）。非重读语素又分为重读词前的语素（如 **be**halten“保留”中的 be-）和重读词前后的语素（如 Wähl**erisch**“爱挑剔的”中-er-和-isch）。事实证明，这种分类是完全与德语中各种语音结构类型相适应的。

(3) 研究“框子”里的各音位之间的关系

① 研究音位在“框子”里出现的位置。例如，在德语重读词后的语素中，š，g，ç 只在 i 之后出现（-i**sch**，-i**g**，-li**ch**，-ri**ch**），d 只在 n 之后出现（-en**d**），ng 只在 u 或 i 之后出现（Jü**ng**li**ng**，“少年人”）。

② 研究音位在“框子”里的结合方式。他提出了三种基本的结合类型：

a. 元音型：如德语的 Ei；

b. 辅音型：如德语的-st，-nd，-ns；

c. 元辅音型：如德语的-lich，-ig，ab-。

这样，以语素为“框子”，就可以确定某位置出现的音位的性质、顺序及数目，对音位组合做出正确的分析。

《音位学原理》辨义论的最后一章是关于音位统计学的，兹不详述。

总起来说，特鲁别茨柯依对音位学理论的贡献有以下四个方面：

第一，提出了语音的辨义功能，给音位下了比较确切的定义。

第二，把语音学与音位学区别开来，又把风格音位学与音位学区别开来，明确地划定了音位学的界限。

第三，从不同的角度，全面地研究了音位之间的类聚关系和组合关系，揭示了音位的相互依存、相互制约的辩证规律。

第四，提出了音位学研究的一系列方法，如划分音位的方法及研究音位组合的方法。

当然，《音位学原理》一书也有一些前后矛盾和不能自圆其说的地方，但是瑕不掩瑜，这部著作可以称得起现代音位学理论的经典性著作。

第三节　特鲁别茨柯依论印欧语问题

1936 年 12 月 14 日，特鲁别茨柯依在布拉格语言学会做了《有关印欧语问题的一些看法》的报告。在这个报告中，特鲁别茨柯依对传统的历史比较法，包括原始印欧语的说法，提出了许多疑问。

他认为，“语系”的概念完全不要求以一系列语言共同来源于同一原始语为前提。“语系”是指一组语言，这些语言除了在语言结构上有一系列共同特点之外，还有一系列共同的“语言材料上的一致”，也就是说，这些语言中有相当一部分语言的语法成分和词汇成分表现出有规律的语音对应关系。但是，为了解释语音对应规律，完全用不着假设这一组语言有共同的来源，因为这种对应规律也可能存在于一种非亲属语言从另一种非亲属语言的大量的借用现象之中。

他认为，印欧语系各语支之间的联系并不特别紧密。印欧语系的每一语支，都有相当数量的词汇和语法成分，在印欧语系的其他语支中找不到准确的对应。在这种情况下，假设印欧语系的形成是由于最初彼此没有亲属关系的诸语言（即印欧语系近期的诸语支的祖先）聚合发展的结果，这种假设绝不比相反的假设（即似乎印欧语言的各个语支都是由单一的原始印欧语通过纯分化发展而来的）更无道理。

特鲁别茨柯依提出，为了证明一种语言属于印欧语系，除了需要有数量不定的语言材料上的一致之外，还必须具备我们所知的全部印欧语（包括活的语言和死的语言）所特有的下述六个结构特征：

1. 没有元音和谐。印欧语中词的非第一音节的元音，从不取决于第一个音节的元音。元音和谐是阿尔泰语系和乌戈尔—芬兰语系许多语言的特征。

2. 词首可能出现的辅音不比词中可能出现的辅音贫乏。印欧语词首的辅音的种类远比词内的辅音丰富。

3. 词不一定从词根开始。没有一种印欧语是没有前缀的。

4. 词形的构成不仅借助于词缀，也可以借助于词内的元音交替。

5. 除元音交替外，不受外部条件制约的辅音交替，在构成语法形式上也起一定的作用。从历史的观点来看，各种类型的辅音交替都是由于各种联音变化所引起的，变化的条件大部分都容易确定。但是，从共时的观点（即从语言的某一状态的观点）来看，辅音交替已经不受外部条件制约了，并且像元音交替一样，多数是构形的辅助手段。

6. 不及物动词的主语，完全可以跟及物动词的主语一样处理。在由词的变格词尾来区分主语和及物动词的直接宾语的印欧语中，不及物动词的主语所用的词尾同及物动词的主语一样；在由句子里的词序来区分主语和及物动词的直接宾语的印欧语中，不及物动词的主语相对于谓语的位置，完全和及物动词的主语一样。

上面列举的六个结构特征中的任何一个，有可能分别在非印欧语中找到；但是，全部六个特征仅能在印欧语里一起出现，凡不具有这全部六个特征的语言，即使该语言词汇里有很多成分同印欧语一致，也不能认为是印欧语。反之，尽管一种语言的词汇和构形成分大部分借自非印欧语，但只要表现齐全上述六个特征，也应该承认该语言是印欧语。

据此，特鲁别茨柯依认为，上述六个结构特征同一定数量的“原始印欧语”的词根、词缀结合的过程，可能在几种语言里，在大致相同的时间内，同时完成。如果是这样的话，那么印欧语从一开始就必定有若干种，它们在共同的区域内，由于长期并存，产生了语音、语法结构在类型上的相似点，起初形成了语言联盟，随着时间的推移，该语言联盟就发展成一个语系。

特鲁别茨柯依推测，印欧语结构产生的地区，位于乌拉尔—阿尔泰诸语言和地中海诸语言之间。

尽管特鲁别茨柯依对于印欧语问题提出了有别于前人的独特看法，但他也不否认印欧语系的某些语言起源于同一母语的可能。他指出，在印欧语的发展史上，必须承认存在着语言分化和他所提出的语言聚合这两条道路。从此以后，不少语言学家经常讨论语言发展的两条道路问题，至今尚无定论。

第四节　雅可布逊的区别特征学说

布拉格学派的另一个代表人物雅可布逊从布拉格移居美国之后，于1938年7月在比利时的根特城举行的第三届国际语音学会议上，提出了能否把音位的多项对立归并为二项对立的问题。

图 3-8　雅可布逊

雅可布逊认为，任何语言的音位对立都是以“**对分法**”为基础的，因此音位的“多项对立”可以归并为“二项对立”。

1951 年，雅可布逊、根那尔（C. Gunnar）、范特（M. Fant）、哈勒（M. Halle）等人，在他们合写的一篇论文《语音分析初探》（Preliminaries to speech analysis—The distinctive features and their correlates）中，提出了对分法理论以及区别特征学说。

他们认为，一切语言的音（无论元音或辅音）都可以根据它们的生理的或声学的特性，用对分法分成一对一对的“**最小对立**

体”（minimum pairs）。例如，元音的舌位有“高—低”的对立，辅音的发音方法有“清—浊”的对立等。他们把这些最小对立体归纳为 12 对“**区别特征**”（distinctive features），并且指出，世界上各种语言都可以用这 12 对区别特征加以描述。

这 12 对区别特征是：

1. 元音性/非元音性（vocalic/non-vocalic）：如 a—p。

2. 辅音性/非辅音性（consonantal/non-consonantal）：如 p—a。

3. 鼻音/口音（nasal/oral）：如 m—p，n—t，ng（ŋ）—k。

4. 聚集/分散（compact/diffuse）：如 e—i。发宽元音 e 时，频谱中心能量集中，发窄元音 i 时，频谱中心能量分散。

5. 突发/延续（interrupted/continuant）：如 p—f，b—v。

6. 粗糙/圆润（strident/mellow）：如 s—θ。发 s 时，发音狭缝边缘粗糙，发 θ 时，发音狭缝边缘光滑。

7. 急停/非急停（checked/non-checked）：如 $p^{?}$—p。发 $p^{?}$ 时，气流突然减弱；发 p 时，气流逐渐减弱。

8. 浊音/清音（voiced/voiceless）：如 v—f，b—p，ð—θ。

9. 紧张/松弛（tense/lax）：如 k—g。发 k 时，语音有一定的稳定阶段，发音器官肌肉比较紧张；而发 g 时，语音的稳定阶段较短，发音器官肌肉松弛。

10. 钝音/锐音（grave/acute）：如 m—n。发 m 时，频谱的重心在低频区；发 n 时，频谱的重心在高频区。

11. 降音/平音（flat/plain）：如 u—i。发 u 时，频谱中的高频成分比发 i 时降低或减弱。

12. 升音/平音（sharp/plain）：如 dj—d。发 dj 时，频谱中

的高频成分比发 d 时升高或加强，而且发 dj 时，舌部上抵硬腭，产生腭化作用。

传统的任何多项音位对立都可以归纳为上述的二项对立。因此，区别特征理论成为了音位分析的基础。

对分法原则使我们有可能通过逻辑描写来鉴定音位。

逻辑学的排中律规定：如果某一物体不属于 A 类，便属于非 A 类，我们可以根据上述区别特征，对于具体语言中的所有音位，采用排中律来鉴定。如某一音位具有二项对立中的前项特征，记以“+”号；具有二项对立中的后项特征，记以“-”号。这样，便可做成一个矩阵表，作为对这种语言每一音位的区别特征总和的描述，这样的矩阵表也就是这种语言的音位模式。

例如，英语的音位模式如表 3-1 所示。

音位的区别特征学说，指出了构成语言音位的最基本的特征，这与现代物理学中对物质结构的分析颇为相似。雅可布逊写道：“语言学分析及其得出的、不能再行分解的音位特征的概念，同现代物理学的研究成果有惊人的相同之处，物理学也正表明，物质具有粒子状结构，因为它是由基本粒子构成的。”①

雅可布逊的音位对分法理论提出后，世界各国语言学家纷纷引用和评论。有的用以建立某种语言的音位系统；有的对于雅可布逊提出的 12 对区别特征加以修订；有的以此来设计语音的识

---

① R. Jakobson, On the identification of phonemic entities, TCLP, Vol. V, 1949: 213.

表 3-1　英语区别特征矩阵表

	O	a	e	u	ɔ	i	l	η	ι	ʅ	k	ʒ	ʒ̂	g	m	f	p	v	b	n	s	θ	t	z	ð	d	h	#
1. 元音性/非元音性	+	+	+	+	+	+	+	−	−	−	−	−	−	−	−	−	−	−	−	−	−	−	−	−	−	−	−	−
2. 辅音性/非辅音性	−	−	−	−	−	−	+	+	+	+	+	+	+	+	+	+	+	+	+	+	+	+	+	+	+	+	−	−
3. 集聚/分散	+	+	+	−	−	−		+	+	+	+	+	+	+	−	−	−	−	−	−	−	−	−	−	−	−		
4. 钝音/锐音	+	+	−	+	+	−									+	+	+	+	+	−	−	−	−	−	−	−		
5. 降音/平音	+	−		+																								
6. 鼻音/口音								+	−	−	−	−	−	−	+	−	−	−	−	+	−	−	−	−	−	−		
7. 紧张/松弛									+	+	+	−	−	−		+	+	−	−		+	+	+	−	−	−	+	−
8. 突发/延续									+	−	−	+	−	−		+	−	+	−		+	+	−	+	+	−		
9. 粗糙/圆润										+	−		+	−							+	−		+	−			

别方案，用电子计算机来识别和筛选输入的语音；有的以此来进行语音合成，根据音位的基本的区别特征，在计算机终端输出字母或语音。

第五节　功能生成描述理论

“功能生成描述”（Functional Generative Description，简称FGD）理论是布拉格功能主义语言观在信息时代的反映，它是由捷克语言学家斯加尔（Petr Sgall）等人创立的一种形式化的语言理论。这种理论的目标，是从功能主义和语言生成的角度出发，使用形式化的方法来描述语言，具有强烈的方法论色彩，所以才叫作“功能生成描述”。

图3-9　斯加尔

这一理论的代表作是捷克布拉格查理士大学的斯加尔、哈吉科娃（Hajicová）和帕内沃娃（Jarmila Panevová）合著的《句子意义的语义及语用研究》① 以及斯加尔和哈吉科娃的论文《功能生成描述中的依存句法》②。

功能生成描述理论是一种分层次、基于依存原则的语言学理论，同时也是一种源于计算语言学实践（机器翻译）的语言学理

① Sgall, Hajicová and Panevová, *The Meaning of the Sentence in its Semantic and Pragmatic Aspects*, 1986.

② Sgall, Hajicová, *Dependency Syntax in Functional Generative Descriptions*, 2003.

论。因此，功能生成描述理论非常注重语言的形式化描述和计算机实现。

功能生成描述理论认为语言是一种层次性的功能结构，在语言意义和语音表达之间存在着如下五个层次：

1. 语义层

2. 表层句法层

3. 形位层

4. 音位层

5. 语音层

在功能生成描述理论中，语义层占有重要的地位。语义层表示中最重要的概念是**基本依存结构**（Basic Dependency Structure，简称 BDS）。

基本依存结构是在词表和表示依存关系种类的特征结构所形成的字母表上的字符串。

基本依存结构是一个字符串，可以很方便地将其转换为树形结构。

例如，如下的字符串是一个基本依存结构：

< F < H > D11 < I > D13 > D4　E　< < J > D6 < < M > D1 L　< N > D2 > D2　K　< Q > D1 < O > D4 > D3

其中，F，H，I，E，J，M，N，L，Q，O，K，E 表示依存树中的结点，D11，D13，D4，D3，D6，D1，D2 表示结点之间的依存关系。这个基本依存结构所对应的依存树为（图 3-10）：

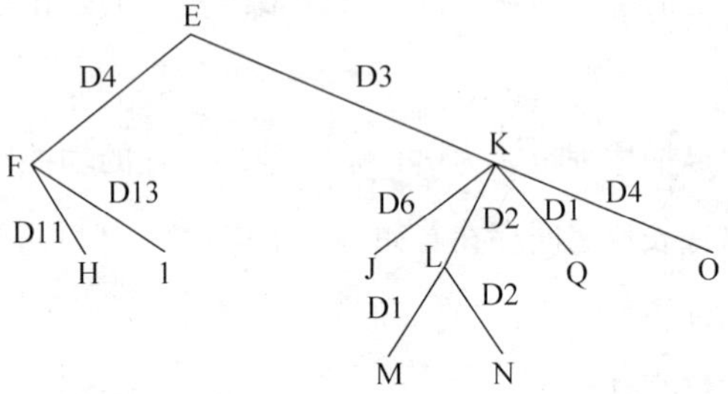

图 3-10　基本依存结构对应的依存树

功能生成描述的这种形式化描述是一种现代语言学理论所必要的，这样的形式化描述一方面发展了布拉格传统的语言学理论，另一方面，也有助于该理论在计算语言学领域的应用。

围绕功能生成描述理论，布拉格的学者们不但构造了一系列的自然语言处理应用系统，也在自由词序语言的依存语法的形式化理论和计算机实现方面做了许多开拓性的工作。

在功能生成描述理论基础之上建立的布拉格依存树库（Prague Dependency Treebank①，简称 PDT）是目前世界上规模最大的依存树库。

PDT 是一个含有丰富的语言学信息的手工标注捷克语树库。还有配套的树库查询、标注和分析软件可供使用者选用。

PDT 采用三级标注体系，除了形态层（morphological layer，简称 m-layer）之外，其他的两个层次为表层句法（analytical layer，简称 a-layer）和深层句法（tectogrammatical layer，简称 t-laayer），表层句法层相当于我们一般所说的句法层和深层句法相

① http：//ufal. mff. cuni. cz/pdt2. 0/.

当于我们一般所说的语义层。除了这三个标注层之外，PDT 还将那些没有标注的文本看成一个独立的层级，叫作“词汇层”（word layer，简称 w-layer）。这样，一个句子在 PDT 中的标注就有四层了。

图 3-11 说明了捷克语句子 *Byl by šel dolesa* 的标注情况。*Byl by šel dolesa* 对应的逐词英译为：*He-was would went to forest*（他想到森林中去）。

在 PDT 中的标注及四个层级之间的联系如图 3-11 所示。

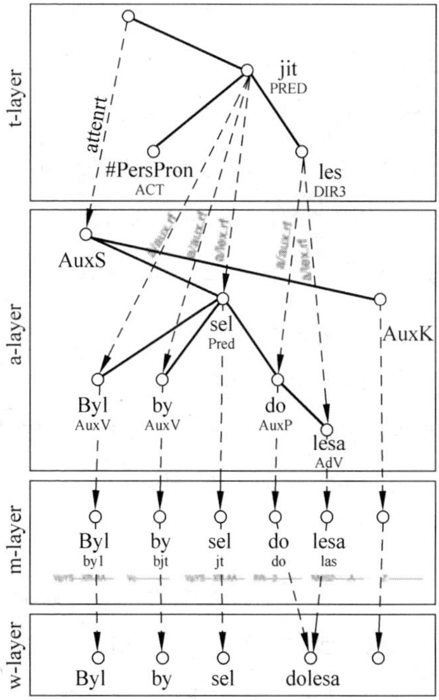

图 3-11　布拉格依存树库的层级结构

在图3-11中，从下至上的四个层级是：词汇层（w-layer）、形态层（m-layer）、句法层（a-layer）和语义层（t-layer）。值得注意的是，原句词汇层中所含的输入错误 dolesa（to forest），在形态层得以恢复为正常的 do lesa。形态层（m-layer）中每一个词的下面有两行附加信息，其中的第一行为该词的词典形式（词目），第二行标明了该词在句中的形态特征。除增加了一个全句的支配节点外，句法层（a-layer）中的结点和形态层中的出现的词是对应的。每个结点下面标注该结点与其支配词之间的依存关系类型。PDT 的句法层基本与其他依存句法理论得到的分析树相似，尽管这里没有采用箭头来标记词间支配关系，我们还是可以很方便地从一个词在句法结构树中的上下位置判断该词的地位。语义层（t-layer）中的结点和输入句子中的词不是一一对应的，而且结点上的词还使用了配价词典中的形式标记。结点下面的标记表示该词与其支配词之间的语义关系，例如，ACT 表示"行动者"，PRED 表示"谓词"，DIR3 表示"趋向"，等等。在语义层里，全部的单词都是实词，不再有介词或其他虚词的位置了。从这个角度来说，可以把语义层看成是句子中心词的配价实例化之后的一种结果。由此可见，为了进行语义层的标注，配价词典是必不可少的。

功能生成描述理论的实质是一种多层级的依存语法理论，配价在这种理论中占有重要的地位。按照功能生成描述理论的创立者哈吉科娃和斯加尔的说法："如果将依存视为一种基本关系，那么词汇单元的句法特性就可以依据其可有或必有的从属成分来进行描述，这种描述可包括词汇组合的限制，它们与句子表层结构的关系等。……广义的配价框架包含了所有的补足语和说明语，狭义的配价框架只考虑补足语和那些必有的说明语。”

因此，在功能生成描述理论的初创时期，另一位创立者帕内沃娃就在《布拉格数理语言学通讯》(*Prague Bulletin of Mathematical Linguistics*) 发表了题为《功能生成描述中动词框架》[①] 的两篇长文，专门讨论配价框架的问题。

2008 年发布的捷克语动词配价词表（The Valency Lexicon of Czech Verbs，简称 Vallex）收有 6460 个词项，可能是目前最大的面向应用的配价词表。

除了语言研究的一般用途外，在自然语言处理中，这个配价词表 Vallex 还有如下的用途：

1. 可以保证语料库和布拉格依存树库 PDT 中配价结构的一致性；

2. 可以帮助进行自动句法分析；

3. 可以帮助生成输入句子的语义结构表示；

4. 可以帮助通过自动的方式来构造名词配价词典。

图 3-12 为 Vallex 中的一个条目 zřídit 及其构成[②]：

图 3-12 中的词项（word entry）为含有某一动词所有义项的抽象单位。词项由一系列非空的框架项（frame entries）构成，其中每一项对应一个义项。框架项包含配价框架本身的描述、意义的解释及其他附加信息。配价框架是由一些框架槽（frame slots）

---

① Jarmila Panevová, On verbal frames in functional generative description, Prague Bulletin of Mathematical Linguistics, 1974, 1975.

② 详见 http://ufal.mff.cuni.cz/vallex/。

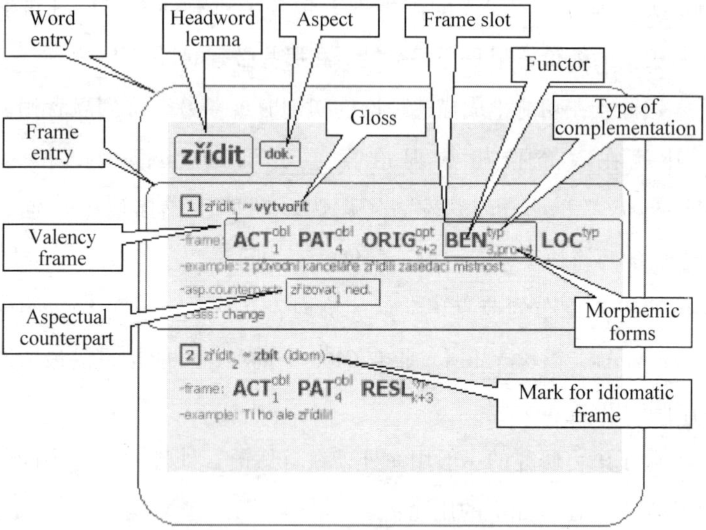

图 3-12　Vallex 配价词典的格式

构成的，每一个槽表示该动词要求的补足语。每一个槽是由其函子（functor，即句法语义关系的名称）和可能的形态形式来表现的。

Vallex 中一个词条（entry）的内容非常丰富，包括：Headword lemma（中心词的词目）、aspect（体）、gloss（词条说明）、frame slot（框架槽）、functor（配价功能）、type of complementation（补足语类型）、morphemic form（形态形式）、mark for idiomatic frame（成语框架的标示）、frame entry（框架条目）、valency frame（配价条目）、aspectual counterpart（体成分）等。

值得一提的是，Vallex 不但提供了传统的印刷版，也构建了

xml 格式和 html 格式的版本，这对于词表的共享、交流和使用，都是很有意义的（图 3-13）。

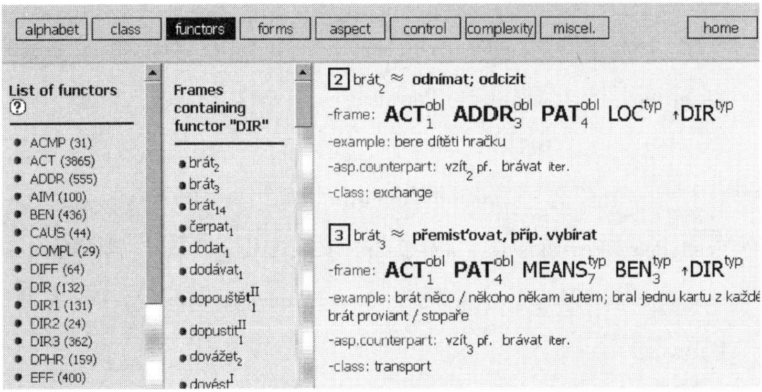

图 3-13　Vallex 的交互界面

通过这个交互界面，可以方便地按照不同的指标来浏览配价词表的内容和对各类动词的配价结构进行定量和定性的研究分析。例如，如果用户要查询单词 brát 的配价功能，可以点击 functors，交互界面就显示出它的各种配价功能，如 ACT，ADDR，PAT，LOC，DIR 等。

总的说来，功能生成描述理论不但是布拉格学派在信息时代的继续和发展，而且是少有的将理论和实践完美地结合起来的语言学理论。本节介绍的 PDT 和 Vallex 不仅有助于验证功能生成描述的理论主张，对于功能生成描述理论本身的发展和应用也是大有好处。目前已有数种欧洲语言采用 PDT 的标注体系来构造相应的树库，这对于功能生成描述理论的传播和进一步应用无疑是一件好事。

本章参考文献

1. R. Jakobson, über die phonologischen Sprachbünde, Travaux du Cercle Linguistidque de Prague, 1931：4.

2. N. S. Trubetzkoy, Gedanken über das Indogermanenproblem, Acta Linguistica, Vol. Fasc. 2, Copenhague, 1939：81—89；中译文见《国外语言学》，1984 年，第 4 期，雷明译。

3. H. C. Трубецкой，Основы Фонологии，俄译本，1960，Москва。

4. Sgall, Petr, Eva Hajicová, and Jarmila Panevová. （1986） *The Meaning of the Sentence in Its Semantic and Pragmatic Aspects.* Dordrecht：D. Reidel.

5. Hajicová, Eva, Petr Sgall Dependency Syntax in Functional Generative Descriptions. In Àgel, Vilmos; Eichinger, Ludwig; Eroms, Hans-Werner; Hellwig, Peter; Heringer, Hans-Jürgen; Lobin, Henning (eds.), *Dependenz und Valenz*：Ein Internationales Handbuch Der Zeitgenösischen Forschung, Berlin, De Gruyter. 2003：570—592.

6. 吴宗济，语音的“区别特征”（实验语音学知识讲话，五），《中国语文》，1979 年，第 6 期。

7. 冯志伟，特鲁别茨柯依和他的《音位学原理》，《语文论集》，第二辑，外语教学与研究出版社，1987 年。

第四章　哥本哈根学派

哥本哈根学派是结构主义三大流派之一，在现代语言学史上有重要地位。本章主要介绍这个学派的概况及其基本理论观点。

第一节　哥本哈根学派概况

丹麦哥本哈根学派继承了索绪尔关于语言是一个符号系统、语言是形式不是实体等观点，并进一步加以发展，从而形成了一个与布拉格学派极不相同的结构主义学派。因此，又有人把哥本哈根学派称为“语符学派”（glossematics）。

哥本哈根学派是一个人数不多的语言学流派。这一流派的代表人物乌尔达尔（H. J. Uldall）去世很早。继乌尔达尔之后，叶尔姆斯列夫（L. Hjelmslev，1899—1965）成了这个学派的代表人物。叶尔姆斯列夫同时也是哥本哈根学派的创始人之一。哥本哈根学派在1931年成立时，创始人除叶尔姆斯列夫之外，还有布龙达尔（V. Brøndal，1887—1942）。他们于1939年出版了《语言学学报》（*Acta Linguistica*），作为结构主义语言学的国际评论阵地。

这一学派的最主要的纲领性著作有三部：一是1943年出版的叶尔姆斯列夫的《语言理论导论》(*Omkring Sprosteoriens Grundlaeggelse*，英译本出版于1953年①，俄译本出版于1960年)，二是1957年出版的乌尔达尔的《语符学纲要（一般理论)》(*Outline of Glossematics*，*Copenhagen*，1957)，三是1939年登在《语言学学报》第一卷第一期上的布龙达尔的《结构语言学》(Linguistique Structurale）一文。

即使在丹麦，这一学派追随者的人数也极为有限。除上述三个人外，还有斯鹏·汉森（H. Spang-Hanson)、费歇尔·荣根森(E. Fischer-Jorgensen)、索楞森（H. Sorensen)、迪德里希森(P. Diderichsen)、托格比（K. Togeby）等。

叶尔姆斯列夫是哥本哈根学派中最有影响的人物。他生前曾任哥本哈根大学哲学系所属的比较语言学和语音学研究室主任。

图4-1　叶尔姆斯列夫

叶尔姆斯列夫一生的著作有百余种，其中比较重要的论文有：

1.《普通语法原理》(1929)

2.《论格的范畴》(1935)

3.《语言学中的形式和实体》

① L. Hjelmslev, Prolegomena to a Theory of Language, Indiana University, Bloomington, Ind, 1953。1963年又有了新的英译本，译者是Francis J. Whitefield, Baltimo：Waverly Press. Inc. 1963。本书主要参照1953年的英译本。

（1939）

4.《语言和言语》（1943）

5.《语言学中的结构分析方法》（1952）

6.《论结构语义学》（1957）

不过，集中反映叶尔姆斯列夫的理论观点的著作，是《语言理论导论》一书。

哥本哈根学派的特点是偏重纯理论研究，具体语言分析方面的著述极少。因此，即使是赞成这个学派观点的一些语言学家也不得不承认哥本哈根学派的理论对于语言科学没有多大的实际用处。例如，美国著名结构主义语言学家加尔文（P. Garvin）就曾指出："当你理解了《语言理论导论》的观点时，你会感到一种享受。但另一方面，这本著作对于具体的语言分析帮助不大。"

哥本哈根学派的语言理论在实践中的应用，恐怕只能举出两本著作：一个是托格比的《法语的内部结构》（*Structure immanente de la langue française*），一本是索楞森的《现代英语中词的分类》（*Word-classes in modern English*）。但这两本书写得都不太成功。

尽管哥本哈根学派人数不多，而且又偏重纯理论研究，但它在现代外国语言学诸流派中，仍占有重要地位，这大概是因为这种理论顺应了许多人文科学和精密科学发展的总趋势的缘故。这个学派独树一帜的研究成了现代语言学的许多理论观点的来源，因此，我们有必要了解它。

第二节　哥本哈根学派的语言理论

哥本哈根学派和布拉格学派都力图贯彻索绪尔的语言理论，但是，这两个学派却是以索绪尔语言理论的不同方面为依据的，因此，得出的结论也各有差别。

哥本哈根学派的代表人物叶尔姆斯列夫抛弃了索绪尔关于语言的社会本质的论点，关于音位的物质性的论点，排除了索绪尔理论中与语言现实有联系的组成部分，而把索绪尔关于语言是一个符号系统，关于语言和言语的区分，关于语言是价值体系，关于语言是形式不是实体等论点发展到极端，得出了一个在逻辑上前后一致的、自圆其说的语言理论体系。

所以，我们可以把叶尔姆斯列夫的语言理论看成是对索绪尔语言理论的片面解释，当然，这其中也不乏叶尔姆斯列夫本人的独到见解。

叶尔姆斯列夫曾说："我认为必须强调指出，不应该把语符学跟索绪尔的理论等同起来。很难说，索绪尔的观点是如何在思想中具体形成的，而我个人的理论和方法，许多年以前还在我接触到索绪尔的观点之前就已经逐渐形成了。回过头来阅读索绪尔的《教程》，更加证实了我自己的许多观点，然而我是从自己的观点来看待他的理论的。"① 从这一段话可以看出叶尔姆斯列夫的理论与索绪尔的理论的异同。

叶尔姆斯列夫又说："索绪尔以前的语言学中，任何问题都

① L. Hjelmslev, Structural analysis of language, *Acta Linguistica*, VI: 58.

是从个人行为的角度提出的。言语活动被缩小为个人行为的总和。新语言学理论与传统语言学的原则区别和转折点正是在这上面。索绪尔尽管承认个人行为的重要性及其对语言变化的决定性作用，从而对传统观点做了充分的让步，可是他终于建立了与以前根本不同的原则：结构语言学，格式塔语言学（Gestaltlinguistik），它应该代替，至少是补充以前的纯联想的语言学。”①

叶尔姆斯列夫在这里提到的“格式塔语言学”，也就是按照格式塔心理学建立的语言学，他认为，结构语言学实质上就是格式塔语言学。所谓“格式塔”，乃是德文“Gestalt”一词的音译。

据格式塔心理学派的代表人物之一柯勒（W. Köhler，1887—1967）解释：“在德文里，‘Gestalt’一词可以被用为‘形式’或‘形状’的同义词”；“可是至少从歌德的时代以来，特别是在他自己的有关自然科学的著作里，‘Gestalt’这一名词就具有两种含义：除了作为事物的一种特性的‘形状’或‘形式’这一含义外，它还具有作为某种被分离的和具有‘形状’或‘形式’这一属性的事物而存在的具体个体和独特实体的这样一种含义。依据这一传统，在格式塔的学说里，‘Gestalt’一词的含义乃是指任何一种被分离的整体而言的。”②

可见，格式塔语言学就是反对元素分析，强调整体组织的语言学。叶尔姆斯列夫认为，这种语言学才是真正体现了结构主义精神的结构语言学。在他看来，结构语言学必须强调，语言现象

---

① L. Hjelmslev, langue et parole, *Cahiers F. de Saussure*, 2, 1943: 29.

② W. Köhler, Gestalt Psychology, 1929: 191—192.

是一种“格式塔”，是一个“被分离的整体”，整体并不等于部分的总和，它并不是由若干个部分组合而成的，整体乃是先于部分而存在的，并且它还制约着部分的性质和意义。

叶尔姆斯列夫公开声称，哥本哈根学派是从属于用结构主义方法研究语言学的一个学派。他说：“没有必要提及那些在语言学中应用结构主义方法而得出的结论。只要指出下述情况就足够了：有了结构主义方法之后，语言学才彻底脱离了主观主义及不精确的状况，才脱离了直觉的、纯粹是个人的论断（语言学直到最近都还处在这些束缚之中），而最终有可能变为真正的科学。……当语言学成为结构主义的语言学时，它才是客观的科学。”①由此可见，叶尔姆斯列夫是坚决维护结构主义语言学的立场的。

下面，我们介绍哥本哈根学派的语言学理论的几个重要观点。

1. 建立统一的语言研究的方法论

叶尔姆斯列夫在《语言理论导论》一书中，热情地赞颂语言的各种绝妙美好的性质。

他说：“语言是人类社会基本的和最不可少的基础。……在我们的意识的第一次觉醒之前，语言就是我们的回声，它反映我们思想的第一次温柔的喃语，从日常活动一直到最细腻、最甜蜜的时刻，它寸步不离地伴随着我们。……语言不是伴随人的外部现象。它十分紧密地跟人的理智联系在一起。它是个人和部族继承下来的财富。”他又说，“语言，即人的话语，是永不枯竭的、

---

① L. Hjelmslev，la notion de rection，*Acta Linguistica*，Vol. I，1939：11.

方面众多的巨大宝库。语言不可与人分割开来，它伴随着人的一切活动。语言是人们用来构造思想、感情、情绪、抱负、意志和行为的工具，是用来影响别人和受别人影响的工具，是人类社会的最根本、最深刻的基础，同时语言又是每个人的最根本、不可缺少的维持者，是寂寞中的安慰。在十分苦恼时，诗人和思想家是使用独白来解决思维矛盾的。在我们有意识之前，语言就已经在我们耳边回荡，准备环抱我们最初思想的嫩芽，并伴随我们的一生。不论是平常最简单的活动，还是最崇高的事业，或者私人生活，人们一分一秒也离不开语言。是语言赋予我们记忆，我们又借助于记忆而获得温暖和力量。然而，语言不是外来的伴侣，语言深深地藏在我们的脑海之中，它是个人和家族继承下来的无穷记忆，是有提醒和警告作用的清醒的心智。而且，言语是个人性格的明显标志，不论是何种性格；它又是家族和民族的显性标记，是崇高人性的特殊标志。”他还说，“语言在个人、家庭、民族、人类及生活本身中扎根如此之深，以致使我们忍不住提出这样的问题：语言是否不仅是现象的反映，而且也是这些现象的体现——也就是产生出这些现象的种子。”①

叶尔姆斯列夫认为，传统语言学注重的不是语言本身，而是那些虽然跟语言有某种联系，但位于语言之外的现象。

他明确地指出，“构成传统语言学主要内容的，是语言的历史和各种语言起源的比较，其目的与其说是了解语言的本质，不如说是了解历史时期和史前时期的社会环境和各族人民之间的接

① L. Hjelmslev，Prolegomena to a Theory of Language，1 节，1953。

触。在这一了解的过程中，语言只不过是一种工具罢了……实际上我们研究的是 disiecta membra，即语言的支离破碎的部分，它们不能把语言作为整体概括起来。我们研究的只是语言在物理学、生理学、心理学、逻辑学、社会学和历史学等方面的现象，而不是语言本身。”①

他认为，这是非常危险的，这样做的结果，必定要忽视语言的本质。

为了克服这样的缺陷，语言学的首要的和刻不容缓的任务就是改变语言研究的方向，把语言学建立在统一的方法论基础之上。

那么，这种统一的方法论基础是什么呢？

叶尔姆斯列夫说：“语言学的结构方法跟另一门学科有着紧密的联系。这门学科的形式完全不依赖于语言学，而且到目前为止，这门学科还没有引起语言学家的特别注意。这就是语言的符号逻辑理论。这是从数学推理中产生出来的一门学科，其创始人为怀特海（White-head）、罗素（Russel）和维也纳的符号逻辑学派，特别是卡尔纳普（Carnap）。卡尔纳普现在是芝加哥大学教授，他关于句法学和语义学的最新著作，对语言研究有着无可置疑的重要意义。”②

根据语言的符号逻辑理论，叶尔姆斯列夫认为，语言学不同于历史、文学、艺术等人文科学，必须在其中找出一个常数

---

① L. Hjelmslev，Prolegomena to a Theory of Language，1 节，1953。

② Л. Ельмслев，Метод структурного анализа в лингвистике，*Хрестоматия по истории языкознания XIX и XX веков*，стр423.

(constancy)，使之投射于现实。在任何过程（process）中，必然有一个系统（system），在任何变动中，必然有一个常数。语言学的任务就是去建立这个系统，这个系统将预见到语言单位的各种可能的组合。因此，它必然要高于单纯描写的科学。

传统语言学所采用的归纳法只能找出不同语言中的差异，而不能引导研究者们得出他们所要追求的常数，因而不能建立语言理论。真正的语言学必须是演绎的。

他说："研究语言的特殊结构并仅仅以前提的形式体系为出发点的语言学理论，对于言语中的例外情况和变态形式不应赋以特别的意义，虽然不得不注意：语言学理论应当寻求经常性的、跟任何非语言的'现实'无关的东西。当这种经常性的东西被找到并得到描写之后，就可以把它投射到'非语言的现实'中去。"①

"按我们的意思，理论本身是独立于经验之外的。它本身丝毫不表明它有什么应用的可能性，也不表明它跟实验结果有什么关系。"②

"承认整体不是由物体而是由关系组成，承认不是实体本身而是实体内部和外部的关系才具有科学的存在价值，这在科学中自然不是新鲜事儿，但在语言学中却可能是新鲜事儿。"③

叶尔姆斯列夫甚至要求这样的语言理论要适合于人们从来没有遇到过，甚至也永远不会遇到的根本不存在的语言。他公然声

---

① L. Hjelmslev，Prolegomena to a Theory of Language，2 节，1953。

② L. Hjelmslev，Prolegomena to a Theory of Language，5 节，1953。

③ L. Hjelmslev，Prolegomena to a Theory of Language，9 节，1953。

称："语言理论不能用现存的记录和语言去证实。"

可见，叶尔姆斯列夫企图建立一个适用于描写任何语言甚至是根本不存在的语言的极其抽象的语言理论。

2. 语言符号是由内容形式和表达形式构成单位

叶尔姆斯列夫把索绪尔关于"语言是形式，不是实体"的观点推到极端，把所有的实体都从语言的范围中排斥出去。他说："语言理论要求分析语句，这种分析使我们能揭示出隐藏在直接可以为感官接受的'实体'之后的语言体系。"① "实体……并不是语言形式存在的必要前提，但是语言形式却是实体存在的必要前提。"② "实体懂得描写取决于语言形式的描写。"③ "这种形式之外的东西……是非语言的东西，即所谓实体。语言学分析语言形式，而很多其他科学则研究实体。"④

从这样的观点出发，叶尔姆斯列夫认为，语言不是由实体构成的，而是由关系构成的。在语言中存在的不是实体，而是实体中的内部和外部的关系。他提出了三种关系：

（1）互依关系（interdependence），即双边的关系，A 依存于 B，B 也依存于 A。

（2）决定关系（determination），即单边的关系，A 是决定者，B 是被决定者，A 决定 B，而不是相反。

（3）并存关系（constellation），A、B、C、D 等多个项目并

① L. Hjelmslev，Prolegomena to a Theory of Language，20 节，1953。
② L. Hjelmslev，Prolegomena to a Theory of Language，21 节，1953。
③ L. Hjelmslev，Prolegomena to a Theory of Language，15 节，1953。
④ L. Hjelmslev，Prolegomena to a Theory of Language，15 节，1953。

列，彼此互不依存。

这三种关系出现在过程（process）和系统（system）中又分别获得不同的名称。

（1）在过程中项目之间的相互依存关系叫“协同关系”（solidarity）；在系统中项目之间的相互依存关系叫“互补关系”（complementarity）。

（2）在过程中项目之间的决定关系叫“选择关系”（selection）；在系统中项目之间的决定关系叫“说明关系”（specification）。

（3）在过程中项目之间的并存关系叫“联合关系”（combination）；在系统中项目之间的并存关系叫“自主关系”（autonomy）。

这些关系总结如下：

	互依关系	**决定关系**	**并存关系**
在过程中	协同关系	选择关系	联合关系
在系统中	互补关系	说明关系	自主关系

叶尔姆斯列夫认为，语言学的任务就是分析这些关系。他把上述各种关系一律称之为“功能”（function），负荷功能的项目叫“功能项”（functive）。系统中的功能项之间产生的功能叫“排斥”（correlation），过程中的功能项之间产生的功能叫“同在”（relation）。

例如，在pet（爱畜，爱子）

man（男子）

中，横列构成过程，纵列构成系统。在过程中，p、e、t 这些功能项的关系是同时存在的关系，所以叫同在。在系统中，p、m 之间的关系则为或此或彼的关系，所以叫排斥。pet 中的 p 如换作 m，则为 met（相遇）；man 中的 m 如换作 p，则为 pan（平锅），e 和 a，t 和 n 之间也存在这种或此或彼的关系。

叶尔姆斯列夫理论的核心部分，是主张区分内容平面和表达平面，并把这两者各分为实体和形式两部分，即：“内容实体”，“内容形式”，“表达实体”，“表达形式”。内容实体和表达实体都不进入语言符号，只有内容形式和表达形式才进入语言符号。因此，语言符号是由内容形式和表达形式构成的单位。

表达实体与表达形式，从音位学的角度是容易理解的。表达实体就是客观现实中的无数的语音，它们不能进入语言符号。表达形式是不同语言组织和利用这些语音的形式，它受到语言中的关系的制约，能够进入语言符号。例如，不送气清辅音和送气清辅音是客观存在的表达实体，当它们受到汉语组织利用语言的方式的制约时，进入汉语中形成不同的音位，但它们在英语或俄语中则不形成不同的音位。因此，它们可进入汉语的符号，而不能进入英语或俄语的符号。

内容实体和内容形式的概念是很别致的。传统语言学认为，俄语中的 рука 是“手”的符号，但照叶尔姆斯列夫看来，这是不正确的。“手”只不过是实体中的东西，它是内容实体，本身并不进入符号。因为作为内容实体的“手”，在不同语言中有不同的“切割”方法。例如在英语中就“切割”成 hand（手掌）和 arm（手臂），而在俄语中则不进行任何的“切割”。进入语言符号的只能是不同语言“切割”客观现实的方式，这就是“内容形式”。内容形式才能进入符号。

不同语言“切割”客观现实的方式是不尽相同的。因此，各种语言的内容形式也不尽相同。

“手”这个内容实体在英语和俄语中的内容形式如表 4-1 所示：

表 4-1　英语、俄语内容形式不同

<table>
<tr><th></th><th>英　语</th><th>俄　语</th></tr>
<tr><td>手掌</td><td>hand</td><td rowspan="2">pyka</td></tr>
<tr><td>手臂</td><td>arm</td></tr>
</table>

“兄弟姐妹”这个内容实体在匈牙利语、法语和马来语中的内容形式也是不同的。如表 4-2 所示：

表 4-2　匈牙利语、法语、马来语内容形式不同

<table>
<tr><th></th><th>匈牙利语</th><th>法　语</th><th>马　来　语</th></tr>
<tr><td>哥哥</td><td>bâtya</td><td rowspan="2">frère</td><td rowspan="4">SudaYã</td></tr>
<tr><td>弟弟</td><td>öccs</td></tr>
<tr><td>姐姐</td><td>néne</td><td rowspan="2">soeur</td></tr>
<tr><td>妹妹</td><td>húg</td></tr>
</table>

“树木”这个内容实体在法语、德语、丹麦语中的内容形式也是不同的。如表 4-3 所示：

表 4-3　法语、德语、丹麦语内容形式不同

<table>
<tr><th></th><th>法　语</th><th>德　语</th><th>丹麦语</th></tr>
<tr><td>树</td><td>arbre</td><td>Baum</td><td rowspan="2">troe</td></tr>
<tr><td>木材</td><td rowspan="2">bois</td><td>Holz</td></tr>
<tr><td rowspan="2">树林</td><td rowspan="2">Wald</td><td rowspan="2">skov</td></tr>
<tr><td>forêt</td></tr>
</table>

进入符号的内容形式与表达形式相结合，才形成了语言符号，这是叶尔姆斯列夫对于索绪尔“语言是形式，不是实体”这一原理的进一步解释。

叶尔姆斯列夫还阐明了“常体”（invariants）和“变体”（variants）的概念。表达（或内容）平面上的差别在内容（或表达）平面上也引起相应差别的单位，叫“常体”；表达（或内容）平面上的差别在内容（或表达）平面上不引起相应差别，而依附于常体的个体，叫“变体”。由此，叶尔姆斯列夫提出“接换原则”（commutation principle）。如果表达平面上的差别引起内容平面上的差别，或者内容平面上的差别引起表达平面上的差别，这种对应关系叫作“接换”（commutation）；如果表达平面上的差别不引起内容平面上的差别，则这种关系叫作“替换”（substitution）。显而易见，常体是同接换相对应的，变体是同替换相对应的。一个语言中有多少个常体，必须通过接换试验加以确定。因而接换原则就成了叶尔姆斯列夫理论中最重要的一条原则。

3. 所有的科学都聚集在语言学的周围

叶尔姆斯列夫把实体排除在语言之外，这样一来，在语言中就只剩下内容形式和表达形式所构成的种种关系了。这种语言学具有代数的性质，又没有跟实体对应的标志。因此，它就可以跟其他类似的形式结构等同起来。

叶尔姆斯列夫说：“正是由于理论只建筑在语言形式的基础上，不考虑实体（材料），所以我们的理论可以很容易地应用于任何结构，只要这种结构的形式跟自然语言的形式类似就行。"①

于是语言学被融化在符号逻辑之中了。在这个意义上，叶尔姆斯列夫宣称："所有的科学都聚集在语言学的周围。"②

因此，哥本哈根学派就有必要制定作为科学的一般理论的语言学，他们把它叫作"语符学"（glossematics）。

乌尔达尔的《语符学纲要》完成了这个任务。他所制定的语符学，既是语言理论，又是符号学，又是所有的科学的一般理论。

乌尔达尔在《语符学纲要》中写道："这里所阐述的语符代数学是包罗万象的，也就是说，它的运用不受材料的限制，因此，在它的性质和阐述中，没有任何语言学甚至人文科学所特有的东西。显然，按照创建的意图来看，它的主要目的是确定对语言学以及其他人文科学材料进行描写的基础。"③

乌尔达尔认为，精密科学的研究方法已达到很高的水平，把这些方法运用于人文科学，将有助于人文科学提高其方法的精确性，进而普遍提高其科学水平，而"语符学"是统一精密科学和人文科学的唯一可能的基础。

他说："要求精密科学放弃它所达到的发展水平是荒谬的，因此，只有人文科学摒弃'物质'，依靠功能，才能实现这样的统一，我认为只有这样，人文科学才能成为精密科学。"④"精密

---

① L. Hjelmslev, Prolegomena to a Theory of Language，21 节，1953。
② L. Hjelmslev, Prolegomena to a Theory of Language，15 节，1953。
③ H. J. Uldall, Outline of Glossematics, 1957：86.
④ H. J. Uldall, Outline of Glossematics, 1957：404.

科学不是跟宇宙中全部现象相联系的，而仅仅跟它们的一个方面即功能相联系，而且仅仅跟量的功能相联系。从科学观点来看，宇宙不是由物体甚至不是由‘物质’构成的，而仅仅是由物体间的功能构成的；而物体仅仅被看成功能的交叉点。‘物质’本身不应予以考虑，因此，科学的世界观不是一幅图画，而是一张图表。”①

乌尔达尔想把一切物质都抛弃在外，纯粹从功能的角度来研究一切科学，试图用语符学来统一所有的科学，他的愿望是很激动人心的，但实现起来也是步履维艰的。

因此，不少语言学家都批评哥本哈根学派的做法，认为他们的理论是凌驾于语言之上的，而不是从语言前提出发的。每当用哥本哈根学派的理论原则来具体地进行语言分析时，往往会显得左支右绌、漏洞百出。所以，要从纯语言学的角度对哥本哈根学派进行批评是很难的。

法国语言学家马尔丁内（A. Martinet）说得好：“叶尔姆斯列夫的理论好比一座象牙之塔，要想对它有所评价，唯一的办法是建立新的象牙之塔。”②

当然，毋庸置疑，叶尔姆斯列夫建立的这座象牙之塔是不同凡响的，这是一座很有独创精神的象牙塔，我们切不要无视这座象牙塔。

① H. J. Uldall, Outline of Glossematics, 1957: 399—400.

② A. Martinet, Économie des Changements phonétique, 1955: 54.

本章参考文献

1. L. Hjelmslev, Prolegomena to a Theory of Language, Indiana University, Bloomington, Ind, 1953.（译自1943年丹麦文本）

2. H. J. Uldall, Outline of Glossematics, Copenhagen, 1957.

3. B. A. звегинцев, глоссематика и лингвистика, 《новое в лингвисвике》, 第215—243页，中译文见《语言学资料》，1964年，第3期，于群译。

4. 林浩庄，易洪，廖东平，叶尔姆斯列夫及其理论观点简介，《语言学资料》，1965年，第4期。

5. 王德福，《语符学语言模型研究》，中国社会科学出版社，2009年。

第五章　叶斯柏森的语言理论

在丹麦，除了哥本哈根学派之外，还有一位有世界性影响的语言学家叶斯柏森（Otto Jespersen，1860—1943），他的语言研究远不像哥本哈根学派那样抽象，他十分重视具体语言的个性，重视基于历史发展的具体语言的横断面的描写，建立了与哥本哈根学派迥然不同的语言理论。

在本章中，我们将介绍叶斯柏森的学术活动和他的语言理论。

第一节　叶斯柏森的生平和著作

图 5-1　叶斯柏森

叶斯柏森的全名是 Jens Otto Harry Jespersen，他于 1860 年 7 月 16 日出生在丹麦的朗德尔斯（Randers）的一个法学家的家庭。由于家学的影响，他本来也想学法律，但是他的父母过早去世，使他无法坚持法律的学习，少年时代的叶斯柏森只好在国会里当速记员来维持生活。

叶斯柏森在大学时主要致力于语音学的研究，在学习期间就发表过一些有影响的论文，1886 年获哥本哈根大学文学硕士学位。大学毕业后，叶斯柏森到国外游学，回丹麦后，从 1893 年起在哥本哈根大学担任英语教授，并赞助斯堪的纳维亚语言教学协会的工作。1890—1903 年，他担任《丹麦》杂志主编，1905 年因《英语的成长和结构》一书获英国皇家科学院通讯院士的荣誉称号，1906 年获法国伏尔尼（Volney）奖，1904—1909 年曾到美国讲学，纽约哥伦比亚大学和苏格兰圣·安德鲁斯大学曾授予他名誉博士学位。他于 1925 年退休。1936 年在哥本哈根举行第 4 届国际语言学家会议，他被推举为会议的主席。1943 年 4 月 30 日，叶斯柏森在丹麦的罗斯吉尔德（Roskilde）逝世，享年 83 岁。

叶斯柏森的著作丰富，主要著作如下：

1. 《语言进化论 特别着重英语》（*Progress in Language with special reference to English*，London，1894）

2. 《语言教学法》（丹麦语本），此书有 S. Y. Bestelsen 的英译本：《怎样教外语》，（Sprogundervisning，1901；English translation：*How to Teach a Foreign Language*，by S. Y. Bestelsen，1904）

3. 《英语的成长和结构》（*Growth and Structure of the English Language*，Leipzig and Oxford，1905）

4. 《现代英语语法：历史原则》（*A Modern English Grammar，on Historical Principles*，in 7 vols.，London，1909—1949），该书是七卷本的巨著，从 1909 年开始编写，直到他去世后五年，于

1949年才出齐。

5. 《语音学》和《语音学手册》（*Phonetik*, Copenhagen, 1897—1899, *Lehrbuch der Phonetik*, Leipzig, 1913）

6.《英语语法纲要》（*Essentials of English Grammar*, London, 1933），此书不仅在英语国家有很大的影响，而且也影响了我国20世纪30年代和40年代的汉语语法研究。

7.《语言的逻辑》（*Logic of Language*, 1913）

8.《语言论：语言的本质、发展和起源》（*Language, Its Nature, Development and Origin*, London, 1922）

9.《语法哲学》（*The Philosophy of Grammar*, London, 1924），此书是叶斯柏森最重要的语言理论著作，全书共25章。在这本书中，他在分析大量语言材料的基础上，探讨了普通语言学的一系列问题，特别是语法理论问题，讨论了语法范畴和逻辑范畴的关系，提出了不少独特的创见。

10.《分析句法》（*Analytic Syntax*, New York-London, 1937）。

第二节　叶斯柏森语言理论的主要内容

叶斯柏森语言理论的要点如下：

1. 语言的本质是人类的活动，口语是语言的第一性的形式

叶斯柏森在《语法哲学》中指出，“语言的本质是人类的活动，是一个人旨在把他的思想传达给另一个人的活动，也是后者旨在理解前者的思想的活动”，从这样的观点出发，他十分重视交际的双方，重视交际中的活的言语。

他认为，“说出来的和听到的词是语言的第一性的形式，比起它的书写（印刷）和朗读表现出来的第二性的形式重要得多。”

2. 语言的历史是进化的而不是退化的

19 世纪的历史比较语言学家虽然在印欧语的历史比较研究中取得了巨大的成就，但是他们普遍认为现代印欧语是退化了的语言。施来赫尔认为语言只是在史前时代才处在进化之中，而在有史时代中，语言却走向衰败和退化。施来赫尔把“原始印欧语”看成是进步的语言，而把现代印欧语，特别是英语这样的分析型语言，看成是退化了的语言，并且把印欧语之外的大多数缺少形态变化的语言看成是落后的语言。历史比较语言学家们宣称：“大体上说来，全部雅利安语的历史除了一个逐渐衰败的过程，就剩下零了。”

叶斯柏森以大无畏的反潮流的精神，对前辈语言学权威的这些观点进行了批驳，提出了“语言进化论”。他指出，历史比较语言学家如葆朴那些人所主张的、以语法形态变化的简化为语言衰败的象征的旧观念，是完全错误的。他认为，形态的简化是一种进步，梵文一个形容词有三个性、三个数、八个格，一共有 72 种形式，而英语只有一种形式。这种现象正是语言进化的表现。他还赞扬被施来赫尔斥为处于原始状态的汉语是“进步的语言”。叶斯柏森的“语言进化论”受到了英国人的欢迎，因而他在 1905 年得到了英国皇家科学院授予的通讯院士的荣誉头衔。叶斯柏森关于语言进化的观点，现在已经得到了语言学界的普遍承认。

3. 历史语言学和描写语言学应该结合起来

叶斯柏森把语言现象的研究划分为“历史的语言学”和“描写的语言学”两种，这与索绪尔把语言研究划分为“历时语言学”和“共时语言学”比起来，只是术语的不同，实质是非常接近的。但是，索绪尔拒绝在研究语言共时秩序的任何情况下运用历时的事实来解释。叶斯柏森与索绪尔不同，他主张应该重视“历史的语言学”和“描写的语言学”之间的联系。他说：“语言现象可以从两个观点出发来研究：描写的观点和历史的观点，它们对应于物理学中的静力学和动力学（或运动学）。区别在于，前者把现象看作静止的，而后者把现象看作运动的。”他主张历史语言学应该注意描写，认为“在任何情况下，历史语言学不可能使描写语言学成为多余的，因为历史语言学永远应当建立在对语言发展的那些我们可以直接接近的阶段的描写上头”。

在他的共时结构的语法体系中，有效地引用了大量的历时性材料，使得他能够更完整、更全面地阐明共时的语法现象。

4. 冲破传统逻辑的束缚，从语言本身及其交际功能出发来研究语法

传统语法一直是传统逻辑的附庸，叶斯柏森反对把语法范畴看成逻辑范畴，认为“逻辑的基础并不像现实语言的句法的全部领域那么广阔”，他主张从语言本身和交际功能出发来研究语法。

他把句子定义为“人类的相对完整和独立的表达”，抛弃了从逻辑出发的旧概念，建立了从交际功能出发的新概念。

他说“词是语言的单位”，反对把词看成语音单位或表义单位，也是有意识地要同从心理学或逻辑学出发的定义划清界限。

叶斯柏森不承认有“普遍语法”的存在，但是他认为存在一种处于语言外部的、不依赖于各种现存语言的、多少有些偶然的事实的范畴。他说：“这些范畴普遍到能适用于所有各种语言的程度，尽管它们在这些语言中很少以清晰无误的形式表现出来。其中有一些范畴与诸如性别这样的外部世界的事实有关，而另一些则与智力活动或逻辑有关。”他把这些范畴称为“概念范畴”。他认为，“语法学家的任务在于，在每一个具体的场合弄清楚存在于概念范畴和句法范畴之间的关系”。在这个基础上，叶斯柏森提出了交际过程的如下模式（图 5-2）：

	C		B		A		B		C
说话人：	概念	→	功能	→	形式				
听话人					形式	→	功能	→	概念

图 5-2　交际过程的模式

5. 建立“组合式”和“联系式”相结合的语法描述体系

叶斯柏森把词组或句子中词和词的结合分为两种类型：一种叫作“组合式”（junction），另一种叫作“联系式”（nexus）。

“组合式”是一种限制或修饰关系，它表示的是一个单一的概念；例如，red rose（“红蔷薇”）、furiously barking（“狂吠”）。“组合式”相当于偏正结构。

“联系式”是一种主谓关系，它连接两个互相独立的概念；例如，the rose is red（“蔷薇红”）、the dog barks（“狗吠”）。“联系式”相当于主谓结构。

独立的联系式就是一个句子，联系式也可以作为更大的句子中的成分。

叶斯柏森提出，把“组合式”和“联系式”结合起来，就可以完全地描述词组和句子中词与词之间的关系，建立起完整的语法描述体系。

例如，组合式 a furiously barking dog（吠叫的狗）及其相对应的联系式 the dog barks furiously（狗吠）这两个词组之间的关系，与组合式 a red rose（一朵红蔷薇）和联系式 the rose is red（这朵蔷薇是红的）之间的关系相同。不过，the dog barks 和 the rose is red 意义完整，句子完整，通常把句子中的 the dog 和 the rose 叫作主语，把 barks 和 is red 叫作谓语，而把整个结构叫作谓语句（predication）。

6. 针对英语语法的特点，提出“三品说”

叶斯柏森认为，古典拉丁语法中，由于拉丁语形态丰富，形态学非常发达，而句法学却相对薄弱；现代英语的形态已经大大简化，许多词已经没有形态变化，用古典拉丁语法的模式来分析现代英语，往往会削足适履。

他根据现代英语的实际，提出了“三品说”（The three ranks）。

叶斯柏森指出，在任何一个表示事物或人的词组中，总可以发现其中一个词最重要，而其他的词则结合在一起从属于这个词。这个词受另一个词的限定（后置修饰，前置修饰），而后者又会受到第三个词的限定（后置修饰，前置修饰），等等。因此我们可以根据词与词之间限定与被限定的相互关系来确定词的“品级”（ranks）。在词组 extremely hot weather（极热的天气）中，最后一个词 weather 显然是主要的概念，可叫作“首品”（primary）；hot 限定 weather，可叫作“次品”（secondary）；extremely 限定 hot，可叫作“末品”（tertiary）。尽管末词还可能受到另一个（四品）词的限定，而四品词又会受另一个（五品）词的限定，等等，但没有必要分出三种以上的词品，因为这些低品级的词在形式和特点上与末品词没有什么区别。

例如，在词组 a certainly not very cleverly worded remark（一句显然是措辞不清的话）中，certainly，not，very 虽然都是限定其后的词的，但它们在语法上同末品词毫无区别，如同在 certainly a clever remark（一句显然聪明的话），not a clever remark（一句并非聪明的话），a very clever remark（一句很聪明的话）中一样。

词组 a furiously barking dog（一条狂吠的狗）中，dog 是首品，barking 是次品，furiously 是末品。我们如果把该词组与 the dog barks furiously（这狗狂吠）相比较，就会清楚地发现，后者也具有与前者相同的主从关系，但这两种结构有着根本的区别，须用不同的术语加以表示：叶斯柏森把前者叫作组合式（junction），把后者叫作联系式（nexus）。除了 the dog barks（狗吠）外，还有其他类型的联系式。

在上面所举的例句中可以看出，一般地说，名词用做首品，形容词用做次品，副词用做末品，这三种词类与这里所确立的三品词之间似乎存在着某种程度的对应关系。我们甚至可以下定义说，名词是习惯上担任首品的词，形容词是习惯上担任次品的词，副词是习惯上担任末品的词。

但是这种对应关系并不是绝对的，词类和词品这两个体系的对应不是一成不变的。叶斯柏森说："每个句子里总有些相对流动的成分（次品词），另外还有些好像从海里冒出来的礁石似的稳稳地固定住的成分（首品词）。主语永远是句子里的首品词，别看不一定是唯一的首品”。

叶斯柏森指出，首品、次品、末品这些术语不仅适用于组合式，还适用于联系式。他使用不同的术语来区别组合式与联系式两种不同结构中的词品。

组合式中的词品分别叫作首品（primary）、修品（adjunct）、次修品（subjunct）、次次修品（sub- subjunct）；联系式中的词品分别叫作首品（primary）、述品（adnex）、次述品（subnex）。例如，the dog barks furiously 是联系式，其中的 the dog 是首品，barks 是述品，furiously 是次述品。

可以有两个或多个并列的首品，如 the dog and the cat ran away（狗和猫跑走了）。同样，一个首品可以带两个或多个并列的修品。

例如，在 a nice young lady（一位可爱的年轻女士）中，a、nice、young 限定的都是 lady，它们是并列的修品。再比较 much（Ⅱ）good（Ⅱ）white（Ⅱ）wine（Ⅰ）（许多好的白葡萄酒），和 very（Ⅲ）good（Ⅱ）wine（Ⅰ）（非常好的葡萄酒）中标了罗马数字的单词，都是并列的修品。

并列的修品常常由连接词连接，如 a raining and stormy afternoon（一个风雨交加的下午），a brilliant，though lengthy novel（一本出色的，但篇幅颇长的小说）。如不用连接词，则意味着最后一个修品与首品的关系特别密切，构成一个概念，可称为“复合首品”。例如，young lady（年轻女士）。在某些固定结构中尤其如此：in high good humour（情绪特佳），by great good fortune（交上好运），extreme old age（耄耋之年）。

有时两个并列修品的前者似乎从属后者，接近于一个次修品，例如，burning hot soup（滚热的汤），a shocking bad nurse（一个坏得怕人的护士）。

并列次修品的例子有：a logically and grammatically unjustifiable construction（一个在逻辑上和语法上都不合理的结构），a seldom or never seen form（一种罕见或从未见过的形式）。

叶斯柏森通过大量的实例说明了英语中名词、形容词和代词充当首品、修品、次修品的各种复杂情况；并且指出，动词的限定形式只能做述品，动词的不定式可做首品、修品、次修品；副词一般做次修品，副词做首品、修品的情况极为少见①。

“三品说”对于我国的语法研究曾经产生过很大的影响，吕叔湘的《中国文法要略》、王力的《中国现代语法》和《中国语法理论》都采用了叶斯柏森的“三品说”。但是，由于“三品说”是针对英语的特点提出来的，汉语的词类与“三品说”中的“品”的对应关系是错综复杂的，因而针对英语语法提出的“三品说”实际上解决不了汉语语法研究多大的问题。

7. 研究语言的声音和意义的关系，探讨语音的“象征作用”

叶斯柏森重视语言的音义关系的研究，在《语言论：它的本质、发展和起源》一书中，专门辟出一章来论述语音的“象征作用”（sound symbolism）。他追溯历史，指出希腊的柏拉图的《克

---

① 叶斯柏森认为，首品（primary）这个术语比他在《现代英语语法》第二卷中用的主词（principal）这个术语要好。当然，还可以创造出其他的新术语，把组合式和联系式中的“首品”分别称为“上修品”（superjunct）和“上述品”（supernex），但这些累赘的术语实在是多余的。

拉底洛篇》就首先研究了音义关系，后来德国的洪堡德也谈到语音的象征作用。洪堡德曾经举出，德语的 stehen（站立）、staetig（可能是 stetig“持久的、稳定的”的前身）、starr（僵硬的、固定的），这些在语音上有某种共同点（以 st-开头）的词，都给人以牢固、稳定的印象；而 wehen（吹）、wind（风）、wolke（云）、wirren（混乱）、wunsch（希望）等以 w-开头的词，都有不稳定、摇摆、混乱的意思。因此，叶斯柏森认为：“产生相似印象的客体用基本相同的声音指示”，但是，这不是一个普遍的法则，无论在外族语言或是本族语言中，都不难找到反证。叶斯柏森指出，在英语、拉丁语、匈牙利语、希腊语、德语、丹麦语中，许多带元音 /i/ 的词都有弱小、精致、不重要的意思，如英语的 little（小的、少的）、petit（小的）、piccolo（短笛）、wee（极小的）、tiny（微小的）等词。叶斯柏森也举出反例，他指出，就在英语的常用词中，带元音 /i/ 的 big 却表示“大的”意思，而表示“小的”意思的单词 small 却不带元音 /i/，表示“粗的、厚的”意思的 thick 却带有元音 /i/。尽管如此，叶斯柏森的用意是提醒人们充分估计语音象征作用的广泛性。

他详尽地列举了各种各样的表示出语音象征作用的词，基本上可归纳为三种情况。

第一种，模拟外界声音而且主要起描绘声音形象的作用的狭义的拟声词，如英语的 clink（金属的敲击声）、bow-bow（狗吠声）。

第二种，源于拟声但其作用并非描绘声音而是指称什么东西的词，如英语的 cuckoo（布谷鸟）、peeweet（红嘴鸥）。

第三种，因声音而引起某种心理联想的词，如德语中一些以st-开头的词有稳定的意思，以 w-开头的词有摇摆的意思，在英语中，不少带元音 /i/ 的词表示光亮，不少带元音 /u/ 的词表示昏暗。

叶斯柏森对于语音象征作用的研究，揭示了语言符号除了索绪尔所指出的任意性之外，还具有一定程度的可论证性。这说明，语言符号的任意性不是完全绝对的，而语言符号的可论证性也不是绝对的。叶斯柏森的研究，对于我们深入了解语言符号的性质，具有积极的作用，启发我们进一步思考这个问题。

8. 研究自然语言的形式描写问题

叶斯柏森晚年从事语言形式化的研究，他的《分析句法》对于而后数理语言学和计算语言学的建立和发展，起了积极的推动作用。

9. 研究多语交际问题，提出“语际语言学”，创造人工语言诺维阿尔

叶斯柏森认为，为了克服说不同语言的人们之间的语言障碍，应该研究多语交际问题。1931 年在比利时的根特（Gent）召开的第二届语际语言学家大会上，他将语际语言学（interlinguistics）作为一门新的学科引入语言学，他把语际语言学定义为：“语言科学的一个分支，研究所有语言的结构和基本组成原则，以便建立语际语的标准；所谓语际语是指由于母语的不同而产生理解障碍的人们之间口头或书面交际的辅助语言。”这是语际语言学的经典定义。

叶斯柏森于 1928 年亲自设计了人工语言“诺维阿尔”

（Novial），于1930年出版了诺维阿尔语的词典。

10. 提出设计国际音标的建议

叶斯柏森在给国际语音学会的帕西（Paul Passy）的一封信中，提出了设计“国际音标”的建议，这个建议被国际语音学会采纳。

图5-3　帕西

在1888年，由帕西（Paul Passy），丹尼尔·琼斯（Daniel Jones），斯威特（Henry Sweet）和埃利斯（A. J. Ellis）等语音学家完成了国际音标（the International Phonetic Alphabet，简称IPA）的设计，成为记录世界上各种语言语音的有力工具。IPA在1900年、1932年做了进一步的扩充，1993年又进行了少量的修订，现在使用的版本是2005年修订的。

当然，叶斯柏森的这些语言学的研究也有不足之处。例如，在语言起源的问题上，他仅仅从梵语和古希腊语使用乐调重音就轻率地得出语言起源于唱歌的结论，缺少说服力。

叶斯柏森不是完人，他的成就是主要的，在现代语言学的历史上，他是功不可没的。

美国语言学家拉波夫（W. Labov）在评论本世纪的三位重要语言学家时说过：“索绪尔被认为是本世纪影响最大的语言学家，梅耶是历史语言学最杰出的语言学家之一，叶斯柏森是其著作在当代被最用心去阅读、最注意去引用的语言学家。”①

① W. Labov, Socialinguistic Patterns, Pennsylvania, 1972: 260.

本章参考文献

1. Jens Otto harry Jespersen, The Philosophy of Grammar, 6th edition, London, George Allen and Unwin, 1951.
2. 俞敏，叶斯柏森，《国外语言学》，1980 年，第 3 期。
3. 石安石，语言符号的任意性和可论证性，《语文研究》，1989 年，第 4 期。
4. 葛本成，语法哲学介评，《河南大学学报》（社会科学版），2002 年，第 4 期。
5. 奥托·叶斯柏森著，何勇等译，廖序东审订，《语法哲学》，语文出版社，1988 年。

第六章　美国描写语言学

美国描写语言学是结构主义三大流派中影响最大的一个流派。本章介绍美国描写语言学的形成。它的理论基础、基本方法以及分析语言的步骤，最后介绍语法描写的两个模型及法位学理论。

第一节　美国描写语言学的形成

在墨西哥以北的美洲的印第安土著民族中，使用着上千种不同的语言，这些语言在结构上与印欧语迥然不同，难于用传统语言学的方法加以描述。为了调查这些语言，美国的人类学家和语言学家们做了不少工作。在调查研究印第安语的长期工作实践中，人类学家鲍阿斯（F. Boas）、语言学家萨丕尔（E. Sapir）和布龙菲尔德（L. Bloomfield）异军突起，提出了一种新的语言分析方法，创立了一个新的结构主义流派——美国描写语言学。

鲍阿斯（F. Boas，1858—1942）编写了《美洲印第安语言手册》（Handbook of American Indian Languages，Bulletin 40，Bureau of American Ethnology pt. 1-2 Was., 1911; pt. 3, New York, 1938)。在《手册》的引论中，鲍阿斯提出，每一种语言不应当依据一些预定的标准（如希腊—拉丁语法）来描写，而应当仅仅依据这种语言本身的语音、形式和意义的模式来描写，因为这些模式是从土著语言本身归纳出来的。因此，他主张重新探讨描写语言的新方法。

萨丕尔（E. Sapir，1884—1939）是美国描写语言学的先驱，他不仅懂得许多种欧洲、亚洲和美洲语言，而且对语言理论的研究也很感兴趣。他曾对美洲印第安人的许多语言做过分析描写，特别注意研究这些语言的结构，他的主要语言学著作是《语言论（言语研究导论）》（*Language, An Introduction to the Study of Speech*, 1921）。在这本书中，他把语言称为“了解社会实际的指南”，认为人们在很大的程度上受到语言的影响。

图 6-1　鲍阿斯

图 6-2　萨丕尔

如果说鲍阿斯和萨丕尔是美国描写语言学的先驱，那么布龙菲尔德就是美国描写语言学的奠基人和代表人物。

布龙菲尔德（L. Bloomfield，1887—1949）是美国描写语言学最有影响的学者，他的影响远远大于鲍阿斯和萨丕尔。有人把 1933—1950 年的美国语言学叫“布龙菲尔德世纪”，这并不是夸大之辞。

图 6-3　布龙菲尔德

布龙菲尔德于 1887 年 4 月 1 日生于美国芝加哥，1906 年在哈佛学院毕业，1909 年在芝加哥大学获得博士学位。博士论文是《日耳曼语的元音交替所引起的语义差别》（A Semasiologic differentiation in Germanic Secondary Ablaut）。1913—1914 年，他到德国的莱比锡大学和哥廷根大学进修语言学，结识了青年语法学派的代表人物雷斯琴和勃鲁格曼等人。他早年的学术著作仅限于印欧语的语音和语法方面的具体问题，如《梵语中印欧语的上颚音》（*The Indo-European palatals in Sanskrit*，1911）、《斯堪的纳维亚语中构词的一种类型》（*A type of Scandinavian word-formation*，1912）。1914 年写过《语言学研究入门》（*An Introduction to the Study of Language*）一书[①]。在此书中，布龙菲尔德站在德国构造派心理学家冯德（W. Wundt，1832—1920）的立场上来研究语言，把语言看成是一种同心理活动和生理活动联系在一起的表达活动。

1919 年，美国心理学家华生（J. B. Watson，1878—1958）的《行为主义观点的心理学》（*Psychology from the Stand-point of a*

① 萨丕尔，《语言论——言语研究导论》，中译本，商务印书馆，1964 年。

Behaviorist）一书出版问世，行为主义心理学在美国兴起。布龙菲尔德也就从冯德的构造派心理学的立场转到了华生的行为主义心理学的立场，并于 1933 年出版了其代表作《语言论》（*Language*）。在序言中，布龙菲尔德说："本书是作者 1914 年问世的《语言学研究入门》一书（纽约亨利·霍尔特公司出版）的修订版。新版在篇幅上比旧版大得多。一是因为在旧版与新版前后相距的这个时期，语言科学有了发展；二是因为科学工作者和教育工作者目前对人类语言的理解，给予了更大的重视。"① 又说："在 1914 年，我是把这个方面的阐述，以当时被人们广泛接受的威廉·冯德的心理体系为基础的。自从那时以来，心理学方面发生了翻天覆地的变化，我们总算了解到了 30 年前我们的一位大师所感受的是什么，也就是说，我们不必引证任何一种心理学的论点也能够从事语言的研究了。而且，这样的研究可以保证我们取得成果，并能使这些成果对有关领域方面的工作者更加有所裨益。"② 不过，在实际上，布龙菲尔德是用行为主义心理学的机械主义来代替构造派心理学的心灵主义的。所以，他在序言中也承认："心灵主义学派是想用一种心灵方面的说法来作为语言事实的补充。这种说法在各种不同的心灵主义心理学派中间有着各自的差异。机械论者的主张是，在阐述这些事实时不要作这种辅助因素的假定。我之所以力求适应这种主张，不仅仅因为我相信机械论的观点是科学探讨的必要形式，而且还因为我认为以自

---

① 布龙菲尔德，《语言论》，中译本，第 iii 页，商务印书馆，1980 年。

② 布龙菲尔德，《语言论》，中译本，第 iii 页，商务印书馆，1980 年。

己的立足点为基础的论述，比起一种仰仗另外一个人的变化无常的各种论点来，是要更为扎扎实实，更为易于掌握的。”①

可见，布龙菲尔德是力求来适应行为主义心理学的机械主义的主张的。从行为主义的立场出发，布龙菲尔德不再把语言看成是与心理和生理相关联的表达活动，而把语言看成是一连串刺激和反应的行为，主张根据形式结构的差别来分析语言。这样，他便走上了结构主义语言学的道路。

布龙菲尔德语重心长地指出：“在语言研究中，最困难的一步就是第一步。”他又说，“过去的学者虽然一次又一次地接近了语言研究，然而并没有真正地进入这个领域。语言科学是从人们关心的一些比较实际的问题产生的，例如文字的使用，文学特别是年代较古的文献的研究，以及优美的言辞的规则；可是尽管人们在这些事情上花了许多时间，却仍然没有真正进入语言研究的领域。”

当然，布龙菲尔德转向结构主义，也受到了索绪尔的影响。他在《语言论》的第一章中指出，索绪尔在多年的大学讲课中，曾详细地论述语言的历史研究要以描写性研究为基础的问题。布龙菲尔德以此来说明描写性研究的重要。

布龙菲尔德的结构主义语言学观点奠定了美国描写语言学的理论基础。他的《语言论》一书成了美国描写语言学的纲领性著作。

除了语言学理论的研究之外，布龙菲尔德还参加了外语教学

---

① 布龙菲尔德，《语言论》，中译本，第 iv 页，商务印书馆，1980 年。

与语言调查的许多实际工作。20 年代，他编写过德语和英语的初级教科书；40 年代，他编写了《外语实地调查简明指南》（*Outline Guide for the Practical Study of Foreign Languages*, 1942）、《荷兰语口语：基础教程》（*Spoken Dutch*: *Basic Course*, 第一卷，1914；第二卷，1945）、《荷兰语口语》（*Colloquial Dutch*, 1944）、《俄语口语：基础教程》（*Spoken Russian*: *Basic Course*, 1945），还为美国国防部编的《俄英语典》写了俄语语法简介。除印欧语外，布龙菲尔德还调查过马来—波里尼西亚语系的一些语言，对美洲印第安人的阿尔贡金系语言（Algonguian）做过比较和描写。

布龙菲尔德先后在美国威斯康辛大学、伊利诺依大学、俄亥俄州立大学、芝加哥大学和耶鲁大学任教，教过德语、比较语言学、日耳曼语文学和语言学。

布龙菲尔德于 1949 年 4 月 18 日去世，享年 63 岁。

布龙菲尔德之后，海里斯（Z. S. Harris）、霍克特（C. F. Hockett）、特雷格（G. L. Trager）、布洛赫（B. Bloch）、格里森（H. A. Gleason）、弗里斯（C. C. Fries）等人，继承了布龙菲尔德的学说，坚持语言分析要使用机械方法的立场，并且进一步发展了布龙菲尔德的某些观点。例如，布龙菲尔德认为，人们对意义的直觉是主观的，不受客观因素的控制，因而依靠意义是一个弱点。他觉得无法克服这一弱点。而布龙菲尔德的后继者们，除了弗里斯和格里森之外，都千方百计地想把意义从语言分析中排除出去。因此，有人把他们叫作“后布龙菲尔德结构主义”（post-Bloomfieldian structuralism）。

“后布龙菲尔德结构主义”以海里斯为代表，他被认为是

“美国新语言学的发言人”。

图 6-4　海里斯

海里斯于 1909 年 10 月 12 日生于乌克兰南部的巴尔塔城。1913 年移居美国。1921 年加入美国国籍，这时，海里斯才 12 岁。他一直在美国受教育，1930 年毕业于宾夕法尼亚大学（Pennsylvania University），1932 年和 1934 年相继在该大学获硕士和博士学位。毕业后一直在该大学教书。

海里斯的研究重点，在 1951 年以前和 1951 年以后略有不同。1951 年以前偏重于语音和形态的结构分析，1951 年以后偏重于句法分析。

从 1942 年到 1948 年间，海里斯发表的主要论文有：

1.《语言分析中的语素交替》（Morpheme alternants in linguistic analysis，1942）

2.《音位学中的同时成分》（Simultaneous components in phonology，1944）

3.《非连续语素》（Discontinuous morpheme，1945）

4.《从语素到话语》（From morpheme to utterance，1946）

5.《结构复述》（Structural restatement，1947）

6.《希伯来语聚合体的成分分析》（Componential analysis of a Hebrew paradigm，1948）

在此基础上，海里斯把这些论文的论点加以系统化，写成了《结构语言学的方法》（*Methods in Structural Linguistics*）一书，于

1951 年出版①。

《结构语言学的方法》一书出版后，在美国和欧洲引起巨大反响。从 1952—1956 年五年期间，欧美有关杂志发表的关于该书的评论文章就有 17 篇之多。

1951 年以后，海里斯提出了一系列的句法分析的理论和方法，发表的主要论文有：

1.《话语分析》（Discourse analysis，1952）

2.《话语分析范例》（Discourse analysis：a sample text，1952）

3.《分布结构》（Distributional structure，1954）

4.《从音素到语素》（From phone me to morpheme，1955）

5.《语言结构中的同现和转换》（co-occurrence and transformation in linguistic structure，1957）

发表的专著有：

1.《句子结构的符号串分析》（*String Analysis of Sentence Structure*，1962）

2.《话语分析》（*Discourse Analysis*，1963）

20 世纪 50 年代末期，海里斯的研究重点转到了数理语言学和计算语言学方面。

海里斯设计了“转换和话语分析课题”（Transformation and Discourse Analysis Project，简称 TDAP）的计算机程序，于 1958 年 6 月到 1959 年 7 月在宾夕法尼亚大学实现。过去的一些自然语言

① 此书于 1960 年第四次重印时，改名为《结构语言学》（*Structural Linguistics*）。

处理系统也使用过带有单词的词类信息的词典，但是没有描述如何进行兼类词的词类歧义的消解。作为剖析程序的一部分，TDAP使用了4条规则进行词类歧义消解，海里斯使用的词类标记序列成为了后来所有算法的雏形，系统的运行考虑到了单词标记的相对频度的顺序。这个剖析—标注系统在1999年由计算语言学家尤喜（Joshi）和霍普里（Hopely）以及卡图能（Karttunen）再次实现，他们指出，海里斯的这个剖析程序实质上是作为一个层叠式的有限状态转移网络（Finite State Transition Network，简称FSTN）来实现的。

第二节　美国描写语言学的理论基础

布龙菲尔德接受了美国行为主义心理学家华生的刺激—反应学说。

图6-5　华生

华生在《行为：比较心理学导论》（*Behavior*，*An Introduction to Comparative Psychology*，1914）一书中指出："在人的一切形式的动作中都普遍存在着一些共同的因素。在每一种顺应内都永远存在着一种反应或动作以及一种引起那一反应的刺激和情境。无须超越我们的事实太远，似乎就有可能来说，刺激永远是由体外的环境，或者是由人自己的肌肉运动和他的腺体分泌所提供的；最后，反应永远是相当及时地跟随着刺激的呈现或入射的。……心理学的研究目的是在于确定这样的资料和规律，当已知刺激之后，心理学能够预断将会发生什么样的反应；或者在另一方面，当已知反应之后，它能够指出有效刺激的性质。”①

华生又说：“我们能够将我们的一切心理学问题及其解决，都纳之于刺激和反应的轨道之中。我们现在且以 S 来代替‘刺激’（或代替比较复杂的‘情境’），以 R 来代替‘反应’。”于是我们便可以把我们的心理学问题改写成下面的公式：

S……………………R

有了　　　　　　　？（要找出）

S……………………R

？（要找出）　　　有了

及至问题已经解决了，其公式又如下：

S……………………R

已找到了　　　　　已找到了②

布龙菲尔德把华生的这一套“刺激—反应”学说全盘搬到语言学中来。他在《语言论》中，采用“刺激—反应”学说来分析言语行为，并详尽地说明了言语行为中的“刺激—反应”过程。

假设杰克和琪儿正沿着一条小路走着，琪儿饿了，她看到树上有个苹果。于是，她用她的喉咙、舌头和嘴唇发出一个声音。杰克接着就跳过篱笆，爬上树，摘下苹果，把它带到琪儿那里，放在她手上。琪儿就这样吃到了这个苹果。

---

① J. B. Watson, Behavior, An Introduction to Comparative Psychology, 1914: 9—10.

② J. B. Watson, Behaviorism, 1930: 35—36;《行为主义》，中译本，译者陈德荣。

布龙菲尔德认为，这件事情包括三个部分：

A. 言语行为以前的实际事项；

B. 言语行为；

C. 言语行为以后的实际事项。

其中，A和C是实际事项，B是言语行为。

A项主要是关于说话人琪儿的一些事。她饿了，她的某些肌肉在收缩，胃液分泌了出来，或许她还渴了，她的舌头和喉咙干了，光波从红色的苹果那里反射到她的眼睛里，她看到杰克在她旁边。假定琪儿和杰克的关系是兄妹关系或夫妻关系。布龙菲尔德把所有这些在琪儿说话以前已经存在并且和她有关的事项，叫作“说话人的刺激”。

C项是发生在琪儿说话以后的实际事项。主要包括听话人去摘苹果，并把苹果交给琪儿，这些在说话人说话以后发生的、和听话人有关的实际事项，布龙菲尔德叫作“听话人的反应”。“听话人的反应”也关涉到琪儿，琪儿把苹果拿到手里并且把它吃了。

如果琪儿是单独的一个人，她饿了、渴了，而且看到了同一个苹果，要是她有足够的气力和本领翻过篱笆爬上树，那么她就可以拿到苹果并把它吃下去；否则，她就得挨饿。这时，琪儿与不会说话的动物几乎处于同样的地位。饥饿的状态和看到或闻到食物是一种刺激，用S代表，朝食物方向移动是反应，用R代表。单个的琪儿与不会说话的动物的行为可以表示为：

$$S \rightarrow R$$

但是，如果琪儿不是自己去翻篱笆和爬树，她只要发出一点声音，杰克就为她做出反应，做出了超出琪儿气力的动作。这样，琪儿也得到了苹果。可见，由于有了语言事项B，也可以达到同样的目的。语言可以在一个人受到刺激S时，让另一个人去做出反应R。

语言事项B也包括三个部分：

（B1）说话人琪儿活动声带、下颚、舌头等器官，让空气形成声波，她不去做实际的反应R而去做发音动作，即言语的反应，这个反应用小写字母r来表示。这时，说话人琪儿对刺激的反应可写为：

$$S \to r$$

其中，r是语言的替代性反应。

（B2）琪儿口腔里空气中的声波使周围的空气形成类似的波形振动。

（B3）空气里的声波冲击杰克的耳膜，使它颤动，这样就对杰克的神经发生了作用。杰克听到了言语。这时，听到的话对杰克来说也是一种刺激。于是，他去摘苹果，把苹果放在琪儿手里。这种语言的替代性刺激用小写的s表示。这样，就有：

$$s \to R$$

可见，人类回答刺激有两种方式，一种是无言语的反应，一种是用言语作中介的反应。分别表示如下：

无言语的反应：$S \to R$

用言语作中介的反应：$S \to r \ldots s \to R$

在后一种情况下，说话人和听话人这两个互不相连的神经系统，用声波作为桥梁，这就是小写r与小写s之间的虚线部分。

布龙菲尔德说："作为研究语言的人，我们所关心的恰恰正是言语的事项（r…s），它本身虽然没有价值，但却是达到某种巨大目的的手段。"①

根据这样的分析，布龙菲尔德把A、C等实际事项与言语行为B分开，并把A、C等实际事项看成意义。在布龙菲尔德看来，语言的意义就是"说话人说话时所处的情境和这个形式在听话人那儿所引起的反应"②，亦即与说出或听进的声音符号相应的刺激-反应成分。对语言意义的科学的说明，是以说话人对世界的科学而精确的认识为前提的。布龙菲尔德说："引起人们说话的情境包括人类世界中的每一件客观事物和发生的情况。为了给每个语言形式的意义下一个科学的准确的定义，我们对于说话人的世界里每一件事物都必得有科学的精确知识。人类的知识跟这种要求比较起来，实际的范围太大了。只有当某个言语形式的意义在我们所掌握的科学知识范围以内，我们才能准确地确定它的意义。比方，我们可以根据化学和矿物学来给矿物的名称下定义，正如我们说'盐'这个词的一般的意义是'氯化钠（NaCl）'，我们也可以用植物学或者动物学的术语来给植物或者动物的名称下定义，可是我们没有一种准确的方法来给像'爱'或者'恨'这样一些词下定义，这样一些词涉及很多还没有准确地加以分类的环境——而这些难以确定意义的词在词汇里占了绝大多数。"③

他又说："语素的意义叫作义素（sememe），语言学家假设每

① 布龙菲尔德，《语言论》，中译本，第28页，商务印书馆，1980年。
② 布龙菲尔德，《语言论》，中译本，第166页，商务印书馆，1980年。
③ 布龙菲尔德，《语言论》，中译本，第166页，商务印书馆，1980年。

一个义素是一个稳定的和明确的意义单位，每一义素同语言中所有其他的意义（包括所有其他的义素在内）都不同，语言学家的假设也就到此为止。”①

这就是说，在语言科学的范围之内，应该只从语音组成方面对语素进行描写，而语言的意义，即“义素”，已经超出语言学的范围了。他指出：“在 wolf（狼），fox（狐狸）和 dog（狗）这样一些语素的结构里，并没有什么东西告诉我们，它们的意义之间有什么关系；这里属于动物学家的问题。我们是欢迎动物学家对这些意义所下的定义，作为我们的实际的帮助，可是从语言学的立场上说，这个定义既不能肯定什么也不能否定什么。”②

因此，他接着说：“语言研究必须从语音形式开始，而不是从意义开始。语音形式——比方我们说，一个语言里的全部语素——可以根据音位以及音位的排列加以描写，而在这个基础上，可以用某种简便的方式分类或列表，例如按字母顺序的方法，意义——就我们的例子说，就是一个语言的义素——只有无所不知的通才才能分析或者加以系统地排列。”③

这样，布龙菲尔德便把意义排斥在语言研究的范围之外，告诫人们要从语音形式着手来研究语言。

但是，应该指出，在《语言论》中，布龙菲尔德有时又把意义包括在语言研究的范围之内。

他说：“人类的语言和动物做出的类似信号的活动不同，甚

① 布龙菲尔德，《语言论》，中译本，第 196 页，商务印书馆，1980 年。
② 布龙菲尔德，《语言论》，中译本，第 196—197 页，商务印书馆，1980 年。
③ 布龙菲尔德，《语言论》，中译本，第 197 页，商务印书馆，1980 年。

至和那些使用发音器官的动物也不同，因为人类语言的声音是很复杂的，譬如狗只能发出两种或者三种声音——吠声、咆哮声和嗥声：一只狗只可以用这几种不同的信号使另一只狗做某种行动。鹦鹉可以发出很多种不同的声音，但显然对不同的声音不能做不同的反应。人能发出很多种语音而且利用这些不同的语音。在一定类型的刺激下，他发出一定的语音，他的同伴听到了这些声音就做出相应的反应。简单地说，在人类的语言里，不同的声音具有不同的意义，研究一定的声音和一定的意义如何配合，就是研究语言。”① 从这段话看来，布龙菲尔德还是很在乎意义的。

另外，在研究具有语法功能的语素的意义时，布龙菲尔德也认为这些意义可以是语言分析的对象，应该在语言学中加以确定。他指出，英语中构成阴性人物或者动物名称的后缀-ess，具有完全可以确定的语言意义，这不仅因为有一系列对应的词存在，如 lion（雄狮）——lioness（雌狮），count（伯爵）——countess（伯爵夫人），而且还因为英语语法区别 he（他）和 she（她）。

所以，布龙菲尔德对意义的理解和态度是模棱两可的。

在他的影响下，后来的描写语言学家对意义的理解和态度可以分为两派。

一派如海里斯、布洛赫、特雷格等人。

他们认为，语言研究可以完全不考虑意义，他们并且制定了完全排除意义的语言研究方法。布洛赫和特雷格在《语言分析纲要》一书中说：“语言是一种人为的声音符号的系统，社会集体

① 布龙菲尔德，《语言论》，中译本，第29页，商务印书馆，1980年。

利用它作为合作的工具……这个系统中的符号是口里说出的声音——人们由我们所说的发音器官所产生的声音。”① 可见他们把语言只看成发音器官所产生的声音，把意义完全排除在语言之外。

描写语言学家沃格林（C. F. Voeglin）甚至写了一篇文章，题目公然叫作《没有意义的语言学与没有词的文化》（Linguistics without meaning and culture without words）。在这篇文章中，他斩钉截铁地宣称，“语言学家在分出音素和语素的时候，不应求助于意义。”②

然而，在具体分析语言现象的时候，这些主张搞纯形式描写的人，也不得不求助于意义。例如，布洛赫就做过这样的自白：“作为一条捷径，意义……在研究音素结构时显然十分有用，甚至可以说，是如此不可缺少，以至任何语言学家如果拒绝利用意义，只能白白浪费自己的时间。”③ 这样看来，他还没有足够的胆量把意义一笔勾销。

另一派如弗里斯、格里森、奈达（E. Nida）等人，他们认为，要把分析的结果精确地表达出来，不考虑意义这一因素是不可思议的。

弗里斯在《英语结构》（*The Structure of English*）一书中，把意义分为词汇意义和结构意义。所谓“词汇意义”，就是“词典

---

① B. Bloch, G. L. Trager, Outline of Linguistic Analysis: 5—6.

② C. F. Voeglin, Linguistics without meaning and culture without words, *Word*, 5, 1949: 42.

③ B. Bloch, A set of postulates for phonemic analysis, Language, 1948 (24): 5.

里记下来的孤立的词的意义”①。而所谓“结构意义”，就是借助于形式手段标示的句法关系。“一种语言的语法是由表示结构意义的手段构成的。”② 他说：“任何话语的整个意义都是由一个个词的词汇意义加上这种结构意义所组成的。不兼备词汇意义和结构意义的话语是不能理解的。”③

他进一步申说：“传统语法的分析方法和我们这里所用的方法之间的对比在于，传统分析法是从一句话的未加区分的总体意义开始，并提出用什么名目来称呼这个意义的各个部分的问题；而我们的分析则是从描写所出现的形式手段以及使这些手段具有意义的模式开始，得到结构意义是分析的结果。为了实用的目的，我们也研究缺乏清楚的语法信号的那些话语，研究这些话语的结构意义在什么时候以及为什么会发生歧义。”④

这一派的描写语言学家们虽然把意义纳入语言学的范围，但他们对语义的探索只限于表现在语言结构中的意义。在他们看来，如果没有一定形式上的差别跟意义差别相呼应，意义上的差别就是不重要的。正如奈达所说的：“脱离开形式的意义是不存

① 弗里斯，《英语结构（英语句子构造导论）》，中译本，第55页，商务印书馆。

② 弗里斯，《英语结构（英语句子构造导论）》，中译本，第56页，商务印书馆。

③ 弗里斯，《英语结构（英语句子构造导论）》，中译本，第55页，商务印书馆。

④ 弗里斯，《英语结构（英语句子构造导论）》，中译本，第56页，商务印书馆。

在的。”① 由此，他们认为，既然没有形式就没有意义，形式就应该成为研究的出发点，意义的语言外壳就是研究意义的材料，因此，形式第一，意义第二。

由此我们可以看出，主张纯形式描写的这一派，在实际研究中不得不求助于意义；而主张研究意义的这一派，实际上仍然以形式的研究为出发点。所以，这两派虽有分歧，但在强调形式描写这一点上，则是完全一致的。

第三节　美国描写语言学的基本方法

美国描写语言学的语言分析手续十分复杂，我们把他们用的方法归纳为四种：

1. 替换分析法；
2. 对比分析法；
3. 分布分析法；
4. 直接成分分析法。

在这四种分析法中，关键是分布分析法。

下面我们分别加以说明。

1. 替换分析法

用某一个语言片段中出现的某一断片，去替换另一个语言片段中出现的另一断片，看替换之后得到的新的语言片段是不是具体语言中存在的事实。如果是，就说明两个或更多能够这样彼此

① E. Nida, A system for the description of semantic elements, *Word*, 1951 (7): 8.

替换的断片，是语言中同一现象或单位的变体，或是具有同样功能的某种单位。这样的方法叫“替换分析法”（substitution）。

例如，英语中的 can't do it（不能做那个）中的 c，一次发为强送气音［kh］，一次发为送气音［k^h］，如果替换之后听话人认为两次说的都是同一句话，那么［kh］与［k^h］就是同一语音断片的自由变体。

弗里斯在《英语结构》一书中曾举出《爱丽丝漫游奇境记》中 Jabbey Wocky 的诗：

Twas brillig，and the slithy toves
Did gyre and gimble in the Wabe；
All mimsy were the borogoves，
And the mome raths outgrabe. …

在这首诗中，凡是我们预期它有清楚而明确的意义的词，都是没有意义的。不过任何说英语的人都会立刻认出，安放这些没有意义的词的间架是：

Twas —，and the —y —s
Did — and — in the —；
All —y were the —s，
And the — —s ——. …

这个间架提供了结构意义的信号。在有“——”的地方用适当的词填进去，便能得到可以理解的语句。“——”代表的是有同类功能的词，因此，它可以用不同的词来替换，如替换成功，就说明这些词有同类的功能。

仿此，弗里斯用没有意义的词组织成如下的英语句子：

Woggles ugged diggles.

用 Uggs 替换 Woggles，用 woggled 替换 ugged，用 diggs 替换 diggles，得到：

Uggs woggled diggs.

再用 Woggs 替换 Uggs，用 diggled 替换 woggled，用 uggles 替换 diggs，得到：

Woggs diggled uggles.

由此，我们把 Woggles，Uggs，Woggs 归为一类，它们是表示某种东西的词，把 ugged，woggled，diggled 归为一类，它们是表示这些东西在过去某个时间作出某种动作的词；把 diggles，diggs，uggles 也归为一类，它们是表示动作所指向的另外一些东西的词。

根据上面的替换得到句子：

（1）Woggles ugged diggles.

（2）Uggs woggled diggs.

（3）Woggs diggled uggles.

这说明了，这些句子的间架是：

——s ——ed ——s.

也就是说，这三个句子在句法结构上是同类的。

2. 对比分析法

比较两个或两个以上的语言片段，找出其相同的部分和不相同的部分，从而确定这些部分的性质，这样的方法叫“对比分析法”。

例如，格里森在《描写语言学导论》（*An Introduction to*

Descriptive Linguistics，1955）一书中，就是采用对比分析法来确定希伯来语的语素的①。他首先取如下的语言片段来对比：

（1）/zəkartíihuu/ （我曾回忆过他）

（2）/zəkartíihaa/ （我曾回忆过她）

（3）/zəkartíikaa/ （我曾回忆过你）

比较（1）与（2）可看出有语音上的对立/-uu/：/-aa/，同时有意义上的对立“他”：“她”，因而可假设/-uu/和/-aa/是一对语素。但是再对比（1）、（2）、（3），我们就发现这个假设是错误的，现在对立似乎应为/-huu/（他）：/-haa/（她）：/-kaa/（你），因此，还要取其他的语言片段来对比。

（4）/zəkarnúuhuu/ （我们曾回忆过他）

（5）/zəkarnúuhaa/ （我们曾回忆过她）

（6）/zəkarnúukaa/ （我们曾回忆过你）

把（4）、（5）、（6）和（1）、（2）、（3）相比较，可以证实/-huu/（他）：/-haa/（她）：/-kaa/（你）的对立，同时还发现/-tíi-/（我）与/-núu-/（我们）的对立。但“我”和“我们”之间意义上的对立也许表现为/-rtíi-/和/rnúu-/的对立，因此，还得取其他的语言片段来对比：

（7）/qəṭaltíihuu/ （我曾杀过他）

（8）/qəṭalnúuhuu/（我们曾杀过她）

由此可以断定“我”和“我们”之间意义上的对立是表现为

---

① 以下编了号的 20 个例句均引自 H. A. Gleason. An Introduction to Descriptive Linguistics，1955：67—74。

对立/- tíi -/：/-núu-/，而不表现为对立/-rtíi-/和/-rnúu-/。这样，可以得到识别 zəkar（曾回忆过）和 qəṭal（曾杀过）的基础，并把 zəkartíihuu 分成三段：

zəkar—tíi—huu.

但是，我们还不敢确定其中每一个片段是一个单纯的语素还是一个语素序列。我们还要根据更多的语言材料来作出判断。

因此，我们继续对比：

（9）/zəkaarúuhuu/ （他们曾回忆过他）

（10）/zəkaaráthuu/ （她曾回忆过他）

对比（9）、（10）和上述语言片段，可看出/-huu/（他）、/-úu-/（他们）和/-at-/（她）的对立。但（1）—（6）中有 zəkar，而（9）和（10）中则有 zəkaar-，两者的语音构造和意义都相似，这又是为什么呢？我们来对比下面 A、B 两组语言片段：

A	B
/zəkar- tíihuu/	/zəkaar-úuhuu/
/zəkar- tíihaa/	/zəkaar-áthuu/
/zəkar- tíikaa/	
/zəkar-núuhuu/	
/zəkar-núuhaa/	
/zəkar-núukuu/	

可以看出，在 A 组中，zəkar-出现于辅音之前，在 B 组中，zəkaar-出现于元音之前。可见，zəkar-和 zəkaar-是同一个语素由于语音条件不同而形成的“语素音位变体”。

我们发现还有这样一些语言片段：

（11）/zəkartúunii/　　（您曾回忆过我）

（12）/šəmartúuhaa/　　（您曾守卫过他）

（13）/ləqaaxúunii/　　（他们曾带过我）

对比（11)、(12)、(13)，可以发现/-túu-/（您）和/-nii-/（我）的对立，它们是两个不同的语素。

我们还发现有这样的语言片段：

（14）/zəkaaróo/　　（他曾回忆过他）

其中的 zəkaar 可以认为是词干，但/-óo/既不像含有施动者“他”和受动者“他”两部分，又不像含有/-huu/（受动者“他”）。

于是，我们再把（14）与下列语言片段相比：

（15）/zaakártii/　　（我曾回忆过）

（16）/zaakárnuu/　　（我们曾回忆过）

（17）/zaakár/　　（他曾回忆过）

对比（15）、（16），可以看出/-tii/（我）：/-nuu/（我们）的对立。这里，它们都是施动者。（17）中的施动者“他”没有相应的形式，我们可以认为“他”的语音表达形式为-ø-，即零形式。这样一来，（14）中/zəkaaróo/便可分析为/zəkaar-ø-óo/三部分。其中，/-ø-/是零形式，表示施动者“他”，而/-óo -/则表示受动者“他”。由此可知，表示受动者的“他”有两个形式：一个是/-huu/，一个是/-óo/，这两个形式不像/zəkar-/和/zəkaar-/那样相似。因此，我们不大可能设想它们是同一语素的变体。但是，尽管它们的语音形式大相径庭，描写语言学家们仍把/-huu/和/-óo/看成是一个语素的不同变体。

上述各语言片段中共含有四个词干：/zəkar-/（曾回忆过），/qəṭal-/（曾杀过），/šəmar-/（曾守卫过），/ləqaax-/（曾带过）。对比一下这四个词干，可以发现它们具有相同的元音/-ə-a/或/-ə-aa/，而它们的辅音各不相同：/z-k-r/，/q-ṭ-l/，/š-m-r/，/l-q-x/。因此，我们可以假设上述词干都是由元音序列和辅音序列两个语素组成的。

我们再对比：

（18）šooméer　　（守卫者）

（19）zookéer　　（回忆者）

（20）qooṭéer　　（杀戮者）

可以看出，/-oo-ée/这个语素的含义是表示“做某事者”。

这样，我们可得出如下的语素：

/z-k-r/　　（回忆）

/q-ṭ-l/　　（杀）

/š-m-r/　　（守卫）

/l-q-x/　　（带）

/-oo-ée/　　（做某事者）

/-ə-a ~ -ə-aa_ ~ -aa-á/　　（曾……过）

前四个语素是词根，后两个语素是某种附加成分。/-ə-a/、/-ə-aa/、/-aa-á/是同一语素的不同变体。

由此可见，前面所说的/zəkar-/、/zəkaar-/不是同一个单纯语素的不同变体，而是/z-k-r/和/-ə-a ~ -ə-aa/两个语素组合而成的。其中，语素/-ə-a ~ -ə-aa/有/-ə-a/和/-ə-aa/两个变体。

3. 分布分析法

“分布”（distribution）是美国描写语言学中一个有专门含义的术语。

1934 年，萨丕尔的学生和合作者史瓦德士（M. Swadesh），在他写的《音素原理》（The phonemic principle）这篇论文里，第一次把“分布”作为一个专门的术语来使用。他认为，这个术语的用法同“地理分布”的习惯用法是一样的。

海里斯在 1951 年的《结构语言学方法》一书中，给分布下的定义是：“一个单位的分布就是它所出现的全部环境的总和，也就是这个单位的所有的（不同的）位置（或者出现的场合）的总和，这个单位出现的这些位置是同其他单位的出现有关系的。”①

根据这样的定义，可把分布相同的语言单位归类。例如，海里斯就曾把希伯来语中的某些语素用分布分析法加以归类。在希伯来语中有如下片段：

xašav**ti**kax	（我这样想过）
xašav**ta**kax	（你这样想过）
xašav**nu**kax	（我们这样想过）
xašav**tem**kax	（你们这样想过）
xašav**u**kax	（他们这样想过）
xašav**a**kax	（她这样想过）
xašavkax	（他这样想过）

① Z. Harris，Methods in Structurol Linguistics：15.

其中的-ti-、-ta-、-nu-、-tem-、-u-、-a-和零形式 ø 都同样出现在 xašav-kax 这同样的环境中，它们的分布相同，因此，可归为一类，也就是代词这一类①。

霍克特用分布分析法，把一组可以在构造更大的形式中具有类似的出现权利的形式归为一类，称为“形式类”（form-class）。例如，能够同样出现在 can（能）、can go（能去）、can go there（能去那儿）之前的 she（她）、he（他）、it（它）、I（我）、we（我们）、they（他们）、the men across the street（走过街道的人）归为一个形式类。

可见，这样的“分布分析法”，是一种以寻找同类环境为原则的归类法。

分布定义中的所谓“位置”，也包括周围的环境。正如布洛赫和特雷格所说的：“位置的相同不仅意味着对形式的头尾（开头、中间、末尾）来说的地位上的相同，而且还意味着由前面接的音和后面跟的音、音渡条件以及重音所决定的环境上的相同。”②

海里斯也给“环境”下了定义：“话语里的某个单位的环境或者位置是由它邻近的单位组成的……所谓‘邻近’是指处于上述那个单位之前或后，或者同时出现的单位的位置。”③

另外，还有一种特殊的分布，叫作“互补分布”（complementary distribution）。

---

① Z. Harris, Methods in Structural Linguistics: 17.

② B. Bloch, G. L. Trager, Outline of Linguistic Analysis: 60.

③ Z. Harris, Methods in Structural Linguistics: 15.

史瓦德士在《音素原理》一文中说："如果两个相似类型的语音之中，只有一个通常出现在某些语音环境里，并且只有另一个通常出现在某些其他语言环境里，那么这两个类型可能是同一音素的从属类型。……例如英语 speech 这个词中的 p，是跟浊唇音 b 以及 peak、keep、happen 这些词中的清唇塞音 p 有互补分布关系的，但是因为语音上与后者相似，所以 p 的分布属于后一类，而不属于前一类。"①

可见，如果两个现象在不同的环境中出现的可能性正好相互对立，那么它们就可分布在对立的环境中而互相补充成同一个单位。

例如，如果有 A、B 两个环境，甲现象能在环境 A 中出现，而不能在环境 B 中出现，乙现象能在环境 B 中出现而不能在环境 A 中出现，那么这两种现象就是互补分布的现象。描写语言学家们以互补分布为原则，把处于互补分布中的不同的语言现象进行合并，把它们归结为一个单位，即把它们看成是同一个单位的不同的变体。可见，这样的分布分析法，是一种以互补分布为原则的归并法。

派克（K. L. Pike）曾用互补分布来说明音位分布的特点："属于同一个音位的各个成员在分布上是互相排斥的，因此各个成员的分布的总和就构成了整个这个音位的全部分布。在某个语言里，属于某个音位的成员在那个音位的总的分布里跟其他的每

---

① M. Swadesh, The phonemic principle, Language, 1934（10）：117.

一个成员，都处于互补分布之中。”①

格里森用互补分布的原则来分析语素。

他指出，如果两个或两个以上的成分的意义相似，分布互补，那么它们就是同一语素的不同变体。因此，他应用互补分布的原则，把英语名词复数的语素变体/-z ~ -s ~ -iz/归并为语素{-z}。他说：“如果我们认为/-s/是基本的，那么，我们就可以说，在浊音之后它变成了一个浊音/-z/，在/S-Z-Š-Ž-Ĉ/之后，插入元音/i/，由于元音是浊音，因此，变为/-iz/。我们也可以选择/-z/为基本的，那我们就可以说，在非浊音（除了/S-Š-Ĉ/）之后，它变为非浊音/-s/。”②

奈达根据互补分布的原则，把英语名词中表示复数的/-ən/也归入其他表示复数的语素变体。他说：“……由于语素变体/-ən ~ -z ~ -s/同/-ən/这个形式处于互补分布之中，而且还有共同的语义上的区别性（也就是它们都表示复数），我们可以把所有这些形式都归并为同一个语素。”③

分布分析法是美国描写语言学的最重要、是关键的方法。海里斯甚至把分布分析法绝对化，认为它是描写语言学的唯一的方法。他在《结构语言学》一书中说：“描写语言学主要研究的以及本书认为适用于语言结构的唯一的形式之间的关系，是彼此有

① K. L. Pike, Phonemics, A Technique for Reducing Language to Writing, 1947：93.

② H. A. Gleason, An Introduction to Descriptive Linguistics, 1955：82.

③ E. A. Nida, Morphology, The Descriptive Analysis of Words, 1946：44.

关的某些部分或者特征在语流中的分布或者配列。”[1] 因此，有人干脆把美国描写语言学家称为“分布主义者”（distributionist）。

4. 直接成分分析法

“直接成分”（Immediate Constituent）这个术语最早是布龙菲尔德于1933年在《语言论》一书中提出来的。

他指出，“poor John ran away”（可怜的约翰跑开了）这个句子的直接成分是两个形式：一个形式是 poor John，一个形式是 ran away，而这每一个形式本身又是一个复杂形式，ran away 的直接成分是 ran 和 away，poor John 的直接成分是 poor 和 John。可见，句子不是一个简单的线性序列，它是由若干个直接成分的层级构成的，而每一个较低层级的成分是较高层级的成分的一部分。这种直接成分分析法，简称为 IC 分析法。

威尔斯（R. S. Wells）进一步对 IC 分析法进行了研究。

他把一个句子的 IC，以及这些 IC 的 IC，直到各个语素，都叫作这个句子的成分，把凡是由两个或两个以上 IC 组成的序列，叫作“结构体”。例如，假定 the king of England opened Parliament 的 IC 是 the King of England 和 opened Parliament，而 the King of England 的 IC 是 the 和 King of England，opened Parliament 的 IC 是 opened 和 Parliament，再往下分，King of England 分成 King 和 of England，of England 再分成 of 和 England 两个语素，最后，opened 又分成了 open 和-ed 两个语素。上面的全部分析可图解如下（图 6-6）：

---

① Z. Harris, Structural Linguistics, 1963: 5.

The ‖ king ||| of |||| England | open ||| ed ‖ Parliament

图 6-6　IC 分析图解

在图 6-6 中，第一次切分在 The king of England 和 open ed Parliament 之间，标以 | ，第二次切分在 The 和 king of England 之间以及 open ed 和 Parliament 之间，标以 ‖ ，第三次切分在 king 和 of England 之间以及 open 和 ed 之间，标以 ||| ，第四次切分在 of 和 England 之间，标以 |||| 。

由此看出，这个句子有 12 个成分：

（1） the king of England

（2） the

（3） king of England

（4） king

（5） of England

（6） of

（7） England

（8） opened Parliament

（9） opened

（10） open

（11） -ed

（12） Parliament

这 12 个成分中有 6 个结构体，即：

（1） the King of England

（2） King of England

（3） of England

（4）opened Parliament

（5）opened

（6）the king of England opened Parliament

只是成分不是结构体的东西，就是“语素”（morpheme），而只是结构体不是成分的东西，就是“句子”（sentence）。

威尔斯还提出了“扩展”（expansion）的概念。他说：“有时两个序列能出现在相同的环境里，即使它们的内部结构不一样。当这两个序列中有一个序列比另一个序列更长或者彼此一样（包含的语素更多或者相等），而它们的结构不同（不属于完全相同的序列类），我们就把这个序列叫作另一个序列的扩展，而把另一个序列叫作模型。假如 A 是 B 的扩展，那么 B 就是 A 的模型。”①

威尔斯指出，扩展是 IC 分析的基本原则。IC 分析时，不仅在可能的情况下把一个序列看成是比它短的序列的扩展，而且还把它分成几部分，其中有些部分或者所有的部分本身也都是扩展。例如，我们可以把 the king of England opened Parliament 看成是 John worked 的扩展，因为 the king of England 是 John 的扩展，而 opened Parliament 是 worked 的扩展。因此，前面我们把 the king of England opened Parliament 的 IC 看成是 the king of England 和 opened Parliament 是合理的。

扩展“提供了一种从简单到复杂，从已确立的到还没有确立的，从明显的分析到不明显的分析的方法”②。

---

① R. S. Wells，Immediate Constituents，Language，1947（23）：81—117；转载自 M. Joos 编 Reading in Linguistics，1958：187.

② R. S. Wells，Immediate Constituents，*Reading in Linguistics*：190.

抽象地说，采用IC分析法来分析句子时，一个复杂的语言形式，不能一下子就把它分析为若干个词，而要按下面的步骤分析（图6-7）：

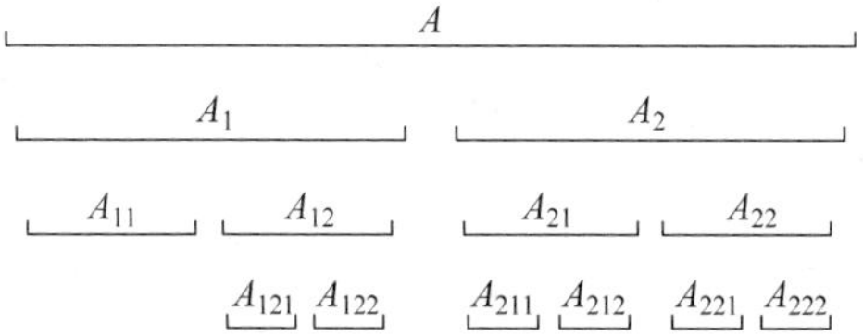

图6-7　IC分析法示意图

分析时不是把A一下子就分成，A_{11}，A_{121}，A_{122}，A_{211}，A_{212}，A_{221}，A_{222}，而是先把A分成A_1和A_2两部分，然后把A_1分成A_{11}和A_{12}两部分，把A_2分成A_{21}和A_{22}两部分，A_{12}又可再分为A_{121}，A_{122}两部分，……，这样分析下去，一直分析到词为止。人们通常把A_1和A_2叫作A的直接成分，把A_{11}和A_{12}叫作A_1的直接成分，把A_{121}，A_{122}叫作A_{12}的直接成分。这种顺次找出语言格式的直接成分的方法就是IC分析法。A包括A_1，A_2，A_{11}，A_{12}，A_{21}，A_{22}，A_{121}，A_{122}，A_{211}，A_{212}，A_{221}，A_{222}等12个成分，包括A_1，A_2，A_{12}，A_{21}，A_{22}，以及A本身6个结构体，A_{11}，A_{121}，A_{122}，A_{211}，A_{212}，A_{221}，A_{222}只是成分，不是结构体，因而就是“语素”，A只是结构体而不是成分，因而就是“句子”。

威尔斯指出，IC分析的正确性要放在语言的整个系统中去鉴定。他说：“一个IC分析会牵连到其他一些分析；所以它的正确性只有在考察了这种分析在IC系统中的大大小小的影响以后，才看得出来。总之，任何被接受的或是被拒绝的分析不是某一个句子的分析，而是我们所谓的这种语言的IC系统的分析，也就是这种语言全部话语的全套的分析或者整个系统的分析，一直分析到最小的成分为止。”①

第四节　美国描写语言学分析语言的步骤

在《结构语言学方法》一书中，海里斯提出，语言分析可以分为两个阶段、四个步骤来进行。第一阶段是语音分析（phonologic analysis），第二阶段是形态分析（morphologic analysis）。在第一阶段分两个步骤，首先确定语音成分，然后再研究这些成分之间的关系；在第二阶段也分两个步骤，首先确定形态成分，然后再研究这些形态成分之间的关系。分述如下。

第一阶段——语音分析

1. 第一步骤——划分音素

运用替换法和对比法，寻找语流中不连续的语音成分。这样的成分，叫作音素。同一个音素可以表现为不同的变体，但保持其语音上的同一性。划分音素就是要寻找声音上等价的不连续的声音片断，把音素变体合并为音素。例如，在进行英语语言调查时，请发音人多次重复说出“can't do it!”。他有时把其中的c读为送气音［k^h］，有时把c读为强送气音［kh］，送气音［k^h］和强送气音［kh］在语音上是等价的。因此，可以把它们看成同一个音素的自由变体。

① R. S. Wells，Immediate Constituents，*Reading in Linguistics*：193.

2. 第二步骤——归纳音位

运用互补分布的原则，把音素归纳为音位。例如，英语中［t］出现于［s-æ］中，而不能出现于［#-［齿音化的 r］］中（#表示零音素），齿音化的［t］出现于［#-［齿音化的 r］］中，而不能出现于［s-æ］中，它们的分布互补，故可归入一个音位之中。在归纳音位的过程中，要随时调整环境，把已经归纳为音位的各音素，用同一个音位符号来代替，不再把它们看成不同的音素。

归纳音位时，要参考以下三个标准：

（1）**音位数目要少，出现环境要多**：尽可能减少音位的数目，尽可能使音位能在其中出现的环境越多越好。

例如，在英语中，齿音化的音素［t］出现在环境［#-［齿音化的 r］］中，音素［t］出现在环境［#-r］、$\begin{bmatrix} e \\ -C \\ i \end{bmatrix}$、［æ-C］、$\begin{bmatrix} a \\ o-C \\ u \end{bmatrix}$、$\begin{bmatrix} e \\ s- \\ i \end{bmatrix}$、［s-æ］、$\begin{bmatrix} a \\ s-o \\ u \end{bmatrix}$（其中大写字母 C 表示辅音），音素［k］出现在环境$\begin{bmatrix} a \\ o-C \\ u \end{bmatrix}$、$\begin{bmatrix} e \\ s- \\ i \end{bmatrix}$中，齿音化的［t］与［t］的分布是互补的，齿音化的［t］与［k］的分布也是互补的。如果把齿音化的［t］与［t］归纳为一个音位，这个音位能够在其中出现的环境一共有 8 个，而如果把齿音化的［t］和［k］合并为一个音位，这个音位能够在其中出现的环境一共只有 3 个。所

以，我们把齿音化的［t］和［t］合并为一个音位。

（2）**语音要对称**：要注意音素的表现特征的同一性，音位间的音素内部关系的同一性以及整个音位系统的对称。

例如，英语中［p］和［p^h］都是双唇清塞音，根据音素表现特征的同一性，可归纳为一个音位。［p］、［t］、［k］出现于环境［s-V］中（大写字母 V 表示元音）、［p^h］、［t^h］、［k^h］出现于环境［#-V］中，如果只根据单纯的互补分布原则，我们可以把［p］、［t^h］归纳为一个音位。但是，为了求得音位间音素内部关系的同一性，并使音位系统对称，应该把［p］和［p^h］归纳为音位｜p｜，把［t］和［t^h］归纳为音位｜t｜，把［k］和［k^h］归纳为音位｜k｜。

（3）**环境要对称**：因为音位中包含的音素各自出现于不同的特殊环境之中，在进行音位归纳的时候，最好能使音位归纳的结果显示出各个音位的环境的总和都大致相同。

第二阶段——形态分析

1. 第一步骤（即全程的第三步骤）——切分话语

把话语切分为最小的、有意义的成分。切分时，主要采用对比法。海里斯说："话语中语素的界限不是根据话语的内部要素，而是根据同其他话语的比较的结果来确定的。"① 为此，海里斯提出了切分话语的两条原则：

第一条原则：如果一个音素序列中的任何一部分，在任何情况下没有另外一部分就不出现，那么这个音素序列是不可切

① Z. Harris, *Methods in Structural Linguistics*: 163.

分的。

例如，音素序列 roomer（房客）可以切分为 room 和-er 两个部分，因为这两部分都能够独立使用，room 离开了-er 可以出现，-er 离开了 room 也可以出现。

比较：That's our **roomer**.　（那是我们的房客）

That's our **room**.　（那是我们的房间）

That's our record**er**.　（那是我们的记录员）

第二条原则：如果有一个言语片段大量地出现于某一个环境中，而从来不出现在另一环境中，那么这个言语片段就可以看作形态单位。

例如，英语中-s 这个成分大量地出现于"the ——"或者"the good ——"的后面（the books"书"，the good books"好书"），但-s 永远不出现于 very 的后面。因此，可以把-s 切分出来，使我们有可能做出有关英语结构的概括。

2. 第二步骤（即全程的第四步骤）——归纳语素并分析语素之间的关系

这一步骤又可分为五小步来进行。

（1）**归纳语素：**首先使用替换法把语素的自由变体归纳为语素。例如，英语的｜iːkə'nomiks｜和｜ekə'nomiks｜（economics"经济学"）在语音上有差别，是两个不同的音位组合，但它们可以在同一言语环境中出现，彼此可以互相替换，因而可看成是同一语素的自由变体，归并为同一语素。然后，根据互补分布的原则，把分布上互补的语素变体归并为一个语素。例如，knife 和 knives（"刀"），其中一个只出现于没有［s］跟在后面的环境中，另一个出现于有［s］跟在后面的环境中。其分布互补，故归并为一个语素。

同一个语素的变体在语音上的差别有大有小，有的只是略有差别，如 knife 和 knive（s），有的则毫不相干，如英语 am（<我>是）、are（<您>是）、is（<他>是）、was（<我>曾是）、were（<您>曾是）也是同一个语素 be 的不同变体。

（2）**归纳形式类**：把具有相同的形态作用的语素归并成类，这样的类叫“形式类”（form-class）。在归纳形式类时，要把环境看成是某一类的成分，而不把环境看成是个别的成分。

归纳的具体手续有两种。一种手续先做，把言语片段在同类环境中出现的最常见的语素归纳成形式类；另一种手续后做，以第一种手续得到的形式类为环境，把其他能彼此替换的语素归纳成形式类。

例如，在现代希伯来语中，［ti］最常见，在/xašavtikax/（我曾这样想）中，［ti］可被［ta］、［nu］、［tem］、［u］、［a］、［ϕ］所替换，于是，先把它们归成一类，叫 A 类。然后，以 A 类为环境，看看上述语言片段的其余部分是否还可以被别的成分替换。这样，可发现其中的［-a-a-］能够被［-i-a-］、［hi-a-］所替换，如/x**i**š**a**vti kax/（我这样描绘）、/x**hi**š**a**vti oto/（我认为他重要）。于是，把［-a-a-］、［-i-a］、［hi-a-］归成一类。叫 B 类。再以 A 类、B 类为环境，发现［x-š-v］能用［k-t-v］（写）、［g-d-l］（成长）来替换，于是把它们归为 C 类。

（3）**归纳句法形式类**：为了归纳出更为精练、更带有普遍性的类别，还要把具有同样句法功能的形式类进一步的归类，得出

“句法形式类”。例如，海里斯把 quite（十分）这样的语素归为 D 类，使得 D 类以外的语素不能和 D 类的语素存在相同的分布。但是，海里斯分出的 A 类中的一个语素（如 large“大”）和语素 ly 组成的语素组合 A + ly（如 largely“大大地”）还可以和 D 类语素存在相同的分布。例如，句子 They're quite new 和句子 They're largely new（它们非常新）在英语中都是成立的。可见，A + ly 可以同 D 替换，因而公式 A + ly = D 是成立的。这样便可把它们归为一个句法形式类。

总起来说，如果语素组合 X 出现在言语片段中的环境 M 里，而语素或语素组合 Y、Z 也出现在环境 M 里，那么，有 Y = X，Z = X。

（4）**分析构式**：在句法功能上互相替换的形式类结合起来形成“构式”（Construction）。构式是分层次的，词是一种构式，更高层次的构式是复合词的构式、词组的构式等。高一层次的构式包含低一层次的构式。分析构式可以说明在一个位置上的形式类和其他位置上的形式类之间在结构方面的安排情况。

（5）**归纳句型**：根据形式类或构式在言语片段中的组合情况，可把言语片段的结构归纳为不同的类型。

分析言语片段的类型时要画出两条线：一条横线，一条竖线。横线代表形式类或构式在时间上的前后相续关系，竖线代表这些成分彼此之间互相替换的情形。这可用图解来表示。例如，英语中的 NV（名词 + 动词）可表示为如下的图解（图 6-8）：

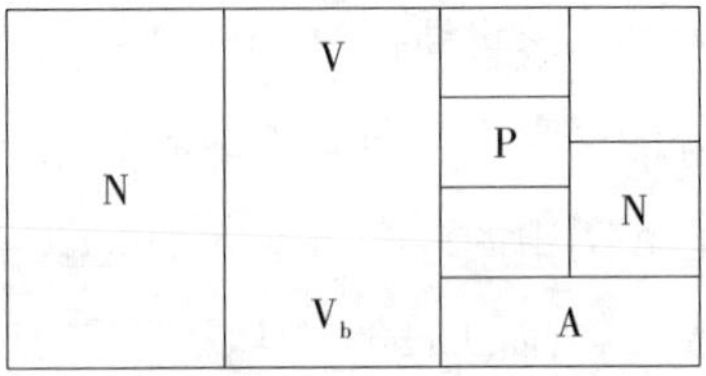

图6-8　句型图解

其中，N表示名词，V表示动词，V_b表示连系动词，P表示介词，A表示形容词。这个图解说明英语的NV这种言语片段可能出现如下各种情况。

NV：例如：

Our best books have disappeared.　　（我们最好的书不见了）

NVP：例如：

The Martian came in.　　（马吉安人进来了）

NVPN：例如：

They went on strike.　　（他们罢工了）

NVN：例如：

We'll take it.　　（我们要拿它）

NV_b：例如：

He is.　　（他是）

NV_bP：例如：

I can't look up.　　（我不能往上看）

NV_bPN：例如：

The mechanic looked at my engine.　　（技师检查我的引擎）

NV_bN：例如：

He's a fool.　　（他是个傻子）

NV_bA：例如：

They look old.　　（他们显得苍老）

这样，就可以把言语片段归纳为公式。凡是能满足这种公式的言语片段就叫作“句子”，适合于不同公式的句子类型叫作“句型”（sentence types）。

上面所讲的分析语言的步骤是从小到大、一步一步地进行的。这种步骤是海里斯提倡的。

美国描写语言学中还有另外一种从大到小、逐层分析的步骤，这就是直接成分分析法。它从句子开始一层一层地往下分，一直分到不能再分为止。这种分析步骤我们在直接成分分析法中已讲过，兹不赘述。

第五节　美国描写语言学语法描写的两个模型

美国描写语言学语法描写的体系，可以归纳为两个模型：一个模型称为“项目与变化”（Item and Process），简称 IP；另一个模型称为“项目与配列”（Item and Arrangement），简称 IA。

IP 由鲍阿斯建立，萨丕尔加以充实，后来采用这种模型的人还有哈斯（M. Haas）、纽曼（S. S. Newman）等人。

IP 的主要概念是：一种语言中有某些形式是基本形式，而另一些形式是由基本形式经过一定的构形变化而产生的派生形式。例如，英语的 work（“工作”，不定式）和 worked（“工作”，过去时），前者是基本形式，后者是由前者经过附加后缀-ed 这样的变化而产生的派生形式。把各种不同的变化（Process）作用于基本形式，就可以产生出许多不同的派生形式。

IP 的主要内容就是“变化”（Process）。正如海里斯指出的，在 IP 中，“部分相同的两个形式之间的差别常常被描写为一种变化，这种变化使一个形式从另一个形式之中派生出来。例如，当词根或词干有几种不同的语音形式时，就认为，这些不同的语音形式，是元音变换的变化作用于词根或词干的结果。词根之与词根加后缀的差别，则描写为附加后缀的结果。这是一种传统的讨论方式，在美洲印第安语语法中尤其常见。当然，它跟历史上的变化或历时的演变过程没有任何关系，它仅仅是一种构形的变化，从模式的某一部分向另一部分或较大的部分的运动。”①

IA 的概念由布龙菲尔德初步形成，以后由海里斯、布洛赫、威尔斯、奈达等人加以发展。

IA 的主要概念是：一种语言里的话语，是由一定数量的语素经过一定的配列而构成的；描写话语的结构，就是描写这些语素及其相互之间的配列关系。例如 worked 就是由 work 和-ed 这两个语素按照这样的配列（arrangement）构成的。IA 的要点是只谈项目及其出现时的配列。IA 假定，在某一语言里，任何一段话语都是完全由一定数量的、在语法上互相关联的、称为语素的单位，通过彼此相关的某种配列而构成的。说明了语素及其配列，话语的结构就明确了。只要我们列举出某种语言的语素及其在话语中出现时所构成的彼此相关的各种配列，就算是已经描写了这种语

① Z. Harris, Yakuts Structure and Newman's Grammar, IJAC, 1944（10）: 199.

言的模式了。

当然，IA 的面貌实际上比“项目”和“配列”所包含的内容更为复杂。

除了项目的形式和配列的线性次序之外，层次对于话语的结构也起着重要的作用。英语的“The old men and women stayed at home”（年老的男人和女人留在家里）这句话，是有歧义的。如果我们把这一句话说给一些人听，很可能有的听话人会认为它的意思是“年老的男人和所有的女人留在家里”，另一些听话人会认为它的意思是“所有年老的男人和所有年老的女人留在家里”，还有的听话人干脆不能作出决定，真是“仁者见之谓之仁，智者见之谓之智”。

这与看图的人看到一个中空的立方体图形时的情形很相似。看图的人可以差不多随心所欲地来看，先把立方体的某一角看作最靠近自己，然后又把另一个角看作最靠近自己。因此，一般人看到下面的 A、B、C 三个图形时，很容易看出 B 跟 A 和 C 都不同，但是，他会感到 B 有时更像 A，有时又更像 C。这样，B 就是模棱两可的，或者说，B 是有歧义的（图 6-9）。

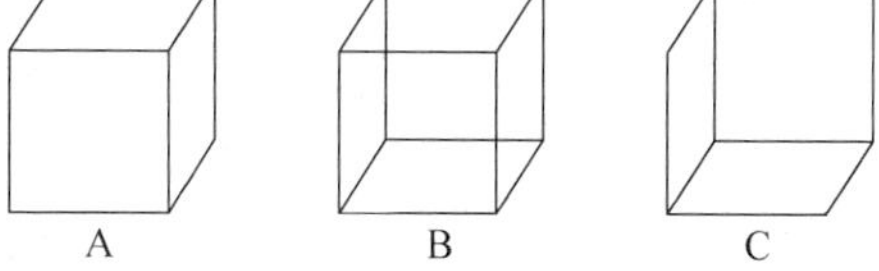

图 6-9　B 既像 A 又像 C

基于这种原因，在 IA 中，除了项目的形式和配列的线性次序之外，还要注意层次结构。事实上，“old men and women”根据意义的不同有两种不同的层次结构，如果注意到层次结构的不同，那么这种意义上模棱两可的情况就可以得到解释。

IA 和 IP 这两种模型都不够理想，彼此各有优劣，难分高下。为此，霍克特提出，一个理想的语法模型，应该具备如下五条标准。

1. **模型必须具有一般性**：它必须能适用于任何语言，而不是只适用于某种类型的语言。

2. **模型必须具有特定性**：当用它来描写一种语言时，所得的结果必须完全由模型的性质和这种语言的性质来决定，而绝不能由分析者随意决定。

3. **模型必须具有概括性**：当用它来描写一种语言时，其结果必须能概括所有观察到的材料，并能推而适用于尚未观察到的材料。

4. **模型必须具有能产性**：当用它来描写一种语言时，其结果必须使人有可能据以创造出无限数量的正确的新话语。

5. **模型必须具有高效率**：当用它来描写一种语言时，应该以最小数量的机制来取得必要的结果。

不论是 IP 模型还是 IA 模型，都不能完全满足上述标准。

第六节　法位学理论

法位学（tagmemics）是美国描写语言学的一个分支。当美国描写语言学开始衰落的时候，法位学理论却继续向前发展，成了当代美国语言学中颇有影响的一种新学说。

法位学理论的中心人物派克（K. L. Pike，1912—2000），是美国密执安大学语言理论系教授。

图 6-10　派克

早在20世纪40年代末，派克就开始探索研究这种新的语言学说。他的主要著作有：

1.《法素和直接成分》（*Taxemes and Immediate Constituents*，1947）

2.《语言和生活》（*Language and Life*，1957）

3.《成核现象》（*Nucleation*，1960）

4.《法位学的新发展》（*Recent Development in Tagmemics*，1974）

5.《英语动词短语中法位成分的规则》（*Rules as Components of Tagmemics in the English Verb Phrase*，1974）

6.《语言和统一的人类行为结构理论的关系》（*Language in Relation to a Unified Theory of the Structure of Human Behavior*，1976）

7.《语法分析》（*Grammatical Analysis*，1977，与E. G. Pike合著）

法位学在分析言语行为的时候，使用的描写方法主要有两种。

第一种描写方法是区分“位单位”（emic unit）和“素单位”（etic unit）之间的不同。这两个术语取phon**emic**s（音位学）和phon**etic**s（语音学）这两个词的后半部emic和etic构成。位单位是指一个封闭系统中的形式单位，素单位是指具有醒目特点的物质表现形式。例如，世界上大多数语言都有［t］这个音，具有某些共同的声学语音特点，这是一个素单位，我们只能从印象上对它加以描写，并没有把它归入任何一种语言，作为语言系统中的一个成员。而英语中｜t｜这个音，则是英语语音系统中的形式单位，它在具体的环境中有形形色色的变体，是位单位。

第二种描写方法是法位学层次。一个句子可以分为许多层次：语素层次，词汇层次，短语层次，分句层次，句子层次。句子的产生过程，就是从语素层次开始，经过词汇层次、短语层次、分句层次，最后达到句子层次，上一层次包括下一层次。例如，词汇层次包括语素层次，而短语层次又包括词汇层次。包括成分叫“法素”（syntagmeme），被包括成分叫“法位”（tagmeme）。因此，任何特定的成分既是法素，又是法位，对上一层次而言，它是法位，对下一层次而言，它是法素。例如，词汇对于构成它的语素来说，是法素，但对由它构成的短语来说，则是法位。可见，法位学力图把语言成分放在层次和系统中来研究，放在部分对整体的关系中来研究。

每一个法位都具有轨位（slot）、类别（class）、作用（role）和接应（cohesion）四个特性。

“轨位”规定着某个法位在其所在的结构中占据的是核心地位（nucleus）还是外围地位（margin），有时可以分为主语轨位、谓语轨位、宾语轨位、附加语轨位。

“类别”表示这个轨位上的语言实体所属的类，如词缀、名词、名词短语、动词根、子句根等等。

“作用”指明该法位在结构中的职能，如动作者（actor）、受事者（undergoer）、受益者（benefitee）、陪同者（associated agent）、范围（scope）、时间（time）等。

“接应”则表示该法位是支配着其他法位还是受其他法位的支配。

这样，一个法位公式就应该具有如下的形式：

$$法位 = \frac{轨位 \mid 类别}{作用 \mid 接应}$$

因此，任何一个法位的性质，应该从轨位、类别、作用、接应这四个方面来进行描写。

派克认为，任何语言都具有三种等级体系：音位等级体系（phonological hierarchy）、语法等级体系（grammatical hierarchy）、所指等级体系（referential hierarchy）。

音位等级体系是指语音与其所在的结构之间存在的部分对整体的关系，包括的平面有音素、音节、重读群、停顿群、修辞停顿及升调降调等，同时也研究各种语气对每个单音及重读群的影响。

语法等级体系是指词汇单位和词汇单位模式与其所在的结构之间存在的部分对整体的关系，包括的平面有语素、语素群、词根、词干、短语、子句根、子句、句子、独白、一问一答、谈话等。

所指等级体系是指概念与其所在的结构之间存在的部分对整体的关系，就是说，一个语言单位，可能是用来说明另一个语言单位的原因、目的、结果等，而这第二个语言单位，又可能构成一篇故事的背景、发展、高潮或结尾。

这三个等级体系中的法位都可以用法位公式来表示。

音位等级体系中，一首诗的韵脚的法位公式是：

轨位：一首诗的结尾	类别：元音辅音结构
作用：韵脚	接应：——

语法等级体系中，谓语动词的法位公式是：

动词 = +	轨位：核心	类别：动词根
	作用：谓语	接应：——
±	轨位：外围	类别：时态后缀
	作用：时间	接应：时间一致性

公式中，“+”号表示强制性，“土”号表示选择性。这个公式说明，动词原形是强制性的，其轨位是核心，类别是动词根，作用是谓语，而该动词的词尾变化的轨位是外围，类别是时态后缀，作用是表示时间，接应是要与动作发生的时间保持一致，动词的词尾变化是有选择性的，因而用“±”表示。

名词短语 old trees（古老的树）的法位公式：

名词短语 = +	轨位：核心	类别：名词
	作用：项目	接应：——
±	轨位：外围	类别：形容词
	作用：修饰	接应：——

这个公式说明，trees（树）是强制性的，其轨位是核心，类别是名词，作用是表示项目（人物、状态等）；old（古老的）是选择性的，其轨位是外围，类别是形容词，作用是修饰核心名词 trees。

所指等级体系的法位公式是：

轨位：一个行动或项目在整个事件中的地位	类别：发起这项行动的人或物
作用：采取这项行动的目的	接应：这项行动与事件中的其他行动的相互支配关系

在这三种等级体系中，语法等级体系的研究比较实在，成绩较大，而音位等级体系和所指等级体系还有待进一步探讨。

第七节　萨丕尔—沃尔夫假说

萨丕尔是美国描写语言学的先驱之一，他认为，人并不是独自生活在客观世界之中，也不是像平常理解的那样独自生活在社会之中，而是受着已经成为交际工具的语言的支配，客观世界在事实上是建立在社团语言习惯的基础之上的。语言形式对于人们在世界中的倾向性具有强制性的控制。因此，人类没有观察客观世界的自由，人们的一切观点和看法都受着语言形式的支配；语言好比一副有色眼镜，它事先给人们规定了外界客观事物的形状和面貌。

沃尔夫（Benjamin Lee Whorf，1897—1941）进一步发展了萨丕尔的这种思想。

图 6-11　沃尔夫

沃尔夫生于马萨诸塞州，曾在麻省理工学院（MIT）学习化学工程，1919年他开始在一个防火保险公司工作，担任助理秘书，此后他一直在这个公司工作直到去世，同时业余研究学术问题。

在分析火灾报告的工作中，沃尔夫发现语言在火灾事故中起着重要的作用。人们在靠近“满油桶”时非常小心，而在靠近“空油桶”时则满不在乎，而事实上，如果“空油桶”中装有可燃性气体，其危险性更大。可是，人们仅仅根据“满油桶”和

“空油桶”这样的词汇就轻易做出判断，从而造成火灾事故。由此引起他研究语言与思维关系的浓厚兴趣。

1920年年初，沃尔夫阅读了语言学、人类学、考古学的书籍，成为了一个业余的语言学爱好者。

1931年，出于对语言研究的热爱，沃尔夫干脆到耶鲁大学去听萨丕尔讲授的一门美国语言学课程，萨丕尔是当时最有影响的语言学家，这门课程进一步激发了沃尔夫对于美国土著语言和语言学理论的兴趣。

沃尔夫的假设语言结构决定人的世界观，不同的语言将会导致不同的世界观。这个假设包括两个部分：一个部分是“语言决定论”（linguistic determinism），一个部分是“语言相对论”（linguistic relativity）。

关于“语言决定论”，沃尔夫提出，语言决定一切非语言的认知过程。

沃尔夫对美国土著的亚利桑那州霍皮语（Hopi）进行研究之后发现，背景性的语言系统（也就是“语法”）不仅仅是表达思想时的一种再现工具，而且是思想的塑造者，是人们思想活动的大纲或指南，语言被人们用来分析自己的种种印象，综合大脑中的一切东西。思想的形成不是一个独立的过程，而是某种语法的一个部分，语法不同，思想的形成过程也就不一样，有的区别很大，有的区别甚微，因而认知过程也就出现差异。人们都按照本族语所规定的框架去解剖大自然。人们在自然现象中分辨出来的范畴和种类，并不因为他们用眼睛瞪着每一个观察者，才发现在那里。恰恰相反，展示给人们的客观世界是一个万花筒，是变化无穷的印象，这个万花筒主要是用大脑中的语言系统去组织。人们之所以能够按照一定的方式解剖自然，把它们组织成许多概念，并赋予它们特定的意义，是因为人们达成了一个协议，同意按照这样的方式去组织自然界。这些协议适用于我们整个的语言社团，并用相应的语言模式固定下来。尽管这样的协议是隐含的，没有付诸言表，但是，协议中的条款绝对是强制性的。如果人们不按照协议中的规定去组织材料或者进行分类，就无法开口说话。

沃尔夫在研究了许多语言之后发现，语言的结构直接影响到人们对于客观世界的观察；由于语言结构不同，人们对于客观世界的看法也各有不同。

他发现爱斯基摩人用不同的单词来称呼各种不同的雪。例如，“正在下着的雪”、“在地上的雪”、“半融化的雪”、“风吹起来的雪”等，在爱斯基摩人的语言中都各用不同的单词来表达，而在英语中，只用 snow 这个单词来表达。同样，阿拉伯人用不同的词汇来称呼不同种类的骆驼，而在英语中，只用 camel 这个单词来表达。因此，在爱斯基摩语言环境下成长起来的儿童将会比讲英语的儿童具有更多的关于雪的认识范畴，而在阿拉伯语言环境中成长的儿童将会比讲英语的儿童具有更多的关于骆驼的认识范畴。

沃尔夫还以不同语言中所使用的颜色词的差异来说明不同的人对于同时所经历的事件会因为所说的语言不同而有完全不同的认知。当人们看到彩虹的时候，讲英语的人大多能看到红、橙、黄、绿、青、蓝、紫以及一些复合色，这些都是基本颜色的名称，讲英语的人之所以能看到这些颜色，是由于他们在学习英语时学到了这些基本颜色的名称。有的语言并不像英语那样把颜色分为这样的基本颜色范畴。例如，有的语言不分绿色和蓝色，讲这种语言的人就不会使用讲英语的人的方式来描写彩虹，他们是以不同的方式来认知彩虹的。

在这样的基础上，沃尔夫还提出“语言相对论”，他指出，受语言决定的认知过程对于不同的语言来说是各不相同的，是相对的。

英语中的词类大致可以分为名词和动词两大类，它们有各自不同的逻辑和语法特征，名词表示事物，动词表示动作或状态，因此，讲英语的人也认为自然界是双向的，但是，自然界本来的面貌并不是这样的。在英语中，thunder（雷电）、wave（波浪）被认为是名词，可是，它们表示的是短暂的运动，keep（保持）、continue（继续）、extend（延长）在英语中被认为是动词，可是，它们表示的是持续的状态。然而，在霍皮语中，“雷电”、“波浪”被认为是动词，霍皮语是根据“持续时间”来划分词类的，持续时间短的词是动词。在霍皮人看来，持续时间短的“雷电”“波浪”等都是短暂的运动，因此，它们与名词无关。霍皮语的这种特点，使得霍皮人对于“雷电”“波浪”的认知过程与说英语的人大相径庭。

在霍皮语中，除了“鸟”之外，一切会飞的东西，如“飞着的昆虫”“飞机”“飞机驾驶员”等都用一个单词来表示，不加区分，这对说英语的人简直是不可思议的。在霍皮语中，没有时间、速度、物质这样的概念，霍皮语用“延续”（duration）来表示“时间”。例如，要表达“他在这里待了五天”，霍皮语要说成“他待到第五天离开”。霍皮语的动词没有时态变化，霍皮语中没有“速度”这样的概念，只有“强度”这样的概念，因此，欧洲人与霍皮人在讨论物理和化学问题的时候会感到非常困难。欧洲人关注化学反应的速度，而霍皮人关注化学反应的强度，语言的差别决定了他们对于化学反应的关注点截然不同，因而他们对于化学反应的认知过程也就不同。

对于萨丕尔和沃尔夫提出的关于语言和思维之间关系的“语言决定论”和“语言相对论”的假说，美国语言学家卡罗尔（J. B. Carroll）在1956年首先使用“萨丕尔—沃尔夫假说”（The Sapir-Wholf Hypothesis）这个术语来加以总结。不过，在实际上，这个假说是萨丕尔的学生沃尔夫首先提出的。

萨丕尔—沃尔夫假说对于现代科学史至关重要的，因为这些假说意味着，没有任何一个人能够不受任何限制地、不带任何偏见地描写大自然。任何一个人都要受到语言的制约，尽管人们自己可以认为自己是自由的，但他们仍然摆脱不了这样的制约。根据萨丕尔—沃尔夫假说来进行推论，在这方面比较自由的人是那些懂得各种不同语言的语言学家，可是直到现在还没有任何一个语言学家能够懂得各种不同的语言。因此，世界上的观察者对于宇宙间的同一个外貌，并不能得到相同的材料，除非他们的语言背景相似或者他们能够采用某种方法来校正。

萨丕尔—沃尔夫假说引起了语言学家、人类学家和哲学家的关注。他们对于语言、思维、文化和行为之间的关系展开了热烈的讨论。绝大多数学者认为，萨丕尔—沃尔夫假说有一定的道理，但是有些绝对化了。这个假说能否成立，还需要我们进行艰苦的探索。

本章参考文献

1. L. Bloomfield, Language, 1955, London. 中译本，《语言论》，袁家骅、赵世开、甘世福译，钱晋华校，商务印书馆，1980 年。

2. E. Sapir, Language, An Introduction to the Study of Speech, 1921, New York. 中译本，《语言论——言语研究导论》，陆卓元译，陆志韦校订，商务印书馆，1964 年。

3. Z. Harris, Methods in Structural Linguistics, Chicago, University of Chicago Press, 1951.

4. C. F. Hockett, Two models of grammatical description, *Word*, 1954（10）：210—233.

5. H. A. Gleason, An Introduction to Descriptive Linguistics, and revised edition, New York, 1961.

6. C. C. Fries, The Structure of English, An Introduction to the Construction of English Sentences, New York, 1952. 中译本，《英语结构——英语句子结构导论》，何乐士、金有景、邵荣芬、刘坚、范继淹译，范继淹、金有景校订，商务印书馆，1964 年。

7. R. S. Wells, Immediate Constituents, *Language*, 1947（23）：81—117.

8. 高名凯，作为美国资产阶级文化一个部门的描写语言学，《语言学资料》，1964 年，第 3 期。

9. 刘润清，派克的法位学语法，《语言学动态》，1979 年，第 6 期。

10. 爱德华·萨丕尔著，高一虹等译，《萨丕尔论语言、文化与人格》，商务印书馆，2011 年。

11. 本杰明·李·沃尔夫著，高一虹等译，《论语言、思维和现实——沃尔夫文集》，商务印书馆，2012 年。

第七章　法兰西学派

在历史比较语言学研究中崛起的“青年语法学派”出现于19世纪70年代。青年语法学派认为，语言存在于个人心理之中，而心灵的交际必须借助于生理器官发出的物质的声音才能实现，所以，语言是个人的生理、心理现象。他们提出，只有个人的语言才真正存在，有多少个人就有多少种语言，语言的一切变化都是在个人的言语活动中完成的。

在个人心理主义语言观的指导下，青年语法学派很少考虑社会对语言的制约和影响。

以索绪尔为代表的语言学派是社会心理学派，社会心理学派提出了语言是社会心理现象的论点来克服青年语法学派的片面性。索绪尔去世后，这个学派分为两支，一支是“日内瓦学派”，他们偏重语言的静态研究，奉索绪尔为奠基者，主要成员有巴利（C. Bally）、薛施蔼（A. Sechehaye）；另一支是“法兰西学派”，他们把社会心理的要素跟历史比较语言学的原则结合起来，主要成员有梅耶（A. Meillet，1866—1936）、房德里耶斯（J. Vendryes，

1875—1960）。

法兰西学派虽然力图克服青年语法学派的个人心理主义的片面性，承认语言是社会现象，但是，由于“社会心理”也是一种“心理”，他们也是用心理去解释语言，而且在实际研究中以语言的历史作为研究对象，所以法兰西学派在许多方面与青年语法学派的理论有密切的联系。

在本章中，我们将介绍法兰西学派的主要代表人物梅耶和房德里耶斯的语言学理论。

第一节　梅耶的历史比较语言学研究

梅耶（Antoine Meillet）于 1866 年生于法国的木兰（Moulins），他的父亲从事法律工作。梅耶于 1877 年进班维尔古典中学（L'Ecole des Hautes Etudes），这个中学是一个偏重古代语文和人文科学教学的学校，梅耶在这里学习古希腊文、拉丁文和各种人文科学，打下了坚实的人文科学基础。梅耶于 1884 年到巴黎，在路易古典中学继续学习一年。中学毕业后，他分别在巴黎大学的文学院和高等研究院注册听课，1886 年开始选学当时在法国高等研究学院任教的索绪尔的语言学课程，师从索绪尔学习历史比较语言学，是索绪尔的得意门生。为了研究历史比较语言学，梅耶先后学习了梵语、伊朗语、爱尔兰语、罗曼族语言和斯拉夫族语言。1887 年梅耶获硕士学位，1889 年取得国家语法教师资格文凭，成为巴黎语言学会会员，并当了四年的巴黎语言学会秘书。1889—1890 年，索绪尔因病不能到法国高等研究学院执教这段时期，梅耶曾受命代索绪尔授课。1891 年梅耶到高加索短期停留，使他对欧洲东部的印欧系语言，特别是阿尔明尼亚语，有了具体的深入的认识。梅耶于 1897 年获得文科博士学位，1905 年被正式任命为法兰西学院比较语法教授，1906 年被选为巴黎科学院院士和俄国彼得堡科学院院士。晚年病魔缠身，半身不遂，双目几近失明，但仍坚持到法兰西学院讲课。梅耶于 1936 年逝世，终年 70 岁。

我国语言学家岑麒祥在法国留学期间，曾经师从梅耶学习历史比较语言学，而梅耶是索绪尔的得意门生，曾经为索绪尔代课，是索绪尔的第二代传人，所以岑麒祥应当是索绪尔的第三代传人。本书作者冯志伟是岑麒祥的研究生，因此冯志伟应当是索绪尔的第四代传人。岑麒祥继承了索绪尔研究历史比较语言学的传统，从事汉藏语系的历史比较研究；而冯志伟则继承了索绪尔结构主义语言学的传统，走上了研究计算机自然语言处理的道路。这些事实说明，我国语言学的发展与索绪尔在学术上有着直接的师承关系。

图 7-1　梅耶

图 7-2　岑麒祥

梅耶的主要著作有：

1.《古斯拉夫语属格——宾格用法探讨》（1897）

2.《古典阿尔明尼亚语比较语法纲要》（1902）

3.《古斯拉夫语词源和词汇研究》（1902—1905）

4.《古波斯语语法》（1902—1905）

5.《印欧语比较研究导论》（1903）

6.《印欧语方言》（1908）

7.《日耳曼族语言的一般特性》（1916）

8.《希腊语史一瞥》（1923）

9.《历史语言学中的比较方法》（1925）

10.《拉丁语史纲要》（1925）

在这些著作中，最重要的是1903年出版的《印欧语比较研究导论》和1925年出版的《历史语言学中的比较方法》。

在《印欧语比较研究导论》中，梅耶具体地分析了印欧系各语言之间的相互关系以及这些语言与原始印欧语之间的相互关系，提出了“语言分化”的理论，认为从同一语言分化出来的各个语言离开原始母语的语源中心越远，其受语源中心变化的影响就越小，因而可以在这种语言中找到同源诸语言中最古老的语言特征。这个断论对于语言的比较研究具有重要意义。

1925年出版的《历史语言学中的比较方法》是梅耶于1924年在挪威奥斯陆的比较文化研究所的学术演讲稿。此书以通俗的语言，深入浅出地论述了历史比较语言学的理论、方法和原则，是对历史比较语言学的科学总结。

梅耶的主要贡献是：

1. 系统地研究了历史比较语言学的理论、方法和原则

梅耶在《历史语言学中的比较方法》一书的序言中说，“近年来，许多语言学家曾经提出一些证明得极坏的假设，所以我们更加有必要对这些方法加以考查。新的词源研究做得很多，但是大多数连一点证明的迹象也看不出。目前大家对于保证词源的比较做得正确的那些条件还没有一致的意见，所以对这些词源研究做详细的批评是徒劳无功的。”①

为此，他在《历史语言学中的比较方法》中，系统地研究了历史比较法的一般原则以及这种方法用于语言历史研究的成效和局限。

梅耶认为，历史比较法的客观基础，是语言符号音义结合的任意性和亲属语言之间的语音对应的规律性。如果以任意性为基础的语言符号之间表现出有规律的语音对应关系，那么可以肯定，这种有规律的语音对应关系绝不是偶然的，而是同源成分分化的结果。

梅耶指出，语音对应和语音相似是两回事情，不应该把它们混为一谈。

例如，阿尔明尼亚语的 erku（二）和梵语的 d（u）va（二）、拉丁语的 duo（二），在语音形式上虽然有很大的差异，但是相互之间却有着严格的对应关系：阿尔明尼亚语中其他一些以 erk-起头的词也同欧洲一些语言中的 dw-相对应。例如，“怕”的词根在

① A. Meillet, Le methode comparative en linguistique histoire, Oslo, 1925, 中译本，《历史语言学中的比较方法》，岑麒祥译，科学出版社，1957 年。

阿尔明尼亚语中是 erki-，在希腊语中是 dwi-，其中的 erk-对应于 dw-；“长久”在阿尔明尼亚语中是 erkar，在希腊语中是 dwaron，其中的 erk-也对应于 dw-。因此，“二”的例子可以用来证明语言的同源关系（图 7-3）。

阿尔明尼亚语	梵语	拉丁语	希腊语
erku（二）	**d**（**u**）**v**a（二）	**du**o（二）	
erki-（怕）			**dw**i-
erkar（长久）			**dw**aron

图 7-3　不相似语音的对应

语音对应关系既然是语言同源关系的证明，历史比较语言学家们就试图根据语音对应关系去构拟原始共同语。19 世纪 70 年代，共同语的构拟是历史比较语言学的研究重点之一。当时的大语言学家施来赫尔曾经用他构拟的原始印欧语写了一篇寓言《山羊和马》，他认为这样构拟出来的语言就是原始印欧人所讲的语言。梅耶对施来赫尔的做法不以为然，他认为：“构拟并不能得出人们说过的那种真正的拉丁语，任何构拟都不能得出曾经说过的‘共同语’。用一些历史上已经证实了是同族的语言来‘构拟’出印欧语，在施来赫尔（Schleicher）是一种天才的大胆；但是用这种‘构拟’出来的语言来写成一篇文字，在他也是一个严重的错误。比较方法只能得出一种相近的系统，可以作为建立一个语系的历史的基础，而不能得出一种真正的语言和它所包含的一切表达方式。”

梅耶认为，构拟原始共同语的价值不是再现原始语的实际情况，而是可以将历史比较的成果用简单、明确的方式巩固在原始共同语的构拟之中，现代亲属语言的种种差异，也可以通过构拟出来的共同语得到合理的解释。

梅耶认为，必须在所比较的语言中，尽量找出古代原始共同语的那些被保存下来的特性，才能确定一种古代原始共同语的存在。应该从形态、语音、词汇三个方面的比较研究中来寻找这些特性。梅耶声称，比较方法是“建立语言史的唯一方法”。

梅耶特别强调形态，认为形态是“用来变化词、组合词以构成句子的全部规则，是语言中最稳固的方面”，“一种形态繁杂的语言，包含着很多特殊的事实，如最近发现的土火罗语（Tokharien）或赫梯语（Hittite），我们略加考释就可以看出它的印欧语的特性”。

由于特别强调形态，梅耶对于汉藏语系的历史比较研究不够乐观。他说，“反过来，远东的那些语言，如汉语和越南语，就差不多没有一点形态上的特点，所以语言学家想从形态的特点上找出一些与汉语或越南语的各种土语有亲属关系的语言，就无所凭借，而想根据汉语、西藏语等后代语言构拟出一种‘共同语’，是要遇到一些几乎无法克服的阻力的。”

梅耶预料到的这些“无法克服的阻力”，后来已经被在汉藏语系研究中提出的“内部构拟法”（internal reconstruction）一一克服了。梅耶当时的看法是有偏颇之处的，这是由于历史的局限和他本人的语言知识背景决定的，他不懂汉藏语系的语言，得出这种偏颇的结论也是不足为怪的，我们不能苛求前人。大量的研究事实表明，比较方法并不是建立语言史的唯一方法，语言历史的建立还存在着其他途径。

关于语音，亲属语言的语音系统的差别可以很大，但存在着有规则的对应，语言学家可以根据这种对应建立原始共同语。这样，就有可能“把一个古代的系统和新的系统互相对照”。

梅耶指出，从语言的纵向发展中找出语音发展的规律，可以为亲属语言之间的横向的对应关系提供音理上的阐释。例如，阿尔明尼亚语的 erku（二）和其他印欧语如梵语的 d（u）va、拉丁语的 duo 等的对应，可以通过原始印欧语的 * dw-、* dwu-得到音理上的解释，从而证实这是语音发展的结果。

梅耶是这样来解释的：首先，从原始印欧语到阿尔明尼亚语经历了一次重要的音变，浊塞音 d、g 分别变成清塞音 t、k，于是有'dw- →'tw-，这与格林定律是一致的。

其次，w 前的舌尖塞音 t 由于受到具有舌根作用的 w 的影响而变为 k，于是有'tw- →k-，例如，希腊语的 twe（你的）与阿尔明尼亚语的 ko（你的）对应。

阿尔明尼亚语的 erku 中的 r 是词中的 k 在古代的一个浊辅音的痕迹，因为如果是清音，发音时声带不颤动，前面就不可能增生一个浊音 r。

随后，可能是由于这个 r 处于音节的开头而后面又紧跟着一个辅音 k 不好发音，因而就在 r 前加一个 e 而成为 erk-。

此外，e 的出现还可以从 erku（二）中的尾音 u 得到进一步的证明。从原始印欧语到阿尔明尼亚语，双音节词中的第二个音节的元音都已脱落，erku 中的 u 之所以能够保存下来，是因为当双音节的第二个音节的元音脱落时，这个词还不是双音节的词。这就是说，erku 中的 e 是后来增生的，不是原始印欧语固有的。

上述语音对应关系得到音理上的这种合理解释之后，就具有强大的说明力和解释力，使我们能够在纷乱庞杂的语音中理出音变的规律，为同源关系的确定找出科学的根据。

关于词汇，梅耶强调同源词的确定要有语音和语义两个方面的根据：语音上要有严格的对应，语义上如果有分歧，必须找出具体的原因。

词汇对比中还要特别小心避开偶然的借用成分。梅耶指出，日耳曼语的 b-对应于拉丁语的 f-，例如，拉丁语的 flos 和 floris（花）对应于德语的 Blume（花）。但是，德语中的 Feuer（火）与法语中的 feu（火）却是毫无关系的，只是偶然的借用。

梅耶说，“想一想各个罗马族语言中那些与法语的 feu（火）对应的词，如意大利语的 fuoco，西班牙语的 fuego，就可以知道 feu 与 Feuer 的相似是毫不相干的。”因为法语的 f-应该对应于德语的 b-，而不应该对应于 f-。

梅耶提醒人们：“我们进行比较时只能用一些精密的公式——并且要小心避开那些借用成分。”

总之，梅耶认为，只有从形态、语音和词汇三个方面得到证明，才可以确定语言的同源关系。这样，梅耶便为历史比较语言学的研究勾勒出了一个清楚的轮廓。

2. 把谱系树理论与波浪说结合起来，把历史比较语言学和方言地理学结合起来，从对立中看到这些理论的内在联系，并把它们纳入历史比较研究的框架

历史语言学中，存在着两种对立的理论，一种是施来赫尔提出的“谱系树理论”（family tree），一种是施密特（Johannes

Schmidt）提出的“波浪论”（wave theory）。这两种理论曾经进行过激烈的争论。梅耶避开争论，从每一个学派的理论中吸取其合理的因素，加以提炼，把它们融合为一体，借以改进历史比较法。

谱系树理论认为，语言是不断分化的，他们假定曾经存在一种原始共同语，这种原始共同语经过一次突然的变故，分化为几种不同的语言，而这些语言又进一步分化，直到形成了现在世界上存在的各种各样的语言。历史比较法正是建立在这种谱系树理论基础上的一种方法。

显而易见，谱系树理论把复杂的语言现象简单化了。

波浪论对谱系树理论提出挑战。波浪论认为，在分化以前的原始共同语内部，就存在着方言的分歧，这些分歧的方言的特点会像波浪一样地向四面扩散，使不同的语言具有某些相同的特点；分化以后的语言也不是在真空中发展的，它们相互之间也会产生影响。

波浪论提出之后，一直与历史比较法处于尖锐的对立之中，人们一直把这两种理论看成水火不相容。

梅耶独具慧眼，他认为，波浪论的某些精神，有助于历史比较法的改进。原始共同语不一定是一个内部一致的系统，可能有方言的差别。究竟是否有方言的差别，可以通过现代语言之间的差异类型来判断。

如果一种语言现象在现代语言中的差异表现为一系列渐变的阶梯，那很可能是由一种统一的原始共同语在地域上分化的结果。现代罗曼语系的各种语言（如法语、意大利语、西班牙语、葡萄牙语、罗马尼亚语），它们与拉丁语的关系大体上就属于这种类型。

如果某些现代语言的特征在地域上的分布呈现出断裂的、矛盾的、参差的特点，那就说明它们的原始共同语有方言的差别。例如，根据表示“百”的意思的词的词头辅音的发音，印欧系语言可以分为东西两群：东群读咝音（如伊朗语的 satem），西群读舌根音（如拉丁语的 centem）。日耳曼语与希腊语、拉丁语一样，属于西群，如英语的 hundred，德语的 Hundert 词头的辅音 h 为舌根音。但是，如果根据 o 与 a 的分合情况来判断日耳曼语的所属关系，则阿尔明尼亚语、希腊语、拉丁语的 o 与 a 从分，属于西群，印度—伊朗语的 o 与 a 从合，属于东群，而日耳曼语的 o 与 a 从合，当然也应该属于东群。这样，日耳曼语按“百”的词头辅音的区别应该属于西群，而按 o 与 a 的分合情况的区别应该属于东群，因此，日耳曼语在语言特征的分布上处于一种矛盾的地位，这就说明了原始印欧语内部存在着方言分歧。

梅耶接受了波浪说的合理内容，克服了以往的一些简单化倾向，为历史比较法作出了贡献。

在第一章第二节中我们说过，青年语法学派主张语音规律不容许有例外，如果有例外也必定有例外的规律，无法用语音规律解释的现象则认为是类推作用造成的。但是，由于活的口语和方言中存在大量的不规则的例外，语言学家把这些现象画在地图上来研究，产生了“方言地理学”，针对方言中的大量例外的事实，方言地理学提出了“每一个词都有它自己的历史”的口号，这个口号与“语音规律无例外”的原则是完全对立的。于是，“语音规律无例外”的原则受到强烈的挑战。

梅耶经过仔细的考查和推敲，发现这两种对立的理论有异曲同工之妙，可以用方言地理学的理论和方法来改进历史比较法。

他说：“统计学的长处就在于能用图表来说明事实，使人一目了然。语言学家能够在一张地图上，或者可以在两三张可以拿来对比的地图上看到与同一个问题有关的事实，那么解决这个问题的要领就一下都出现在眼前了”，“这是因为比较方法在这些调查中找到了一个工具，比它以前所有的一切都更优越，并且恰巧适合于它的需要。我们第一次有了一整套可以拿来直接作比较的材料，分布在所研究的全部区域上，并且摆得清清楚楚的”，它使“比较方法得到了出乎我们意料之外的精密性、普遍性和便利性”。

这样，梅耶就让反对历史比较法的方言地理学在历史比较法这棵树上开花结果，显示出了他的远见卓识。

当然，梅耶并不赞同“每一个词都有自己的历史”这个口号，他说，如果孤立地研究一个词或者一小组词、一个形式或一小组形式，而不考虑它们在系统中的地位，那是会葬送整个历史语言学的。梅耶始终主张在语言的系统中来研究词的历史和特性，反对把词孤立起来研究。

梅耶还分析了语言间的相互影响。他认为，有威望的书面语对于地方土语会产生重要的影响。例如，“既然法语和土语是同一语族的，所以它们固有的词汇之间有许多有规则的对应；使用地方土语的人按照这些对应，不难用一些法语词造成一些土语化的词，或者把一些法语的句法搬到土语里去”。

他还提出了混合语的概念，讨论了语言融合问题。

梅耶认为，被征服而消亡的语言会在胜利者的语言中留下一些语言特征，这些语言特征叫作“底层”（substrat）。根据“底层”可以解释方言的差别。

梅耶把彼此对立的东西结合起来研究，如“谱系树”与“波浪论”，“语音规律无例外”的口号与“每一个词都有自己的历史”的口号，看来都是互相对立的，梅耶却能够从对立中看到它们内在的联系，并把它们纳入历史比较语言学的框架。这足以证明梅耶确实是一位具有敏锐观察力的卓越学者。

梅耶还探讨了语言历时演变中的普遍现象。他认为，不管人们生活在什么地方，他们的发音器官在生理上是大同小异的，因此，不同的民族可以有类似的发音习惯，使语音按照同样的原则发生变化。例如，前高元音 /i/、/y/、/e/ 之前的舌根辅音容易发生腭化，非重读音节的元音趋向于央化或高化。

另外，在形态和句法方面也有些普遍的现象。例如，屈折形式有趋于消失的倾向，虚拟式的功用逐渐减小。

梅耶指出，语音的发展规律与形态的发展规律是不同的，“在形态方面，发生的事情并没有语音方面那么严格，形态是古代残迹的领域”。这是因为，语音变化的一般类型受生理条件的约束，因此，可以确定一些适用于一切语言的一般规律，在形态方面，就不具备这样的条件。

梅耶摆脱了对于语言现象只进行孤立观察的局限，能够从系统的角度来研究音变现象之间的彼此影响和联系。例如，他指出，在一切语言中，如果音节的重读与非重读的区别在于音强，则非重读音节的元音趋于央化；如果区别在于音长，则非重读音节的元音趋于高化。在当时的条件下，梅耶对音变现象之间的联系进行系统的分析，并揭示出内部的因果联系，确实是难能可贵的。

梅耶并不满足于历时比较语言学所取得的成绩。他认为，"现有的理论，与其说是以经过选择的材料为基础，不如说是以一些不完备的、模糊的和偶然的材料为基础"，因此，他提出，要加强对正在进行的变化的研究，而在梅耶那个时代，语言学家们对于这些正在进行的变化却掉以轻心，梅耶说："我们本来可以直接观察，然而很可惜，大家对正在发生的事却几乎睬也不睬"。梅耶认为，这些正在进行的变化包括：儿童如何学习语言的系统研究，各种地方土语和语言的差异的细致研究，共同语和土语关系的研究等，都是亟待研究的问题。

第二节　房德里耶斯的语言理论

法兰西学派的另一位代表人物是房德里耶斯。他于1875年出生于巴黎，1896年获得国家文科教师资格，先后在克莱蒙费朗（Clermont-Ferrand）和冈城（Caen）任教，从1907年开始担任巴黎大学印欧语历时比较语法教授，并主持高等研究学院（L'Ecole des Hautes Etudes）的凯尔特语文学研究，在古典语言和凯尔特语的研究中作出重要贡献。房德里耶斯还解读了用塞浦路斯音节文字写的一种语言的铭文，1931

图7-4　房德里耶斯

年被选入铭文学会。

房德里耶斯的主要著作有：

1.《拉丁语和爱尔兰语中拉丁语词起首音节的强度的演变及其效应》（*Recherches sur l'histoire et les effets de l'intensite initiale en latin et les mots irlandais tires du latin*，*these doctorale*，1902）

2.《希腊语的重音调》（*Traite d'accentuation greque*，1929）

3.《古爱尔兰语语法》（*Grammaire du viel irlandais*，1908）

4.《语言论》（*Le Langage*，*Paris*，1921）

5.《古典语言比较语法》（*Traite de grammaire comparee des langues classiques*，1924）

6.《语言学和凯尔特语研究论文集》（*Choix d'etudes linguiistiques et celtiques*，1952）

他的代表作是《语言论》（*Le langage*），这部著作于1914年完稿，因为第一次世界大战爆发，于1921年才出版；中译本于1993年出版①。

房德里耶斯的语言学理论受到法国社会学家涂尔干（Emile Durkheim，1858—1917）的强烈影响。涂尔干主张用实证的态度对待社会现象，把社会现象和个人的生理、心理现象截然分开，认为社会现象是意识现象，是“集体的

图7-5　涂尔干

① J. Vendryes，Le Langage，Paris，1921，中译本，《语言论》，叶蜚声译，岑麒祥校，商务印书馆，1993年。

表象”（representation collective）；他把社会现象概括成人们的传统风俗和制度，包括语言在内；他认为社会现象存在于个人之外，并强加于个人；他所说的“社会”是指任何个人的集合体，大而至于国家，小而至于公司。

房德里耶斯在他的语言理论中，贯彻了涂尔干的社会学说。

房德里耶斯于1960年去世。

房德里耶斯的语言理论，主要内容如下：

1. 把语言分为一般语言和个别语言，研究了它们的本质、起源和发展

房德里耶斯认为，一般语言的具有如下的性质：

（1）**语言是社会现象**。他说，“语言在社会中形成，从人类感到有交际需要的那一天起就开始存在”，“语言是再好不过的社会现象，是社会接触的结果”，“语言是维系社会的最强有力的纽带之一，语言的发展也是靠社会的结合”。在谈到“语言学家不知道怎样确定他的研究界限”这个问题时，房德里耶斯说：“试想把语言不再设想为一种抽象的东西，这种困难就立即缩小了，语言既是一种行动的手段，必然有一个实际的目的，因此，要彻底了解它，就必须探究它和人类全部活动的关系，和生活的关系。”明确指出语言研究必须联系社会，强调了语言的社会性。

（2）**语言是作为交际工具的符号系统**。他说，“对语言所能下的最一般的定义是：它是符号系统”，“所谓符号是指一切能作为人与人之间交际工具的记号”。关于语言符号的性质，他指出，“在符号和所指的事物之间，在语言形式和表象的内容之间，从来不存在自然的联系”。语言符号虽然是任意的，对个人却是强制的，因为个人从小孩学话时就已经“处在社会交际的网络之中”。

（3）**语言和思维是密切联系着的**。房德里耶斯认为“语言是思维的工具和助手”，“我们的表达形式把思维囚禁起来，使它不再有独立的存在，不能使它和物质化的声音分开，甚至在物质化没有真正实现的时候不能和声音的可能性分开”。

（4）**语言存在于人们的意识中**。他说，“语言不可能存在于进行思维和说话的人之外，语言把根子扎在个人意识的深处”，“但个人的意识只是集体意识的一个成分，集体意识把自己的规律强加于每一个人”。房德里耶斯把语言在意识中的存在形式叫作“语像”（image verbale），语像“既是思维为了在语言中的表达而制拟出来的表象，又是随时准备成为现实的声音可能性的总和。语像是两面的，一面导向思维的深处，另一面反映在发音的机制中。从它的物质实现来看，它是由声音表达出来的，但从心理根源来看，它是精神活动的产物”。语像虽然存在于个人的意识中，但它们是个人在儿童时代向社会学说话时就获得的，归根结底“只是在大脑中变成了语言可能性的经验事实”，所以既是心理的，又是社会的。房德里耶斯认为意识中的语像和说话中的句子相当，句子是“语像所借以表达并通过声音的中介而被人感知的形式”。

（5）**语言与传统的风俗一样，“是一种社会制度”**。他认为一切参与历史和生活的事物，它们的变化都是渐进的，没有突然的爆发，语言“形成一个连续的领域，就是说，那里的现象并无明显的界限，在每个事实发展到顶点的高峰之间有一系列不知不觉的等差”。

（6）**感情语言和逻辑语言**。房德里耶斯把语言分为“感情的语言”（langage affectif）、“逻辑的语言”（langage logique）、“意志的语言”（langage actif）。他认为，儿童学话总是从感情的形式开始的，后来在纯感情的自发语言的内部，形成一个坚固的核心，这个核心逐步由于周围各个部分的凝固而扩大，这就是逻辑的语言。逻辑的语言形成后，继续被包围在感情的语言里，不断从感情的语言吸取营养。这个先语法的底子在某种程度上被个人终身保持着，感情的语言中的任何现象都可以用它来说明，同时，它反过来也从逻辑的语言得到营养。

所谓“个别语言”也就是一定社会集体的语言，房德里耶斯认为，个别语言具有如下的性质：

第一，一定社会集体的语言不是表达民族精神的行为，它与种族无关。个别语言是“联合集体成员的最有力的纽带，同时又是他们的共同生活的象征和保障”，“它是集体成员互相了解的工具”，是“他们的认识和结合的标记”。

第二，有多少个集体就有多少种个别语言。房德里耶斯认为，任何集体都存在集体的意识，“人们一旦结合成群，就会利用微不足道的情况来巩固自己的集体，和别的集体对立”。语言是集体意识的表现，所以“有多少个集体就有多少种语言”。他说，“在一个城市（例如巴黎）的内部，也有一定数目的不同的语言相互交叠在一起：客厅的语言和兵营的语言不同，资产阶级的语言和工人阶级的语言也不一样，有法庭的隐语，也有近郊的黑话。这些语言有时有很大的差别，你可能熟悉其中一种而对另一种却毫无所知”，他指出，“甚至两个贴近的家庭也没有完全相同的语言”。

房德里耶斯还联系社会的特点，分析了“超都市现象”或“超方言现象”。他指出，“所谓超都市现象就是指自夸言谈优美，过分关心发音正确。一个意大利乡民一心想说罗马的拉丁语。他知道家乡方言的长 o 往往与首都语言的复合元音 au 相对应，于是把 plostrum（大车）说成 Plaustrum，code（尾巴）说成 cauda，plodere（拍手）说成 Plaudere。这些都是‘超都市现象’”，“但是都市的居民，为了避免人家笑他说话像乡巴佬，也有一种超都市现象的自然趋势。自愿采用 plaustrum，cauda 或 plaudere”。

关于语言的起源问题，房德里耶斯首先把个别语言的起源和一般语言的起源分开，然后又把语言的起源问题和原始语言的面貌问题分开，从而将他的论证限定在人类的有声语言起源问题上。他认为产生语言的社会条件是交际的需要，他说：“语言在社会中形成，从人类感到有交际需要的那一天起就开始存在”；他认为产生语言的心理条件是人类对符号的掌握，他说：“动物的语言暗示着符号必须依附于符号所表示的事物。要消除这种依附，使符号获得独立于对象之外的意义，就需要一种心理的作用，这种作用就是人类语言的起点”。

语言的发展问题在房德里耶斯的语言理论中占有非常重要的地位。他从语言的内部发展和语言的外部发展两个方面来研究这个问题，又从心理的角度来观察和说明语言的内部发展，从社会的角度来观察和说明语言的外部发展。关于语言的外部发展，他认为存在着两个相反的趋势把语言拉向相反的方向：一个是分化的趋势，一个是统一的趋势。语言要素的自然发展使语言趋于分化，但分化不会进行到底，因为进行到底的分化将使语言失去交际的功能，统一的趋势总是对抗着分化的趋势，使语言的发展达到新的平衡。由于这两种趋势的相互作用，产生了方言、特殊语言、共同语等各种不同的语言。

2. 研究了语言的共时系统，从语言系统中分出语音、语法和词汇三种要素，分别从静态和动态的角度讨论了它们的性质和特点

在语音方面，他从发音基础来说明语音的系统性，他认为语音的系统性来自发音器官动作间固定的协作关系。一个人在儿童时代学话的过程中就学会了一套互相配合、互相制约的发音动作，形成了他自己的语音系统，除非特殊原因，这个系统是终身不变的。

在语法方面，他从思维活动的规律和对句子的分析出发，来研究语言的语法。他认为，通过语言活动所引起的精神活动包括“分析”和“综合”两个过程。假定大脑摄入了一匹马在奔跑的视觉印象，意识首先分析这个印象的构成成分（“马”和“跑”）并确定它们之间的关系（“跑”是“马”的动作），这是分析的过程。接着，意识又把自己所辨认和分析出来的成分组成“马跑”这样一个语像，这是综合过程。分析和综合的过程都需要在语言材料的基础上进行，但是彼此又有差别。房德里耶斯认为，说不同语言的人在上述表象中分析出来的成分以及这些成分之间的关系是相同的，然而这种关系的表达，在不同的语言里却各有特殊的方式。

房德里耶斯把语言成分区分为“义素”（semanteme）和“形素”（morpheme）两类：义素是表达概念的成分，形素是表达概念之间的关系的成分，也就是语法成分。

他把形素分为三类：第一类形素是句子中和义素相连的语音成分，如介词、人称代词、冠词、前后缀、词尾等；第二类形素是通过义素本身的语音性质来表示的成分，如词根的内部屈折、声调、零形素等；第三类形素是义素在句子中的位置，也就是词序。

形素的内容就是“语法范畴”（grammar category）。房德里耶斯认为，语法范畴必须有形式表示出来。语法范畴既然必须有形式上的标志，所以，不同语言的语法范畴的种类和数目不可能相同；即使是同一种语言，随着形式的变化，语法范畴也会发生变化。在任何语言里，语法范畴和逻辑范畴总是不完全一致的，语言学家只能牺牲逻辑来对语言事实进行分类，这样的分类至少符合语言的实际。他指出，要是法语语法不是按照亚里士多德的逻辑原则来建立，它肯定会是另一个样子。

在词汇方面，房德里耶斯给词汇下了如下的定义：“词汇是语言中从语义价值来考虑的词的总汇。”他从词义的性质和词汇的系统性两方面来研究词汇问题。他认为，任何词不论过去有多少意义，在当前具体的使用场合，都会有确定的意义；一个词尽管在当前可以有多种意义，但浮现在意识中只是上下文所确定的那个意义。

所以词既有当前意义，即它被使用时的意义；又有特殊意义，即同暂时用法有关的意义。

当上下文使词摆脱人们记忆中存储的有关该词的其他意义，而显示出它在特定场合的意义时，其他的意义就潜伏在人们的意识之中，准备在适当的环境下浮现出来。

所以，在词的各种意义之间找不到平均数，每个意义都完整地存在于意识之中，等待表现的时机。

房德里耶斯用心理的联想作用来说明词汇的系统性。他说，词在意识中并不是孤立的，而是和它过去曾经出现过的上下文，和它过去曾经参加过的各种组合一起铭刻在人们的意识中。词汇的系统性就表现在词在意识中所形成的各式各样错综复杂的联想的网络之中。

3. 研究了语言的历时演变规律

房德里耶斯认为，语言在时间的进程中不是固定不变的，它永远处于不知不觉的变动之中。

在语音演变方面，他把语音的演变分为“自发音变”（changements phonetiques spontanes）和“联合音变”（changements phonetiques combinatoires）两种。

自发音变主要发生在语言的代代相传的过程中。他认为，个人的语音系统是在早年就确定了的，除了由于受教育而有意识地改变发音以及由于学习其他语言或方言而影响母语的发音之外，这种早年就固定下来的语音系统是终身不变的。所以，语音的演变一般不会发生在一代人身上。另一方面，儿童在学话过程结束后所获得的语音系统很少跟父母的一模一样，这种微小的分歧导致了严重的结果，使得在代代相传的环节上发生自发音变。自发音变往往是无意识的，音变的结果往往是不可挽回的，发生自发音变的音往往是语音系统中那些难发的音。

联合音变是由于前后相续的音相互作用而引起的，如语音的同化、异化、换位等。联合音变不是随着语言的不同而不同的特殊现象，而是各种语言里都有同样表现的普遍现象。

在形态演变方面，房德里耶斯认为有两个一般的趋势支配着形态的演变：一个趋势来自划一的要求，它趋于消除不常用的形素；一个趋势来自表达的要求，它趋于创造新的形素。

划一的要求由类推作用来满足，类推是一种心理作用，它在某种程度上取决于“省力律”，类推作用取消的罕用的、记忆不予保证的形式，它只有通过记忆的失败才能取胜。

他指出，按照预定的逻辑而设计出来的人造语言，只能作为特殊的语言在少数人中间使用，这种人造语言一旦成为日常的交际工具，人们就会赋予其中不同的形式以不同的价值，某些形式可能支配别的形式而成为类推的辐射中心，从而打乱人造语言原来的井然秩序。因此，房德里耶斯认为，类推虽则响应划一的要求，但往往是逻辑的敌人。

表达的要求一般是语音演变所引起的。语音演变的结果，有的形素败坏得很厉害，甚至完全消失，心理为了满足表达的要求，就去修补形式的磨损，引起形态的演变，修补磨损的主要方式是实词虚化和独立的词沦为词缀。

他说：“形态进行的各种不同情景使我们想到在万花筒里见到的千变万化的图案。人们可以无限地转动这支万花筒，每次变换它的要素的组合，但得到的除了新的组合之外，再没有别的东西。”这就是著名的“万花筒理论”。

在词汇演变方面，房德里耶斯认为，个人对于语音和形态的系统掌握是一劳永逸的，而词汇却取决于环境，从来不是固定的。他指出，词没有独立的存在，它存在于人们的心里，通过意义的联系而汇合在心里的词群，如果其中的一个主要成员改变意义，那么其他的词的意义也会发生相应的变化。

他认为，一词多义是语言中的普遍现象，在多义化的过程中，词义的演变通常不是沿着直线进行的，而是围绕主要的意义向各个方面辐射的，而且派生的意义又可能成为新的辐射中心。在多义词的各个意义中，总有一个意义是主要的，但这个主要的意义不一定永远都是主要的，在它周围有次要意义包围着，这些次要意义总是想取而代之。

房德里耶斯还讨论了词语替换的规律。他把词语替换的原因总括成说话者的心理和社会条件两个方面。从说话者的心理来看，当词语受到磨损而丧失表达能力的时候，说话者就会把它加以更换，采用别的词语来表达同样的概念。例如，有的词语因语音的演变而变得太短或者出现同音混淆，影响到表达力，它们就可能被替换。从社会条件来看，出于礼貌或者迷信的言语禁忌，文化的发展，某种外语的威望等，都可能引起词语的替换。

我国许多老一辈语言学家都到法国留过学，如王力、高名凯、岑麒祥等，他们在法国期间，都曾经当过房德里耶斯的学生，通过他们的介绍，房德里耶斯的学说在我国语言学界广为传播，产生了很大的影响。

本章参考文献

1. A. Meillet,Le methode comparative en linguistique histoire，Oslo，1925，中译本，《历史语言学中的比较方法》，岑麒祥译，科学出版社，1957 年。

2. J. Vendryes，Le Langage，Paris，1921，中译本，《语言论》，叶蜚声译，岑麒祥校，商务印书馆，1993 年。

3. 岑麒祥，法国语言学家梅耶和他的业绩，《语言学论丛》，第 12 辑，商务印书馆，1984 年。

第八章　功能语言学和法国的结构主义

法国的语言学受索绪尔的影响很大。著名法国语言学家梅耶（A. Meillet，1866—1936）在巴黎高等研究学院求学期间，就曾经听过索绪尔的课，是索绪尔的得意门生。1889—1890 年，索绪尔因病不能到学校执教这段时期，梅耶曾受命代索绪尔授课。1891 年冬，索绪尔离开巴黎赴日内瓦以后，梅耶继任这个学院的语言学研究指导教授，一直到 1927 年退隐。

马尔丁内（André. Martinet，1908—1999）是梅耶的学生，也接受了索绪尔的影响。马尔丁内提出了语言功能观，以他为代表的功能语言学派，是欧洲最有影响的语言学派之一。

此外，法国还有两位在现代语言学史上引人注目的语言学家。一位是泰尼埃（L. Tesnière，1893—1954），一位是纪尧姆（G. Guillaume，1883—1967）。泰尼埃提出了从属关系语法，纪尧姆提出了心理机械论，在现代语言学史上独树一帜。他们两人都是结构主义者，但他们的结构主义是别具一格的。

本章中，我们将分别介绍马尔丁内和纪尧姆的语言学说。另外用一章的篇幅介绍泰尼埃的从属关系语法。

第一节　功能语言观

马尔丁内于1908年生于法国萨瓦山区奥特维尔城（Hauteville），1928年进入巴黎高等研究学院，在著名语言学家梅耶和房德里耶斯（J. Vendryès，1875—1960）的指导下攻读日耳曼语言学。1932年，马尔丁内去丹麦在叶尔姆斯列夫指导下进修语符学，但他并没有接受语符学的理论。他认为，这种理论是一座"象牙之塔"。不过，语符学所体现的索绪尔的结构主义观点对他产生了深远的影响。1938年，马尔丁内回到法国，担任巴黎高等研究学院语言学研究指导教授。1946—1955年间，马尔丁内到了美国，曾任纽约国际语言学会主席，哥伦比亚大学校长及教授，并任著名语言学刊物 *Word*（《词》）杂志的主编。1955年回法国后，担任巴黎高等研究实习学院第四系的结构语言学研究指导教授，同时担任巴黎大学文学院语言研究所所长和普通语言学教授。1965年创办 *La linguistique*（《语言学》）杂志。1976年参与建立国际功能语言学协会，虽年逾古稀，但仍参加该协会的学术活动。1999年去世，享年91岁。

图8-1　马尔丁内

马尔丁内的主要著作有：

1.《奥特维尔地区（萨瓦山区）法—普罗旺斯方言的语音描写》（*La description phonologigue duparler franco-provençal d'Hauteville*

（Savoie），1945）

2.《作为功能语音学的音位学》（*phonology as functional phonetics*，1949）

3.《语音演变的经济原则》（*Économie des changement phonétiques*，1955）

4.《普通语言学原理》（*Élements de Linguistique Générale*，1960）

5.《语言功能观》（*A Functional View of Language*，1962）

6.《功能句法研究》（*Studies in Functional Syntax*，E. Coseriu ed，1975）

马尔丁内的学术观点与布拉格学派十分接近，所以有人认为他是布拉格学派的基本思想和原则的继承者之一。但他的功能语言学又独具匠心，自成体系，是国际功能语言学协会这一流派的理论基础，因此，马尔丁内也就成了功能语言学的代表人物。

马尔丁内的语言功能观有如下要点：

1. 语言研究要以“功能”作为基本依据

马尔丁内认为，要区别两种功能：一是语言在社会生活中所完成的功能。其中，交际功能是语言的基本功能，表达功能、思维推理功能、称谓功能、美学功能是第二位功能；二是语言单位在完成交际功能的过程中所承担的功能，包括语言单位的作用，在一定语境中语言单位之间的关系等。

在语言研究中，在语言的各个平面上，不论是确定语言事实，划分语言单位的类别，描述语言结构，解释语言单位的变异幅度和演变规律，都要以功能作为基本依据。他说：“意识到语言功能超越一切的重要性，通常会更加尊重事实。”①

2．语言是具有双重分节的交际工具

马尔丁内说：“语言结构是语言功能的一个方面。”② 他根据语言单位在交际过程中完成的不同功能，把语言定义为“具有双重分节（double articulation）的交际工具”③。

第一分节的最小单位是“符素”（moneme），符素是声音和意义结合的单位，它通常表现为随着出现时间的先后排成的序列，承担着表义功能，所以又叫“表义性单位”（significative unit）。

第二分节的最小单位是“音位”（phoneme），音位本身没有意义，只能区别符素的意义，承担着区别性功能，所以又叫作“区别性单位”（distinctive unit）。

一种语言现象能否看作语言事实，要看它能否在语言交际中完成一定的功能。在语言研究中，要抓住能完成表义功能和区别功能的语言事实，这一原则，叫作“功能筛选”（Criblage fonctionnel）。

3．语言学的研究对象是言语活动

索绪尔《普通语言学教程》的结束语是：“语言学的唯一的、真正的对象是就语言和为语言而研究的语言。”④ 马尔丁内却提出

① A. Martinet，A Functional View of Language，1962：3.

② A. Martinet，A Functional View of Language，1962：5.

③ A. Martinet，A Linguistic Science for Language and Languages. 中译文，《研究语言本身的语言学》，载《语言学译丛》第一辑，第 185 页，中国社会科学出版社。

④ 索绪尔，《普通语言学教程》，中译本，第 323 页，商务印书馆。

了另一个口号："就人类言语活动、为人类言语活动而研究言语活动。"①

马尔丁内在这个口号中所说的"言语活动"，既包括索绪尔的"语言"（langue），又包括索绪尔的"言语"（parole）。他说："科学研究首要的要求就是不能因为方法上的苛求而牺牲研究对象的完整性。"② 因此，不能把言语排除在语言学研究的范围之外。语言学家要从言语中通过功能分析，归纳出语言系统，语言事实要经过"功能筛选"来确定，而不能由事先画好的"语言"的框框来确定，语言事实不能只局限于语言的结构系统中来研究，而应该放在言语活动中，放在语言功能系统的运转中来研究。

4. 语言研究要注重形式，同时也要兼顾实体

索绪尔在《普通语言学教程》中说："语言是形式而不是实体。"③ 马尔丁内则认为，语言的形式固然要放在语言研究的首位，但在难以找到形式根据的情况下，也可以依靠实体来识别语言的功能。

例如法语中位于前高元音后的/-ll-/可变为/-j-/，这种变化是由于/-ll-/受前高元音的影响而颚化，使其发音部位和发音方法都与/-i-/接近，而要保持颚化的/-l-/和/-j-/的区别，在发音上比较

① A. Martinet，Studies in Functional Syntax，1975：11.

② A. Martinet，A Linguistic Science for Language and Languages. 中译文，《研究语言本身的语言学》，载《语言学译丛》第一辑，第185页，中国社会科学出版社。

③ 索绪尔，《普通语言学教程》，中译本，第169页，商务印书馆。

困难，所以，颚化的/-l-/可能丧失边音的特征而变为半元音/-j-/。这种情况，要借助于语音实体才能得到说明。

5. 语言研究要历时与共时并重

索绪尔在《普通语言学教程》中指出，共时观点与历时观点的对立是绝对的，不容许有任何妥协，而且，共时观点比历时观点更重要。马尔丁内则认为："人类不断改变着的需要，时刻都在危及语言机制的平衡，并且使它在新的形式下恢复平衡。"① 因此，语言的共时状态与历时状态是分不开的。

马尔丁内调查了66个出生在1920年以前的巴黎人，他们都能区分patte［pat］（爪子）和pate［pa：t］（面团）中的元音［a］和长元音［a:］。他又调查了1940年以后出生的许多巴黎人，他们中间60%以上认为这两个词中的元音相同。但这种情况并不影响上述两代人之间进行交际。这种现象从共时观点来看，说明现代法语中/a/和/a：/的对立已不是普遍性对立；从历时观点来看，说明/a/和/a：/的对立在巴黎人的习惯用法中已经逐渐消失。可见，语言作为交际工具的职能尽管是纯共时的，但也包含着语言的历时的发展，不宜把它们对立起来。

6. 各种语言都有自己的特殊性

马尔丁内认为："每一种语言都按自己特有的形式来组织和它相对应的经验材料。"②

例如，"他游过了河"这个经验，用法语说是"Il a traversé la

---

① A. Martinet, A Functional View of Language, 1962: 2.

② A. Martinet, Éléments de Linguistique Générale, 1960: 16.

rivière à la nage”，用英语说是“He swam across the river”。“游”这个概念在法语中用“à la nage”这个状语来表示，但英语中则用谓语“swam”来表示；“通过”这个概念在法语中用动词“a traversé”来表示，英语中则用介词“across”来表示。因此，他认为，“一种语言和另一种语言的词汇意义和功能的分配情况是各不相同的。”①

他指出，在语言研究中，要对各种语言的各自不同的语言现象进行分析，不能把一种语言分析的结果生拉活扯地硬套在另一种语言上。

由上所述可以看出，马尔丁内的语言功能观，在许多方面对索绪尔的语言理论提出了异议。他重视语言事实，不愿为了维护一种既定的理论而抛弃语言事实。正如马尔丁内所说的：“功能语言学获得的任何进展，不论在过去还是在将来一个时期内，都是逆着潮流的。”②

第二节　语言经济原则

马尔丁内提出，语言“运转的基本原理”（principe de fonctionnement）是“语言经济原则”（économie du langage）。

他认为，言语活动中存在着从内部促使语言运动发展的力量，这种力量可以归结为人的交际和表达的需要与人在生理上

---

① A. Martinet, Studies in Functional Syntax, 1975: 228.

② A. Martinet, A Linguistic Science for Language and Languages. 中译文，《研究语言本身的语言学》，载《语言学译丛》第一辑，第 184 页，中国社会科学出版社。

（体力上）和精神上（智力上）的自然惰性之间的基本冲突。交际和表达的需要始终在发展、变化，促使人们采用更多、更新、更复杂、更具有特定作用的语言单位，而人在各方面表现出来的惰性则要求在言语活动中尽可能减少力量的消耗，使用比较少的、省力的或者具有较大普遍性的语言单位。这两方面的因素相互冲突的结果，使语言处在经常发展的状态之中，并且总能在成功地完成交际功能的前提下，达到相对平衡和稳定。

经济原则是支配人们言语活动的规律，它使人们能够在保证语言完成交际功能的前提下，自觉或不自觉地对言语活动中力量的消耗，做出合乎经济要求的安排。语言经济原则能对语言结构、演变的特点和原因做出合理的解释。

在马尔丁内之前，帕西（P. Passy，1859—1940）于 1890 年曾提出语言演变的“经济原则”（le principe d′économie）。但他认为，在“强调原则”（1e principe d′emphase）起作用的地方，“经济原则”就不起作用。

叶斯柏森（O. Jespersen，1860—1943）于 1922 年提出“省力说”（easy theory）。

弗莱（H. Frei）于 1929 年提出“经济需要”（le besoin d’économie）。

他们都谈到了语言在演变中力求经济的趋势，但认为除了演变之外，其他地方就不存在这种趋势。

马尔丁内从语言的交际功能着眼，认为合理安排力量消耗的经济原则，在语言这一功能结构的运转中，是无处不在起作用的。

语言的第一分节受着经济原则的支配。例如，法语“J’ai mal

à la tête”（我头痛）这句话中，包含六个排成言语链的符素，它们不仅仅在这句话的这种排列中表示“我头痛”这一经验，而且，每一个符素还可以用在别的地方表示别的经验，如 mal 也可以用于“Il fait le mal”（他干坏事）中表示“坏事”，tête 也可以用于“Il s’est mis à leur tête”（他成为他们的头头）表示“头头”。如果在每一个具体环境中，每一件交际的事情都与一个特定的符素相对应，那么，符素的数量就会大大膨胀，以至于人脑记不住，无法掌握。由于语言经济原则的作用，语言中的一个符素可以有多种用途，这样，就可以减轻人们记忆的负担，保证交际活动的正常进行。

语言的第二分节也受着经济原则的支配。语言中数以万计的符素的语音形式，都是由为数有限的音位组成和区分的。例如，法语中的 tête /tɛt/（头）这个符素，它是由音位/t/（出现两次）和/ɛ/ 组成的，而这两个音位中的每一个都可以和别的音位组成许多不同的符素。借助于/t/和/b/的对立，可以把 tête 和 bête /bɛt/（牲畜）区别开来，借助于/t/和/r/以及 /ɛ/ 和 /ã/ 的对立，可以把 tante /tãt/（姑妈、姨妈）和 terre /tɛr/（土地）区别开来。而且，语言中这为数有限的音位，又是由数目更少的区别特征构成的。如果每一个符素都要求一个特殊的音位，而每个音位都要求有一个特殊的区别特征，那就得区分成千上万的音位和区别特征，这是人们的发音器官和听觉器官所难于胜任的。

由此可见，语言的第一分节和第二分节都受着经济原则的支配。

在语音演变中也清楚地显示了经济原则的作用。根据马尔丁内的考察，古印欧语中没有重叠辅音，但到了古希腊语、古拉丁语、古英语时期，说这些语言的人中间形成一种通例，在某些表现力强的词汇单位中，在元音之间单辅音的地方，使用同一辅音的重叠形式来突出这些词的表现力。于是，出现了/-tt-/、/-nn-/、/-kk-/这类重叠辅音。其中，第一个辅音为缩气音，第二个辅音为破裂音。这样，发出来的音比相应的单辅音更长、更强，所消耗的力量也更大。经过一段相当长的时期，采用重叠辅音的表现力强的词汇单位越来越多，重叠辅音的使用频率越来越高。这样，人们发音时所消耗的力量就越来越大。在语言经济原则的作用下，为了减少发音时力量的消耗，就出现了重叠辅音简化为单辅音的趋势，同时，也有了重叠辅音与单辅音相混淆的可能性。为了保留它们的区别功能，各种语言采取了不同的演变方式。例如，古英语中的 knokke（敲打），到现代英语变为 knock，其中，重叠辅音/-kk-/在现代英语中与单辅音/-k-/合并，原有的元音 /-o-/ 变为开口度更大的 /- ʼAo-/，承担了区别功能。

经济原则在语法中也有作用。

例如，印欧语系诸语言中，语法符素（如介词、连词以及表示格、时态、人称等的词尾）的使用频率比词汇符素（如动词、名词、形容词的词干）高得多。由于经济原则的作用，这些语法符素的平均长度比词汇符素的平均长度短得多。这样，尽管语法符素出现频率高，使用起来并不费力。

又如，印欧语系诸语言的一般句子的谓语总带有主语（祈使句除外），在和谓语相联系的各种句子成分中，主语的使用频率是最高的。由于经济原则的作用，作为主语的符素没有任何特殊的形式标记：俄语的名词和代词作主语时总是用第一格，法语和英语的代词作主语时用主格，这样，可以减轻人们记忆的负担。

经济原则在词汇中也起着作用。例如，英语动词 move（运动，移动）是从法语借来的，因为它一开始就按英语中常用的类推模式变位，在记忆上是经济的，所以，在英语中使用频率很高。但作为 move 前身的法语动词 mouvoir（使移动），则由于变位规则太复杂，在法语的口语中使用频率越来越低，人们通常用意思相同但变位形式比较简单的 remuer、bouger 等来代替它。

马尔丁内的功能语言学，能够在音位、形态、句法、词汇的研究上，保持逻辑的连贯性，构成一个比较完整的体系。他的语言经济原则，也是一个有相当解释能力的理论模式。这一学派的各种观点尚在不断发展之中。

1976 年在法国圣弗卢尔（Saint-Flour）成立的国际功能语言学协会，就是这个学派经过长期富有生气的活动之后，不断地扩大影响的结果。

第三节　心理机械论

纪尧姆（Gustave Guillaume）是一位自学成才的法国语言学家。他生于 1883 年，出身贫寒，没有进过大学，没有学位。早年以教俄国移民学法语谋生，筚路蓝缕，钻研数学。1909 年与法国著名语言学家梅耶结识，开始从事语言学研究。1911—1913 年发表《比较逻辑语法研究》和《法语逻辑语法研究》，1919 年发表《法语中的冠词问题及其解决方法》，1929 年发表《时态和动词——体、语式和时态的理论》，提出了心理机械论

(Psychomécanique)，1945 年发表《古典语言中时态的构造体系》。1936 年梅耶逝世后，根据梅耶的遗愿，巴黎大学附设的高等学校聘请纪尧姆当讲师，这是他一生中得到的最高职称。他每周讲授一次语言学理论，直到 1967 年逝世，享年 84 岁。

图 8-2　纪尧姆

纪尧姆在法国语言学界始终没有地位，他的学生瓦兰（R. Valin）于 1961 年将纪尧姆的全部手稿从法国运到加拿大，并于 1964 年在加拿大拉瓦尔大学语言系成立了“纪尧姆著作保存会”(Le fonds de Gustave Guillaume)。

纪尧姆 1967 年逝世后，他的学生瓦兰成为他的法定继承人。瓦兰经过 20 年的惨淡经营，终于使“心理机械论”成为一种引人注目的语言理论。

心理机械论认为，语言是人类特有的现象，人的心理活动中存在着一套特有的语言机制，它掌管着人的语言活动。其主要论点如下：

1. 活动时间的概念

纪尧姆认为，人的语言行为是反映人的思维活动的，而思维活动从发生到完成需要一定的时间，这段时间就叫作“活动时间”（temps opératif)。活动时间是极短暂的，可以是无限小的，根本测量不出来，但这活动时间是确实存在的。肯定了活动时间的存在，就可以将它形象化地在空间上用一条有箭头的、不逆转的、单方向的直线（即矢量）表示出来。如下图所示（图 8-3）。

图 8-3　用矢量来表示活动时间

由于活动时间的存在，语言就不是静态的，而是动态的。它不是一堆现成的概念，也不是像索绪尔所说的那样是一部存放于人们头脑中的词典，而是一整套有多种用途的机制。语言是一个反映外在世界的完整体系，这体系是人们在历史的长河中总结经验，不断地积累、创造和丰富起来的。

2. 语言和话语的区分

纪尧姆提出，言语活动（langage）等于语言（langue）加上话语（discours），即

langage = langue + discours

这里，纪尧姆不是用索绪尔的言语（parole）而是用话语（discours）。法语中，discours 一词的主要意思也是指 parole，但外延比 parole 更广泛。parole 主要指个人的有声语言，而 discours 还可包括书面文字、手势语、个人内心的独白等。

语言和话语之间存在着如下关系：

第一，在共时语言学中，语言的存在先于话语，语言的运用就是从语言过渡到话语，过渡需要的时间就是“活动时间”。

第二，语言是抽象的，是一个经常的和连续存在的常数；而话语是具体的，只是对语言的瞬间的和断续的利用。语言包括一个“反映系统”（système de representation）和一个“表达系统”

(système d'expression)，反映系统比表达系统更重要。反映系统内恒常存在的观念，在使用时从心灵深处被召唤到表面上来。从反映系统到表达系统的过渡，就是从语言到话语的过渡。研究语言，主要是研究反映系统对思维活动的反映。

第三，语言限制话语，确定话语。语言是“潜能”(puissance)，而话语是“实效”（effet)。实效是说话人从潜能所蕴藏的各种可能性中进行选择的结果。

如果用矢量 AC 表示思维活动，A 表示思维活动的起点，B 表示进行中的思维活动，C 表示思维活动终点，则上述关系可表示为下图（图 8-4)。

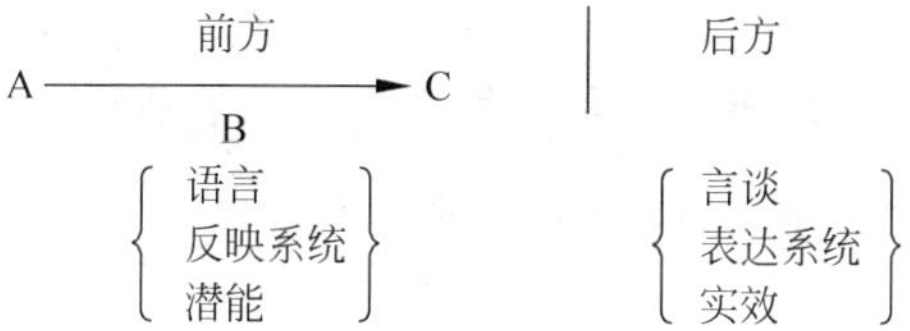

图 8-4　思维活动示意图

纪尧姆认为，要从思维活动发生的三个阶段（开始—进行—终结）来研究各种心理活动，进而确定语言的作用和价值。所以，纪尧姆称自己的语言学为“位置语言学”(linguistique deposition)。

例如，在反映系统中，存在着人类意识中一些特有的心理活动，如从“一般”（universel）到“个别”（singulier）和从“个别”到“一般”的往返运动，就是产生冠词体系的原因。

3. 潜在所指和实在所指的区分

纪尧姆提出，所指（signifié）加上符号（signe）等于能指

（signifiant），即

signifié + signe = signifiant

他又根据语言和话语的区分，潜能和实效的区分，把所指分为“潜在所指”（signifié de puissance）和“实在所指”（signifié d'effet）。“潜在所指”是语言中话语所具有的各种可能性的总和，“实在所指”则是话语中某个意义实效（effet de sens）的现实化（actualisation），而符号是联系语言和话语之间的中转站。

例如，法语中的 homme（人）一词的潜在所指，是指“人”的概念所包含的任何一种可能意义；而它的实在所指，是指说话人说到“人”时，所联系的这“人”的特定意义，即说话人从“人”具有的全部意义中所选择到的一种意义。

纪尧姆的心理机械论是一种别出心裁的独特的语言学理论，应该在现代语言学中占有一席之地。

本章参考文献

1. A. Martinet, Économie des Changements Phonetiques, Berne, 1955.
2. L. Tesnière, Élements de Syntaxe Structurale, Paris, Klinck-sieck, 1959.
3. 周绍珩，马尔丁内的语言功能观和语言经济原则，《国外语言学》，1980 年，第 4 期。
4. 程曾厚，居斯达夫·纪尧姆的“心理机械论”及其著作保存会，《国外语言学》，1981 年，第 2 期。

第九章　伦敦学派和词语法

伦敦学派是现代语言学的一个重要流派。这个学派的创始人是弗斯（J. R. Firth，1890—1960）。弗斯逝世后，韩礼德（M. A. K. Halliday）成为了这个学派的主将，形成了新弗斯学派，建立了系统功能语言学派。赫德森的词语法是英国语言学中独具特色的研究成果，值得我们关注。

本章介绍弗斯的语言理论、韩礼德的系统功能语言学。最后介绍赫德森的词语法。

第一节　弗斯的语言理论

弗斯生于1890年6月17日。1911年在里兹大学历史系毕业。第一次世界大战期间，他进入英国印度教育事务部，投笔从戎，在印度、阿富汗和非洲等地服兵役。随军服役期间，他开始研究印度和非洲的语言，学术生涯从历史学转到语言学。1920—1928年，弗斯担任印度拉合尔旁遮普大学英语教授。1928年回英国，担任伦敦大学语音学讲师，并兼任伦敦政治经济研究学院语言社会学讲师、牛津印度学院印度语语音学讲师、东方研究学院语言学讲师。这个时期，他结识了伦敦政治经济研究学院的著名人类语言学家马林诺夫斯基（B. Malinowski），两人一起共事多年，他们之间的亲密友谊，对于弗斯语言理论的形成起了重要作用。1937年，弗斯再往印度，专门研究古吉拉特语（Gujarati）和泰卢固语（Telugu）。1938年返回英国后，东方研究学院改名为东方与非洲研究学院，他成了这个学院的正式研究人员，并担任该学院语音学和语言学系的讲师，讲授语言学和印度语。1940年升为副教授，1941年升为教授并成为该系主任。1944年，伦敦大学设立普通语言学讲座，弗斯担任了该讲座的第一任主讲教授。1954—1957年，弗斯担任英国语文学会主席。此外，他还赴国外讲学，参加过巴黎语言学会主办的语义学讲座，参加过联合国教科文组织的语言学家常设委员会的工作。1956年因病退休，但壮心未已。1957年应美国内阁的邀请，担任巴基斯坦的语言学顾问，1958年他又到爱丁堡大学任客座教授，并获得该校授予的荣誉法学博士学位。此外，他还是东方与非洲研究学院荣誉研究员和伦敦大学荣誉教授。弗斯于1960年12月19日去世，享年70岁。

图9-1　弗斯

弗斯的专著有：

1.《言语》（*Speech*，1930）

2.《人的语言》（*The Tongue of Men*，1937）

他的大部分著作是专题论文，比较重要的论文有：

1.《语义学的技巧》(The techniqne of semantics, 1935)

2.《英国的语音学派》(The English school of phonetics, 1946)

3.《语音和跨音段成分》(Sounds and prosodies, 1948)

4.《大西洋的语言学》(Atlantic linguistics, 1949)

5.《表达意义的方式》(Model of meaning, 1951)

6.《普通语言学和描写语法》(General linguistics and descriptive grammar, 1951)

7.《结构语言学》(Structural linguistics, 1955)

8.《语言学理论概要》(A synopsis of linguistic theory, 1957)

9.《普通语言学中的语言处理》(The treatment of language in general linguistics, 1959)

弗斯语言理论的要点如下：

1. 语言除了具有语言内部的上下文之外，还具有情境上下文

弗斯的语言理论受到马林诺夫斯基（B. Malinowski）很大的影响。

马林诺夫斯基在南太平洋巴布亚新几内亚的特罗布里恩德群岛（The Trobriand Islands）进行人类学实地考察时，发现当地土著居民的话很难译成英语。例如，一个划独木船的人把他的桨叫作“wood”（木头），如果不把这人的话与当时的环境结合起来，就不能理解 wood 指的究竟是什么。

图 9-2　马林诺夫斯基

因此，他认为，要把一种文化所使用的语言中的术语及话语翻译成另一种文化所使用的语言是不可能的。

语言绝非自成体系，语言是根据社会的特定要求而进化的，因而语言的性质及使用都反映了该社会的具体的特性。他说："话语和环境互相紧密地纠结在一起，语言的环境对于理解语言来说是必不可少的。"接着他又说："一个单词的意义，不能从对这个单词的消极的冥思苦想中得出，而总是必须参照特定的文化，对单词的功能进行分析之后才能推测出来。"[①] 因此，从总体上来说，只有在"文化上下文"（context of culture），尤其只能在"情境上下文"（context of situation）中，才能对一段话语的意义作出估价。

马林诺夫斯基所说的"文化上下文"，是指说话者生活在其中的社会文化；马林诺夫斯基所说的"情境上下文"，是指说话时已在实际发生的事情，即语言发生的情境。

弗斯接受了马林诺夫斯基的"情境上下文"这个术语，并且给它做了更加确切的定义。

弗斯认为，语言行为包括如下三个方面的范畴：

（1）参与者的有关特征：是哪些人，有什么样的人格，有什么样的有关特征。

1）参与者的言语行为。

2）参与者的言语行为之外的行为。

（2）有关的事物和非语言性、非人格性的事件。

① B. Malinowski, The Problem of Meaning in Primitive Language, 1923: 307.

（3）语言行为的效果。①

这里所说的“言语行为之外的行为”，“非语言性、非人格性的事件”，“语言行为的效果”等，就是“情境上下文”。

因此，他认为，要把语言作为一种“社会过程”来看。他说，语言是“人类生活的一种形式，并非仅仅是一套约定俗成的符号和记号”。他还说：“我们生活下去，就得学习下去，一步步学会各种语言形式来作为厕身社会的条件。自己扮演的是哪些角色，这些角色得说什么样的话，我们心中有数。在情境上下文中说合乎身份的话，这才能行为有效，彬彬有礼。所以要提出各种限制性语言（restricted language）这个概念。”他还说：“具备社会性的人能扮演各种各样、互相联系的角色，并不显得彼此冲突或很不协调。……为了研究语言学，一个具备社会性的人应当看作能运用各种限制性语言的人。”②

这里所谓的“限制性语言”，就是人们按各自的行业、身份、地位和处境所说出来的得体的话。

弗斯认为，语言的异质性和非联系性，要比大多数人所愿意承认的还要严重得多。人类行为中有多少个专门系统，就有多少套语言，就有多少套同特殊的语言联系在一起的特殊的社会行为。人可能有各种身份，有时是乡下佬，有时则是有教养阶层的人。他们的语言都各有不同。

逻辑学家们往往认为，单词和命题本身就有意义，他们不考

---

① J. R. Firth, A synopsis of linguistic theory, 1957.

② J. R. Firth, The treatment of language in general linguistics, 1959: 146.

虑“参与者”和“情境上下文”。弗斯认为这是不对的。他说：“我以为，人们的话语不能脱离它在其中起作用的那个社会复合体，现代口语的每一段话都应该认为有其发言的背景，都应该与某种一般化的情境上下文中的典型参与者联系起来加以研究。”①

2. 语言既有情境意义，又有形式意义

弗斯强调，语言学的目的是说明意义。他说：“描写语言学的首要任务就是对意义进行陈述。”② 意义分两种：一种是“情境意义”，一种是“形式意义”。他之所以把意义作这样的区分，是由于他认为，语言既有情境上下文，又有语言内部的上下文。“情境意义”出自情境上下文，“形式意义”出自语言内部的上下文。

情境意义就是语言在情境上下文中的功能，前面已经讲过，这是弗斯接受了马林诺夫斯基的观点而提出来的。

形式意义则是弗斯受了索绪尔关于语言符号具有价值这一观点的启发而提出来的。什么是形式意义呢？弗斯说：“我主张把意义或功能分解为一系列的组成部分。确定每一种功能，都应当从某一语言形式或成分与某一上下文之间的关系下手。这就是说，意义应当看成上下文关系的复合体，而语音学、语法学、语义学则各自处理放在适当的上下文中间的有关组成部分。”③

在弗斯看来，形式意义可表现于三个层上：搭配层、语法层、语音层。

---

① J. R. Firth，Papers in Linguistics，1934—1951：226.
② J. R. Firth，Papers in Linguistics，1957：190.
③ J. R. Firth，Papers in Linguistics，1934—1951：19.

所谓“搭配”（collocation），是指某些词常常跟某些词一起使用。

弗斯说：“‘意义取决于搭配’是组合平面上的一种抽象，它和从‘概念’上或‘思维’上分析词义的方法没有直接的联系。night（夜晚）的意义之一是和dark（黑暗）的搭配关系，而dark的意义之一自然也是和night的搭配关系。”①

cow（母牛）是常常和动词to milk（挤牛奶）一起使用的。这两个词往往这样搭配：

They are milking the cows（他们给母牛挤奶），

Cows gave milk（母牛提供牛奶）。

可是，tigress（母老虎）或lioness（母狮子）就不会和to milk搭配。讲英语的人不会说

* They are milking the tigresses，

或　* Tigresses give milk。

由此可见，在搭配层，cow的形式意义与tigress和lioness不同。

在语法层也有形式意义。例如名词的数这个语法范畴，在有的语言中只有单数和复数两种数（如英语），在有的语言中有单数、双数和复数三种数（如古斯拉夫语，斯洛文尼亚语），在有的语言中有单数、双数、大复数、小复数四种数（如斐济语）。这样，在英语中的单数与古斯拉夫语、斯洛文尼亚语和斐济语的单数的形式意义就不一样。

在英语中，单数只与复数相对，在古斯拉夫语和斯洛文尼亚语中，单数跟双数与复数相对；在斐济语中，单数跟双数、大复

① J. R. Firth，Papers in Linguistics，1957：196.

数、小复数相对。

语音层也有形式意义。假定某一语言中有［i］、［a］、［u］三个元音，另一种语言中有［i］、［e］、［a］、［o］、［u］五个元音，那么，［i］这个元音在第一种语言里的形式意义与［a］、［u］相对，在第二种语言里的形式意义与［e］、［a］、［o］、［u］相对，二者的形式意义是不同的。

由此可以看出，弗斯关于“情境意义”的思想是来自马林诺夫斯基的，而弗斯关于“形式意义”的思想是来自索绪尔的。他把这两位大师的观点融为一体，独出一家，使其放出异样的光彩。

3. 语言有结构和系统两个方面

在弗斯的理论中，“结构”和“系统”这两个术语有着特定的含义。“结构”是语言成分的“组合性排列”（Syntagmatic ordering of elements），而“系统”则是一组能够在结构里的一个位置上互相替换的“类聚性单位”（a set of paradigmatic units）。结构是横向的，系统是纵向的。图示如下（图9-3）：

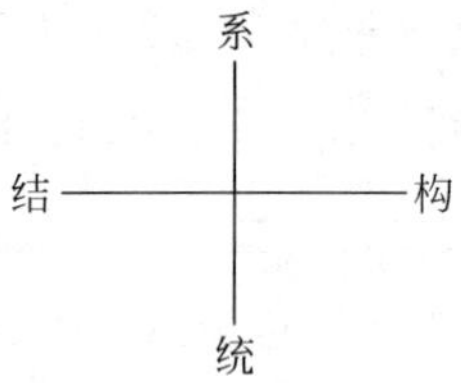

图9-3　结构和系统

语法层、语音层和搭配层都存在着结构和系统。

在语法层，例如：

John greeted him（约翰欢迎他）

John invited him（约翰邀请他）

John met him（约翰遇见他）

这三句话的结构都是 SVO（主语 + 动词 + 宾语），其结构相同。在这相同的结构中，动词可以用 greet，或用 invite，或用 meet，三者合起来构成一个系统。

在语音层，例如：英语有 pit、bit、pin、pen 这四个词，其结构是 C_1VC_2（辅音 1 + 元音 + 辅音 2）。在这个结构中，词首 C_1 位置可出现［p］、［b］，词中 V 位置可出现［i］、［e］，词末 C_2 位置可出现［t］、［n］，这就构成三个不同的系统。

在搭配层，例如：

a 栏	b 栏
strong argument	powerful argument
（有力的论据）	（有力的论据）
strong tea	powerful whiskey
（浓茶）	（烈性的威士忌）
strong table	powerful car
（结实的桌子）	（动力大的汽车）

这里的结构是 A + N（形容词 + 名词）。但是，在 a 栏，argument、tea、table 出现在 strong 之后，三者属于一个系统；在 b 栏，argument、whiskey、car 出现在 powerful 之后，三者同属另一个系统。讲英语的人，不能说 * strong whiskey，也不能说 * powerful tea；否则系统就乱套了。

4. 音位的多系统理论和跨音段理论

弗斯的音位理论有两个特点：一个是“多系统论”

（polysystemic），一个是“跨音段论”（prosodic）。

首先说“多系统论”。

根据弗斯关于“系统”的概念，在音位学中的系统，就是在某个结构中的一个位置上所能出现的若干个可以互换的语音的总称。例如，skate［skeit］、slate［sleit］、spate［speit］这三个词的结构都是$C_1C_2VC_3$（辅音$_1$＋辅音$_2$＋元音＋辅音$_3$），［k］、［l］、［p］都能在C_2这个位置上出现，构成一个系统。美国描写语言学描写音位，采用的是“单系统”（mono-systemic）分析法。例如，team 中的［t^h］是吐气的，它出现于词首；steam 中的［t］是不吐气的，它出现于［s］之后。因此，把［t^h］、［t］归为一个音位｜t｜，并说［t^h］、［t］是音位｜t｜的音位变体（allophone）。但是，单系统分析法有时会碰到很大的困难。例如，爪哇语的词首可出现 11 个辅音：［p］、［b］、［t］、［d］、齿音化的［t］、齿音化的［d］、［tj］、［dj］、［k］、［g］、［?］，词末只能出现四个辅音：［p］、［t］、［k］、［?］。按单系统分析法，应当把词末的四个辅音与词首的 11 个辅音中的四个辅音合起来算为四个音位。但是，词末的［t］是与词首的［t］归为一个音位呢？还是与词首齿音化的［t］或［tj］归为一个音位呢？这往往使得我们举棋不定的。如果采用多系统分析法，建立两个辅音系统，一个是词首辅音系统，一个是词末辅音系统，这样描写起来就好办得多了。

再说“跨音段论”。弗斯认为，在一种语言里，区别性语音特征不能都归纳在一个音段位置上。例如，语调不是处于一个音段的位置上，而是笼罩着或管领着整个短语和句子。“Has he come?”（他来了吗?）用升调，这个升调不局限于 has 的 | h |、| æ |、| z | 各音段音位的位置，也不局限于 he、come 的，| h |、| i |、| k |、| ʌ |、| m | 各音段音位的位置，而是笼罩着整个的问句。这种横跨在音段上的成分，就叫作“跨音段成分”（prosody）。跨音段成分可以横跨一个音节的一部分，也可以横跨整个音节，或一个词、一个短语、一个句子。语调是跨音段成分之一，但跨音段成分并不限于语调。

例如，roman meal（罗马面，由粗小麦粉或黑麦粉掺和亚麻仁制成）这个合成词，有八个音位 | romən mil |，按美国描写语言学的方法，每个音位都要这样描写一番：| r | 是浊音、舌尖音、卷舌音，| o | 是浊音、圆唇音、央元音，| m | 是浊音、双唇音、鼻音，如此等等，这八个音发音时声带都要振动，它们都具有“浊音”这个特征。当把这八个音都描写完，“浊音”这个特征重复了八次，显得叠床架屋，不得要领。事实上，“浊音”是八个音都共有的，它横跨在 roman meal 这个合成词的整个音段上，因此，在这里，弗斯把“浊音”也看成一种跨音段成分，描写方法简洁明白。

从弗斯文章的字里行间，我们可以了解到，弗斯所说的跨音段成分，除了语调之外，还有音高、音强、音长、元音性、软腭性等。

音位单位（phonemic units）减去跨音段成分（prosody）之后留下来的东西，弗斯叫作“准音位单位”（phonematic units）。例如，把 | romən mil | 的浊音性抽出，留下的就是八个准音位单位。

第二节　韩礼德的系统功能语言学

弗斯的学生韩礼德（M. A. K. Halliday）继承弗斯的理论，在弗斯去世后，多次表示要完成弗斯未竟之业，建立了新弗斯学派，并进一步发展成为“系统功能语言学”（systemic functional linguistics）。韩礼德就是系统功能语言学的主将。

韩礼德于1925年生于英格兰约克郡的里兹，青年时期在伦敦大学主修中国语言文学。1947—1949年来我国北京大学深造，受到罗常培的指导，1949—1950年到岭南大学学习，又受到王力的指导。韩礼德说：“在中国，罗常培先生告诉我历时语言观，并且帮助我认识印欧语系之外的一种语言体系。王力先生教会了我很多东西，包括方言的研究方法，语法的语义基础，中国的语言学历史等等……”①

韩礼德回英国之后，在弗斯指导下攻读博士学位，于1955年完成博士论文《“元朝秘史”汉译本的语言》（The language of the Chinese “Secret History of the Mongols”），获得剑桥大学哲学博士学位。

韩礼德不仅对英语和汉语有独到研究，还对儿童或个人语言发展及语言与社会学和符号学的关系有着深刻的研究。

此后，韩礼德先后在剑桥大学、爱丁堡大学、伦敦大学任教，并在美国耶鲁大学、美国布朗大学、肯尼亚内罗毕大学、美国依利诺依州立大学任教，并在美国加利福尼亚州斯坦福行为科

① 《韩礼德文集8——汉语语言研究》（汉译本）。

学高级研究中心任研究员。以后，韩礼德移居澳大利亚，任悉尼大学语言学系主任。

韩礼德是英国科学院通讯院士、澳大利亚人文科学院院士、欧洲科学院荣誉院士、悉尼大学终身荣誉教授，同时还是法国南锡大学、英国伯明翰大学、希腊雅典大学、澳大利亚麦考里大学、香港岭南大学、英国加的夫大学、印度中央英语和外语学院的荣誉博士。

韩礼德经常在世界各地进行讲学和科研活动，多次到中国进行学术讲座和访问，与中国语言学者有着密切的联系。

图 9-4　韩礼德

韩礼德的主要著作有：

1.《语言功能的探索》（*Explorations in the Functions of Language*，Erward Arnold，London，1973）

2.《语言与社会人》（*Language and Social Man*，1974）

3.《学习怎样表达意思》（*Learning How to Mean*，1975）

4.《语言中的系统与功能》（*System and Function in Language*，1976）

5.《英语中的连贯》（*Cohesion in English*，Longman，London，与 R. Hasan 合著，1976）

6.《语言中的结构与功能》（*Structure and Function in Language*，1977）

7.《作为社会符号的语言：对语言和意义的社会解释》（*The Social Interpretation of Language and Meaning*，Erward Arnold，

London，1978）

8.《系统背景》（*Systemic Background*，1983）

9.《话语分析的维度》（*Dimensions of Discourse Analysis*，1985）

10.《功能语法导论》（*An Introduction to Functional Grammar*，London：Edward Arnold，1994）

11.《功能语法导论，第三版》（*An Introduction to Functional Grammar. 3rd Ed. Hodder*，与 Ch. Matthiessen 合著，2004）

系统功能语言学主要在下面三个方面继承和发展了弗斯的学说。

1. 发展了弗斯关于“情境上下文”的理论，提出了“语域”的概念

韩礼德把弗斯关于“情境上下文”的理论落实到具体的语言结构中去。他认为，语言的情境可由“场景”（field）、“方式”（mode）和“交际者”（tenor）三部分组成。

“场景是话语在其中行使功能的整个事件，以及说话者或写作者的目的。因此，它包括话语的主题。方式是事件中话语的功能，因此，它包括语言采用的渠道（临时的或者有准备的说或写），以及语言的风格或者修辞手段（叙述、说教、劝导、应酬等等）。交际者指交际中的角色类型，即话语的参与者之间的一套永久性的或暂时性的相应的社会关系。场景、方式和交际者一起组成了一段话语的语言情境。”①

语言的语义可以分为观念功能（ideational function）、交际功

① M. A. K. Halliday & R. Hosan，Cohesion in English，Longman，1976：22.

能（interpersonal function）和话语功能（textual function）。

观念功能又可再分为经验功能（experiential function）和逻辑功能（logical function）。经验功能与说话的内容发生关系，它是说话者对外部环境的反映的再现，是说话者关于各种现象的外部世界和自我意识的内部世界的经验。逻辑功能则仅仅是间接地从经验中取得的抽象的逻辑关系的表达。

交际功能是一种角色关系，它既涉及说话者在语境中所充当的角色，也涉及说话者给其他参与者所分派的角色。例如，在提问时，说话者自己充当了提问者，即要求信息的人的角色；同时，他也就分派听话者充当了答问者，即提供信息的人的角色。又如，在发命令时，说话者自己充当了命令的发出者，即以上级的口吻讲话的角色，同时，也就分派听话者充当了命令接受者，即以下级的身份执行命令的角色。不同的说话者，因与听话者的关系不同，在对同一听话者说话时，会采取不同的口气；而同一说话者对不同的听话者说话时，也会采用不同的口气。

话语功能使说话者所说的话在语言环境中起作用，它反映语言使用中前后连贯的需要。例如，如何造一个句子使其与前面的句子发生关系，如何选择话题来讲话，如何区别话语中的新信息和听话者已经知道的信息，等等。它是一种给予效力的功能，没有它，观念功能和交际功能都不可能付诸实现。

韩礼德认为，观念功能、交际功能和话语功能是三位一体的，不存在主次问题。

当语言情境的特征反映到语言结构中时，场景趋向于决定观念意义的选择，交际者趋向于决定交际意义的选择，方式则趋向于决定话语意义的选择。如下图所示（图9-5）：

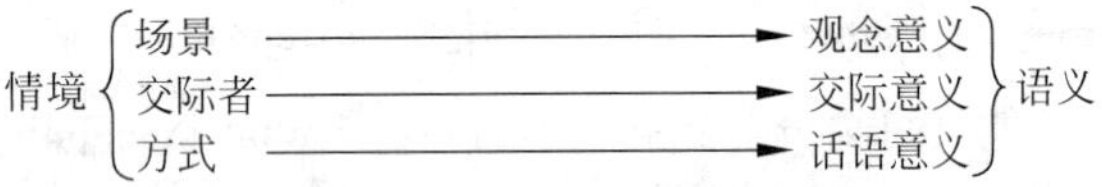

图 9-5　情境决定意义的选择

这样，韩礼德便把语言的情境落实到语言本身的语义上来，具体地说明了情境与语言本身的关系究竟是什么。

在此基础上，韩礼德提出“语域”（registers）的概念。

语域是语言使用中由于语言环境的改变而引起的语言变异。语言环境的场景、交际者、方式三个组成部分，都可以产生新的语域。

由于场景的不同，可产生科技英语、非科技英语等语域。科技英语又可以再细分为冶金英语、地质英语、数学英语、物理英语、化学英语、农业英语、医学英语等语域。这些语域之间的差异，主要表现在词汇，及物性关系（transitivity relations）和语言的各种结构在等级上的逻辑关系的不同。

由于交际者的不同，可产生正式英语、非正式英语以及介于这两者之间的、具有不同程度的正式或非正式英语等语域，还可以产生广告英语、幽默英语、应酬英语等语域。这些语域之间的差异，主要表现在语气、情态以及单词中所表达的说话者的态度的不同。

由于方式的不同，可产生口头英语和书面英语等语域。这些语域之间的差异，主要表现在句题结构（主题、述题）、信息结构（新信息、旧信息）和连贯情况（如参照、替代、省略、连接等）的不同。

在现实生活中，语域的变异，通常不是只由一种语言环境因素的改变而引起的。在语言的实际使用中，场景、交际者和方式三个组成部分无时无刻不在改变。这三种类型的变化共同作用的结果，便产生了各式各样的语域。所谓语言，只不过是一个高度抽象化的概念。

2. 发展了弗斯关于“结构”和“系统”的理论，对“结构”和“系统”下了新的定义，提出了“系统功能语法”（systemic functional grammar）

韩礼德新提出的语法理论包括四个基本范畴：单位（unit）、结构（structure）、类别（classification）、系统（system）。

其中，结构与系统的含义与弗斯的不尽相同，分别解释如下：

（1）单位：语言的单位形成一个层级体系（hierarchy），单位同时又是一个分类体系，单位之间的关系呈现为从最高（最大）到最低（最小）的层级分布，每个单位都包含一个或一个以上的、紧跟在它下面的（小一号的）单位。例如，英语中的单位就是句子、分句、词组、词和语素。一个单位的级（rank）就是这个单位在层级体系中的位置。

（2）结构：在语法中，为了说明连续事实间的相似性而设立的范畴，叫“结构”。结构是符号的线性排列，其中，每个符号占一个位，而每个不同的符号代表一个成分。结构中的每个单位，由一个或多个比它低一级的单位组成，而每一个这样的组成成分，都有自己特殊的作用。例如，英语的分句由四个词组组成，这四个词组的作用是分别充当主语（subject）、谓语（predicate）、补足语（complement）和附加语（adjunct），分别用S、P、C、A来代表。所有的分句都可由它们组合而成。如SAPA（“主语—附加语—谓语—附加语”）、ASP（附加语—主语—谓语）、SPC（主语—谓语

—补足语）、ASPCC（附加语—主语—谓语—补足语—补足语），等等。此外，在词组这一级，还有一类词组，韩礼德把它们叫“前定语”（modifier）、“中心语”（head）、“后定语”（qualifier），分别用M、H、Q来代表。如果可能存在的结构有H（中心语）、MH（前定语—中心语）、HQ（中心语—后定语）、MHQ（前定语—中心语—后定语）等形式，那么，这些结构可以用一个公式表示为（M）H（Q），其中括号里的成分可有可无，是随选的。

（3）类别：一定单位的一群成员，根据它们在上一级单位的结构中的作用，可以定出它们的“类别”。例如，英语的词组可定出动词词组、名词词组、副词词组等类别。动词词组用作分句中的谓语，名词词组用作分句中的主语和补足语，而副词词组在分句中则具有附加语的功能。它们的类别都是根据词组中的成员在分句中的作用定出来的。一般地说，如果某一单位具有基本结构XY、XYZ、YZ、XYZY，那么下一级单位的基本类别就是“作用于X的类别”“作用于Y的类别”和“作用于Z的类别”。

结构和类别为一方，单位为另一方，它们之间的关系可在理论上确定。

类别和结构一样，都是同单位相连的，类别始终是一定单位的成员的类别。

类别和结构的关系经常不变，类别总是按照上一级单位的结构来定，结构总是按照下一级单位的类别来定。

（4）系统：韩礼德指出，所谓“系统”，是由一组特点组成的网。如果进入该系统的条件得到满足，那么就选出一个特点，而且只选出一个特点。从某一特定系统网中形成的特点进行的任何选择，就构成对某一单位的系统的描写。可见，系统从其外部形式上看，就是一份可供说话者有效地进行选择的清单。系统之间的种种关系，可以由系统网络（system network）来表示。

系统存在于所有的语言层，如语义层、语法层和音位层，它们都有各自的系统来表示本层次的语义潜势。

系统功能语法采用包含“与/或”（and/or）逻辑关系的非循环有向图来表示语法，这样的语法就是系统网络。如下图所示（图 9-6）：

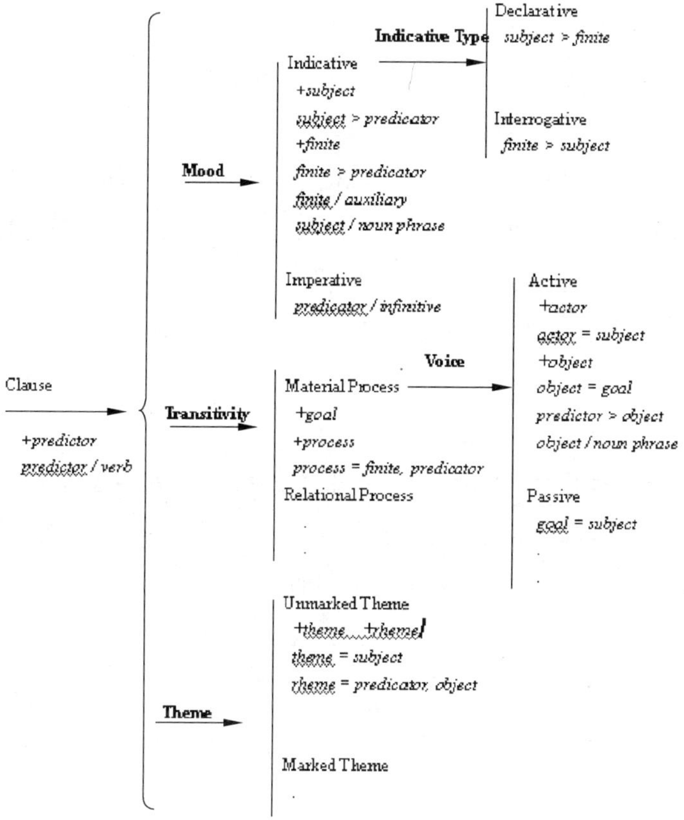

图 9-6　系统网络图

上图以举例的方式给出了一个简单的系统网络。这里，最大的波形括号表示“and”（也就是并列的）系统，而笔直的垂直线表示“or”（也就是不相交的）系统。因此，每个句子（Clause）可以同时具有语态（Mood）、及物性（Transitivity）和主题（Theme）的特征，但是不可能既是指示语（indicative）又是祈使语（imperative），只可能是其中之一。

系统功能语法采用“**实现语句**”（realization statement）来建立语法指定的特征（比如，指示语、祈使语）与句法形式之间的映射。网络中的每个特征都具有一个实现语句集，并通过该实现语句集来指定对最终表达形式的约束。每个特征的实现语句在系统网络图中以特征下面的斜体语句集来表示。当遍历系统网络时，实现语句容许将语法用于约束表达形式的结构。所采用的简单的运算符号如下所示：

+X：　插入功能 X。例如，上图的语法中，Clause 的实现语句“+predicator”表示句子（clause）需要插入一个谓词（predicator）。

X=Y：　合并功能 X 和 Y。这意味着容许语法通过对表达式的相同部分指派不同的功能而建立一个层次化的功能结构。例如，在特征 Active 下面的实现语句“actor = subject”表示主动语态的句子将行为者（actor）与主语（subject）合并，而在特征 Passive 下面的实现语句“goal = subject”表示被动语态的从句将目的（goal）与主语（subject）合并。

X>Y：　将功能 X 置于功能 Y 之前的某一位置。例如，“subject >

predicator”表示句子的主语（subject）置于谓词（predicator）之前。

X/A：将功能 X 与词汇或语法特征 A 划为一类。例如，“predicator / verb”表示把谓词（predicator）功能和动词（verb）划为一类，也就是说，这个谓词功能在词汇语法特征方面必须是动词。

对于一个给定的系统网络，自然语言生成的处理程序是：

（1）从左到右遍历网络，选择正确的特征并执行相关的实现语句；

（2）建立中间表示，这个中间表示要满足遍历期间执行的实现语句所施加的约束；

（3）对于任何没有完全指定的功能通过在较下层递归地调用该语法而加以指定。

例如，经过文档规划和微观规划之后，我们得到了如下的内容描述，作为英语句子生成的初始信息：

Process（过程）：	save-1
Actor（行为者）：	system-1
Goal（目标）：	document-1
Speech-act（话语行为）：	assertion
Tense（时态）：	future

其中，save-1，system-1，document-1 表示它们是词典的选项，词的后面标以“-1”，表示系统也可以选择其他的同义词来替代它们。上面给出的这些信息说明，我们要生成的英语句子应该是一个具有将来时态的断言句。

现在，让我们根据这些信息，使用上面的系统网络图来生成英语句子。

生成处理从系统网络图中的句子特征 clause 开始，该特征的实现语句是：+ predicator，predicator/verb，表示需要插入一个谓词并将它分类为动词，因此，插入动词 save。

然后，继续进行至**语态**（mood）系统。一个系统的正确选项是通过与系统有关的简单查询或决策网来选择的。因为输入说明指定这是一个断言句，因此语态系统选择指示语（indicative）和陈述语（declarative）的特征。与指示语和陈述语特征有关的实现语句是：+ subject，subject > predicator，+ finite，finite > predicator，表示要插入主语（subject）和定式（finite）功能，并将它们排列为主语（subject）、定式（finite）、谓词（predicator）的顺序。这样，我们得到如下的功能结构：

Mood	Subject	finite	predicator

接着，进入**及物性**（Transitivity）系统，我们假定 save-1 行为的特征是物质加工过程，因此，及物系统选择“物质加工”（material process）的特征。这个特征的实现语句是：+ goal，+ process，process = finite，predicator，因此，插入目的（goal）和处理（process）功能并且合并定式（finite）和谓词（predicator）。由于输入中没有指定采用被动语态，因此系统选择主动语态的特征，这个特征的实现语句是：+ actor，actor = subject，+ object，object = goal，predicator > object，object / noun phrase，因此，插入行为者（actor）并将它与主语（subject）合并；然后，插入宾语

(object)，将它与目的（goal）合并，并将它置于谓词(predicator)之后，这个宾语（object）是名词短语（noun phrase)。结果如下：

Mood	Subject	finite	predicator	Object
Transitivity	Actor	Process		Goal

最后，因为输入的信息中没有关于**主题**（theme）的说明，主题系统选择未标记主题（unmarked theme），这个特征的实现语句是：+ theme，+ rheme，theme = subject，rheme = predicator，object，因此，插入主位（theme）和述位（rheme），把主位与主语（subject）合并，把述位与谓词（predicator）和宾语（object）合并。所得到的结果是一个完整的功能结构：

Mood	Subject	finite	Predicator	Object
Transitivity	Actor	Process		Goal
Theme	Theme	Rheme		

这时，生成处理还需要递归地多次进入语法的较低层次，以便完全地指定短语、词典项以及词形。名词短语网络将采用与这里给出的过程类似的方法来生成“the system”和“the document”。辅助动词网络将为系统插入词汇项“will”。词汇项“system”、“document”和“save”的选择可以通过多种方式来处理。最后生成的英语句子是：

The system will save the document.

系统功能语法把这个句子表示为如下的多层结构：

	The system	***Will***	***save***	***the document***
Mood	Subject	Finite	predicator	Object
Transitivity	Actor	Process		Goal
Theme	Theme	Rheme		

这里，语态层（Mood）表示这个句子是一个带有主语、定式助动词、谓语动词和宾语的简单的陈述句结构：the system 是主语，will 是定式助动词，save 是谓语动词，the document 是宾语。

及物层（Transitivity）表示主语“system”是“saving”处理的行为者或实施者（actor），宾语“document”是目标（goal），“will save”是过程（process）。

主题层（Theme）表示“system”是句子的主位（theme）或关注的焦点，“wil save the document”是句子的述位（rheme）。

这三层处理的是不同的功能集合。这三个功能集合，被称为“**元功能**”（meta-functions），语态层表示交际元功能，及物层表示观念元功能，主题层表示话语元功能。

从系统功能语法的观点来看，言语行为就是从数量巨大的、彼此有关的、可供选择的各种成分中，同时进行选择的过程。

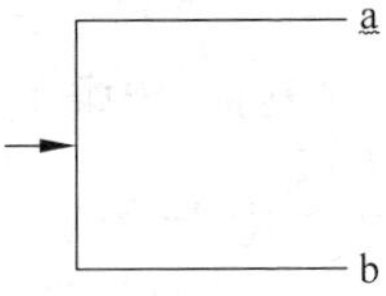

图 9-7　a 和 b 为必选

假设有一个包括特点 a 和 b 的系统，必须选出 a 或 b，则可表示为图 9-7。

如果系统（1）包含特点 a 或 b，系统（2）包含特点 x 或 y，而系统（1）中的 a 是进入系统（2）的条件，也就是说，如果选上了 a，那就必须选择 x 或 y，则可表示为图 9-8：

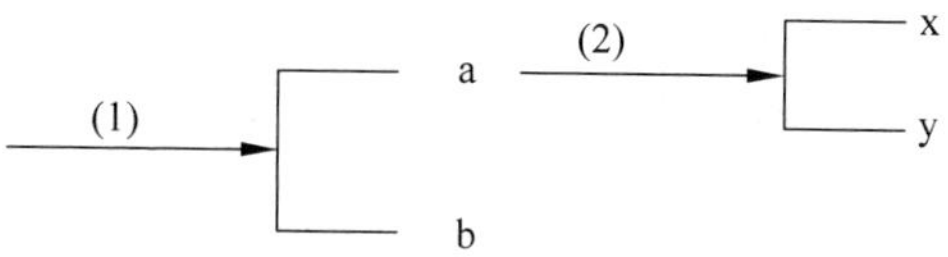

图 9-8　先进入系统（1）再进入系统（2）

如果在同样的条件 a 下，系统 m/n 与系统 x/y 同时发生，则可表示为图 9-9：

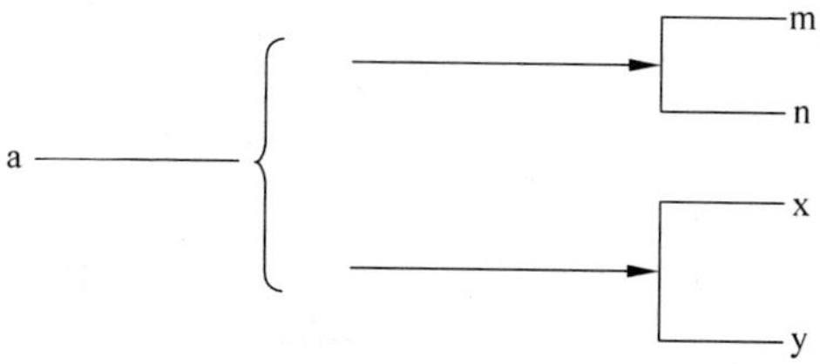

图 9-9　系统 m/n 与系统 x/y 同时发生

如果在 a 和 c 二者都选上的条件下，必须选择 x 或 y，则可表示为图 9-10：

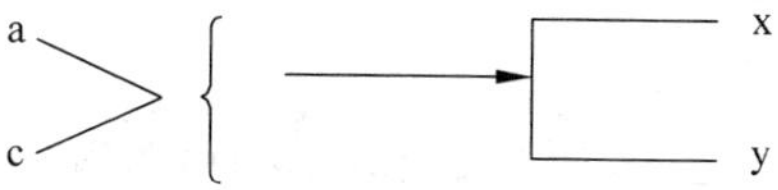

图 9-10　在 a 和 c 二者都选上的条件下必须选择 x 或 y

如果在 a 或者 d 选上的条件下，选择 x 或 y，则可表示为图 9-11：

图 9-11　在 a 或 d 选上的条件下选择 x 或 y

由此，可以组成系统网，这种系统网可以清楚地描写句子的结构。例如，图 9-12 是英语时间表达法的系统网。

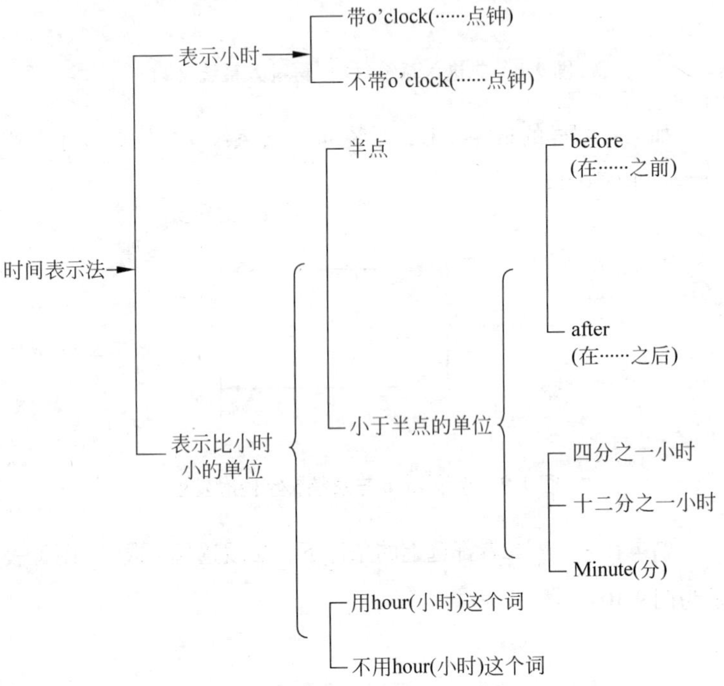

图 9-12　英语时间表达的系统网

这个系统网可以准确地说明下列各句是否合乎语法。

i. Is it six yet?（已经六点钟了吗?）

ii. I think it's about half past.（想大约是过了半点钟左右）

iii. It was five after ten.（十点五分）

iv. He got there at eight minute before twelve.（他于十二点差八分到达那里）

v.　* He got there at eight before twelve.

vi.　* It was half past ten o'clock.

句 i 是正确的，因为在系统网中，“表示小时”这一类可以选用“不带 o'clock”的用法。

句 ii 是正确的，因为在系统网中，表示“比小时小的单位”这一类也可以采用“不用 hour（小时）这个词”的用法。

句 iii 是正确的，因为在系统网中，“表示比小时小的单位”这一类可先进入“比半点小的单位”，然后进入“十二分之一小时”（即五分钟）这种用法，而无须用“minute”（分）这个词；但在“比半点小的单位”这同一条件下，还应同时用“after”（在……之后）或“before”（在……之前），句 iii 中用了 after，所以是正确的。

句 iv 也是正确的，因为在系统网中，“表示比小时小的单位”这一类，可先进入“比半点小的单位”，然后，又可同时地进入“before”（在……之前）和“minute”（分）。

句 v 是不正确的，因为在系统网中，当它进入“比半点小的单位”之后，必须在“四分之一小时”或“十二分之一小时”或“minute”（分）之间选择一种，但它哪一种都没有选择，所以，是不正确的。

句 vi 也是不正确的，因为在系统网中，如果进入了“表示比小时小的单位”，然后又进入了“半点”的表示法，则不应该用“o'clock”，而只有在“表示小时”这一类中，才能带“o'clock”，所以，句 vi 不正确。

可以看出，系统功能语法的系统网必须精心地进行编制，才能正确无误地表示语言的结构。

由于系统功能语法把言语行为看成一个在数量庞大的、彼此有关的可选择项目中同时地进行选择的过程，如果表示这种选择过程的系统网编制得又详尽、又准确，就可以用形式化的手段对语言进行细致入微的描述，从而使这种系统功能语法在语言自动处理中得到实际的应用。

美国人工智能专家维诺格拉德（T. Winograd），在1974年研制的自然语言理解程序SHRDLU中，运用了系统功能语法的理论，取得了很大的成功。

SHRDLU程序能理解用普通英语键入计算机终端的语句，并能回答询问，以此进行人机对话，用英语来指挥机器人摆弄积木，移动简单的几何物体（图9-13）。

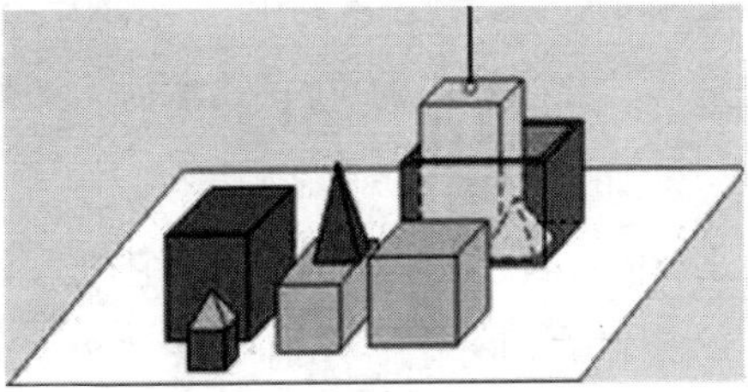

图9-13　SHRDLU示意图

3. 提出了语法分析的三个尺度——级、幂、细度

韩礼德把语法分析的尺度叫作阶。为了把范畴相互联系起来，要采用三种抽象的阶进行工作，这就是级（rank）、幂（exponence）和细度（delicacy）的阶。

“级”的阶上，排列着从句子到语素的各层单位，按逻辑顺序从最高单位排列到最低单位。句子的描写只有当语素的描写完备以后才能算是完备的，反之亦然。

“幂”的阶是抽象程度的阶梯，它把语法中的概念同实际材料联系起来。从比较抽象的概念向具体的材料推进，就是沿着幂的阶下降。

“细度”的阶则反映结构和类别的细分程度。细度是一个渐进系（cline），它是潜在地带有无限分度的连续体。它的范围，一头是结构和类别两大范畴中的基本程度，另一头是理论上这样的一个点，过了这个点就得不出新的语法关系。

韩礼德认为，对一个语言项目进行分类时，应该按照细度的阶，由一般逐步趋向特殊，对每一个选择点上的可选项给以近似值。例如，句子可区分为陈述句和祈使句；如果是陈述句，又可进一步细分为肯定句和疑问句；如果是疑问句，又可再进一步细分为一般疑问句和特殊疑问句。

细度的概念也可以适用于语义层。例如，在及物性系统中，过程可细分为物质过程、思维过程、关系过程和言语过程，而思维过程又可进一步细分为感觉过程、反应过程和认知过程。

在每一个选择点上，可选项的选择要考虑概率。

当进一步细分时，如果有多重标准，而且其中有关的标准如果互相交叉，就要根据不同的情况，给以不同的参数值，进行适当的调整。

如果类别的区分细微得使描写只顾得上关键性的标准，而顾不上别的标准，这样的描写也就到了尽头。例如，分句按细度的阶一步一步地区分；到了一定的程度，就会走到语法区分的尽头，就得让它们接下去经受词汇的区分。到了这一步，不论形式项目是否在系统中排列就绪，它们之间进一步的关系只能是词汇关系，必须用词汇理论来说明语法所无法对付的那部分语言形式。

“系统功能语言学”（systemic functional linguistics）包括“系统语法”（systemic grammar）和“功能语法”（functional grammar）两个部分，但这不是两种语法的简单综合，而是一种完整的语言理论框架的两个不可分割的方面。

“系统语法”着重说明：语言作为系统的内部底层关系，它是与意义相关联的、可供人们不断选择的若干个子系统组成的“系统网络”，又称“意义潜势”。语言作为符号的一种，在表述说话人想要表达的语义时，必然要在语言的各个语义功能部分进行相应的选择。

“功能语法”着重说明：语言是社会交际的工具，语言系统是人们在长期交际中为了实现各种不同的语义功能而逐渐形成起来的；人们在交际中需要在语言系统中进行选择时，这样的选择活动也是根据所要实现的功能而进行的一种有动因的活动。

因此“系统功能语言学”除了研究语言符号系统的构成及其内部各个子系统，以及这些子系统运作的方式之外，还要研究语言在使用过程中所发挥的作用以及如何发挥这些作用。

韩礼德说过，他的系统功能语言学最为关心的问题是：“人们是怎样破译高度浓缩的日常话语，又是怎样利用社会诸系统来进行破译的呢？”

总的来说，韩礼德系统功能语言学的核心思想主要有如下六个方面。

1. 元功能的（meta-function）思想

韩礼德把语言的语义分为观念功能（ideational function）、交际功能（interpersonal function）和话语功能（textual function）三种。

这样的分类，将语言与语言的外部环境联系起来，同时又可以对语言的内部关系进行解释。韩礼德认为语言的性质决定人们对语言的要求，即语言所必须完成的功能。这种功能千变万化，具有无限的可能性，但其中有若干个有限的抽象的功能是语言本身所固有的，这就是“元功能”（meta-function）。韩礼德认为，观念功能、人际功能和话语功能都具有“元功能”的性质。这三种元功能的含义如下：

（1）观念元功能（ideational meta-function）：包括经验（experiential）功能/或关于所说“内容”的功能和逻辑功能，这个功能与通常被称为表达的“命题内容”有关。由“及物层”（transitivity）表示。

（2）交际元功能（interpersonal meta-function）：这个功能由建立和维护说话人与听话人之间的交互关系的那些功能组成的。语言是社会人的有意义的活动，是做事的手段，是行为和动作，因此语言能反映人与人之间的不同的地位与关系。交际元功能确定了说话人的语态是断言、命令或询问。由语态层（mood）表示。

（3）话语元功能（textual meta-function）：这个功能与适合于当前话语的表达方式有关。这包括“主题化”（thematization）以及“指代”（anaphora）等问题。实际使用中的语言的基本单位不是词或句这样的语法单位，而是“话语”（text），话语能表达的思想比单词或句子更加完整。由主题层（theme）表示。

在系统功能语言学中，观念元功能、交际元功能和话语元功能三个方面结合成一体，无主次之分。

2. 系统的思想

韩礼德不同意索绪尔把语言看成是一套符号的集合。

他认为：

（1）对语言的解释要用意义的有规则的源泉（也就是“意义潜势”）来解释，因为语言并不是所有合乎语法的句子的集合；

（2）结构是过程的底层关系，是从潜势中衍生的，而潜势可以更好地用聚合关系来表达，语言系统是一种可进行语义选择的网络，当有关的系统的每个步骤一一实现后，就可以产生结构；

（3）系统存在于所有语言层次之中，各个层次的系统都有表示自己层次的意义潜势。

3. 层次的思想

韩礼德认为语言是一种多层次的系统结构，包括内容、表达和实体三个层次，各层次间相互是联系的。

他认为：

（1）语言是有层次的，至少包括语义层、词汇语法层和音系层。

（2）各个层次之间存在着“实现”（realize）关系，即对“意义（语义层）”的选择实现于对“形式（词汇语法层）”的选择，对形式的选择体现于对“实体（音系层）”的选择。

（3）整个语言系统是一个多重的代码系统，可以由一个系统代入另一个系统，然后又由另一个系统代入其他的系统。

（4）采用层次的概念可以使人们对语言本质的了解扩展到语言的外部，语义层实际上是语言系统对语境即行为层或社会符号层的体现。

4．功能的思想

韩礼德的功能思想属于语义的概念，这里的功能是形式化的意义潜势的离散部分，是构成一个语义系统的起具体作用的语义成分，词汇语法的成分或结构只是它的表达格式。如：The little girl broke her glasses at school（小女孩把她的眼镜在学校里打破了）可以分析如下（图 9-14）：

概念功能：及物性	The little girl	broke	her glasses	at school
	动作者	过程	目标	环境
词汇语法：	名词词组	动词	名词词组	介词短语

图 9-14　概念功能和词汇语法

这就将表达式和它所表达的语义清楚地分为概念功能层次和词汇语法两个不同的层次。在概念功能层次，可分析为“动作者—过程—目标—环境”，在词汇语法层次，可分析为“名词词组—动词—名词词组—介词短语”。然后对这里所涉及的每一个部分再进行具体的研究。

韩礼德认为语言的及物性（transitivity）仅是语义的一个组成部分，从表层即可描写，不必强求一致。观念元功能中有表示肯定与否定的归一性，交际元功能和话语元功能的各个语义系统均可表示语义。

5. 语境的思想

韩礼德认为如果人们把语言当作整体来看待，那么就必须从外部来确定区别语义系统的标准，也就是要依靠语境来确定属于同一语义类型的语言材料是否具有同一意义的标记。

语言之外的社会语境或情景与语言一样也是语义的一部分。

“社会语境”、“环境”、“相互交际”等概念与“知识”和“思维”在理论上是同类型的，因此，“相互交际”能解释“知识”。

6. 近似的或概率的思想

韩礼德从信息理论中汲取了“近似的”（approximative）或“概率的”（probabilistic）思想。他认为：

（1）语言固有的特征之一是概率性，这种概率性特征在人们选择词汇时表现得最为明显，例如，从英语中选择“人行道”一词时，有人习惯用 sidewalk，有人却喜欢 pavement 等。

（2）人们只能从相对概率来掌握语言的使用范围，把这种原则推广到对语法系统的描写时，各种句型的使用也有一个概率的问题。要掌握不同形式语言项目的使用，必须精确地区别语义与特定情景语境的关系。

（3）语言的概率性说明，不同语域之间的差别可能就是由于它们在词汇语法层面上的概率的不同而形成的，这种概率与所要表达的不同语义的确切程度有关。

第三节　赫德森的词语法理论

理查德·赫德森（Richard Anthony Hudson，1939—　），曾在拉夫堡文法学校（Loughborough Grammar School）、剑桥大学圣体学院学习。1964年，在伦敦亚非学院获得博士学位，博士论文研究的是碧雅语（Beja）的语法体系。1964—2004年，赫德森一直在伦敦大学学院（University College London，简称UCL）任教。曾经担任英国语言学会主席（1997—2000）。目前为伦敦大学学院荣休教授，英国社会科学院（The British Academy）院士。

图9-15　赫德森

赫德森的主要著作有：

1.《英语复杂句》（*English Complex Sentences*，1971）

2.《非转换语法研究》（*Arguments for a Non-Transformational Grammar*，1976）

3.《社会语言学》（*Sociolinguistics*，1980初版，1996二版）

4.《词语法》（*Word Grammar*，1984）

5.《英语词语法》（*English Word Grammar*，1990）

6.《英语语法》（*English Grammar*，1998）

7.《语言网络》（*Language Networks*，2007）

赫德森最重要的学术贡献是创立了“词语法”（Word Grammar）理论①。词语法是一种与系统功能语法迥然不同的语言学理论。

① Richard Hudson，Word Grammar. Keith Brown（ed.）Encyclopedia of Language and Linguistics，Second Edition. Elsevier，2006：633—642.

词语法是一种关于语言结构的一般理论①。尽管目前有关词语法的研究大多与句法有关，但也与语义、形态、社会语言学、历史语言学和语言处理等方面的研究有关。

词语法也是认知语言学的一个分支。

词语法的名称就说明了"词"在这种理论中的中心地位。

词语法认为，词是唯一的句法单位，句子结构是由词语间依存关系构成的一个整体。因此，词语法也是一种依存语法理论。

词语法最重要的特点是"语言网络"（language network）的概念和"缺省传承"（default inheritance）的概念。

下面我们简单介绍一下这两个概念。

词语法认为，语言网络如同其他知识网络一样，也是一种"传承网络"（inheritance network）。这意味着，语言网络具有如下特征：

1．"**is-a**"可以表示分类关系，这样的分类关系"**is-a**"可以通过缺省传承进行概念的泛化，因此这种关系在语言网络中具有特殊的地位。

2．语言网络中的每一个结点是至少一个由"is-a"关系连接在一起的"传承层级"的一部分。因此，在语言网络中的所有结点都是被分了类的。例如，TAKE is-a Verb is-a Word（TAKE 是一个 Verb，而 Verb 是一个 Word）意味着：TAKE 属于 Verb 这个类，而 Verb 属于 Word 这个类。

3．每一个连接至少是"传承层级"的一部分。例如，Object

① Richard Hudson, Word Grammar. Kensei Sugayama (ed). Studies in Word Grammar (Kobe: Research Institute of Foreign Studies, Kobe City University of Foreign Studies), 2002: 7—32.

is-a Complement is-a Dependent（Object 是一种 Complement，而 Complement 是一种 Dependent）是一个连接，这个连接属于“传承”的一个“层级”，在这种情况下，不仅语言网络中的结点进行了分类，语言网络中的连接也进行了分类。

考虑到 is-a 关系的特殊地位，词语法使用一个特殊的符号来表示它：这个特殊的符号是一个小三角形，其底边靠近上一级范畴。

图 9-16 是上面所举例子的词语法简图。左边表示语言网络中结点之间的传承层级，右边表示语言网络中连接的传承层级。

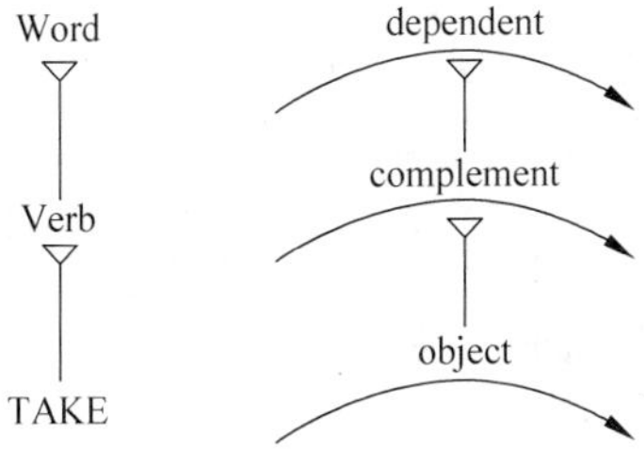

图 9-16　结点和连接的传承层级

在词语法的结构图里，结点的功能非常单一，它只表示在两个或多个连接之间存在一种关联关系。也就是说，结点是没有内容的，是没有什么内部结构的。

但是，每一个通向另一结点的连接都定义了某种“属性”。例如，一条从 TAKE 出来的 object 连接表示 TAKE 需要一个“宾语”的属性，一条从 Verb 出来的 complement 连接表示 Verb 需要一个“补足语”的连接，一条从 Word 出来的 dependent 连接表示 Word 需要一个“从属成分”的连接。

事实上，每一条连接给它所连接的每一个结点定义了一种属性，对于结点而言，连接如同一种数学函数。函数的值是随变元而变的，连接的值是随着结点而变的。

例如，object（宾语）函数的值是随动词和词类而变的，因此在表示所有动词的宾语一般化层级，这个值必须是一个变量。词语法中用点“•”或“?”来表示变量。图9-17是把图9-16中的依存关系和结点（词型）连在一起所形成的一个简单网络。

从这个图我们可以看出，“词”（Word）一般是没有“补足语”（complement）的，因此它的数量（用“#”表示）为0。对“补足语”（complement）的这种约束也可以说明补足语是由“词”（Word）来选择的。例如，TAKE必须有一个object，而且这个object应该是Noun。“宾语”（object）的这种属性通过传承决定了TAKE宾语的词性。如图9-17所示。

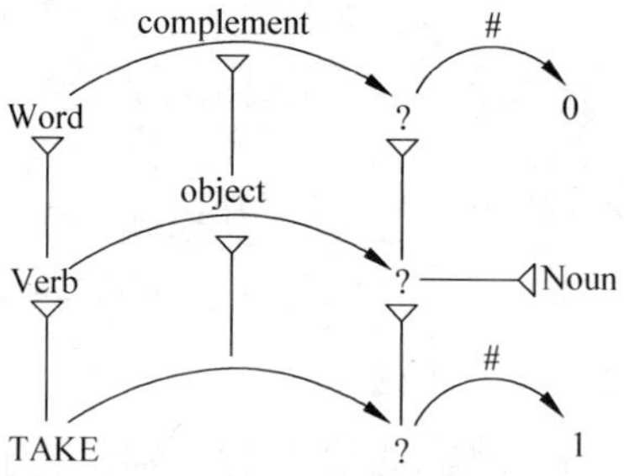

图9-17　TAKE及其宾语形成的网络

传承网络的主要特点就是可通过缺省传承进行概念的泛化推理。

这种方法在日常推理中常常用到，为了猜测我们无法观察到的信息，人们一般都会采用将特殊情况泛化的操作。例如，当我们认为某个东西是一只“狗”的时候，我们假设这只“狗”如同一只典型的“狗”一样，它有四条腿。换言之，这只狗通过缺省传承了我们大脑中关于“狗”的这一典型属性。但如果我们已经看到了这只狗只有三条腿，那么这个信息会取代通过缺省传承得来的信息，从而使得我们可以继续将其看作为一只狗，尽管它只有三条腿。

总之，传承层级越低，优先级越高。图 9-18 更清楚地说明了缺省传承的机理。

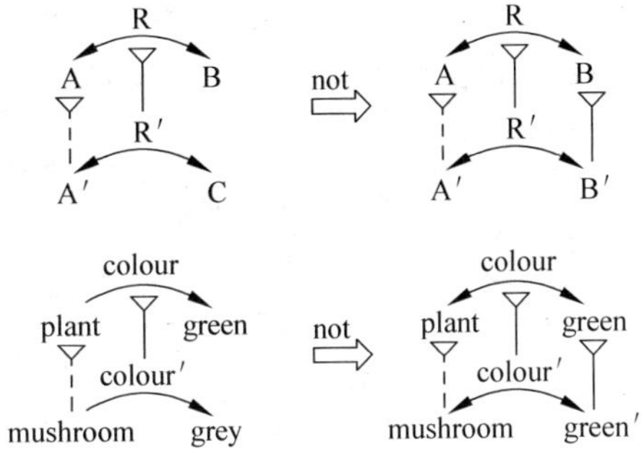

图 9-18　缺省传承的机理①

从图 9-18 可以看出，如果 A′不为 C，则 A′通过传承得到 B′；反之，A′为 C。

图 9-18 中的下图举了一个关于蘑菇颜色的例子。

按照我们的一般知识，植物（plant）都有颜色（colour），而且是绿色的（green）。蘑菇（mushroom）是一种植物（plant），

---

① 此图选自 Hudson，R.（2007）Language Networks，2007：24.

所以它也应该有颜色（colour′）。按照缺省推理，蘑菇（mushroom）的颜色（colour）应该是绿的，但由于我们看到的事实是：蘑菇的颜色（colour′）是灰色的（grey），因此这个信息会代替蘑菇是绿色（green）的信息。

词语法通过对实体（entities）和关系（relation）的分类来区分语言的层级，旨在避免传统语言学中各个层级之间的边界不清问题。

词语法中采用的结点类型有：词（words）、形（forms）、音（sound）、字母（letters）以及其他可表词义的实体（entity）和关系（relation）。主要的关系有：意义（meaning）和实现（realization）。这样，词语法所表示的语言结构如图 9-19 所示。

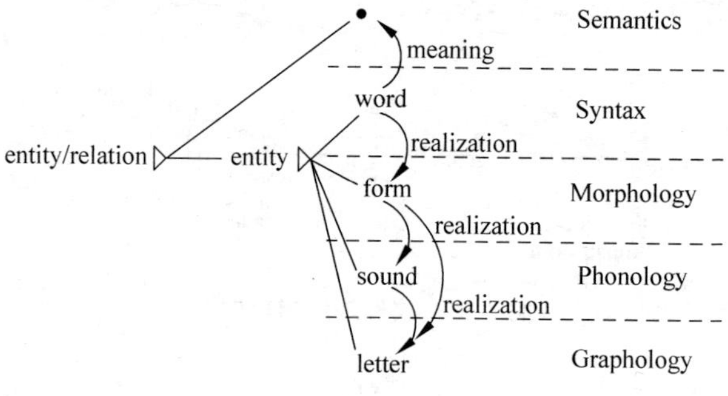

图 9-19　语言的结构

图 9-19 中右边用虚线隔开的语言学层级是（从上至下）：语义学（semantics）、句法学（syntax）、形态学（morphology）、音系学（phonology）和文字学（graphology）。

值得注意的是，在图 9-19 没有一个独立的词表。这意味着，词语法和其他认知语言学理论一样，词汇信息和其他事实之间的差别只是一种程度上的差别。

我们来看一个词语法处理动词 put 的例子①：

PUT

PUT is a verb.

stem of PUT = < put > .

whole of ed-form of PUT = stem of it.

NOT：whole of ed-form of PUT = < put > + mEd.

sense of PUT = put.

PUT has [1-1] object.

PUT has [1-1] adjunct-complement.

NOT：PUT has [0-0] complement.

type of sense of adjunct-complement of PUT = place.

referent of adjunct-complement of PUT = position of sense of it.

referent of object of PUT = put-ee of sense of it.

由此可见，词语法力图采用简单的英语来描述词的句法和语义规则。

图 9-20 为一个包含 put 英语句子的依存分析：

在句法层面，词语法的最大特点是放弃了短语的概念，只采用了依存结构。词语法这样做不仅考虑了依存关系和语言网络之间的亲和性，也考虑了依存关系是一种更具心理现实性的结构。

在句法研究中舍弃短语结构后，词语法衡量句子是否合乎语

---

① Hudson，R. A，English Word Grammar，1991：264.

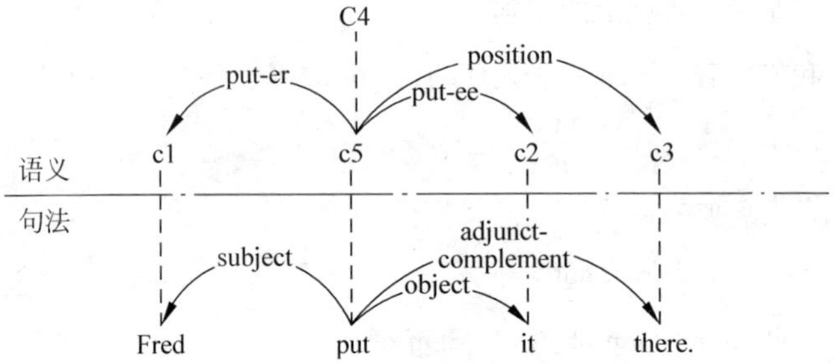

图 9-20　句子 Fred put it there 的依存分析

法的方式也有所变化。词语法采用依存关系（弧）不可相交的方法来表示一个句子合乎语法的程度。

图 9-21 为一个不合乎语法的英语句子依存图。

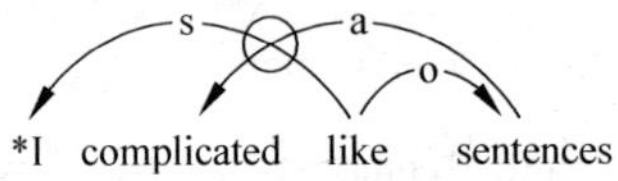

图 9-21　不合乎语法的依存结构图

由于图 9-21 中出现依存弧交叉的情况，因此，我们说“I complicated like sentences”不是一个合乎语法的英语句子。

值得指出的是，用这种方式判断句子的语法性不具有普适性。因为，在有些语言中允许出现交叉弧。这时，就需要考虑一种新的方法来衡量句子是否合乎语法。一般而言，在这些允许交叉弧的语言中，人们也不能用短语结构语法来判定句子的语法性。

另外一个问题是并列结构的句法处理，这对所有基于依存关系的句法理论都是一个问题。

尽管并列结构的处理，特别是复杂并列结构的处理对所有的句法理论都不是一件轻而易举的事情，但由于依存关系是非对称的，这种非对称性使得并列结构的处理在依存句法中遇到比短语结构语法更大的困难。

目前，各种主要的依存句法理论都有行之有效的并列结构处理方式，这些方式可以归为三大类：

1. 并列连词作为并列结构的中心词，
2. 并列结构中的第一个词作为整个结构的中心词，
3. 并列结构中所有的词具有平等的地位。

词语法是第三种方法的代表性理论。图 9-22 所示为词语法处理一个英语并列结构的依存图。

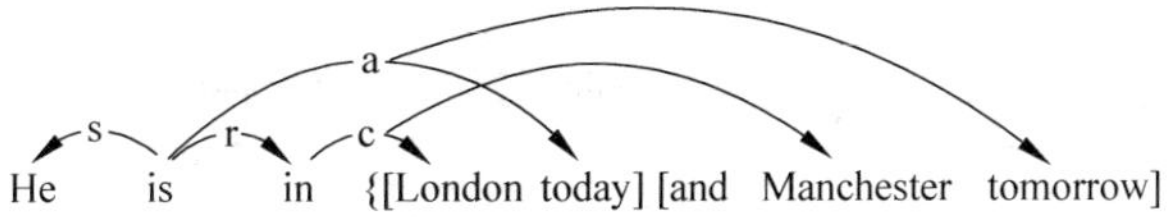

图 9-22　并列结构的处理

图 9-22 中的并列结构看似简单，实际上是比较复杂的。因为图 9-21 中构成并列结构的成分并不是受同一个词支配的。如，London 和 Manchester 的支配词是介词 in，而 today 和 tomorrow 的支配词则是 is。

从图 9-22 还可看出，并列连词 and 在词语法中是没有位置的。对并列连词的这种处理式略微加以修改，就可以满足所有的词均应在依存结构中出现的原则，这个原则是依存句法的一般原则。

词语法是一种非模块化的语言学理论。也就是说，词语法中，在句法、语义等语言层面之间是没有明确边界的。

图 9-23 为英语句子 The dog hid a bone for a week（“狗把骨头藏了一个星期”）的句法和语义结构。

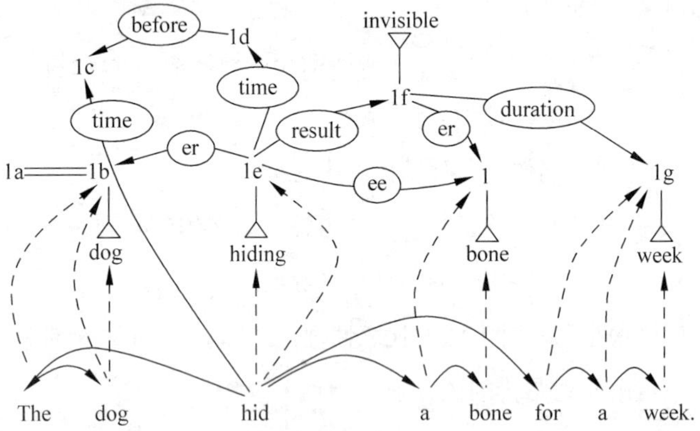

图 9-23　一个英语句子的句法语义结构①

与句法结构相比，语义结构更为复杂，因为一个词的意义不仅需要通过其他概念来限定，而且语义分析还牵涉使用者的认知结构。在图 9-23 中，紧挨着词上面的实线弧所构成的依存图表示句子的句法结构，从每个词引出来的虚线把词与其语义结构连在一起。

尽管图 9-23 所表示的语义结构经过了简化，但仍保留了词语法中语义描述的主要成分。图中的“1”用来表示单个词次，字母下标只是为了便于区分所指的成分。虚线有两种，直的虚线表

① 参看 Richard Hudson, Word Grammar, *Oxford Handbook of Linguistic Analysis*, edited by Bernd Heine and Heiko Narrog, Oxford University Press, 2009。

示单词的意义，曲的虚线表示单词的所指。

这种方法最重要的特点是，同一方法可用于所有词类的分析，包括动词。如，“1b”表示只有一只“狗”（dog），“1e”表示只“藏”（hiding）了一次。有定性（definiteness）是用长等号“＝”表示的，它是定冠词 the 的主要语义构成，用于表明 the 和其后面的名词 dog 共享网络中的相关结点。为了说明时间状语 for a week 的功能，把“藏”（hiding）这个单词分解为“活动”（er 是活动者的后缀）和“结果”（result）两种意义是很有必要的。因为，hiding 本身作为一种活动是不能持续一星期的，这一星期的“持续时间”（duration）针对的是“藏”（hiding）的“结果”。“藏”的结果是使得“骨头”（bone）成为“不可见”（invisible）的。

词语法是一种以词为中心的语法理论，同时含有依存语法、认知语言学和构式语法（construction grammar）的思想。

在词语法里，语法就是由一种语言中所有的词构成的网络。词语法认为语法没有天然的边界，也就是说，不存在语法甚至语言模块。

语法网络只是有关词汇知识的整个网络的一部分，它和这个网络中有关百科知识、社会结构、语音等子网络密切相关。

“语法”和“词汇”在描写上没有什么本质的区别，只不过前者处理的是一般性的模式，后者描述的是有关单个词素的事实。从形式上看，一般模式虽然涉及的是有关词类方面的事情，但表现方式与描写词素的方法并没有什么不同。

词语法是被引用最多的依存语法理论之一，词语法中使用的

“依存有向图”成为了很多计算语言学家表示依存关系的一种常规手段。

虽然词间依存是构成词语法的基础，但不能把词语法理论简单地看成是一种句法理论，它是一种几乎涵盖了共时语言学各个分支的语言学理论。词语法将这些研究领域统一在一面旗帜之下，这一面旗帜上写着：“语言是一个概念网络”。

尽管语言网络的概念有助于提升语言学研究的普遍价值，有利于改善语言学理论的心理现实性，但语言网络的概念也对许多传统的语言学方法提出了挑战。例如，我们是如何通过这种语言网络进行语言理解和生成的？怎样用计算机来模拟这种语言认知过程？等等。这些都涉及语言网络的可操作性问题，有待进一步研究。

不过，词语法的创立者赫德森坚信，我们可以构造一种计算机模型来模拟人脑处理语言的过程，他自己要做的工作就是尽可能做出这样一种模型来。

本章参考文献

1. J. R. Firth, Papers in Linguistics, 1934—1951, London, Oxford University Press, 1951.
2. M. A. K. Halliday, Categories of the theory of grammar, *Word*, 17: 241—292.
3. M. A. K. Halliday, The Social Interpretation of Language and Meaning, Erward Arnold, London, 1978.
4. M. A. K. Halliday, An Introduction to Functional Grammar, London:

Edward Arnold, 1994.

5. M. A. K Halliday, Ch. Matthiessen, An Introduction to Functional Grammar. 3rd Ed. Hodder, 2004.

6. Berry Margaret, Introduction of Systemic Linguistics, 1 & 2, London: Batsford, 1975/7.

7. Eggins Suzanne, An Introduction to Systemic Functional Linguistics, London: Pinter. Benjamins, 1994.

8. Richard A. Hudson 著，杨炳钧译介，词项语法评介，《当代语言学》2001 年，第 1 期，第 63—71 页。

9. 王宗炎，伦敦学派奠基人弗斯的语言理论，《国外语言学》，1980 年，第 5 期。

10. 龙日金，伦敦学派的语言变异理论简介，《国外语言学》，1982 年，第 4 期。

11. 胡壮麟、朱永生、张德禄，《系统功能语法概论》，长沙：湖南教育出版社，1989 年。

12. 萧国政主编，冯志伟校订，《现代语言学名著导读》，北京：北京大学出版社，2008 年。

第十章 转换生成语法的产生

如果说，索绪尔语言学说的提出是语言学史上哥白尼式的革命，那么乔姆斯基（N. Chomsky，1928— ）的转换生成语法的提出，则是语言学史上的又一次划时代的革命，即“乔姆斯基革命”。

1916年，索绪尔《普通语言学教程》的出版，开辟了现代语言学的新纪元，1957年，乔姆斯基《句法结构》的出版，对结构主义的一系列基本原理提出的挑战，标志着语言学中的“乔姆斯基革命”的开始。这场革命直到今天还没有完结。

转换生成语法从产生到现在，大致可以分为5个阶段：1957—1965年为第一阶段，叫第一语言模式（the first linguistics model）阶段，或者称为“经典理论”（classical theory）阶段；1965—1970年为第二阶段，叫标准理论（standard theory）阶段；1970—1979年为第三阶段，叫扩充标准理论（extended standard theory）阶段；1979—1993年为第四阶段，叫原则参数理论（the theory of principle and parameter）阶段；1993至今是第五阶段，叫最简单主义（Minimalism）阶段。本书将在本章以及第十一、第十二章、第十三章中分别加以介绍。

第一节　乔姆斯基和他的主要著作

乔姆斯基于1928年12月7日出生于美国费城。他的父亲威廉·乔姆斯基（William Chomsky）是一位希伯来语学者，曾写过《大卫·金西的希伯来语法》（Davis Kimhi's Hebrew grammar）一文。幼年的乔姆斯基（他的名字叫诺阿姆，即Noam Chomsky）在其父的熏陶下，就爱上了语言研究工作。1947年，他认识了美国描写语言学"后布龙菲尔德学派"的代表人物、著名语言学家海里斯（Z. Harris）。在学习了海里斯《结构语言学方法》一书的若干内容之后，他被海里斯那种严密的方法深深地吸引，到了几乎心醉神迷的程度。从此，他立志把语言学作为自己毕生的事业，进入海里斯执教的宾夕法尼亚大学，专攻语言学。

乔姆斯基是熟悉希伯来语的，掌握了《结构语言学方法》的基本原理之后，他试图用海里斯的方法来研究希伯来语，但所获结果甚微。于是，他决定把海里斯的方法作适当的改变，建立一种形式语言理论，采用递归的规则来描写句子的形式结构，从而使语法获得较强的解释力。

1947—1953年，他花了整整六年时间来进行这种研究。其间，1949年他在巴尔—希列尔（Y. Bar-Hillel，1915—1975）的鼓励和支持下，提出了一套描写语言潜在形态的规则系统，1951年在宾夕法尼亚大学完成了硕士论文《希伯来语语法》。1951年后，他到哈佛大学学术协会，以正式会员的身份从事语言研究工作。1953年，他在《符号逻辑杂志》（Journal of Symbolic Logic）上，发表了一篇关于对美国描写语言学的方法作形式化描述的文章《句法分析系统》(System of Syntactic Analysis)。他感到，在结构主义的框架中研究语言，往往会引出错误的结果。

为了完成形式语言理论这一有意义的研究课题，在海里斯的建议下，乔姆斯基从1953年开始学习哲学、逻辑学和现代数学。这个时期，他受到了古德斯曼（N. Goodsman）的“构造分析法”的影响，同时也受到了奎恩（W. V. O. Quine）对逻辑学中的经验主义批判的影响，他采用的语言研究方法是严格的形式化的。同时，他对美国描写语言学的那一套方法越来越不满意，在哈勒(M. Halle）的支持下，乔姆斯基决心同结构主义思想彻底决裂，另起炉灶，走自己的新路。

1954年，乔姆斯基着手写《语言理论的逻辑结构》（*The Logical Structure of Linguistic Theory*）一书。在这部著作中，他初步勾画出生成语法的理论观点和思想方法。后来乔姆斯基的名著《句法结构》(*Syntactic Structures*）就是这部著作的缩写本。1955年，《语言理论的逻辑结构》书稿完成，乔姆斯基回到宾夕法尼亚大学，并以《转换分析》（Transformational analysis）一文获得了博士学位。

1955年秋，乔姆斯基经哈勒和雅可布逊推荐，到麻省理工学院（MIT）电子学研究室做研究工作，并在现代语言学系任教，给研究生讲授语言学、逻辑学、语言哲学等课程。麻省理工学院电子学研究室在著名学者魏斯奈尔（Jerome Wiesner）的领导下，为多学科的联合研究提供了很好的环境，这样乔姆斯基就有可能去专心致志地从事他喜欢的研究工作。

这时，乔姆斯基的形式语言理论的思想已基本成熟，他更加清醒地认识到结构主义的路子是完全错误的，他开始以初生牛犊不怕虎的勇气，大胆地向结构主义挑战。然而，他的语言学思想并没有受到当时的语言学界的重视，他写了不少论文给专业语言学杂志投稿，但几乎所有的论文都遭到冷遇，被无声无息地退了回来。他在大学的讲课中也时时谈及自己的语言学观点，但是人微言轻，当时的专业语言学家，对于乔姆斯基这个有独特思想的青年人，并没有表现出丝毫的兴趣。

乔姆斯基并不气馁，1956 年，在哈勒的建议下，他把自己在麻省理工学院给研究生讲课的一些笔记，交给了荷兰冒顿（Mouton）公司的《语言学丛书》（*Janua Linguarum*）的编辑舒纳费尔德（C. V. Schoonefeld）。舒纳费尔德独具慧眼，答应出版这些笔记。经过一番修改之后，由冒顿公司（Mouton）在 1957 年以《句法结构》（*Syntactic Structures*）为题出版。此书只不过是《语言理论的逻辑结构》一书的梗概，叙述也不够严谨，乔姆斯基本来以为此书的出版并不会引起语言学界多大的关注。可是，出乎乔姆斯基的意料，此书出版不久，在 1957 年的《语言》（Language）杂志第 33 卷第 3 期上，罗伯特・李斯（Robert Lees）发表了一篇文章，题为《评诺阿姆・乔姆斯基的〈句法结构〉》，提醒人们注意乔姆斯基的语言学新思想。从此，乔姆斯基的语言学说才开始在语言学界传播开来。

乔姆斯基初露锋芒，引起了语言学界的瞩目。他被邀请参加 1958 年和 1959 年的美国语言学德克萨斯会议，不久又被聘为麻省理工学院的教授。1962 年，在麻省理工学院召开的国际语言学会议上，乔姆斯基作了《当代语言理论中的一些问题》的报告，全面地论述了转换生成语法和结构主义语言学的本质区别，这份报告于1964年在荷兰出版。

1965年，乔姆斯基的《句法理论要略》（*Aspects of the Theory of Syntax*）一书出版。此书中，乔姆斯基提出了转换生成语法的标准理论。1972年出版《生成语法中的语义研究》（*Studies of Semantics in Generative Grammar*），提出了“扩充式标准理论”的雏形。1973年发表了《转换的条件》（*Condition on Transformation*），把语言研究的重点从规则本身转移到规则的条件，丰富了扩充式标准理论的内容。1979年，乔姆斯基参加了在意大利比萨举行的GLOW（Generative Linguistics of the Old World，即“旧大陆生成语言学”）年会，发表了关于“管辖”（government）与“约束”（binding）的讲演，后整理成《管辖与约束讲稿》（*Lectures on Government and Binding*）一书，于1981年由荷兰甫利思出版社（Foris publications）出版，这是转换生成语法近期理论的代表作。

图10-1　乔姆斯基

管辖和约束理论自20世纪80年代起给生成语法学带来了十几年的繁荣期，但乔姆斯基仍致力于改进已有的体系，以建立“完美的句法理论”，生成语法由此进入了第五阶段——最简方案（Minimalist Program）。乔姆斯基并不以“理论”名之，是因为他认为自己新的探索还未成熟到可以名之为理论的地步。此阶段乔姆斯基的代表作品是《光杆短语结构》（*Bare phrase structure*, Oxford：Blackwell，1995）和《语言学理论的最简方案》（*Minimalist Program for Linguistic Theory*，Cambridge：MIT Press，1995），此阶段初期，乔姆斯基即提出了“经济性”为基本指导方针，即所有的原则、表达式和运算过程都应符合最省力原则，并假设普遍语法的规则一定是最省力的，而个别语言所特有的规律则为不省力的个别部分。

最简方案是原则与参数理论的最新发展，但变革之大几乎使之前的生成语法面目全非。

首先，最简方案简化了语法系统的构成，认为任何语法系统都只有语音形式（Phonetic Form，简称 PF）和逻辑形式（Logical Form，简称 LF），分别代表发声—感知系统（articulatory-perceptual，简称 A-P）和概念—意向系统（concetual-intentional，简称 C-I）。

其次，最简方案大大简化了句法运作的过程，将之分为词库和运算系统两部分，并以经济性原则来主导运算过程，以“简化”后的系统为核心框架。

乔姆斯基对最简方案的探索和改进代表着生成语法的最新动向，也代表着乔姆斯基追求极度概括又极度简单的完美句法的决心。目前，生成语法仍在继续发展中。

乔姆斯基被喻为“语言学界的爱因斯坦”，他在语言学上的贡献一方面体现在他对生成语法学派发展所作的贡献，另一方面则总体上体现在他对语言学发展所作出的贡献。

乔姆斯基于结构主义的流行天下之时开创了生成语法，并迅速取而代之，在生成语法学发展和丰富的过程中一直是中枢和灵魂人物，他一手将生成语法带入巅峰，又数次拯救生成语法于危难之中，生成语法理论的特点和发展脉络无不烙上了乔姆斯基个性的烙印，可以说，乔姆斯基离开生成语法依然有其在其他学科上存在的价值，但生成语法没有乔姆斯基则无法生存。

乔姆斯基是明显改变语言学学科性质和地位的语言学家。他对语言学所作的探索和努力赋予了语言学可形式化追求的科学外观，也第一次真正确立了语言学作为一门独立的自然学科的性质，生成语法学强大的解释力使得语言学在20世纪60、70年代成为流行美国的热门学科，是乔姆斯基真正使语言学深入人心。

在结构主义的基础上，乔姆斯基提出了更为先进的语言观。他对具有生成能力的先天语言能力的研究代表了语言学研究的一个恒久的方向。而以解释力为目标、普遍语法为对象的语法研究在深化语言学研究的同时，也将语言研究变为一项富有生命活力的事业，并触发和影响了相关的语言学和应用语言学研究，诸如功能语言学、认知语言学、心理语言学、语言类型学、第二语言教学和计算语言学，影响力之广是空前的。另一方面，乔姆斯基全面追求语言研究的科学性，集中体现为系统性意识和表述的形式化，而以后者为其突出特征，如数学公理般的推导和表述是生成语法学不同于其他语言学派的最显著的特征，生成语法系统性强则源于逻辑的严密性和思维方式上系统性意识。

此外，乔姆斯基还培养了大批的语言学人才。乔姆斯基在人才培养上是具有前瞻意识的，他认为在经费有限的情况下，与其资助年资高的学者，不如资助年资低的青年学者进行语言研究，并主张从数理、逻辑等别的学科中选拔有志于语言研究的人才。生成语法学得以迅速发展也得之于他在培养人才上的不遗余力，目前，他培养的语言学人才在当代中青年语言学研究者中占很大比例，很多学生已另立门户，成为新的语言学流派的创始人，如模糊语法的创始人罗斯（Ross）、词汇—功能语法的奠基人布列斯南（Bresnan）、广义短语结构语法的奠基人盖兹达（Gazdar）等。

作为学者，乔姆斯基的影响已远远超出了语言学界，是继索绪尔、雅可布逊之后语言学界对人类思想产生影响的又一杰出人士。其学说在哲学界、心理学界等多个领域都有相当大的影响。

乔姆斯基是当代西方重要的哲学家，其哲学观是心理主义，但不同于笛卡尔的二元论心理主义，而认为心理的存在有其物质基础，即人的大脑。他的哲学观代表了美国20世纪50年代以来在自然科学领域盛行的理性主义，其内核成为了生成语法研究先天语言能力的哲学认知基础。

乔姆斯基一直对政治保有浓厚的兴趣，除了语言研究之外，他将主要精力投入政治活动中。他是著名的左翼社会评论家和政治活动家，不同于他在语言学上观点的日新月异，他的政治立场始终是恒定的。从1965年起，他就成为了美国对外政策最主要的批评家之一，并撰写了一系列相当有分量的政治著作。20世纪60至70年代他是反越战的重要领导人，也是与时贤萨伊德齐名的“公共知识分子”。近30年来，乔姆斯基以其超人的识见和勇气揭露和鞭挞着美国国家权力的“粗暴、残忍和虚伪”，被公认为“美国最伟大的异议分子”和“美国人的良心”，并成为了反对美国新自由主义的领袖人物，正因为如此，他一直被美国的主流媒体排斥。近年来，就科索沃问题、“9·11”事件以后美国的全球战略及至美入侵伊拉克等问题，他都发表了与西方主流媒体迥异的看法，表现出令人钦佩的道德力量和理性风范。不过，乔姆斯基一贯认为，他所从事的语言学研究与政治活动之间没有任何的联系。

乔姆斯基现任美国麻省理工学院语言学教授、牛津大学约翰·洛克讲座讲师、柏克莱加利福尼亚大学客座教授，并在普林斯顿进修学院和哈佛认知研究中心任高级研究员，在伦敦大学主持谢尔门纪念讲座。乔姆斯基是美国科学院院士、英国科学院通讯院士，并任世界裁军和平同盟的理事。芝加哥大学、芝加哥洛约拉大学、伦敦大学和北京大学都授予他名誉博士学位。

2010年，乔姆斯基应邀访问北京大学和北京语言大学，下图是本书作者与乔姆斯基在北京语言大学的合影。

图10-2　乔姆斯基与本书作者

乔姆斯基的主要著作有：

1.《语言理论的逻辑结构》（*The Logical Structure of Linguistic*

Theory, 1955)

2.《语言描写的三个模型》(*Three models for the description of Language*, PGIT, 2：3, P. 113—124, 1956)

3.《句法结构》(*Syntactic Structures*, 1957)

4.《论语法的一些形式特性》(*On certain formal Properties of grammars*, Information and Control, 2：2, P. 113—116, 1959)

5.《上下文无关文法和后进先出存储器》(*Context-free Grammar and Pushdown Storage*, Quart. Prog. Dept. No. 65, MIT Res. Lab. Elect. , P. 187—194, 1962)

6.《语法的形式特性》(*Formal properties of grammar*, Handbook of Math. Psych. , 2, Wiley, New York, P. 323—418, 1963)

7.《句法理论要略》(*Aspects of the Theory of Syntax*, 1966)

8.《语言与心智》(*Language and Mind*, 1968)

9.《生成语法中的语义研究》(*Studies of Semantics in Generative Grammar*, 1972)

10.《对语言的思考》(*Reflections on Language*, 1975)

11.《形式和表达论文集》(*Essays on Form and Interpretation*, 1977)

12.《句法理论中的原则与参数》(*Principles and Parameter in Syntactic Theory*, 1979)

13.《规则与表达》(*Rules and Representation*, 1980)

14.《管辖与约束讲稿》(*Lectures on Government and Binding*, 1981)

15.《论形式与功能的表达》(*On Representation of Form and

Function, 1981）

16.《管辖与约束》（government and binding, Cambridge, Mass, MIT Press, 1982）

17.《语言知识》（*Knowledge of language*, New York, Praege, 1985）

18.《语障》（*Barriers*, *Cambridge*, Mass, MIT Press, 1986）

19.《光杆短语结构》（*Bare phrase structure*, Oxford: Blackwell, 1995）

20.《语言学理论的最简方案》（*Minimalist Program for Linguistic Theory*, Cambridge: MIT Press, 1995）

第二节　形式语言理论

形式语言理论的研究对象，除了自然语言之外，还包括程序语言和其他人造语言。在形式语言理论中，语言被看成是一个抽象的数学系统，乔姆斯基把它定义为：按一定规律构成的句子（Sentence）或符号串（String）的有限的或无限的集合，记为L。

每个句子或符号串的长度是有限的，它们由有限数目的符号相互毗连而构成。构成语言的有限个符号的集合，叫作字母表（alphabet）或词汇（Vocabulary），记为V；不包含任何符号的符号串，叫作空句子（empty Sentence）或空符号串（empty String），记为ε。

如果V是一个字母表，那么把由V中的符号构成的全部句子（包括空句子ε）的集合，记为V^*，而把V中除了ε之外的一切句子的集合，记为V+。例如，如果V＝{a, b}，则

$$V^* = \{\varepsilon, a, b, aa, ab, ba, bb, aaa, \cdots\}$$

$$V^+ = \{a, b, aa, ab, bd, bb, aaa, \cdots\}$$

但是，某语言的字母表 V 中的符号相互毗连而成的符号串，并不一定都是该语言中的句子。例如，the boy hit the ball 在英语中是正确的，叫作“成立句子”；而由同样符号构成的 * the hit the boy hall 在英语中却是不正确的，叫作“不成立句子”。为了区别一种语言中的成立句子和不成立句子，就有必要把这种语言刻画出来，从而说明在这一种语言中，什么样的句子是成立的，什么样的句子是不成立的。

乔姆斯基认为，可以采用三种办法来刻画语言。

第一种办法，**穷尽枚举法**：把语言中的全部成立句子穷尽地枚举出来。

如果语言只包含有限数目的句子，要穷尽地枚举是容易办到的；而如果语言中句子数目是无限的，用简单枚举的办法就行不通。

在很多场合，对于语言中某一个长度有限的句子，还可以采用一定的办法将其长度加以扩展。例如，对于英语句子

This is the man

（这是那个男人）

我们可以将其扩展为：

This is the man that married the girl

（这是那个同姑娘结婚的男人）

还可以进一步扩展为：

This is the man that married the girl that brought some bread

（这是那个同带来了一些面包的姑娘结婚的男人）

乔姆斯基认为，可以在句子里加上任意数目的 that-从句，每加一个这样的从句就构成了一个新的更长的句子，而这些句子都是成立的。究竟能加多少个 that-从句，只与讲话人的记忆力及耐心有关，而与语言本身的结构无关。在这个意义上可以说，人们能够加上无限数目的 that-从句而使句子保持成立。在这样的情况下，用穷尽枚举的办法来刻画语言显然是行不通的。

第二种办法，**文法生成法**：制定有限数目的规则来生成（generate）语言中无限数目的句子，这样的规则就是文法。

例如，上面三个句子可以这样统一地加以描述：

设 X 是一个初始符号，S 为句子，R 为 that-从句，提出重写规则：

$$X \to S$$

$$S \to S ^\frown R$$

这里，“→”是重写符号，“⁀”是毗连符号，利用这两条规则，可以生成数目无限的带 that-从句的句子。

乔姆斯基把这些数目有限的刻画语言的规则，叫作“文法”（grammar），记为 G。

文法是有限规则的集合，这些规则递归地生成潜在的无限的句子，并排除语言中的不成立句子。

文法 G 所刻画的语言，记为 L（G）。

需要注意的是，乔姆斯基在这里所说的“文法”，与一般语言学书中所说的“语法”不是一码事，它有着如上所述的特定的含义。

乔姆斯基指出，早在 19 世纪初，德国杰出的语言学家和人文学者洪堡德（W. V. Humboldt，1767—1835）就观察到“语言是有限手段的无限运用”。但是，由于当时尚未找到能揭示这种理解所含的本质内容的技术工具和方法，洪堡德的论断还是不成熟的。那么，究竟如何来理解语言是有限手段的无限运用呢？

乔姆斯基认为：“一个人的语言知识是以某种方式体现在人脑这个有限的机体之中的，因此语言知识就是一个由某种规则和原则构成的有限系统。但是一个会说话的人却能讲出并理解他从未听到过的句子以及和我们听到的不十分相似的句子。而且这种能力是无限的。如果不受时间和注意力的限制，那么由一个人所获得的知识系统规定了特定形式、结构和意义的句子的数目也将是无限的。不难看到这种能力在正常的人类生活中得到自由的运用。我们在日常生活中所使用和理解的句子范围是极大的，无论就其实际情况而言还是为了理论描写上的需要，我们完全有理由认为人们使用和理解的句子范围都是无限的。”①

递归是体现“有限手段的无限运用”的最好办法。乔姆斯基提出的“文法”就恰恰采用了递归的办法。

第三种办法，**自动机识别法**：提出一种装置来检验输入符号串，用这种装置来识别该符号串是不是语言 L 中的成立句子。如果是成立句子，这个装置就接收它；如果是不成立句子，这个装

① N. Chomsky，《乔姆斯基序》，载《乔姆斯基语言理论介绍》，第 1—2 页，1982 年，黑龙江大学出版社。

置就不接收它。

乔姆斯基把这样的装置叫作“自动机”（automata），它是语言的“识别程序”（recognizer），记为 R。

由此可见，刻画某类语言的有效手段，是文法和自动机。文法用于生成此类语言，而自动机则用于识别此类语言。

文法和自动机是“形式语言理论”（formal language theory）的基本内容。如果要想了解乔姆斯基关于语言“生成”的基本概念，必须认真地研究他的形式语言理论中关于文法的论述，否则，我们就很难理解“生成”这一概念的实质。至于乔姆斯基在自动机方面所做的许多十分有意义的工作，由于技术性太强，本书就不再介绍了。

乔姆斯基从形式上把文法定义为四元组：

$$G = (V_N, V_T, S, P)$$

其中，V_N 是非终极符号，不能处于生成过程的终点；V_T 是终极符号，能处于生成过程的终点。

显然，V_N 与 V_T 构成了 V，V_N 与 V_T 不相交，没有公共元素。我们用∪表示集合的并，用∩表示集合的交，则有

$$V = V_N \cup V_T$$

$$V_N \cap V_T = \phi \text{（}\phi\text{ 表示空集合）}$$

V_N 中的符号用大写拉丁字母表示；V_T 中的符号用小写拉丁字母表示；符号串用希腊字母表示，有时也可以用拉丁字母表中排在后面的如 w 之类的小写字母来表示。

S 是 V_N 中的初始符号，它是生成过程的起点。

P 是重写规则，其一般形式为：

$$\varphi \to \psi$$

这里，φ 是 V^+ 中的符号串，ψ 是 V^* 中的符号串①，也就是说，$\varphi \neq \phi$，而可以有 $\psi = \phi$

如果用符号“#”来表示符号串中的界限，那么可以从初始符号串#S#开始，运用重写规则#S#→#φ_1#，从#S#构成新的符号串#φ_1#，再运用重写规则#φ_1#→#φ_2#，从#φ_1#构成新的符号串#φ_2#……一直重写下去，当得到不能再继续重写的符号串#φ_n#才停止。这样得到的终极符号串#φ_n#，显然就是语言 L（G）的成立句子。

重写符号“→”读为“可重写为”，它要满足如下条件：

1. “→”不是自反的；

2. $A \in V_N$，当且仅当存在 φ、ψ 和 ω 使得 $\varphi A \psi \to \varphi \omega \psi$②；

3. 不存在任何的 φ、ψ 和 ω，使得 $\psi \phi \varphi \to \psi \omega \varphi$；

4. 存在元素对（χ_1，ω_1），…，（χ_j，ω_j），…，（χ_n，ω_n）的有限集合，使得对于一切的 φ、ψ，当且仅当存在 φ_1，φ_2，及 $j \leqslant n$ 时，$\varphi = \varphi_1 \chi_j \varphi_2$ 和 $\psi = \varphi_1 \omega_j \varphi_2$，那么，$\varphi \to \psi$。

可见，文法包含着有限个规则 $\chi_j \to \omega_j$，这些规则充分地确定了该文法全部可能的生成方式。这样，用这有限数目的规则，就可以递归地生成语言中无限数目的句子。

---

① V^* 表示由 V 中的符号构成的全部符号串（包括空符号串 ϕ）的集合，V^+ 表示 V^* 中除 ϕ 之外的一切符号串的集合。例如，如果 $V = \{a, b\}$，则有

$V^* = \{\varphi, a, b, aa, ab, ba, bb, aaa, \cdots\}$，

$V^+ = \{a, b, aa, ab, ba, bb, aaa, \cdots\}$。

② “当且仅当”是数学上表示充分条件的一种习惯用法，它的含义是“在某种条件下，而且只在这种条件下”。

例如，在英语中，有如下的文法：

G =（V_N，V_T，S，P）

V_N = {NP，VP，T，N，V}

V_T = {the，man，boy，ball，saw，hit，took…}

S = S

P：

S→NP⌒VP （i）

NP→T⌒N （ii）

VP→V⌒NP （iii）

T→the （iv）

N→boy，ball，man … （v）

V→hit，saw，took … （vi）

这里，初始符号 S 表示句子，NP 表示名词短语，VP 表示动词短语（注意不要跟表示字母表的那个符号 V 相混）。

利用这些重写规则，可以从初始符号 S 开始，生成英语的成立句子"the boy hit the ball"，"the man saw the ball"，"the man took the ball"，"the man hit the ball"等等。

"the boy hit the ball"的生成过程可写成如下形式，后面注明所用重写规则的号码：

S

NP⌒VP （i）

T⌒N⌒VP （ii）

T⌒N⌒V⌒NP （iii）

the⌒N⌒V⌒NP （iv）

the⌒boy⌒V⌒NP　　(v)

the⌒boy⌒hit⌒NP　　(vi)

the⌒boy⌒hit⌒T⌒N　　(ii)

the⌒boy⌒hit⌒the⌒N　　(iv)

the⌒boy⌒hit⌒the⌒ball　　(v)

这样写出来的生成过程，叫作推导史（derivational history）。

当然，由于这里写出的文法只是英语文法的一个小片段，因而用这样的文法生成的语言，也只是英语的一小部分。

文法也可用于生成符号语言（symbolic language）。

例如，可提出如下的文法：

$G=(V_N, V_T, S, P)$

$V_N=\{S\}$

$V_T=\{a, b, c\}$

$S=S$

P：

S→aca　　(i)

S→bcb　　(ii)

S→aSa　　(iii)

S→bSb　　(iv)

利用这个文法，可以生成所谓“有中心元素的镜像结构语言”，这种语言的句子由三部分构成：第一部分是若干个 a 和若干个 b 相毗连；第二部分是单个的符号 c；第三部分是在 c 后与第一部分成镜像关系的若干个 a 和若干个 b 的毗连，如 abcba，bbacabb，ababacababa 这种结构，叫作“镜像结构”。如果用 α 表示集合｛a，b｝上的任意非空符号串，用 α^* 表示 α 的镜像，则这种语言可表示为：$\alpha c \alpha^*$。

如果我们要生成符号串 abbaacaabba，那么，从 S 开始的推导史如下：

S	
aSa	（iii）
abSba	（iv）
abbSbba	（iv）
abbaSabba	（iii）
abbaacaabba	（i）

显然，由这个文法生成的语言的符号串，其数目是无限的。

下面，我们来给文法 G 所生成的语言 L（G）下一个形式化的定义。为此，要引入表示 V^* 上的符号串之间关系的符号 $\underset{G}{\Rightarrow}$ 及 $\overset{*}{\underset{G}{\Rightarrow}}$。

先对这两个符号的含义进行说明。

如果 $\alpha \rightarrow \beta$ 是 P 的重写规则，φ_1 和 φ_2 是 V^* 上的任意符号串，应用重写规则 $\alpha \rightarrow \beta$ 于符号串 $\varphi_1 \alpha \varphi_2$，得到符号串 $\varphi_1 \beta \varphi_2$。那么可写为 $\varphi_1 \alpha \varphi_2 \underset{G}{\Rightarrow} \varphi_1 \beta \varphi_2$，读为：在文法 G 中，$\varphi_1 \alpha \varphi_2$ 直接推导出 $\varphi_1 \beta \varphi_2$。就是说，当应用某个单独的重写规则从第一个符号串得到第二个符号串的时候，$\underset{G}{\Rightarrow}$ 表示这两个符号串之间的直接推导关系。

假定 $\alpha_1 \alpha_2$，…，α_m 是 V^* 上的符号串，并且 $\alpha_1 \underset{G}{\Rightarrow} \alpha_2$，$\alpha_2 \underset{G}{\Rightarrow} \alpha_3$，…，$\alpha_{m-1} \overset{*}{\underset{G}{\Rightarrow}} \alpha_m$，那么这种关系可以写为 $\alpha_1 \overset{*}{\underset{G}{\Rightarrow}} \alpha_m$，读为：在文

法 G 中，α_1 推导出 α_m。由此可见，$\overset{*}{\underset{G}{\Rightarrow}}$表示 α_1 和 α_m 这两个符号串之间的推导关系。换句话说，如果应用 P 中的若干个重写规则由 α 得到 β，那么对于两个符号串 α 与 β，就有 $\alpha\overset{*}{\underset{G}{\Rightarrow}}\beta$。

这样，由文法 G 生成的语言 L（G）的形式化定义为：

$$L(G) = (W \mid W \text{ 在 } V_T^* \text{ 中，并且 } S\overset{*}{\underset{G}{\Rightarrow}}W)。$$

这个定义的含义是：对于一切符号串 W 的集合，W 在 V_T^* 中，并且有 $S\overset{*}{\underset{G}{\Rightarrow}}W$，那么符号串 W 的集合就是由文法 G 生成的语言 L（G）。

由此可见，一个符号串处于 L（G）中要满足两个条件：

条件 1：该符号串只包括终极符号；

条件 2：该符号串能从初始符号 S 推导出来。

同一语言可由不同的文法来生成，如果 $L(G_1) = L(G_2)$，则文法 G_1 等价于文法 G_2。

前面所定义的文法 G =（V_N，T_T，S，P），其重写规则为 $\varphi\rightarrow\psi$，并且要求 $\varphi\neq\phi$。

这样定义的文法，其生成能力太强了。为此，乔姆斯基给这样的文法加上了程度各不相同的一些限制，从而得到了生成能力各不相同的几类文法；

限制 1：如果 $\varphi\rightarrow\psi$，那么，存在 A，φ_1，φ_2，ω，使得 $\varphi = \varphi_1 A\varphi_2$，$\psi = \varphi_1\omega\varphi_2$。

限制 2：如果 $\varphi\rightarrow\psi$，那么，存在 A，φ_1，φ_2，ω，使得 $\varphi = \varphi_1 A\varphi_2$，$\psi = \varphi_1\omega\varphi_2$，并且 $A\rightarrow\omega$。

限制 3：如果 $\varphi\rightarrow\psi$，那么，存在 A，φ_1，φ_2，ω，使得 $\varphi =$

$\varphi_1 A\varphi_2$，$\psi=\varphi_1\omega\varphi_2$，$A\to\omega$，并且 $\omega=aQ$ 或 $\omega=a$，因而，$A\to aQ$ 或 $A\to a$。

限制 1 要求文法的重写规则全都具有形式 $\varphi_1 A\varphi_2\to\varphi_1\omega\varphi_2$，这样的重写规则在上下文 $\varphi_1\to\varphi_2$ 中给出 $A\to\omega$。显然，在这种情况下，ψ 这个符号串的长度（即 ψ 中的符号数）至少等于或者大于 φ 这个符号串的长度（即 φ 中的符号数），如果用 $|\psi|$ 和 $|\varphi|$ 分别表示符号串 ψ 和 φ 的长度，则有 $|\psi|\geqslant|\varphi|$。由于在重写规则 $\varphi_1 A\varphi_2\to\varphi_1\omega\varphi_2$ 中，每当 A 出现于上下文 $\varphi_1\to\varphi_2$ 中的时候，可以用 ω 来替换 A，因此，把加上了限制 1 的文法叫作上下文有关文法（context-sensitive grammar）或 1 型文法（type 1 grammar）。

限制 2 要求文法的重写规则全都具有形式 $A\to\omega$，这时上下文 $\varphi_1—\varphi_2$ 是空的，在运用重写规则时不依赖于单个的非终极符号 A 所出现的上下文环境。因此，把加上了限制 2 的文法叫作上下文无关文法（context-free grammar）或 2 型文法（type 2 grammar）。

限制 3 要求文法的重写规则全都具有形式 $A\to aQ$ 或 $A\to a$，其中，A 和 Q 是非终极符号，a 是终极符号。这种文法叫作有限状态文法（finite state grammar）或 3 型文法（type 3 grammar），有时也叫作正则文法（regular grammar）。

没有上述限制的文法，叫作 0 型文法（type 0 grammar）。

显而易见，每一个有限状态文法都是与上下文无关的；每一个上下文无关文法都是上下文有关的；每一个上下文有关文法都是 0 型的。乔姆斯基把由 0 型文法生成的语言叫 0 型语言（type 0 language）；把由上下文有关文法、上下文无关文法和有限状态文法生成的语言分别叫作上下文有关语言（context-sensitive language）、上下文无关语言（context-free language）和有限状态语言（finite state language），也可以分别叫作1型语言（type 1 language）、2型语言（type 2 language）和3型语言（type 3 language）。

由于从限制1到限制3的限制条件是逐渐增加的，因此，不论对于文法或对于语言来说，都存在着如下的包含关系①：

0型⊇1型⊇2型⊇3型

可图示为图10-3。

上述四种类型的文法及其所生成的语言的卓越见解，是乔姆斯基对于形式语言理论的最为重要的贡献，在计算机科学界，人们把它称为“乔姆斯基层级”（Chomsky hierarchy）。可图示为图10-4：

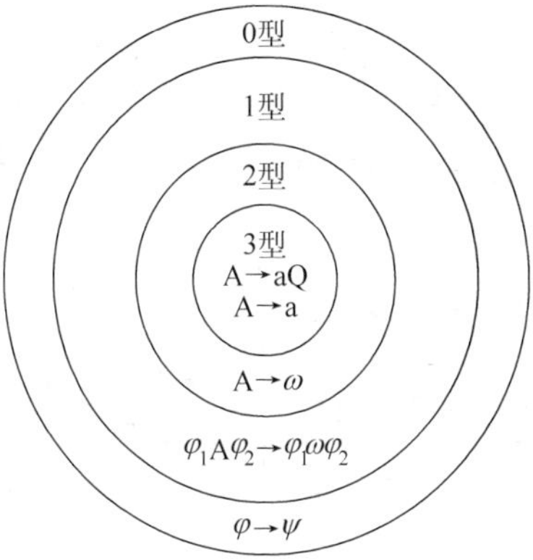

图10-3　文法和语言的分类

图10-4　乔姆斯基层级

① ⊇表示包含关系，A⊇B表示B包含于A中，B也可以等于A。

下面进一步对这四种类型的文法加以说明。

1．有限状态文法

有限状态法的重写规则为 A→aQ 或 A→a，（A→a 只不过是 A→aQ 中，当 Q = ϕ 时的一种特殊情况）。如果把 A 和 Q 看成不同的状态，那么由重写规则可知，当状态 A 转入状态 Q 时，可生成一个终极符号 a。这样，便可把有限状态文法想象为一种生成装置，这种装置每次能够生成一个终极符号，而每一个终极符号都与一个特定的状态相联系。

我们改用小写字母 q 来表示状态，如果这种生成装置原先处于状态 q_i，那么，生成一个终极符号后，就转到状态 q_j；在状态 q_j 再生成一个终极符号后，就转到状态 q_k，等等。这种情况，可用“状态图”（state diagram）来表示。

例如，如果这种生成装置原先处于某一状态 q_0，生成一个终极符号 a 后，转入状态 q_1，其状态图为图 10-5 所示。

这个状态图生成的语言是 a。

如果这种生成装置原先处于状态 q_0，生成终极符号 a 后，转入状态 q_1，在状态 q_1 再生成终极符号 b 后，转入状态 q_2，其状态图为图 10-6 所示：

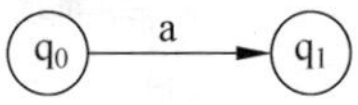

图 10-5　生成语言 a 的状态图

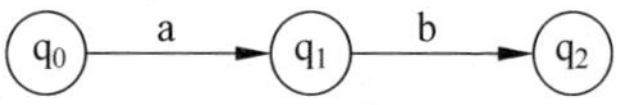

图 10-6　生成语言 ab 的状态图

这个状态图生成的语言是 ab。

如果这种生成装置处于状态 q_0，生成终极符号 a 后，又回到

q_0，其状态图为图 10-7 所示：

这种状态图形成一个“圈”（loop），它生成的语言是 a，aa，aaa，aaaa，等等，可简写为 $\{a^n\}$，其中，$n \geqslant 0$。

如果这种生成装置处于状态 q_0，生成终极符号 a 后转入状态 q_1，在状态 q_1，或者生成终极符号 b 后再回到 q_1，或者生成终极符号 c 后转入状态 q_2，在状态 q_2，或者生成终极符号 b 再回到状态 q_2，或者生成终极符号 a 后转入状态 q_3，其状态图为图 10-8 所示：

图 10-7　生成语言 $\{a*\}$ 的状态图

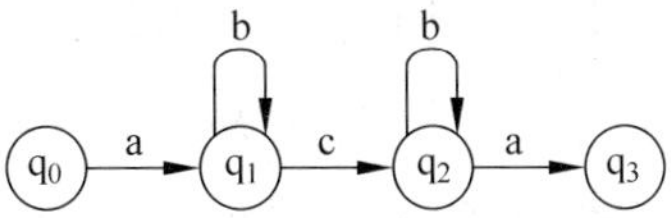

图 10-8　生成语言 $\{ab^n cb^m a\}$ 的状态图

这个状态图生成的语言是 aca，abca，abcba，abbcba，abcbba……可简写为 $\{ab^n cb^m a\}$，其中，$n \geqslant 0$，$m \geqslant 0$。这种生成装置在生成了若干个终极符号之后，还可转回到前面的状态，构成一个大的封闭圈。例如下面图 10-9 中的状态图：

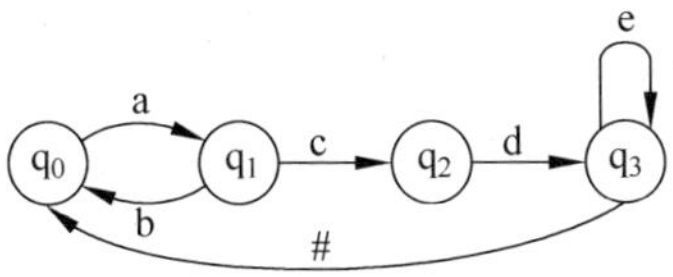

图 10-9　含有大封闭圈的状态图

这个状态图可以生成如 acde，abacdee 等终极符号串，状态图中的“#”表示空符号。由于使用了空符号“#”，进入状态 q_3 之后，还可以返回到初始状态 q_0，继续生成新的符号串，例如，在生成了符号串 abacd 之后，还可以返回初始状态 q_0，继续生成符号串 acdeee，这样最终就可以生成符号串 abacdacdeee，这时，q_0 既是初始状态，又是最后状态。

这个状态图生成的语言，可简写为 $\{a(ba)^n cde^m\}$，其中，$n \geqslant 0$，$m \geqslant 0$。

可见，给出一个状态图，就可以按着图中的路，始终顺着箭头所指的方向来生成语言。当达到图中的某一状态时，可以沿着从这一状态引出的任何一条路前进，不管这条路在前面的生成过程中是否已经走过；在从一个状态到另一个状态时，可以容许若干种走法；状态图中还可以容许出现任意有限长度的、任意有限数目的圈。这样的生成机制，在数学上叫作“有限状态马尔可夫过程”（finite state Markov process）。

状态图是有限状态文法的形象表示法，因此根据状态图就可以轻而易举地写出其相应的有限状态文法。

例如，与图 10-9 中的状态图相应的有限状态文法如下：

$G = (V_N, V_T, S, P)$

$V_N = \{q_0, q_1, q_2, q_3\}$

$V_T = \{a, b, c, d, e, \#\}$

$S = q_0$

P：

$q_0 \rightarrow aq_1$

$q_1 \rightarrow bq_0$

$q_1 \rightarrow cq_2$

$q_2 \to dq_3$

$q_3 \to eq_3$

$q_3 \to \# q_0$

在这个文法中，q_0，q_1，q_2，q_3 表示状态，它们都是非终极符号，不难看出，P 中的各个重写规则都符合于有限状态文法重写规则的形式。

然而，由于有限状态文法的重写规则限制较严，它存在着不少的缺陷。

第一，有一些由非常简单的符号串构成的形式语言，不能由有限状态文法生成。乔姆斯基举出了如下三种形式语言；

（1）ab，aabb，aaabbb……，它的全部句子都是由若干个 a 后面跟着同样数目的 b 组成的，这种形式语言可表示为 $L_1 = \{a^n b^n\}$，其中，$n \geqslant 1$。

（2）aa，bb，abba，baab，aaaa，bbbb，aabbaa，abbbba……，这种形式语言是没有中心元素的镜像结构语言。如果用 α 表示集合 {a，b} 上的任意非空符号串，用 α^* 表示 α 的镜像，那么这种语言可表示为 $L_2 = \{\alpha\alpha^*\}$。

（3）aa，bb，abab，aaaa，bbbb，aabaab，abbabb……，它的全部句子是由若干个 a 或若干个 b 构成的符号串，后面跟着而且只跟着完全相同的符号串而组成的，如果用 α 表示集合 {a，b} 上的任意非空符号串，那这种语言可以表示为 $L_3 = \{\alpha\alpha\}$。

L_1，L_2，L_3 都不能由有限状态文法生成，可见，这种文法的生成能力是不强的。

第二，在英语中存在着如下形式的句子：

（1）If S_1，then S_2.

（2）Either S_3，or S_4.

（3）The man who said S_5，is arriving today.

在这些句子中，if——then，either——or，man——is 存在着相依关系，这种句子，与乔姆斯基指出的、具有镜像特性的形式语言 L_2 很相似，也是不能用有限状态文法生成的。

第三，有限状态文法不适于描写自然语言。

例如，可以提出一个有限状态文法来生成两个英语句子“the man comes”及“the men come”。其状态图如下（图 10-10）：

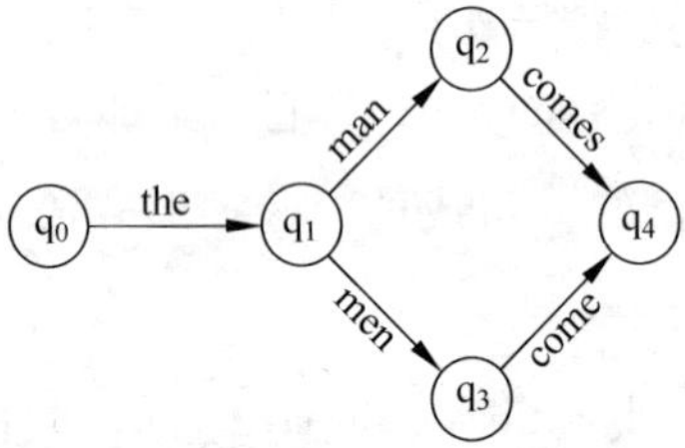

图 10-10　生成“the man comes”及“the men come”的状态图

如果在状态 q_1 处加一个圈，则状态图变为（图 10-11）：

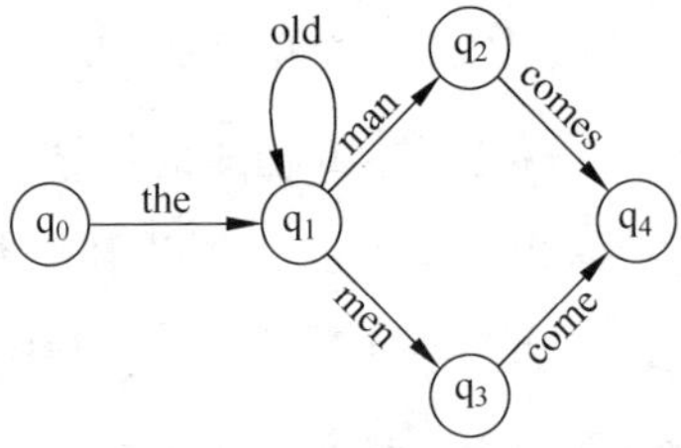

图 10-11　在图 10-10 的状态 q_1 处加了一个圈

这时，这个有限状态文法除了能生成上面的两个句子之外，还可生成“the old man comes”，“the old old man comes”，……以及“the old men come”，“the old old men come”句子。可以看出，其中有一些句子在英语中是不成立的。

又如，可以提出这样的有限状态文法来生成英语句子“I shave myself”（我给我自己刮胡子）。其状态图如下（图 10-12）：

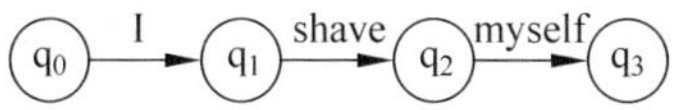

图 10-12　生成“I shave myself”的状态图

如果除了“I shave myself”之外，还要生成句子“you shave yourself”（你给你自己刮胡子），则可提出这样的状态图（图 10-13）：

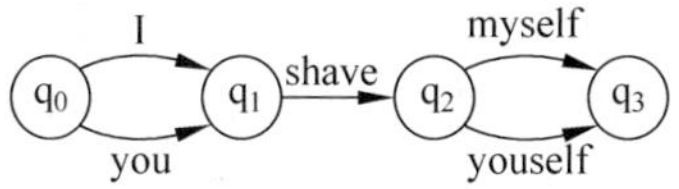

图 10-13　彼此勾连的状态图

但是，这个状态图也可生成“I shave yourself”这样的不成立句子。为了防止生成这种不成立句子，必须把状态图分成两路，使得它们不能彼此勾连，但这样一来，状态图就变得复杂了（图 10-14）：

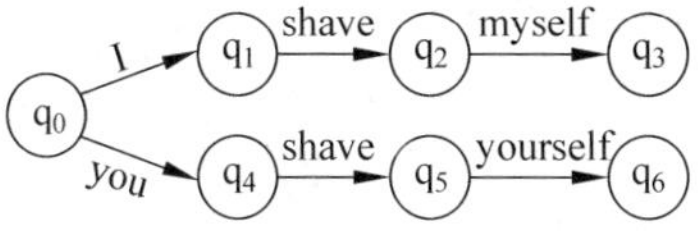

图 10-14　更为复杂的状态图

如果要把“in the morning”这样的短语加在前面的句子上，那么又要在上面那个状态图中加上如下的状态图（图10-15）：

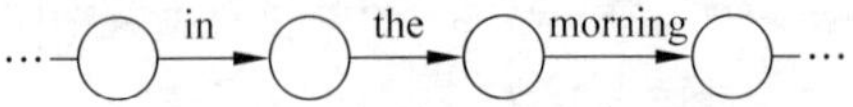

图10-15　新加上的状态图

这样一来，状态图就变得更为复杂了。

如果要生成英语中的一篇文章、一本书籍，其状态图不知要有多么复杂！

由此可见，有限状态文法作为一种刻画自然语言的模型显得无能为力。

第四，有限状态文法仅只能说明语言中各个符号的排列顺序，而不能说明语言的层次，因此，不能解释语言中的许多歧义现象（ambiguity）。如 old men and women 这个短语有两个意思：一个意思是“一些年老的男人和一些女人”（男人都是年老的，而女人未必都是年老的）；一个意思是“一些年老的男人和一些年老的女人”（男人和女人都是年老的）。这种现象不能用有限状态文法来说明其线性排列顺序上有何差异，也不能通过线性排列顺序的差异来解释其含义的不同。可见，有限状态文法对语言现象的解释力不强。

2. 上下文无关文法

为了克服有限状态文法的上述缺陷，乔姆斯基提出了上下文无关文法。

上下文无关文法的重写规则的形式是 $A \to \omega$。其中，A 是单个的非终极符号，ω 是异于 ε 的符号串，即，$|A| = 1 \leq |\omega|$。

应该注意的是，“上下文无关”这个名称指的是文法中重写规则的形式，而不是指不能利用上下文来限制它所生成的语言。

前面提到过的生成带中心元素的镜像结构语言的那个文法，其重写规则的左边都是单个的非终极符号 S，右边都是异于 ε 的符号串①，因而它是上下文无关文法。

上下文无关文法的推导过程，是由“推导树”来描述的。乔姆斯基把“推导树”又叫作文法的“C-标志”（C-marker）。为直观起见，本书中我们不采用“C-标志”这个名称，而采用“推导树”这个名称。

“树”（tree）是图论中的一个概念。树由边（edge）和结（node）组成，它是由边连接着的结组成的有限集合。如果一个边由结 1 指向结 2，那么就说边离开结 1 而进入结 2。如图 10-16 所示：

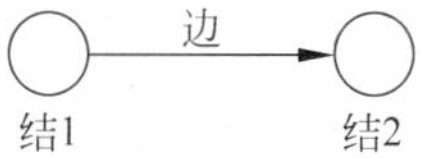

图 10-16　树由边和结组成

树要满足如下三个条件：

（1）树中要有一个没有任何边进入的结，这个节叫作根（root）；

（2）对于树中的每一个结，都要有一系列的边与根连接着；

（3）除根以外，树中的每一个结都只能有一个边进入它，因此，树中没有“圈”（loop）。

如果有一个边离开给定的结 m，而进入结 n，那么所有的结 n 的集合就叫作结 m 的“直接后裔”（direct descendant）。如果有一系列的结 n_1，n_2，…，n_k，使得 $n_1 = m$，$n_k = n$，并且对于每一个

① 这里用希腊字母 ε 来表示空符号。

i 来说，n_{i+1}是 n_i 的直接后裔，那么结 n 就叫作结 m 的“后裔”(descendant)。并且规定，一个结是它自身的后裔。

对于树中的每一个结，可以把其直接后裔按顺序从左到右排列起来。

设 G =（V_N，V_T，S，P）是上下文无关文法，如果有某个树满足如下条件，它就是 G 的推导树：

（1）每一个结有一个标号，这个标号是 V 中的符号；

（2）根的标号是 S；

（3）如果结 n 至少有一个异于其本身的后裔，并有标号 A，那么，A 必定是 V_N 中的符号；

（4）如果结 n_1，n_2，…，n_k 是结 n 的直接后裔，从左到右排列，其标号分别为 A_1，A_2，…，A_k，那么，

$$A \rightarrow A_1 A_2 \cdots A_K$$

必是 P 中的重写规则。

例如，我们来考虑这样的文法：

G =（V_N，V_T，S，P）

V_N = {A，S}

V_T = {a，b}

S = S

P：

S→aAS

A→SbA

S→a

A→ba

这个文法的四个重写规则，左边都是单个的非终极符号 S 或者 A，右边都是异于 ε 的符号串，因而它是上下文无关文法。

现在我们画出这个文法的推导树。为了便于说明，我们用圆圈表示结，把结编上号码，把标号注在结的旁边，边的方向都假定是直接向下的，不再用箭头标出。这个推导树如图 10-17 所示：

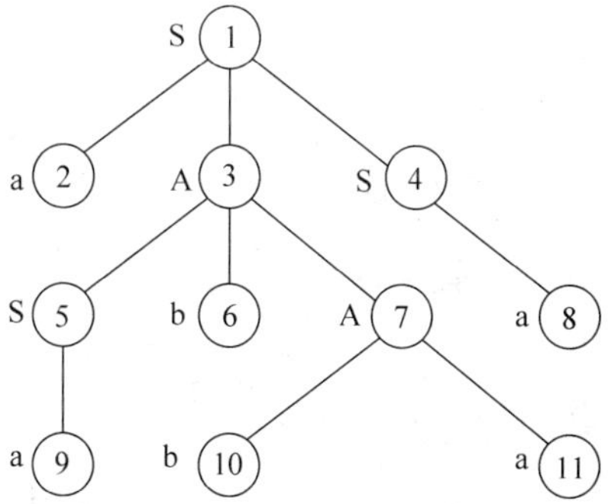

图 10-17　推导树

从这个推导树中可以看出，1，3，4，5，7 等结都有直接后裔。结 1 的标号为 S，其直接后裔的标号从左算起为 a，A 和 S，因而 S→aAS 是重写规则。结 3 的标号为 A，其直接后裔的标号从左算起为 S，b，A，因而 A→SbA 是重写规则。结 4 和结 5 的标号为 S，它们每一个的直接后裔的标号为 a，因而 S→a 是重写规则。结 7 的标号为 A，其直接后裔的标号从左算起为 b 和 a，因而 A→ba 也是重写规则。由此可见，刚才画出的文法 G 的推导树，满足了推导树所要求的各个条件。

在任何树中，总有一些结是没有后裔的，这样的结叫作“叶”（leaf）。如果从左到右读推导树中各个叶的标号，就可以得到一个终极符号串，这个终极符号串叫作推导树的“结果”(result)。可以证明，如果 α 是上下文无关文法 G =（V_N，V_T，S，P）的结果，则 $S \overset{*}{\underset{G}{\Rightarrow}} \alpha$。例如，在上述推导树中，各个叶从左到右的编号为 2，9，6，10，11 和 8，它们的标号分别是 a，a，b，b，a，a，则推导树的结果。$\alpha = aabbaa$，因此，$S \overset{*}{\underset{G}{\Rightarrow}} aabbaa$。

在实际使用中，常常将推导树的结及其编号去掉，把推导树加以简化。例如，前面的推导树可简化为图 10-18：

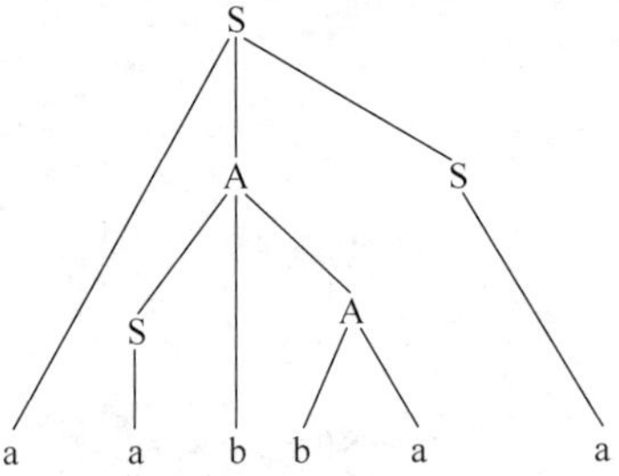

图 10-18　简化的推导树

也可以把这个过程写为：

$$S \underset{G}{\Rightarrow} aAS \underset{G}{\Rightarrow} aSbAS \underset{G}{\Rightarrow} aabAS \underset{G}{\Rightarrow} aabbaS \underset{G}{\Rightarrow} aabbaa$$

仍然用这个文法的重写规则，如果改换推导过程，还可以得到该文法生成的其他终极符号串。例如：

$$S \underset{G}{\Rightarrow} aAS \underset{G}{\Rightarrow} abaS \underset{G}{\Rightarrow} abaa$$

上下文无关文法克服了有限状态文法的缺陷，它具有如下的优点：

第一，上下文无关文法的生成能力比有限状态文法强。乔姆斯基指出的语言 $L_1 = \{a^n b^n\}$ 及语言 $L_2 = \{\alpha\alpha^*\}$，不能由有限状态文法生成，但可以用上下文自由文法来生成。现在我们就来生成语言 L_1 及 L_2。

提出上下文无关文法：

G =（V_N，V_T，S，P）

$V_N = \{S\}$

$V_T = \{a, b\}$

$S = S$

P：

$S \rightarrow aSb$

$S \rightarrow ab$

从S开始，用第一个重写规则（n-1）次，然后再用第二个重写规则1次，我们便可以得到：

$$S \underset{G}{\Rightarrow} aSb \underset{G}{\Rightarrow} aaSbb \underset{G}{\Rightarrow} aaaSbbb \underset{G}{\Rightarrow} \cdots \underset{G}{\Rightarrow} a^{n-1}Sb^{n-1} \underset{G}{\Rightarrow} a^n b^n$$

可见，这样的文法能够生成语言 $L_1 = \{a^n b^n\}$。

我们又提出上下文无关文法：

$G = (V_N, V_T, S, P)$

$V_N = \{S\}$

$V_T = \{a, b\}$

$S = S$

P：

$S \rightarrow aa$

$S \rightarrow bb$

$S \rightarrow aSa$

$S \rightarrow bSb$

这样的文法可生成语言 $L_2 = \{\alpha\alpha^*\}$。例如，如果要生成语言 $\{\alpha\alpha^*\}$ 中的符号串 babbbbab，其推导过程如下：

$$S \underset{G}{\Rightarrow} bSb \underset{G}{\Rightarrow} baSab \underset{G}{\Rightarrow} babSbab \underset{G}{\Rightarrow} babbbbab$$

可是，用上下文无关文法不能生成语言 $L_3 = \{\alpha\alpha\}$，它的生成能力也是有一定限度的。

第二，为了用上下文无关文法来描写自然语言，乔姆斯基提出了“乔姆斯基范式”（Chomsky normal form）。他证明了，任何上下文无关语言，均可由重写规则为 A→BC 或 A→a 的文法生成，其中，A，B，$C \in V_N$，$a \in V_T$。

利用这样的乔姆斯基范式，可把任何上下文无关文法的推导树简化为二元形式，也就是把它变成二叉的推导树。

例如，生成上下文无关语言 $\{a^n cb^{2n}\}$ 的文法的重写规则为：

S→aCbb

C→aCbb

C→c

如果生成符号串 aacbbbb，其推导树如图 10-19 所示：

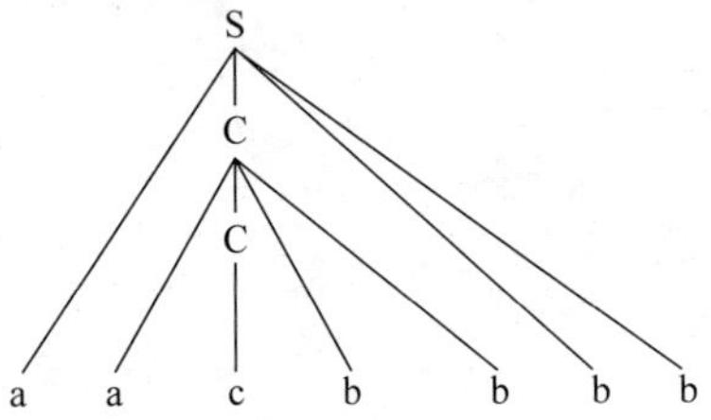

图 10-19　aacbbbb 的推导树

现在把这个文法的三个重写规则改写为乔姆斯基范式。

在这三个重写规则中，C→c 是符合乔姆斯基范式要求的，不必再变换。我们先把 S→aCbb 及 C→aCbb 的右边换为非终极符号，用 S→ACBB 及 A→a，B→b 替换 S→aCbb，用 C→ACBB 及 A→a，B→b 替换 C→aCbb，然后，再把 S→ACBB，C→ACBB 的右边换成二元形式，用 S→DE，D→AC 及 E→BB 替换 S→ACBB，用 C→DE，D→AC 及 E→BB 替换 C→ACBB。这样，便得到了如下符合乔姆斯基范式要求的文法的重写规则：

S→DE

D→AC

E→BB

C→DE

A→a

B→b

C→c

用乔姆斯基范式，可将符号串 aacbbbb 的推导树简化为二元形式的二叉树，如图 10-20：

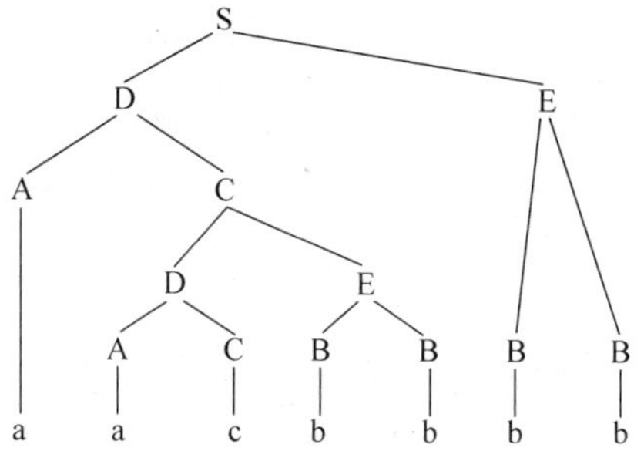

图 10-20　二元形式的推导树

在乔姆斯基范式中，重写规则及推导树都具有二元形式，这就为自然语言的形式描写提供了数学模型。

我们知道，自然语言中的句法结构一般都是二分的，因而一般都具有二元形式。美国结构主义语言学中提出的 IC 分析法，其直接成分一般都是二分的。上下文无关文法的乔姆斯基范式可以作为美国描写语言学 IC 分析法的数学说明。

由于乔姆斯基范式反映了自然语言结构的二分特性，因而通过该范式，可以使上下文无关文法在自然语言研究中得到广泛的应用。

例如，我们可以采用上下文无关文法的推导树，揭示语言结构的层次特性，从而区别某些有歧义的句子或短语。

前述的 old men and women 这个有歧义的名词短语，用有限状态文法是不能加以说明的，但用上下文无关文法就可以从层次的角度得到圆满的说明。

当其意思是“一些年老的男人和一些女人”时，其层次为（图 10-21）：

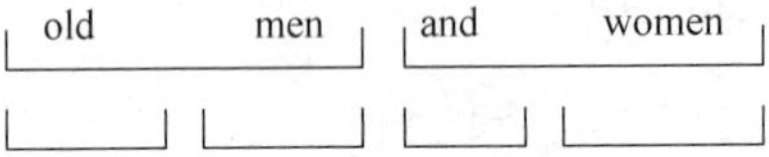

图 10-21　歧义句子层次分析之一

其推导树为①（图 10-22）：

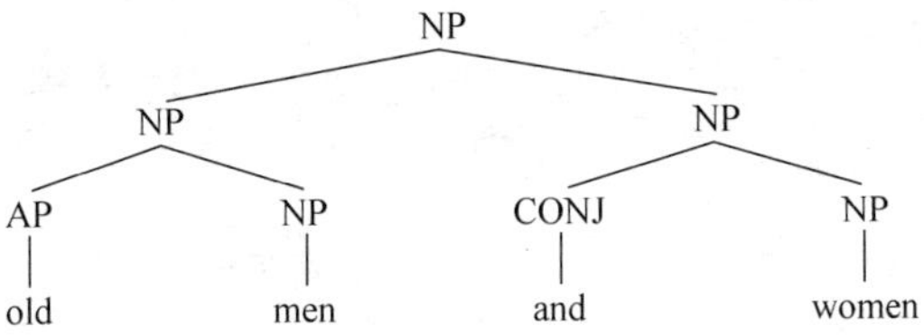

图 10-22　歧义句子的推导树之一

当其意思是“一些年老的男人和一些年老的女人”时，其层次为（图 10-23）：

---

① 图中，NP 表示名词短语，AP 表示形容词短语，CONJ 表示连接词。

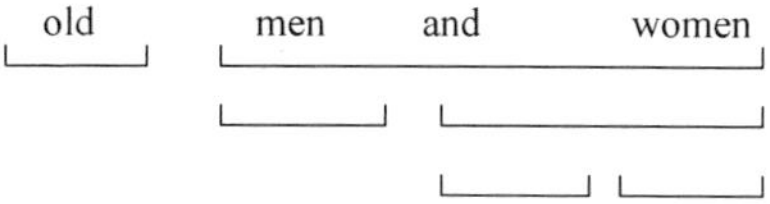

图 10-23　歧义句子层次分析之二

其推导树为（图 10-24）：

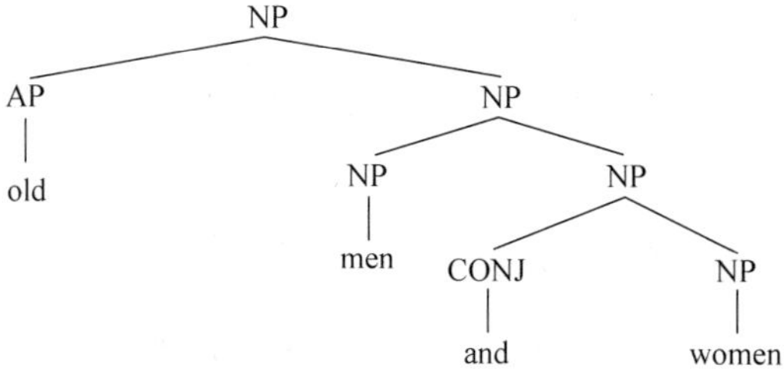

图 10-24　歧义句子的推导树之二

上下文无关文法采用这种二分的层次分析方法来揭示句子的内部结构规律。它说明，要判定两个语言片段是否同一，不仅要看组成这两个语言片段的词形是否相同，词序是否相同，而且还要看它们的层次构造是否相同。有限状态文法完全反映不了层次构造的情况。可见，上下文无关文法对语言现象的解释，比有限状态文法来得深入，它对语言现象的解释力，也比有限状态文法略胜一筹。

那么，上下文无关文法与有限状态文法之间存在什么样的关系呢？乔姆斯基指出了如下的关系：

第一，每一个有限状态文法生成的语言都可由上下文无关文法生成。

在上下文无关文法的重写规则 A→ω 中，当 ω 为 aQ 或 a 时，

即得

$$A \to aQ$$

$$\text{或者} \quad A \to a$$

这就是有限状态文法的重写规则。

这说明，上下文无关文法包含了有限状态文法。

第二，如果在上下文无关文法中，存在着某一非终极符号A，具有性质 $A \overset{*}{\underset{G}{\Rightarrow}} \varphi A \psi$，这里 φ 和 ψ 都是非空符号串，那么，这个文法就是自嵌入的（self-embedding）。乔姆斯基证明，如果G是非自嵌入的上下文无关文法，那么，L(G)就是有限状态语言。他又证明，如果L(G)是上下文无关语言，那只有在文法G是具有自嵌入性质的上下文无关文法时，L(G)才不是有限状态语言。

我们前面讨论过的 $\{a^n b^n\}$，$\{\alpha\alpha^*\}$，$\{\alpha c\alpha^*\}$，$\{a^n cb^{2n}\}$ 等上下文无关语言，不但在它们的文法的重写规则中，而且在用文法来生成符号串的过程中，都会出现 $A \overset{*}{\underset{G}{\Rightarrow}} \varphi A \psi$ 这样的推导式，具有自嵌入性质。因此，这些语言都不可能是有限状态语言，而是具有自嵌入性质的上下文无关语言。可见，确实存在着不是有限状态语言的上下文无关语言。

3. 上下文有关文法

上下文有关文法中的重写规则P的形式为 $\varphi \to \psi$，φ 和 ψ 都是符号串，并且要求 $|\psi| \geqslant |\varphi|$，也就是 ψ 的长度不小于 φ 的长度。

现有一种语言 $L = \{a^n b^n c^n\}$，它是n个a，n个b和n个c相

毗连而成的符号串（n≥1）。生成这种语言的文法 G 是：

$G = (V_n, V_T, S, P)$

$V_N = \{S, B, C\}$

$V_T = \{a, b, c\}$

$S = S$

P：

S→aSBC　（i）

S→aBC　（ii）

CB→BC　（iii）

aB→ab　（iv）

bB→bb　（v）

bC→bc　（vi）

cC→cc　（vii）

从 S 开始，用规则（i）n－1 次，得到

$$S \overset{*}{\underset{G}{\Rightarrow}} a^{n-1}S(BC)^{n-1}$$

然后用规则（ii）1 次，得到

$$S \overset{*}{\underset{G}{\Rightarrow}} a^{n}(BC)^{n}$$

规则（iii）可以把（BC）^{n} 变换为 B^nC^n。例如，如果 n＝3，有

$$aaaBCBCBC \underset{G}{\Rightarrow} aaaBBCCBC \underset{G}{\Rightarrow} aaaBBCBCC \underset{G}{\Rightarrow} aaaBBBCCC$$

这样，有

$$S \overset{*}{\underset{G}{\Rightarrow}} a^{n}B^{n}C^{n}$$

接着，用规则（iv）1 次，得到

$$S \overset{*}{\underset{G}{\Rightarrow}} a^{n}bB^{n-1}C^{n}$$

然后，用规则（v）n－1 次，得到

$$S \overset{*}{\underset{G}{\Rightarrow}} a^n b^n C^n$$

最后，用规则（vi）1 次及规则（vii）n－1 次，得到

$$S \overset{*}{\underset{G}{\Rightarrow}} a^n b^n c^n$$

在这个文法中，它的各个重写规则的右边的符号数大于或等于左边的符号数，满足条件 $|\psi| \geqslant |\varphi|$，因此，这个文法是上下文有关文法。

例如，符号串“aaabbbccc”的生成过程如下::

符号串的变换	规则
S	
aSBC	(i)
aaSBCBC	(i)
aaaBCBCBC	(ii)
aaaBBCCBC	(iii)
aaaBBCBCC	(iii)
aaaBBBCCC	(iii)
aaabBBCCC	(iv)
aaabbBCCC	(v)
aaabbbCCC	(v)
aaabbbcCC	(vi)
aaabbbccC	(vii)
aaabbbccc	(vii)

这个上下文有关文法生成的符号串 aaabbbccc 的结构表示如（图 10-25）：

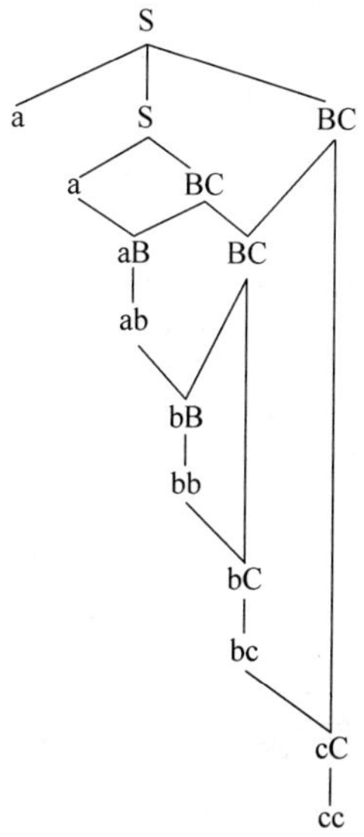

图 10-25　aaabbbccc 的图示

可以看出，这个图示不是树形图。其中 BCBC 中间的 CB 重写成 BC，BCBC 前面一个 B 作为 aB 中的后一成分，BCBC 后面一个 C 成为 cC 中的后一成分，这些成分的处理，都要使用上下文有关规则。

乔姆斯基指出，上下文有关文法与上下文无关文法之间存在着如下关系：

第一，每一个上下文无关文法都包含于上下文有关文法之中。

在上下文有关文法的重写规则 φ→ψ 中，φ 和 ψ 都是符号串，当重写规则左边的符号串退化为一个单独的非终极符号 A 时，即有 $A \to \psi$，由于 ψ 是符号串，因而可用 ω 代替，即得 $A \to \omega$。这就是上下文无关文法的重写规则。

第二，存在着不是上下文无关语言的上下文有关语言。

例如，乔姆斯基指出的不能用有限状态文法来生成的语言 $L_3 = \{\alpha\alpha\}$，也不能用上下文无关文法来生成。但是，它却可以用上下文有关文法来生成。生成这种语言的文法如下：

$G = (V_N, V_T, S, P)$

$V_N = \{S\}$

$V_T = \{a, b\}$

$S = S$

P：

$S \to aS$ (i)

$S \to bS$ (ii)

$\alpha S \to \alpha\alpha$ (iii)

在规则（iii）中，α 是集合 $\{a, b\}$ 上的任意非空符号串，由于 αS 的长度不大于 $\alpha\alpha$ 的长度，并且 αS 不是单个的非终极符号而是符号串，所以，这个文法不可能是上下文无关文法，而是上下文有关文法。

例如，语言 abbabb 可以用如下的办法来生成：

从 S 开始，用规则（i）1 次，得到 $S \overset{*}{\underset{G}{\Rightarrow}} aS$，用规则（ii）两次，得到 $S \overset{*}{\underset{G}{\Rightarrow}} abbS$，用规则（iii）1 次，得到 $S \overset{*}{\underset{G}{\Rightarrow}} abbabb$。

可见，上下文有关文法的生成能力，比有限状态文法和上下文无关文法都强。但是，由于上下文无关文法可以采用乔姆斯基范式这一有力的手段来实现层次分析，所以，在自然语言描写中，人们还是乐于采用上下文无关文法。

4. 0 型文法

0 型文法的重写规则是 $\varphi \to \psi$，除了要求 $\varphi \neq \phi$ 之外，没有别的限制。乔姆斯基证明，每一个 0 型语言都是符号串的递归可枚举集；并且证明，任何一个上下文有关语言同时又是 0 型语言，而且还存在着不是上下文有关语言的 0 型语言。因此，上下文有关语言应包含于 0 型语言之中，它是 0 型语言的子集合。

但是，由于 0 型文法的重写规则几乎没有什么限制，用于描写自然语言颇为困难，它的生成能力太强，会生成难以数计的不成立句子。所以，在乔姆斯基的四种类型的文法中，最适于描写自然语言的还是上下文无关文法。

1983 年，美国计算语言学家希布尔（S. Shieber）在《上下文无关性质的反证实例》① 一文中指出，在瑞士德语中存在着词序的交叉对应现象，也就是存在着如右下所示的符号串（图 10-26）：

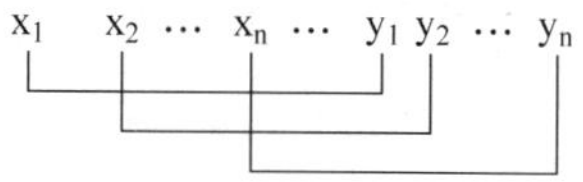

图 10-26　词序的交叉对应

在这个符号串中，x_1 与 y_1 对应，x_2 与 y_2 对应，…，x_n 与 y_n

① Shieber, Stuart M. “Evidence Against the Context-Freeness of Natural Language”, *Linguistic and Philosophy*, 1985 (8): 333—343.

对应，上下文无关语法描述不了这样的语言现象。

希布尔指出，在瑞士德语中有这样的句子：

Jan säid das mer d'chind em Hans es huus lönd hälfed aastriiche

约翰 说 我们 小孩 汉斯 房屋 让 帮助 粉刷

（约翰说，我们让小孩帮助汉斯粉刷房屋）

其中，d'chind（小孩）与动词 lönd（让）相对应，Hans（汉斯）与动词 hälfed（帮助）相对应，huus（房屋）与动词 aastriiche（粉刷）相对应。瑞士德语中这样的语言现象是不能用上下文无关语法来描述的。这样看来，自然语言并不是上下文无关的。

在汉语中，这样的非上下文无关的现象还不少。这里我们举两个例子：

(1) 胡锦涛、温家宝、吴邦国、贾庆林分别担任国家主席、国务院总理、人大常委会委员长、政协主席。

(2) 昆明、成都、长沙、长春、沈阳、哈尔滨、杭州分别是云南、四川、湖南、吉林、辽宁、黑龙江、浙江的省会。

在句子(1)中，“胡锦涛”与“国家主席”对应，“温家宝”与“国务院总理”对应，“吴邦国”与“人大常委会委员长”对应，“贾庆林”与“政协主席”对应，上下文无关文法不能描述这样的对应关系。

在句子(2)中，“昆明”与“云南”对应，“成都”与“四川”对应，“长沙”与“湖南”对应，“长春”与“吉林”对应，“沈阳”与“辽宁”对应，“哈尔滨”与“黑龙江”对应，“杭州”与“浙江”对应，上下文无关文法也不能描述这样的对应关系。

尽管自然语言的大部现象可以使用上下文无关文法来描述，上下文无关文法是生成语法的基础部分；但是，从总体上看来，自然语言还不能算上下文无关的，自然语言的性质似乎介于上下文无关与上下文有关之间。乔姆斯基在《规则与表达》① 中指出，自然语言可能比上下文有关语言还要复杂，它是乔姆斯基层级上最复杂 0 型语言，这是一种“递归可枚举语言”（recursive numerable language）。

自然语言的这种性质反映了它的“计算复杂性”（computational complexity）。关于自然语言的计算复杂性的讨论是语言学理论中一个重要而饶有趣味的问题，我们应当关注这个问题。

乔姆斯基的形式语言理论，对于计算机科学有重大意义。乔姆斯基把他的四种类型的文法分别与图灵机、线性有界自动机、后进先出自动机及有限自动机等四种类型的自动机联系起来，并且证明了文法的生成能力和语言自动机的识别能力的等价性的四个重要结果，即：

（1）若一语言 L 能为图灵机识别，则它就能由 0 型文法生成，反之亦然；

（2）若一语言 L 能为线性有界自动机识别，则它就能由 1 型（上下文有关）文法生成，反之亦然；

（3）若一语言 L 能为后进先出自动机识别，则它就能由 2 型

---

① N. Chomsky, *Rules and Representations*, Columbia University Press, 1980/2005.

（上下文无关）文法生成，反之亦然；

（4）若一语言 L 能为有限自动机识别，则它就能由 3 型（有限状态）文法生成，反之亦然。

乔姆斯基的上述结论，提供了关于语言生成过程与语言识别过程的极为精辟的见解，这对计算机的程序语言设计、算法分析、编译技术、图像识别、人工智能等，都是很有用处的，因而在计算机界产生了很大的影响。

特别是在计算机科学家们发现算法语言 ALGOL60 中使用的巴科斯—瑙尔范式（Bacus-Naur normal form），恰好与乔姆斯基的上下文无关文法等价之后，不少学者都投入了上下文无关文法的研究，精益求精，成绩斐然。

在语言学界，上下文无关文法的研究也引起了不少学者的注意，国外有些机器翻译研究机构，就是采用上下文无关文法的基本理论，来进行机器翻译系统设计的。

第三节　转换语法

形式语言理论的成就，并没有使乔姆斯基踌躇满志。他是一个语言学家，他的学术兴趣毕竟还是在自然语言的研究方面。而形式语言理论在自然语言的研究中，并不像在计算机科学的研究中那么奏效。于是，乔姆斯基继续探索，试图找出一种适于描写自然语言的语言理论来。

他认为，存在着三种语言理论，可图示如下（图 10-27）：

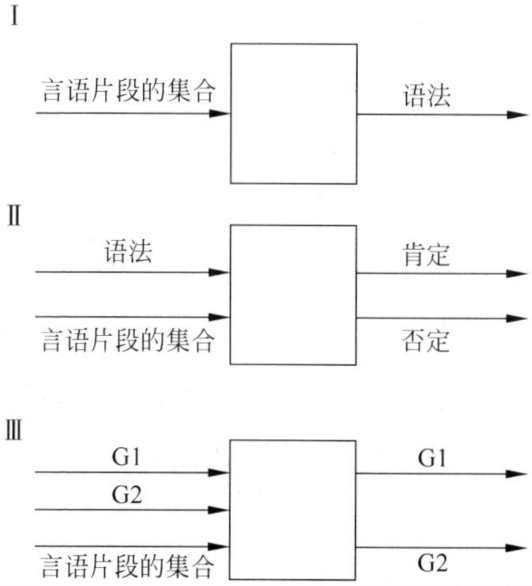

图 10-27　三种语言理论

图 10-27 中，Ⅰ表示：语言理论被理解为一个抽象机器，在输入口输入言语片段，在输出口给出语法。这种理论的目的，在于提供揭示语法的手续。

Ⅱ表示：语言理论被理解为一个抽象机器，在输入口输入言语片段及语法，在输出口得到“肯定”或“否定”的答复，判断语法是否正确。这种理论的目的，在于提供判断语法的手续。

Ⅲ表示：语言理论被理解为一个抽象机器，在输入口输入言语片段和语法 G1、G2，在输出口选择 G1、G2 这两个语法中，哪一个为最优。这种理论的目的，在于提供选择语法的手续。

乔姆斯基认为，Ⅲ是语言理论的最起码的要求，而他自己正是采取第Ⅲ种语言理论的。那么，如何进行语法的选择呢？他提出，选择最优语法的标准有两条：

第一条，语法的简单性；

第二条，语法的解释力。

如果一种语法很简单，解释力又很强，那这就是一种好的语法。

在乔姆斯基的形式语言理论中，文法被理解为语言的生成规则的集合。如果仅从这一意义上来理解语法，这种文法也可以看成是一种狭义的语法。按照语法的简单性和解释力来比较乔姆斯基的四种类型文法，我们可以看出，在描写自然语言方面，上下文无关文法较为简单，解释力也比较强，因而它是一种较好的语法。

然而就是从简单性和解释力的标准来衡量上下文无关文法，这种文法虽然也差强人意，但仍然存在着美中不足之处。

第一，有些歧义的句子，用上下文无关文法的层次分析方法不能加以辨别和解释。

如 the shooting of the hunters 的层次分析如下（图 10-28）：

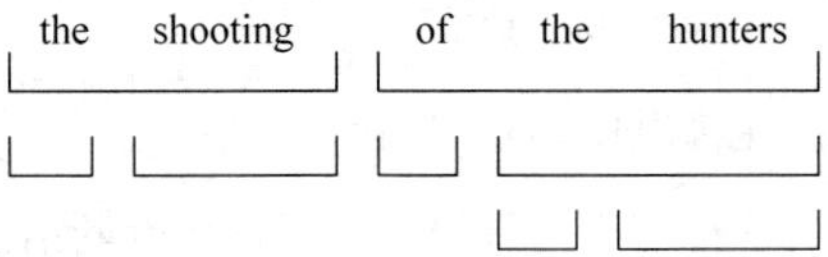

图 10-28　歧义句子有同一个层次结构

但是，相同的词形、相同的词序及相同的层次，却有两个不同的意思：

一个意思是“猎人射击”，hunters 是施事。比较；the growling of the lions（狮子怒吼）。

一个意思是“射击猎人”，hunters 是受事。比较：the raising

of the flowers（栽培花卉）。

在形式语言理论的范围内，仅用层次分析的方法，不能对这样的歧义现象作出解释。

因为 the shooting of the hunters，the growling of the lions，the raising of the flowers 这三个句子的树形图，除末端结点之外，都是完全一样的。如图 10-29 所示：

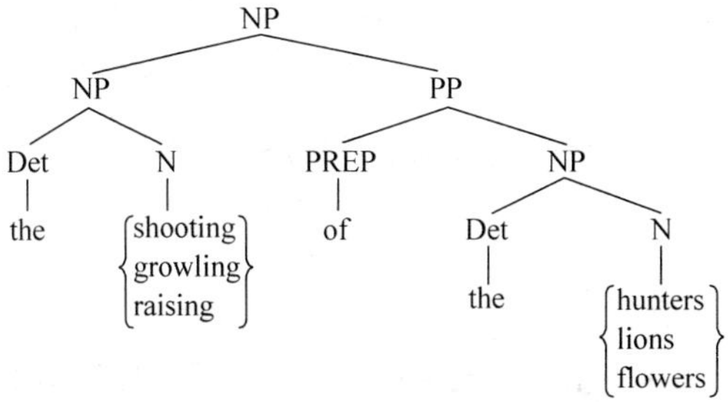

图 10-29　三个句子有同一个树形图

然而，如果我们了解到 the shooting of the hunters 是从 they shoot the hunters（他们向猎人开枪）变换来的，我们就可以肯定，它的意思是“射击猎人”，而不可能是“猎人射击”。

又如，Flying planes can be dangerous 这个句子，也是有歧义的：一个意思是“开飞机可能是危险的”，一个意思是“飞着的飞机可能是危险的”。但不论是哪一个意思，其层次结构都是一样的，用上下文无关文法也不能加以解释。然而，如果了解到它是从 Planes which are flying can be dangerous 变换来的，就可以肯定它的意思是“飞着的飞机是危险的”。

层次分析反映的是一个句子的推导树的结构，它显示了一个句子的生成过程。因此，层次分析法这一方法，在实质上反映了形式语言理论中“生成”这一个基本概念，它不过是“生成”这一基本概念在方法上的体现。正如乔姆斯基所指出的，层次分析法无非就是加加标示，用用括弧，把句子切分成前后相续的成分，并且注明这些成分分别属于哪个范畴，然后再把这些成分切分成更小的范畴的成分等，这样可以一直分到最终成分。因此，这样的分析法，显示不出对语义解释极为重要的各种语法关系。

层次分析法的不足之处，说明了不能再继续停留在“生成”这一概念上。为了提高语言理论的解释力，必须从“生成”过渡到“转换”。

第二，上下文无关文法还不够简单。

假使我们用上下文无关文法生成了终极符号串（即句子）

The man opened the door

（那人开了那门）

这个句子的意思也可以这样表达：

The door was opened by the man

（那门被那人打开了）

此外，英语中还有这样一些句子：

The man did not open the door

（那人没有开那门）

Did the man open the door?

（那人开了那门吗？）

Didn't the man open the door?

（那人没有开那门吗？）

The door was not opened by the man

（那门没被那人打开）

如果采用上下文无关文法来生成这些句子，那么势必要对每一个句子都建立一套生成规则。这样一来，文法就显得笨重不堪了。实际上这些句子是彼此相关的，如果我们以

The man opened the door

（那人开了那门）

为核心句，其他句子都可以由这个核心句通过不同的转换来得到。这样就有可能把语言理论进一步简化。

可见，以语言理论的简单性这一标准来衡量，也有必要从“生成”过渡到“转换”。

于是，乔姆斯基另辟蹊径，提出了**“转换语法”**（transformational grammar）。这里我们采用“语法”这个术语而不用“文法”，是因为“语法”已经不仅仅是指“生成”，而且还有着更为广泛的含义。

乔姆斯基关于转换语法的观点，既受到了法国哲学家笛卡尔（R. Descartes，1596—1650）及17世纪法国波尔·洛瓦雅尔语法学家们的影响，也受到了他的老师海里斯的影响。

法国波尔·洛瓦雅尔教派的语法学家阿尔诺（A. Arnaud）和朗斯诺（C. Lancelot），曾经使用转换的方法来分析句子[①]。例如，

The invisible God has created the visible world

---

① 安托尼·阿尔诺，克洛德·朗斯诺著，张学斌，柳丽译，姚小平校，《普遍语法理论》，商务印书馆，2011年。

（无形的上帝创造了有形的世界）

这个句子，是从

God who is invisible has created the world which is visible

推出来的，而后面这个句子又可以从下列的核心句推出来：

God has created the world

（上帝创造了世界）

God is invisible

（上帝是无形的）

The world is visible

（世界是有形的）

乔姆斯基对波尔·洛瓦雅尔语法学家们的工作给以很高的评价，赞不绝口。

海里斯早就看出了上下文无关文法的局限性，并提出了转换的初步概念。他认为，句子从其外部形式来看，是一个复杂的客体，它是由以某种方式结合起来的、一定数量的所谓“单纯形”（simplex）所组成的。这些单纯形的句子，叫作“核心句”（kernels）。核心句能用上下文无关文法生成或描写。但是，复杂的句子则是应用一系列规则的产物，这一系列的规则称为“转换规则”（transformational rules）。例如，

John read the good book which was lent to him by Bill

（约翰读了比尔借给他的那本好书）

这个句子，可以有下列核心句：

Bill lent a book to John

（比尔借了一本书给约翰）

The book is good

(这本书很好)

John read the book

(约翰读了这本书)

运用转换规则，便能由这些核心句生成上面的复杂句。

乔姆斯基采用了海里斯的观点，提出了转换语法。而且，青出于蓝而胜于蓝，他走得比海里斯远得多，他对“转换”这一概念提出了严格的形式化的定义：

上下文无关文法中的非终极符号串 Y_1，……，Y_r，对于两个自然数 r，n（$n \leqslant r$），存在自然数序列 $\beta_0\beta_1$，……，β_k 与辅助符号串的词典 V_p（Z_1，……，Z_{k+1}）中的序列，使得

（i）$\beta_0 = 0$，$k \geqslant 0$，对于 $1 \leqslant j \leqslant k$，有

$$1 \leqslant \beta_1 \leqslant r;$$

（ii）对于每一个非终极符号串 Y_1，……，Y_r，

$$t(Y_1, \cdots\cdots, Y_n; Y_n \cdots\cdots, Y_t)$$

$$= Y_{\beta 0}{}^\frown Z_1{}^\frown Y_{\beta 1}{}^\frown Z_2{}^\frown Y_{\beta 2}{}^\frown \cdots\cdots{}^\frown Y_{\beta k}{}^\frown Z_{K+1}。$$

这样一来，t 就把在上下文 $Y_1{}^\frown \cdots\cdots{}^\frown Y_{n-1}{}^\frown$——${}^\frown Y_{n+1}{}^\frown \cdots\cdots{}^\frown Y_r$ 中的 Y_n，转换成某个符号串 $Y_{\beta 0}{}^\frown Z_1{}^\frown Y_{\beta 1}{}^\frown Z_2{}^\frown Y_{\beta 2}{}^\frown \cdots\cdots{}^\frown Y_{\beta k}{}^\frown Z_{K+1}$。

这时，t 叫作基本转换。

由基本转换 t 可推导出导出转换 t^*。

t^* 是基本转换 t 的导出转换，当且仅当对于一切的 Y_1，……，Y_r，有

$$t^*（Y_1，\cdots\cdots，Y_r）= W_1{}^\frown \cdots\cdots{}^\frown W_r,$$

其中，对于每一个 $n \leqslant r$，都有

$$W_n = t（Y_1，\cdots\cdots，Y_n；Y_n，\cdots\cdots，Y_r）。$$

这样，导出转换 t^*，便把符号串 $Y_1—Y_2—\cdots\cdots—Y_r$ 转换成一个新的符号串 $W_1—W_2—\cdots\cdots—W_r$。

基本转换 t 和导出转换 t^*，构成了非终极符号串 $Y_1—Y_2—\cdots\cdots—Y_r$ 到另一个新的非终极符号串 $W_1—W_2—\cdots\cdots—W_r$ 的一个转换，这个转换，记为 T。

乔姆斯基认为，转换语法模型由三个层级构成：

1. 直接成分层级：在这个层级，利用上下文无关文法和上下文有关文法中的重写规则，生成核心句的非终极符号串 $Y_1\cdots\cdots$，Y_r，重写规则如下：

$$\begin{cases} X_1 Y_1 \\ \cdots \\ X_r Y_r \end{cases}$$

2. 转换层级：在这个层级，利用转换规则

$$\begin{cases} T_1 \\ \cdots \\ T_j \end{cases}$$

把核心句的非终极符号串 Y_1，……，Y_r，转换为另一个非终极符号串 W_1，……，W_r。

3. 语素音位层级：在这个层级，把转换所得到的非终极符号串 W_1，……，W_r，按语素音位规则写为终极符号串 W_1，……，W_r。

下面，作为例子，我们写出由核心句 The man opened the door 到句子 The door was opened by the man 的转换过程。

1. 直接成分层级：

在用上下文无关文法生成核心句的终极符号串 The man

opened the door 的过程中，我们在某个阶段上得到了非终极符号串 NP⌒V⌒Past⌒NP，我们可以把这个非终极符号串改写为 NP⌒Past⌒V⌒NP，令 NP = Y_1，past = Y_2，V = Y_3，NP = Y_4，得到序列 $Y_1Y_2Y_3Y_4$.

2. 转换层级：

（1）基本转换 t：

t（Y_1；Y_1，Y_2，Y_3，Y_4）＝Y_4

t（Y_1，Y_2；Y_2，Y_2，Y_4）＝Y_2⌒be⌒ed

t（Y_1，Y_2，Y_3；Y_3，Y_4）＝Y_3

t（Y_1，Y_2，Y_3，Y_4；Y_4）＝by⌒Y_1

（2）导出转换 t^*：

t^*（Y_1，Y_2，Y_3，Y_4）

＝W_1—W_2—W_3—W_4

＝Y_4—Y_2⌒be⌒ed-Y_3-by⌒Y_1

＝NP—Past⌒be⌒ed-V-by⌒NP

3. 语素音位层级：

根据语素音位规则，用相应的词来替换 NP—Past⌒be⌒ed-V-by⌒NP，得到 The door was opened by the man.

利用转换语法，可以把语言中一些基本的句子作为核心句，由它们转换出该语言中的其他的数以万计的句子来；这样以简驭繁，便把语言的描写大大地简化了。

转换语法能够解释上下文无关文法解释不了的一些歧义结构。我们前面说过的 the shooting of the hunters 这个句子，不论作“猎人射击”或“射击猎人”讲时，用上下文无关文法来分析，其树形图均是一样的。如采用转换语法，就能够分辨出当它作“猎人射击”讲时，是从 NP—Aux—V 这类句子转换成的，of 后面就是 NP，其树形图如图 10-30 所示：

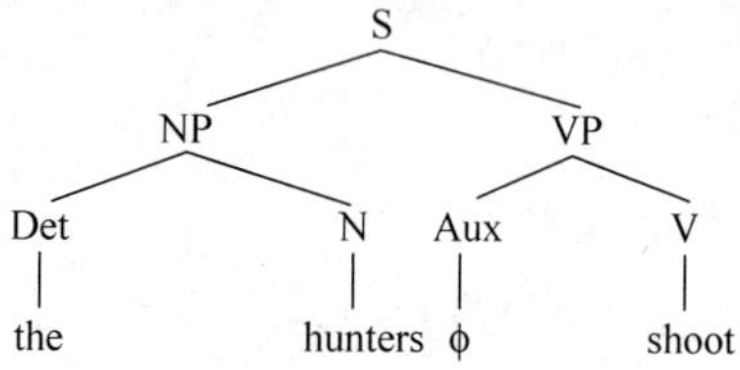

图 10-30　树形图

当它作“射击猎人”讲时，是从 NP_1—Aux—V—NP_2 转换成的，of 后面是 NP_2，而不是 NP_1，其树形图如图 10-31 所示；

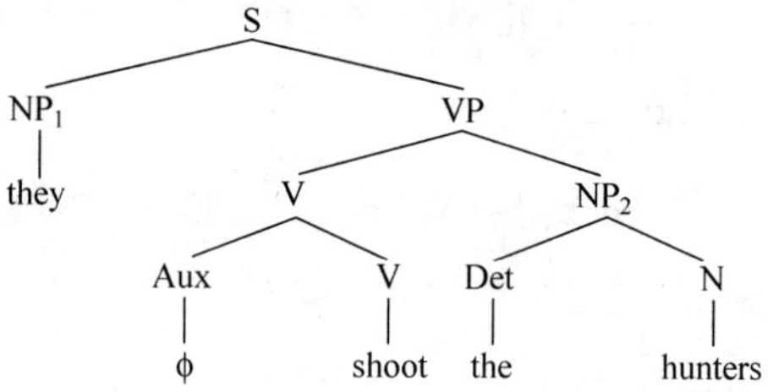

图 10-31　树形图

这两个不同结构的句子，由于转换时采用了转换规则 Ting（即动词加-ing 词尾的转换规则），转换之后才以相同的形式出现，因而产生歧义。

在运用转换规则时，具体的操作方式主要有以下几种：

（1）调位（movement）：其公式为

$$XY \to YX$$

例如，在英语中，主动句转换为被动句时，句首的主语 NP 要调到介词 by 之后。

（2）复写（copying）：其公式为

$$X \rightarrow XX$$

例如，在英语中，由陈述句转换成附加疑问句时，主语 NP 常要复写。

He is a good student

——He is a good student，isn't he?

附加疑问句末的 he 就是复写。

（3）插入（insertion）：其公式为

$$X \rightarrow YX$$

例如，在英语中，主动句转换成被动句时，表示施事的 NP 移位之后，前面要插入介词 by。

（4）消去（deletion）：公式为

$$XY \rightarrow X$$

例如，英语中从陈述句转换成命令句时，要消去主语。

从转换操作的公式中不难看出，转换公式已经超出了上下文无关文法重写规则 $A \rightarrow \omega$ 的限制。调位和消去的公式，它们的左边都不是单个的非终极符号，它们显然已经不是上下文无关的规则了。

乔姆斯基还把转换分为强制转换（obligatory transformation）和随意转换（optional transformation）两种。

可转可不转的转换，叫作随意转换。例如，

My brother will write the letter

（我的兄弟将写那封信）

可以转换成

The letter will be written by my brother

（那封信将由我的兄弟来写）

但是，不一定要作出这样的转换，因为不论主动句或是被动句都是合乎语法的句子。

又如，

The police brought in the criminal

（警察带进犯人来）

可以转换成

The police brought the criminal in

（警察带犯人进来）

但也可以不转，因为两个句子都合乎语法。

非转不可的转换，叫强制转换。例如，在句子

The police brought in the criminal

中，如果宾语 NP_2 是代词，那必须转换成

The police brought him in

（警察带他进来）

因为

* The police brought in him

不合语法，是不能成立的。

这种转换就是强制转换。

乔姆斯基根据强制转换和随意转换的区分，提出了核心句（kernel sentence）和非核心句（non-kernel sentence）的概念。

没有经过随意转换的句子叫核心句，经过随意转换的句子叫

非核心句。

例如下面的句子：

i. My brother will write the letter.

（我的兄弟将写那封信）

ii. Will my brother write the letter?

（我的兄弟将写那封信吗？）

iii. What will my brother write?

（我的兄弟将写什么？）

iv. The letter will be written by my brother.

（那封信将由我的兄弟来写）

其中，i 没有经过随意转换，是核心句。ii 是 i 经过随意转换规则 T_q 而转换成的一般疑问句，是非核心句。iii 是 i 经过随意转换规则 T_W 而转换成的特殊疑问句，也是非核心句。iv 是 i 经过随意转换规则 T_p 而转换成的被动句，还是非核心句①。

乔姆斯基的上述句法理论，在欧美语言学界引起了很大的震动。以耶鲁大学的霍克特（C. F. Hockett）为代表的“后布龙菲尔德学派”的一些人，从各个方面来攻击和非难这套新理论。在论战中，同时也在用这种理论来研究英语的过程中，发现了这套理论确实还有不少的弱点。主要是：

第一，转换语法把一些句子定为核心句，语言中的其他句子均由核心句转换而来。但在语言研究中，哪些句子是核心句，哪

① T_q、T_w、T_p 都是随意转换规则的名称，这些规则的具体解释请参看乔姆斯基《句法结构》（中译本），第 115—116 页。

些句子不是核心句，很难定出一个确切的标准，乔姆斯基把主动句规定为核心句，但在英语中，被动句用得相当普遍，许多在汉语中用主动句表达的意思，在英语中却用被动句表达。那我们为什么不能把被动句看成核心句呢？可见，所谓“核心句”的提法是不科学的，在实践中也是行不通的。所以，后来乔姆斯基只好取消了核心句的提法，因而也就放弃了强制转换和随意转换的区别的理论。

第二，不论是形式语言理论还是转换语法，对于语义都研究得很不够，它们都不能反映语义之间的搭配关系。例如，根据形式语言理论，提出一个适当的文法，便可生成 the man saw the ball 这样的句子，这个句子的各个成分在语义上可以很自然地搭配起来，但是，用同样的这个文法，也可生成 * the ball saw the man，这个句子并不违背上下文无关文法的规则，可是其中的各个成分在语义上搭配不起来，因为 saw 这个动词要求前面的名词一定是“有生命的”，但在上下文无关文法中不能反映这种语义上的搭配关系。转换语法当然也说明不了这种语义上的搭配关系。

1965 年，乔姆斯基发表了《句法理论要略》，总结了“第一语言模式时期”的经验，并对《句法结构》一书中提出的理论体系作了重大的修正和补充。于是，转换生成语法进入了第二个时期——标准理论时期。

本章参考文献

1. N. Chomsky, Three models for the description of language, I. R. E. Transactions on Information Theory, IT-2: 113—124, Proceedings

of the Symposium on Information Theory，1956。中文译文载《现代语言学名著导读》（萧国政主编，冯志伟校订），北京大学出版社，2009 年。

2. N. Chomsky，Syntactic Structures，Mouton &CO. 'S-Gravenhage，1957. 中译本，《句法结构》，邢公畹、庞秉均、黄长著、林书武译，中国社会科学出版社，1979 年。

3. N. Chomsky，On certain formal properties of grammars，Information and Control，Ⅱ. 1959：137—167.

4. 冯志伟，形式语言理论，《计算机科学》，1979 年，第 1 期（创刊号）。

5. 冯志伟，从形式语言理论到生成转换语法，《语言研究论丛》，第二辑，第 96—155 页，天津人民出版社，1982 年。

6. 冯志伟，生成语法的公理化方法，《哈尔滨生成语法讨论会论文集》，第 22—31 页，1983 年。

第十一章　转换生成语法的标准理论

本章首先介绍乔姆斯基在《句法理论要略》一书中提出的转换生成语法的标准理论（Standard theory）。采用“标准理论”这个术语，仅仅只是为了区别于后来乔姆斯基提出的关于转换生成语法的新见解，以便我们叙述和探讨各种问题。这个术语并不意味着只有它才是最“标准”的，也不意味着其他的理论就是不合“标准”的。1965 年乔姆斯基提出转换生成语法的标准理论之后，围绕着语义和句法关系的问题，美国语言学界展开了一场大论战。在论战中，转换生成语法又得到了发展。论战双方分别提出了扩充的标准理论、生成语义学、踪迹理论等。本章介绍这些研究的主要成果。

第一节　深层结构和表层结构

乔姆斯基提出了形式语言理论和转换语法理论之后，并没有把自己的学说看成是天经地义的不刊之论。进入 20 世纪 60 年代，乔姆斯基的语言学思想又有了进一步的新发展。他根据德国学者洪堡德关于“句子的内部形式”和“句子的外部形式”的划分，提出了“**深层结构**”（deep structure）和“**表层结构**”（surface structure）两个概念。

乔姆斯基认为，任何一个句子，都具有深层结构和表层结构，而表层结构是由深层结构转换而成的。

请看下面的例子：

（1）I persuaded John to leave.

（我说服约翰离开）

（2）I expected John to leave.

（我指望约翰离开）

听话者一听到这两个句子，可能会认为它们可作相同的结构分析，就是经过相当细致的考虑之后，还可能仍然看不出其间的差别。而且，过去没有任何一本语法书指出过，这是两种不同的结构。

但是，乔姆斯基认为，句子（1）和句子（2）在结构上是不等同的，只要给它们增添一些东西，就可以显示出它们之间的差别。

（3）（i）I persuaded a specialist to examine John.

（我说服一位专家对约翰进行检查）

（ii）I persuaded John to be examined by a specialist.

（我说服了约翰让一位专家对他进行检查）

（4）（i）I expected a specialist to examine John.

（我指望有一位专家来对约翰进行检查）

（ii）I expected John to be examined by a specialist.

（我指望约翰能由一位专家对他进行检查）

（1）中 John 是 persuaded 的直接宾语，又是内嵌句 John to leave 的语法主语，（3ii）中 John 是 persuaded 的直接宾语，又是内嵌句 John to be examined by a specialist 的语法主语，在这一点上，（1）与（3ii）是一致的。而在（3i）中，短语 a specialist 是 persuaded 的直接宾语和内嵌句 a specialist to examine John 的逻辑主语，（3i）与（3ii）在逻辑上的真假值并不一致。

但在（2）（4i）（4ii）中，相应的名词和名词短语 John 和 a specialist，除了在内嵌句中具备语法功能之外，再无其他的语法功能。具体地说，在（4i）（4ii）中，John 始终是 examine 逻辑直接宾语，而 a specialist 始终是 examine 逻辑主语。（4i）与（4ii）在逻辑上的真假值是一致的。

这样，（3i）（3ii）（4i）（4ii）的深层结构分别如下：

（3i）名词短语——动词——名词短语——句子

（I——persuaded——a specialist——a specialist will examine John）

（我——说服——一位专家——一位专家将对约翰进行检查）

（3ii）名词短语——动词——名词短语——句子

（I——persuaded——John——a specialist will examine John）

（我——说服——约翰——一位专家将对约翰进行检查）

（4i）名词短语——动词——句子

（I——expected——a specialist will examine John）

（我——指望——一位专家将对约翰进行检查）

（4ii）名词短语——动词——句子

（I ——expected—— a specialist will examine John）

（我——指望——一位专家将对约翰进行检查）

可见，（3i）的深层结构不同于（3ii）的深层结构，而（4i）的深层结构与（4ii）的深层结构则本来是一个东西，因此我们可以认为，句子（1）与句子（2）在结构上是不一样的。

乔姆斯基指出，人们可以说“I persuaded John that（of the fact that）+句子”，但是不能说＊“I expected John that（of the fact that）+句子”，这从另一个角度证明了，上述分析中的那种差别是确实存在的。

上面的例子说明了两个重要事实：

第一，句子的表层结构可以一点儿也不把它的深层结构表露出来，（1）和（2）的表层结构是一样的，但决定其语义解释的深层结构则大不相同。

第二，说话者的潜在知识是躲躲闪闪的，如果不引证（3i）（3ii）（4i）（4ii）这类例子，一个说英语人可能丝毫也不会觉察到（1）和（2）这两个表面上相似的句子，它们的内在语法并不相同。

在英语中甚至存在着这样的现象，同样一个句子可以具有两个以上的不同解释。例如，The police were ordered to stop drinking after midnight 这个句子，可以有四种不同的解释：

（1）警察奉命于半夜起不得饮酒；

（2）警察奉命于半夜起禁止人们饮酒；

（3）半夜以后警察得令不得饮酒；

（4）半夜以后警察得令禁止人们饮酒。

由于同样的语音表现掩盖着极不相同的语义解释，乔姆斯基认为有必要在语音学与语义学两者之间引入一个专门的概念——**句法描写**（syntactic description）。

对一个句子所作的句法描写，就是与这个句子有关的某种抽象的东西，它不仅决定这个句子特有的语音表现，而且也决定其特有的语义解释。句法描写中确定语义解释的那一方面称为句子的深层结构，句法描写中确定语音表现的那一方面称为句子的表层结构。

具体地说，句子的表层结构分析，就是把句子切分成一系列前后相续的成分，并注明这些成分分别属于哪个范畴，然后再把这些成分切分成更小的范畴的成分，这样一直切分到最终成分，并根据这些来确定句子的语音表现。

可见，一个句子的表层结构可以用形式语言理论中的那种树形图来表示，因此上下文无关文法只能触及句子的表层结构。

一些有歧义的句子，表层结构只有一个，深层结构却有几个，所以深层结构分析绝不仅仅是对句子进行一下形式语言理论中的那种树形图的分析。深层结构不等于表层结构，表层结构无从表示出具有语义价值的语法关系，起不到深层结构所起的作用。

正因为句子的深层结构与表层结构存在着这样的区别，所以，乔姆斯基语重心长地提醒语言学家们不可忽略这样一个事实：表面的相似可能掩盖着内在的基本性质的差别。语言学家必须采用相当微妙的办法，来诱导和引出说话者的语言直觉，然后才能确定，说话者的语言知识和其他知识的实际性质究竟是怎样的。

乔姆斯基认为，必须把说某种语言的人对这种语言的内在知识和他具体使用语言的行为区别开来，前者叫作“**语言能力**”（competence），后者叫作“**语言运用**”（performance）。

语言能力就是语言知识，这种知识不是指对语言进行研究后获得的理论知识，而是指凡是会说这种语言的人都具有的语言直觉。一个懂英语的人能理解每一句用正确英语所说的话，包括他过去从未听到过的话，而且能够根据不同的需要，自然而然地造出各式各样的新句子来，虽然这些新句子从来没有人说过，别人却一听就懂。这种新句子不是学会的，更不是习惯形成的，它们之所以与过去听到过的句子类似，仅仅因为它们是通过同样一套语法中的规则生成的。这就是“语言的创造性”。说话者之所以具有这种创造性，就是因为他具备了语言能力。

而语言运用却是指实际应用语言的活动。

乔姆斯基指出，语言学研究的对象应该是语言能力而不是语言运用。如果一种语法能够正确地描写出说本族语言的人的内在的语言能力（不管说话者是否能察觉到这一点），那么这种语法的描写才算是充分的。据此，乔姆斯基进一步提出三个标准来衡量语法研究。

第一，**观察充分性标准**：它要求语法应正确地反映观察所及的语言材料。这是最低的标准。

第二，**描写充分性标准**：它要求语法应正确地描写说话人的语言直觉，概括地说明观察到的语言材料，反映内在规律。这是较高的标准。

第三，**解释充分性标准**：它应以语言理论为基础，为每种语言选择一种能达到描写充分性标准的语法，这样，语言学理论就能解释说话者的语言直觉，即说话者本人只能意会，不可言状的语言能力了。这是最高的标准。

为了说明这个问题，乔姆斯基设想人类有一种“语言习得装置”（Language Acquisition Device，简称 LAD），以语言 L 为原始材料输入，在输出端可得到描写语言 L 的语法 G。如图 11-1 所示：

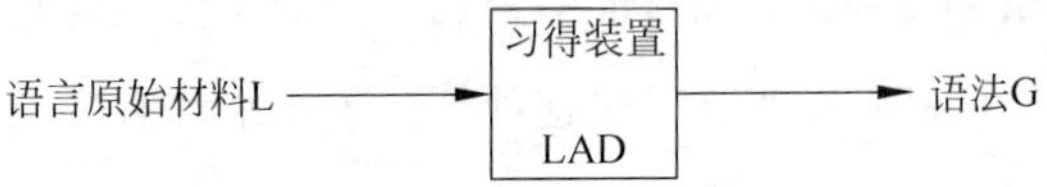

图 11-1　语言习得装置

要达到观察充分性标准的语法，只需与输入端的原始材料打交道，例如，以布龙菲尔德为代表的美国结构主义学派就是这样的。

达到描写充分性标准的语法，就要与输出端的语法 G 打交道，传统语法就是这样。

而转换生成语法则要争取达到解释充分性标准，这就要与语言习得装置 LAD 打交道，研究这个装置的具体规定。

LAD 装置不能限于某种语言，凡是人类的语言，不论哪种都能适用，同时又只适用于人类的语言。由于 LAD 装置的具体规定是语言习得的基础，而语言的原始材料则提供建立语法的经验条件，所以要提出 LAD 的具体规定，既要适用于一切语言，又要符合于人们的经验，显而易见这是非常困难的。这只能是语言研究的远期目标；但是，在转换生成语法的研究中，始终应着重考虑解释充分性标准。

这就是乔姆斯基之所以提出转换生成语法的标准理论的更为深刻的原因。

第二节　句法组成部分

根据标准理论，完整的转换生成语法应该包括三个组成部分——句法组成部分、音位组成部分、语义组成部分。句法组成部分包括基础部分和转换部分，它可以生成许多句法描写（syntactic description，简称 SD），每一个 SD 有一个深层结构和一个表层结构；语义组成部分赋予深层结构一个语义解释，音位组成部分赋予表层结构一个语音表现。如图 11-2 所示：

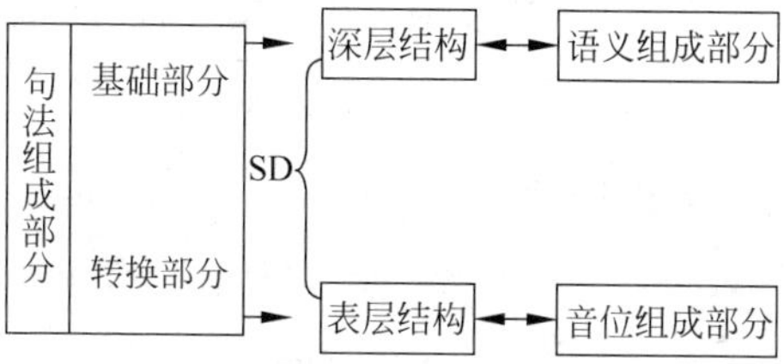

图 11-2　转换生成语法各组成部分

句法组成部分中的基础部分的功能是生成句子的深层结构，它由范畴部分（category component）和词汇部分（1exicon）组成。

范畴部分由如下的重写规则组成：

1．S→NP⌒predicate-phrase

2．predicate phrase→Aux⌒VP（place）（Time）

$$3.\ \text{VP}\rightarrow\begin{cases}\text{Copula-predicate}\\ \text{V}\begin{cases}\text{(NP) (prep-phrase) (prep-phrases)}\\ \qquad\text{(Manner)}\\ \text{S'}\\ \text{predicate}\end{cases}\end{cases}$$

4. predicate→{Adjective / (like) predicate-nominal}

5. prep-phrase→Direction, Duration, Place, Frequency

6. NP→（Det）N（S）

7. Aux→Tense（M）（Aspect）

8. Det→（pre-Article⌒of）Article（post-Article）

9. Manner→by⌒passive

其中，S 表示句子，V 表示动词，N 表示名词，Aux 表示助动词，Det 表示限定词，S' 表示分句，NP 表示名词词组，VP 表示动词词组，predicate-phrase 表示谓语短语，place 表示地点，Time 表示时间，copula⌒predicate 表示系词谓语，prep-phrase 表示介词短语，Manner 表示方式，predicate 表示谓语，Adjective 表示形容词，predicate-nominal 表示名词谓语，Direction 表示方向，Duration 表示持续，Frequency 表示频度，Tense 表示时态，Aspect 表示动词的体，pre-Article 表示冠词前成分，Article 表示冠词，post-Article 表示冠词后成分，passive 表示被动。

这些规则的左部都是单独的非终极符号，右部都是符号串，因而都是上下文无关规则，而且是按顺序执行的，它们对在深层结构中发挥作用的基本语法关系做出了描写和规定。

词汇部分包括词汇和**次范畴规则**（subcategorization rule）。

词汇是词项的集合。每一个词项由一对要素（C，D）构成，其中，D 表示语音区别特征矩阵，反映该词项的语音面貌，C 是一个“复合符号”（complex symbols），它由一组特定的句法特征和语义特征所组成。

例如，boy 这个名词的 D 和 C 分别是：

D：/bɔi/

C：/ + N， + Count， + Common， + Animate， + Human/

其中， + Count 表示“可数”特征， + Common 表示“普通”特征， + Animate 表示“有生命”特征， + Human 表示“人类”特征，“ + ”号表示存在某种特征，如用“ - ”号，则表示不存在某种特征。因此，复合符号 C 说明 boy 是一个表示有生命的人类的可数普通名词。

复合符号是由两个或两个以上的单一符号组成的符号，为了与单一符号相区别，一般用方括号把它括起来。

次范畴规则就是把范畴部分中出现的范畴再分成小类。例如，把动词再分为及物动词和不及物动词，把名词再分为普通名词和专有名词。

次范畴规则又可分为上下文无关的次范畴规则和上下文有关的次范畴规则两类。

上下文无关的次范畴规则可给名词规定语义特征，使用时不受不下文限制。例如：

[+ Det ——] → [± Count]

[+ Count ——] → [± Animate]

[+ Animate ——] → [± Human]

[-Count] → [± Abstract]

Article→ [± Definite]

上下文有关的次范畴规则又可进一步分为两类：一类是**严格**

次范畴规则（strict subcategorization rule），它的作用是给动词或名词规定上下文的语境特征；一类是**选择规则**（selectional rule），它的作用是给出动词与名词之间的搭配关系。

乔姆斯基给下列动词提出了如下的严格次范畴规则，

eat，[+V，+—— NP]

elapse，[+V，+—— #]

grow，[+V，+—— NP，+—— #，+—— Adjective]

become，[+V，+—— Adjective，+—— Predicate-Nomlinal]

seem，[+V，+—— Adjective，+—— like⌒Predicate-Nominal]

look，[+V，+——（Prepositional-phrase）#，+——Adjective，+—— like⌒Predicate-Nominal]

believe，[+V，+—— NP，+—— that⌒S']

persuade，[+V，+—— NP（of⌒Det⌒N）S']

方括号中的"+V"表示该词项是动词，横线表示该词项所在的位置，如"—— NP"表示该词项后面可以跟着一个名词短语，"—— #"表示该词项后面不跟任何词，"—— Adjective"表示该词项后面可以跟着一个形容词。

根据这样的严格次范畴规则，允许生成下列句子：

John **eat** food [+—— NP]

（约翰吃东西）

A week **elapsed** [+—— #]

（一个星期过去了）

John **grew** a beard [+—— NP]

（约翰留胡子了）

John **grew** [+—— #]

（约翰长大了）

John **grew** sad [+—— Adjective]

（约翰变得悲哀起来）

John **became** sad [+——Adjective]

（约翰变得悲哀了）

John **became** president [+—— Predicate-Nominal]

（约翰成了主席）

John **seem** sad [+—— Adjective]

（约翰似乎是悲哀的）

John **seem** like a nice fellow [+—— like⌒Predicate-Nominal]

（约翰看来像个正派人）

John **looked** [+—— #]

（约翰看过了）

John **looked** at Bill [+—— Prepositional-phrase]

（约翰看见比尔）

John **looks** sad [+—— Adjective]

（约翰神色悲哀）

John **looks** like a nice fellow [+—— like⌒Predicate-Nominal]

（约翰看上去像是个正派人）

John **believes** me [+—— NP]

（约翰相信我）

John **believes** that it is unlikely [+—— that⌒S']

（约翰认为这是靠不住的）

John **persuades** Bill that we should leave [+ —— N⌒S’]

（约翰说服比尔我们应该离开）

John **persuaded** Bill of the necessity to leave [+ —— NP⌒of⌒Det⌒N⌒S’]

（约翰说服比尔必须离开）

上面的严格次范畴规则不允许生成如下的不合语法的句子。

* John elapsed a week

* John eats sad

这样，就从上下文方面，对于动词的用法做了严格的限制。

为了从词汇语义方面对动词的用法加以限制，以免生成一些不合逻辑的句子，乔姆斯基提出了另一类上下文有关的次范畴规则——“选择规则”。

所谓选择规则，就是选用动词时，不仅要考虑句法上下文，而且还要考虑它与名词的搭配关系。一个动词往往只能跟某一类名词搭配，例如，frighten（恐吓）的主语往往是抽象名词，宾语往往是指人的名词，而 admire（赞美）的主语往往是指人的名词，宾语往往是抽象名词。这种现象称为“同现”（co-occurrence）。选择规则的作用就是解决同现限制的问题。例如，某些动词的主语要用抽象名词，某些动词的主语要用非抽象名词，某些动词的宾语要用指人的名词，某些动词的宾语要用非指人的名词，等等。

为此，乔姆斯基提出了如下的选择规则：

$$[+V] \rightarrow CS/\left\{\begin{array}{l}[+\text{Abstract}]\ \text{Aux}\ \text{——} \\ [-\text{Abstract}]\ \text{Aux}\ \text{——} \\ \text{——}\ \text{Det}\ [+\text{Animate}] \\ \text{——}\ \text{Det}\ [-\text{Animate}] \\ \ldots\ldots\end{array}\right.$$

上面的规则中，CS 是复合符号，斜线“/”表示语言环境。“［+Abstract］Aux ——”表示动词前面是 Aux（助动词），Aux 前要用抽象名词［+Abstract］作主语。“［-Abstract］Aux ——”表示动词前面是 Aux，Aux 前面要用非抽象名词［Abstract］作主语。“——Det［+Animate］”表示动词后面是 Det（限定词），Det 后面要用有生命的名词［+Animate］作宾语。“——Det［-Animate］”表示动词后面是 Det，Det 后面要用无生命的名词作宾语。

例如，动词 frighten 的选择规则是

$$\text{frighten} \rightarrow CS/\left\{\begin{array}{l}[+\text{Abstract}]\ \text{Aux}\ \text{——} \\ \text{——}\ \text{Det}\ [+\text{Animate}]\end{array}\right.$$

根据这样的选择规则，只能生成

Sincerity may frighten the boy

（诚实会吓坏孩子）

而不能生成

* The boy may frighten sincerity

上述基础部分的组成情况可归纳如图 11-3。

运用基础部分的这些规则不断地生成符号串，最后可得出“前终极符号串”（Preterminal string）。

为了表示前终极符号串的生成过程，乔姆斯基把他在形式语言理论中采用的那种树形图做了进一步的改造，使之能表示复合符号（图 11-3）。

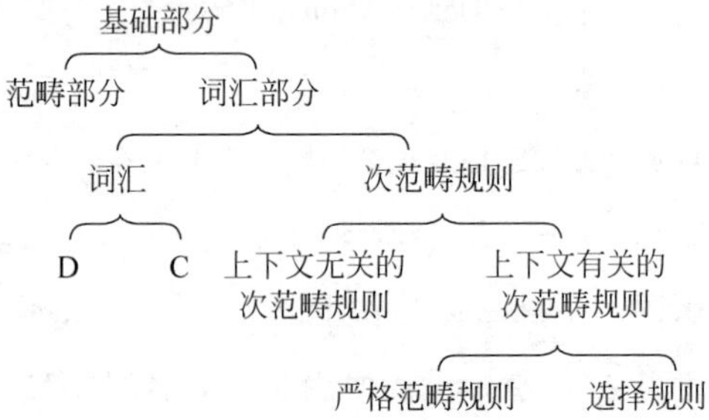

图 11-3　基础部分的组成情况

这样一来，这种树形图就不仅仅只能表示表层结构了。

例如，The man saw the ball 这个句子的前终极符号串的生成过程，可用这种经过改造的树形图 11-4 表示。

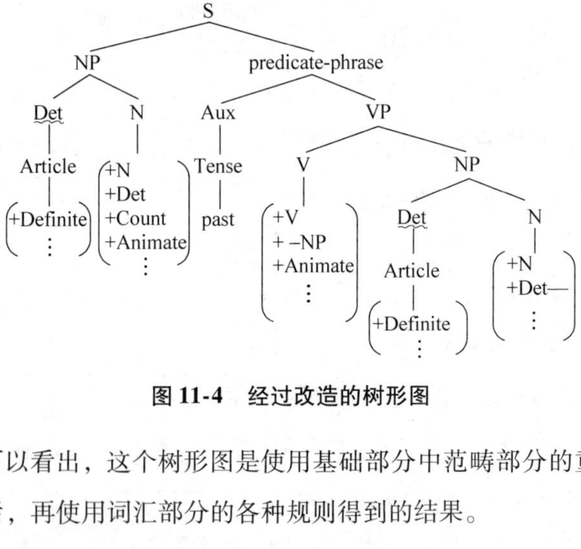

图 11-4　经过改造的树形图

可以看出，这个树形图是使用基础部分中范畴部分的重写规则之后，再使用词汇部分的各种规则得到的结果。

要把生成的这些前终极符号串变成终极符号串，必须使用“词汇插入规则”。

为此，首先要建立一部词典，在这部词典中的每一个词，都要列出其句法标记和语义标记。

例如，man 这个词，其句法特征为［+N］，［+Det ——］，其语义特征为［+Count］，［+Animate］，［+Human］……，因此，记为：

man（［+N，+Det ——，+Count，+Animate，+Human ……］）

同样，对于 see 和 ball，可分别记为

see（［+V，+——NP，+Animate——……］）

ball（［+N，+Det ——，+Count，-Animate……］）

词汇插入规则要求词典中相应词的句法和语义特征，不能与前终极符号串中复合符号的特征相冲突。如果 Q 是前终极符号串中的一个复合符号，而（D，C）是一个词项，其中 C 是单词的句法和语义特征，D 是语音特征，即单词的形式，如果 C 与 Q 不冲突，那么，Q 就能由 D 来替代。

也就是说，如果词典中某词的句法和语义特征不与前终极符号串中的复合符号的特征相冲突，那这个词就可以用来代替前终极符号串中的复合符号，从而把前终极符号串变为终极符号串。

从词典中可以看出，man 可以插到图 11-4 的树形图中的主语 N 之下，因为它的句法和语义特征同树形图中主语 N 的复合符号不相冲突；但是，ball 不能插入这个位置，因为它的［-Animate］

这个语义特征与树形图中主语 N 的特征，［+Animate］相冲突，而且，它与树形图中动词 V 的句法特征［+Animate ——］也不相配。这就说明，利用转换生成语法的标准理论，可以生成

the man saw the ball

这样的句子，而不会生成

* the ball saw the man

这样的句子。

这一点是形式语言理论和转换生成语法都解释不了的。可见，转换生成语法标准理论的解释力确实胜过形式语言理论和转换语法。

乔姆斯基指出，句法的基础部分生成句子的深层结构，大体地可以说，句子的深层结构是一套形式如｛X_i，…，X_m，L_i，…，L_m｝的结构，其中，每一个 X_i 是在运用基础部分的规则之后得到的前终极符号串，而每一个 L_i 则表示词汇插入规则。

句法组成部分中的转换部分的功能，是转换出句子的表层结构。

在上面的例子中，通过基础部分的各种规则及词汇插入规则，我们得到了如下的终极符号串：

The + man + past + see + the + ball

为了得到该句子的表层结构，我们必须对这个终极符号串进行转换。

转换的规则有调位、复写、插入、消去等等。我们对上面的终极符号使用调位规则

Affix + V→V + Affix

得到句子的表层结构如下：

The + man + see + past + the + ball

其中，past 和 see 调了位。

在句法组成部分转换出来的这种表层结构，还要通过音位组成部分之后，才能得到它的语音表现。

这个句子的深层结构和表层结构的总和，就构成了这个句子的句法描写（Syntactic Description，简称 SD）。由于这个句子没有歧义，所以它只有一个 SD。

在早期的转换语法体系中，疑问句、否定句、命令句、被动句等都属于非核心句，它们都是通过随意转换构成的。在转换生成语法的标准理论中，乔姆斯基重新做了安排，提出了一种新的成分，叫作**触发成分**（triggering element），主要包括 Q（疑问）、Neg（否定）、Imp（命令）、Passive（被动）等。

例如，Imp 这个触发成分可以出现在下面的树形图（图 11-5）中：

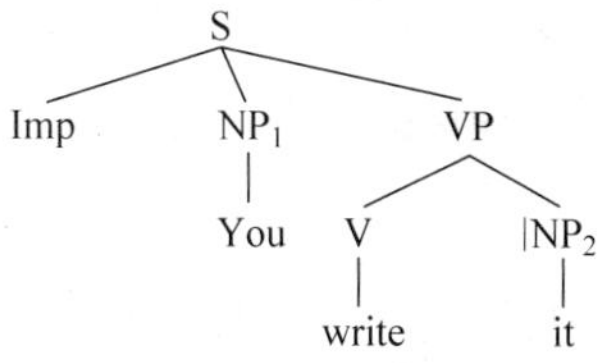

图 11-5 触发成分

树形图中，一旦出现这样的触发成分 Imp，就会触发如下的强制转换：

$$\text{Imp} —— \text{NP}_1 —— \text{VP} —— \text{NP}_2 \rightarrow \text{VP} —— \text{NP}_2$$

其中，Imp 这个触发成分是一个**哑符号**（dummy symbol），它本身最后是不存在的，但是，由于 Imp 这个哑符号的触发作用，转换后就要把 NP_1 抹掉，于是形成如下的命令句：

Write it!

（把它写下来）

可见，Imp 的作用是把陈述句转换为命令句。

其他几个触发成分也有各自特殊的作用。Q 的作用是把陈述句转换为疑问句，Neg 的作用是把肯定句转换为否定句，Passive 的作用是把主动句转换为被动句。

这些触发成分都是哑符号，在转换过程中发生了触发作用之后，也就自行销声匿迹了。

由于使用了触发成分，疑问句、否定句、命令句、被动句等，不再通过随意转换生成，而是直接由短语结构通过强制转换生成，随意转换基本上不存在，核心句与非核心句之间的界限也就随之消失了。这是乔姆斯基对转换语法的一个重大修改。

转换生成语法的另外两部分是音位组成部分和语义组成部分，这两部分纯粹是解释性的，它们在递归地生成句子结构的过程中不起作用。

音位组成部分只是给句法组成部分所生成的句子规定语音形式，也就是说，它把句法组成部分生成的结构同语音信号联系起来。例如，前面由句法组成部分生成的表层结构，在没有进入音位组成部分之前，其形式为：

The + man + see + past + the + ball

输入音位组成部分之后，就可以根据一定的规则，对这个表层结构各成分的语音形式和拼写方法作出解释，最后分别得到这个句子的口语形式（1）和书面形式（2）：

（1）/ðə mæn sɔːðə boːl/

（2）The man saw the ball.

语义组成部分规定句子的语义解释，也就是说，它把句法部分生成的结构同某种语义表达联系起来。句法组成部分中的基础部分生成深层结构，深层结构进入语义组成部分，就可获得句子的语义解释。

乔姆斯基在 1972 年发表的《深层结构、表层结构和语义解释》一文中，对标准理论做了如下说明：

“标准理论规定，每一个句子都有语法结构 $\Sigma=(P_1, \cdots, P_i, \cdots, P_n)$（其中 P_1 是深层结构，P_n 是表层结构），语义表达 S，语音表达 P。此外，这种理论认为，S 由 P_i 决定，P 由 P_n 决定，它们分别受语义解释和语音解释的制约。”①

这是乔姆斯基本人对标准理论的简明扼要的总结。

第三节　音位组成部分

本节对标准理论中的音位组成部分作进一步的说明。

乔姆斯基和哈勒于 1968 年发表了《英语语音模式》（*The Sound Pattern of English*）一书，研究了从表层结构到语音表现这个过程中的问题。

从表层结构到语音表现，首先要使用再调整规则

① 乔姆斯基：《深层结构、表层结构和语义解释》，载《语言学译丛》，第二辑，第 180—181 页。

（readjustment rule）把表层结构中的词汇表现（lexical representation）转化为音位表现（phonological representation）。

例如，在词汇表现

The + man + see + past + the + ball

中，要用再调整规则，把 see 和 past 化为 saw。这个过程可表示为（图 11-6）：

图 11-6　再调整规则 1

但音位表现还是比较抽象的。例如，the 中的 e 是念为［i］还是念为［ə］，ball 中的两个辅音 ll 并列怎么念？这些问题音位表现还不能说明。因此，还得通过一系列的音位规则（Phonological rule），把音位表现化为语音表现（Phonetical representation）。

如图 11-7 所示：

图 11-7　再调整规则 2

例如：上面这个句子的音位表现，经过音位规则之后，变为如下的语音表现：

ðə mæn sɔːðə boːl

音位组成部分的规则是上下文有关规则，形式如下：

A→B　　/X——Y

A 和 B 是音位系统中的单位，A→B 表示把 A 改写为 B，斜线后的部分说明改写的条件，X——Y 表示“处于 X 之后、Y 之前”这一条件下。

例如，某语言中的词首塞音/t/、/p/、/k/要发为吐气音，可写为如下的吐气规则（图 11-8）：

$$\begin{Bmatrix} t \\ p \\ k \end{Bmatrix} \rightarrow \begin{Bmatrix} t^h \\ p^h \\ k^h \end{Bmatrix} \qquad /\#—$$

图 11-8　吐气规则

规则中“# ——”表示条件是“位于词首”。

规则中的符号也可以是区别特征。例如，乔姆斯基和哈勒认为英语的/i/具有如下特征（图 11-9）：

$$\begin{pmatrix} +\text{音段} \\ +\text{元音性} \\ -\text{辅音性} \\ +\text{高位性} \\ -\text{低位性} \\ -\text{后位性} \\ -\text{圆唇性} \\ -\text{紧张性} \end{pmatrix}$$

图 11-9　/i/的区别特征

这里，用“+”“-”号对区别特征作逻辑描述。“+”表示“是”，“-”表示“非”。上述特征说明，/i/是一个音段，具有元音性、高位性，但不具有辅音性、低位性、后位性、圆唇性、紧张性。

利用这样的区别特征，可以把上面的吐气规则写为（图 11-10）：

$$\begin{pmatrix} -\text{延续性} \\ \\ -\text{有声性} \end{pmatrix} \rightarrow \quad (+\text{吐气性}) \qquad /\#—$$

图 11-10　用区别特征标示的吐气规则

这个规则说明，具有［-延续性］和［-有声性］特征的音（即/t/、/p/、/k/这样的清塞音），处于词首时要读成带［+吐气音］特征的音。

引入了区别特征之后，就可以进一步说明，音位规则是如何把音位表现化为语音表现的。音位表现中的每个词汇元素，都是由一定数目的音段 P_1，P_2，P_3……组成的序列，排成横行。而每个音段由特征 F_1，F_2，F_3……组成，排成纵行。纵横两个向度构成了音位表现的分类矩阵（classificatory matrix）。在分类矩阵中，纵、横行的交叉点上注明某音段是否具有某特征，并用“+”“-”号来表示。分类矩阵的形式如下（图 11-11）：

	P_1	P_2	P_3	……
F_1	+	−	−	……
F_2	−	+	−	……
F_3	−	−	+	……
⋮	⋮	⋮	⋮	

图 11-11　分类矩阵

各条音位规则 R_1，R_2，R_3…分别作用于矩阵的各项，经过一番调整后得到语音矩阵（phonetic matrix）。语音矩阵中语音表现的特征比音位表现的特征更加具体、更加细致。有的特征还可用数字加以分级描写。如用 1、2 表示鼻音化的程度达到一级、二级等。

音位规则对于分类矩阵的各项所起的作用，主要有如下几个方面：

1．**增添特征**：例如，上述吐气规则的作用是增添［＋吐气性］特征。

2．**改变特征**：例如，前缀 in-的词汇表现是/in/，而在 impossible 一词中，由于受到邻近的音/p/的影响，/in/中的鼻化辅音的［＋齿音性］特征要改变为［＋唇音性］特征，读作［m］。在 incomplete 一词中，由于受到邻近的音/k/的影响，/in/中的鼻化辅音的［＋齿音性］特征要改变为［＋软腭性］特征，读作［η］。

3．**插入音段**：例如，英语中以咝音/S/、/Z/、/Š/、/Ž/、/Č/为结尾的名词，在构成复数时，在复数词尾-S 与咝音之间，要插入音段/ə/。因此 bus 的复数不是［bʌsz］，而是［bʌsəz］。

4．**省略音段**：例如，英语中词尾的/b/如果处于/m/之后要省略，因此，bomb 要念作［bɔm］。

5．**音段换位**：例如，美国英语的某些方言，把 ask 读作［æks］，两个辅音交换了位置；不过，asking 仍读为［æskiη］。

当从词汇表现到语音表现要使用若干条规则时，这些规则的使用有一定的顺序。

例如，名词构成复数时，有两条规则，一条是上面提到的咝音之后插入/ə/的规则，一条是清辅音之后的词尾清化的规则（-s 不读［z］而读［s］）。这两条规则在使用时，必须先使用插入/ə/的规则，然后再使用词尾清化的规则。例如 bus，先变为

［bʌsə］，再变为［bʌsəz］（因为/z/不在清辅音之后，而在/ə/之后，故不清化）。如果先使用词尾清化规则，bus 所有的词尾应读为［s］，再插入/ə/，就要读成［bʌsəs］，而不是［bʌsəz］了。

在规则的使用过程中，有时同一条规则可回旋地使用若干次，这种情况叫作“转换回旋”（transformational cycle）。转换回旋主要用于超音段特征。在转换回旋的情况下，规则的使用顺序是“先小后大”：先用于表层结构中最小的单位，然后再逐步地用于较大的单位。

例如，

Take John’s blackboard eraser

（拿约翰的黑板擦）

这个句子，它的表层结构如图 11-12 所示。

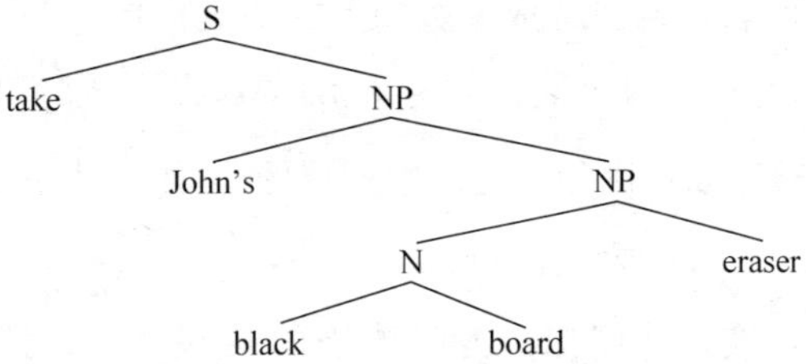

图 11-12　句子的表层结构

如果我们要确定这个句子的重音，应从树形图中最内层的子树形图开始，由小而大逐步处理。先确定 black board 的重音（把 black board 作为两个语素来看待），然后再确定 black board eraser 的重音，再扩大到确定 John’s black board eraser 的重音，最后到确定 take John’s black board eraser 的重音。使用同一条重音规则进行转换回旋，在树形图中由下而上逐级上升，最后得到全句的重音曲线为 2-3-1-5-4。

2	3	1	5	4
take	John's	black	board	eraser

这样，由句法组成部分得出的表层结构，经过音位组成部分之后，就得到了它的语音表现。

第四节 语义组成部分

本节对标准理论中的语义组成部分作进一步的说明。

1963 年，卡兹（J. J. Katz）和弗托（J. A. Fodor）发表了《语义理论的结构》（*The Structure of a Semantic Theory*）一书，提出了“**解释语义学**”（interpretive semantics）的基本理论。乔姆斯基在他的标准理论中，接受了卡兹和弗托的解释语义学，并以此为基础来建立标准理论中的语义组成部分。因此，我们这里以卡兹和弗托在《语义理论的结构》一书中的基本观点，来说明标准理论中的语义组成部分是如何对深层结构进行语义解释的。

深层结构中的一个词项的意义，并不是一个不可分析的整体，而是可以进行语义成分分析的。例如，英语中的 bachelor 一词的意思是“单身汉”，既然是单身汉，当然应该是一个人，而且必须是个成年人，是一个男性的、没有结过婚的人，因此，bachelor 这个词项可以“化整为零”，它包含着［HUMAN］（人类）、［ADULT］（成年）、［MALE］（男性）、［UNMARRIED］（未结婚）等语义成分。这里，语义成分用大写字母表示，以免与作为词项的 human、adult、male、unmarried 等英语单词相混淆。

必须说明的是，[HUMAN]、[ADULT]、[MALE]、[UNMARRIED]等是用来描写语义结构的抽象概念，它们都是一些抽象的符号，仅仅为了方便，才约定使用英语，它们是在语言中普遍存在的东西，并不是英语单词本身。

语义成分可以像区别特征一样，用“+”“-”号来加以描写。某词项具有语义成分 C，就记为 +[C]，不具有语义成分[C]，就记为-[C]。

例如，英语的 bachelor（单身汉）、spinster（大闺女）、wife（妻子）、boy（男孩）四个词项可用语义成分作如下的描述：

bachelor　+[HUMAN]+[MALE]+[ADULT]+[UNMARRIED]

spinster　+[HUMAN] -[MALE]+[ADULT]+[UNMARRIED]

wife　+[HUMAN] -[MALE]+[ADULT] -[UNMARRIED]

boy　+[HUMAN]+[MALE] -[ADULT]+[UNMARRIED]

语义成分不仅可以表示词项的语义性质，还可以表示关系。

例如，kill（杀）的意思是：“X 杀死 Y”，即“X 致使 Y 死亡”，为此，我们选择两个语义成分[CAUSE]和[DIE]，[CAUSE]表示“引起”，[DIE]表示“死亡”，把 kill 这个词项表示为：

[CAUSE] X [DIE] Y

这样，就便于与 suicide（自杀）相区别。suicide 是“X 杀死自己”，可表示为：

[CAUSE] X [DIE] X

通过语义成分，可以对词典中的词项进行形式描述。

例如，bachelor 这个词，可以作如下的形式描述（为简单起见，语义成分仅第一个字母大写）：

Bachelor：Noun→…→；

（Human）→（Male）→（Adult）→（Unmarried）→ $<\omega_1>$

（Human）→（Young）→（Knight）→［在别人的旗帜下奉职］→ $<\omega_2>$

（Human）→［大学四年结束得到被授予的学位］→ $<\omega_3>$

（Animal）→（Male）→（Young）→（Seal）→［在繁殖期间没有配偶］→ $<\omega_4>$

这可用树形图表示为：

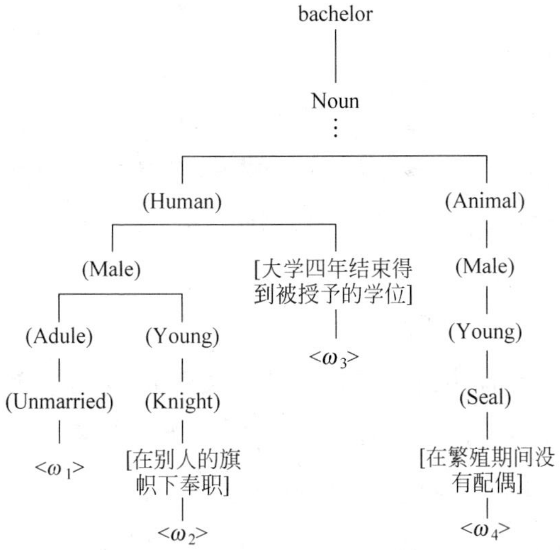

图 11-13　表示语义的树形图

在图 11-13 的树形图中，位于最高处的 Noun 为“**句法标示**”（Syntactic marker），表示词项 bachelor 的句法范畴属于名词，省略号“…”表明还可以进一步指出句法范畴；例如，bachelor 属于普通名词、可数名词等。如果某个词项可以分属不同的句法范畴（如 hit 既可作动词，也可作名词），那就分为两路描写。在树形图中，以 bachelor 这个树根为起点，沿着树形图中的各个路径来取 bachelor 的语义值，可以分别得出这个词的不同意义。具体情况如下：

Noun→（Human）→（Male）→（Adult）→（Unmarried）→ $<\omega_1>$ 为第一路径；

Noun→（Human）→（Male）→（Knight）→［在别人的旗帜下奉职］→ $<\omega_2>$ 为第二路径；

Noun→（Human）→［大学四年结束得到被授予的学位］→ $<\omega_3>$ 为第三路径；

Noun→（Animal）→（Male）→（Young）→（Seal）→［在繁殖期间没有配偶］ + $<\omega_4>$ 为第四路径。

由于树形图中有四条路径，因此，这个词项可以有四个不同的意义："单身汉""青年骑士""学士""无配偶的小海狗"。路径越多，歧义也就越多。

圆括号中的(Human)(Male)等语义成分，称为**"语义标示"**(semantic marker)。语义标示表示意义的概念结构成分。方括号内[大学四年结束得到被授予的学位]等，称为"辨义成分"(distinguisher)。辨义成分与语义标示的区别在于，语义标示表示的是系统的特征，而辨义成分只表示词义的个别特征。例如，bachelor 这一词项的第二路径中有［在别人的旗帜下奉职］这一辨义成分，它是词义的个别特征，去掉这个特征，并不会影响 bachelor 这一词项的意义；而语义标示是整个系统中通用的，如果去掉一项，就会影响到许多词项的意义。

尖括号内的 $<\omega_1>$、$<\omega_2>$、$<\omega_3>$ 等表示“选择限制”（selection restriction）。

例如，形容词 handsome 有三个意思：一是“美观的”，二是“慷慨的”，三是“相当大的”。它们的选择限制如下：

“美观的”选择限制是：< (Human) ∨ (Artifact) >；

“慷慨的”选择限制是：< (Conduct) >；

“相当大的”选择限制是：< (Amount) >。

第一个意思只能指人或指人工制品，例如，可以说 handsome fellow（漂亮的人）、handsome building（美观的房子），因此，其选择限制为 < (Human) ∨ (Artifact) >，其中，“∨”表示逻辑析取（“或”）。

第二个意思只能指行为，例如，可以说 handsome treatment（慷慨的待遇），其选择限制为 < (Conduct) >。

第三个意思只能指数量，例如，可以说 handsome sum（可观的数目），其选择限制为 < (Amount) >。如果把 handsome fellow 理解为“可观的人”，就违反了选择限制。选择限制在研究词与词之间的搭配关系时是很有用的。

输入语义组成部分的是句子的“深层结构”，这就是所谓的“深层短语标示”（underlying phrase marker）。语义解释是在深层短语标示的基础上对句子的语义进行解释的。

例如，句子

The man hits the colorful ball

其深层短语标示为（图 11-14）：

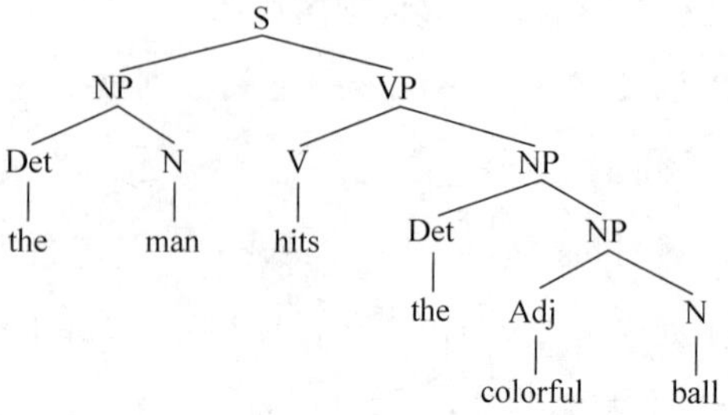

图 11-14　深层短语标示

语义解释的第一步是给深层短语标示中的终极符号串 the man hits the colorful ball 提供“词汇读法”（lexical reading），从而得到“词汇解释的短语标示”（lexically interpreted phrase marker）。

语义解释的第二步是由投影规则把词汇读法按句法结构合成“**推导读法**”（derived reading）。这个过程称为“**合并**”（amalgamation）。合并从树形图的最底成分开始，自下而上地逐级进行。例如，先把 colorful 的词汇读法与 ball 的词汇读法合并为一个推导读法，再把 colorful ball 与 the 合并，然后再把 hits 与 the colorful ball 合并，这样逐级合并，以至于全句，从而把词汇解释的短语标示变换为“**语义解释的短语标示**”（semantically interpreted phrase marker）。

colorful 有两个意思，一个是“色彩丰富鲜艳的”，一个是“生动活泼的”，其词汇读法分别为：

（1） colorful→Adjective→（Color）→［色彩丰富鲜艳的］<（Physical Object）∨（Social Activity）>

其中，尖括号“< >”中是选择限制，“∨”是逻辑析取号，Physical Object 表示“具体物质”，Social Activity 表示“社会活动”。

（2）colorful→Adjective→（Evaluative）→［特征醒目，生动活泼，栩栩如生］<(Aesthetic Object) ∨ (Social Activity)>

其中，Aesthetical Object 表示“审美的对象”。

ball 也有两个意思：一个是“舞会”，一个是“球”，其词汇读法为：

（3）ball→Noun Concrete→（Social Activity）→（Large）→（Assembly）→［目的是跳舞］

其中，Large 表示“大”，Assembly 表示“集会”。

（4）ball→Noun Concrete→（Physical Object）→［具有球体的外形］

ball 与 colorful 之间的关系，是中心语与修饰语的关系，为此，使用中心语与修饰语合并的投影规则：

词项列 1→中心语句法标示→（a_1）→（a_2）→…→（a_n）→［1］<1>

词项列 2→修饰语句法标示→（b_1）→（b_2）→…→（b_m）→［2］<2>

如果中心语词项列可满足修饰语的选择限制<2>，则两个词项列可以合并为：词项列 1 + 词项列 2 + 句法标示→（a_1）→（a_2）→…→（a_n）→（b_1）→（b_z）→…→（b_m）→［［2］［1］］<1>

将这个投影规则运用于（1）、（2）、（3）、（4）等词汇读法，将（3）、（4）分别与（1）、（2）合并，得到三个推导读法（5）、（6）、（7）。这说明 colorful ball 这一名词短语有三种可能的解释：

（5） colorful + ball → Noun Concrete →（Social Activity）→（Large）→（Assembly）→（Color）→［［色彩丰富鲜艳］［目的是跳舞］］

（6） colorful + ball → NounConcrete →（Physical Obiect）→（Color）→［［色彩丰富鲜艳］［具有球体的外形］］

（7） colorful + ball → Noun Concrete →（Social Activity）→（Large）→（Assembly）→（Evaluative）→［［特征醒目，生动活泼，栩栩如生］［目的是跳舞］］

（5）是（1）与（3）合并而成的，意思是“五彩缤纷的舞会”；

（6）是（1）与（4）合并而成的，意思是“色彩丰富鲜艳的球”；

（7）是（2）与（3）合并而成的，意思是“生动活泼的舞会”。

（2）与（4）不能合并，因为（4）不能满足（2）的选择限制 <（Aesthetic Object）V（Social Activity）> 的要求，“生动活泼的球”在语义上也不能成立。colorful 与 ball 的合并情况可表示如图 11-15：

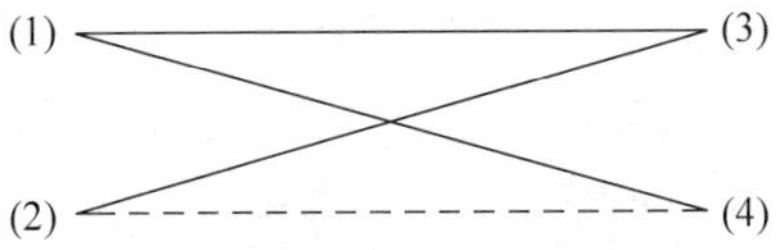

图 11-15　合并情况图示

在图 11-15 中，实线表示可以合并，虚线表示不能合并。

这样一来，选择限制便排除了“生动活泼的球”这一不合实际的含义。

述宾关系也有投影规则。因此，接着把 hits 与 the colorful ball 合并，这又排除了“五彩缤纷的舞会”和“生动活泼的舞会”两个意义，因为“舞会”不是物体（Physical Object），而是一种社会活动（Social Activity），它是不能“击”的。这样，合并到最后，colorful ball 只有一个解释：“色彩丰富鲜艳的球”。

主谓关系也有投影规则，它把 the man 与 hits the colorful ball 合并。使用主谓关系的投影规则之后，最后得到这个句子的语义解释如下：

the + man + hits + the + colorful + ball→Sentence→［某种上下文关系确定的］→（Physical Object）→（Human）→（Adult）→（Male）→（Action）→（In Stancy）［冲击而相撞］→［某种上下文关系确定的］→（Physical Object）→（Color）→［［色彩丰富鲜艳］［具有球体的外形］］

由此可知，这句话的意思是：“这个男人击彩球。”

这就是语义组成部分对句法组成部分的深层短语标示进行语义解释的过程。可以看出，这样的语义解释是相当形式化的。

本章参考文献

1. N. Chomsky，Aspects of the Theory of Syntax，1965.
2. J. J. Katz，J. A. Fodor，The Structure of a Semantic Theory，1963.
3. N. Chomsky，M. Halle，The Sound Pattern of English，1968.
4. N. Chomsky，Deep structure，surface structure and semantic interpretation，载 N. Chomsky 著 Studies on Semantics in Generative Grammar，1972。中译文为《深层结构、表层结构和语义解释》，赵世开译，载《语言学

译丛》，第二辑，1980 年。

5. N. Chomsky，Reflections on Language，Pantheon，New York，1975.

6. 徐烈炯，语义与句法关系的模式，《现代英语研究》，1980 年，第 3 辑（总八）。

7. 徐烈炯，两种新的音位学理论，《语言学动态》，1979 年，第 4 期。

8. 徐烈炯，解释语义学，《现代英语研究》，1980 年，第 2 辑(总七)。

9. 李逊永，标准理论时期的转换生成语法，载《乔姆斯基语言理论介绍》第 93—122 页，1982 年。

10. 叶蜚声整理，雷柯夫、菲尔摩教授谈美国语言学问题（第一部分，雷柯夫的谈话），《国外语言学》，1982 年，第 2 期。

11. 冯志伟，汉语句子的多叉多标记树形图分析法，《人工智能学报》，1983 年，第 2 期。

第十二章　生成转换语法的扩充式标准理论

1965年乔姆斯基提出转换生成语法的标准理论之后，围绕着语义和句法关系的问题，美国语言学界展开了一场大论战。论战双方分别提出了扩充式标准理论、踪迹理论、生成语义学等。在论战中，转换生成语法得到了进一步的发展，进入了标准理论时期的第三阶段（扩充式标准理论阶段）。本章将针对这些问题进行论述。

第一节　扩充式标准理论

在转换生成语法的标准理论中，语义组成部分的作用是对深层结构进行语义解释，也就是说，得出了深层结构，语义就已经确定了。深层结构经过转换部分得到表层结构，转换并不能改变深层结构的语义。乔姆斯基主张“句法自立”（autonomy of syntax）。他认为，句法不能建立在语义的基础之上，标准理论的句法组成部分是独立地起作用的。卡兹（J. J. Katz）和波士托

（P. M. Postal）提出：所有的转换都不能改变语义，深层结构单独决定语义解释。这就是所谓的“卡兹—波士托假说”（Katz—Postal hypothesis）。

如果把研究的对象局限于“题元关系”（thematic relation）上，如施事、受事、工具等，卡兹—波士托假说还是成立的，但是，当研究的领域扩大到逻辑量词、否定、照应关系等语义现象时，卡兹—波士托假说就站不住脚了。

于是，乔姆斯基、贾根道夫（R. Jaekendoff）、埃孟兹（J. Emonds）等人开始研究表层结构对语义的影响。他们发现，在以下几个方面，表层结构会影响到句子的语义，转换也会改变句子的语义。

1．否定词和逻辑量词的顺序对语义有影响。

试比较：

（1）Not many arrows hit the target.

（没有很多箭射中靶子）

（2）Many arrows didn't hit the target.

（很多箭没有射中靶子）

（1）与（2）的意义显然不同：（1）是说射中靶子的箭不多，（2）否定了很多箭射中靶子这一事实。

而按标准理论，这两句话的深层结构只有一个：

Not [many arrows hit the target]

由此可见，深层结构没有反映出这两句话在语义上的差别。

再看

（3）The target was not hit by many arrows.

（靶子没有被很多箭射中）

这一句话是（1）的释义形式，而不是（2）的释义形式，但从表面上看，（3）却像是（2）经过被动转换变来的，而实际上（2）与（3）的意思并不相同。

如果我们细心地观察（1）、（2）、（3）这三个句子中否定词not 和逻辑量词 many 的顺序，可以发现：（1）与（3）中，not 在前，many 在后，它们在表层结构中的顺序相同，因此，（1）与（3）的意思也相同；而（1）与（2）中，not 与 many 的顺序不相同，（1）中，not 在前，many 在后，（2）中，many 在前，not 在后，因此，（1）与（2）的意思不相同。

2. 在照应关系上，重音对于确定代词的所指有一定的作用。

例如，在句子

John hit Bill and then George hit him.

（约翰击中了比尔，以后乔治击中了他）

中，如果 him 不加上重音，它指的是 Bill，而如果 him 加上了重音，它就可能指 John 或者指除了 John 和 Bill 之外的另一个人。

又如，在句子

John washed the car; I was afraid someone else would do it.

（约翰洗了小汽车；我害怕别的什么人也会做这件事）

中，如果 else 加上了重音，someone else 指的是除了 John 以外的某个人，而如果 afraid 加上了重音，则 someone else 指的就是 John 本人。

可见，表层结构中的重音对于语义也有一定的影响。

3. 疑问转换也可能影响到句子的语义。

试看下列句子：

（1）I shall go down town.

（我将要去市里的商业区）

（2）Shall l go downtown?

（我该去市里的商业区吗?）

（3）I wonder whether I shall go downtown.

（我拿不定主意我是否将要去市里的商业区）

在（1）和（3）中，shall 仅表示时态，而在（2）中，shall 有情态意义，略带有 should 的意思。（3）是把（2）嵌入主句之后得到的内嵌句，但是，（3）中 shall 的意思却与（2）中 shall 的意思不同，而与（1）中 shall 的意思相同。

可见，疑问转换改变了句子的意思。

4. 被动转换也会改变句子的语义。

试比较：

（1）Einstein has visited Princeton.

（爱因斯坦曾经访问过普林斯顿）

（2）Princeton had been visited by Einstein.

（普林斯顿曾经被爱因斯坦访问过）

从（1）看，Einstein 一定还活着，而从（2）看就不一定了。

又如：（3）The Sonata is easy to play on this violin.

（这首奏鸣曲很容易在这把小提琴上演奏）

（4）This violin is easy to play the Sonata on.

（这把小提琴很容易演奏这首奏鸣曲）

（3）与（4）的深层结构相同，其现实条件也完全相同，可以认为是同义异形的形式，不过，它们的主题却不相同，（3）的主题说的是“奏鸣曲”，（4）的主题说的是“小提琴”。

可见，如果把主题考虑在内，几乎很难找到深层结构相同而表层结构不同的句子。这意味着，表层结构不同，深层结构也会不同。

在大量的事实面前，乔姆斯基决定修改标准理论。他在1972年发表的《深层结构、表层结构和语义解释》一文中，坦率地承认：“在这类实例里有理由制定利用不表现在深层结构里的信息的解释规则。这些实例提示我们，标准理论是不正确的，它应当修正以便容纳这些规则。”①

于是，乔姆斯基提出了“扩充式标准理论”（Extended Standard Theory，简称EST）。

这个理论可概括如下：

1. 基础部分：（P_1，…，P_i）

其中，P_1 代表起始短语标记，P_i 代表深层结构。

2. 转换部分：（P_i，…，P_n）

其中，P_n 代表表层结构，从 P_i 到 P_n 要连续经过一系列的转换。

① 乔姆斯基，《深层结构、表层结构和语义解释》，载《语言学译丛》，第二辑，第227页。

3．语音部分：P_n→语音表现。

4．语义部分：（P_i，P_n）→语义表现（所包含的语法关系是P_i里的语法关系，也就是在P_1里表达的语法关系）。

由此可以看出，在扩充式标准理论中，不仅深层结构P_i与语义表现有关，而且表层结构P_n也与语义表现有关。乔姆斯基说：“根本没有理由认为表层结构的性质在决定语义解释中不起作用，早先提出的一些理由也说明，事实上它们是起这样的作用的。”①

第二节　踪迹理论

1974年，费恩戈（Fiengo）发表了《表层结构的语义条件》（*Semantic Condition on Surface Structure*），提出了“踪迹理论”（trace theory）。

1975年，乔姆斯基发表了《对语言的思考》（*Reflections on Language*），接受了踪迹理论，并对扩充式标准理论进行修正。

所谓“踪迹”（trace），就是在转换过程中，当把短语P从X位置转移到Y位置后，P在X位置留下的痕迹，记为t。

例如，句子

（1）Beavers built dams　（海狸筑堤）

经过被动转换之后，得到

（2）Dams are built by beavers　（堤由海狸来筑）

dams由（1）中的宾语位置移到（2）中的主语位置，为此，

---

① 乔姆斯基，《深层结构、表层结构和语义解释》，载《语言学译丛》，第二辑，第230页。

可记为如下形式：

（3）Dams are [$_{VP}$built $_{t}$ by beavers]

（3）是带有踪迹 t 的结构，叫作“浅层结构”（Shallow structure，简称 S-structure）。从（3）中可以看出，动词 built 之后，仍留下了一个踪迹 t，这个 t 就是 dams 的踪迹。在（3）中，一方面，dams 与 built 的关系是主谓关系，在这个意义上，dams 是动词 built 的主语；另一方面，踪迹 t 的位置表明，它与 built 之间存在着述宾关系，t 代表 dams，t 是 built 的宾语，所以，在这个意义上，dams 又是动词 built 的宾语。

这两种句法关系对于语义解释都起着一定的作用。深层结构中的述宾关系，决定了（1）与（2）的意义有一些共同之处，而表层结构中的主谓关系，则决定了（1）与（2）的意义有一些不同之处。（1）与（2）的语义有些不同，（1）说明海狸只筑了一些堤，而（2）似乎认为所有的堤都是海狸筑的。采用踪迹理论来解释，这两种关系都能在浅层结构中得到反映。

通过浅层结构，既可追溯深层结构中的题元关系，又可看到表层结构的具体形式。乔姆斯基的扩充式标准理论主要说明了深层结构和表层结构都与语义解释有关，而建立踪迹理论之后，浅层结构可直接与语义解释相联系，因而，深层结构这个概念也就没有用了。

近年来，乔姆斯基致力于研究语言与心理的关系，语义解释涉及的不仅仅是语法系统，而且他还在踪迹理论的基础上，进一步把句子的语义解释同其他的认知结构（cognitive structure）系统联系起来。乔姆斯基把与语法系统有关的问题叫作“语句语法”(sentence grammar)，他认为，句子的语义解释不仅只局限于语句语法本身，而且还涉及其他的认知结构系统。

乔姆斯基在《对语言的思考》一书中，提出了这个新的转换生成语法模式的示意图如下：

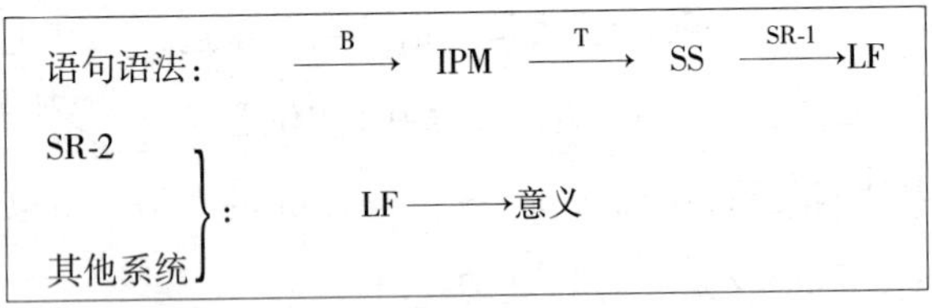

图 12-1　新的转换生成语法模式示意图

图 12-1 中，B 表示基础部分（Base），IPM 表示起始短语标记（Initial Phrase-Marker），T 表示转换部分（Transformation），SS 表示浅层结构（S-Structure），LF 表示逻辑式（Logic Form），SR-1 表示语义解释规则 1（Semantic Rule-1），SR-2 表示语义解释规则 2（Semantic Rule-2）。从图 12-1 中可以看出，基础部分 B 的规则包括范畴部分的规则和词典，构成起始短语标记 IPM。转换部分的规则 T 把起始短语标记变换成浅层结构 SS，浅层结构由若干语义解释规则 SR-1（包括限定照应、范围、主题关系等）变换成逻辑式 LF，这些构成语句语法。这里所谓的逻辑式就是在语义表现中严格地由语法部分决定的方面。

把语法放在其他的认知结构系统之内，使这样生成的逻辑式进一步接受其他语义规则 SR-2 的解释，这些新规则和其他的认知结构相互作用，就能够判定出更全面的语义表现。这样的语义表现已经超出了语句语法的范围。

这样一来，在使用第一个语义解释规则 SR-1 生出逻辑式之后，语句语法的任务便结束了。乔姆斯基断言，“有理由认定，语法理论——或更确切地说，语句语法——在这一点上结束。”①“这一点”就是生出逻辑式之后的那一点，而进一步的语义解释，则应放在其他的认知结构系统之内解决，也就是说，要把由语句语法所生成的逻辑式，再经过第二个语义解释规则 SR-2，与其他的认知结构系统共同作用，才能达到完整的语义解释。

第三节　生成语义学

转换生成语法的标准理论是以句法为基础的，只有其中的句法组成部分才具有生成能力，而语义组成部分和音位组成部分都没有生成能力，而只有解释能力。也就是说，由句法组成部分生成的深层结构，经过语义组成部分解释为语义表现，经过音位组成部分解释为语音表现。

乔姆斯基早年的学生麦考利（J. P. McCawley）、雷柯夫（G. Lakoff）、罗斯（L. R. Ross）等人，从另一个角度对标准理论进行修正，提出了**“生成语义学”**（generative semantics）。

图 12-2　麦考利

① N. Chomsky, Reflections on Language, Pantheon, New York, 1975.

生成语义学是以语义为基础的，这种理论认为，语义组成部分才具有生成能力，而句子的句法特点反而要取决于语义。

根据标准理论，句子的深层结构和语义表现是两个不同的层次，深层结构要经过语义规则的作用才变换为语义表现。而生成语义学认为，深层结构就是语义表现，这样就取消了深层结构这一个层次。语法的语义组成部分中的“形成规则”（formation rule）生成语义表现，在语义表现的基础上，使用词汇规则和转换规则，得到表层短语标示。表层短语标示进入语法的音位组成部分，使用音位规则，最后得到句子的语音表现。如图 12-3 所示：

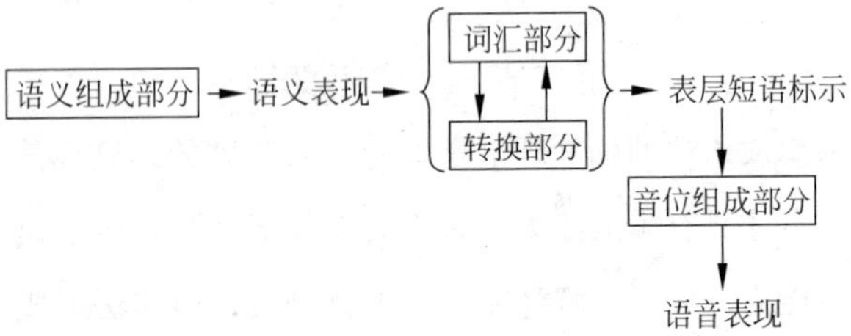

图 12-3　生成语义学原理图示

语义表现也可以用短语标示（即树形图）来表示，树形图中的结点也标以 NP、VP 等句法范畴符号，但树形图中的末端结点上标记的不是词，而是语义成分。

例如，The man killed the duckling（这个男人杀了小鸭子）这个句子中，在结点 N 之下的末端结点上，标记的不是 man 和 duckling 这样的词，而分别是［HUMAN］、［ADULT］、［MALE］与［ANIMAL］、［POULTRY］、［DUCK］、［YOUNG］等语义成分；在结点 V 之下的末端结点上，标记的不是 kill 这个词，而是形式如下的语义成分：

[CAUSE [CHANGE TO [NOT ALIVE]]]

语义表现还可以用数理逻辑中的谓词演算符号来表示。如 The man killed the duckling 这个句子，用谓词演算符号可表示为：

$$\exists Y\ [\text{kill } Y\ (X_1 X_2) \wedge \text{Past}] \wedge \text{man}\ (X_1)\ \text{duckling}\ (X_2)$$

其中，∃是存在量词，∃ Y 表示存在一个事件，叫作 Y。这是一个关于“宰杀”（kill）的事件，kill 这个动作牵涉到 X_1 和 X_2 两个客体，这件事发生在过去（Past），X_1 是一个男人（man），X_2 是一只小鸭子（duckling）。

语义表现进入词汇部分和转换部分，受到词汇化规则和语义规则的作用后，再进入音位组成部分。所谓“词汇化规则”（lexicalization rule），就是把语义成分变换为词汇的规则。例如，把语义成分 [HUMAN]、[ADULT]、[MALE] 变为 man，把 [ANIMAL]、[POULTRY]、[DUCK]、[YOUNG] 变为 duckling，把 [CAUSE [CHANGE TO [NOT ALIVE]]] 变为 kill 等。这种一步一步的变换叫作“谓词升格”（Predicate raising）。

应该注意的是，词汇化规则与转换规则在转换过程中是交叉地进行的，不是先把词汇问题全部解决之后再进行转换。

经过词汇化和转换之后，便得到了句子的表层短语标示，再进入音位组成部分，最后得到句子的语音表现。

生成语义学强调语义的生成能力，不拘泥于句子的句法结构，可以入情入理地解释一些句法结构不同而语义结构相同的语言现象。

例如，(1) John used the key to open the door.

（约翰使用钥匙去开门）

（2）John opened the door with the key.

（约翰用钥匙开了门）

（1）与（2）表层结构不同，（1）中的述宾结构 used the key 在（2）中却用介词短语 with the key 来表示，因此它们的深层结构也不同，按标准理论无法看出它们在语义上的联系，而实际上这两句话的意思都是“约翰用钥匙开门”。如果根据生成语义学来分析，由于两句话来自相同的语义表现，到了词汇化和转换的过程中才显出差别，因此，自然不难看出它们在语义上的联系。

根据生成语义学还可以解释语义相同而用词不同的语言现象。

例如，（3）John bought the car from Harry.

（约翰从海利那里买了那辆车）

（4）Harry sold the car to John.

（海利卖了那辆车给约翰）

如果采用标准理论，由于（3）、（4）的用词不一样，无法对它们的语义关系进行说明。而根据生成语义学，（3）、（4）的语义表现相同，都是 X CAUSE Y HAVE Z（X 使 Y 有 Z），在词汇化时采用 buy（买）就形成了（3），采用 sell（卖）就形成了（4）。这是生成语义学比标准理论高明的地方。

乔姆斯基对转换生成语法有个复杂的比喻。他认为，语言是数学的形式系统，他早年就想把语言学的研究纳入形式系统理论，纳入数学，他的形式语言理论就用公理化的方法精确地刻画出语言的面貌。乔姆斯基在标准理论以及扩充式标准理论中，仍然坚持把语言纳入形式系统这一立场，因而他也就必然要特别重视句法，把句法作为标准理论的基础，这样，在许多地方就难免削足适履。生成语义学看到了这个问题，放弃了句法为基础的原则，而采取了语义为基础的原则，从而能说明一些乔姆斯基的理论说明不了的问题，这在转换生成语法的发展史上不能不说是一个进步。

不过，到了 20 世纪 70 年代末期，由于现代语言学中许多新学科的兴起和发展，生成语义学的倡导者们有的转入逻辑研究，有的“弃船”，而雷柯夫则转向了认知语义学（cognitive semantics），成为了认知语言学的领军学者，在这种情况下，生成语义学很快就衰落了。这说明了近年来语义学研究变动之迅速，思想之活跃。

本章参考文献

1. J. J. Katz，J. A. Fodor，The Structure of a Semantic Theory，1963.
2. N. Chomsky，M. Halle，The Sound Pattern of English，1968.
3. N. Chomsky，Deep structure，surface structure and semantic interpretation，载 N. Chomsky 著 Studies on Semantics in Generative Grammar，1972。中译文为《深层结构、表层结构和语义解释》，赵世开译，载《语言学译丛》，1980 年，第二辑。
4. N. Chomsky，Reflections on Language，Pantheon，New York，1975。
5. 徐烈炯，《语义与句法关系的模式》，《现代英语研究》，1980 年，第 3 辑（总八）。
6. 叶蜚声整理，雷柯夫、菲尔摩教授谈美国语言学问题（第一部分，雷柯夫的谈话），《国外语言学》，1982 年，第 2 期。

第十三章　转换生成语法的新发展

20 世纪 80 年代，乔姆斯基的研究逐渐转到了**普遍语法**（universal grammar）方面，他提出了原则参数理论、最简单主义等，转换生成语法也就分别进入了它的第四阶段和第五阶段。

本章将针对这些问题进行论述。

第一节　原则参数理论

进入了20 世纪80 年代，乔姆斯基还在不断地提出新的思想，以进一步发展转换生成语法。1980 年，他在美国《语言探究》（Linguistic Inquiry）第 2 卷第 1 期上，发表了《约束论》（On Binding），1981 年又发表了《管辖和约束讲义》（Lectures on Government and Binding），他的研究重点逐渐地转到了普遍语法方面。

这种普遍语法属于人类语言的共性。凡是能用普遍原则说明的语言现象，就不必在个别语言的语法中分别作具体规定了。

乔姆斯基在生成语法研究的早期提出的短语结构语法的生成

能力过强，常常会生成一些不合乎语法的句子，违反了简单性的要求，于是他提出了转换的方法，把研究的重点放在转换规则系统上，结果并没有达到简单化的目标，反而导致了规则系统更加复杂化，于是，他便马上采取多种途径来限制和减少规则的数量，把生成语法的研究由规则的理论变为限制规则的条件理论；接着又由条件理论的研究发展到“**原则**”（principles）和“**参数**”（parameters）方式的研究。

普遍语法适用于每种语言，同时又具有灵活性，允许不同的语言在一定范围内有些差异。正如乔姆斯基所说的：“我们希望研究出一套结构高度严谨的普遍语法理论，它以一系列基本原则为基础，这些原则明确划定语法的可能的范围，并严格地限制其形式，但也应该含有一些参数，这些参数只能由经验决定。”①

在生成语法的原则和参数阶段，乔姆斯基提出了一个新的语法规则系统。这个语法规则系统由词库（lexicon）、句法（syntax）、语音式（PF-component）、逻辑式（LF-component）构成。

与规则系统相对应，乔姆斯基还提出了普遍语法的“原则子系统”，包括 X-bar 理论（X-bar theory）、界限理论（bounding theory）、管辖理论（government theory）、题元理论（θ-theory）、约束理论（binding theory）、格理论（Case theory）和控制理论（control theory）七种理论。在原则子系统的各种理论之间，存在着相互依存和相互作用的关系。

因此，原则参数理论的提出，标志着转换生成语法研究重点

① N. Chomsky, Lectures on Government and Binding, 1981: 3—4.

的转移，它由以研究个别语言（如英语）的语法规则为重点，转入以研究普遍语法的原则为重点，它不再研究一条条具体的转换规则及其使用条件，而致力于探讨限制着这些转换规则使用的那些带有普遍意义的总原则。

下面我们逐一介绍原则子系统中的这七种理论。

1. **X 阶标理论**：1970 年，乔姆斯基曾经提出过“X 阶标理论”（X-bar theory）。这种理论认为，

第一，短语范畴应该分析为词汇范畴的阶标投射，阶标可以分为若干个层次，处于最低层次的词 X 就是中心语，中心语带有若干个补足语，中心语管辖着补足语。

第二，词汇范畴应该分析为一组特征。

在 X 阶标理论中，乔姆斯基把英语的名词短语和动词短语进行了对比，他指出，名词短语和动词短语的内部结构存在着一些共同的特征。试比较：

（1） John proved the theorem

（约翰证明了定理）

（2） John's proof of the theorem

（约翰对定理的证明）

（1）是动词短语（记为 VP），其中心语是动词（记为 V）prove，the theorem 是动词的补语，记为 Comp；（2）是名词短语（记为 NP），其中心语是名词（记为 N）proof，名词的补语是 the theorem。用短语结构语法的重写规则可以分别表示为

$$VP \rightarrow V\ Comp$$

$$NP \rightarrow N\ Comp$$

不仅动词短语和名词短语可以这样表示，形容词短语（记为AP）和介词短语（记为PP）也可以分别表示为形容词（记为A）加补语以及介词（记为P）加补语：

AP→A Comp

PP→P Comp

不难看出，动词短语、名词短语、形容词短语和介词短语的重写规则都非常相似，可以归纳为如下格式：

XP→X Comp

这个规则中，X相当于数学中的变量，可以用V，N，A，P的任何一项代入，就可以得到上面的各个规则。这个规则可以用树形图表示如下（图13-1）：

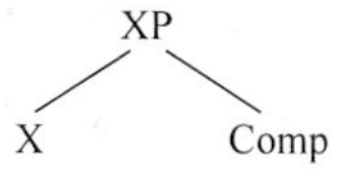

图13-1　表示XP的树形图

如果我们把XP写为X′（也可以在X上加一个短横），那么，重写规则就变为：

X′→X Comp

树形图就变为（图13-2）：

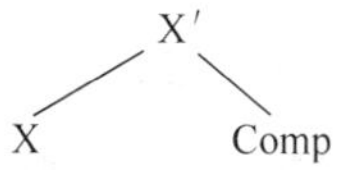

图13-2　用X′来表示XP

这样一来，整个表示方法就变得非常简练了。

从树形图上可以看出，X′表示比X高一个层次的语类，比X′

更高一个层次的语类可以在 X′上面再加一个′表示为 X″（也可以在 X 上加两个短横表示）。

下面，我们以句子“this proof of the theorem”（对这一定理的证明）为例，来比较短语结构语法的树形图和 X 阶标语法的树形图之间的异同。

这个句子的短语结构语法的树形图为（图 13-3）：

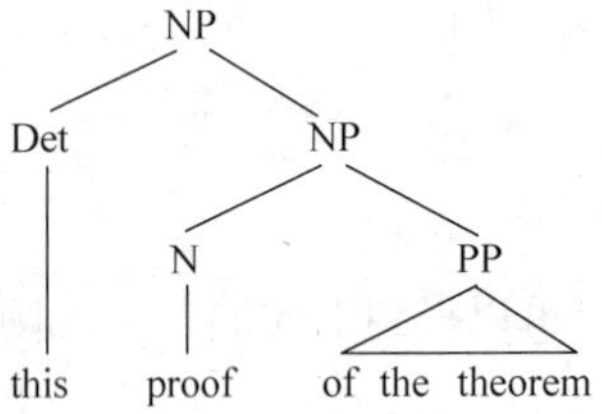

图 13-3　短语结构语法的树形图

这个句子的 X 阶标语法的树形图为（图 13-4）：

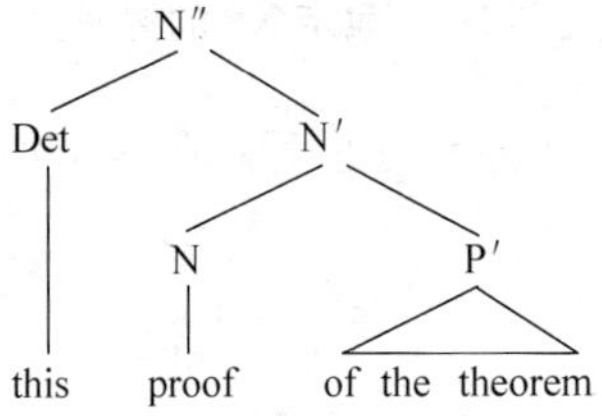

图 13-4　X 阶标语法的树形图

以上是名词短语的例子，动词短语也有相应的 V′，V″等层次。形容词短语也有相应的 A′，A″等层次。各种语类的通用形式是 X，X′，X″，其层次关系可用树形图表示如下（图 13-5）：

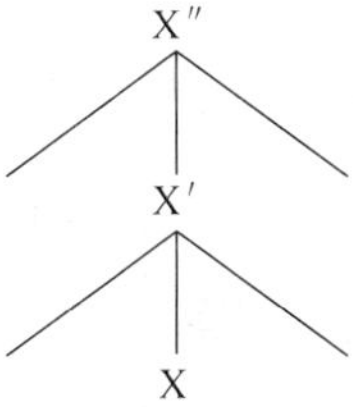

图 13-5　X 阶标的层次

X″上面还有没有 X‴，学者们各说不一，有的人认为有，有的人认为没有。由于无法确定一共有多少层，可以采用权宜之计，把最低层写作 X，把最高层写作 XP，中间需要加几层就加几个。

这样，用 XP 封顶，XP 下面的整个树形就是 XP 所属的“最大投射”（maximal projection）。

X 阶标语法比短语结构语法的表达力更强。短语结构语法只有单词型范畴（lexical category）和短语型范畴（phrasal category）两种范畴，缺乏中间层次。例如，This proof of the theorem 和 Proof of the theorem，如果用短语结构语法，都只能称为 NP，不能把它们区别开来，而用 X 阶标语法就可以把前者称为 X″，后者称为 X′，可以把它们清楚地区别开来。

X 阶标语法比短语结构语法更为严谨。在 X 阶标语法中，V″之下一定是 V′，不允许出现 V，更不允许出现 N 或者 A，而在短语结构语法中却没有这样的限制，对于像 VP→A PP 之类的不合理结构，只根据短语结构语法无法阻止其出现。

2. **题元理论（θ-theory）**：乔姆斯基把逻辑学的命题中的谓词（predicate）和个体词（individual）的关系用 θ（题元）来表示，称为“题元关系”（**θ-relation**）。例如，

（1）John ran quickly（约翰跑得快）

（2）John likes Mary（约翰喜欢玛丽）

在（1）中的 ran quickly 是谓词，John 是个体词，这是一个一元命题，John 充当“施事”的题元；（2）中的 likes 是谓词，John 和 Mary 是个体词，这是一个二元命题，John 充当“施事”的题元，Mary 充当“受事”的题元。

乔姆斯基把充当题元的词语称为“论元”（argument），例如上例中的 John 和 Mary 都是论元。不充当题元的或者不能充当题元的词语称为“非论元”（non-argument）。例如，下面句子中的 it，there 都是非论元。

（3）It is certain that John will win

（约翰肯定会赢）

（4）There are believed to be unicorns in the garden

（人们相信花园里有独角兽）

乔姆斯基提出了如下的“题元准则”（θ-criterion）：

（1）每个论元必须，而且只许，充当一个题元；

（2）每个题元必须，而且只许，由一个论元充当。

例如，在例句(2)中，根据第 1 条准则，论元 John 充当施事的题元，就不能再充当受事的题元，论元 Mary 充当了受事的题元，就不能再充当施事的题元；根据第 2 条准则，施事既然由 John 来充当，就不能再由 Mary 来充当，受事既然由 Mary 来充当，就不能再由 John 来充当。有了这样的题元准则，就可以限制转换的条件。

如果在题元位置上缺少有形词，就必须用无形词来填充，这样的无形词叫作“空语类”（proform），用 PRO 来表示。例如，在句子“It is unclear to see who”（不清楚去看谁）中，see 是一个二元谓词，但是在句子中只有“受事”who，没有施事，因而在施事的位置上用 PRO 来填充。写为如下形式：

It is unclear [COMP [PRO to see who]]

其中的 COMP 是“标句成分”，表示它后面可以引入一个句子，这个 COMP 中的所有字母都用大写，与前面 X 阶标理论中用来表示补语的 Comp 不同。在由 COMP 引入的句子 to see who 中，在施事位置用空语类 PRO 来填充。

3. **格理论（Case theory）：“格”**（case）是一个传统语法的概念，俄语、德语的名词都有格的形态变化。“格理论”中的“格”是一个抽象的概念，只要名词处在一定的句法关系之中，不论有没有形态上的变化，就都有格。

“格理论”中的格不一定要通过语音形式（即形态变化）表示出来，因此汉语、英语和法语的名词虽然没有形态变化，没有语音上的表现形式，但它们都有这种意念上的格。乔姆斯基建议把 case 的第一个字母大写，写为 Case，以区别于传统语法中的“格”。

在 X 阶标理论中，动词、名词、形容词和介词等语类都有补语，但是，表达补语的方式并不完全相同。动词和介词的后面可以直接跟着一个名词短语作补语，如“John proved the theorem”，而名词和形容词的后面不可以直接跟补语，必须在中间插入一个介词，如“John's proof of the theory”。其原因在于：动词和介词的补语有格，而名词和形容词的补语没有格，也就是说，动词和介词能够指定格，而名词和形容词不能指定格。

X 阶标理论中的范畴是按照体词性（N）和谓词性（V）两个特征的有无来划分的：

名词：［+N，-V］（有体词性特征，无谓词性特征）

动词：［-N，+V］（无体词性特征，有谓词性特征）

形容词：［+N，+V］（有体词性特征，有谓词性特征）

介词：［-N，-V］（无体词性特征，无谓词性特征）

在英语中只有具有［-N］特征的语类才能指定格，名词和形容词不带［-N］特征，因此，必须在它们和补语之间插入一个介词，由介词来指定格。根据格理论，可以解释这些范畴的不同性质。

4. **管辖理论（government theory）**：所谓"管辖"（government），就是成分之间的支配关系，它要说明短语中的各个成分是否在同一个管辖区域之内，以及在管辖区域内什么是主管成分，什么是受管成分。

例如，下面三个英语句子

（1）John likes him.

（约翰喜欢他）

（2）John says Bill likes him.

（约翰说比尔喜欢他）

（3）John likes himself.

（约翰喜欢他自己）

（1）的树形图为（图 13-6）：

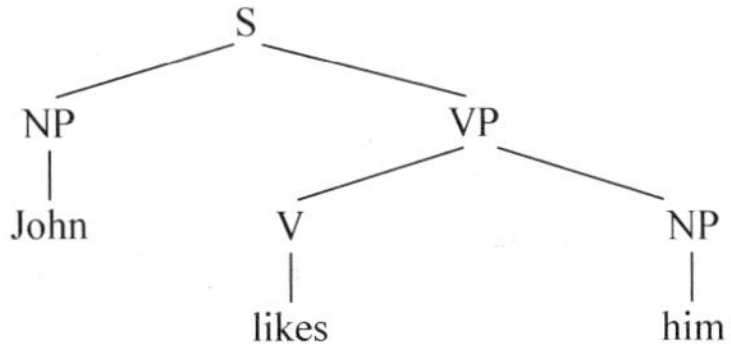

图 13-6　John 统领 him

在这个树形图中，John 与 him 在同一管辖区域 S 内，John 是主管成分，him 是受管成分，John 统领 him。

（2）的树形图为（图 13-7）：

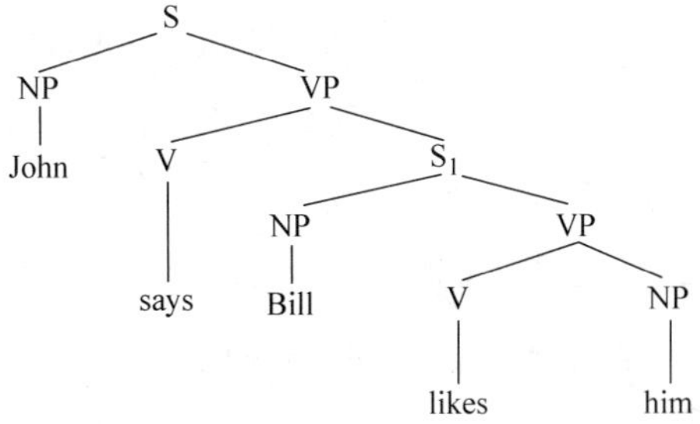

图 13-7　John 超出了 S_1 的最大投射范围

在这个树形图中，Bill 与 him 在同一管辖区域 S_1 内，Bill 是主管成分，him 是受管成分，Bill 统领 him，但 him 与 John 不在同一管辖区域之内，因为这时，him 与 John 之间隔了一个层次 S_1，John 处于管辖区域 S_1 之外，超出了 S_1 的最大投射范围。

（3）的树形见图 13-8。

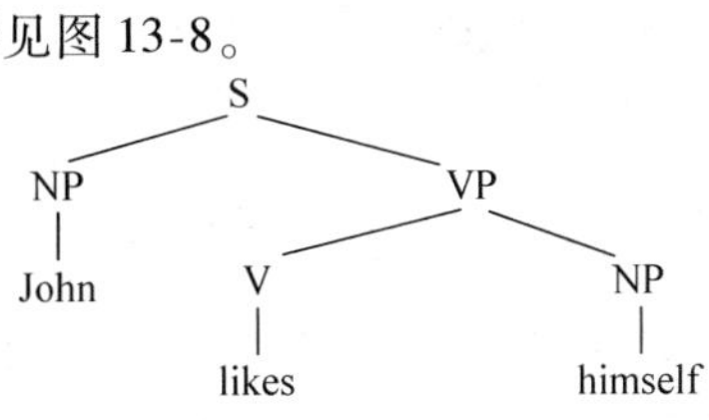

图 13-8　John 统领 himself

在这个树形图中，John 与 himself 在同一管辖区域 S 内，John 是主管成分，himself 是受管成分，John 统领 himself。

从 X 阶标理论的角度来看，管辖理论中的主管成分就是 X 阶标结构中的最低一个层次 X，受管成分就是 X 的补语 Comp。

5. 约束理论（binding theory）：

所谓“**约束**”（binding），就是语义解释的照应关系。它要说明，在管辖区域内的成分，在什么情况下是自由的，在什么情况下是受约束的。

乔姆斯基提出了三条约束原则（binding principles）：

约束原则 A：照应词在管辖区域内受约束（bound）；

约束原则 B：代词在管辖区域内是自由的（free）；

约束原则 C：指称词总是自由的（free）。

这里，照应词是指反身代词 himself 这样的词，代词是指像 him、her 这样的词，指称词是指像 John、Bill 这样的直接地指称的词。

根据约束原则 C，（1）、（2）、（3）中的 John、Bill 都是指称词，它们总是自由的，它们在任何情况下都不受别的词的约束，但它们却可以约束别的词。

根据约束原则 B，（1）中的代名词 him 在管辖区域 S 内是自由的，它不受同一管辖区域内主管成分 John 的约束，因此，（1）中的 John 与 him 不会指同一个人。

同样地，根据约束原则 B，（2）中的代词 him 在管辖区域 S_1 内也是自由的，它不受同一管辖区域 S_1 内主管成分 Bill 的约束，因此，him 与 Bill 不会指同一个人；但约束原则 B 并不限制 him

与管辖区域 S_1 之外的 John 指同一个人。所以，（2）中的 him 不可以指 Bill，但可以指 John，也可以指任何别的人。

根据约束原则 C，（3）中的照应词 himself 在管辖区域 S 内受到统领它的主管成分 John 的约束，因此 himself 与 John 指同一个人。

上述语言现象的解释，与我们的语感是一致的，而且同样的解释也可以适用于（1）、（2）、（3）相应的汉语译文，可见，这些约束原则是语言中的普遍原则，既适用于英语，也适用于汉语和其他语言。

诸如此类的约束原则引起了许多语言学家的注意。因为它是以对人类语言的总的性质、特点的正确认识为基础的，这样的问题有着特别的研究价值。

6. **界限理论（bounding theory）：**界限理论研究对转换范围的限制，重点讨论 wh-移位应该在什么样的区域范围内进行。

英语中构成特殊疑问句时要把疑问词移位。例如，“这本书批评谁?”英语要说成“Who does the book criticize?”，其中，who 是 criticize 的受事宾语，本来在陈述句中位于 criticize 之后，变成疑问句时，移位到句首。可以表示为：

who_i $[_s$ does this book criticize $t_i]$

其中，t_i 表示 who 的踪迹（trace），也就是 who 在陈述句中的位置，who 从这个位置移位到句首，只越过了一个 S。

但是，当疑问词处于关系从句中时，就不能移位到句首。例如，“你正在看的那本书批评谁?”在英语中不能说成“Who are you reading the book that criticize?”。这个句子可以表示为：

who_i [$_s$ are you reading [$_{NP}$ the book [that [$_s$ criticize t_i]]]]

当 who 由在陈述句中的位置 t 移位到句首时，要越过两个 S 和一个 NP。

为什么 who 有时能移位到句首，有时不能移位到句首呢？这是由于 wh-移位时有一定的区域限制。在英语中 S 和 NP 都是界点（bounding node），它们标志一定的区域界限，不能任意地越过。

乔姆斯基提出的"领属条件"（subjacency condition）规定，Wh-移位时，不能一步越过两个界点。

在前句中，who 移位只越过一个界点，符合领属条件的规定，所以得到合格的句子。在后句中，who 移位要越过三个界点，违反了领属条件的规定，所以句子不合格。这个句子说成"Who does criticize the book that you are reading ?"就比较容易理解。这个句子可以表示为：

who_1 [$_s$ does criticize t_1 [$_{np}$ the book that [$_s$ you are reading]]]

这时，who 移位只越过一个界点 S，符合领属条件的规定，因此就比较容易理解。

7. **控制理论（control theory）**：乔姆斯基提出的控制理论主要研究如何解释语音上是零的空语类 PRO。先看如下的英语句子：

（1）John promised Bill to leave

（约翰答应比尔离开）

（2）John persuaded Bill to leave

（约翰劝告比尔离开）

这两个句子的区别在于：（1）中的 John 是 leave 的逻辑主语，

而（2）中的 Bill 是 leave 的逻辑主语。但是，在两句中都没有移动任何成分，也没有踪迹的问题。这两个句子的实际结构应该是：

John promised Bill [PRO to leave]

John persuaded Bill [PRO to leave]

显而易见，PRO 的性质是由动词 promised 和 persuaded 决定的。因此，应该在词项中说明动词的特性，以保证句子（1）中的 PRO 与动词 promised 的主语所指相同，而句子（2）中的 PRO 与动词 persuaded 的宾语所指相同。这种情况，用下标可以表示如下：

$John_i$ promised Bill [PRO_i to leave]

John persuaded $Bill_i$ [PRO_i to leave]

这意味着，动词 promise 分派主语控制，动词 persuade 分派非主语控制，这样便可以将动词分为控制动词和非控制动词两类。

控制理论的基本原则是“最小距离原则”。这就是说，如果控制带有宾语，则定宾语为控制成分，如果不带宾语，则定主语为控制成分。大部分动词都以宾语为控制成分，只有 promise 这样的少数动词才以主语为控制成分。像 promise 这样的词，在词项中应该标上 [+SC] 的标记，表示主语控制（Subject Control，简称 SC）.

在有的情况下，PRO 为任意所指（arbitrary reference），例如：

It is unclear [what PRO to do]

It is difficult [PRO to see the point of this]

在这种结构中，PRO 可解释为“某人、每个人”。

乔姆斯基从普遍语法的角度提出的这些原则子系统，对于自然语言处理有指导作用。这种理论成为了语言信息处理理论和方法的重要基础之一。

除了上述的规则系统和原则子系统之外，原则和参数方式所研究和刻画的普遍语法模型中还有一些一般性的原则。其中最重要的是“投射原则”（Projection Principle）、“准许原则”（Licensing Principle）和“完全解释原则”（Full Interpretation Principle）。这些一般性原则比原则子系统更加抽象，更加理论化。

原则参数方式研究进一步限制以至于彻底取消了具有具体语言特征的语法规则，把必须具备的规则在数量上抽象概括并缩减到最低程度，并且给它们赋予普遍语法的特征和意义，用一般的原则来解释具体规则的应用。

这些原则具有普遍性，含有一些数值未定的参数，参数的数值由个别的语言来选选择和决定。

乔姆斯基给出了如下的“Y 模式”图式，来说明语法的规则和运算的表现形式（图 13-9）：

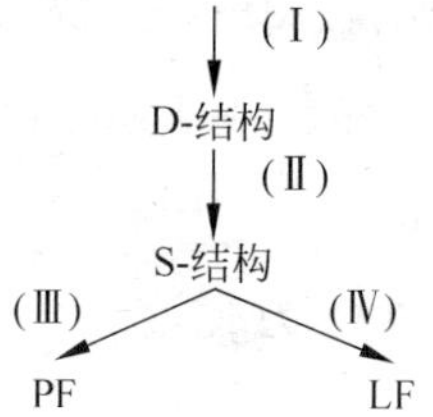

图 13-9 原则参数方法的 Y 模式

由于这个模式看起来像一个倒置的英文字母 Y，所以被称为**“Y 模式”**（Y-model）。

在 Y 模式中，（I）表示语法基础部分的短语结构规则，（II）表示转换规则移动-a，（III）是音位规则，（IV）是逻辑规则。应用规则（I）生成 D-结构（D-structure）；应用规则（II）生成把 D-结构转化为 S-结构（S-structure）；应用规则（III）把 S-结构直接转化为语音表现形式（Phonetic Form，简称 PF）；应用规则（IV）把 S-结构转化为逻辑表现形式（Logical Form，简称 LF）。

四个子规则系统的运算分别生成四个不同层次的表现形式：规则（I）生成 D-结构，规则（II）生成 S-结构，规则（III）生成语音式 PF，规则（IV）生成逻辑式 LF。

D-结构和 S-结构是完全属于语言机能内部的，PF 和 LF 分别与心智中的其他认知系统和信念系统形成界面关系（interface），一方面产生直接的声音表现，一方面在与其他系统的相互作用中产生意义表现。在这里，D-结构和 S-结构之间不存在先后顺序的问题，字母 D 和 S 不表示任何深浅的含义，它们只不过是语言内部机能的理论构件而已。

语法规则把包含四个层次表现形式的结构赋予每个语言表达式，用公式表示为：

$$\Sigma = (D, S, P, L)$$

其中，Σ 表示语言结构描写，D 表示 D-结构，S 表示 S-结构，P 表示语音式，L 表示逻辑式。

例如，句子“What is easy to do today?”的运算情况如下：

首先，根据短语结构规则生成如下 D-结构：

[$_{S}$ [$_{NP}$ it] [$_{VP}$ is [$_{AP}$ easy [$_{S}$ NP [$_{VP}$ to do [$_{NP}$ what]]]] today]]

使用移动规则之后，得到如下S-结构：

[$_{NP}$ what] [$_{S}$ [$_{NP}$ it] [$_{VP}$ is [$_{AP}$ easy [$_{S}$ NP [$_{VP}$ to do [$_{NP}$ e]]]] today]]

应用逻辑规则，对于S-结构的逻辑式表现的解释是：

For which x, it is easy [$_{S}$ NP [$_{VP}$ to do [$_{NP}$ e]]] today

这里，what被看成一个准量词，转化为for which的形式，约束着变量x。

应用音位规则，得到S-结构的语音的表现形式是：

What is easy to do today?

这样根据Y模式运算出来的结果，就是表层的句子"What is easy to do today?"

在D-结构，S-结构，PF和LF这四个表现形式中，PF和LF与其他的认知系统发生外在性界面关系，D-结构与词库发生内在性界面关系，在整个的运算过程中，S-结构起着中心枢纽的作用。

在生成语法一系列的发展过程中，乔姆斯基逐步地消除了语法理论模式中的冗余部分，最大限度地减少规则系统，最后终于在理论上取消了规则系统。进入原则和参数阶段以后，随着内在主义语言观的建立，乔姆斯基的研究开始着重遵循实体性最简单主义的原则，分析和探索内在性语言自身的简单性和完美性，生成语法的研究进入了最简单主义的阶段。

在这个阶段，生成语法从语言本身的设计特征以及它与其他认知系统的相互关系出发，消除了一切只是服务于语言机能内部的理论构件，使得生成语法的整体模式达到了空前的简单性和完美性。

第二节　最简单主义

首先我们介绍语言学理论“**最简单主义**”（minimalism）的哲学背景①。

生成语法创立50年来，在句法理论模式方面经过几次重大的变化。不停顿地向新的方向发展。在这样的发展过程中，赋予生成语法以生命活力的是生成语法的语言哲学理论。其中，最为重要的是关于人类知识的本质、来源和使用问题。

乔姆斯基把语言知识的本质问题叫作“**洪堡特问题**”(Humboldt's problem)。

德国学者洪堡特（W. Humboldt）曾经提出“语言绝不是产品（Ergon)，而是一种创造性活动（Energeia)”，语言实际上是心智不断重复的活动，它使音节得以成为思想的表达。人类语言知识的本质就是语言知识如何构成的问题，其核心是洪堡特指出的“有限手段的无限使用”。语言知识的本质在于人类成员的心智/大脑（mind/brain）中，存在着一套语言认知系统，这样的认知系统表现为某种数量有限的原则和规则体系。高度抽象的语法规则构成了语言应用所需要的语言知识，由于人们不能自觉地意识到这些抽象的语法规则，乔姆斯基主张，这些语言知识是一些不言而喻的或者无意识的知识。

我们应当把语言知识和语言的使用能力区分开来。两个人拥

---

①　有关最简单主义的哲学背景的进一步论述，可参看吴刚《生成语法研究》，上海外语教育出版社，2006年。

有同一语言的知识，他们在发音、词汇知识、对于句子结构的掌握等方面是一样的。但是，这两个人可能在语言使用的能力方面表现得非常不同。因此，语言知识和语言能力是两个不同的概念。语言能力可以改进，而语言知识则保持不变。语言能力可以损伤或者消失，而人们并不至于失去语言知识。所以，语言知识是内在于心智的特征和表现，语言能力是外在行为的表现。

生成语法研究的是语言的心智知识，而不是语言的行为能力。语言知识体现为存在于心智/大脑中的认知系统。

语言知识的来源问题，是西方哲学中的“**柏拉图问题**”（Plato's problem）的一个特例。

所谓“柏拉图问题”是：我们可以得到的经验明证是如此贫乏，而我们是怎样获得如此丰富和具体明确的知识、如此复杂的信念和理智系统呢？人与世界的接触是那么短暂、狭隘、有限，为什么能知道那么多的事情呢？刺激的贫乏和所获得的知识之间为什么会存在如此巨大的差异呢？与“柏拉图问题”相应，人类语言知识的来源问题是：为什么人类儿童在较少直接语言经验的情况下，能够快速一致地学会语言？乔姆斯基认为，在人类成员的心智/大脑中，存在着由生物遗传而天赋决定的认知机制系统。在适当的经验引发或一定的经验环境下，这些认知系统得以正常地生长和成熟。这些认知系统叫作“心智器官”（mental organs）。

决定构成人类语言知识的是心智器官中的一个系统，叫作“语言机能”（language faculty）。这个语言机能在经验环境引发下的生长和成熟，决定着人类语言知识的获得。

语言机能有初始状态（initial state）和获得状态（attained

state)。初始状态是人类共同的、普遍一致的；获得状态是具体的、个别的。

语言机能的初始状态叫作“**普遍语法**”(Universal Grammar，简称 UG)，语言机能的获得状态叫作“**具体语法**”(Particular Grammar，简称 PG)。

对普遍语法 UG 的本质特征及其与具体语法 PG 的关系的研究和确定，是解决关于语言知识的“柏拉图问题”的关键。

乔姆斯基把语言知识的使用问题叫作“**笛卡尔问题**”(Cartesian problem)。

基于机械论哲学的物质概念，法国哲学家和数学家笛卡尔(Descartes)认为，所有非生命物质世界的现象、动物的生理与行为、大部分的人类器官活动，都能够纳入物质科学(science of body)的范畴。但是，笛卡尔又指出，某些现象不能处于物质科学的范畴之内，其中最为显著的就是人类语言，特别是“语言使用的创造性方面”，更是超出了机械论的物质概念所能够解释的范围。所以，对于语言的正常使用，是人类与其他动物或机器的真正区别。为了寻求对于语言这一类现象的解释，笛卡尔设定了一种“第二实体”的存在，这种第二实体就是“思维实体”(thinking substance)。“思维实体”明显地不同于物质实体，它与物质实体相分离，并通过某种方式与物质实体相互作用。这一种“思维实体”就是心灵或者心智。语言知识的使用是内在于心智/大脑的，因此，对于这样的问题是很难解决和回答的。

语言使用问题对于当年的笛卡尔来说是神秘的，目前对于我们而言也同样是神秘的。乔姆斯基认为，我们应当首先解决语言知识的本质问题和语言知识的来源问题，在这样的基础上，才有可能对于语言的使用问题进行有意义的探索。

乔姆斯基坚持认为，语言机能内在于心智/大脑，对语言的研究是对心智的研究，最终是在抽象的水平上对大脑结构的研究。因此，生成语法研究在学科归属上属于“**认知心理学**”（cognitive psychology），最终属于“**人类生物学**”（human biology）。它实际上应当叫作“**生物语言学**”（biolinguistics）。这是生成语法与其他任何传统的语言研究的根本区别。

生成语法追求的目的，就是在理想化和抽象化的条件下，构建关于语言和心智的理论，它期待着与主体自然科学的统一，生成语法通过抽象的关于普遍语法、语言获得机制、所获得的状态以及语言与其他认知系统的关系的研究，不管好与坏、正确与错误，都是自然科学的组成部分。这就是生成语法“**方法论的自然主义**”（methodological naturalism）。生成语法的这种自然主义的研究与自然科学的研究，在本质上是完全一致的。乔姆斯基力图把对语言、心智的研究和对大脑的研究统一在一个共同的理论原则之下，最后把它纳入自然科学的总体研究之中。

乔姆斯基主张，语言是语言机能或者语言器官所呈现的状态，说某个人具有语言 L，就是说他的语言技能处于状态 L。语言机能所获得的状态能够生成无限数目的语言表达式，每一个表达式都是语音、结构和语义特征的某种排列组合。这个语言机能所获得的状态是一个生成系统或者运算系统。

为了与一般人理解的外在语言相区别。乔姆斯基把这样的运算系统，叫作“**I 语言**”。这里，字母 I 代表内在的（Internal）、个体的（Individual）、内涵的（Intensional）等概念。

这意味着：

1. I语言是心智的组成部分，最终表现于大脑的神经机制之中，因此I语言是“**内在的**”；
2. I语言直接与个体有关，与语言社团存在见解的联系，语言社团的存在取决于该社团的成员具有相似的I语言，因此I语言是“**个体的**”；
3. I语言是一个函数或者生成程序，它生成一系列内在地表现于心智/大脑中的结构描写，因此I语言是“**内涵的**”。

根据这种对于I语言的认识，乔姆斯基指出，基于社会政治和规范目的论因素之上的关于语言的通常概念，与科学的语言学研究没有任何关系，这些概念都不适合于用来进行科学的语言研究。

生成语法对于语言的科学认识是内在主义（internalist）的，而结构主义语法则是外在主义的（externalist）。

结构主义语法研究的方法，是在广泛搜集语言材料的基础上，通过切分、归类、替换等程序，概括出有关语言的语法规则。这些结构规则存在于外部世界，外在于人类的心智/大脑。结构主义语法研究的方法是经验主义的方法，这种方法的基础是外在主义的语言观。乔姆斯基认为，根据结构主义语法的外在主义语言观，人们不能正确地认识和揭示人类语言的本质特征，不能解释人类语言知识获得的过程。

只有内在主义的语言观才有可能正确地、全面地认识和解释人类语言知识的本质、来源和使用等问题。

乔姆斯基认为，生成语法的研究应当遵循自然科学研究中的

“伽利略—牛顿风格”（Galilean-Newtonian style）。

“伽利略风格”的核心内容是：人们正在构建的理论体系是确实的真理，由于存在过多的因素和各种各样的事物，现象序列往往是对于真理的某种歪曲。所以，在科学研究中，最有意义的不是去考虑现象，而应当去寻求那些看起来确实能够给予人们深刻见解的原则。伽利略告诫人们，如果事实驳斥理论的话，那事实可能是错误的。伽利略忽视或无视那些有悖于理论的事实。

“牛顿风格”的核心内容是：在目前的科学水平下，世界本身还是不可理解的，科学研究所要做的最好的事情就是努力构建可以被理解的理论，牛顿关注的是理论的可理解性，而不是世界本身的可理解性，科学理论不是为了满足常识理解而构建的，常识和直觉不足以理解科学的理论。牛顿摒弃那些无助于理论构建的常识和直觉。

因此，“伽利略—牛顿风格”的核心内容是：人们应当努力构建最好的理论，不要为干扰理论解释力的现象而分散精力，同时应当认识到，世界与常识直觉是不相一致的。

生成语法的发展过程，处处体现着这种“伽利略—牛顿风格”。生成语法的目的是构建关于人类语言的理论，而不是描写语言的各种事实和现象。

语言学理论的构建需要语言事实作为其经验的明证，但是，采用经验明证的目的是为了更好地服务于理论的构建，生成语法所采用的经验明证一般是与理论的构建有关的那些经验明证。因此，生成语法研究的目的不是全面地、广泛地、客观地描写语言事实和现象，而是探索和发现那些在语言事实和现象后面掩藏着本质和原则，从而构建解释性的语言学理论。所以，在生成语法看来，收集和获得的语言客观事实材料越多，越不利于人们对于语言本质特征的抽象性的把握和洞察。这是生成语法与当今广为流行的语料库语言学（corpus linguistics）的根本区别。

最简单主义（minimalism）是生成语法的一个重要原则。最简单主义可以分为方法论最简单主义（methodological minimalism）和实体性最简单主义（substantive minimalism）。方法论最简单主义是从一般性科学方法论的思想和概念出发的，实体性最简单主义是就研究对象本身而言的。

方法论最简单主义要求人们在科学研究中创建最好的理论，而好的理论的主要标准就是最简单性。这种最简单性的表现是：在科学研究中使用最小数量的理论原则和理论构件；最大限度地减少复杂性，消除冗余性，增加理论原则的抽象性和概括性；构建最简单的理论模式和最具有解释性的理论；寻求理论的对称性和完美性。

实体性最简单主义要求科学研究对象本身在设计和结构方面具有简单性、优化性和完美性。

以上我们对于最简单主义哲学背景的简单说明，将有助于我们理解乔姆斯基语言学最简单主义的实质。

在《语言学理论的最简单方案》中，乔姆斯基阐述了关于语言学最简单主义的一些最基本的观点，提出了一些需要进一步思考和探索的问题。

关于语言学理论的最简方案形成的原因和动机，乔姆斯基认为涉及如下两个问题：

第一，什么是人类语言机能应该被期望去满足的一般性条件？

第二，在哪种程度上，语言机能是由这些条件所决定的，而不存在超出它们的特殊结构？

第一个问题又可以进一步分为两个方面：

（1）语言机能自身在心智/大脑认知系统序列中位置是什么？

（2）那些具有某些独立性的一般概念自然性的考虑，即简单性、经济性、对称性、非冗余性等，对于语言机能施加的是一些什么样的条件？

乔姆斯基对于第一个问题的回答是：

（1）语言机能自身在心智/大脑认知系统序列中位置是心智/大脑中其他认知系统对于语言机能所施加的界面条件。

（2）科学研究对于客体对象所施加的一般性条件，属于方法论的“最简单主义”（mimimalism）的范畴。

从实体性最简单主义出发，乔姆斯基对于第二个问题的回答是：语言机能可以很好地满足这些外界性条件，在这个意义上说，语言是一个“完美的系统”（perfect system）。

语言学理论最简方案的研究，就是要对于这些答案所表达的可能性进行探索。出于对最简单主义的始终不懈的追求，乔姆斯基对于这些问题所展开的讨论，在总体上变得更加内在化和抽象化。

《语言学理论的最简方案》共有五节，我们分别介绍各节的主要内容。

1. 最简方案的一些总体性的考虑

乔姆斯基在这一节再次说明了他的内在主义的语言观。语言是由生物遗传而来的语言机能所呈现出来的状态。语言机能的组成成分之一是一个生成程序，也就是内在性语言（I 语言）。这个程序叫作运算推导。I 语言生成“结构描写”SD（Structure Description），即语言的表达式。生成结构描写 SD 的过程就是运算推导。I 语言内嵌在应用系统之中，应用系统把语言所生成的表达式应用于与语言有关的活动之中。结构描写 SD 可以看成是对于这些应用系统所发出的“指令”。

关于最简方案的总体性考虑，乔姆斯基在本节中讨论了如下问题：

第一，在最简方案中，与内在语言有关的应用系统在总体上可以分为两个：一个是发声感知系统（articulatory-perceptual system，简称 A-P）。一个是概念意向系统（conceptual-intentional system，简称 C-I）。每一个运算生成的语言表达式都包含着给予这些系统的指令。语言与这两个系统形成的界面是 A-P 和 C-I，它们分别给发声感知系统和概念意向系统提供指令。A-P 界面一般被认为就是语音表现形式 PF，C-I 界面一般被认为就是逻辑式 LF。从语言理论构建的必要性考虑，最简方案中语言的设计只需要 A-P 和 C-I 这两个界面就可以了，这样的思想符合于我们对于语言的形式主要是由语音和意义组合而成的这种认识，这也是 2000 多年前亚里士多德（Aristotle）对于语言本质的思考。这说明，原则参数方法 Y-模式中的内部层面 D-结构和 S-结构并不是为语言的自身设计所必需的，它们只是出于研究的需要，由语言学家人为地设定的语言理论的内部构件而已。这些语言内在表现层面数量的减少以至于完全取消，正是最简方案所追求的目标。

第二，在最简方案中，语言包括词库和运算系统两个组成部分。词库明确地和详细地描写进入运算过程的词汇项目的特征。运算系统使用这些词汇成分生成推导式和结构描写。推导是运算的规程，结构描写是运算的结果。基于这样的设想，每一语言都要确定由 π 和 λ 组成的集合。π 取自语音式 PF，λ 取自逻辑式 LF。运算系统的某些部分只与 π 发生联系，构成语音组成部分；运算系统的另外一些部分只与 λ 发生联系，构成逻辑语义组成部分，还有一些部分同时与 π 和 λ 发生联系，叫作“显性句法”（overt syntax）。最简方案的设想是，除了语音形式 PF 的选择和词汇的任意性之外，语言变体只限于词库中那些非实体性的部分（即那些表示功能的成分）和词汇项目的一般性特征。这样一来，对于所有的人类语言来说，除了数量有限的变体之外，就只存在两个东西：一个是普遍性的运算系统，一个是词库。就运算系统而言，语言的初始状态由普遍原则组成，与原则有关的选项限于功能成分和词汇项目的一般特征。从这些选项中做出的选择 Σ 决定一种语言，语言获得的过程就是确定 Σ 的过程，某一种语言的描述就是对于 Σ 所做的陈述。这样，语言获得问题也在最简方案中得到了实质性的修正。

第三，在最简方案中，原则参数方法的约束理论、格理论、题元理论等，只能在界面上起作用，并通过界面获得它们存在的原因和动机。这样一来，以前在 D-结构和 S-结构层面上所做的工作，现在都必须在 A-P 和 C-I 两个界面上完成。与运算有关的条件只能是界面条件。语言表达式是对界面最为理想的满足和实现，体现了语言运算的理想性和优化性。

第四，在最简方案中，由普遍语法的运算推导可产生“收敛”（converge）和“破裂”（crash）两个结果。如果推导式产生一个合理的结构描写 SD，这一个推导便收敛，否则便会破裂。具体地说，如果结构描写 π 是合理的，推导式就收敛于语音式 PF，否则就在 PF 这个层面破裂。如果结构描写 λ 是合理的，推导式就收敛于逻辑式 LF，否则就在 LF 这个层面破裂。这是比较松散的条件，因为根据这些条件，π 和 λ 有可能各自都是合理的，但是不能结合成 PF 和 LF 都合理的偶对。所以，更为严格的条件应当是：如果一个推导式同时收敛于 PF 层面和 LF 层面，才可以算是真正的收敛。

根据这些简单性研究的思想，生成语法的理论模式必将发生重大的变革。

2. 基本关系：最简方案中的 X-理论

在运算操作从词库中选择词汇项目通过推导而生成语言表达式的过程中，需要一个具有普遍性的结构图式，在词库和运算系统之间发挥中介的作用。这个结构图式就是 X-理论模式（原来叫作 X-阶标理论，简称为 X-理论），乔姆斯基根据最简方案对于 X-理论图式做了修改，得出了如下的图式：

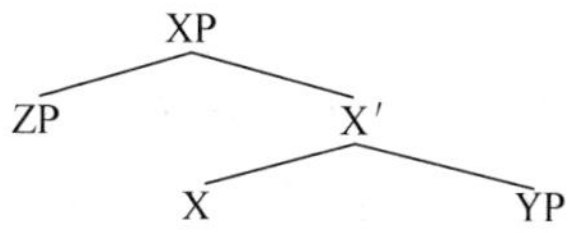

图 13-10　最简方案中的 X-理论图式

在X-理论图式中，中心语X的选择来自词库，XP是X的投射，中心语X与其他成分构成了两种局部性关系（local relation）：一种局部性关系是ZP和X之间的标示语—中心语关系（Spec-head relation），另一种局部性关系是X和YP之间的中心语-补语关系（head-complement relation）。其中，X和YP之间的关系与题元的确定有关，是更为局部的、最基本的关系。此外，还有中心语X和补语YP的中心语之间的关系，这是一种中心语与中心语的关系（head-head relation）。

最简方案试图仅仅依靠这些局部性关系，取消过去生成语法模式中的中心语管辖的概念，由于中心语管辖在过去生成语法的模式中起着核心作用，所以在引入局部性关系的概念之后，生成语法的所有模块以及模块之间的关系，都要进行重新的审视和阐述。

在早期生成语法的研究中，短语结构允许采用多叉（multi-branching）的树形图来表示，在最简单方案中，只允许采用二叉（binary-branching）的树形图来表示。

这种二叉的树形图表示，就是早期的乔姆斯基式（Chomsky normal form）的表示方式，在运算上有方便和简洁之处，而且，一些自然语言分析算法（如CKY算法）就是建立这种二叉的乔姆斯基范式的基础之上的，因此，这样的改进正好满足了自然语言处理的需要。

应当说明的是：这种二叉树形图对于汉语分析并不很适合。我国计算语言学家冯志伟早在1982年的《汉语句子的多叉多标记树形图分析法》中就指出，二叉树形图在分析汉语的兼语式、连动式等特殊句式时，在算法描述上很不方便，在程序运行时会发生很多困难。所以，最简方案中的这种二叉树形图在运算经济性方面是否合适，还是值得进一步讨论的。

3. D-结构交互层面的取消

在原则参数方法中，运算操作从词库中选择词汇项目，D-结构的生成是一次性地（once and all）实现的，然后在D-结构这个层面应用移动-α规则生成S-结构，再依次应用移动-α规则把S-结构转换成语音式SF和逻辑式LF，这就是原则参数方法的Y模式的运算过程和机制。

在最简方案中，运算系统从词库中提取词汇资源构成推导式，以X-理论图式来表现词汇项目及其特征。每一个推导过程决定一个结构描写SD，每一个结构描写SD由表现语音的π和表现意义的λ的偶对构成，并满足有关的界面条件。这里，每一个结构描写SD是用语链连接和局部区域性的X-理论关系来表达的，对于π和λ满足界面的条件，是用最为经济的方式生成的。这样一来，D-结构和S-结构就成为多余的表现层面了。最简方案的这种改变必定导致D-结构交互层面的取消。

乔姆斯基在最简方案中，采用综合性转换的方法，逐步地、动态式地满足X-理论的要求，而不是像在Y-模式中那样一次性地满足生成的条件，这样做的结果必然导致D-结构的取消，而LF层面的重要性也就更加突出。随着D-结构的取消，原则参数方法中的投射原则和题元理论也就随之失去了它们的理论价值和存在的必要。

4. S-结构交互层面的取消

乔姆斯基指出，在生成语法的扩充标准理论（EST）中，S-结构的设定纯粹是出于理论内部的需要，用简单性的观念来衡量，S-结构的设定完全是多余的。

根据扩充标准理论，在从D-结构到LF的运算过程中，在什么阶段上实行“拼出”（Spell-Out）操作，不同的语言之间存在着差别。在运算过程中，有的语言的疑问词词组需要移位（例如，英语和德语），有的语言的疑问词词组保持原位不动（例如，汉语和日语）。在生成英语疑问句的过程中，显性移位操作将疑问词从D-结构的位置移动到句子的开头，构成S-结构，而在汉语中，疑问词不需要进行显性移位就可以直接拼出，疑问句的S-结构与它的D-结构是完全等同的。由此可见，S-结构的设定纯粹是出于理论内部的需要，不符合简单性的要求。事实上，在最简方案中，拼出操作实施的位置，是由PF或LF的特征决定，因此，S-结构的存在是没有必要的。这样，乔姆斯基便取消了S-结构这个层面。

最简方案认为，人类的语言在LF层面上是大体一致的，各种语言之间的差别主要是由PF所反映和表现的屈折形态方面的特征决定的。在动词V（Verb）与屈折成分I（Inflexion）的关系问题上，人们最初设想，动词以不带任何屈折特征的形式存储于词库中，进入运算过程之后，通过某种方式与屈折成分中心语构成复合体［V, I］，PF规则将这个复合体作为一个单独整体进行解释。另一种设想是，动词在词库中就具有其内在固有的屈折特征，在运算构成的复合体［V, I］中，这些屈折特征与中心语相对应而得到核查。这就是乔姆斯基主张采取“特征核查”（feature checking）的基本概念。根据特征核查理论，由词库所决定的词汇项目的形态特征，是推导运算的主要动力，功能中心语所具有的与实体词汇相对应的特征在强弱方面的表现，是造成显性移位的根本原因。形态特征体现为 PF 部分的界面条件，运算操作是对于界面条件的最理想的满足。因此，语言在 LF 层面大体是一致的，由 PF 界面条件所决定的“拼出”操作的不同位置，决定着语言之间的差别。在这种情况下，语法模式不需要人为地设定一个 S-结构来决定某些成分的拼出位置。

5. 最简方案的进一步扩充

乔姆斯基在这一节里进一步讨论了与结构描写表现和推导运算有关的“经济性原则”。

在结构描写的表现方面，主要讨论完全解释原则。在推导运算方面，主要讨论“迟延原则”（porcrastinate principle）和“自私原则”（greed principle）。

PF 完全是普遍语音学的形式表现，它所生成的 π 必须完全符合有关的语音规则。如果 π 能够满足“完全解释原则”（Full Interpretation principle，简称 FI）的要求，构成它的推导就会在 PF 层面上收敛；如果不能满足，推导就会破裂。

同样，逻辑语义表现形式 λ 不能有任何不合理的成分，如果 λ 能够满足完全解释原则 FI 的要求，构成它的推导就会在 LF 层面上收敛；如果不能满足，推导就会破裂。λ 是应用系统 C-I 的指令，应用系统 C-I 按照有关的指令，将语言表达式用于概念和意向的理解和形成。

在推导运算的经济性方面，乔姆斯基提出“迟延原则”和“自私原则”。

所谓“迟延原则”就是说，LF 移位比显性移位的代价低，它比显性移位更加省力，运算系统总是力图尽快地直接到达 PF 层面，最大限度地缩小显性句法的范围和程度。如果能够不移位就不要移位，不要为了收敛而被迫移位，要尽量地把移位迟延。这就是推导运算经济性的“迟延原则”。

所谓“自私原则”就是说，移动-α 规则只是 α 自身的形态特征在不能以其他方式满足条件的情况下，才可以得到应用。针对 α 的移位不能使另外一个成分 β 也得到满足，移动-α 规则总是为自我服务的，它不能使其他成分受益，体现了“自私”的特性。这就是推导运算经济性的“自私原则”。

最后，乔姆斯基对于语言理论的最简单主义做了如下的总结：

（1）语言表达式的结构描述 SD 是一个由 π 和 λ 组成的偶对（π，λ），它们是由能够满足交互界面条件的最优的推导式生成的。

（2）交互层面仅仅是语言表达的层面。

（3）所有的条件都要表示各种反映解释性的要求的交互层面的特性。

（4）普遍语法 UG 提供一个独有的计算系统，这个计算系统包括被形态特性驱动的一些推导，其中，语言句法的各种样式是受到限制的。

（5）使用“完全解释原则”（FI）、“迟延原则”（porcrastinate

principle）和“自私原则”（greed principle），我们可以对于经济性做出相当狭义的解释。

第三节　刺激贫乏论

乔姆斯基注意到：我们可以得到的经验明证和外界刺激是非常贫乏的，而我们是怎样获得如此丰富和具体明确的知识、如此复杂的信念和理智系统呢？人与世界的接触是那么短暂、狭隘、有限，为什么能知道那么多的事情呢？刺激的贫乏（poverty of stimulus）和所获得的知识之间为什么会存在如此巨大的差异呢？这就是上节中的“柏拉图问题”，乔姆斯基提出了“刺激贫乏论”来解决这个问题。**“刺激贫乏论”**是生成语法理论的一个重要组成部分。

1.“刺激贫乏论”的来龙去脉

刺激贫乏论从上世纪50—60年代初露端倪，已经成为生成语法的一个核心部分，是语言天赋论的基础，近年来，刺激贫乏论又成为了认知科学中的一个主流话题。这是一种值得我们充分关注的理论。

刺激贫乏论指出了语言的输入能力和输出能力之间的非对称关系，这个问题又称为“柏拉图问题”（Plato's problem）、“贝克悖论”（Baker's paradox）、“可学性问题”（learn-ability）。

在乔姆斯基早期的生成语法理论中，刺激贫乏这个概念还相当模糊。

在1957年的《句法结构》[①] 中，他指出，人类所接触的语言有限、偶发性大，但人类生成语言和理解语言的能力却是无限的。

在1959年的《言语行为书评》[②] 中，他关注到语言学习者的内在机制问题。

但是，他的早期理论并不包含“刺激贫乏”这样的概念。

20世纪50—60年代初，乔姆斯基多次论及语言的输入和输出能力之间的差异。

1964年的《语言理论的当前问题》[③] 中，乔姆斯基指出，人类接触的语言有限，但每一个正常的人都能够发展出正常的母语能力。

1965年，他在《句法理论面面观》[④] 中还指出：“儿童以此为基础……进行理论建构的原始数据可能存在几个方面的缺陷。”（P. 210）

1968—1972年的论著中，他一再强调语言输入的不足。

可以看出，在这个时期，乔姆斯基还没有一个完整而系统的“刺激贫乏”的概念。

20世纪70—80年代“刺激贫乏”得到了直接而持续的关注。

1972年，彼得（S. Peter）提出了**“投射问题”**（projection

---

① N. Chomsky, Syntactic Structure, Mouton, 1957.

② N. Chomsky, Review of the book Verbal Behavior, *Language*, 1959, 35: 26—57.

③ N. Chomsky, Current Issues in Linguistic Theory, The Hague: Mouton, 1964.

④ N. Chomsky, Aspect of the Theory of Syntax, Cambridge, MA.: MIT Press, 1965: 210.

problem)。所谓“投射”，就是从语言输入获得语法的过程。语言输入是有缺陷的。例如，语言输入中常常缺乏合法的语法标记，而人类却能说出合法的语法标记。彼得指出，儿童的语言学习任务与语言学家建立语法体系的任务是可以类比的，两者都反映了“投射问题”。

1979年，贝克（C. L. Baker）在《句法理论和投射问题》[①]中，举出了更多的语言输入的缺陷。例如，

（1）语言输入中常常有歧义：在句子 Flying planes can be dangerous 中，Flying planes 可以理解为“驾驶飞机”，也可以理解为“正在飞的飞机”。

（2）语言输入中代词的所指不明确：在句子 Realizing that Oscar is unpopular doesn't bother him 中，Oscar 与 him 并不同指。

（3）表层结构相似而深层结构不同：

a. John is eager to please.（“John 渴望得到快乐”，快乐的是 John）

b. John is easy to please.（“John 容易使人快乐”，快乐的不是 John）

（4）有的句子可以进行“给予转换”（dative alternation），而有的句子不能进行“给予转换”：

a. John gave a book to Sam→John gave Sam a book

---

① C. L. Baker, syntactic theory and the projection problem, *Language Inquiry*, 1979（10）：233—280。

b. John donated a painting to the museum→ * John donated the museum a painting

这些例子都是生成语法中的典型例证，贝克把这些例证与语言习得联系起来，从而提出了“可学性问题”（learn-ability）：“儿童是怎样掌握这些语言事实的?”

贝克指出，语言输入与语言能力之间存在着一条“**演绎的鸿沟**”（deductive gap），因此，在语言习得中存在“投射问题”。学习者仅仅通过接触原始的语料，难以演绎出上述的歧义性和句子之间的差异。

贝克把投射问题分解为两个方面：

（1）一方面是输入的有限性（input is finite）；

（2）一方面是输入只提供合语法的信息，但是没有提供不合语法的信息或歧义的信息。

1980年，乔姆斯基在《规则与表达》[①] 中，首次使用了“**刺激贫乏**”（poverty of stimulus）这个术语。他指出：“极其贫乏的”（highly impoverished）的“语言环境”与“极其具体和复杂”（highly specific and intricate）的“语言知识系统”之间存在着巨大的差别。

1981年，贝克和麦卡锡（McCarthy）在《语言习得的逻辑问题》[②] 中提出了语言习得的“**逻辑问题**”（Logical Problem）。

---

① N. Chomsky, Rules and Representation, *Behavioral and Brain Sciences*, 1980 (3): 1—15, 42—61。

② C. L. Baker and McCarthy, The Logical Problem of Language Acquisition, Cambridge, MA.: MIT Press, 1981.

1981 年，洪恩斯泰因（Hornstein）和莱特福特（Lightfoot）在《语言学中的解释：语言习得的逻辑问题》[①] 中提出了“**输入数据的缺陷**”（the deficiency of the data），指出语言输入存在三个缺陷：

（1）语言输入中存在口误、重复、句子不完整等缺陷；

（2）语言输入是有限的；

（3）语言输入不提供同义关系、歧义和不合语法性等关键信息。

这就是所谓的“**输入缺陷三分说**”，它说明了“刺激之贫乏”。

洪恩斯泰因和莱特福特还提出两个重要的观点：

（4）在语料不提供相关信息的情况下，儿童也能掌握某些语言规则；

（5）儿童所接触的语料中，没有足够的信息来帮助他们建立某些语法规则。

因此，儿童所接受的语言刺激是相当贫乏的。

这两个观点是刺激贫乏论的核心所在。

从 20 世纪 80 年代以来，刺激贫乏论已经成为了生成语法理论的一个重要组成部分。

1987 年，格莱茵（Crain）和内山（Nakayama）在《在语法构成中的结构依存》[②] 中，直接论证儿童在刺激贫乏的情况下习得句法的问题。他们根据乔姆斯基在 1975 年提出的“**结构依赖**

---

① Hornstein and Lightfoot, Explanation in Linguistics: The Logical Problem of Language Acquisition, London: Longman, 1981.

② Crain and Nakayama, Structure dependence in grammar formation, *Language*, 1987 (63).

性”（structure dependence）这个普遍原则来进行论证。

乔姆斯基的“结构依赖性”原则考虑语言中的非线性的句法结构，与“结构依赖性”对立的是“**结构独立性**”（structure independence）原则，结构独立性原则只考虑语言中的线性的句法结构。

从表面看来，结构独立性原则对于学习者来说要简单得多，因为这种原则仅仅考虑语言中的线性关系，但结构独立性原则却无法解释很多复杂的句法现象。

我们来观察下面的句子：

（1）The dog in the corner **is** hungry.

（2）**Is** the dog in the corner hungry?

（3）The dog that **is** in the corner **is** hungry?

（4）**Is** the dog that **is** in the corner hungry?

（5）* **Is** the dog that in the corner **is** hungry?

句子（1）的问句形式是（2），可以看成是（2）将（1）中的系动词 is 移到句首，因而解释为是结构依赖性的结果；但也可以看成是将（1）中的第一个系动词 is 按照线性关系移到句首，因而解释为是结构独立性的结果。在句子中只有一个系动词 is 的时候，结构依赖性原则和结构独立性原则似乎都是成立的。但句子（3）中的主语 dog 含有从句，因而句子中出现了两个系动词 is，句子（4）遵循结构依赖性原则，把（3）中的第二个系动词 is 移到句首，因而（4）是合乎语法的；如果句子（5）遵循结构独立性原则，按照线性关系将句子（3）中的第一个系动词 is 移到句首，而仍然把第二个系动词 is 保持在原来的位置，那这个遵循了结构独立性原则造出的句子（5）就是不合语法的。

乔姆斯基认为，结构依赖性原则是儿童学习语言的一个重要原则，而结构独立性原则是不可靠的。乔姆斯基指出，学习英语的儿童不会说出（5）这样的问句，因为他们从一开始说话的时候，就会自然而然地遵守结构依赖性原则。这种结构依赖性是天赋的。

事实上，像（4）这样的句子在语料中是很少出现的，儿童不可能通过接触语料而得到结构依赖性的知识，他们受到的刺激是非常贫乏的。但他们却能正确地说出（4）这样复杂的句子，而不会说出（5）这样的句子。

刺激贫乏论很出色地解释了这样的问题。刺激贫乏论在方法论上的作用有助于研究者确定哪些语言结构的研究在理论上更有价值。

如果讲某种语言的人掌握了某一语言的特征，而这样的特征又不能通过接触语料而得到，那刺激贫乏论就可以很好地解释这样的问题。

刺激贫乏论是乔姆斯基提倡的语言天赋论的最强有力的依据。

显而易见，如果刺激贫乏论不能成立，就会从根本上动摇语言天赋论的基础。

2．关于“刺激贫乏论”的论战

2002 年，普鲁姆（Pullum）和硕尔茨（Scholz）在《刺激贫乏论据的经验评估》① 中，对刺激贫乏论提出挑战。

---

① Pullum and Scholz, Empirical assessment of stimulus poverty argument, *The Linguistic Review*, 2002 (19): 9—50.

他们针对洪恩斯泰因和莱特福特在前面提出的两个观点，明确指出，儿童习得语言并不像生成语言学所想象的那样困难，而且，儿童所接触的语料中并不乏重要的信息。也就是说，刺激在实际上并不贫乏。他们围绕支持刺激贫乏论的例证，逐一加以批驳。

我们这里举出论战涉及的两个例证。

第一个例证：英语助动词的顺序。

在英语中，当出现多个助动词的时候，不同助动词的位置顺序是固定的。例如，

（1）It rains.

（2）It may rain.

（3）It may have rained.

（4）It may be raining.

（5）It has rained.

（6）It has been raining.

（7）It is raining.

（8）It may have been raining.

乔姆斯基在早期的生成语法著作中指出，助动词的位置顺序可以通过如下规则来描述：

规则：Aux→T（M）（have + en）（be + ing）

要完全掌握这个规则，儿童需要接触能反映各种助动词位置的句子，然而，金博尔（Kimball）说明，像 h 这样几乎所有助动词都出现的句子的出现概率是微乎其微的。刺激如此之贫乏，但是儿童却能够掌握这样的规则，从而造出上述合乎语法的句子

来。因此，这样的规则并不是建立在逐个接触各类例句的基础之上的，而是建立在儿童与生俱来的对于助动词的可能顺序的推断的基础之上的。这是刺激贫乏论的有力论据。

普鲁姆和硕尔茨对此进行了反驳。首先，他们从各种语料中，特别是儿童读物中，发现了很多与h相似的例子。例如，

（9）...**must have been** dreaming. （*Lewis Carroll*, *Through the Looking Glass*）

（10）You **must have been** thinking again. （*L. frank Baum*, *The Wonderful Wizard of Oz*）

（11）It **would not have been** fighting fair. （J. M. Barrie, *Peter Pan*）

他们指出，像must have been dreaming，must have been drinking之类的组合，在小说和儿童读物中是很常见的，儿童在语言发展的早期应当能听到这样的句子，他们受到的刺激一点儿也不贫乏。

普鲁姆和硕尔茨还指出，儿童未必需要学这些乔姆斯基提出的规则，如果将助动词当作能带补语（VP或非主语小句）的主要动词，学习就简单得多了，儿童完全可以通过正面的证据来掌握助动词的语序，实际上并不存在上述的规则需要儿童来学习。

第二个例证：主语—助动词倒置。

英语疑问句中主语—助动词倒置是刺激贫乏论的一个经典论据。这种现象证明了儿童有能力掌握英语中的结构依赖性，成为了刺激贫乏论的有力支持。

普鲁姆和硕尔茨并不反对结构依赖性这个原则，但是他们不认为儿童从所接触的语料中难以区分结构依赖性和结构独立性。他们指出，在语料中有很多具有结构依赖性的句子，他们在儿童和成人的对话中也发现了一些有结构依赖性的句子。例如，

（1）Where's the little blue crib [1]**that was in the house before**?

（2）Where's the other dolly **that was in here**?

（3）Where's the other doll **that goes in there**?

在这些疑问句中，由于主语是单数名词，所以主语前面的 where's 中的 's 以及主语后面的 that 从句中的动词都使用单数，所以，它们都是具有结构依赖性的句子。

2002 年，桑普森（Sampson）在《刺激丰富性探索》[2] 中支持普鲁姆和硕尔茨的观点。他在 420 万个单词组成的语料库中也发现了类似的具有结构依赖性的例句，他证明，不仅在童话和小说中，而且在儿童经常接触的普通语料中，也含有具有结构依赖性的关键的语法信息。以上事实说明，语言输入在儿童的习得中起着决定性的作用，儿童并没有与生俱来的语言知识，他们是在所处的语言环境中进行语言习得的。

对于普鲁姆和硕尔茨反对刺激贫乏论的挑战，语言天赋论者进行了反击。

2002 年，格莱茵和皮埃特罗斯基（Pietroski）在《为什么语

---

① Crib 指耶稣诞生的马厩模型。

② Sampson, Exploring the richness of the stimulus, *The Linguistic Review*, 2002（19）: 73—104.

言习得是一件轻松的事情?》① 中，借鉴语言习得的最新研究成果，来驳斥那些反刺激贫乏论者的观点。他们指出，语言输入不能完全反映语言中的那些细微而复杂的特点，尤其不能反映那些表面上结构不同、而有着相似的内在逻辑特点的语义现象。他们举出了两种现象。

第一种现象：负面极性词（negative polarity items）。例如，

（1） Every linguist with **any brains** admires Chomsky.（不管长什么头脑的每一个语言学家都赞美乔姆斯基）

（2） * Every linguist has **any brains**.

其中的 any 是带有讥讽色彩的负面极性词。按照反刺激贫乏论者的观点，儿童可以从正面证据学会什么时候使用 any，他们也可以避免使用 b，因为他们根本就不会遇到这样的句子。

格莱茵和皮埃特罗斯基指出，即使如此，仍然存在两个问题需要解决：

（1） 为什么 a 可以用 any，而 b 不能用 any?

（2） 儿童最终会知道 a 与 b 之间的细微差别，但是在语料中并没有标示出这样的差别，他们怎样才可能掌握这种差别呢?

他们认为，这样的问题需要语言天赋论来解释。

第二种现象：析取连词 or 的不同解释。例如，

（1） Every **linguist or philosopher** with any brains admires Chomsky.

① Grain and Pietroski, Why language acquisition is a snap? *The Linguistic Review*, 2002（19）: 163—183.

（不论长什么头脑的每一个语言学家或者哲学家都赞美乔姆斯基）

（2）Everyone admires a **linguist or a philosopher**.

（每一个人都赞美一个语言学家或者赞美一个哲学家）

句子（1）中的 or 是“包含式解释”（inclusive interpretation），当出现 or 连接的两个命题都为真时，整个复合命题也为真；句子（2）中的 or 是“排除式解释”（exclusive interpretation），当出现 or 连接的两个命题中一个为真而另一个为假时，整个复合命题才为真。

儿童在语言习得中，必须掌握（1）和（2）中的 or 的差别，才能理解句子的含义。Crain 和 Pietroski 认为，语义学研究中最近提出的“向下蕴含”（downward entailment）理论，充分揭示了不同语言中内在的逻辑联系，可以解释这样的差别。

所谓“向下蕴含”是指集合蕴含（entail）其子集。

例如，Noam didn't buy a car

⇨ Noam didn't buy an Italian car

如果子集蕴含（entail）了集合，则是“向上蕴含”（upward entailment）。

例如，Noam bought an Italian car

⇨ Noam bought a car

在上述的句子（1）中，由于谓语 admires 的主语 Every linguist or philosopher 中周遍性的限定词 Every，它既包含 linguist，也包含 philosopher，根据“向下蕴含”，可得出“包含式解释”：

Every linguist or philosopher with any brains admires Chomsky

⇨ Every linguist with any brains admires Chomsky

⇨ Every philosopher with any brain admires Chomsky

在上述的句子（2）中，由于谓语 admires 的宾语是带有不定冠词“a”的某个个别的客体，根据“向下蕴含”，可得出“排除式解释”：

Everyone admires a linguist or a philosopher

⇨ Everyone admires a linguist

Everyone admires a linguist or a philosopher

⇨ Everyone admires a philosopher

但是，“向下蕴含”揭示的这种复杂而深奥的语言中的逻辑规律，儿童是不能通过“逐例习得”（piecemeal acquisition）的方式获得的，只有将其假设为儿童与生俱来的语言知识中的一部分，才能得到令人信服的解释。

格莱茵和皮埃特罗斯基还发现了一种有趣的语言习得现象。他们指出，正在学习某一语言的儿童可能生成其母语无法生成的结构，而这样的结构在其他语言中是允许的。例如，3—4 岁说英语的儿童可以造出如下的句子：

（3）What do you think **what** pig eat?

（4）Who did he say **who** is in the box?

在这样的句子中，除了句首的疑问词之外，句子中还多出了一个同样的疑问词，这就是所谓的“句中疑问词”现象（medial-wh phenomenon）。

这样的现象显然不可能是儿童在他们的语言环境中习得而来的，因为在英语中，这种“句中疑问词”是不合语法的。但在德语的一种方言中允许这样的结构。这说明，尽管儿童造出了不合英语语法的句子，但他们并没有违反“普遍语法”（Universal Grammar）。正是普遍语法提供的多种选择，使得儿童在语言习得的初期，就尝试了和他们的语言环境不匹配的另一种可能的结构。这样的事实证明：普遍语法是存在的。

最新的研究发现，FOXP2 是人类的独特基因。这一基因与其他哺乳动物的类似基因同属于一个家族，然而这一基因的排序却是人类特有的，因此 FOXP2 也许就是乔姆斯基所假设的“语言机能”（language faculty）的生物学基础。由于存在 FOXP2，所以，语言是天赋的，FOXP2 为语言天赋论和刺激贫乏论提供了生物学上的支持。

美国哈佛大学心理系教授豪泽（Hauser）曾经对比过恒河猴（Rhesus）的叫声与新生婴儿的叫声（nonsense speech）之间的差别，发现恒河猴的叫声的频谱（spectrogram）非常简单，类似于正弦波（sine wave），而新生婴儿的叫声则很复杂，其频谱与成人语言的频谱类似。恒河猴的发音器官简单，基本上只能发出正弦波，不能产生复杂的谐振，因而它们的叫声是很简单的，难以和人类的语音相比。由此似乎可以说明语言的天赋性。

我们认为，人类复杂的发音器官是长期进化的结果。

大约在 500 万年以前地球上就出现了最早的人类，叫作“原始人”，他们与动物的最大区别，就是能够直立行走，能够使用或制造工具，这样，人类就逐渐地脱离了动物界，从动物界分化出来。在漫长的时间之内，原始人是没有语言的，语言可能开始于 300 万年前的早期“直立人”，成熟于 30 万年前的早期“智人”，从此之后，智人才开始具有使用清晰的“分节语言”（articulation language）的能力，从直立人的原始语言发展成智人的分节语言，大约经历了 270 万年的时间。声带解剖学的化石记录表明，在 15 万年前到 12 万 5 千年前之间，人类（human being）才真正具备了语言能力[1]。我们把“分节语言”简称为“语言”（language）。语言既是人类的交际工具，又是人类的思维工具，还是人类表情达意的工具。语言的出现，使得原始人的交际能力、思维能力、表情达意的能力根本性地加强了，有力地推进原始人进化成为现代人类的过程（图 13-11）。

500万年前　300万年前　30万年前　现代

图 13-11　语言进化的漫长历程

根据上面的这些研究成果，我们也许可以初步做出这样的估计：智人分节语言的“语言机能”（language faculty）可能是在 30 万年以前才形成的，这时人类有了 FOXP2 的独特基因，由于

① D. W. Carroll, Psychology of Language（《语言心理学》），第 381 页，外语教学与研究出版社，圣智学习出版社，2008 年。

FOXP2 基因排列的独特性，使人类的语言器官区别于其他哺乳动物的发音器官，从而使人类区别于禽兽，能够发出清晰而复杂的语音来。生物语言学认为，人类分节语言的“语言机能”的出现，是基因突变的结果。

FOXP2 与语言具有相关性。基因表达、神经成像和动物模型的研究表明，FOXP2 基因对于中枢神经系统尤为重要，它的失调会影响运动皮层、纹状体和小脑的功能。FOXP2 是与人类语言活动相关的一个潜在基因，对于 FOXP2 的认识，使得人类第一次从分子生物学的角度来研究与语言相关的基因级联和神经回路。

但是，所有这些，都还处在推测阶段，还有待生物语言学的实验研究来证实或者证伪。

直到今天，关于刺激贫乏论的论战还没有结束。在论战过程中，加深了我们对于自然语言奥秘的认识。这样的论战显然是很有价值的，我们应当密切关注这场论战。

乔姆斯基在 1982 年的《生成语法的事业》一书的献词中说：“谨将此书献给所有那些无论身居如何之遥远，感觉如何之孤独，所处地位如何之卑微，而致力于追求我们共同所为的语法理论新见解之进步的生成语法学者。”英文如下："To all generative grammarians who, however far away, however isolated, however minoritarian, devote their energies to the pursuit of progress in our joint quest for new insights into the theory of grammar."①

---

① N. Chomsky, The Generative Enterprise: A discussion with Riny Huybregts and Henk van Riemsdijk, 1982 Foris.

前面说过，乔姆斯基认为，在目前的科学水平下，世界本身还是不可理解的，科学研究所要做的最好的事情就是努力构建可以被理解的理论，乔姆斯基关注的是理论的可理解性，而不是世界本身的可理解性，科学理论不是为了满足常识理解而构建的，常识和直觉不足以理解科学的理论。基于这样的认识，生成语法的理论往往会与大多数人的常识和直觉发生矛盾，生成语法的研究者往往会处于少数派的尴尬地位，他们在学术上往往会产生极大的孤立感，他们常常会有我国宋代大文学家范仲淹在《岳阳楼记》中所描述的那种“进亦忧，退亦忧”“然则何时而乐焉”的感觉。然而，从事创造性科学研究的人不应当害怕孤独，我们应当以探索真理为己任，以追求真理为快乐，在追求真理的过程中得到快乐，因为快乐并不在于奋斗的结果，也在于奋斗过程本身。为了追求真理而陷于孤独，也是一种高尚的孤独。这是科学工作者应当具备的情操。

由上所述可以看出，现代语言学中的乔姆斯基革命并没有完结，这场革命还在不断的发展中，它还在不断地提出新思想、新问题、新方法，力图要建立语言学中新的规范，以推翻旧的规范。因此，有人把这场革命比作语言学中“伽利略式的科学革命的开端”。

本章参考文献

1. N. Chomsky, Lectures on Government and Binding, Foris, Dordrecht, 1981.
2. N. Chomsky, The Minimalist Program, Cambridge: MIT Press, 1995
3. C. L. Baker, Syntactic theory and the projection problem, Linguistics

Inquiry，1979（10）：233—280.

4. N. Horstein & D. Lightfoot，Explanation of Linguistics：The Logical Problem of Language Acquisition，London：Longman，1981.

5. G. K. Pullum & B. C. Scholz，Empirical assessment of stimulus poverty arguments，The Linguistic Review，2002（19）：9—50.

6. 徐烈炯，管辖与约束理论，《国外语言学》，1984年，第2期。

7. 徐烈炯，生成语法三十年，《外语教学与研究》，1987年，第4期。

8. 徐烈炯，《生成语法理论》，上海外语教育出版社，1988年。

9. 石定栩，《乔姆斯基的形式句法：历史进程与最新理论》，北京语言文化大学出版社，2002年。

10. 吴刚，《生成语法研究》，上海外语教育出版社，2006年。

11. 冯志伟，乔姆斯基《最简方案》，载《现代语言学名著导读》（萧国政主编），第86—128页，北京大学出版社，2009年。

12. 杨小璐，关于刺激贫乏论的争论，《外语教学与研究》（外国语文双月刊），第36卷，第2期，第131—136页，2004年。

13. 俞建梁，国外FOXP2基因及其语言相关性研究二十年，《现代外语》，第34卷，第3期，第310—316页，2011年。

第十四章　依存语法和配价语法

依存语法和配价语法是与乔姆斯基的短语结构语法同样重要的语法理论。本章首先介绍泰尼埃的依存语法，接着介绍德国的配价语法以及依存语法的新发展，然后进一步介绍配价和配价词典，最后介绍依存语法的形式化理论。

第一节　泰尼埃的依存语法

吕西安·泰尼埃①（Lucien Tesnière，1893—1954）是20世纪上半期法国著名语言学家，生于1893年5月13日，曾在斯特拉斯堡大学和蒙彼利埃大学任教，研究斯拉夫语言和普通语言学。

泰尼埃的主要工作是提出了“结构句法”的一般理论。“结

① Tesnière的汉译目前见到的有特斯尼耶尔、泰尼埃尔、泰尼耶尔、特尼耶尔、特斯尼埃等，本书依新华社译名室编的《法语姓名译名手册》（商务印书馆，2000）译为泰尼埃。

构句法”后人也称为“**依存语法**”或“**从属关系语法**”[①]。为了提出一种普适的语法理论，他做了大量的语言对比研究，涉及的语言有古希腊语、古罗马语、罗曼语、斯拉夫语、匈牙利语、土耳其语、巴斯克语等。1934年，他在《斯特拉斯堡大学语文系通报》（*Bulletinde la Faculté des Lettres de Strasbourg*）上，发表了《怎样建立一种句法》(Comment construire une Syntaxe)，这篇文章阐述了依存语法的基本论点。从1939年起，他开始写依存语法的巨著《结构句法基础》(*Élément de Syntaxe Structurale*)，边写边改，历时十余载，一直到1950年才完成。1953年，泰尼埃出版了一本只有30页的小册子《结构句法纲要》（*Esquisse d'une syntaxe structurale*)。1954年12月6日，泰尼埃逝世，享年61岁。

图 14-1　泰尼埃

后来，他的朋友们整理了他的遗稿，在泰尼埃去世5年之后，《结构句法基础》一书于1959年出了初版，1965年出了第二版(图14-2)。

《结构句法基础》一书篇幅近700页，有5000多个句子（短语）的语例，这些例子选自60余种语言，书中含有句法结构图式366个。一般认为，泰尼埃是现代依存语法和配价理论的创始人。

---

① 我在20世纪80年代初期在《国外语言学》上写文章介绍dependency grammar的时候，曾经把这种语法翻译为“从属关系语法”，其实，dependency grammar也可以翻译成“依存语法”。“从属关系语法”和“依存语法”是同义术语。

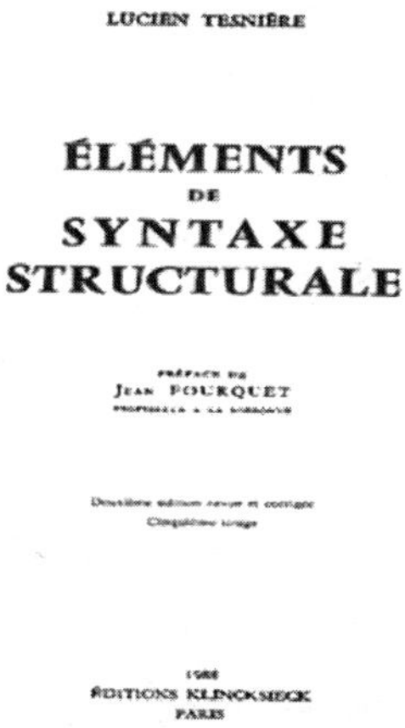
LUCIEN TESNIÈRE

ÉLÉMENTS
DE
SYNTAXE
STRUCTURALE

JEAN FOURQUET

ÉDITIONS KLINCKSIECK
PARIS

图 14-2　《结构句法基础》法文版

除了《结构句法基础》一书之外，泰尼埃还编撰过一部小型的《俄语语法》（*Petite grammaire russe*），其他主要论文有《斯洛文尼亚语中的双数形式》（Les formes du duel en Slovene）、《用于研究斯洛文尼亚语双数形式的语言地图》（Atlas linguistique pour servir à l'étude du duel en slovènel）等等。

泰尼埃结构句法中最基本的概念是“关联”（connexion）和“转位”（translation），本节着重介绍这两个基本概念。

1. 关联

法语句子 Alfred parle（阿尔弗列德讲话）是由 Alfred 和 parle 两个形式构成的。但操法语的人在说这句话时，其意思并不是指一方面有一个人叫阿尔弗列德，另一方面有一个人在讲话；而是指阿尔弗列德做了讲话这个动作，而讲话人是阿尔弗列德，在 Alfred 和 parle 之间的这种关系，不是通过 Alfred 和 parle 这两个单独的形式来表达的，而是通过句法的联系来表达的，这种句法的联系就是“关联”。正是“关联”这个东西把 Alfred 和 parle 联在一块儿，使它们成为一个整体。泰尼埃说：“这种情况与在化学中的情况是一样的，氯和钠化合形成一种化合物氯化钠（食盐），这完全是另外一种东西，它的性质不论与氯的性质或是与钠的性质都是迥然不同的”，“关联”赋予句子以“严谨的组织和生命的气息”，它是句子的“生命线”，“所谓造句，就是建立一堆词之间的各种关联，给这一堆词赋予生命；反之，所谓理解句子，就意味着要抓住把不同的词联系起来的各种关联”。

关联要服从于层次（hiérarchie）原则，也就是说，关联要建立起句子中词与词之间的从属关系来。这种从属关系可用“**图式**”（Stemma）来表示。例如，Alfred mange une pomme（阿尔弗列德吃苹果）可用下面的图式来表示（图 14-3）：

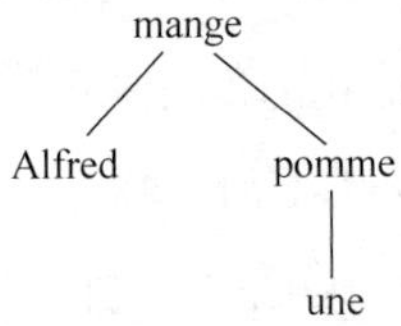

图 14-3　图式

这里，动词 mange（吃）是句子的“结”（noeud），Alfred 和 pomme 从属于动词 mange，它们被置于 mange 的下方；une 从属于 pomme，它被置于 pomme 的下方。

泰尼埃认为，动词是句子的中心，它支配着别的成分，而它本身却不受其他任何成分的支配。因此，他把主语和宾语同等看待，把它们都置于动词的支配之下（图 14-4）。例如：

Mon jeune ami connaît mon jeune cousin

（我年轻的朋友认识我年轻的表弟）

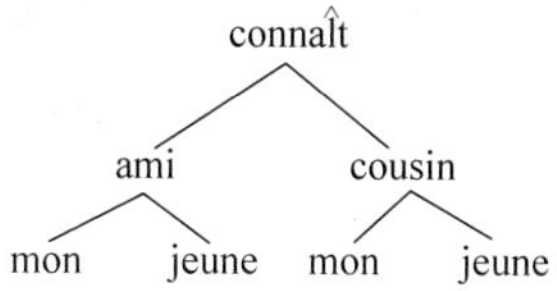

图 14-4　动词是句子的中心

主语的词组和宾语的词组都平列在动词结点 connaît 之下，这两个词组是可以相互调位的，可以组成如下的被动句：

Mon jeune cousin est connu de mon jeune ami

（我年轻的表弟为我年轻的朋友所认识）

层次原则的一个必然的推论是：所有的从属成分都从属于其支配者。例如，我们来对比（图 14-5）：

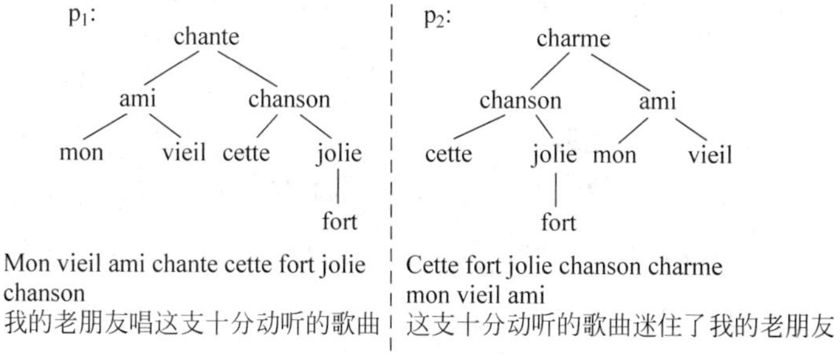

图 14-5　支配者与从属成分

P_1 中作主语的名词词组 mon vieil ami（我的老朋友）在 P_2 中变为作宾语的名词词组；在 P_1 中作宾语的名词词组 Cette fort jolie chanson（这支非常动听的歌曲）在 P_2 中变为作主语的名词词组，

而它们都是有关动词的从属成分。

泰尼埃认为，应该把“**结构顺序**”（ordre structurale）和“**线性顺序**”（ordre linaire）区别开来。例如，词组 un petit garçon poli（一个有礼貌的男孩）有关相同的结构顺序（图 14-6）：

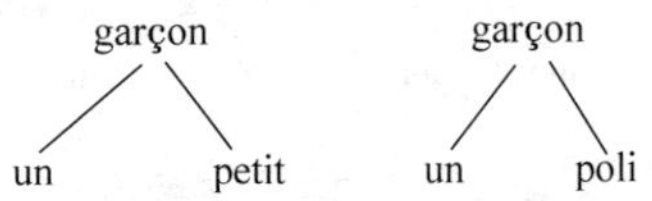

图 14-6　结构顺序

名词 garçon 在图中是支配者，形容词 petit 和 poli 都从属于这个名词。但是，这两个词组的线性顺序却不同：在 un petit garçon 中，形容词在名词 garçon 的左侧；在 un garçon poli 中，形容词在名词 garçon 的右侧。显而易见，结构顺序是二维的，而线性顺序则是一维的。

句法理论中的一个重要问题，就是确定那些把二维的结构顺序改变为一维的线性顺序的规则，以及那些把一维的线性顺序转换为二维的结构顺序的规则。garçon poli 的顺序是离心的或下降的，形容词 poli 离开中心名词 garçon 而下降；而 petit garçon 的顺序是向心的或上升的，形容词 petit 向着中心名词 garçon 而上升。有的语言有向心倾向，有的语言有离心倾向。例如在英语中，名词的修饰语一般是向着被修饰的中心名词而上升的，有向心倾向；在法语中，名词的修饰语有许多是离开被修饰的中心名词而下降的，有离心倾向。

在表示句子结构顺序的图式中，直接处于动词结点之下的，是名词词组和副词词组。名词词组形成“**行动元**”（actant），副词词组形成“**状态元**”（circonstants）。

“状态元”的含义是不言自明的，而“行动元”的含义则必须加以界说。

泰尼埃是这样来定义行动元的：

“行动元是某种名称或某种方式的事或物，它可以通过极简单的名称或消极的方式来参与过程。”

行动元的数目不得超过三个：主语、宾语1、宾语2。

例如，Alfred donne le livre à Charles.

（阿尔弗列德给查理一本书）

在这个句子中，从属于动词 donne 的行动元有三个：第一个行动元是 Alfred，作主语；第二个行动元是 livre，作宾语1；第三个行动元是 Charles，作宾语2。其图式如下（图14-7）：

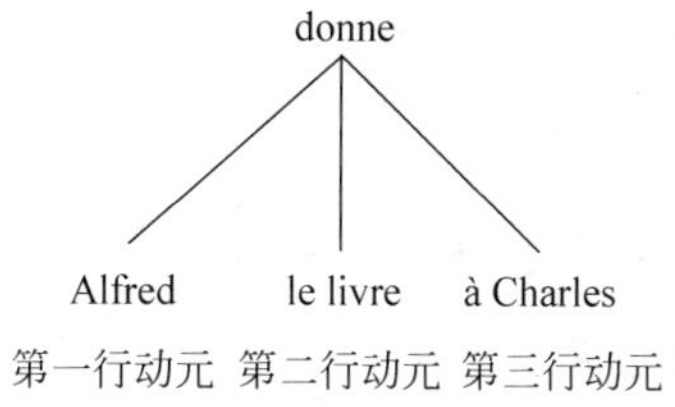

图 14-7　行动元

从理论上说，状态元的数目可以是无限的。例如：

Ce soir，je passerai vite，chez lui，en sortant du bureau，pour….

（今晚，我从办公室出来，将很快地到他家去，为了……）

其中，Ce soir，vite，chez lui，en sortant du bureau，pour 等，都是状态元。

行动元的数目决定了动词的价（Valence）的数目。如没有行动元，则为零价动词；如有一个行动元，则为一价动词；如有两个行动元，则为二价动词；如有三个行动元，则为三价动词。

例如：

零价动词（Verbes avalents）：

Il pleut　　　　0 个行动元

（下雨）

一价动词（Verbes monovalents）：

Il dort　　　　1 个行动元

（他睡觉）

二价动词（Verbes bivalents）：

Il mange une pomme　　　　2 个行动元

（他吃苹果）

三价动词（Verbes trivalents）：

Il donne son livre à Charles　　　　3 个行动元

（他把他的书给查理）

除了上面所述的关联之外，还有一个潜在的关联，它是语义上的关联而不是结构上的关联。潜在的关联在图式中用虚线表示。例如：

Alfred aime son père.

（阿尔弗列德爱他的父亲）

在这个句子中，son（他的）这个词不仅与其从属的词 père 有结构上的关联，而且它和 Alfred 还有语义上的关联。图式如下（图 14-8）：

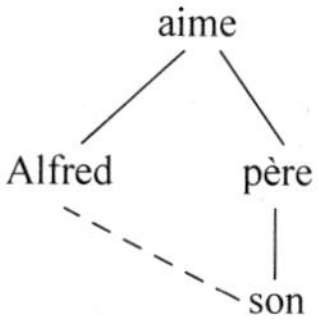

图 14-8　潜在的关联

2. 转位

泰尼埃提出了四个基本词类：动词、名词、形容词、副词。动词用 I 表示，名词用 O 表示，形容词用 A 表示，副词用 E 表示。它们之间的从属关系可图示如下（图 14-9）：

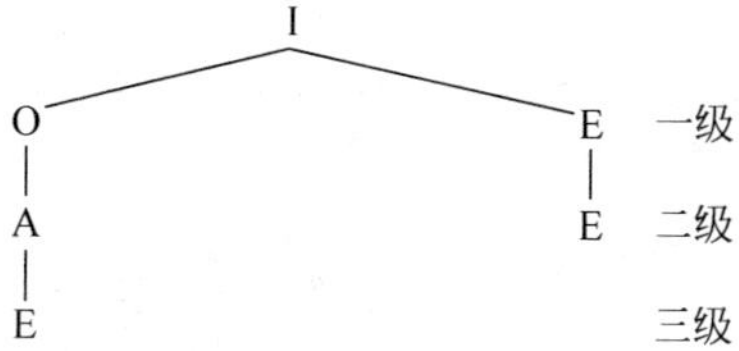

图 14-9　词类的从属关系

按照图式的结构层级看，第一级是动词，第二级是名词和副词，第三级是形容词和副词。第四级只能是副词。泰尼埃把这种含有符号的图式叫作“**虚图式**”（stemma virtuel）。泰尼埃认为，这些符号的使用，提供了用代数方法来计算语法的手段，只不过在这种操作中，是用字母代替了数字而已。这种类似于代数操作的方法，为我们提供了一种从无限的、个体的语言材料中抽取有限的、一般的句子结构的手段，即：用更一般的公式来代替众多具体句子的分析。

虚图式作为一种句子结构的一般模式在泰尼埃的结构句法理

论中占有非常重要的地位。从某种意义上说，泰尼埃的结构句法是一种基于虚图句式的、面向句子分析的理论。泰尼埃理论指导下的句法分析和研究，就是想办法将所有的句子纳入到上面这个图里。这个图不但给出了一个句子的合格性条件，也指明了理解句子的目标。

为了能把分析的句子（词组）纳入这种虚图式，泰尼埃在其理论中引入了**"转位"**（translation）概念。在词组 le livre de Pierre（皮埃尔的书）中，de Pierre 在结构上与 livre 发生关系，它起着类似于形容词的作用。这样，我们就要可以认为，介词 de 把名词 pierre 转位为话语中的形容词。

这种情况可图示如下（图 14-10）：

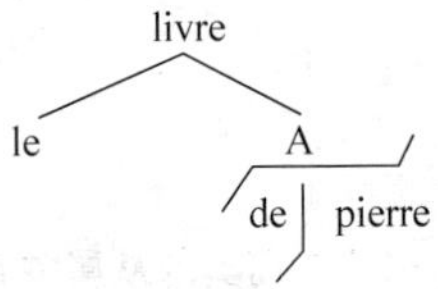

图 14-10　介词把名词转位为形容词

这时，de 是转位者（translateur），Pierre 是被转位者（translate），它们合起来构成一个转位。根据转位所涉及的词类，泰尼埃把转位区分为一度转位和二度转位。如果转位的被转位者是名词（O）、形容词（A）和副词（E），那这种转位就是一度转位。如上例就是一度转位。如果转位的被转位者是动词（1），动词本身是支配者而不是被支配者，那这种转位就是二度转位。例如，在句子

Je crois que Alfred reviendra

（我相信阿尔弗列德会回来的）

中，Alfred reviendra 代替了名词的位置，动词 reviendra 被 que 转位为名词。所以，这种转位是二度转位（图 14-11）。

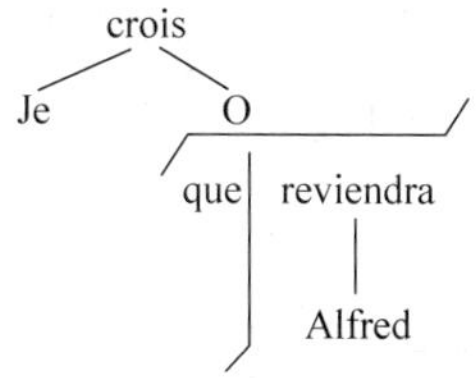

图 14-11　动词被 que 转位为名词

在一度转位和二度转位的内部，泰尼埃还区分了简单转位和复杂转位。如果转位只是把一个成分转位到另一个成分，就是简单转位。如上述各例都是简单转位。如果转位可连续地从一个成分转位到另一个成分，又由这个成分转位到其他的成分，也就是先转位为成分 C_1，再由成分 C_1 转位为成分 C_2，再由成分 C_2 转位为成分 C_3，如此等等，一直转位到成分 C_n，那这种转位就是复杂转位。例如，在 trancher dans le vif（割到肉里）中，vif 一词的转位就是复杂转位：形容词 vif 由转位者 le 转位为名词，而 le vif 的功能就其对动词 trancher 的关系来说相当于副词，其转位者是 dans。图示如下（图 14-12）：

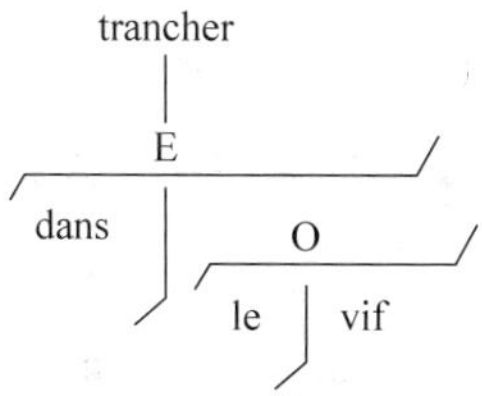

图 14-12　复杂转位

从理论上说，转位有六种类型：

O > A；　O > E；　A > O；

A > E；　E > O；　E > A。

在这六种类型的转位中，转位者或者是介词，或者是后缀，或者是加标记，转位者也可以为空。在下面的例子中，介词转位者注以 PREP，后缀转位者注以 SUFF，加标记转位者注以 INDICE，空转位者注以 ø。例如：

PREP

O > A：un poéte /de/ génie（天才诗人）

SUFF

un poéte gen /ial（天才诗人）

ø

là question//type（典型问题）

PREP

O > E：Il se bat/avec/courage

（他勇敢地奋斗）

ø

Cette année//il se bat

（这一年他奋斗）

INDICE

A > O：/le/vif（肉）

SUFF

La beau/té/（美丽）

SUFF

A > E：Courageus/ement/（勇敢地）

ø

Sentir bon//（散发香味）

INDICE

E > O：/le/bien（好处）

PREP

E > A：le mode /d'/aujourd'hui

（今天的风尚）

ø

un homme bien //（一位体面的人）

在泰尼埃 1959 年的巨著里，他用了 300 页的篇幅来论述"转位"的概念及其应用，这几乎占了他的著作一半的篇幅。尽管在大多数语言学家眼里，"转位"的意义和价值远不如"配价"和"依存"等概念，但我们认为"转位"是基于虚图式句法分析理论的必要成分：没有了它，基于虚图的句法结构体系就无法运作，就无法将无限的语句纳入有限的句式中，就难于在整个句法体系中实现递归操作，就很难将依存规则限制在一个可控的范围之内，就无法将简单句的规则推广到复杂句的分析领域。因此，"转位"是泰尼埃结构句法的重要组成部分，它对于完整地理解泰尼埃的理论是不可缺少的。

泰尼埃的语言学思想已引起了越来越多的语言学家的重视，从事语言信息自动处理的语言学家们特别推崇这一理论。这一理论在自动翻译、人机对话的研究中，显示出越来越大的作用。

法国格勒诺布尔理科医科大学教授沃古瓦（B. Vauquois，

1929—1985），在他所领导的GETA自动翻译实验室中，采用这一理论来设计多语言自动翻译系统，异军突起，成果累累。冯志伟把泰尼埃的依存语法与乔姆斯基的短语结构语法结合起来，在GETA研制了世界上第一个把汉语自动地翻译成多种外国语的汉—法/英/日/俄/德多语言机器翻译系统，展现了依存语法在自然语言信息处理中强大的生命力。

第二节　依存语法在法国本土之外的发展

《结构句法基础》是在泰尼埃去世之后5年才出版的，他的这本著作被众多的法国语言学家引用，但遗憾的是一般只是作为一本语言学的经典引用一下而已，在法国语言学界并没有人深入挖掘这本巨著的内涵，更谈不上进一步的发展了。

20世纪90年代以来，这种状况有了一些改善。例如，在玛德莱—磊鑫（Madray-Lesihne）和理查—扎佩拉（Richard-Zappella）编辑的泰尼埃诞生百年学术纪念文集中①，大多数文章就是法国学者用法语写的。在计算语言学界，在巴黎第七大学的西尔万·卡恩（Sylvain Kahane）努力下，出版了有关依存语法研究的文集，并在巴黎召开了首届“意义⇔文本理论”（Meaning Text Theory，简称MTT）国际会议②。在法国还成立了泰尼埃研究中心（Centre de Recherche，Lucien Tesnière）。这些有助于泰尼埃的

---

① Madray-Lesihne，F.，& Richard-Zappella，J.（Eds.）（1995）*Lucien Tesnière aujourd'hui*. Actes du Colloque International C. N. R. S. URA-Université de Rouen 16-17-18 Novembro 1992. Louvain/Paris：Editions Peeters.

② “意义⇔文本理论”实质上是一种依存语法理论。

思想在自己祖国法国的进一步发展（图 14-13）。

CENTRE DE RECHERCHE
LUCIEN TESNIERE

图 14-13　泰尼埃研究中心

除了在法国本土之外，依存语法在德国、北欧、英国、俄罗斯也得到了很大的发展。

德国语言学家采用短语结构语法来处理德语显得困难重重，因此，他们采用了泰尼埃的依存语法的理论来研究德语。

第一部采用依存语法的原则来描写德语的语法，是由赫林格（Heringer）在 1970 年发表的《德语句法理论》（*Theorie der Deutschen Syntax*）。这部语法采用的是一种将短语结构语法和依存语法两者结合起来的形式化模型，但一般认为他的这部语法可以归为依存语法。经过 20 多年的努力，赫林格的依存语法已经发展成为一种纯粹的依存语法，可读性也大有改善，在他 1996 年的语法书《德语依存句法》（*Deutsche Syntax Dependentiell*）里，再也看不到短语结构语法的影子了。此外，在赫林格等人于 1980 年编写的句法教科书中，首次对依存语法进行了较完整的形式化处理，建立了一种依存语法的形式化模型。

20 世纪 60 年代后期，在东德的莱比锡和西德的曼海姆产生了两个研究配价理论和依存语法的团体，分别形成了莱比锡学派和曼海姆学派。

莱比锡学派的领军人物是赫尔比希（Gerhard Helbig），他和申克（Schenkel）于1969年编辑出版了第一部《德语动词配价词典》，此后，他们又编辑出版了《德语形容词配价词典》（1974）和《德语名词配价词典》（1977）。除发表了大量的文章之外，莱比锡学派还出版了一些有关配价的论文集，其中赫尔比希在1992年出版的《配价和格理论问题》（*Probleme der Valenz-und Kasustheorie*）和维尔科（Welke）在1988年出版的《配价和格理论导论》（*Einführung in die Valenz-und Kasustheorie*）两本著作被认为是研究配价理论的入门必读书。赫尔比希还写了几本语言学方面的教科书。这些被广为使用的教科书对配价理论的普及起到了积极的作用。

莱比锡学派的贡献主要在配价理论和配价词典的编撰方面。在他们的影响下，很多德国学者干脆把“依存语法”直接叫作**“配价语法”**（Valenz Grammatik）。

曼海姆学派的核心人物是恩格尔（Ulrich Engel）。虽然曼海姆的学者们也编辑出版了德语动词的配价词典，但是这一学派的主要贡献在于研究并实现了用依存语法的原则来全面描写德语中主要的语言结构的思想。

恩格尔编写了两部德语语法分别在1982年和1992年出版，他的这两部德语语法可能是语言学历史上第一次只用依存语法的原则来完整地描写一种语言的语法。

1980年，恩格尔把泰尼埃的依存语法经典著作《结构句法基础》翻译成了德语，虽然不是全译，但仍有助于德国学者对于泰尼埃经典著作的学习和研究，并进一步推动了依存理论在德国的发展。

莱比锡学派和曼海姆学派的一个共同之处是把配价语法作为“对外德语教学”（Deutsch als Fremdsprache，简称 DaF）的理论基础。无论是 1969 年最早出版的莱比锡德语配价词典，还是 2004 年最新出版的曼海姆的德语配价词典，以及近年来在德国出版的各种配价词典，都强调了配价词典在对外德语教学领域的作用。

德国研究配价语法的学者，并不是全都集中在莱比锡和曼海姆这两个地方。配价语法研究在德国算得上是遍地开花。

鲍姆（Baum）1976 年出版的《依存语法》是目前研究泰尼埃理论起源的最好的德文本著作。埃蒙斯（H. W. Eroms）于 1981 年发表过大量有关配价的文章和著作，他在 2000 年编著的《德语句法》是完全建立在依存语法的原则之上的，反映了德国学者在这一方面研究的新成果。

在埃蒙斯和其同事们的努力下，世界最著名的语言学出版社之一 Walter de Gruyter 出版了当今内容最全面的配价和依存研究参考书《依存和配价研究手册》①。

1978 年，赫尔维希（Peter Hellwig）在自己的博士论文里，

---

① 即两卷本的 *Dependenz und Valenz*：Ein Internationales Handbuch Der Zeitgenösischen Forschung。这本手册两卷共计 1600 页，包括了 121 篇文章。此书的主编是匈牙利学者艾格尔（Ágel），但后期的主要工作是在埃蒙斯领导下进行的。

创立了一种基于配价概念的自动语义分析方法，今天这种思想已经发展成了依存语法的代表理论之一：“依存合一语法”。

1975年，昆泽（Kunze）等人从自然语言处理的需要出发，研制了一种面向语言信息处理的依存语法。

1979年，托依拜特（W. Teubert）出版了研究名词配价的专著，首次提出名词也有配价，并且系统地研究了名词的配价问题。

1993年，罗宾（Lobin）出版了一本专门研究如何在依存语法的框架下处理语言中的并列结构的专著。

科赫（P. Koch）是德国的罗曼语学者，他用依存和配价原理来研究罗曼语族语言，1991年编辑了《罗曼语依存和配价研究》。

1993年，维尔奈尔（E. Werner）出版了一本研究泰尼埃的“转位”理论的最全面的著作。

除了按照依存语法原则编写的德语句法书之外，也有一些用德语写成的有关依存语法理论的一般性（导论性）著作。其中最有名的要数德国计算语言学家韦伯（Weber）发表于1997年的著作《依存语法》，此书可视为泰尼埃《结构句法基础》的浓缩精华本。

依存语法研究的另外一支力量，是欧洲特别是北欧的日耳曼语言学者。

很多北欧学者也把依存语法称为配价语法。

挪威的阿斯科达尔（J. O. Askedal）从多种角度探讨了配价问题，他在2003年发表的研究泰尼埃“配价和依存”的文章值得每一位研究依存和配价的学者阅读，他1996年发表的关于美国符号学家皮尔斯（Pierce）和泰尼埃的比较研究的文章，对更深入地认识依存和配价的普遍性具有很大的意义。1979 年他还用挪威语出版过一本《配价语法》，介绍现有各家的配价思想，其中有两章是研究句模和助动词配价的。

芬兰学者科罗纳（J. Korhonen）研究配价的历时演变，他于 1977 年和 1978 年出版了两本有关配价和依存的著作，覆盖面广，内容丰富，引用资料翔实，直到今天还是许多研究者的案头必备书籍。

芬兰的另外一位学者塔尔万尼（K. Tarvainen）在 1981 年出版了一本关于配价和依存语法理论的教科书，此书也有芬兰语的版本。

瑞典的尼库拉（H. Nikula）对配价与语义、语用的关系进行过深入的研究，他在 1986 年用瑞典语出版过一本《依存语法》的教科书。

匈牙利学者艾格尔（Ágel）不但参与主编了前面提及的《依存和配价研究手册》等重要著作，而且在 2000 年还出版了一本名为《配价理论》的教科书。

日本的自然语言处理研究者在许多系统中采用了依存语法作为句法模型，但在语言学界有关依存语法的专论却不多见。

児玉德美 1987 年出版的《依存语法研究》[①] 是我们所知道的唯一的一本这方面的专著。児玉德美的著作严格说来是一本论文集，全书共九章，其中的四章主要介绍英国语言学家哈德森

① 児玉徳美，《依存文法の研究》，1987。

（Richard Hudson）的“**子依存语法**”（Daughter dependency grammar）和“**词语法**”（Word Grammar），两章介绍依存语法的一般原则和方法，还有一章简单分析了用依存语法来处理汉语的可能性，其余两章和依存语法的关系不大。这本书的贡献不在于为日本读者提供了一本含有“依存”字样的专著，而在于它讨论了依存关系和语言词序类型的问题，并用日语和汉语的例子进行了说明。

管山谦正在2002年编辑了一本有关“词语法”的论文集，所收录的文章均为英文，七篇文章中有三篇的作者是日本学者。

用英语出版的有关配价理论的著作不多，最有名的是爱乐彤（Allerton）在1982年出版的《配价和英语动词》。

1971年，安德森（Anderson）出版的《格语法》（*The Grammar of Case*：*Towards a Localistic Theory*）和在1977年出版的《论格语法》（*On Case Grammar*：*Prolegomena to a Theory of Grammatical Relations*）这两本著作，虽然从书名看都有“格语法”的字样，但和我们大家熟知的菲尔摩（Fillmore）的“格语法”不是一回事。安德森的“格语法”是一种结合了“依存”和“格”的理论，他的理论对斯塔罗斯塔（Stan Starosta）的“词格理论”（Lexicase）和哈德森（Hudson）的“词语法”（Word Grammar）都产生过不小的影响。

1997年，费舍尔（Fischer）出版的《德英动词配价对比研究》虽然是一本用英语写的著作，但采用了恩格尔（Engel）的框架来进行德—英动词的比较，对于不懂德语的人来说，这是不错的参考资料。

1987年，索牟斯（Somers）出版了标题为《计算语言学中的价和格》一书，他认为“价”和“格”是两个紧密相连的概念。索牟斯在书里介绍了有关“价”和“格”的主要流派和方法，以及它们在计算语言学中的一些应用，但是还没有形成一套完整的理论和方法。

2004年，赫尔布斯特（Herbst）等主编的《英语配价词典》是第一部关于英语的真正意义上的配价词典。这本词典所收词类不但有动词，还有名词和形容词。

基于依存关系的语言学理论，目前主要有“词语法”（Word Grammar，简称WG），“意义⇔文本理论”（Meaning⇔Text Theory，简称MTT），“功能生成描述理论”（Functional Generative Description，简称FGD）和“词格理论”（Lexicase）。

1984年，英国语言学家哈德森（Richard Hudson）在提出了“词语法”语言理论。哈德森认为，语法是由一种语言中所有的词构成的网络，语法没有天然的边界，因此，不存在语法甚至语言模块；语法网络只是有关词汇知识的整个网络的一部分，它和这个网络中有关百科知识、社会结构、语音等子网络密切相关。在词语法中，“语法”和“词汇”在描写上没有什么本质的区别，只不过语法处理的是一般性的模式，词汇描述的是有关单词的事实。从形式上看，一般模式虽然涉及的是有关词类方面的事情，但表现方式与描写具体单词的方法没有什么不同。虽然词间依存是构成词语法的基础，但不能把词语法理论简单地看成是一种句法理论，而应当看成是一种几乎涵盖了共时语言学各个分支的语言学理论，并将各个分支的研究领域统一在一面旗帜之下：“语言是一个概念网络”。

“意义⇔文本理论”是从苏联早期机器翻译研究发展起来的一种形式化程度很高的语言学理论。这是一种分层次的、基于依存关系的语言理论，多年来，意义⇔文本理论已经被用在了众多的自然语言处理应用上。但总的说来，在生成方面的研究和应用要远远多于剖析方面，这可能与意义⇔文本理论创始人之一的梅里楚克（Mel' čuk）对于语言的根本看法有关，他认为对语言学家而言，生成过程是可研究的，而理解过程却因为牵涉不少非语言的东西，难以做完全彻底的研究。这一点，也可从理论的名字“意义⇔文本”的先后顺序看出。研究意义⇔文本理论的学者主要分布在加拿大、俄罗斯、德国和法国。2003 年在巴黎，2005 年在莫斯科，2007 年在奥地利的克拉根福，召开过意义⇔文本理论的国际会议。

“功能生成描述理论”是以斯加尔（Petr Sgall）为首的一些布拉格数理语言学家创立的一种分层次、基于依存原则的语言描写和形式化理论。我们在讲述布拉格学派时已经介绍过这种理论。布拉格的学者也研究依存语法，特别是在自由词序的语言的依存语法的形式化理论和计算机实现方面做了许多开拓性的工作。

“词格理论”是美国夏威夷大学的斯塔罗斯塔（Stan Starosta）于 20 世纪 70 年代初创立的一种句法理论，它不但是一种泛词汇主义的理论，也是一种依存理论。斯塔罗斯塔本人和他的学生已经用这种理论分析了大约 50 种语言的各类问题。遗憾的是在斯塔罗斯塔去世后，这种理论基本处于停滞状态。

第三节　配价和配价词典

配价和依存有着密切的关系，以至于有学者几乎将二者等同看待，但二者实际上是有区别的。关于这个问题，德国语言学家赫尔比希说得非常清楚："依存语法和配价理论（也称配价语法）并不完全相同。一方面，既有不含配价概念的依存语法；另一方面，也有与依存语法无关的配价理论。"①芬兰语言学家塔尔万尼对配价在依存语法理论中的作用也进行过很好的概括和总结，他认为："依存是一种将句子描写层级结构的语言学方法。在这个层级里，动词是最高的支配成分，它有一些诸如主语、宾语、状语的下属成分，这些从属成分也可以有自己的下属成分。配价是我们称之为价携带者的动词、形容词或名词，为了完善其句法和语义结构，而与其他成分（补足语）结合的一种能力。用依存的观点看，价携带者是一种支配成分，补足语是从属成分。这样，配价理论就是依存理论的一部分。也可以说，配价理论只研究价携带者的补足语问题，而依存语法则要考虑补足语和说明语。"②

上一节简要介绍了泰尼埃之后的依存语法在法国本土之外的发展主线，本节主要介绍有关配价和配价词典的一些情况。

泰尼埃也被认为是现代配价理论的奠基人，但在泰尼埃有关结构句法的那本巨著里，有关配价的内容实在不算多。"配价"

① Helbig, G. *Linguistische Theorien der Moderne*. Berlin: Weidler Buchverlag. 2002: 126。

② Tarvainen, K. *Two Papers on Dependency Grammar*. Umeå Papers in English. 1983: 13—14。

（Valence）是第一部分（connexion，联系）中的一章（Livre D），它含有 23 个小节（第 97—119 页），共有 44 页（第 238—282 页）。在定义了什么是“动词的配价”概念之后，其他的内容大多是谈从零价到三价的动词的。

泰尼埃有关配价的主要论述为：

“我们看到（见 50.5 节[①]），动词有不带行动元的，带一个行动元的，带两个行动元或带三个行动元的。”（97.1，238）[②]

“可以把动词比作一个**带钩的原子**，动词用这些钩子来吸引与其数量相同的行动元作为自己的从属成分。一个动词所具有的钩子的数量，即动词所能支配的行动元的数目，就构成了我们所说的**动词的配价**。”（97.3，238）

“应该指出的是，不必总是要求动词依照配价带全所有的行动元，或者说让动词达到饱和状态。有些价可以不用或空缺。”（97.5，238）

为了更好地理解这几段话，我们有必要再回头看看泰尼埃关于动词的一些论述：

“在大部分欧洲语言中占中心地位的动词节点，代表了一出完整的**小戏**。如同实际的戏剧一般，它必然有**剧情**，大多也有**人物和场景**。”（48.1，102）

“把戏剧里的说法挪到结构句法中来，剧情、人物和场景就

① 此节内容论述的是有关行动元（actant）的问题。

② 引语后的括号中，前一个带有小数点的数字表示的是章节，后一个数字它在 Tesnière 的 Élément de Syntaxe Structurale（1959）一书中的页码。下同。

变成了**动词**、**行动元**和**状态元**。”① （48. 2，102）

这两种比喻反映了泰尼埃对价的两种看法：关于“原子”的比喻把句子看成分子，这是一种对句子的形式描述，可看成是价在句法方面的属性；“小戏”的比喻关注的更多的是句子内容方面的描述，可看成价在语义方面的属性。因此，“价”同时具有句法—语义属性可能是泰尼埃的本意。

在具体确定某个词的“价”时，泰尼埃又采用了几种不同的方式：第一种源于他著名的“小戏”比喻，即动词是剧情，行动元是演员，状态元是场景，这是一种与具体语言无关的语义指标；按照句子的虚图式结构来看，行动元应该是名词或其等价物，状态元应该是副词或其等价物，这基本剥夺了介词短语作为行动元的可能，但泰尼埃自己又说过：“在某些无格标记的语言里，第三个行动元可以通过介词来标记。”（1959：114）为此，他列举了“阿尔弗雷给卡尔书”的德语和法语图式 O（图 14-14）：

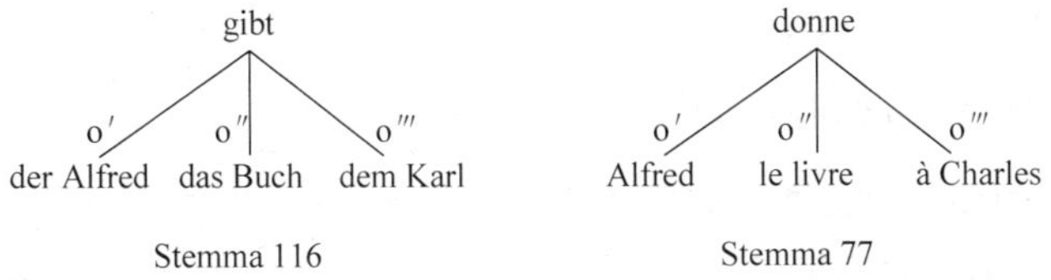

图 14-14　德 · 法语对比图式

① 泰尼埃关于动词和戏剧的比喻非常生动形象。如何在汉译名中尽可能保留这些意义，是一个有趣的实践。在不少领域，汉语的译名借自日文中的译名。为此，我们从日本学者管山謙正的两篇有关动词配价的日文文章中提取出有关术语的日文译名，供大家参考：价—结合价，行动元—共演成分，状态元—状况成分，必有行动元—义务的共演成分，可选的行动元—随意的共演成分，自由状态元—自由添加成分。（Some notes on verb valency in Englsih I，II，神户外国语大学論叢，1984. 4/1988. 1）

这两个图式也引出了泰尼埃采用的另一种叫“必有性”的指标，所谓“必有性”指的是为了完成作为支配者的动词的意义，所必需的名词性成分，即：行动元，这是与具体语言相关的语义和功能指标。泰尼埃对此做了这样的解释：“从意义的观点看，行动元和动词形成了一个整体，或者说，为了完善动词的意义，他们是不可分离的。如，在句子‘Alfred frappe Bernard’（阿尔弗雷德打了贝纳德）中，缺少第二个行动元的‘Alfred frappe’就是错误的。反之，状态元就其本质却是可选的，如，句子‘Alfred marche’（阿尔弗雷德散步）就是自足的，无需说明他和谁一起散步，也不用说他散步的原因。”（1959：128）

泰尼埃“小戏”的说法很生动，已成为讨论动词中心说和配价问题时的一种经典比喻。但这其中也隐含着问题，如：演员和场景要不要区别，怎么区别？在演员里，要不要区分主角和配角？场景需不需要进一步细分？其他难以用“小戏”来比喻的词类的配价怎么处理呢？当然，“小戏”的说法使得人们很容易把泰尼埃的理论和现代认知科学和人工智能领域里的“脚本”（script）和“框架”（frame）理论联系在一起。

所有这些源于泰尼埃原作中的不一致和跨越多个语言结构层面的对“价”的界定方式，在为后人留下了发展空间的同时，也埋下了争论的导火索。

泰尼埃以上这些关于配价的说法，数量不多，而且有不一致的地方，因此，有语言学家对于泰尼埃作为配价理论创立者的地位提出疑义。

1948年，苏联语言学家科茨年松（Kacnel'son）首次提出

“配价”这个术语。他说：“在每一种语言中，完整有效的具体化的词不是简单的词，而是带有具体句法潜力的词，这种潜力使得词只能在严格限定的方式下应用，语言中语法关系的发展阶段预定了这种方式。词在句中以一定的方式出现以及与其他词组合的这种特性，我们可以称之为句法配价。”①

1949 年，荷兰语言学家格鲁特（A. W. de Groot）在他的《结构句法》（*Structurale Syntaxis*）一书中也使用了“配价”这一概念，而且还系统地描述了建立在配价概念基础上的句法体系。但是，此书受荷兰语之限，鲜为人知。格鲁特在他的书中写道：“与其他词类相比，某些词类的运用可能性受到限制，即：词类具有不同的句法配价。配价是被其他词所限定或限定其他词的可能性或不可能性。”② 他在句法研究中使用了“valentie”（配价）和“syntactische valentie”（句法配价）这两个术语。格鲁特认为不但词有“配价”，语言中的其他结构也都有“配价”；不但动词有“配价”，而且所有其他词类，如：名词、冠词、数词、感叹词、介词短语等都有“配价”。这是一种“泛配价”的观点。

所以，就“配价”这个术语在语言学界的使用时间而言，泰尼埃无疑要晚于格鲁特，更晚于科茨年松，尽管泰尼埃早在 1934 年就把动词比作了小戏，就把动词按照所需行动元的多少进行了分类，但他毕竟没有使用“配价”这个术语。

---

① Kacnel'son, Solomon. D, O grammatičeskio kategorii. In: Vestnik Lenningradskogo Universiteta, serija istorii, jazyka i literatury 2. Leningrad. 1948: 114—134.

② de Groot. A. W, Structurele syntaxis. Den Haag: Servire. 1949: 114.

舒伯尔特（Schubert）说："在语言学中，他（泰尼埃）既不是唯一一位也不是第一位使用它（价）的学者，但毫无疑问的是，这个术语是因为他的著作才变得如此广为人知。"①这样的评价是符合事实的。

匈牙利学者艾格尔（Ágel）认为，泰尼埃对于配价理论的贡献主要在于：他在配价的基础上，发展了一套完整的语法理论；配价是他的结构句法理论有机的组成部分；泰尼埃有关配价的概念和定义，基本上就是现代配价理论研究的中心问题和根本任务。这包括：

1. 配价能力的研究，也就是价的携带者的形式、语义和其他特征的研究；

2. 行动元和状态元的区分及其操作过程的研究；

3. 价和价实现的区分，以及辨别的手段和方法的研究。

艾格尔的评价是公允的。

下面是几种具有代表性的关于配价的定义：

"价指的是动词及受其支配成分之间的抽象关系；句法配价是指动词在其周围开辟一定数量的空位，并要求用必有或可选的共演成分（Mitspieler）填补的能力。"②

"价是语言单元的一种能力，使用这种能力它可与其他特定的单元构成更大的单元。价虽然是一种独立于依存的概念，但我

---

① Schubert, K. *Metataxis: contrastive dependency syntax for machine translation*. Dordrecht: Foris. 1987: 61.

② Helbig, G., and Schenkel, W. Wörterbuch zur Valenz und Distribution Deutchser Verben, Leibizig: Bibliographishes Institut, 1978: 49—50.

们可以将一个词的价定义为它所属词类的子类具有的向下依存关系之能力。”①

“如同原子一样，词也不是孤立出现的，而是要和其他的词组合形成更大的单位：可以和这个词一起出现的其他成分的数量与类型是语法的一个非常重要的部分。又如原子一般，词用这种方式和其他词结合的能力可以用一个术语‘价’来表示。”②

哈德森在他的在线（on line）《词语法百科》（*Encyclopedia of English Grammar and Word Grammar*）中，对“价”做了这样描述：“‘价’这个术语是欧洲传统依存语法的一部分。它涉及一个词所期望的依存关系，在所谓的‘配价词典’里列出了数以千计的词（特别是动词）的所有可能的价模式。说一个词有什么价，指的是它与其他词的‘结合’的方式。本术语一定包含所有的补足语和所有的主语（即，我们的‘价语’valents），并肯定不含说明语（状语）。”③

虽然这些价的定义不太一样，但将价理解为一种词的结合能力大致不会有什么问题。从这些定义，也可看出有的学者将价看成一种语言单位的普遍能力，有的则认为它只是动词才有的一种能力；大多数学者也认为配价只应考虑补足语（行动元），而不

① Fischer，K.，German-English Verb Valency，Tübingen：Gunter Narr Verlag，1997.

② Herbst. T.，D. Heath，L. F. Roe，and D. Gotz，A Valency Dictionary of English：A Corpus-Based Analysis of the Complementation Patterns of English Verbs，Nouns and Adjectives，Berlin/New York：Mouton de Gruyter，2004：vii.

③ Hudson，R.，Encyclopedia of English Grammar and Word Grammar，http：//www. phon. ucl. ac. uk/home/dick/enc-gen. htm，2004.

应包含说明语（状态元）。总的说来，配价是词的一种根本属性，广义的配价是指词具有的一种和其他词结合的能力，这种能力是一种潜在的能力，它在语句中的实现受句法、语义和语用等因素的限制；狭义的配价指动词等词类要求补足语的能力①。

配价可以从逻辑、句法和语义三个不同的层次来认识。

1. 逻辑配价：德国学者邦茨欧（W. Bondzio）认为，在句法结构的组合过程中，词汇的意义提供了决定性的前提，词汇本身具有联结的可能，其联结的能力来源于词汇的语义特点，词义的概念核心反映了语言之外的现实中各种现象之间的关系。例如，德语的 verbinden（联结）这个词的词义表示了联结者、联结的对象、同联结的对象相连的成分三者的关系，德语的 besuchen（访问）这个词的词义表示了访问者和被访者两者之间的关系。配价学者用“空位”这个谓词逻辑的术语来表示词义所具有的关系。动词 verbinden 的词义含有三个空位，动词 besuchen 的词义含有两个空位。空位的数量是完全由单词的词义决定的，在词义的基础上产生的空位就是“价”，某个单词的词义含有的空位数就是该词的价数。这种由于词义的逻辑关系所决定的配价，叫作逻辑配价。在不同的语言中，同一个概念所表示的逻辑配价的价数是相同的。在汉语中，“联结”这个动词也是三价的，“访问”这个动词也是两价的。不过，在某一具体的语言中，逻辑关系如何实现，则要借助于该语言特殊的表现方法。

---

① 刘海涛、冯志伟：自然语言处理的概率配价模式理论，载《语言科学》，2007 年，第 3 期。

2. 句法配价：逻辑配价在某一具体语言中的表现形式是不尽相同的，这种不同的表现形式，是由具体语言的特有的形式决定的，逻辑配价在具体语言中的表现形式就是句法配价。例如，“帮助”这个动词的逻辑配价为三价：帮助者、被帮助者、所提供帮助的内容，这种逻辑配价在德语中的表现是：谓语动词需要变位，帮助者用主格表示，被帮助者用给予格表示，所提供的帮助用 bei 构成介词结构表示。“他帮助我工作”的德语是“Er hilft mir bei der Arbeit”。同一语言中的同义词的逻辑配价是相同的，但却往往具有不同的句法配价。例如，德语的 warten 和 erwarten 都表示“等待”，逻辑配价是一样的，它们都是二价动词，有两个空位：等待者、被等待者。但是，warten 的被等待者要用 auf 构成介词结构表示，而 erwarten 的被等待者则用宾格表示，比较：

Er wartet auf seine Freundin

Er erwartet seine Freundin

这两个句子的含义都是“他等待他的女朋友”。

3. 语义配价：语义配价是指充当补足语的词语在语义上是否与动词相容。语义配价在不同语言中往往有不同的特点。例如，汉语中可以说“喝汤”，补足语“汤”在语义上与动词“喝”是相容的，但在德语中，Suppe（汤）与 trinken（喝）是不相容的，德语中不说“eine Suppe trinken”（喝汤），而要说“eine Suppe essen”（吃汤），而在汉语普通话中是不能说“吃汤”的。这种语义配价也同样反映了不同语言的特性。

赫尔比希提出了“**补足语**”（Ergänzungen，简称 E）和“**说**

明语”（Angaben，简称 A）的概念，补足语大致相当于泰尼埃的行动元，说明语大致相当于泰尼埃的状态元，赫尔比希指出某些状语也是动词要求的配价成分，并把补足语分为必有补足语和可有补足语两种。按照赫尔比希的说法，对于所有的配价理论研究者，不论他的研究路向是句法、语义还是语用和认知，如何区分补足语（E）和说明语（A）都是他们的中心问题。但在实际操作过程中，这个问题并不好处理。

他的著作他还与申克尔（W. Schenkel）合编了《德语动词配价与分布词典》（1978）。这部词典的出版开创了配价研究和应用的新天地。赫尔比希总结出了构造配价词典条目的六个步骤：

（1）分析动词对应的谓词的逻辑语义结构，找出形成完整谓词结构的可词汇化论元的数量；

（2）标出动词具有的语义特征；

（3）为动词标示语义格，也就是为第一步得到的那些论元赋予明确的语义角色，如：施事、受事、地点、工具等；

（4）对可词汇化的论元进行语义指称分析，并进行诸如［±Anim］，［±Hum］，［±Abstr］之类的语义特征标识；

（5）处理从语义层到句法层的映射问题，要考虑两种情况：一是按照句子的功能成分，如：主语、宾语等，二是按照句子成分的形态表示，如名词是什么格，介词短语的类型等，这是对行动元（补足语）的定性描述；

（6）给定词项行动元（补足语）的定量描述，也就是给出动词项的价数，应区分必有和可有补足语①。

赫尔比希提出的确定配价的六原则模型，不但对于配价词典的构造具有重要的价值，而且对于配价词表的建设也具有重要的参考价值。

由这6个步骤，我们不难看出在构造某种语言的配价词典（表）之前，要对动词进行细致的分类，要有一个语义格关系表，要有区别名词性成分的一套语义标记，此外还要一套适合该语言的句法关系集。

现在我们来看如何根据这6个步骤处理一个具体单词的例子：

wohnen（Er *wohnt* in Köln/am Bahnhof）（他住在科伦/火车站）

Ⅰ.　**R** a b（a和b之间的关系）语义空位的数量：2

Ⅱ.　（a）与配价有关的谓词特征：［+静态］［+关系］［-对称］［+外表］［+地点］

（b）与配价无关的谓词特征：［+位置］［+房屋］［+固定］……

Ⅲ.　语义格：

a　状态拥有者

b　方位格

Ⅳ　名词的语义标记：

a　［人类］

① Herbig. G.. and W. Schenkel, Wörtbuch zur Valenz und Distribution Deutscher Verben. Leibzig, Bibliograhishes Institut, 1978.

b ［+具体］，［-生命］，［+固体］；［+地点］，［+建筑物］……

Ⅴ （a）a Subj

b Adv

（b）a Sn（主格）

b pS（介词短语）

Ⅵ $wohnen_2$（句法价）

下面列出了《德语动词配价与分布词典》中有关 wohnen 的条目，从中我们可以了解词项在配价词典中是如何表示的①：

赫尔比希德语配价词典格式

wohnen

Ⅰ. $wohnen_2$

Ⅱ. wohnen Sn，pS/Adj

Ⅲ. Sn Hum（*Der Lehrer* wohnt in der Schule. 教师住在学校）

p = bei，neben，in …（方位介词）

pS Loc （Er wohnt *bei seinen Freund*，*neben dem Gasthaus*.）

Adj Mod （Mein Vater wohnt *gut*.）

曼海姆德语研究所 2004 年推出的德语配价词典 VALBU 含有 638 个动词，这些词均选自“Zertifikats Deutsch”（ZD，德语证书）词表。该词典不仅详细地给出了词项的句法和语义配价，还提供了形态、构词、被动、熟语、问题等方面的信息。我们来看

① Herbig，G.. and W. Schenkel，Wörtbuch zur Valenz undDistribution Deutscher Verben. Leibzig，Bibliograhishes Institut，1978：127.

以下本词典是如何处理 wohnen 一词的①：

曼海姆德语研究所配价词典（VALBU）格式

wohnen wohnt-wohnte-hat gewohnt

wohnen 1　voruebergehend eine Unterkunft haben（短暂居住，客居）

wohnen 2　irgendwo seine Wohnung haben（在某地长期居住）

- **SBP** wohnen 1 NomE AdvE　句法价
- **BED** irgendwo voruebergehend eine Unterkunft haben; untergebracht sein.（在某地短期居住）

例句：Wohnen Sie [diesmal] [auch wieder] im Hotel Benther Berg?

她［这次］［还］住在贝瑟山饭店吗？

- **BELR** NomE：derjenige，der eine Unterkunft hat：Person.（客居者：人）

例句：Wir alle sollen jedes Jahr wiederkommen，［im Sommer mindestens vier Wochen］bei ihnen wohnen.

我们大家应该每年都来，［一个夏天至少有四星期］住在你这儿。

AdvE：Ort（场所）

in + D：Ortspunkt [meist Hotel]（地点，多为旅店）

bei + D：Ortspunkt [indirekt Person]（地点，某人处）

---

① Schumacher，H.，J. Kubczak，R. Schmidt，V. de Ruiter. VALBU：Valenzwörtbuch Deutscher Verben. Tübingen：G. Narr. 2004：850—851.

SBP wohnen 2 NomE AdvE1 v AdvE2

■ **BED** irgendwo irgendwie seine Wohnung haben und dort staendig leben.

（在某地有住处，并长期生活在那里）

例句：Wir wohnen in einem alten Haus. （我们住在一栋老屋里）。

■ **BELR** NomE：derjenige，der irgendwo seine Wohnung hat：Person.（居住者：人）

AdvE1：Ort（场所）

AdvG/an + D/auf + D/in + D/. . . ：Ortspunkt（地点）

bei + D：Ortspunkt/ [indirekt Person]（人）

AdvE2：AdvG/zu + D：Art und Weise（方式）

■ **PASSK** kein Passiv moeglich（不能构成被动态）

■ **WORTB** die Wohnung （构词）

从上例中，我们可以看出 VALBU 具有更好的可用性。每个词项不仅含有该词的句法、语义配价信息，而且也有其他有助于正确使用该词的信息。每个词项下列出了它的所有义项，但不同的义项又分别进行了处理，这既便于查找，又有利于表现差异。词项首先对各义项有一个简单的释义，这样的安排，更有益于多义项词的查考。对于每一个义项，有这样一些项目：

■ **SBP** 为句法价，也就是“造句平面”，列出了该词在该义项下的句法价要求。

■ **BED** 为义项的详细释义，一般有一个例句，例句中方括号里的成分为说明语。

- **BELR** 部分详述了可担当句法价各成分的语义要求以及句法实现手段，每一种用法都有例子相伴。
- **PASSK** 给出了该义项能否构成被动态的信息，如果能，则给出形式。
- **WORTB** 提供了该词项名词化和形容词化的信息。

总的说来，这本历时十余年的配价词典不但吸取了配价词典编撰几十年来的经验，也采用了词典编撰的一些新技术，如大部分例子取自语料库等，可算是面向外语教学的配价字典的代表之作，值得仔细学习和研读。

赫尔布斯特（Herbst）等编的《英语配价词典》（2004）是第一部真正意义上的英语配价词典。与此前的配价词典相比，这本词典有这样一些特点：它是德、英等国语言学家合作的产物，这就使得它可以继承传统德语配价词典的优点；它是一种综合性的配价词典，所收词类不但有动词，也有名词和形容词；它是基于语料库的配价词典，词典编撰的依据是 COBUILD 的英语语料库（Bank of English），几乎所有的例句均取自该语料库①；可能是目前收词最多的配价词典，收有 511 个动词，274 个名词，544 个形容词；词典的针对性强，明确提出这部词典就是为外国人学英语服务的；由世界最著名的语言学出版社之一 Mouton de Gruyter 出版。

词典含有如下信息：

- **配价模式**（valency pattern）：模式中给出一个具有特定意

① 词典编撰时语料库的规模为 3.2 亿词。

义的词的出现语境；

- **单词的意义**：给出一个词在一个特定的模式下出现时的意义；
- **单词的搭配范围和语义角色**：说明哪些其他的词可以出现于这个配价模式当中；
- **配价模式的差异**：说明这个配价模式在意义、搭配范围和使用频率方面的特点。

将上面四条具体化，就可以把一个词典项分为四个区域：

- **补足语区域**（只有动词有）：含有动词补足语的信息，每一个义项均单列一套，包括主动句、被动句所需的最少和最多的补足语信息；
- **模式—例子区域**：列出词项的所有配价模式，并举例说明；
- **意义注解区域**：有关补足语的语义搭配的属性；
- **习用短语区域**（只有动词有）：列举该词项作为头词的相关习用语。

以下是 taste 这个单词在该词典中的描述：

英语配价词典格式

taste *verb*

A ‘try sample’

Active：1/2 Passive：1/2 General：0

I [**N**]$_{A}$/ [**by N**]

II [**N**]$_{P}$ D1

B ‘experience flavour’

Active: 2/2　Passive: 1/2　General: 0

I　[N]$_A$/ [**by N**]

II$_{obl}$　[N]$_P$　D1

C　'have flavour'

Active: 2/2

I$_{obl}$　[N]$_A$

II$_{obl}$　[**ADJ**]　D2

[**like N**]　D3

[**of N**]　D4

M　**A**　Mix everthing together, *taste* and add salt and pepper.

D1　**+NP**

A　Many of us salt our food before even *tasting* it.

B　I *tasted* a hint of black currant, almond and tomato.

D2　**+ADJ**

C　I took more of milk. I thought it **tasted** a little strange.

D3　**+like N**

C　Vanessa's pasta *tasted* like paper.

· I know what betrayal *tastes* like. (=feels)

D4　**+of N**

C　The sorbet *tastes* of soap.

A　if **a person**[I] **tastes food or drink**[II], they try a sample of it in order to find out its flavour.. **M D1**

B　**A person**[I] **can taste the flavour of something**[II], i, e, be or become aware of this flavour.. **D1**

C Something, especially food or drink, can taste

(i) **sweet, sour, etc.** II, i. e have that flavour.

(ii) **of something else** II, i. e have the flavour of that.

(iii) **like something else** II, i. e have a similar flavour.

. **D2 D3 D4**

以上所引词项中，A、B、C 表示词有三个义项；I、II 为补足语，下标 obl 表示该补足语为可有补足语，其后跟着的为对于补足语的要求，即：什么样的成分可以担当该补足语；M、D1、D2 等为配价模式编号，M 为单价，D 为双价等；举例区域按照价模和义项分别给出例句，符号“·”引入的例句义项没有包括在模式中，应特别标出；语义区域中对补足语的语义属性没有采用义素标记，而是采用了一种便于人使用的标准格式的描述方式，但在担当补足语的词上加了上标，说明这个词在配价模式中充当的是哪个补足语。对于每一个义项，也给出了与之相对应的配价模式编号。

配价具有普适性。对不同语言中的词汇进行对比研究，不但具有理论意义，也有实用价值。配价的对比研究对语言本体的研究，对语言教学的实践，对自然语言处理系统的实现，都有较大的意义。要对比研究不同语言的配价，当然首先要有被对比语言的配价结构模式和词的配价描述。目前可见的几种配价对比研究（词典或语法），大多采用的是曼海姆学派恩格尔（Engel）的模式，这些研究程度不同地涉及了德语、英语、法语、意大利语、西班牙语、俄语、波兰语、塞尔维亚语、保加利亚语、罗马尼亚语、波斯语、芬兰语、丹麦语、匈牙利语、阿拉伯语、汉语、日语和韩语。

费舍尔（Fischer）不但为我们提供了德英动词配价对比研究的一些数据，其方法也值得借鉴和参考。他从恩格尔的材料中提取出了59种德语的配价结构模式，自己总结出了39种英语的配价结构式①，并对这些结构进行了比较。由此可以看出配价结构模式在配价研究中的地位，但只有配价模式是不够的，人们必须把这些模式和具体的词连接在一起，而这就是由词典（表）来实现的。

下面是词条 glauben-believe（相信）的德语—英语配价对比（图14-15）。

glauben <sub akk v dat> sub［FER；**hum/inst**］ akk［PAT；**intell**］ dat［INFO；**hum/inst**］ Oliver glaubt seiner Freundin.	believe <sub drt> sub［FER；**hum/inst**］ drt［PAT；**intell**］//INFO；**hum/inst** Oliver believes his girlfriend.
glauben <sub akk Sit> sub［FER；**hum/inst**］ akk［PAT；**hum/inst/geg**］ sit［POS；**loc**］ Sie glaubt ihn in Paris.	believe <sub vrb> sub［FER；**hum/inst**］ vrb［PAT；**akt/stat**］ She believes him to be in Paris.

图14-15　配价词典

我们看到的仍然是配价词典的三要素：配价结构模式，补足语的语义角色和语义属性。另外，不同的义项所对应的配价结构模式是不同的，需要在词表里单立一项。

配价理论和配价词典对于自然语言的计算机处理和语言教学

① 这一数字基本和Allerton（1982）得出的31种相当。

都很有价值。因此，在自然语言处理和对外汉语教学的研究中，有必要重视配价理论的研究和配价词典的编撰。

第四节　依存语法的形式化理论

语言的形式化是指“运用数学形式和形式逻辑描写自然语言。与非形式化的描写相比，形式化的优点是词汇（=术语）有较大的明确性、精确性和经济性，对论据能够进行较容易和可靠的验证”。①

采用数学或形式逻辑的方法来描写自然语言的努力，在哲学等领域早已有之。但一般认为，现代意义的语言形式化描述始于美国语言学家乔姆斯基，美国计算语言学家沙格（Ivan Sag）指出：“乔姆斯基对于语言学的主要贡献是在语言结构的研究中引入了可对假设进行数学般精确描述的工具，这使得收集各类数据并用其来证伪某些假设的成立性变成了具有科学性的研究。……这种试图采用清晰、精确的假设来研究句法、形态或词汇的思想，比‘空语类原则’，‘管辖与约束理论’等理论具有更强的生命力。”②

本节介绍一些依存语法的形式化方面的成果。

依存语法的本质是一种分析语法，其注重的是对语句的描写和分析。当然，短语结构语法也可以用作分析，依存语法也可以用作生成。

---

① 布斯曼，《语言学词典》，商务印书馆，2003 年，第 158 页。

② 参看荷兰学生计算语言学刊物 Ta！1993 年第 2 期上对 Sag 的采访。http：//www. let. uu. nl/ ~ Anne-Marie. Mineur/personal/Ta/Sag. html.

本节将对这两种语法的等价性做一些研究，研究的目的是想说明依存语法不仅仅只等价于短语结构语法中的上下文无关文法，它本身也可按照生成能力的不同，形成一种像乔姆斯基的层级那样的分类。

下图为汉语句子“大学学生喜欢流行歌曲”的短语结构分析和依存分析（图 14-16）：

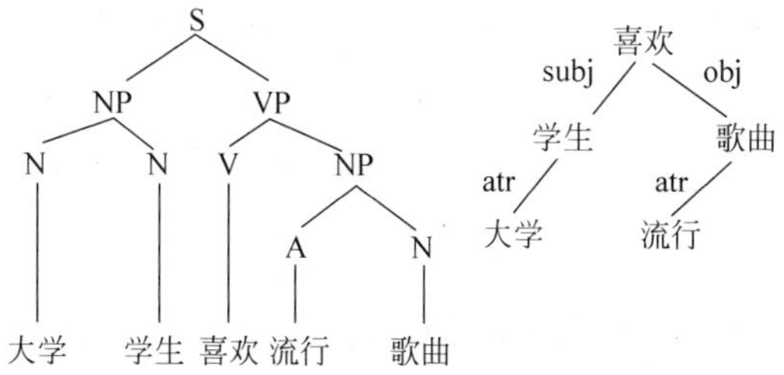

图 14-16　短语结构树和依存结构树对比图

据此，我们可以整理出这样一个对照表：

表 14-1　短语结构语法和依存语法比较表

	短语结构语法	依存语法
结构基础	短语	关系
主要的逻辑操作	分析集合的包含关系	构建二元关系
短语	凸显	隐含
关系	隐含	凸显
中心词	可选	必有
结点类型	非终极、终极结点	终极结点
结点数量	多	少
结点的线性顺序	必有	可选
语法关系标记	无	有
非终级符号	必有	可选

总之，与短语结构语法比较起来，依存语法一般都没有短语这个层次，每一个结点都与句子中的单词相对应，它能直接处理句子中词与词之间的关系，而结点数目大大减少了，便于直接标注词性，具有简明清晰的长处。特别在语料库文本的自动标注中，依存语法使用起来比短语结构语法方便。因此，依存语法受到了自然语言处理研究者的欢迎。

美国语言学家海斯（D. Hays）1964 年发表的《依存理论：形式化和一些观察》①（*Dependency Theory*：*A Formalism and Some Observations*）是依存语法形式化研究被引用最多的文献之一。其原因不仅在于这篇文章源自海斯在兰德公司（RAND）的机器翻译实践，也是由于这篇文章是世界上第一篇用严格的形式化方法来对依存语法进行描述的研究，当然这篇文章发表在著名的语言学刊物《语言》（*Language*）上也有助于它的流传。

兰德公司的机器翻译系统不仅仅产生了一种形式化的依存语法理论，而且他们也构造了世界上第一个依存树库。

海斯关于依存语法的思想不仅影响了英语世界的研究者，而且对其他地区相关领域的研究者也产生了极大的影响。意义文本理论（MTT）的创始人梅里楚克（Mel' čuk）回忆说："在机器翻译及语言学领域，我也许是第一个做依存分析的人。有一位美国研究者关于映射性（projectivity）和句法结构的思想对我们影响极大，他就是大卫·海斯。实际上，他的两篇优秀的论文完全改

① Hays，D. Dependency：Formalism and some Observations. *Language*，1964（40）：511—525.

变了我对句法的看法。”①

海斯发表在《语言》（*Language*）杂志上的论文题目是《依存理论：形式化和一些观察》，但正如他自己在文中所言，他所采用的依存形式化描述体系，实际上是建立在盖夫曼（H. Gaifman）的《依存体系和短语结构体系》②（*Dependency Systems and Phrase-Structure Systems*，1965）基础上的。这意味着，世界上首先将依存语法形式化的学者是盖夫曼，因此我们这里的介绍从盖夫曼1965年发表在《信息与控制》（*Information and Control*）上的文章《依存体系和短语结构体系》开始③。

下列研究涉及词或其范畴的有限序列。盖夫曼用带有下标或不带下标的字母u，v，w，x，y，z和U，V，W，X，Y，Z来表示这些序列的成员，其中小写字母表示具体的单词，大写字母表示词的范畴。

在讨论这些序列时，还应涉及单词或范畴出现的“语例”（occurrences）问题。这样就能区分在序列中出现于不同位置的同一个单词。严格说来，语例是一个有序对<x，i>，其中x是单词或范畴，i是其出现的位置。带有下标或不带下标的“P”，

---

① 梅里楚克这里所说的两篇文章是指 Grouping and dependency theories（1960）和 On the value of dependency connection（1961）. 因为这两篇文章前者为兰德公司内部报告，后者出现在一个不大的专业会议论文集里，所以其影响不如他1964年发表在 *Language* 上的文章。

② Gaifman, H. Dependency System and Phrase-Structure Systems. *Information and Control*, 1965（8）：304—337.

③ 由于盖夫曼也是兰德公司的研究者，所以海斯才有可能在自己1964年的文章里提前引用了盖夫曼在1965年才发表的文章。

“Q”，“R”，“S”，“T”表示单词或范畴的语例。如果 P = <x，i>，则 P 的序号 S（P）被定义为 i，而且 P 的单词为 x；如果 P = <X，i>，则 P 的序号 S（P）被定义为 i，而且 P 的范畴为 X。

所谓依存系统就是含有有限数量的规则，并可以利用这些规则对一种语言进行依存分析的形式系统。

规则可分为以下三类：

1. 可以从相对位置推导出每个范畴直接相关范畴的规则，这样的规则记为 L_1。对于每一个范畴 X，有一组形如 X（Y_1，Y_2，… Y_l，＊，Y_{l+1}，… Y_n）的有限数量规则，其意义为 Y_1…Y_n 按照给定的顺序依存于 X，＊表示 X 自己在序列中的位置。如下图所示（图 14-17）：

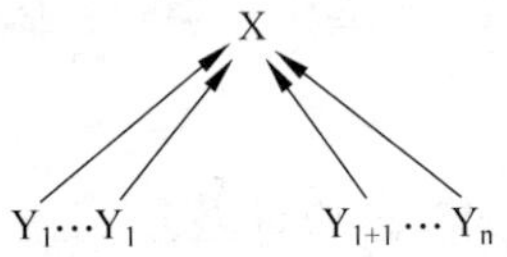

图 14-17　依存规则

其中的 l 可以为 0 或 n。如果规则的形如 X（＊），则意味着 X 可以没有任何从属成分。

2. 可列出某一范畴代表的所有单词的规则，这样的规则记为 L_2。每一个范畴至少应该有一个单词，每一个单词至少应该属于一个范畴。如果单词是兼类词，那么一个单词也可以属于一个以上的范畴。

3. 可列出所有能够做句子中支配成分的范畴的规则，这样的规则记为 L_3。

句子 x_1，x_2，… x_m可用依存体系进行如下分析：构建一个范畴序列 X_1，X_2，… X_m，其中 X_i为 x_i的范畴，$1 \leqslant i \leqslant m$。在序列 x_1，x_2，… x_m中的词的语例之间建立依存关系，这是一种二元关系 d，记为 PdQ。“PdQ”的意思是“P 依存于 Q”，即：在 P 和 Q 之间存在一种依存关系 d。

可以为每一个 d 定义另外一种关系 d^*：当且仅当存在 P_0，P_1，… P_n使得 $P_0 = P$，，$P_n = Q$，并且对于 $1 \leqslant i \leqslant n-1$，$P_i dP_{i+1}$成立，则 Pd^*Q。

关系 d 应该满足下列条件：

1. 不存在一个 P，使得 Pd^*P 成立。

2. 对于任何 P，最多只能有一个 Q，使得 Pd^*Q 成立。

3. 如果 Pd^*Q 成立，并且 R 位于 P 和 Q 之间，也就是说，S（P）＜S（R）＜S（Q）或 S（P）＞S（R）＞S（Q），那么，Rd^*Q 成立。

4. 所有的语例都是通过 d 相连的，最多并且只能有一个语例不需要依存于其他的语例，这个语例位于根结点的位置。

5. 如果 P 是 x_j 的一个语例，并且依存于它的语例为 P_1，P_2…，P_n，P_h 是 x_{ih}的一个语例，且 h＝1 … n，这些词出现于句子中的顺序为 x_{i1}，x_{i2}，…，x_{ik}，x_j，x_{ik+1}，…，x_{in}，那么 X_j（X_{i1}… X_{ik} ＊ X_{ik+1}… X_{in}）是一个 L_1 规则。如果没有语例依存于 P，此时 n＝0，这样 Xj（＊）也是 L_1 的规则。

6. 在句子中作支配成分的单词所对应的范畴在 L_3 中。

范畴序列 X_1X_2… X_m 和关系 d 共同构成了句子的“依存结构树”（dependency tree），简称“依存树”或“d 树”（d-tree）。

依据不同的句法解释，同一个句子可以有一棵以上的依存树。如果一种语言中的每一个句子都能对应于一棵依存树，而那些不是句子的词串没有对应的依存树，那么就说，这种语言是可用依存体系来精确地描述的。

以上就是盖夫曼对依存语法的主要形式化定义。

这些定义可以归结为如下四条原则：

1．句子中只有一个语例是独立的，它不依存于别的语例；

2．句子中的其他语例都直接依存于某一个语例；

3．任何一个语例都不能依存于一个以上的语例；

4．如果 A 直接依存于 B，那么某个位于它们中间的语例 C，只能直接依存于 A，或者依存于 B，或者依存于其间的其他语例。

盖夫曼体系里只有第一类规则 L_1 可以算是真正意义上的依存规则，这规则反映了支配词和从属词之间的依存和配置关系；第二类规则 L_2 实际上是一种词汇规则，这个规则也就是“词表”；第三类规则 L_3 指的是可以做句子支配成分的范畴集合。

应该注意的是，盖夫曼所说的依存系统的三类规则和海斯 1964 年所说的依存语法三种规则是有区别的。

1964 年，海斯在《依存理论：形式化和一些观察》中，把依存规则定义为“一种有关句法单位价的描述”①，它由一个支配成分和有限数量的从属成分构成。海斯的依存规则具有下列三种形式：

---

① Hays，D. Dependency：Formalism and some Observations. *Language*，1964（40）：511—525.

X_i (X_{j1}, X_{j2}, …, ＊, …, X_{jn}) (1)

X_i (＊) (2)

＊ (X_i) (3)

不难看出，海斯的三条依存规则基本上是盖夫曼第一类规则 L_1 的细化。海斯的规则没有包括有关词汇方面的规则，因为他认为“终极符号不应出现在依存规则中”。

结合海斯和盖夫曼的依存语法形式化体系，我们可以写出这样一个简单的汉语依存语法片断：

＊ (V)

N (＊)

N (A, ＊)

V (N, ＊, N)

A (＊)

N：{姑娘，裙子}

V：{喜欢}

A：{漂亮，红}

根据这个语法片断，采用自顶向下的方法，可以生成如下的符合语法的句子：

＊ (V)

＊ (V (N, ＊, N))

＊ (V (N (A, ＊), ＊, N (A, ＊))….. ＊ (V (N (＊), ＊, N (＊))))①

① 因为在规则中有两条关于 N 的规则，所以这一步可以得到四种不同的结果。为了简单起见，这里只写了两种。

＊（V（N（A（＊），＊），＊，N（A（＊），＊））…＊（V（N（＊），＊，N（＊））））

用相应的词代替＊，就得到：

＊（V（N（A（漂亮），姑娘），喜欢，N（A（红），裙子））…＊（V（N（姑娘），喜欢，N（裙子））））

对应的依存结构树为（图14-18）：

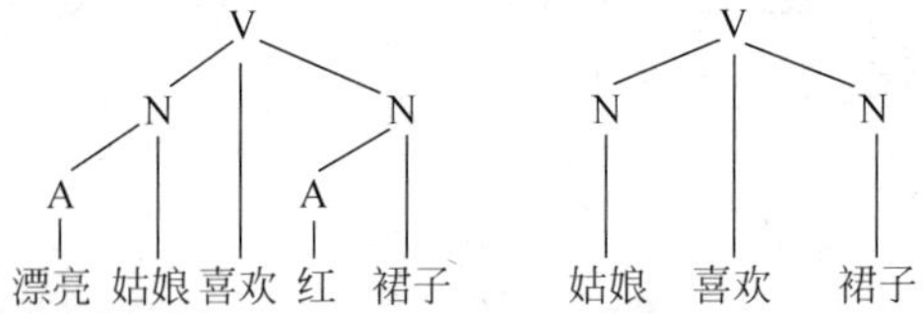

图14-18　用海斯的依存语法体系分析汉语句子

这个依存结构树与上下文无关文法的短语结构树酷似，因此，我们可以把海斯和盖夫曼描述的依存语法看成是上下文无关文法的一种变体。

事实上，盖夫曼在1965年发表的文章的主要目的就在于证明依存语法和上下文无关文法没有什么不同，他的结论是："依存语法弱等价于上下文无关文法"。这样的结论是建立在严格的形式依存和投影结构基础上的。因此，这样的形式化体系并不完全是对泰尼埃依存语法的形式化。

1970年，美国计算语言学家罗宾孙（J. Robinson）在《依存结构和转换规则》中，根据海斯和盖夫曼的研究结果，把依存语法的原则总结为如下四条公理：

1. 一个句子只有一个成分是独立的；

2. 句子中的其他成分直接依存于某一个成分；

3. 任何一个成分都不能依存于两个或两个以上的成分；

4. 如果成分A直接依存于成分B，而成分C在句子中位于A和B之间，那么成分C或者依存于成分A，或者依存于成分B，或者依存于A和B之间的某一成分。

她指出："这些理论的公理是由泰尼埃提出，并由海斯和盖夫曼加以形式化的。"①

其实罗宾孙的这种论述并不十分准确。

事实上，四条公理中的前三条符合泰尼埃的依存语法理论，而第四条描述了映射（projective）的原则，这种映射原则是泰尼埃原来的理论中没有提到的，这是海斯和盖夫曼对于泰尼埃依存语法的新发展。

泰尼埃之所以没有提第四条公理，估计是他发现了在少数语言的依存树中存在着交叉弧，不能严格满足映射依存关系的要求。海斯和盖夫曼研究了这种映射依存关系，额外地提出了第四条公理，而事实上，某些语言并不能严格地满足第四条公理。在映射原则的基础上，后来建立了一种新的依存理论形式化体系："映射依存语法"（Projective Dependency Grammar）或"线性有序依存语法"（Ordered Dependency Grammar），专门研究"映射依存关系"（Projective Dependency Relation）的问题。

1973年，德国语言学家赫林格尔（Heringer）出版了《德语句法理论》。这是结合了短语结构和依存语法的特点而写成的一

---

① J. Robinson, Dependency Structures and Transformational Rules, 1970: 260.

部形式化程度较高的德语语法。为了将短语结构和依存结构连在一起，他首先找出每一结构层中最有影响的结点，然后将短语规则转换为依存规则，此时最有影响的结点就成了支配成分。之所以进行短语结构到依存结构的转换，其原因在于："因为句法描述的目的是解释句子的意义是如何与组成它的各成分之间的意义相关联的，上下文无关的短语体系在这一方面显得不足。因此，短语结构体系必须要由依存理论来补充。……通过某些规则将短语结构书转换为依存树，因为后者形成了句子语义解释的基础。"[①]赫林格尔将短语结构树转换为依存树，便于提取句子的语义。

1996年，赫林格尔（H. J. Heringer）出版了《德语依存句法》[②]。这本书含有99个句法结构图式（Stemma）、112条规则、163个例句、95条词汇规则[③]，所有这些形成了现代德语的依存语法架构。

赫林格尔将成分之间的依存关系看成依存句法的基础，用句子各部分间的依存关系来描写句子的结构。

他认为，一个纯粹的依存句法具有如下特征：

- **表层性**：不处理句子深层的逻辑结构，只关心其表层的句法形式；
- **词汇性**：不含比词汇更高层面的范畴；

---

① H. J. Heringer, Theorie der Deutschen Syntax, München: Heuber, 1973: 296.

② H. J. Heringer, Deutsche Syntax Dependentiell. Tübingen: Stauffenburg Verlag, 1996.

③ 有如此之多的词汇规则是由于包含了不少的子类，如动词的子类就列出了21种。

- **顶部优先性**：构造句子结构时，从图式的顶部开始；
- **可解释性**：把句子从线性结构转变为树形结构；
- **规则性**：依存句法基于句法规则和条件；
- **可扩展性**：规定了可进一步扩展的框架。

德语句子 ein deutscher Satz hat viele Teile（“一个德语句子有许多部分”）的依存结构图如下（图 14-19）：

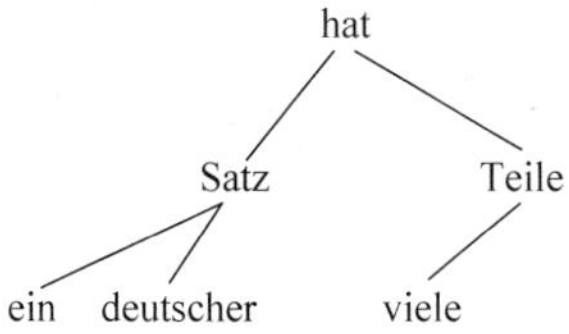

图 14-19　赫林格尔的德语依存句法树示例

这棵树的句法规则表示式为：V［N［D，A，～］，～，N［D，～］］

其中的“～”表示支配成分在线性字符串中的位置。

以上表达式是一种复合结构，可以将其进一步分解为如下三条规则：

V［N，～，N］

N［D，A，～］

N［D，～］

赫林格尔认为，形式依存句法应该包括如下的部分：

- 表示词汇范畴的符号；
- 定义句法规则的形式；
- 词汇规则，即：词表中词项的组成和排序；

• 词项的格式。

赫林格尔将德语词划分为主类（如，V 动词，N 名词，A 形容词，D 限定词，P 介词等）、副类（如，ADV 副词，KON 连词等）、语素类（如，VM 动词语素，AM 形容词语素等）、次类（如，N_ pro 代词，V_ aux 助动词等）。由此我们可以看出，词类的划分是必要的，对于有些词类还需要进一步区分次类。

赫林格尔用图式（Stemma）来表示句法规则。在依存句法树中，用词类来替换具体的单词，就形成了依存规则图式。例如，上面所列举的德语句子的依存规则图式为（图 14-20）：

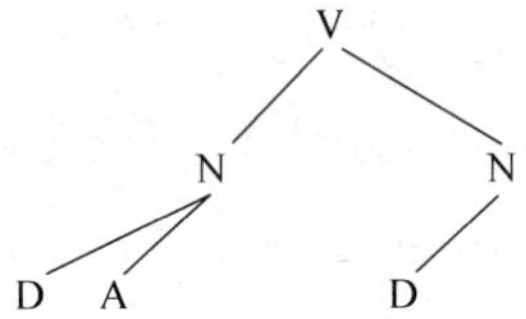

图 14-20　德语依存规则图式

这种用图式来表示的依存规则也叫作依存树。

所谓词汇规则，实际上就是关于某一词类中包含哪些词的描述，如：

N_ pro {ich，du，sie，er，…}

就是一条关于代词的词汇规则。

随着依存语法应用的不断深入，依存语法形式化的方式也越来越多。

1987 年，舒贝尔特（K. Schubert）在研制多语言机器翻译系统 DLT 的工作中，从计算语言学的角度出发，提出了用于计算语言学的依存语法 12 条原则：

1. 句法只与语言符号的形式有关；

2. 句法研究从语素到语篇各个层次的形式特征；

3. 句子中的单词通过依存关系而相互关联；

4. 依存关系是一种有向的同现关系；

5. 单词的句法形式通过词法、构词法和词序来体现；

6. 一个单词对于其他单词的句法功能通过依存关系来描述；

7. 词组是作为一个整体与其他词和词组产生聚合关系的语言单位，而词组内部的各个单词之间存在着句法关系，形成语言组合体；

8. 一个语言组合体内部只有一个支配词，这个支配词代表该语言组合体与句子中的其他成分发生联系；

9. 句子的主支配词支配着句子中的其他词而不受任何词的支配，除了主支配词之外，句子中的其他词只能有一个直接支配它的词；

10. 句子中的每一个词只在依存关系结构中出现一次；

11. 依存关系结构是一种真正的树结构；

12. 在依存关系结构中应该避免出现空结点。

不难看出，舒贝尔特的这 12 条原则包含了上面提及的依存语法四条公理，并且把依存关系扩展到了语素和语篇的领域。

表示依存关系的“依存树”是自然语言句子结构的一种形式描述方式，因此有必要进一步研究依存树中结点之间的各种关系。

我国学者冯志伟从开发机器翻译系统的实践中，在 20 世纪 80 年代初期就研究了依存树中的结点之间的关系，他认为，这样的关系主要有“支配关系”（dominance）和“前于关系”（precedence）两种。

在依存树中，如果从结点 x 到结点 y 有一系列的树枝把它们连接起来，系列中所有的树枝从 x 到 y 自上而下都有同一个方向，那么就说结点 x 支配结点 y，它们之间存在着支配关系。

依存树中的两个结点，只有当它们之间没有支配关系的时候，才能够在从左到右的方向上排序，这时这两个结点之间就存在着前于关系。

根据自然语言处理的要求，特别是根据机器翻译研究的实践，冯志伟提出，依存关系是两个词之间一种有向的、非对称的关系；依存关系具有三个组成部分：支配词、从属词、依存关系标记；依存树应该满足如下五个条件：

1. **单纯结点条件**：在依存树中，只有终极结点，没有非终极结点，也就是说，依存树中的所有结点所代表的都是句子中实际出现的具体的单词①。

2. **单一父结点条件**：在依存树中，除了根结点没有父结点之外，所有的结点都只有一个父结点。

3. **独根结点条件**：一个依存树只能有一个根结点，这个根结点，也就是依存树中唯一没有父结点的结点，这个根结点支配

---

① 在冯志伟为自然语言处理而进行的依存分析中，为了操作上的方便，他也在表示单词的结点上面加上了该单词的词类信息或语义信息，采用复杂特征，没有坚持“单纯结点条件”。不过，读者应当注意到，在泰尼埃的原著中，一般只采用单纯结点；在盖夫曼和海斯的著作中，除了表示单词结点之外，还容许存在表示范畴（词类）的结点。这说明在依存语法研究中，实际上并不严格遵守“单纯结点条件”。

着其他的所有的结点。

4. **非交条件**：依存树中的树枝不能彼此相交，在大多数语言中，应当满足映射依存关系的要求，不容许存在相互交叉的树枝。

5. **互斥条件**：依存树中的结点之间，从上到下的支配关系和从左到右的前于关系是互相排斥的，也就是说，如果两个结点之间存在着支配关系，那它们之间就不能存在前于关系。

冯志伟提出的依存树的这五个条件，更加形象地描述了依存树中各个结点之间的联系，显然比罗宾逊总结的4条公理和舒贝尔特提出的12条原则更加直观，更加便于在自然语言的计算机处理中使用。

冯志伟提出的第四个条件“非交条件”，要求大多数语言应当满足映射依存关系的要求。这意味着，在少数自然语言中还存在“非映射依存关系”（non-projective dependency relation）；对于存在这种非映射依存关系的语言，句子的依存结构图中会出现交叉的树枝。如图14-21所示：

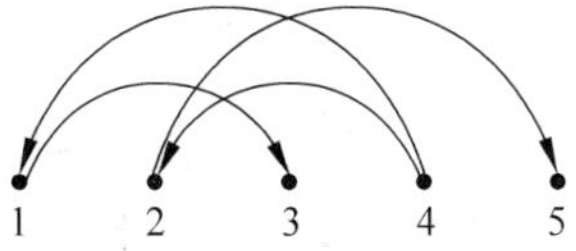

图14-21　出现非映射依存关系的交叉树枝

例如，英语句子“I saw a dog yesterday which was a terrier”（昨天我看到一个猎狐狗）中，yesterday处于“a dog —— which was a terrier”这个短语之中，而yesterday是从属于动词saw的，这样会在依存树中造成交叉的树枝，出现“非映射依存关系”。

这种非映射依存关系在20种语言中的分布情况如下（图14-22）：

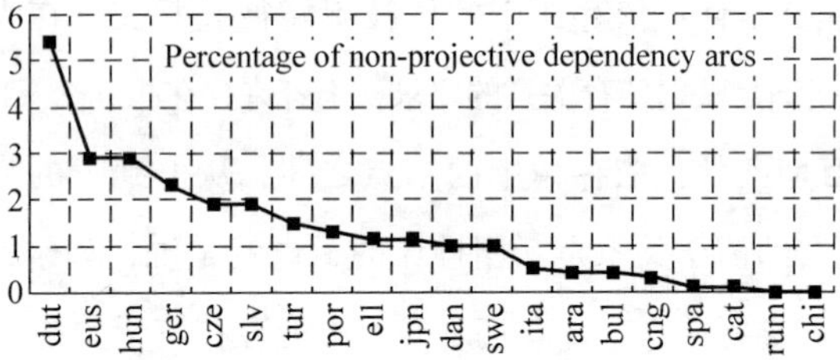

图14-22　20种语言中非映射依存弧的百分比①

可以看出，在20种语言中，存在这种非映射依存关系的树枝最多占6%（荷兰语），最少为0%（汉语）。因此，在冯志伟提出的依存树的这5个条件中，对于“非交条件”的要求可以适当宽一些。

用依存语法来进行自动分析是很好的，因为分析得到的依存树层次不多，结点数目少，清晰地表示了句子中各个单词之间的依存关系。但是，用依存树来进行自动生成时，必须把表示句子层次结构的依存树转变成线性的自然语言的句子，根据依存树的第五个条件（互斥条件），依存树中结点之间的支配关系和前于关系是互相排斥的，从结点之间的支配关系，不能直接地推导出

① 这里使用了国际标准ISO 639-2：Codes for the Representation of Names of Languages. http：//www. loc. gov/standards/iso639-2/php/code_ list. 的语言名称简写：Chinese（chi），Japanese（jpn），German（ger），Czech（cze），Danish（dan），Swedish（swe），Dutch（dut），Arabic（ara），Turkish（tur），Spanish（spa），Portuguese（por），Bulgarian（bul），Slovenian（slv），Italian（ita），English（eng），Romanian（rum），Basque（eus），Catalan（cat），Greek（ell），Hungarian（hun）。

它们之间的前于关系，所以还应该按照具体自然语言中词序的特点，提出适当的生成规则，把表示结构关系的依存树，转变成表示线性关系的句子。在这方面，各种自然语言的生成规则是不尽相同的。例如，汉语的修饰成分一般应置于中心成分之前，而法语的某些修饰成分则置于中心成分之后；汉语主动句的宾语一般应置于谓语之后，而日语的宾语则置于谓语之前。

与短语结构语法相比，依存语法也有它的不足之处，在短语结构语法的成分结构树中，由于终极结点之间的前于关系直接地反映了单词顺序，只要顺次取终极结点上的单词，就能够直接生成句子。所以，在自动生成方面，依存树不如短语结构语法的成分结构树方便。为了弥补依存树的这种不足，许多学者在自然语言处理的研究中，把短语结构语法和依存语法结合起来，较好地解决了句子的自动生成问题。

本章参考文献

1. L. Tesniere，Éléments de Syntaxe Structurale，Paris，Klinck-sieck，1959.
2. K. Schubert，Metataxis：Contrastive Dependency Syntax for MT，Dordrecht：Foris，1987.
3. J. Nivre，Inductive Dependency Parsing，Berlin：Springer，2006.
4. 冯志伟，特斯尼耶尔的从属关系语法，《国外语言学》，1983 年，第 1 期。
5. 刘海涛，泰尼埃的结构句法理论，《北华大学学报》（社会科学版），2007 年，第 5 期。
6. 刘海涛，《依存语法的理论和实践》，科学出版社，2009 年。

第十五章　从格语法到构式语法

菲尔摩（Charles J. Fillmore，1929—　）是美国语言学家，伯克利加州大学终生教授（Emeritus Professor）。他于1961年在密歇根大学毕业，获得语言学博士学位。此后他到俄亥俄州立大学工作了10年，于1971年加盟伯克利加州大学语言学系，是该校行为科学高级研究中心的研究员。

菲尔摩在句法和词汇语义学方面具有很大的影响。他早年对于乔姆斯基的生成语法很感兴趣，他在1963年发表的《嵌入转换在语法中的地位》（*The position of embedding transformations in a Grammar*）是转换语法的重要著作。菲尔摩是认知语言学（cognitive linguistics）的奠基人之一，他在1968年提出了“格语法”（case grammar），在1976年提出了“框架语义学”（frame semantics）。他与凯伊（Paul Kay）和拉科夫（George Lakoff）一起提出了构式语法（construction grammar）的理论。最近，他正主持一个叫作“框架网络”（FrameNet）的课题，其中的语言数据来自英国国家语料库（British National Corpus，简称BNC）。

菲尔摩的主要著作有：

1.《嵌入转换在语法中的地位》（*The Position of Embedding Transformations in a Grammar*，*In Word* 19：208—231，1963）

2.《格辨》（*The Case for Case*，In Bach and Harms Ed.：*Universals in Linguistic Theory*. New York：Holt，Rinehart，and Winston，1—88，1968）

3.《框架语义学与语言的特性》（*Frame semantics and the nature of language*. In *Annals of the New York Academy of Sciences*：*Conference on the Origin and Development of Language and Speech*. Volume 280：20—32，1976）

4.《框架语义学》（*Frame semantics*. In *Linguistics in the Morning Calm*. Seoul，Hanshin Publishing Co.，111—137，1982）

5.《词典的下一站从哪里开始：对于计算词典编纂学的挑战》（*Starting where the dictionaries stop*：*The challenge for computational lexicography*，1994. In Atkins，B. T. S. and A. Zampolli. Eds. *Computational Approaches to the Lexicon*. Oxford：Oxford University Press，349—393，1994），与阿特金（Sue Atkins）合著

6.《关于"指示系统"的讲义》（*Lectures on Deixis*. Stanford：CSLI Publications，1997）

本章介绍格语法、框架网络以及构式语法，分析菲尔摩语言学思想发展的过程。

第一节 格语法

我们首先来介绍菲尔摩的“**格语法**”（case grammar）。

菲尔摩（C. J. Fillmore）于1968年发表了《格辨》（The case for case）一文，提出了格语法。菲尔摩在这里所说的“格”，并不是传统语法中的格，而是深层结构中的格。

图15-1 菲尔摩

传统语法中的格是与名词的形态变化联系在一起的，不同格的名词有不同的形态变化。例如，俄语名词有六个格，德语名词有四个格，每一个格都同一种特定的形态变化相联系。按传统语法的观点来看，英语和法语的名词没有形态变化系统，所以，它们是没有格的。但是，这种情况并不意味着英语和法语中不存在“施事”“受事”“工具”“给予”“处所”等语法意义。这些语法意义不一定要通过名词词尾的形态变化来表达，而可以通过其他的语法形式来表达。不同的语言有不同的表达方式。例如，英语、法语可通过介词来表达，日语可通过助词来表达，另外有些语言则不通过名词的形态变化，而通过动词的形态变化来表达。

为了从深层结构的角度来研究格的关系，有必要抛弃附加在名词上的形态变化，而用“格”（case）这个术语来指在深层结构中的句法语义关系。所以，菲尔摩这里所说的“格”是“深层格”。

菲尔摩认为，乔姆斯基标准理论中存在于深层结构中的语法关系，如主语、直接宾语、间接宾语、介词宾语等，实际上都是属于表层结构的概念，在深层结构中所需要的不是这些表层的语法关系，而是深层的句法语义关系，如施事、受事、工具、处所等“格”的关系。换言之，每个名词短语（包括单个的名词和代词）在深层结构中都有一定的“格”，这些格经过适当的转换之后，才在表层结构中成为主语、宾语、介词短语等，在名词有形态变化的语言中，就变为不同形式的名词的表层的“格”。因此，菲尔摩把他的理论称之为“格语法”。

菲尔摩指出：“对于转换语法的理论我想提出的实质性的修正，可以归结为重新引进作为‘概念框架’来理解的格的体系。不过这回已经清楚地理解到深层结构和表层结构之间的区别。句子在基础结构中包含一个动词和一个或几个名词短语，每一个名词短语以一定的格的关系和动词发生联系。”①

在格语法中，一个句子包括情态和命题两部分。如果我们用 S 表示句子（sentence），用 M 表示情态（modality），用 P 表示命题（proposition），则可写为：

$$S \rightarrow M + P$$

成分 P 可以扩展为一个动词和一个或一个以上的格的范畴。如动词用 V 表示，格的范畴分别用 C_1，C_2，…，C_n。表示，则可写为：

$$P \rightarrow V + C_1 + C_2 + \cdots + C_n$$

① 菲尔摩，《格辨》（胡明扬译），商务印书馆，1979 年。

而每一个格的范畴又可以表示一个格标（记为 K，这是德语 Kasus［格］的缩写）加上一个名词短语（记为 NP），即

$$C \rightarrow K + NP$$

这样，一个用格语法来表示的句子就可以画成如下的树形图（图 15-2）：

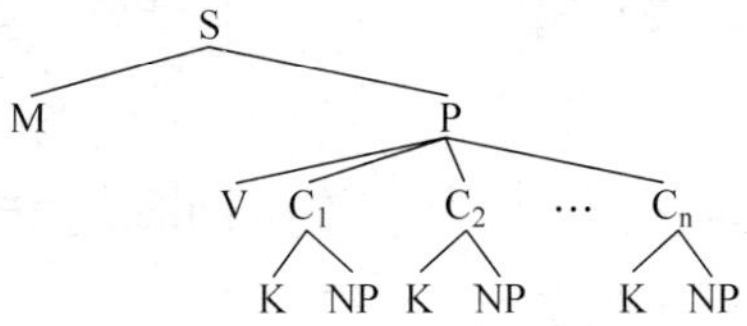

图 15-2　格的树形图表示

这里需要解释一下的是情态 M，它与传统意义上的“情态”不同。传统意义上的“情态”主要表示可能、必然等，而格语法中的情态主要是指动词的时、体、态以及肯定、否定、祈使、疑问、感叹、陈述等。

菲尔摩说：“格的概念包括一整套带有普遍性的、可以假定是内在的概念，相当于人类对在周围发生的事所能作出的某些类型的判断，诸如谁做了这件事情，这件事情发生在谁身上，什么东西发生了变化这类事情的判断。”①

菲尔摩提出的深层格有下列几种：

1. **施事格**（A = Agentive），表示由动词所确定的动作能察觉到的、典型的、有生命的动作发生者。

2. **工具格**（I = Instrumental），表示对由动词确定的动作或状

---

① 菲尔摩，《格辨》（胡明扬译），商务印书馆，1979 年。

态而言，作为某种因素而牵涉的、无生命的力量或客体。

3. **给予格**（D = Dative），表示由动词确定的动作或状态所影响的有生物。

4. **使成格**（F = Factitive），表示由动词确定的动作或状态所形成的客体或有生物，或者是理解为动词意义的一部分的客体或有生物。

5. **处所格**（L = Locative），表示由动词确定的动作或状态的处所或空间方向。

6. **客体格**（O = Objective），表示由名词所表示的任何事物，在由动词确定的动作或状态中，其作用要由动词本身的词义来确定。

菲尔摩的上述定义比较抽象，我们可通过下面的例句来进一步理解这些定义的含义。

例如：

（1）**John** opened the door

（约翰打开了门）

中的 John 是施事格 A。

（2）The door was opened by **John**

（门被约翰打开了）

中的 John 也是施事格 A。

（3）**The key** opened the door

（钥匙打开了门）

中的 the key 是工具格 I。

（4）John opened the door with **the key**

（约翰用钥匙打开了门）

中的 the key 也是工具格 I。

（5）John used **the key** to open the door

（约翰使用钥匙打开了门）

中的 the key 还是工具格 I。

（6）**John** believed that he would win。

（约翰相信他会赢的）

中的 John 是给予格 D。

（7）We persuaded **John** that he would win

（我们使约翰相信他是会赢的）

中的 John 也是给予格 D。

（8）It was apparent to **John** that he would win

（对约翰来说很清楚，他是会赢的）

中的 John 还是给予格 D。

（9）**Chicago** is windy

（芝加哥多风）

中的 Chicago 是处所格 L。

（10）It is windy in **Chicago**

中的 Chicago 也是处所格 L。

可以看出，这些格里面没有哪一个格与具体语言中的表层关系（如主语、宾语等）是对应的，它们都是深层格。

词汇表中的每个词，除了它本身所表示的固有的语义之外，还可以有一系列的表示语义关系的特征。格语法中着重研究了名词和动词中的这些语义特征。

某一特定的格所要求的名词的特征可用强制规则来规定。例如，在表示施事格 A 或给予格 D 的词组中，任何名词 N 都必须具有“有生命”［+Animate］这一特征。

可以记为：

$$N \rightarrow [+\text{Animate}]^{A.D}\ [X—Y]$$

动词的特征取决于全句提供的格的安排，这种安排，可用格框架来表示。例如，动词 run（跑）可插入格框架［——A］，动词 sadden（忧伤）可插入格框架［——D］，动词 remove（搬开）和 open（打开）可插入格框架［——O + A］，动词 murder（谋杀）和 terrorize（恐吓）可插入格框架［——D + A］，动词 give（给）可插入格框架［——O + D + A］……

同一个动词可以出现在不同的环境中。例如，open（打开）这个词，可以出现在［——O］中：

The door **opened**

（门开了）

也可以出现在［——O + I］中：

The wind **opened** the door

（风把门吹开了）

还可以出现在［——O + I + A］中：

John **opened** the door with a chisel

（约翰用凿子把门撬开了）

为了表示这些不同的情况，把凡是可以随选的成分，在格框架中用圆括号括起来，这样，open 的格框架就可简写为：

+［——O（I）（A）］

这个格框架表示，open 这个动词必须使用 O（客体格），而 I（工具格）和 A（施事格）则是随选的，是时有时无的。

菲尔摩的格语法还提出了由句子的深层结构转化为表层结构的方法。

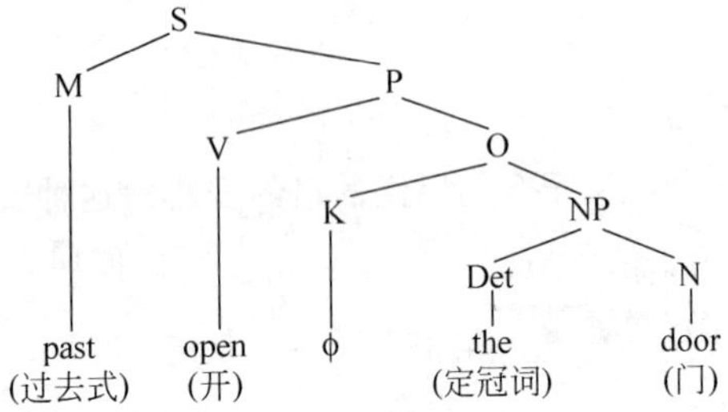

图 15-3　句子的基础表达形式

表层结构中的主语，来自不同的深层格，由深层结构中的深层格转化为表层结构中的主语的过程，叫作“主语化”（subjectivisation）。

格语法规定，在主语化时，如有 A，则 A 为主语；如无 A 而有 I，则 I 为主语；如无 A 又无 I，则 O 为主语。

例如，设某一句子的基础表达形式如上面图 15-3。

从图 15-3 中可看出，这个句子 S 的情态 M 是 past（过去时），命题 P 由动词 V 和格的范畴 O（客体格）构成，这个格的范畴的格标 K 为空，记为 φ，名词短语 NP 由 the（定冠词）和 door（门）构成。由于这个句子的基础表达形式中，没有 A 和 I，只有 O，所以，O 为主语。

首先，把 O 移至句首，如图 15-4 所示：

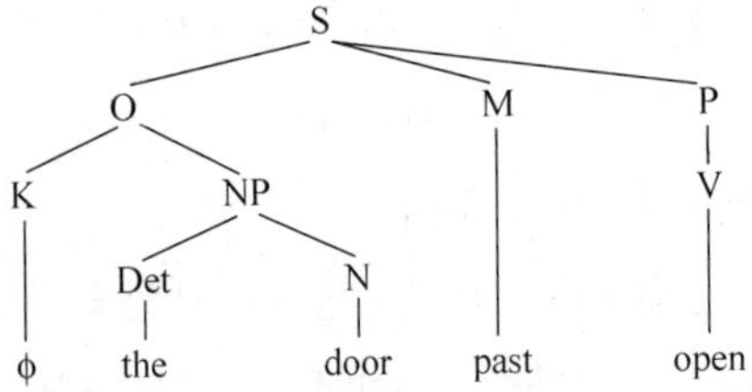

图 15-4　O 移至句首

然后进行主语的介词删除，并删除格标。图 15-4 中的主语介词为 φ，删除格标 K 后得到图 15-5：

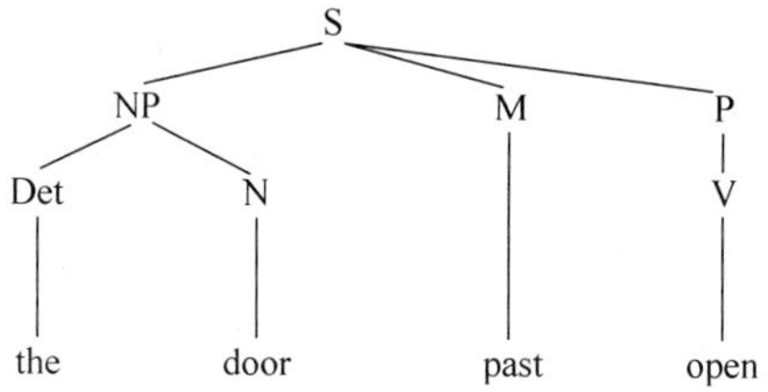

图 15-5　删除主语介词 φ 和格标 K

最后把时态 Past 加入动词 open，得到表层形式（图 15-6）：

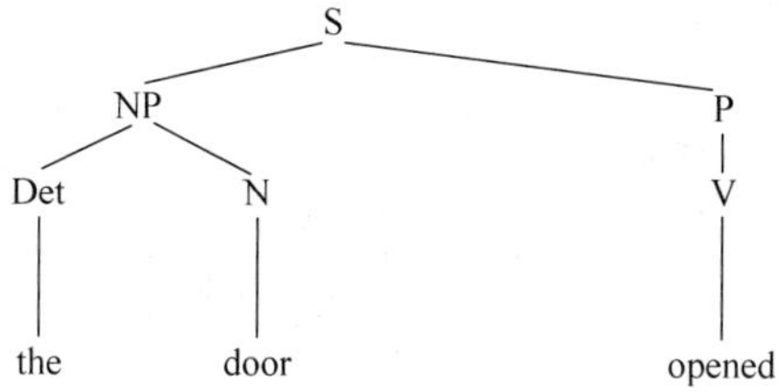

图 15-6　表层形式

这样可得到句子：The door opened（门开了）。

我们再来看稍微复杂的例子。设某一句子的基础表达形式如下，如图 15-7 所示：

从图 15-7 中可看出，这个句子的深层格中有 A、D、O。根据主语化规则，因为有 A，就选择 A 为主语，并把它移至句首。得到图 15-8：

然后进行主语介词删除，并删除主语的格标。图 15-8 中主语介词为 by，必须删除，再删除格标 K 后，得到图 15-9：

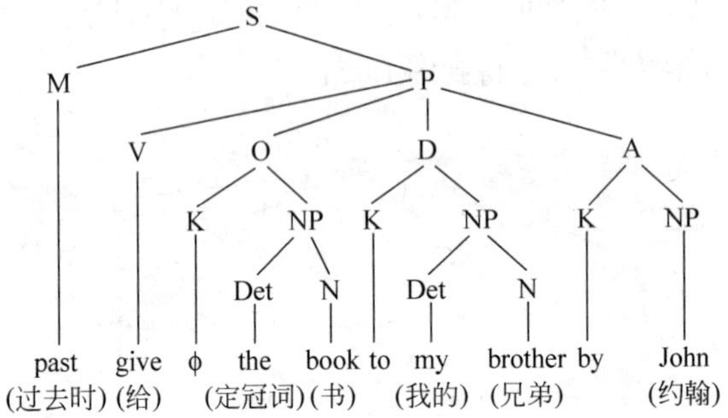

图 15-7　稍微复杂的例子

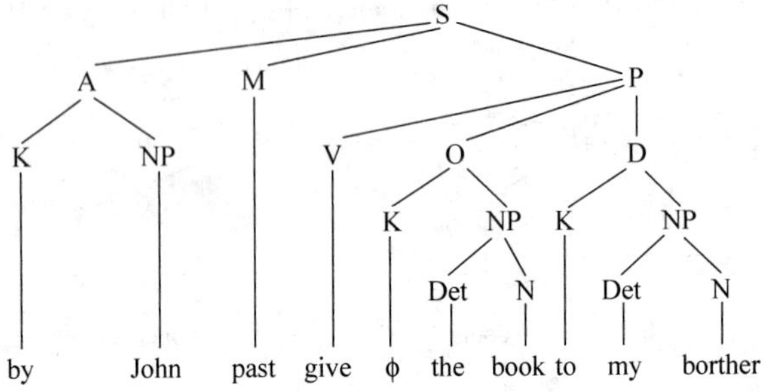

图 15-8　A 移至句首

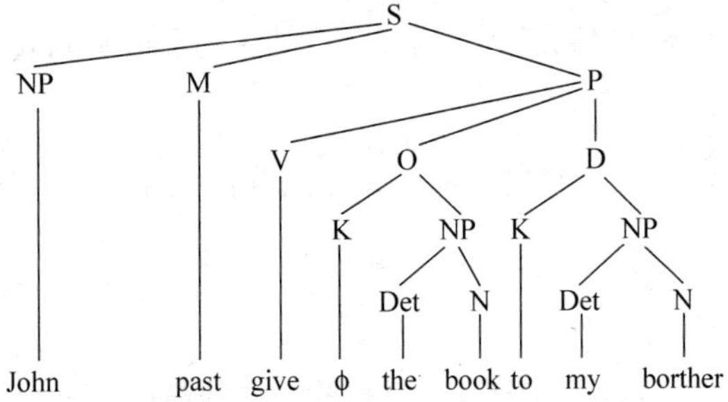

图 15-9　删除主语介词和格标

图15-9中，客体格O作give的直接宾语，要进行直接宾语的介词删除并删除格标。直接宾语的介词为ϕ，再删除格标K后得到图15-10：

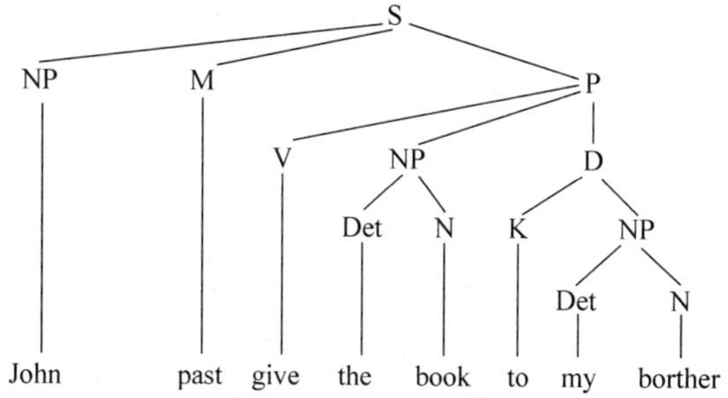

图15-10　删除直接宾语的介词和格标

最后，把时态past加入动词give，得到表层形式，如图15-11所示：

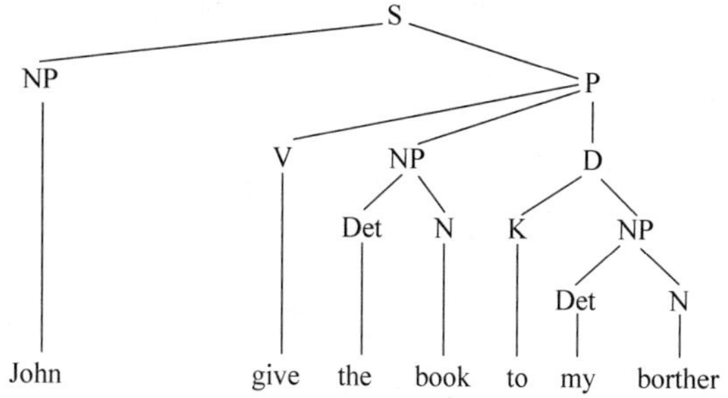

图15-11　把时态加入到动词中

give取它的过去式形式gave，可得到句子：John gave the book to my brother（约翰把那本书给了我的兄弟）。

在上面的句子中，give用A作主语，这是常规选择。但还存在着“非常规”的选择，这就是说，give 也可以用 O 或 D 作主语，这时要给动词加上［+passive］（被动）这一特征。加上［+passive］后，V 丧失宾语介词删除特性，要求在成分 M 中自动插入一个 be，并填入一个特殊的被动形式 given。

选择 O 作主语时转换过程如下：

首先把图 15-7 中的 O 移至句首，如图 15-12 所示：

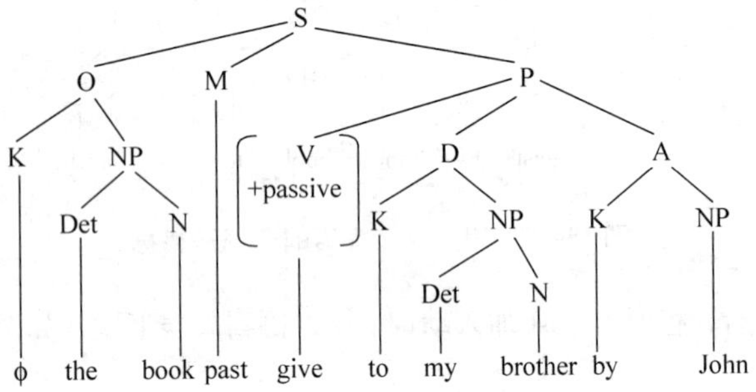

图 15-12　把 O 移至句首

接着进行主语介词删除，并删除格标。图 15-12 中主语介词为 ϕ，删除格标 K 后得到图 15-13：

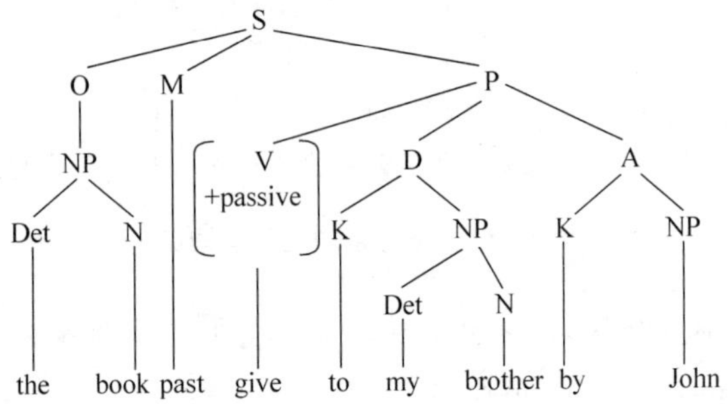

图 15-13　删除格标 K

然后，在 M 中插入一个 be，得到图 15-14：

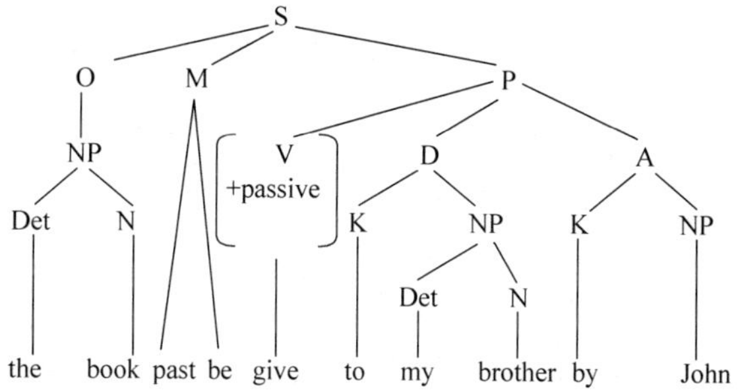

图 15-14　在 M 中插入 be

最后，把时态 Past 并入 be，把 be 变为 was，再把 give 变成 given，便得到表层形式（图 15-15）：

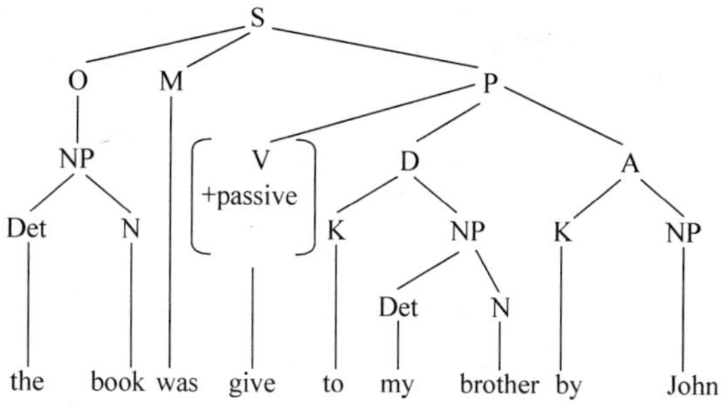

图 15-15　把 past be 变为 was

这样可得到句子：The book was given to my brother by John（那本书被约翰给了我的兄弟）。

如果进行“非常规”的选择，还可以选择 D 作主语，这时转换过程如下：

首先把图 15-7 中的 D 移至句首，得到图 15-16：

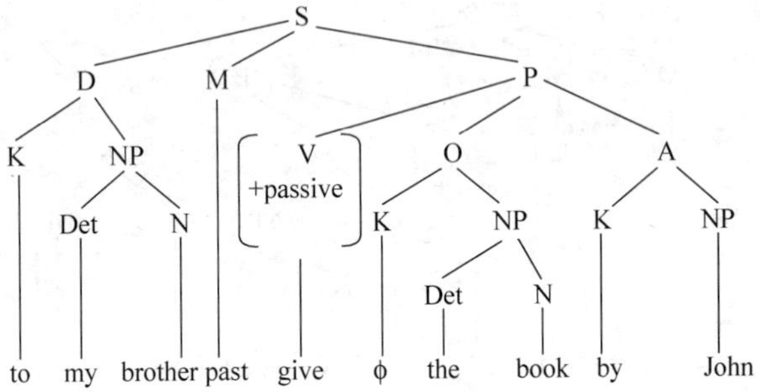

图 15-16　选择 D 做主语

接着进行主语介词删除，并删除格标。图 15-16 中，主语介词为 to，必须删除，删除格标 K 后得到图 15-17：

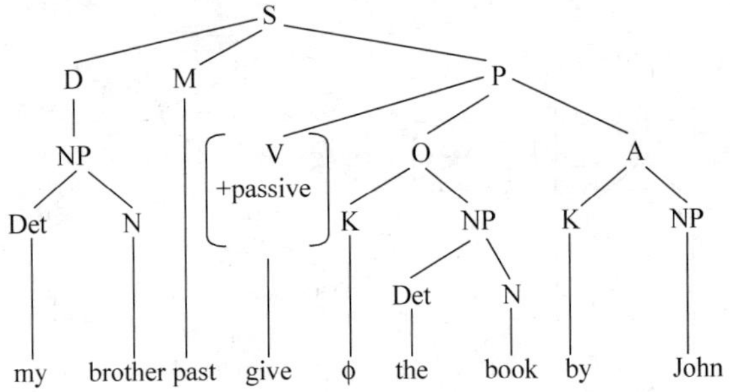

图 15-17　删除主语介词 to

然后，在 M 中插入一个 be，得到图 15-18：

在图 15-18 中，O 作直接宾语，删除该直接宾语的介词和格标，介词为 ϕ，删除格标 K，并把 give 变为 given，得到图 15-19：

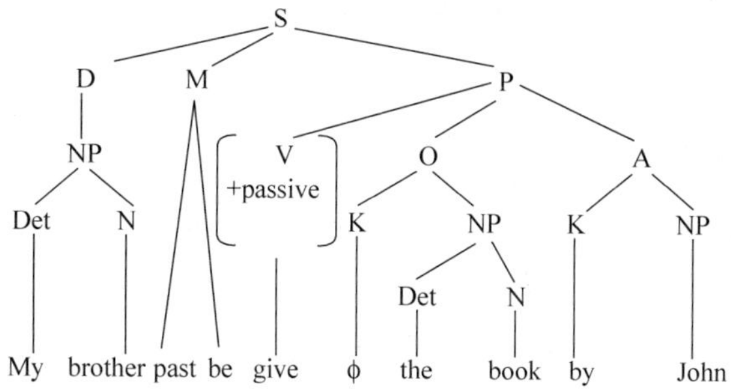

图 15-18　在 M 中插入 be

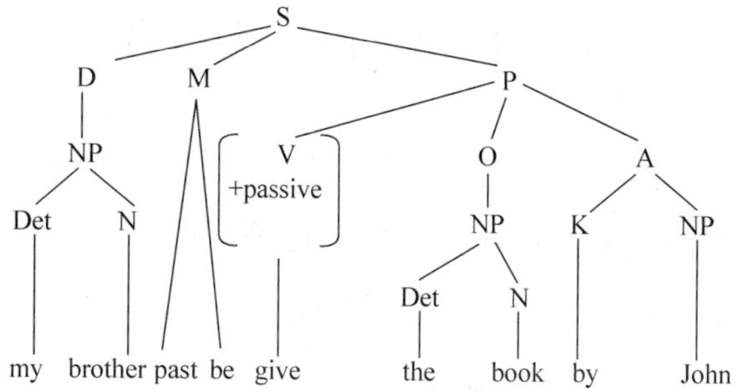

图 15-19　删除直接宾语的介词和格标

最后把 past 并入 be，把 be 变为 was，得到表层形式（图 15-20）：

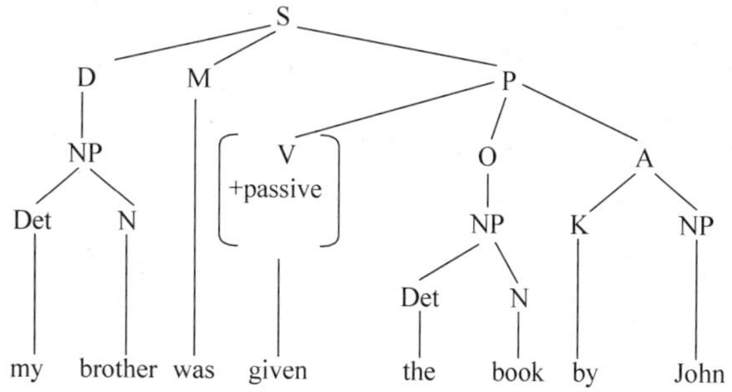

图 15-20　把 past be 变为 was

这样可得到句子：My brother was given the book by John（我的兄弟得到了约翰给的那本书）。

菲尔摩的格语法，把传统的“格”概念作了改进，推陈出新，醒人耳目。

深层格的功能具有普遍性，适用于一切自然语言，格语法能揭示深层的语义关系，可以利用它对表层结构进行推断。正如菲尔摩所说的：“知道了格的关系，就可以同实际的句子的句法结构挂起钩来。例如，预测主语是什么？能否形成一个主谓结构？能否确定什么是直接宾语？这些成分有什么表面标记？在这种语言里，哪些东西要分开？哪些东西是一回事？句子中的词序怎样？……总之，一旦对句子结构进行了格的描写，就能对表层句的关系和性质作种种推断。”① 正因为这样，格语法提出后，受到了各国语言学界的重视，尤其是在自然语言处理和人工智能的研究中，引起了广泛的注意，并取得了一定的应用效果。我国机器翻译工作者根据格语法的理论，进行了英汉机器翻译试验，汉语译文比较自然，在一定的程度上，摆脱了英语表层结构的影响，不带外国腔，得到了较为满意的结果。

20 世纪 70 年代中期以后，格语法的发展进入了第二阶段。第二阶段的格语法主要做了如下修改：菲尔摩把第一阶段表示格角色的结构叫作“底层结构”，底层结构由格角色构成，在第一阶段的格语法中，底层结构经过转换就得到表层结构；而在第二

① 叶蜚声整理：《雷柯夫、菲尔摩教授谈美国语言学问题》（第二部分菲尔摩的谈话），《国外语言学》，1982 年，第 3 期，第 1 页。

阶段，由格角色构成的底层结构，在转换之前还必须经过深层主语和深层宾语等语法关系的分配，从而得到深层结构，深层结构进入转换部分，经过转换得到表层结构。

这样一来，每一个句子就有格角色和语法关系两个分析平面，这两个平面把句子和句子所描述的事件联系起来，解释句子的语义和句法现象。

菲尔摩提出，句子描述的是场景（scene），场景中各参与者承担格角色，构成句子的底层结构。底层结构经过“透视域”（perspective）的选择，一部分参与者进入透视域，成为句子的核心成分（nucleus），每一个核心成分根据突出的等级体系（saliency hierarchy）确定其语法关系，其他的参与者不一定能进入句子，即使它们出现在句子中，也只能成为外围成分（periphery）。

场景是语言之外的真实世界，如物体、事件、状态、行为、变化，以及人们对于真实世界的记忆、感觉、知觉等。语言中的每一个词、短语、句子都是对场景的描述。当人们说出一个词、一个短语、一个句子或者一段话语，都是确定一个场景，并且突出或强调那个场景中的某一部分。

例如，动词“写”描写的是这样一种场景：一个人在某个物体的表面握着一个顶部尖锐的工具使其进行运动，在物体表面留下痕迹。在这个场景中有4个实体（即4个参与者）：

（1）发出这个行为的人，

（2）实施这个行为所凭借的工具，

（3）承受这个行为的物体表面，

（4）这个行为在物体表面留下的痕迹。

这是在没有上下文的时候，单独一个动词“写”所描述的全部场景，也就是当我们没有遇到任何其他的上下文条件时，一个单独的动词“写”所产生的全部想象，这也就是“写”这个词给我们引发出的全部想象。

句子的功能在于突出被描述的主体。

假如我对你说，“小王正在写”，那么这个句子所引发出的场景就不同了。根据这个句子，你可以知道这是真实世界中一个事件的场景，当你听到这个句子时，你会建立起这样一个场景：小王正在握着一支笔，在某一物体表面移动，并且在物体表面留下痕迹。这个场景仍然有 4 个实体：书写人（小王）、书写工具（笔）、书写物体的表面（纸）、在表面留下的痕迹（字），但在这个场景中突出了书写人小王这一个实体。

如果我说“小王正在写信”，那这个句子引出的场景仍然只有 4 个实体，但是突出了书写人（小王）和在表面留下的痕迹（信）2 个实体。

如果我说“小王用粉笔在黑板上写”，这个句子引发出的仍然是 4 个实体，但是突出了书写人（小王）、书写工具（粉笔）和物体表面（黑板）3 个实体。

如果我说“小王用粉笔在黑板上写了一个数学公式”，这个句子引发出的实体仍然是 4 个，不过与前面 3 个句子不同的是，这 4 个实体都突出了：书写人（小王）、在表面留下的痕迹（数学公式）、书写工具（粉笔）、物体表面（黑板）。

语义联系着场景，但是场景并不等于语义，场景必须通过语言使用者的透视才能进入语言，才能与语义发生联系。

当我们说出每一个句子或者每一段话语的时候，都有一个特定的透视域。在一段话语的任何一个地方，我们都是从一个特殊的透视域去考虑一个场景，当整个场景都在考虑之中的时候，我们一般只是注意场景的某一部分。

例如，商务事件有 4 个参与者：买主、卖主、款项和货物，款项有时还可以再进一步分析为现金和赊账两种情况。一个原型商务事件应该包括上述的内容，但当我们谈论这个事件时，所使用的单个句子要求我们对于事件选择一个特殊的透视域。如果我们想把卖主和货物置于透视域，就用动词“卖”；如果我们想把买主和款项置于透视域，就用动词“购买”；如此等等。这样，任何人听见并理解他所听到的某一句话时，心目中就有一个包括商务事件的全部必要方面的场景。

进入透视域的成分成为句子的核心成分。每一个核心成分在深层结构都常有一种语法关系，担任句子的主语或直接宾语。没有进入透视域的成分不一定出现在句子中，即使出现的话，也只是作为句子的外围成分。外围成分通常由介词、状语或者小句引入。

核心成分的突出情况是不同的，菲尔摩提出如下原则来确定核心成分的突出等级：

1. 主动成分级别高于非主动成分；
2. 原因成分级别高于非原因成分；
3. 作为人的（或有生命的）感受者的级别高于其他成分；
4. 蒙受改变的成分的级别高于未蒙受改变的成分；

5. 完全的或个性化的成分的级别高于一个成分的某一部分或无个性化的成分；

6. 实际形体的级别高于背景成分；

7. 肯定成分的级别高于不定成分。

这里的等级是按照突出程度递减的顺序来排列的，因此，主动成分的级别高于其他任何成分，原因成分的级别高于除了主动成分之外的任何一种成分，作为人的感受者的成分的级别高于除了主动成分和原因成分之外的任何一种成分，依此类推。

因此，在确定核心成分的语法关系时，应该按照突出程度的顺序来考虑。

当核心成分确定为一个时，场景中最高的成分就是主语。当确定核心成分有两个时，应该按照它们在等级中的相对位置来分配主语和直接宾语，级别高的成分为主语，级别较低的成分为直接宾语。当一个动词的主语已经确定，可以在其他两个事物中选择一个作为直接宾语时，在突出等级中级别高的事物占有优先地位。如果两个成分的突出程度相同，那么它们中的任何一个都可以进入透视域。

不过，这种突出等级的划分还处于假设阶段。正如菲尔摩所说的："在现阶段，这一切还纯属推测。"

格语法中的深层格具有普遍性，适用于描写各种自然语言的语句。一旦用格语法对句子结构进行了格的描写，就能对句子的表层关系和性质做出各种推断，例如，推断主语是什么，能否形成一个主谓结构，如何安排句子中的词序，等等。

菲尔摩在1977年指出，能够描述同一商业事件的不同的动词可以选择不同的方式来表达事件的参与者。例如，在 John 和 Tom 之间涉及 3 美元和 1 个三明治的交易可以用下面的任何一种方式来描述：

（1） John **bought** the sandwich from Tom for three dollars.

（John 花三美元从 Tom 处买了那块三明治。）

（2） Tom **sold** John the sandwich for three dollars.

（Tom 以三美元卖给 John 那块三明治。）

（3） John **paid** Tom three dollars for the Sandwich.

（John 付给 Tom 三美元来买那块三明治。）

在这些句子里，动词 buy、sell 和 pay 从不同的视角来表达商业事件，并选择潜在参与者与题元角色的不同的映射来实现这种视角。我们可以看出，bought、sold、paid 这三个动词具有完全不同的映射。这个事实告诉我们：动词的语义角色必须在动词的词典条目中列出，从潜在的概念结构是难以预测出来的。

菲尔摩认识到："对于商务事件的完整的描述涉及买方、卖方、货币和商品……用某一动词对商务交易的某一方面进行描述时，这些要素中的一个或多个就进入了我们的透视域，比如，当卖方进入透视域时，我会用 sell 这个动词；如果买方和货币进入透视域时，我会用 spend 这个动词；如果买方和货币，或者买方和卖方进入透视域时，我会用 pay 这个动词；如果商品和钱进入透视域时，我会用 cost 这个动词。"①

① J. Ch. Fillmore, The case for case reopened, in P. Cole & J. Sadock, Syntax and Semantics: Grammatical Relations. New York, Academic Press, 1977: 72—73.

根据这些事实，许多研究者认为，在自然语言处理系统的词典中，需要分别列出每个动词的句法和语义组合的可能性，不能完全依靠句法功能和语义关系之间的对应，简单地进行逻辑推理来解决语义分析问题，而动词的句法和语义组合的可能性应该通过“框架”（frame）来描述。

第二节　框架网络

由于语言中句法功能和语义结构之间的对应关系因单词的不同而不同，菲尔摩深切地认识到需要针对具体的单词来描述句法功能和语义结构之间的对应关系，建立描述句法和语义结构的框架。基于这样的认识，在20世纪末，菲尔摩提出了“**框架语义学**”（frame semantics），从格语法进一步走到了框架网络。

“**框架网络**”（FrameNet）是菲尔摩主持的一个课题。这个课题的目的在于研究英语中语法功能和概念结构（也就是语义结构）之间的关系，建立用于自然语言处理的词汇知识库。这个课题得到美国国家科学基金（U. S. National Scientific Foundation, NSF）的多年持续资助。课题名称是NSF ITR/HCI # 0086132：“框架网络 + +：一个在线的词汇语义资源及其在语音、语言科技方面的应用”，2000年9月至2003年8月。由于这个课题影响很大，2003年8月到期之后仍然在继续进行，不断取得新的成果。

这个框架网络根据框架语义学的理论，依靠语料库的支持，正在建立一个在线（online）的英语词汇资源。截至2005年10

月，整个框架网络的规模至少包含 7600 个词元（lexical unit），包括动词、名词、形容词，覆盖很广的语义领域，对于每一个词位（lexeme）的每一个含义（sense）都要详尽地描述它的语义和句法的各种结合可能性，也就是它的配价（valences）。这些配价是通过手工标注例句以及自动地对标注结果加以组织和整理而得到的。

框架语义学的中心思想是词的意义的描述必须与语义框架相联系。框架是信仰、实践、制度、想象等概念结构和模式的图解表征，它为一定言语社团中意义的互动提供了基础。

框架网络为自己确立的任务是：

1. 描述给定词元所隶属的概念结构或者框架；

2. 从语料库中抽取包含某个词的句子，并从中挑选能够恰当地说明我们所要分析的具有某种给定意义的词元的例子；

3. 通过把与框架相关的标记（叫作“框架元素”）指派到包含词元的句子中的短语上，使挑选出来的句子得到标注；

4. 准备最终的标注总结报告，简明显示每个词元在组合上的可能性；这些被称作“配价描述”（valence descriptions）。

框架网络数据库的格式是独立于开发平台的，因而可以通过网络和其他交互手段进行显示。

下面，我们通过分析一个简单的例子，使大家对语义框架的做法有一个较好的理解。

这里请看一组与称之为“复仇（Revenge）”框架相关的词。唤起“复仇（Revenge）”意义的词元包括：avenge（复仇），avenger（复仇者），get back（at）（实行报复），get even（with）

（和……算账），retaliate（报仇），retribution（报应），revenge（报仇，名词），revenge（报仇，动词），以及 vengeance（报仇）。

“复仇（Revenge）”必须与为了回应某个不应该的遭受而施加的某种惩罚相关。一个“复仇者（AVENGER）”对一个“冒犯者（OFFENDER）”施加某种“惩罚（PUNISHMENT）”，以回应冒犯者早期所做的坏事，即某种“伤害（INJURY）”。“复仇者（AVENGER）”也许就是“被伤害方（INJURED PARTY）”，即遭受伤害的人，也许不是。对“冒犯者（OFFENDER）”所造成的“伤害（INJURY）”的裁断与法律无关；这就要求要把“复仇”这个概念与法律上许可的“惩罚”区分开来。复仇情景实例中的事件和参与者，如“复仇者（AVENGER）”和“惩罚（PUNISHMENT）”，被称作**框架元素**（Frame Elements，简称 FEs）。

请看下列包含“Revenge（复仇）”框架词元的做了标注的例句：

1. [Ethel$_{\text{AVENGER}}$] eventually **got even** [with Mildred$_{\text{OFFENDER}}$] [for the insult to Ethel 's family$_{\text{INJURY}}$]

（Ethel 最终向侮辱她家的 Mildred 报了仇。）

2. Why hadn't [he$_{\text{AVENGER}}$] sought to **avenge** [his child$_{\text{INJURED PARTY}}$]?

（他为什么还没有试图为他的孩子报仇？）

3. Yesterday [the Cowboys$_{\text{AVENGER}}$] **avenged** [their only defeat of the season$_{\text{INJURY}}$] [by beating Philadelphia Eagles 20-10$_{\text{PUNISHMENT}}$].

（昨天，牛仔们以 20 比 10 战胜费城老鹰队，从而为他们赛季的唯一失利报了仇。）

4. The Old Bailey was told [$he_{AVENGER}$] was desperately in love and wanted to **get back** [at the $woman_{OFFENDER}$] ["for ending their $relationship"_{INJURY}$]

（据说，那个老 Bailey 在恋爱中绝望，并且想向那个结束他们恋爱关系的女人复仇。）

5. [The $USA_{AVENGER}$] **retaliated** [against the harassment of its $diplomats_{INJURY}$] [by expelling 36 staff from the Iraqi embassy in Washington on Aug. $27_{PUNISHMENT}$]

（通过驱逐驻华盛顿的伊拉克大使馆的 36 位工作人员，美国为其外交官所受的折磨报了仇。）

从上述例子可明显看出，框架网络拥有所需的用以标注主要参与者的各种框架元素。

现在我们来看不同的框架元素在语言上是怎样实现的，即：框架元素怎样与句法成分相关。有时不同的词元会有不同的可能性。

以上述框架中的动词为例，在主动语态的句子中，"AVENGER（复仇者）"是主语。"OFFENDER（冒犯者）"典型地出现在介词短语当中。介词词汇形式的不同，取决于词元：与 get even 搭配的是 with，如例（1）所示，与 get back 搭配的是 at，如例（4）所示。"INJURY（伤害）"大多数出现在 for 前置词短语中，但也可以是动词 revenge 和 avenge 的直接宾语。"INJURY（伤害）"的表达可以从原始事件（如：my brother's murder，我哥哥的谋杀）的角度理解，也可以从对被伤害方的影响上理解（如：my brothers' death，我哥哥的死）。"PUNISHMENT（惩罚）"典型地表现为一个包含动名词补足语的 by 短语。最后，“INJURED PARTY（被伤害方）”有时表现为一个独立成分，特别是像例（2）那样充当 avenge 的直接宾语。

在带有动词核心的句法结构中，相比之下，某些成分与动词框架之间具有更为特定的语义联系。因此，框架网络区分了中心框架元素（**core** FEs）和**非中心**框架元素（**non-core** FEs）。尽管与句法学家传统所做的论元（argument）与修饰语（adjunct）的区分有相当一部分的重合，其实这二者并不完全相同。

传统的区分主要是基于诸如提取（extraction）这种有关句法配置和句法现象所做的假设。框架网络的概念主要是语义的，关注某个概念对于框架的意义理解是否必要。在框架网络中，与动词描写密切相关的配价模式只建立在中心元素的基础上。非中心元素包括各种类型的外围修饰语，它们或多或少地与各种类型的事件或者状态相协调。非中心元素的例子如上述例（3）中的时间副词 yesterday。尽管任何“复仇”行为很明显地都有空间和时间的属性，但是时间修饰语 yesterday 与动词 avenge 没有特定的意义联系。尽管框架网络的二级目标是对所考察的句子至少提供部分的语义分析，标注者经常给这些成分标上适当的框架元素标记（时间、地点等），但在框架网络中，对于相关动词的基本的配价的描述只包括那些中心框架元素。

由此可见，语义框架（semantic frame）是一个类似于“脚本”（script）那样的结构，结构中的各个成分由词汇单元的意义联系起来。

每一个框架是框架元素的集合。框架元素包括框架的参与者

(participant) 和框架的道具 (props)，它们充当题元角色。词汇单元的框架语义要描述在所给定的含义下，框架元素的结合方式和框架元素在框架中的分布情况。

每一个含义都要描述它的配价，配价不仅要表示出框架元素组合方式的集合信息，而且还要表示出在有关语料库中检验过的语法功能信息和词组类型信息。

标注好的句子是数据库的一个组成部分，采用 XML 语言置标，这些句子是词汇条目的基础。这样的格式可以支持使用框架、框架元素以及它们的组合来进行搜索。

框架网络数据库既可以作为词典 (dictionary) 来使用，也可以作为叙词表 (thesaurus，也就是"类属词典") 来使用。

作为词典来使用时，词典中单词条目的信息包括：

1. 该单词的定义：大部分的定义来自《简明牛津词典》(*Concise Oxford Dictionary*，第 10 版，简称 *COD*)。
2. 标注好的例句：这些例句来自语料库，它们应该是语言学家精选过的，在词典的"标注报告"中加以说明。
3. 框架元素表：这个表中要说明框架元素在标注报告中的出现情况以及它们表示的句法关系。
4. 配价模式：要说明该单词可以具有的配价模式，并说明每一个配价模式中的框架元素相应的词组类型和句法功能。
5. 索引：按照字母顺序排列。

作为叙词表来使用时，每一个单词都与它们所参与的语义框架相链接，而框架反过来又与词表和其他相关的框架相链接。

框架网络所使用的语料库是包含 1 亿词的英国国家语料库

（British National Corpus，简称 BNC），取得了牛津大学出版社（Oxford University Press，简称 OUP）的使用许可。语义标注使用 MITRE 公司的 Alembic 工作台（Alembic Workbench）进行，句法标注使用他们自己的标注程序进行，这个程序可以给每一个短语标注上语法功能信息和短语类型信息。框架网络中的每一个条目都可以与其他的词汇资源相链接，这些词汇资源包括词网的 SYNSET 和 COMLEX 的次范畴化框架。

框架网络中的每一个条目要列出该条目的所有论元，包括题元角色以及它们的词组类型和语法功能。

框架网络包括若干个领域（domains），每一个领域又包括若干个框架（frames），每一个框架由若干个题元角色来定义。

例如，在前期的框架网络中，COGNITION（认知）这个领域包括如下的 3 个框架：

1. STATIC COGNITION（静态认知）框架：如 believe（相信），think（考虑），understand（理解）等；
2. COGITATION（沉思）框架：如 brood（细想），ruminate（反复推敲）
3. JUDGMENT（判断）框架：如 respect（尊重），accuse（控告），admire（赞美），rebuke（指责）。

在领域 COGNITION 的各个框架中都有题元角色 COGNIZER（认知者），这个题元角色在不同的框架中可以使用不同的名字来引用。例如，在 JUDGMENT 框架中，引用 COGNIZER 的名字叫作 JUDGE（判断者），此外，在 JUDGMENT 框架中的题元角色还有 EVALUEE（被评价者），REASON（原因）和 ROLE（作用）。这些题元角色的意思从下面的关于动词 respect 的例句中可以看出来（表示题元角色的单词用方括号标出）：

JUDGE：　[John] **respects** Kim for being so brave.

EVALUEE：John **respects** [Kim] for being so brave.

REASON：　John **respects** Kim [for being so brave].

ROLE：　John **respects** Kim [as a scholar].

这些题元角色也就是相应框架的框架元素。

在框架网络中，每一个条目还要标注词组类型（如 NP，PP）和句法功能（如 Subj，Obj）。

例如，表示判断的动词 appreciate 有动态认知的涵义和静态认知的含义，它的框架如下。

——动态认知的含义，表示“感激（to be thankful or grateful for)”：

(1) JUDGE　REASON　EVALUEE

NP/Subj　NP/Obj　PP（in）/Comp

I still **appreciate**　good manners　in men.

(2) JUDGE　EVALUEE　REASON

NP/Subj　NP/Obj　PP（for）/Comp

I could **appreciate**　it　for the music alone.

(3) JUDGE　REASON

NP/Subj　NP/Obj

I **appreciate**　your kindness.

(4) JUDGE　EVALUEE　ROLE

NP/Subj　NP/Obj　PP（as）/Comp

I did not **appreciate** the artist as a dissending voice.

——静态认知的含义，表示“理解（understand）”：

（1）COGNIZER CONTENT

NP/Subj Sfin/Comp

They **appreciate** that communication is a two-way process.

（2）COGNIZER CONTENT

NP/Subj Swh/Comp

She **appreciated** how far she had fallen from grace.

从这些例句中，我们还可以看出，在题元角色与句法功能（或词组类型）之间存在着对应关系。题元角色 JUDGE，COGNIZER 一般是主动句中的主语 Subj，题元角色 ROLE 一般是以 as 为介词的介词短语 PP，题元角色 CONTENT 一般是从句 S（句子）。这样的信息，对于句法驱动的自动语义分析是十分有用的。

在框架网络中，还可以使用核心依存图（kernel dependency graph，简称 KDG）来表示词项依存关系的基本面貌，而略过那些与依存关系无关的成分。例如，“The professor demonstrated the proof to the class”（“教授给这个班级演示了证明”）的核心依存图如下（省略了冠词 the）：

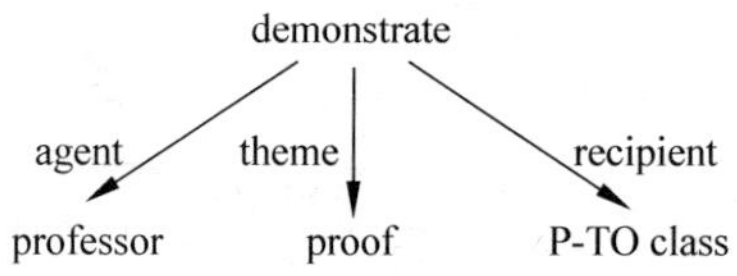

图 15-21 核心依存图

在图 15-21 中，professor 充当 agent（施事者），proof 充当 theme（内容），P-TO class 充当 recipient（接受者）。

在标注中，值得注意的是，一个短语的句法核心并不总是最重要的框架唤起者，依存短语的句法核心也不总是这些短语的意义的最重要的指示者。这些现象包括：

1. **支撑动词**（support verb）：一个动词的句法核心在语义方面的作用很小，其主要的框架引介者是与支撑动词有关的名词。

have，do，make，take，give 等“轻动词”（light verb）是支撑动词最明显的例子。它们使用频度很高，并且可以与大量的事件名词搭配，而对于名词所唤起的场景几乎没有什么语义上的贡献。例如，have desire，（想）have an argument（拌嘴），make an argument（提出论点），make a complaint（抱怨），give a speech（发言）等。

除了轻动词之外，其他的支撑动词与事件名词的搭配范围很窄，如 pay 与 attention，say 与 prayers。

在这些情况下，支撑动词不作为核心依存图的谓词核心，而应当把事件名词作为谓词核心。

例如，“The team has the desire to sign the player”的核心依存图如下：

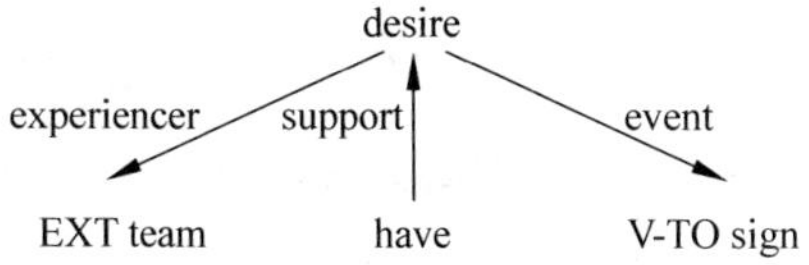

图 15-22　支撑动词

在图 15-22 中，the team 是作为外部论元（external argument，记为 EXT）被引介的，充当 have 的主语，因此，在框架元素 experiencer 的核心前加 EXT。用改变箭头方向的方式来显示支撑动词 have，在句法上名词 desire 仍然是支撑动词 have 的依存成分。

2. **零形式框架元素**（null instantiated frame element）：有时，核心框架元素既不是谓词的依存成分，也不能通过槽填充得以发现，因此，明显体会得出的概念成分在句子中却没有相应的形式。这种情况叫作零形式框架元素。有三种：

（1）结构零形式框架元素（CNI）：例如，祈使句中省略的主语，被动句中省略的 by 短语中的施事。

（2）有定零形式框架元素（DNI）：缺失的元素一定是在篇章或者上下文中已经理解了的。

例如，“John left”中，“离开的地方”一定可以从上下文中得到。核心框架图如下：

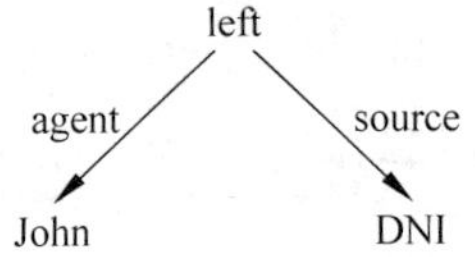

图 15-23　有定零形式框架元素

在图 15-23 中，DNI 充当 source，是有定零形式框架元素。

（3）无定零形式框架元素（INI）：缺省的元素的自然类型或语义类型都能够被理解，没有必要找回或者建立一个特定的篇章所指。

例如，“The committee replaced Harry with Susan”省略 with

Susan 之后，变为“The committee replaced Harry”，核心框架图如下：

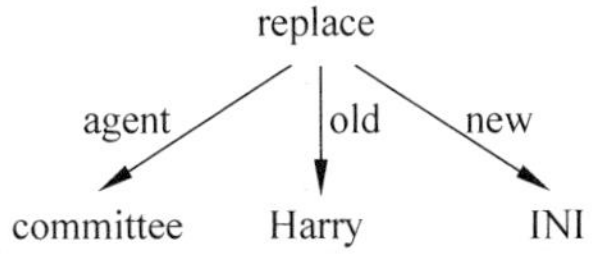

图 15-24　无定零形式框架元素

在图 15-24 中，没有标出“with Susan”，用无定零形式框架元素来表示，记为 INI，充当框架元素 new。

3. **透明名词**（transparent noun）：一个名词短语的句法核心成分代表数量成分、类型或者容器，而它的补足语则包含了这个名词短语的语义核心，这时，这个核心成分就成了透明名词。

例如，several **pint**s of water 中的 pints（品脱），a **kind** of asbestos（一种石棉）中的 kind，this **type** of filter 中的 type 都是透明名词。在核心框架图中，我们应当注意挑选与透明名词在语义上相关的名词作为核心。

句子“The majority of tobacco producer use a kind of asbestos in this of filter”的核心框架图如果画为如下形式，其语义就很模糊：

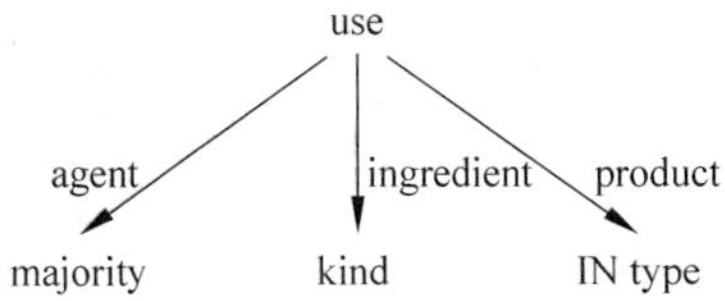

图 15-25　语义模糊的核心框架图

在图 15-25 中，透明名词 kind 充当框架元素 ingredient，语义显得比较模糊。

但是，如果是如下形式，提供的信息就多得多：

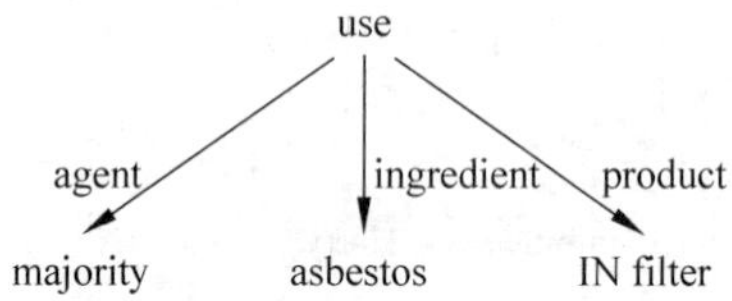

图 15-26　信息丰富的核心框架图

在图 15-26 中，挑选与透明名词 kind 语义相关的名词 asbestos 充当框架元素 ingredient，语义就显得很清楚了。

4. **框架元素融合**（frame element fusion）：与两个框架元素相关的信息由一个成分来表达。在有些框架中，成对的框架元素非常紧密地联系在一起，因此语法上可以容许省略其中的一个，因为被省略的那一个可以从另一个实现了的框架元素中推出来。

例如，“I hired [$her_{EMPLOYEE}$] [as my $assistant_{POSITION}$]”与“I expect to hire two new $assistants_{EMPLOYEE+POSITION}$”。在第二个句子中框架元素 EMPLOYEE 与 POSITION 融合了。它们的核心框架图如图 15-27：

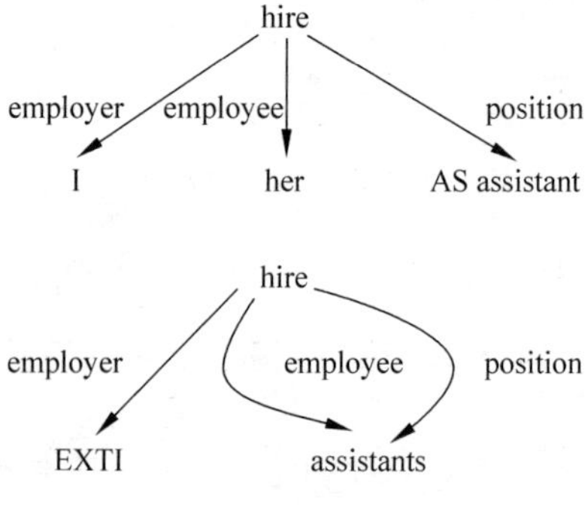

图 15-27　框架元素融合

在框架网络中，需要对于已经标注好的句子以及这些句子的配价模式进行深入的研究。框架网络课题组为此开发了相应的软件工具，这样的软件工具可以从标注语料库中自动地生成“词元标注报告”（Annotation by LexUnit Report），有助于研究人员进行进一步的深入研究。

在自动生成的“词元标注报告”中，首先列出该词元的框架元素表（Frame Element Table），然后展示出用这些框架元素标注的包含该词元的例句，这些例句是从语料库中自动抽取出来的。

例如，“复仇（Revenge）”框架中词元 *AVENGE* 的标注报告如下：

框架元素表为：

AVENGER：复仇者

INJURED PARTY：被害方

INJURY：伤害

OFFENDER：冒犯者

PUNISHMENT：惩罚

包含词元 avenge 的标注例句为：

（1）[$\text{Swegen}_{\text{AVENGER}}$] is also to have invaded England later to AVENGE [$\text{his brother}_{\text{INJURED PARTY}}$]. [$\text{DNI}_{\text{PUNISHMENT}}$] [$\text{DNI}_{\text{OFFENDER}}$]

（后来 Swegen 也进犯英格兰为他的弟弟复仇。）

（2）With this, [$\text{ElCid}_{\text{AVENGER}}$] at once AVENGED [the death of $\text{his son}_{\text{INJURY}}$] and once again showed that any attempt to reconquer Valencia was fruitless while he still lived. [$\text{DNI}_{\text{PUNISHMENT}}$] [$\text{DNI}_{\text{OFFENDER}}$]

（采用这样的方式，ElCid 马上为他的儿子复了仇，并且再次说明，只要他还活着，任何试图征服 Valencia 的尝试都不会有结果。）

（3）His secret ambition was for the Argentine ban to be lifted so [he$_{\text{AVENGER}}$] could get to England and AVENGE [Pedro's death$_{\text{INJURY}}$] [by taking out the England and especially one pocker-faced Guards Officer$_{\text{PUNISHMENT}}$]. [DNI$_{\text{OFFENDER}}$]

（他暗暗下了决心来消除 Argentine 的禁令，这样，他就有可能进入英格兰并且通过破坏英格兰特别是杀死一个麻脸侍卫官的方式为 Pedro 的死复仇。）

（4）In article 3 of the agreement, [each$_{\text{AVENGER}}$] had promised to AVENGE [the violent death of the other$_{\text{INJURY}}$] [with the blood of the murderer$_{\text{PUNISHMENT}}$]. [DNI$_{\text{OFFENDER}}$]

（在协议的第三条中，每个人都承诺要用杀人者的鲜血来为其他人暴烈的死复仇。）

（5）Suddenly he walked back to me and said [I$_{\text{AVENGER}}$] ought to AVENGE [my father's death$_{\text{INJURY}}$] and that he could help me. [DNI$_{\text{PUNISHMENT}}$] [DNI$_{\text{OFFENDER}}$]

（突然他转过身来对着我，并且说，我应该为我父亲的死报仇，他可以帮我的忙。）

（6）[The Trojans$_{\text{AVENGER}}$] wish to AVENGE [the death of Hector$_{\text{INJURY}}$]; their misplaced values mean that patience in adversity is impossible. [DNI$_{\text{PUNISHMENT}}$] [DNI$_{\text{OFFENDER}}$]

（Trojans 希望为 Hector 的死复仇；他们错误的估计意味着在

逆境中忍耐是不可能的。)

(7) "We know the conditions here and [$we_{AVENGER}$] want to AVENGE [that World Cup $defeat_{INJURY}$]," he said, referring to South Africa's 64-run with in New-Zealand. [$DNI_{PUNISHMENT}$] [$DNI_{OFFENDER}$]

(他引用在新西兰进行的南非的第 64 场比赛，并且说，"我们知道这里的条件，我们想为世界杯比赛中的失败复仇。")

可以看出，在这些自动抽取出来的例句中，都进行了框架元素的标注，其中，DNI 是有定零形式框架元素，尽管在例句中没有出现，但仍然应当标出。

通过上面带标注的 7 个例句，可以归纳出词元 avenge 的两个配价模式：

(1) [AVENGER]-[INJURED PARTY]-[PUNISHMENT]-[OFFENDER]

(2) [AVENGER]-[INJURY]-[PUNISHMENT]-[OFFENDER]

如果从语料库中自动地抽取出更多的标注例句，还可以归纳出第三个配价模式：

(3) [AVENGER]-[INJURED PARTY]-[INJURY]-[PUNISHMENT]-[OFFENDER]

这三个配价模式反映了 avenge 这个词元的句法语义特性。

显而易见，这样的配价模式不论对于传统的语言研究还是对于自然语言处理研究，都是非常有价值的。

对框架网络有兴趣的读者可以访问下面的网址：http://www.icsi.berkeley.edu/~framenet

上面描述了从格语法到框架网络的发展过程，由此可以看出，菲尔摩对于题元角色关系的研究工作有了长足的进步。

这些进步主要体现在如下三个方面：

第一，框架网络中使用的框架元素比格语法中使用的13个格更加丰富，更加具体，因而也更加便于用来描述单词的句法语义功能，使我们对于题元角色关系获得更加深刻的认识。

第二，格语法研究所依赖的语言事实主要是根据语言学家本人的语言知识以及语言学家对于语言的直观感受，难免带有主观性和片面性，而框架网络的研究则是在大规模标注语料库的基础上进行的，能够客观地反映语言现象的真实面貌，有助于避免主观性和片面性。

第三，格语法的研究方法主要是靠语言学家的内省和对于语言现象的洞察力，而框架网络的研究则使用计算机提供各种软件工具，例如，“词元标注报告”的自动生成工具，以网络为基础的数据库查询工具等等，这些软件工具成为了研究人员的有力助手，提高了研究工作的效率。

第三节　构式语法

在框架网络中，每一个框架包含若干个单词（word）或词汇单位（lexical unit）。词汇单位是单词与意义的结合体。但在框架网络工程中，词汇单位专指单词与单一框架（single frame）之间的对应关系。而词汇单位可以多于一个单词。例如，give out这个词汇单位中，give管辖out，所以管辖成分give是框架的名称，这个词汇单位表示为：Give-give out，是包含一个单词以上的词汇单位。

菲尔摩提出了多于一个词的词汇单位，为“**构式语法**”（construction grammar）的出现做了铺垫。因为当不规则的结构单位或者惯用词组对应于单一框架时，这样的框架就叫作“句法构式”（syntax construction）。句法构式中的结构组块叫作构式要素（construction element），相当于框架语法中的框架元素（frame element）。

请看下面的例子：

The sooner you learn how to pronounce her name, the more likely is she to go out with you.

（很快你就学会她的名字怎样发音了，她与你出去得越多，你就学会得越多。）

这是一个不规则的句子结构，菲尔摩把它叫作“the more 构式”。这个构式的意义是两个量度之间的对应关系，也就是时间长度与可能性大小之间的比例关系：出去的时间越长，你学会发音的可能性就越多。这个构式包含两个构式要素，也就是两个子句：一个构式要素是“The sooner you learn how to pronounce her name”，另一个构式要素是“the more likely is she to go out with you”。

在构式中，不仅构式意义可以像框架意义一样地加以描述，构式要素也在不规则中体现出规律性。对于“the more 构式”来说，存在如下的规律：

1. 构式要素是“The sooner you learn how to pronounce her name”具有条件句的特征，因此句子中不能用 will；

2. 两个构式要素连接起来构成复合句，它们之间具有从属关系，不能使用并列连词 and；

3. 主谓颠倒的结构特征只能出现在第二个构式“the more likely is she to go out with you”中。

为了证明句法构式具有与框架相同的可接受性，菲尔摩认为，“不规则结构”实际上也具有“规则性”，因此他特别地关注“不规则结构”的“规则性”，并且努力把各种不规则结构看成具有规则性的普遍的语言现象。

例如，菲尔摩、凯伊（Paul Key）和欧孔诺（M. Catherine O'Connor）在归纳了构式“let alone”的句法和语义特征之后，他们明确地指出：“在语法的建构过程中，光有一般的语法规则、固定词汇和词组组成的系统是不够的。不规则的语言现象不能通过例外现象的一个列表得到解释，一种语言中的惯用现象（idiomaticity）不仅数量很多，而且具有高度的能产性和严谨的特征，应当对它们进行认真的语法分析。”①

菲尔摩和凯伊在分析了构式“What's X Doing Y”（简写为WXDY）之后认为，构式语法的方法就是“对每一种语言的所有现象做出解释的方法”，应当将“相对规范的现象和比较不规则的语言现象等量齐观”，“不要把任何有问题的语料看作与语法理论无关并加以排斥”②。

构式语法在下面几个方面超过了格语法和框架语义学：

---

① J. Ch. Fillmore, P. Kay and M. C. O'Connor, Regularity and idiomaticity in grammatical constructions: The case of let alone, *Language*, 1988 (3): 501—538.

② P. Kay and C. J. Fillmore, Grammatical constructions and linguistics generalizations: The What's X Doing Y? construction, *Language*, 1999 (1): 1—33.

第一，格语法和框架语义学主张词汇语义决定句法结构，分析时采用自底向上（bottom-up）的方法，而构式语法主张词汇与句法具有连续统（continuum）特征，认为词汇意义与构式意义共同决定句子单位的特征，分析时采用自顶向下（top-down）的方法。

第二，格语法和框架语义学主张语义格和框架要素决定句子结构，因此，句子结构在一定程度上是有理据的（motivated），而构式语法坚持以构式为本，主张构式作为整体被看作任意的符号单位，不仅词汇具有任意性，句子结构也具有任意性。

第三，格语法和框架语义学主张语义格和框架结构决定句子的深层结构，因而表层结构是“推导的”（derivational）结果，而构式语法认为构式是“非推导的”（non-derivational），构式网络在“合一”（unification）的基础上完成构式之间的继承（inheritance）和融合（merge）等操作。

第四，格语法和框架语义学主张句法结构具有中心（core）和边缘（periphery）的区别，能够被语义格和框架要素所映射的结构是中心结构，不能被映射的结构是边缘结构；而构式语法主张，不规则结构是语言的常态，不同的结构之间只有不规则程度的不同，因此句法结构没有“中心”和“边缘”的区别。

第五，格语法和框架语义学主张区分“语言”与“言语”，区分“语言能力”与“语言应用”，继承了语言学中二分法的传统；而构式语法抹平了这样的差别，构式语法主张基于用法（usage-based）来研究语言的本体。

美国普林斯顿大学语言学系的戈德贝尔格（Adele

E. Goldberg）也研究构式语法。她师从认知语言学家拉科夫（G. Lakoff），在1995年出版了《构式：论元结构的构式语法研究》（*Construction: A Construction Grammar Approach to Argument Structure*）一书，此书成为构式语法的代表之作。戈德贝尔格认为，构式是音义结合的语言单位，是形式和意义的匹配体，具有语言本体论的特征，满足句子结构任意性的特征。对于构式的这些特点，戈德贝尔格做了如下的概括："C是一个独立的构式，当且仅当C是形式-意义的配对 $<F_i, S_i>$，而且C的形式（F_i）或意义（S_i）的某些方面不能从C的构成成分或者从其他先前已有的构式中得到完全的预测。"①

戈德贝尔格强调构式的形式和意义的不可推导性，她认为，根据一个构式的构成成分的形式或意义，无法精确地推导出这个构式整体的形式或意义。例如，在英语中，"kick the bucket"（去世）这个习语，我们从它的构成成分kick（踢）和bucket（水桶）的形式和意义，无法推导出这个习语整体的形式和意义（去世）。句子也是一样。例如，"the more…, the more…"（越……，越……）这个句式，它的整体意义大于各个部分意义之和。也就是说，这些习语和句式与词一样，都是构式，都是以一个整体存在的，都具有其自身的形式和意义。

戈德贝尔格还指出，有的动词的意义不能从它的基本论元结构推导出来。例如英语句子：

---

① A. Goldberg, Constructions: A Construction Grammar Approach to Argument Structure, Chicago, University of Chicago Press, 1995.

He sneezed the napkin off the table

（他打喷嚏把餐巾从桌子上弄下来了）

这个句子具有明显的使动意义，可是这样的使动意义很难说是动词 sneeze（打喷嚏）表示的，因为动词 sneeze 的基本论元结构中，并不包含使动这样的成分。其实，这种使动意义是由这种特殊的构式表示出来的。

对于子句或者大于子句的语言单位，究竟是词汇意义的作用更大还是构式意义的作用更大？构式意义的来源是什么？由词汇组成的构式的意义能够独立于词汇吗？词汇用法的经验累加和固化究竟在多大的程度上产生了构式意义？是不是每一个构式都具有构式意义？这些都是构式语法研究中还有待进一步探讨的问题。

除了费尔摩和戈德贝尔格之外，克罗夫特（Croft）于 1996 年提出了“激进构式语法”（Radical Construction Grammar），贝尔根（Bergen）于 2005 年提出了“体验构式语法”（Embodied Construction Grammar）。

激进的构式语法之所以称之为“激进”（radical），是因为这种构式语法认为构式是语言唯一的、最基础的、最原始的理论结构；所有其他的语言范畴，包括词类、语序、主宾语这样的语法关系，以及所谓的“句法”都是构式的副产品，都是一种偶发的现象。

体验构式语法非常关注语言的过程性特征，尤其是语言的理解，这种构式语法非常关注构式在理解过程中是如何产生作用的。因此，体验构式语法主要研究某一特定语言构式与在语言理解过程中的体验性知识之间的关系。

这些不同类型的构式语法，在理论和方法上都各具特色，与语言的认知密切相关，已经属于认知语言学（cognitive linguistics）研究的领域了。

本章参考文献

1. J. C. Fillmore, The case for case. In: E. Bach & R. T. Harms, Universals in Linguistic Theory. New York: Holt, Rinehart and Winston, 1968: 1—88.
2. J. C. Fillmore, The case for case, reopened. In: P. Cole & J. Sadock, Syntax and Semantics: Grammatical Relation, New York: Academic Press, 1977: 59—81.
3. J. C. Fillmore, Paul Key, and M. Catherine O'Connor, Regularity and Idiomaticity in Grammatical Constructions: The Case of Let Alone. *Language*, 1988 (3): 501—538.
4. A. Goldberg, Construction: A Construction Grammar Approach to Argument Structure, Chicago: University of Chicago Press, 1995.
5. 杨成凯，Fillmore 的格语法理论，《国外语言学》，1986，(1/2/3)。
6. 冯志伟，从格语法到框架网络，《解放军外国语学院学报》，2006，(3)，第1—9页。
7. 刘宇红，从格语法到框架语义学再到构式语法，《解放军外国语学院学报》，2011，(1)，第5—9页。
8. 刘正光主编，《构式语法研究》，上海外语教育出版社，2011年。

第十六章　莫斯科语义学派

俄罗斯有优秀的语言学传统。布拉格学派的奠基人特鲁别茨柯依、雅可布逊都是俄罗斯人。俄罗斯在普通语言学、功能语言学、社会语言学、语法学、音位学、修辞学、语义学等方面，都对世界的语言学作出过出色的贡献。本章主要介绍俄罗斯语言学家在语义学研究方面的贡献，着重介绍在俄罗斯当代语义学中影响最大的莫斯科语义学派。

莫斯科语义学派于20世纪60年代初创，以俄罗斯科学院、莫斯科大学、莫斯科国立外国语师范学院等研究机构和高等学校为基地，他们在俄语研究中提出了一系列重要的语义学理论，并且将这些理论付诸实践，产生了深远的影响。本章将介绍阿普列相、梅里楚克和邵武勉的语义学理论。

第一节　阿普列相的语义学理论

阿普列相（Ю. Д. Апресян）于1930年生于莫斯科，1953年毕业于莫斯科国立外国语师范学院英语系，并留校任教。1958年通过了题为《现代英语同义成语研究》的论文答辩，获得副博士学位，1960年进入苏联科学院俄语研究所结构语言学研究室工作，因为持不同政见被苏联科学院开除，于1972年离开苏联科学院到莫斯科信息电子学研究所从事机器翻译研究。1985年重返苏联科学院，建立了计算语言学实验室和理论语义学研究室，成为莫斯科语义学派的领军人物。

图16-1　阿普列相

阿普列相不仅是一位理论语言学家，同时也是一位勇于实践的计算语言学家，他还开发了几个机器翻译系统，随时注意把理论研究的成果应用到自然语言处理的实践中去。

阿普列相发表论文140多篇、专著8部、辞书6部。

主要的著作是：

1.《现代结构语言学的思想和方法》（Идеи и методы современной структурной лингвистики, 1966）

2.《俄语动词语义的实验研究》（Экспериментальное исслеование семантики русского глагола, 1967）

3.《词汇语义学：语言的同义手段》（Лексичесая семантика: Синонимические средства языка, 1974）

主要的辞书是：

1.《现代俄语详解组配词典》（Толково-комбинаторный словарь современного русского языка, 1984）

2.《最新俄语同义词释义词典》（Новый объяснительный

словарь синонимов русского языка，2004）

阿普列相的主要学术贡献如下：

1．提出了语言整合描写理论：

20世纪80年代初期，阿普列相提出了“**语言整合描写理论**”，主张将词汇和语法融合为一体，实现词汇语法化、语法词汇化。他提出，在语言的整合描写中，词汇和语法应当相互配合、彼此协调，应当把词汇和语法两个不同层面的意义，用相同的形式化语言来进行统一的描述，使词汇的释义内容与语法的规则系统有机地结合起来；形式化的词汇意义描写和语法意义描写构成语言整合描写的两个不可分割的部分。

阿普列相认为，词汇和语法之间并没有截然的界限。同样的意义，一种语言可能使用词汇手段来表达，而另外的一种语言可能使用语法手段来表达；即使在同一种语言里，相同的意义成分也往往既可以使用词汇手段来表达，也可以使用语法手段来表达。而且，词汇意义与语法规则是相互制约的，词汇单位的许多概括的语义特征决定着它们在语法方面的意义类型、交际结构中的角色地位、词序、支配关系等因素；而词汇义项的体现常常取决于词汇单位特定的语法意义类型、词法形式、句法结构、交际角色等因素。

2．进一步发展了元语言的理论：

波兰语言学家韦日比茨卡（A. Wierzbicka）从20世纪70年代起就一直致力于研究“**元语言**”（meta-language）。她认为，应当找出具有普遍性的、能够反映人类内在语言能力的基本语义单位，借助于它们来解释复杂的词义乃至于句义，这样的基本语义单位就是元语言①。在韦日比茨卡元语言理论的基础上，阿普列相提出了以对象语言为基础的元语言理论，他认为，元语言可以由语义单纯、数量尽可能少的对象语言的词汇和句法构成。元语言中不能有同义现象和多义现象，每一个词仅仅表达一个最起码的意义，而每一个最起码的意义也仅仅由元语言中的一个词来表达。

例如，俄语的 требовать（要求）的元语言释义是：

X требует，чтобы Y сделал P =

（1）X хочет，чтобы Y сделал P（X 想让 Y 做 P）；

（2）X считает，чтобы Y должен сделать P（X 认为 Y 应该做 P）；

（3）X говорит Y，что он хочет，чтобы Y сделал P（X 对 Y 说他想让 Y 做 P）；

（4）X говорит это потому，что считает，чтобы Y должен сделать P（X 这样说是因为他认为 Y 应该做 P）。

以上释义中的 сделал（做），хочет（想），считает（认为），должен（应该），говорит（说）等单词都来自对象语言俄语，它们是元语言中的单词，这些单词不能再进一步分解了。

元语言不仅是理论语义学的研究工具，而且也是新型词典的描写工具，它们在阿普列相编写的词典中发挥了重要的作用。

3. 提出了句子语义结构的多层次描写方法：

阿普列相认为，句子的语义结构可以分为陈说、预设、情态域、观察域等多个语义层次来进行描述。

---

① A. Wierzbicka，Lingua Mentalis，Sydney etc：Academic Press，1980.

陈说是指句子所代表的命题，是一个位于中心位置的、稳定的语义层次。预设是命题的先决条件。陈说和预设都包含在句子的元语言释义中。

例如，俄语动词 надеяться（期望）的语义结构中主要有两个成分：

a. X 认为 P 是好的；

b. X 认为 P 是可能的。

但是，在下面两个句子中，a 和 b 这两个成分却处于语义结构的不同层次：

（1）Я надеюсь на успех（我期望获得成功）

（2）Я надеюсь на эту встречу（我寄期望于这次会见）

在句子①中，成分 b 充当陈说，而成分 a 是预设，句子的意思是："我期望获得成功"，由于"期望"的对象 успех（成功）有"好"这样的意思，因此，句子①预设"成功是好的"，期望"成功是可能的"。在句子②中，成分 a 充当陈说，而成分 b 是预设，句子的意思是："我寄期望于这次会见"，由于"期望"的对象 встречу（会见）不一定有"好"这样的意思，因此，句子②预设"会见是可能的"，期望"会见是好的"。

由此可见，单词的词义可能会影响到句子的语义结构。успех（成功）和 встречу（会见）的词义不同，使得它们在句子结构的陈说和预设这两个层次中起的作用也不同。

情态域是说话者对于所说的事件主观上所持的立场和观点。例如，

（3）Он купил всего три чашки（他仅仅才买了三只茶杯）

（4）Он купил целых три чашки（他整整买了三只茶杯）

两个句子摄取了同样的客观现实的片断，区别只在于说话人对于数量的评价：句子③表示他买了三只茶杯，远远少于说话人的预料，而句子④表示他买了三只茶杯，远远多于说话人的预料。

观察域是观察者对于情景事物的空间位置，观察者是一种隐性的句法论元，不一定出现在句子中，却往往是不可或缺的释义成分。例如，

（5）Иван вышел из комнаты

这个句子既可以解释为“伊万从房间里走出来”，也可以解释为“伊万从房间里走出去”，不同的解释取决于观察者的空间位置，如果观察者处于房间的外面，就可以解释为“伊万从房间里走出来”；如果观察者位于房间的里面，就可以解释为“伊万从房间里走出去”。

阿普列相从陈说、预设、情态域、观察域等多个语义层次来描述句子的语义结构，大大地丰富了句子语义描述的内容，是句子语义结构研究中的一个进展。

4. 对俄语动词的分布式和转换式进行了全方位的研究：

阿普列相在《俄语动词语义的实验研究》和《词汇语义学：语言的同义手段》中，对俄语动词的描写方法做了详尽的论述。他主张从分布式和转换式两个方面对俄语的常用动词进行了全方位的实证性研究。他根据俄语动词的支配关系，划分出 112 种分布式和 219 种转换式，确定了俄语动词分布和转换的语义等值程度和区别性特征，提炼出俄语动词性句子的 11 种核心构造。

动词分布式实际上是一种线性的句法结构模式，由一些设定的词汇语法类别符号和功能符号来表示。例如，Nn V o Na 是一个分布式，其中 N 表示名词，n 表示主格，a 表示宾格，V 表示动词，o 表示俄语介词 o。这个分布式可以生成如下的句子：

（1）Он запинается о бревно

（他绊到原木上）

（2）Волны плещут о берег

（波浪拍击到堤岸上）

这两个句子中的动词不同，一个是 запинается，一个是 плещут，它们不但具有相同的句法结构，而且具有相同的类型意义：都表示两个物体之间的接触或碰撞，因此归纳到同一个分布式中。

基本分布式可以进行同义转换，生成为数众多的转换式。例如，

Nn V Na→в Np V－ся Nn

是一个转换式，其中 в 表示俄语介词 в，p 表示处所格，V－ся 表示带 ся 的动词。这个转换式可以进行如下的转换：

（3）Это письмо содержит намек（这封信含有暗示）

→В этом письме содержится намек（在这封信里含有暗示）

同义转换是句子生成的重要手段。

阿普列相在他领导研制的机器翻译 ЭТАП-1、ЭТАП-2、ЭТАП-3 中，都使用了分布式和转换式的方法，效果良好。

第二节　梅里楚克的意义⇔文本理论

梅里楚克（И. А. Мельчук）是俄罗斯当代著名语言学家，1956年毕业于莫斯科大学语文系，随后进入苏联科学院语言研究所工作，专门研究机器翻译，成为莫斯科语义学派的代表人物之一。

1967年，梅里楚克和卓尔可夫斯基（А. К. Жолковский）在俄语出版的《控制论问题》第19卷上发表了《论语义合成》（О семантическом синтее）一文，提出了“**意义⇔文本理论**”（The Meaning⇔Text theory，简称MTT）①。因为梅里楚克持不同政见，在《纽约时报》上写文章为获得诺贝尔奖的苏联物理学家萨哈诺夫（А. Сахаров）受到不公正待遇鸣不平，于1976年3月25日被苏联科学院开除。离开苏联科学院之后，梅里楚克移民到加拿大，在加拿大蒙特利尔大学获得教授职位，继续从事语言学研

图16-2　梅里楚克

① 梅里楚克提出的модель《смысл⇔текст》，其中的смысл是翻译为“意义”，还是翻译为“意思”，在学术界尚未取得一致的意见。有的学者把смысл翻译为“意思”，但是，“意思”在汉语中是一个多义词，除了表示“语言文字的内容”之外，还可以表示“意见”“愿望”“礼品所代表的心意”“某种趋势或苗头”“情趣”等，甚至可以表示“抱歉”（例如，“不好意思”），究竟如何取舍呢？英文翻译смысл⇔текст翻译为“meaning⇔text”，没有翻译为“sense⇔text”，避免了歧义，而meaning的汉语译文就是“意义”，因此，在本书中，我们根据术语命名的“单参照性原则”，把смысл翻译为“意义”，这样更有利于避免歧义。

究，用法文、英文和俄文发表论文和著作。1977 年，他在蒙特利尔大学建立了一个专门的语言学观察站来研究意义⇔文本理论，影响深远，成绩卓著。

梅里楚克的主要著作如下：

1.《论语义合成》（О семантическом синтее，与卓尔可夫斯基合著，1967）

2.《“意义⇔文本”模型中的俄语》（Русский язык в модели смысл⇔текст，1995）

3.《“意义⇔文本”语言学模型理论的实验》（Опыт теории лингвистических моделей《смысл⇔текст》，1999）

梅里楚克的主要学术贡献如下：

1. 提出了意义⇔文本模型：

语言的生成过程是首先从意义开始，经过句法处理，最后输出线性的文本，这是一个从意义（meaning）到文本（text）的操作过程。意义⇔文本模型（модель смысл⇔текст）对于这个操作过程做了深入的研究。

意义⇔文本模型主张自然语言是建立意义和文本之间对应的逻辑工具，尽管这种观点似乎是每一个人都可以接受的，但在现代语言学理论中的大多数理论还没有采取这样的方式来建立自然语言的模型。

什么是语言？为了回答这个问题，意义⇔文本理论提出了三个基本假设：

（1）假设 1：自然语言的意义和文本之间的对应是多对多的。

（2）假设2：自然语言中意义和文本之间的对应可以采用形式化的逻辑工具来描述，这个逻辑工具应当反映自然的说话人的语言活动。

（3）假设3：由于意义和文本之间的对应是非常复杂的，所以，在话语过程中，必须区分一些中间层次，例如，句法层次、形态层次、音位层次等。

假设1说明，所谓描写自然语言𝕃就是描写𝕃的意义集合与𝕃的文本集合之间的对应关系。索绪尔（F. Saussure）曾经提出语言符号包括所指（signifie）和能指（significant）两个方面，意义⇔文本理论的假设1与索绪尔的这种观点很接近，所指相当于“意义”，能指相当于“文本”。

假设2说明，自然语言必须描写意义和文本之间的对应，建立“意义⇔文本模型”。意义⇔文本模型必须模拟说话人的语言活动，必须描述当说话人说话时，说话人是怎样把他想说的东西（也就是“意义”）转化为他说出的东西（也就是“文本”），而从意义到文本的转化方向也必须是特定的。

假设3说明，从意义到文本之间的对应包括一些中间层次。这些层次有如下七个：

语义表示（Semantic representation，简称SemR），或者“意义”

⇕

深层句法表示（Deep-syntactic representation，简称DSyntR）

⇕

表层句法表示（Surface-syntactic representation，简称SSyntR）

⇕

深层形态表示（Deep-morphological representation，简称 DMorphR）

⇕

表层形态表示（Surface-morphological Representation，简称 SMorphR）

⇕

深层音位表示（Deep-phonological representation，简称 DPhonR）

⇕

表层音位表示（Surface-phonological representation，简称 SPhonR），或者“文本”

意义表示这个层次（SemR）就是“意义”层次，表层音位表示这个层次（SPhonR）就是“文本”层次。这样一来，从意义到文本的对应就可以划分为六个模块：

（1）从 SemR 到 DSyntR 的对应是语义模块（semantics module），

（2）从 DSyntR 到 SSyntR 的对应是深层句法模块（deep syntax module），

（3）从 SSyntR 到 DMorphR 的对应是表层句法模块（surface syntax module），

（4）从 DMorphR 到 SMorphR 的对应是深层形态模块（deep morphological module），

（5）从 SMorphR 到 DPhonR 的对应是表层形态模块（surface morphological module），

（6）从 DPhonR 到 SPhonR 的对应是音位模块（phonology module）。

从意义到文本的转化不是直接实现的，而是要通过中间的各个层次来实现的。意义⇔文本模型就是包括上述六个模块的、层次化的、系统化的模型。

不同层次的表示具有不同的性质。语义表示是多维的，因此，语义表示是一个多维的图（multi-dimensional graph）。句法表示是二维的，因此，句法表示是一个二维的树（two-dimensional tree）。形态表示是一维的，因此，形态表示是一个一维的串（one-dimensional string）。

意义到文本的转化过程就是从多维的图，经过二维的树，最后转化到一维的串的过程。例如，句子“Peter wants to sell his blue car”（Pater 想出售他的蓝色汽车）的语义表示（也就是“意义”）如图 16-3：

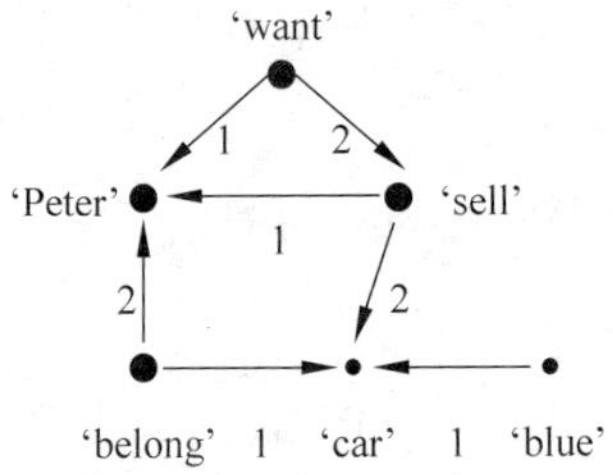

图 16-3　语义表示

这个语义表示是一个多维的有向图。图中的结点上的标记叫作“语义素”（semanteme），语义素是一个语义单位，它相当于语言中单词的一个含义，语义素要用单括号括起来，从数学的角度看来，语义素相当于一个“函子”（functor），它的函项（argument）叫作“语义行动元”（semantic actant），没有函项的函子叫作语义名（semantic name），语义名一般都是具体名词。语义素和它的语义行动元之间用箭头相连接，这种连接叫作“语义依存”（semantic dependency），指向语义素的第 i 个语义行动元的箭头标以 i，语义行动元编号的顺序不是任意的，大致要根据说话时的句法要求来编号。

图 16-3 中的语义表示说明，语义素‘want’有两个语义行动元，第一个语义行动元是‘Peter’，第二个语义行动元是‘sell’；‘sell’本身也是一个语义素，它有两个语义行动元，第一个语义行动元是‘Peter’，第二个语义行动元是‘car’；‘belong’是一个语义素，表示所属关系，它有两个语义行动元，第一个语义行动元是‘car’，第二个语义行动元是‘Peter’；‘blue’是一个语义素，它只有一个语义行动元‘car’；‘Peter’和‘car’都是语义名，它们都没有语义行动元。这个有向图中的关系错综复杂，形成一个非常复杂的网。应该注意的是，这个语义表示只代表话语的意义，并不代表话语的表层形式，‘belong’这个语义素在表层形式中是不出现的，但是，它表示所属关系，说明‘car’是属于‘Peter’的，这种关系对于话语的意义非常重要，尽管‘belong’不在表层形式中出现。

图 16-3 中的有向图是经过简化的。实际上，每一个语义素的语义特征都构成一个有向图，它们从四面八方彼此联系起来，最后构成一个非常复杂的、立体的网络，所以我们上面说语义表示是一个多维的有向图。

这个语义表示经过语义模块和深层句法模块的处理，从语义表示 SemR 转化为深层句法表示 DSyntR，再从深层句法表示

DSyntR 转化为表层句法表示 SSyntR，得到的表层句法表示如图 16-4：

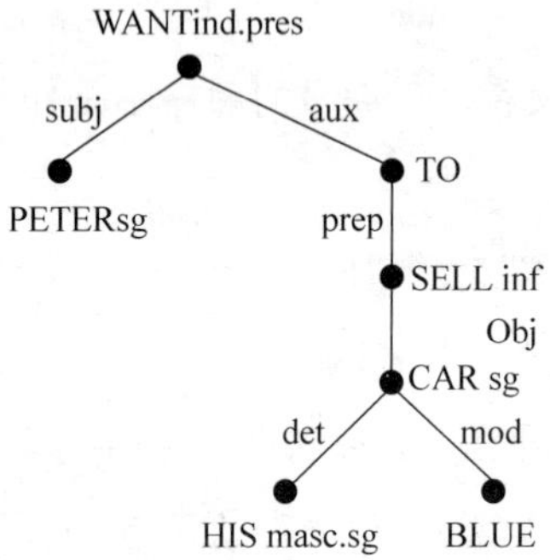

图 16-4　表层句法表示

这个表层句法表示是一个二维的依存关系树（dependency tree）。这里，意义⇔文本理论不采用短语结构树而采用依存关系树，因为在短语结构树中，除了表示结点之间的二维的支配关系（也就是依存关系）之外，还表示结点之间的一维的前后线性关系，这意味着，短语结构树没有把句法结构和形态结构区分开来。意义⇔文本理论严格区分句法结构和形态结构，句法结构只表示二维的依存关系，而不表示一维的前后线性关系。在这方面，意义⇔文本理论与依存语法是一致的，而与短语结构语法则有差别。

图 16-4 中的表层句法表示说明，依存关系树的根 WANTind. pres 是现在时态，它所支配的主语 subj 是 PETERsg，这是一个单数的名词，它还支配着 TO 和 SELL；TO 是一个介词 prep，SELLinf 是不定式动词；SELL 所支配的宾语 Obj 是 CARsg，

这是一个单数名词；CAR 所支配的限定词 det 是 HIS masc. sg，这是一个阳性单数代词，它替代了语义表示中的语义素‘belong’，说明了 CAR 和 PETER 之间的所属关系，因此‘belong’在表层句法表示中消失了；CAR 所支配的修饰语 mod 是 BLUE。这个依存关系树，只表示结点之间的依存关系，不表示结点之间的前后顺序，所以它是二维的，而不是一维的。

这样的表层句法表示，再经过表层句法模块和深层形态模块的处理，从表层句法表示 SSyntR 转化为深层形态表示 DMorphR，再从深层形态表示 DMorphR 转化为表层形态表示 SMorphR，得到的表层形态表示如下：

PETERsg　WANTind. pres. sg　TO
SELLinf　HISmasc. sg　BLUE　CARsg

这个表层形态表示是一个一维的符号串，符号串中的单词是有顺序的，而且每一个单词都带有相应的语法信息。

得到表层形态表示之后，如果是书面机器翻译系统，就可以直接取这些表层形态表示中的单词，根据单词中所得到的形态信息，经过一定的形态变化之后，就可以作为翻译结果输出：

Peter wants to sell his blue car.

如果是语音机器翻译，那么还需要经过表层形态模块和音位模块的处理，把表层形态表示转化为深层音位表示，再把深层音位表示转化为表层音位表示，得到句子的语音输出。

由此可见，意义⇔文本模型可以描述机器翻译中的生成过程，可以作为机器翻译自动生成研究的理论基础。

2. 提出了词汇语义表达的描述方法：

梅里楚克认为，意义的初始状态是一系列最起码的构成性概念成分，叫作“基本语义元素”（семантические примитивы）。例如，больше（较大），вкгючаться（包括），время（时间），каузировать（致使），знать（知道），эксплицитно（公开地），средство（手段），жидкость（液体），водействовать（作用于），чистый（清洁）等，都是基本语义元素。

使用这些基本语义元素就可以把单词的“语义标式”描述出来。

例如，сообщить（通知）这个动词的语义标式如下：

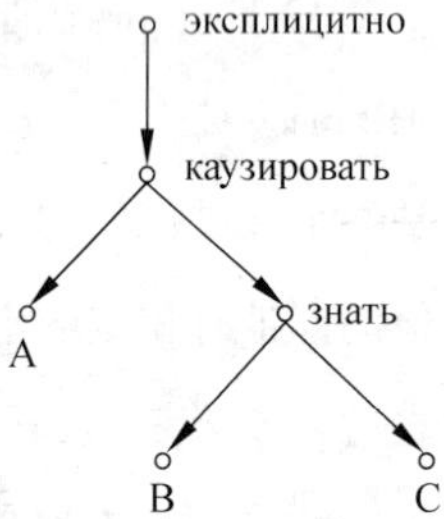

图 16-5　сообщить 的语义标式

从图 16-5 中可以看出，сообщить 的意义被分解为 эксплицитно，каузировать 和 знать 等基本语义元素。这个动词在句子中还要与 A，B，C 等结点建立联系，形成“A сообщить B：что C”（A 通知 B：关于 C）这样的句子模式。这样的语义标式比较简单，是树形结构。

又如，动词 мыть（洗）的语义标式如下：

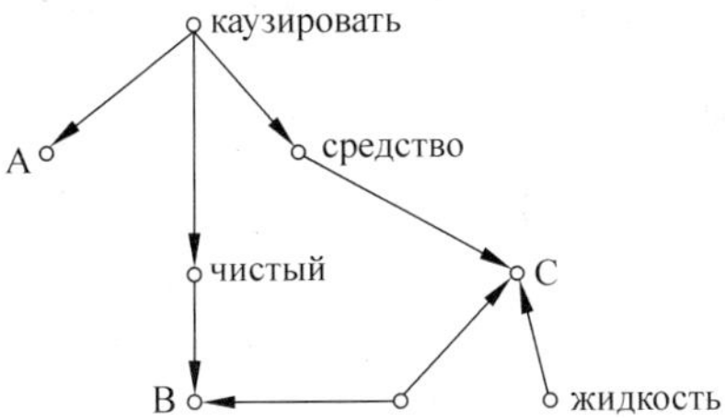

图 16-6　мыть 的语义标式

从图 16-6 中可以看出，мыть 的意义被分解为 каузировать，средство，чистый，жидкость，водействовать 等基本语义元素，这个动词在句子中还要与 A，B，C 等结点建立联系，形成"A делает B чистым посредством жидкости C，водействующей на B"（A 通过液体 C 这样的手段，作用在 B 上，把 B 变得清洁了）这样的句子模式。мыть 的语义标式比 сообщить 的语义标式复杂得多，是网状结构。

把单词的语义标式组合起来，就可以形成更加复杂的句子的语义表达。句子的语义表达通常都是网状的，是由很多个结点构成的网，结点上的值就是基本语义元素，这样的网状结构直接反映了人脑中的概念联系。

梅里楚克认为，语义结构式具有普遍性的，跨语言的概念结构的语义元语言就是基本语义元素。为了人工再现句子的语义结构需要建立三个集合：

（1）词典的集合：词典是底层知识库，在词典中需要对于每一个单词进行语义分析，并标注语义、语法、形态等特征以及该单词与其他单词的替换关系和共现关系。

（2）组合规则的集合：在组合规则中，要确定基本语义元素之间建立联系的方法。

（3）改写规则的集合：在改写规则中，要确定同义关系的处理方法。

3. 提出了词汇函数理论：

“**词汇函数**”（лексическая функция）是指一组词汇语义单位 X（X_1，X_2，…，X_n）与表达特定抽象语义类型 f 的另一组词汇语义单位 Y（Y_1，Y_2，…，Y_n）之间的对应关系。即

$$Y = f(X)$$

其中，f 是词汇函数的名称项，代表特定的语义类型。例如，“同义”“反义”“开始”“禁止”“极端特征”等。这些特征用相应的拉丁语缩略词来表示，例如“同义”用 Syn 表示，“反义”用 Anti 表示，“开始”用 Incep 表示，“禁止”用 Liqu 表示，“极端特征”用 Magn 表示，等等。自变量 X 是被特定抽象语义类型说明的关键性词汇语义单位，用 C_0 表示，因变量 Y 是 X 所表达的抽象语义类型，是与 X 对应的特定的词汇语义单位。

词汇函数分为两种类型：

（1）表示聚合关系的词汇函数：在这种词汇函数中，X 项与 Y 项在句法结构中可以互相替换。属于这类词汇函数的有“同义”函数、“反义”函数等。例如，在“同义”函数 Syn 中，C_0 = огромный（巨大），Syn（C_0）= громадный（宏大），它们可以互相替换来表达“同义”关系；在“反义”函数 Anti 中，C_0 = хороший（好），

Anti（C_0）＝плохой（坏），它们也可以互相替换来表达“反义”关系。

（2）表示组合关系的词汇函数：在这种词汇函数中，Y 项是 X 项在句法结构中可能共现的成分。属于这类词汇函数的有“开始”函数、“禁止”函数、“极端特征”函数等。例如，在“开始”函数 Incep 中，C_0 = дружба（友谊），Incep（C_0）＝завязываться（结成），дружба 和 завязываться 在句子中可能共现；在“禁止”函数 Liqu 中，C_0 = сон（梦），Liqu（C_0）＝превываться（打断）、нарушать（扰乱）、будить（唤醒），сон 和 превываться、нарушать、будить 等动词在句子中都可能共现；在“极端特征”函数 Magn 中，C_0 = кричать（叫喊），Magn（C_0）＝громко（大声地），изо всех сил（竭尽全力地），во все горло（大声疾呼地），кричать 和 громко，изо всех сил，во все горло 表示“极端”程度的词语在句子中都可能共现。

梅里楚克把具有广泛搭配能力同时又是唯一的语言表达手段的词汇函数叫作“标准词汇函数”（стандартная лексическая функция），其他的词汇函数叫作“非标准词汇函数”（нестандартная лексическая функция）。他认为，在语法系统中应当着重研究数量不多、可以穷尽的标准词汇函数，这样就限定了研究范围。梅里楚克一共提出了 40 个标准词汇函数，这些函数可以进行叠加运算，从而构成复合词汇函数。

词汇函数理论的价值在于：

（1）可以从形式上对词汇的语义变化和搭配关系做出描写，使得词汇语义的替换和组合成为可以操作的运算；

（2）可以列举抽象的语义关系类型，从而便于使用有限的基本词汇和有限的函数关系来表达无限的语义内容；

（3）可以使用词汇函数来区分多义词的多个义项；

（4）在经过词汇函数标注的词库中，可以提取出词汇的各种句法和语义特征；

（5）词汇函数极其广泛的组合特征具有“跨语言”的性质，便于进行不同语言之间的互译。

第三节　邵武勉的合用普遍语法

邵武勉（С. К. Шаумян，1916—2007）出生于格鲁吉亚首都第比利斯，曾在国立第比利斯大学研习语文学，后又到莫斯科学习语言学。索绪尔和布拉格学派的结构语言学对邵武勉学术思想的形成影响很大。1965 年，邵武勉出版了自己的代表作之一《结构语言学》，并在苏联科学院俄语研究所建立了结构语言学研究室。1975 年，邵武勉移居美国，开始任教于耶鲁大学语言学系。到美国后，邵武勉进一步发展了自己的语言学理论，创建了**“合用普遍语法”**（Applicative Universal Grammar，AUG）。2007 年，邵武勉在纽黑文去世，

图 16-7　邵武勉

享年91岁[①]。

邵武勉的主要著作是：

1.《结构语言学》（*Structural Linguistics*，1965）

2.《俄语的合用生成模型与转换计算》（*Applicational Generative Model and Transformational Calculus of Russian*，1963）

3.《作为自然语言符号理论的合用语法》（Applicational *Grammar as a Semiotic Theory of Natural Language*，1977）

4.《语言的符号理论》（*A Semiotic Theory of Language*，1987）

5.《符号、心智及现实》（*Signs*，*Mind*，*and Reality*，2006）

合用普遍语法是邵武勉语言学理论的核心。

合用普遍语法中的“普遍”二字表示邵武勉力图构建一种适用于所有语言的理论，而不仅仅只针对某种特定的语言来构建理论。

合用普遍语法把语言的符号特征分析作为理论的基石。合用普遍语法包括两个主要的组成部分。这两个主要组成部分是：合用语法与双级音位系统。

其中的合用语法又包括两个主要的部分：一部分是含有基本句法功能以及功能组合概念的形式演算体系，另一部分是一系列用来约束演算的符号学法则。

邵武勉认为所有这些成分组合在一起就可以更好地解释其他语言学理论难以解释或无法解释的语言及语言学现象。

---

① http：//en. wikipedia. org/w/index. php? title = Sebastian_ Shaumyan&oldid = 443117209.

邵武勉给出的语言的符号学定义是：语言是一种具有6种属性的符号系统，这6种属性是：语言具有双符号层的性质，语言具有顺序性，语言的规则具有可运用性，语言具有结构性，语言具有层级性，语言具有符号相关性。

考虑到不同语言在表层存在的明显差异，邵武勉把合用普遍语法分为两个层级，其中的一级专门处理语言的共同属性，比如，谓词、项、修饰成分以及这些单位之间的抽象的演算关系，这一级的语法叫作**泛语法**（Genotype grammar）。另外一级叫**实语法**（Phenotype grammar），用来处理语言的词素、词，以及它们之间的线性顺序和形态特征等。这种区分使得合用普遍语法在保持理论普遍性的同时，也可以处理语言的特殊性，进而提高了理论的适用性。

合用普遍语法认为语言的符号学属性不是语言学的附加物，而是理解所有语言中固有运算的基础。其语法部分主要由一个句法功能（函数）形式演算体系和一套用来约束这种形式演算体系的符号学法则构成。

邵武勉把构造事物名称的项（term，用T表示）和情景名称的句子（sentence，用S表示）的表达式叫作**算子**（operator）。算子是任何作用于一个或多个运算对象（operand）的表达式并形成一种叫作结式（resultant）的语言学装置。T和S是存在于所有语言之中的普遍类型或基本类型。项（T）一般表示名词或名词短语，如：dog，a dog和a big dog都是项，而a dog runs则是一个完整的句子（S）。动词runs为一个算子，其作用是将运算项a dog转换为一个完整的句子a dog runs。

下面通过两个简单的例子来看合用普遍语法是如何分析句子的[1]。

为简便起见，这里只使用两个基本类型 T 和 S，一个非基本类型 Oxy。这个形如 Oxy 的非基本类型尽管简单，却是合用普遍语法的形式化体系中最重要的概念，它表示这样一类短语：将类型 x 的短语转换为类型 y 的修饰短语，其中 O 是一个运算符，使用 O 这样的运算符，可以不使用繁复的括号，有简洁明确的长处。如，英语词 my 的类型为 OTT（修饰语），这说明，可将 OTT 用于类型 T 的项，以获得一个仍为类型 T 的被修饰的项。这样一来，名词短语可描述为（图 16-8）：

" my" :: OTT　" friend" :: T

--

" my friend" :: T

图 16-8　名词短语的组合规则

我们可把这一组合原理用以下更具一般性的规则来描写。即，类型 Oxy 的短语 p 与类型 x 的短语 q 的组合规则为（图 16-9）：

p :: Oxy　q :: x

----

pq :: y

图 16-9　Oxy 的组合规则

下面是一个含有介词短语句子 my friend lives in Boston 使用合用普遍语法的分析结果（图 16-10）：

---

① 这里对于合用普遍语法的介绍选自 M. Jones，P. Hudak and S. Shaumyan (1995) Using Types to Parse Natural Language. Proceedings of Glasgow Functional Programming Workshop，IFIP，Springer Verlag。

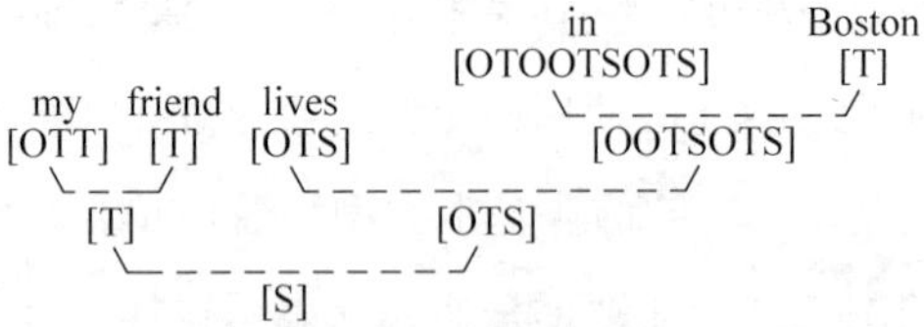

图 16-10　带介词短语的句子的分析结果

由此可以看出，采用合用普遍语法分析句子最重要的工作之一是为词表中的词指派适宜的类型。例如，就以上面句子所涉及的词而言，简单名词 friend 和 Boston 的类型为 T 应是显而易见的；可将物主代词 my 赋予类似于形容词的类型 OTT（修饰语）；而不及物动词 lives 可采用类型 OTS，其功能是把一个做主语的项 T 转换为句子类型 S；介词 in 的类型 OTOOTSOTS 看起来有些特别，可将其理解为一个函数，为了得到一个类型为 S 的句子，该函数将一个类型为 T 的地方（表示“哪里?”），一个类型为 OTS 的活动（表示“什么?”）以及一个类型为 T 的主语（表示“谁?”）组合在一起。

在邵武勉的著作中，也有关于“依存”和“配价”的论述。由于邵武勉的语言学理论具有强烈的形式化色彩和符号学意义，他对“依存”的如下定义值得我们关注：

1. 设表达式 C 为算子 A 作用于运算对象 B 的一个结式，那么，有两种情况：A 为中心成分，B 为依存成分；或者 B 为中心成分，A 为依存成分。如果表达式 C 与运算对象 B 属于同一范畴，则 B 是中心成分，A 是依存成分；如果表达式 C 与 B 的范畴不一样，那么 A 是中心成分，B 是

A 的依存成分。

2. 如果运算对象 B 为中心成分，运算子 A 为它的依存成分，则 A 叫作中心成分的修饰语（modifier）

3. 如果运算子 A 为中心成分，运算对象 B 为它的依存成分，则 B 叫作中心成分的补足语（complement）

邵武勉认为他的这种定义克服了传统依存语法的缺陷，在合用普遍语法中，依存不再只是一种词间关系，而是一种面向语言功能单位的关系。他还提出，在描写语言的句法结构时，依存和短语结构是缺一不可的，应该寻求一种结合二者的理论。邵武勉还定义了算子的价。他把算子的价定义为算子可以结合的运算对象的数量。他认为这是一种泛化了的价概念，因为一般价概念只适用于谓语，但谓词只是算子的一个特殊的类，不是全部的算子。

尽管有学者认为合用普遍语法是在错误的时间、错误的地点出现的一种语言学理论①，但它理应在语言学的历史上占有自己的位置。合用普遍语法是一种严格建立在组合逻辑和语法范畴基础之上的语言学理论，这使得许多语言学家对其望而生畏。但也有少数语言学家对合用普遍语法进行了深入的研究和应用，巴黎大学的让-皮埃尔·德斯克莱斯（Jean-Pierre Descles）是这一方面的主要代表。

合用普遍语法在计算语言学中也得到了一定的应用，作为一种形式化程度极高的语言学理论，合用普遍语法有可能在自然语

---

① Miller, J. Applicational Grammar. Keith Brown (ed.) The Encyclopedia of Language and Linguistics, 2nd Edition. Elsevier Publishers, 2006: 329.

言处理领域进一步得到更广泛的应用。

本章参考文献

1. Ю. Д. Апресян, Идеи и методы современной структурной лингвистики, 1966.
2. Ю. Д. Апресян, Экспериментальное исслеование семантики русского глагола, 1967.
3. Ю. Д. Апресян, Лексичесая семантика: Синонимические средства языка, 1974.
4. А. К. Жолковский и И. А. Мельчук, О семантическом синтее, Проблемы кибернетики, Выпуск 19, М. 1967.
5. И. А. Мельчук, Русский язык в модели, смысл⇔текст, 1995.
6. И. А. Мельчук, Опыт теории лингвистических моделей, смысл ⇔ текст, М. Наука, 1999.
7. Shaumyan, Sebastian, *A Semiotic Theory of Language*. Bloomington and Indianapolis: Indiana University Press, 1987.
8. В. Н. Ярцева 主编, Лингвистический Энциклопедический Словарь, Науное Исдатерство, М. 2002.
9. 张家骅等,《俄罗斯当代语义学》, 商务印书馆, 2003 年。
10. 张家骅,《俄罗斯语义学》, 中国社会科学出版社, 2011 年。
11. 郅友昌主编,《俄罗斯语言学通史》, 上海外语教育出版社, 2009 年。

第十七章　语料库语言学

近年来，在语料库的建立和开发中逐渐创造了一些独特的方法，提出了一些初步的原则，并且对这些方法和原则在理论上进行了探讨和总结，逐渐形成了“**语料库语言学**”（corpus linguistics）。由于语料库是建立在计算机上的，因此语料库语言学是语言学和计算机科学交叉形成的一门边缘学科。目前语料库语言学主要是利用语料库对语言的某个方面进行研究，是一种新的研究手段，同时也逐步建立了自己学科的理论体系，正处于迅速的发展过程之中。

第一节　语料库语言学的兴起和发展

语料库语言学的发展大致可以分为三个时期：

第一个时期是**手工语料库时期**：从 18 世纪开始到 20 世纪 50 年代，语料的研究都是采用手工进行的。这主要涉及如下的领域：

1. 圣经与文学研究：1736 年，英国学者克鲁登（A. Cruden）用手工编制了《钦定本圣经索引》（*Concordance of the*

Authorized Version of the Bible）。1845 年，英国学者克拉克（C. Clarke）对莎士比亚的 5 部戏剧作品用手工编制索引（index），她用了整整 16 年的时间，完成了这项艰苦的工作。

2. 词典编纂：1898 年，德国语言学家凯定（J. Kaeding）在大规模的语言材料的基础上，使用手工方法来统计德语单词在文本中的出现频率，编写了《德语频率词典》（J. Kaeding，*Häufigkeitswörterbuch der deutschen Sprache*，Steglitz：published by the author，1897）。英国学者约翰森（S. Johnson）编写《英语词典》时，收录了 15 万条真实语料的例证。据说，《牛津英语词典》（*Oxford English Dictionary*，简称 OED）一共收录了 414825 个词条，所引用的语料实例达 500 万条，包括 5000 万词，这也是基于大规模语料的词典编纂工作。20 世纪 40 年代，弗莱斯（C. C. Freis）和特拉夫（Traver）使用语料库进行教学法研究。

3. 语言教育研究：1921 年，桑代克（E. Thorndike）在编写《教师手册》时，使用了一个 450 万词的语料库，1944 年，他在编写《教师 3 万词手册》时，使用了 1800 万词的更大的语料库。这些语料库都被用于英语教学的研究。

4. 语法研究：20 世纪初年，叶斯柏森（O. Jesperson）编写的《基于历史原则的现代英语语法》（*A Modern English*

Grammar on Historical Principles），克鲁辛格（E. Kruisinga）编写的《当代英语手册》（A Handbook of Present-Day English），朴茨默（H. Poutsma）编写的《最新现代英语语法》（*A Grammar of Late Modern English*），弗莱斯（C. C. Freis）编写的《美国英语语法》（*American English Grammar*）都使用了真实的语料库中的例证。

此外，在方言研究、儿童语言习得、语言比较的研究中，也使用了语料库。

这些早期的语料库都是手工建立的，研究者们假定自然语言的句子是有限的，这些有限的句子可以收集和列举，语料库可以作为语言学研究的唯一可靠的数据来源。这样的看法难免有片面的地方。由于当时还没有计算机，他们使用的语言材料都不是机器可读的（machine readable），所以他们的这些语言材料还不能算真正意义上的语料库，但他们使用大规模语言资料来进行语言研究的工作，是具有开创性的。

乔姆斯基对于这些基于语料的研究持怀疑的态度。乔姆斯基认为，语言能力存在于理想的说话人的头脑中，是无法直接观察到的，而语料是语言运用的结果，不能用来揭示语言的本质。1958年，他在德克萨斯大学（Universsity of Texas）举行的一个关于英语语言分析问题的会议上说："任何自然语料都是偏颇的，对其描述只不过是列举一张清单而已。"① 乔姆

① N. Chomsky, Paper given at the University of Texas 1958, 3rd Texas Conference on Problems of Linguistic Analysis in English, Austin: University of Texas, 1962.

斯基对于语料的这种看法不无偏颇之处，尽管乔姆斯基轻视语料，基于语料的语言学研究仍然在困难的条件下步履蹒跚地进行着。

1959 年，英国伦敦大学教授奎克（Randolph Quirk）提出建立英语用法调查语料库，叫作 SEU（Survey of English Usage），这项艰巨的工作在当时也是用手工做卡片完成的。后来他根据这个语料库领导编写了著名的《当代英语语法》（*A Grammar of Contemporary English*）和《英语语法大全》（*A Comprehensive Grammar of the English Language*）。奎克用手工建立的语料库代表了使用手工方法建立的语料库的最高水平。

图 17-1　奎克

第二个时期是**第一代电子语料库时期：**

20 世纪 50 年代到 80 年代，一系列的语料库开始在计算机上建立起来，出现了机器可读的语料库。于是语料库语言学进入了第一代电子语料库时期，这是语料库语言学的一次重大的飞跃。

1964 年，弗兰西斯（Nelson Francis）和库塞拉（Henry Kucera）在美国布朗大学（Brown University）召集了一些语料库的有识之士，收录了 500 篇 2000 词左右的文本语料，建立了布朗语料库（BROWN corpus），这是世界上第一个根据系统性原则采集样本的标准语料库，规模为 100 万词次，是一个代表当代美国英语的语料库。

图 17-2　弗兰西斯

图 17-3　库塞拉

1970—1978 年，由英国兰卡斯特大学（Lancaster University）的里奇（Geoffrey Leech）教授倡议，由挪威奥斯陆大学（Oslo University）的约翰森（Stig Johansson）教授主持完成，最后在挪威卑尔根大学（Bergen University）的挪威人文科学计算中心联合建立了 LOB 语料库（LOB 是 London，Oslo 和 Bergen 的首字母简称），规模与布朗语料库相当，这是一个代表当代英国英语的语料库。

图 17-4　里奇

欧美各国学者利用这两个语料库开展了大规模的研究，其中最引人注目的是对语料库进行语法标注的研究。20 世纪 70 年代，格林讷（Greene）和鲁宾（Rubin）设计了一个基于规则的自动标注系统 TAGGIT 来给布朗语料库的 100 万词的语料做自动词性标注，正确率为 77%。

里奇领导的兰卡斯特大学计算机语料库研究中心（University Centre for Computer Corpus Research on Language，简称 UCREL）研究小组，根据成分似然性理论，设计了自动词性标注系统（Constitute Likelihood Automatic Word-tagging System，简称 CLAWS）系统来给 LOB 语料库的 100 万词的语料做自动词性标注，根据统计信息来建立算法，自动标注正确率达 96%，比基于规则的 TAGGIT 系统提高了将近 20%。最近他们同时考察三个相邻标记的同现频率，使自动语法标注的正确率达到 99.5%。这个指标已经超过了人工标注所能达到的最高正确率。

20 世纪 60 年代初，英国伦敦大学奎克教授主持的英语用法调查研究课题组曾经收集了 2000 个小时的谈话和广播等口语素材，并把这些口语素材转写成书面材料，后来，在瑞典隆德大学教授斯瓦尔特维克（J. Svartvik）主持下，把这些书面材料全部录入计算机，1975 年建成了伦敦-隆德英语口语语料库（London-Lund Corpus，简称 LLC）。收篇目 87 篇，每篇 5000 词，共为 43.4 万词，并进行了详细的韵律标注（prosodic marking）。这个语料库至今仍然是研究英语口语的重要资源。

图 17-5　斯瓦尔特维克

以上这三个语料库都储备在挪威卑尔根大学的国际现代英语计算机档案（International Computer Archive of Modern English，简称 ICAME）的数据库中。

1964 年，朱兰德（A. Juilland）和罗德里盖（E. Chang-Rodriguez）根据大规模的西班牙语资料来编写《西班牙语单词频率词典》①（*Frequency Dictionary of Spanish Words*）。在收集语言资料时，注意到了抽样框架、语言资料的平衡性、语言资料的代表性等问题。

20 世纪 80 年代以后，陆续建立了一些以词典编纂为应用背景的大规模语料库。在辛克莱（John Sinclair）教授的领导下，英国伯明翰大学（Birmingham University）与科林斯出版社（Harper Collins）合作，建立了 COBUILD 语料库（Collins Birmingham University International Language Database，首字母缩写就是 COBUILD）。

图 17-6 辛克莱

COBUILD 语料库的问世，标志着语料库语言学的又一次飞跃，于是语料库语言学进入了它的第三个时期——**第二代电子语料库时期**。

辛克莱是第二代电子语料库语言学的领军人物。

1987 年，Collins 出版社出版了建立在 COBUILD 语料库基础

① A. Juilland and E. Chang-Rodriguez, Frequency Dictionary of Spanish Words, The Hague, Mouton, 1964.

上的英语词典，词条选目、用法说明和释义都直接来自真实的语料，由辛克莱教授担任总编辑，COBUILD 词典出版后，好评如潮，影响很大。我国语言学家冯志伟在1987 年亲自访问了辛克莱教授，对于 COBUILD 词典的编纂和出版做了及时的报道①。

接着，Collins 出版社又出版了各种用途的 COBUILD 词典，并编写英语课程教科书（COBUILD English Course）。2003 年这个语料库的规模已经达到5 亿词次，其中包含1500 万词次的口语语料库。这个大规模的 COBUILD 语料库，又可以叫作“英语银行”（Bank of English）。

20 世纪 80 年代还建立了朗文语料库（Longman corpus），也应用于词典编纂。这个语料库由朗文-兰卡斯特英语语料库（LLELC）、朗文口语语料库（LSC）和朗文英语学习语料库（LCLE）三个语料库组成。这个语料库主要用于编纂英语学习词典，帮助外国人学习英语。规模为 3000 万词次。

英国政府出资，由牛津大学出版社、牛津大学计算中心、兰卡斯特大学和大英图书馆合作，历时 5 年，建成了英国国家语料库（British National Corpus，简称 BNC），语料库的容量达到 1 亿词次。

由于这些语料库可直接用于词典编纂，在商业上获得了成功，语料库语言学的研究开始从纯学术走向实用，词典编纂是语料库语言学发展的推动力之一。

近年来，一些语料库语言学家开始把互联网（Web）当作一

① 冯志伟，英国的计算语言学，《国外语言学》，1988 年，第 1 期。

个**虚拟语料库**（virtual corpus）。当我们想要找出所听到的词语或短语是否真实出现或者在什么样的上下文中出现，而在权威的语料库中无法检索到的时候，我们就可以求助于互联网。

互联网的资源比任何现存的图书馆的资源都要丰富。如果某个单词被使用了，就一定可以在互联网上检索到。互联网的资源即使不是无限的，也是难以穷尽的。它是一个虚拟的语料库，就像任何的语言社团的话语那样，我们不能完全在总体上获得它，但我们却可以使用它。

美国计算语言学学会（The Association for Computational Linguistics，ACL）发起倡议的数据采集计划（Data Collection Initiative，DCI），叫作 ACL/DCI，这是一个语料库项目，其宗旨是向非营利的学术团体提供语料，以免除费用和版权的困扰，用标准通用置标语言（Standard General Mark-up Language，简称 SGML，ISO 8879，1986 年公布）和文本编码规则（Text Encoding Initiative，简称 TEI）对语料库进行统一的置标，以便于数据交换。这样的工作为语料库在不同计算机环境下进行数据交换奠定了基础，是很有价值的。ACL/DCI 的语料范围广泛，包括华尔街日报语料库、柯林斯英语词典、布朗语料库，还有各种双语和多语的语料。

20 世纪 80 年代末 90 年代初，美国宾州大学（Pennsylvania University）开始建立“树库”（Tree bank），对百万词级的语料进行句法和语义标注，把线性的文本语料库加工成为表示句子的句法和语义结构的树库。这个项目由宾州大学计算机系的马尔库斯（M. Marcus）主持，到 1993 年已经完成了 300 万词的英语句子的深加工，进行了句法结构标注。

在美国宾州大学还建立了语言数据联盟（Linguistic data Consortium，简称LDC），实行会员制，有163个语料库（包括文本的以及口语的）参加，共享语言资源。2000年，LDC发行了一个中文树库，包含10万词，4185个句子，这是世界上第一个中文的树库，可惜的是规模比较小。

国外比较著名的语料库还有：

1. AHI语料库：美国Heritage出版社为编纂《Heritage词典》（*Heritage Dictionary*）而建立，有400万词。
2. OTA牛津文本档案库（Oxford Text Archive）：英国牛津大学计算中心建立，规模为10亿字节。
3. BNC英国国家语料库（The British National Corpus）：1995年正式发布，使用文本编码规范TEI编码和通用标准置标语言SGML的国际标准，有1亿词次，其中书面语9000万词次，口语1000万词次。
4. RWC日语语料库：日本新情报处理开发机构RWCP研制，包括《每日新闻》4年的全文语料，语素标注量达1亿条。

亚洲各语种对译作文语料库：日本国立国语研究所研制，中野洋主持，北京外国语大学日本学研究中心参加。

为了推进语料库研究的发展，欧洲成立了TELRI和ELRA等专门学会。TELRI是跨欧洲语言资源基础建设学会（Trans-European Language Resources Infrastructure）的首字母缩写，由辛克莱担任主席，由托伊拜特（Wolfgang Teubert）协调各国的研究工作，由欧洲共同体提供经费，其目的在于建立欧洲诸语言的语料库，现已经建成柏拉图（Plato）的《理想国》（Politeia）多语语料库，建立了计算工具和资源的研究文档 TRACTOR（Research Archive of Computational Tools and Resources），正在语料库的基础上建立欧洲语言词库 EUROVOCA。TELRI 每年召开一次研讨会。

图 17-7　托伊拜特

ELRA 是欧洲语言资源学会（European Language Resources Association）的首字母缩写，由意大利比萨大学的扎普利（Zampolli）教授担任主席，ELRA 负责搜集、传播语言资源并使之商品化，对于语言资源的使用提供法律支持。ELRA 建立了欧洲语言资源分布服务处 ELDA（European Language resources Distribution Agency），负责研制并推行 ELRA 的战略和计划。ELRA 还组织语言资源和评价国际会议 LREC（Language Resources & Evaluation Congress），每两年一次。

第二节　语料库语言学的方法

语料库是为一个或多个应用目标而专门收集的、有一定结构的、有代表性的、可被计算机程序检索的、具有一定规模的语料的集合。

语料库应该按照一定的语言学原则，运用随机抽样方法，收集自然出现的连续的语言运用文本或话语片段来建立。从其本质上讲，语料库实际上是通过对自然语言运用的随机抽样，以一定大小的语言样本来代表某一研究中所确定的语言运用总体。

语料库一般可分为如下类型：

1. 按语料选取的时间划分，可分为历时语料库（diachronic corpus）和共时语料库（synchronic corpus）。
2. 按语料的加工深度划分，可分为标注语料库（annotated corpus）和非标注语料库（non-annotated corpus）。
3. 按语料库的结构划分，可分为平衡结构语料库（balance structure corpus）和自然随机结构的语料库（random structure corpus）。
4. 按语料库的用途划分，可分为通用语料库（general corpus）和专用语料库（specialized corpus）。专用语料库又可以进一步根据使用的目的来划分，例如，又可以进一步分为语言学习者语料库（learner corpus）、语言教学语料库（pedagogical corpus）。
5. 按语料库的表达形式划分，可分为口语语料库（spoken corpus）和文本语料库（text corpus）。
6. 按语料库中语料的语种划分，可分为单语种语料库（monolingual corpora）和多语种语料库（multilingual corpora）。多语种语料库又可以再分为比较语料库（comparable corpora）和平行语料库（parallel corpora）。比较语料库的目的侧重于特定语言现象的对比，而平行语料库的目的侧重于获取对应的翻译实例。
7. 按语料库的动态更新程度划分，可分为参考语料库（reference corpus）和监控语料库（monitor corpus）。参考语料库原则上不作动态更新，而监控语料库则需要不断地进行动态更新，它是动态的，又是流通的；所以监控语料库又可以叫作“动态流通语料库”（Dynamic Circulation Corpus，简称 DCC）①。

从20世纪90年代初、中期开始，语料库逐渐由单语种向多语种发展，多语种语料库开始出现。目前多语种语料库的研究正朝着不断扩大库容量、深化加工和不断拓展新领域等方向继续发展。随着从事语言研究和机器翻译研究的学者对多语种语料库重要性的逐渐认识，国内外很多研究机构都致力于多语种语料库的建设，并利用多语种语料库对各种各样的语言现象进行了深入的探索。

在建设或研究语料库的时候，我们应当注意语料库的代表性、结构性和平衡性，还要注意语料库的规模，并制定语料的元数据规范。

首先讨论语料库的代表性。

语料库对于其应用领域来说，要具有足够的代表性，才能保证基于语料库得出的知识具有较强的普遍性和较高的完备性。

真实的语言应用材料是无限的，因此语料库样本的有限性是无法回避的。承认语料库样本的有限性，在语料的选材上，就要尽量追求语料的代表性，要使有限的样本语料尽可能多地反映无限的真实语言现象的特征。语料库的代表性不仅要求语料库中的样本取自于符合语言文字规范的真实的语言材料，而且要求语料库中的样本要来源于正在“使用中”的语言材料，包括各种环境

① 张普，动态语言知识更新研究，商务印书馆，2009年。

下的、规范的或非规范的语言应用。

语料库的代表性还要求语料具有时代性和流通性，能反映语言的动态变化、流通状况和当代的语言生活规律。只有通过具有代表性的语料库，才能让计算机了解真实的语言应用规律，才有可能让计算机不仅能够理解和处理规范的语言，而且还能够处理不规范的但被广泛接受的甚至包含有若干错误的语言。

再来讨论语料库的结构性。

语料库是有目的地收集的语料的集合，不是任意语言材料的堆积，因此要求语料库具有一定的结构。在目前计算机已经普及的技术条件下，语料库必须是以电子文本形式存在的、计算机可读的语料集合。语料库的逻辑结构设计要确定语料库子库的组成情况，定义语料库中语料记录的代码、元数据项、每个数据项的数据类型、数据宽度、取值范围、完整性约束等。

我们还有必要来讨论语料库的平衡性。

平衡因子是影响语料库代表性的关键特征。在平衡语料库中，语料库为了达到平衡，首先要确定语料的平衡因子。影响语言应用的因素很多，如：学科、年代、文体、地域、登载语料的媒体、语言使用者的年龄、性别、文化背景、阅历、语料的用途（公函、私信、广告）等。不能把所有的特征都作为平衡因子，只能根据实际需要来选取其中的一个或者几个重要的指标作为平衡因子。最常用的平衡因子有学科、年代、文体、地域等。应该根据平衡语料库的用途来评测语料库所选择的平衡因子的恰当性。

在建设语料库时，还应当考虑语料库的规模。

大规模的语料库对于语言研究，特别是对于计算语言学的研究具有不可替代的作用。但随着语料库的增大，垃圾语料带来的统计垃圾问题也越来越严重。而且，当语料库达到一定的规模后，语料库的功能并不会随着其规模同步地增长。我们应根据实际的需要来决定语料库的规模，语料库规模的大小应当以是否能够满足其需要来决定。

语料库是自然语言文本的集合，可以用来描述某种语言的状况和变体。文本中包含了这一话语中所有的范例和具有代表性的实例，但是从某一话语中抽取范例就涉及单词的频度问题，如果某一语言中频度最高的一万个词恰恰也是这种语言的语料库中频度最高的一万个词，那我们就可以说，该语料代表了这一话语的特征。然而，其他频度比较低的单词的出现就像彩票的中奖号码一样难以预测。这时，我们还应当注意那些低频词的数量和分布。在专业性的文本中，那些一次性出现的单词（hapax legomena）往往能够表示专业文本的特征和所属的学科领域。

我们还应当考虑语料库的元数据（meta data）问题。

语料库的元数据对语料库研究具有重要的意义。我们可通过元数据了解语料的时间信息、地域信息、作者信息、文体信息等各种相关信息；也可通过元数据形成不同的子语料库，满足不同兴趣研究者的研究需要；还可通过元数据对不同的子语料库进行比较，研究和发现一些对语言应用和语言发展可能有影响的因素；元数据还可记录语料的知识版权信息、语料库的加工信息和管理信息。

由于在汉语书面文本中词与词之间没有空白，不便于计算机处理，因此汉语书面文本的语料库一般都要切词（word segmentation）和词性标注（part of speech tagging 或 POS tagging）。汉语书面文本经过切词和词性标注之后，带有更多的信息，更加便于使用。

不过，关于语料库的标注（annotation）问题，学术界还存在不同的看法。有的学者主张对语料进行标注，认为标注过的语料库具有开发和研究上的方便性、使用上的可重用性、功能上的多样性、分析上的清晰性等优点。有的学者则对语料库标注提出批评。学术界对于语料库标注的批评主要来自两方面：一方面认为，语料库经过标注之后失去了客观性，所得到的标注语料库就不再是纯粹的了，而是带有标注者对于语言的主观认识；另一方面认为，手工标注的语料库准确性高但一致性差，自动或半自动的标注一致性高但准确性差，语料库的标注难以做到两全其美，而目前大多数的语料库标注都需要人工参与，因而很难保证语料库标注的一致性①。

我们认为，不论标注过的语料库还是没有标注过的语料库都是有用的，其中都隐藏着丰富的语言学信息等待着我们去挖掘，我们甚至可以使用机器学习的技术，从语料库中自动地获取语言知识，这两种语料库都有助于语言学的发展。

语料库语言学是一种新的获取语言知识的方法。描写语言学

① J. Sinclair，Corpus，Concordance，Collocation，Oxford University Press，1991.

基本上是通过语言学家用手工方法或“内省”（introspection）的方法，从有限的语料资料中归纳总结个别的语言数据来获取语言知识的。由于人的记忆能力有限，任何语言学家，哪怕是语言学界的权威泰斗，都不可能记忆和处理浩如烟海的全部语言数据，因此，使用传统的手工方法来获取语言知识，犹如以管窥豹，以蠡测海。这种获取语言知识的方法不仅效率极低，而且带有很大的主观性。我国传统语言学中倡导的所谓“例不十，不立法”[①]和“例外不十，法不破”[②]的原则。这样的原则貌似严格，实际上却是片面的。在成千上万的语言数据中，只是靠十个例子或十个例外就来决定规则的取舍，难道真的能够保证万无一失吗？显然是不能保证的。

因此，“例不十，不立法；例外不十，法不破”的原则只是一个貌似严格的原则，实际上是一个很不严格的原则。实际上，在浩如烟海的语言数据中，以十个正例或十个反例就轻而易举地来决定语言规则的取舍，难以万无一失地保证这些规则的可靠性[③]。

语料库是客观的、可靠的语言资源，语言学研究应当依靠这样的宝贵资源。语料库中包含着极为宝贵的语言知识，我们应当

---

① 黎锦熙，《新著国语文法》，商务印书馆，第1页，1924年。

② 王力在《王力文集·第九卷·汉语史稿》（山东教育出版社，第27页，1988年）中指出，“所谓区别一般与特殊，那是辩证法的原理之一。在这里我们指的是黎锦熙先生所谓‘例不十，不立法’。我们还要补充一句，就是‘例外不十，法不破’。”

③ 冯志伟，“例不十，法不立”原则和统计方法，《词库建设通讯》，1996年8月，总第8期，香港。

使用新的方法和工具来获取这些知识。当然，前辈语言学家数千年积累的语言知识（包括词典中的语言知识和语法书中的语言知识）也是宝贵的，但由于这些知识是通过这些语言学家们的“内省”（introspection）或者“洞察力”（insight）发现的，难免带有其主观性和片面性，需要我们使用语料库来一一地加以审查。辛克莱一针见血地指出：“生造的例子看上去不管是多么可行，都不能作为使用语言的实例”。他大声疾呼：“我们总不能靠造几朵人造花来研究植物学吧！”[①]。辛克莱甚至认为，对于语料库的标注也要采取非常谨慎的态度，因为标注在本质上带有标注者的主观色彩，他主张“要把标注与语言材料严格地区分开来”[②]。

威多逊（H. Widdowson）在2000年指出[③]，如果搞语言研究不使用语料库或概率，很可能就只能使用自己根据“内省”（introspection）得到的数据，这是“第一人称数据”，这样的方法可以叫作“内省法”；或者使用根据“问卷调查”之类的“诱导”（elicitation）得到的数据，这是“第二人称数据”，这样的方法可以叫作“诱导法”。在使用第一人称数据时，语言研究者既是语言数据的分析者，又是语言数据的提供者。在使用第二人称数据时，语言研究者不充当数据的提供者，数据需要通过“作为第二人称的被试者”的诱导才能得到。如果使用语料库的数据作

---

① J. Sinclair, Corpus Concordance Collocation, Oxford University Press, 1991.

② J. Sinclair, Intuition and annotation: The discussion continues. In W. Teubert & R. Krishnamurthy (eds.). *Corpus Linguistics: Critical Concepts in Linguistics*. London/New York: Routledge, 2007: 433—434.

③ H. Widdowson, The limitation of linguistics applied. *Applied Linguistics*, 2000 (21): 3—25.

为语言研究的数据来源，那语言研究者就不再充当数据的提供者或诱导者，而是充当数据的分析者或观察者了。这种“观察”（observation）得到的数据是“第三人称数据”，这样的方法可以叫作“语料库方法”。

当然，如果使用第三人称的观察数据，采用“语料库方法”，语言学研究者同时也可以充当数据的“内省者”或“诱导者”，所以，第一人称和第二人称与第三人称是难以分开的，第三人称方法显然是比较科学的获取数据的手段。

斯瓦尔特维克曾经对于内省法、诱导法和语料库方法从 10 个方面做过如下的比较①：

表 17-1　语言学研究的三种方法比较

特　点	内省法	诱导法	语料库方法
1. 是否简单易行、速度和费用如何？	+	−	−
2. 是否受到被试态度的影响？	+	+	−
3. 能否提供概率信息？	−	−	+
4. 是否客观？	−	+/−	+
5. 能否收集大规模数据？	−	+/−	+
6. 非母语者能否使用？	−	+	+
7. 能否涉及不同文体与语域？	−	−	+
8. 会不会受到疲倦或犹豫不决的影响？	−	−	+
9. 能否进行历时研究？	−	−	+
10. 是不是真实的、实际的语言运用？	−	−	+

① J. Svartvik, Corpora are becoming mainstream. In J. Thomas & M. Short (Eds), Using Corpora for Language Research: Studies in Honour of Geoffrey Leech, London: Longman, 1996.

从这个表的比较中可以看出，语料库方法确实比内省法和诱导法具有更多的长处。

乔姆斯基的生成语法采用的是第一人称的内省法，他认为，“今天语法理论的关键问题并不是缺乏证据，而是当今的语言理论不足以对大量的证据提供恰当的解释，这些语言理论甚至没有受过严肃的挑战”①。乔姆斯基在1957年的《句法结构》中总共分析了28个自己凭语感造出来的例句，在1965年的《句法理论要略》中总共分析了24个自己凭语感造出来的例句，由于他具有非凡的智慧，通过深刻的“内省”，取得了卓越的成就。

描写语言学、心理语言学、实验语音学采用的是第二人称的诱导法，通过问卷调查和实地调查的方式，同时还依靠被试者的主观判断来研究语言，也取得了不少的成果。但是，在使用这种诱导法的时候，被试者的主观判断容易受到试验者提示的干扰，常常会影响到调查结果的有效性。

而语料库语言学则提倡第三人称的语料库方法。辛克莱指出，“能够系统地对于为数可观的文本语料进行审视，使我们有可能发现一些以前从未有机会发现的语言事实”②。当然，与此同时，在语料库语言学的研究中，我们仍然要充分地尊重第一人称研究者和第二人称研究者的智慧和洞察力，我们并不反对第一人称的内省法和第二人称的诱导法。第一人称的内省法常常被人们称为“拍脑袋”的方法，“拍脑袋”固然会产生主观性，但是，

---

① N. Chomsky, Aspects of the Theory of Syntax, Cambridge, MA: MIT Press, 1965.

② J. Sinclair, Corpus Concordance Collocation, Oxford University Press, 1991.

脑袋拍得好也并不容易，聪明的脑袋可以拍出出类拔萃的优秀成果，前辈语言学家的智慧和洞察力仍然是值得称道的。

不过，语言学的一切知识，不论是过去通过“内省法”或“诱导法”得到的知识，最终都有必要放到语料库中来“观察”（observation）和“检验”（verification），决定其是正确的，还是片面的或者错误的，甚至是荒谬的，从而决定其存在的必要性，决定其是继续存在，还是放弃其存在。所以，语料库语言学大力提倡语料库方法。

这种语料库方法可以采用“基于语料库”的研究方式（corpus-based approach），也可以采用“语料库驱动”的研究方式（corpus-driven approach）。语料库方法将逐渐地代替传统的“内省法”和“诱导法”①。“内省法”和“诱导法”今后很可能只是基于语料库研究方法或语料库驱动研究方法的补充，而不能是语言学研究的主流。当然，这种基于语料库的研究方法或者语料库驱动的研究方法仍然离不开语言学家对于语言现象的“洞察力”（insight）。我们绝不能忽视理性思维的重要作用②。

语料库语言学提倡建立语料库，在计算机的辅助下，使用统计的方法或机器学习的方法，自动或半自动地从浩如烟海的语料库中获取准确的语言知识。随着互联网日新月异的发展，互联网

---

① E. Hinrichs & S. Kübler, Treebank profiling of spoken and written German. In *Proceedings of the Fourth Workshop on Treebanks and Linguistic Theories*. Barcelona, Spain, 2005.

② 刘海涛、冯志伟，自然语言处理的概率配价模式理论，《语言科学》，第5期，第32—41页，2007年。

上有着无比丰富的文本语言数据，其中有经过标注的结构化的语言数据，也有未经过标注的非结构化的语言数据，我们可以从互联网上这些大量的语言数据中自动或半自动地获取语言知识。这是语言学获取语言知识方式的巨大变化，在语言学的发展历史上具有革命性的意义。我们应该敏锐地注意到这样的变化，努力学习语料库语言学的理论和方法，逐渐改变获取语言知识的手段。

语料库语言学也为语言研究人员提供了一种新的思维角度，辅助人们的语言“直觉”和“内省”判断，从而克服语言研究者本人的主观性和片面性。我们预计，语料库方法将会逐渐成为语言学研究的主流方法，受到语言研究者的普遍欢迎。

语料库语言学还为语言研究的现代化提供了强有力的手段。语料库把语言学家从艰苦繁重的手工劳动中解放出来，使语言学家可以集中精力来研究和思考其他重要问题，这对于促进语言学研究的现代化具有不可估量的作用。

目前，语料库语言学主要研究机器可读自然语言文本的采集、存储、检索、统计、自动切分、词性标注、语义标注，并研究具有上述功能的语料库在词典编纂、语言教学、语言定量分析、词汇研究、词语搭配研究、语法研究、多语言跨文化研究、法律语言研究、作品风格分析等领域中的应用，已经初步展现出这门新兴学科强大的生命力，并且也影响和推动了现代语言学的发展。

本章参考文献

1. A. Abeillé, *Treebank: Building and Using Parsed Corpora*. Dordrecht:

Kluwer, 2003.

2. M. Collins, *Head-Driven Statistical Models for Natural Language Parsing*. PhD thesis, University of Pennsylvania, Philadelphia, 1999.

3. D. Hindle, & M. Rooth. Structure ambiguity and lexical relations. *Proceedings, DARPA, Speech and Natural Language Workshop* [C]; Hidden Valley, PA, 1999: 229—236.

4. E. Hinrichs, & S. Kübler. Treebank profiling of spoken and written German. *Proceedings of the Fourth Workshop on Treebanks and Linguistic Theories*. Barcelona, Spain, 2005.

5. M. P. Marcus, B. Santorini, and M. A. Marcinkiewicz, Building a large annotated corpus of English: The Penn treebank, *Computational Linguistics*, 1993, 19 (2): 313—330.

6. M. P. Marcus, G. . Kim, M. A. Marcinkiewicz, R. Marcintyre, A. Bies, M. Ferguson, K. Katz, and B. Schasberger, The Penn Treebank: Annotating predicate argument structure, In ARPA Human Language Technology Workshop. Plansboro, NJ. Morgan Kaufmann. 1994: 114—119.

7. J. M. Sinclair, *Corpus Concordance Collocation*. Oxford: Oxford University Press. 1991.

8. J. M. Sinclair, Intuition and annotation: The discussion continues. In W. Teubert & R. Krishnamurthy (eds.). *Corpus Linguistics: Critical Concepts in Linguistics*. London/New York: Routledge, 2007: 415—435.

9. H. Widdowson, The limitation of linguistics applied. *Applied Linguistics* 21, 2000: 3—25.

10. 冯志伟，汉语句子的多叉多标记树形图分析法，《人工智能学报》（2），第29—46页，1983年。

11. 冯志伟，《自然语言的计算机处理》，上海外语教育出版社，1996年。

12. 冯志伟，乔姆斯基《最简方案》，载《现代语言学名著导读》（萧国政主编），北京大学出版社，第86—128页，2009年。

13. 冯志伟，《自然语言处理的形式模型》，中国科学技术大学出版社，合肥，2010年。

14. 黎锦熙，《新著国语文法》，商务印书馆，1924年。

15. 刘海涛、冯志伟，自然语言处理的概率配价模式理论，《语言科学》（5），第32—41页，2007年。

16. 王力，《王力文集·第九卷·汉语史稿》，山东教育出版社，济南，1988年。

第十八章　语言类型学

语言类型学（language typology）是研究各种语言的特征并进行分类的一个语言学科。语言类型学要对世界上的各种语言进行比较，找出其相同和相异之处。

本章首先介绍语言类型学的发展历史，接着介绍语言类型学对于语言蕴含共性和非蕴含共性的研究。

第一节　语言类型学的发展

世界上的语言有6000多种，这些形形色色的语言都有各自的差异（diversity），但语言学家们发现，所有这些语言都有类型上的一致性，这种一致性实际上就是语言的共性（universals）。

语言类型学可以告诉我们，某种语言形式在一种语言中是可能被接受的，而另一种语言形式在这种语言中却是绝对不被接受的，这样我们就可以根据语言的类型学特征来预测某种语言现象是否能够在某种特定的语言中存在。

语言类型学与历史比较语言学是有区别的。语言学家在比较语言的特征时往往抱有不同的目的。

一种目的是追溯语言的历史渊源，其方法是比较各语言的语法结构和最古老的基本词汇的语音和语义，发现这些语言之间的亲属关系。

另外一种目的是建立人类语言类型体系，其方法是按某些特征对语言进行分类，这样的分类并不涉及语言的亲属关系。

第三种目的是寻找人类语言的普遍现象或近乎普遍的现象，考察某种语言特征存在于多少种语言之中。这样的研究同样也不管所研究的语言是否有亲属关系。

由于研究目的不同，第一种比较研究是历史比较语言学的任务，第二种和第三种研究才属于语言类型学研究的范围。

远在19世纪初期，德国浪漫派诗人弗里德里希·冯·史勒格尔（Friedrich von Schlegel）和他的弟弟奥古斯特·冯·史勒格尔（August von Schlegel）就把世界诸语言分为三大类型：屈折语（inflected language）、附加语（affixal language）和无结构语（no structure language）。附加语后来叫作黏着语（agglutinative language），无结构语后来叫作孤立语（isolating language）。

屈折语包括拉丁语、希腊语、英语、德语、法语、俄语、阿拉伯语等，其特征是用词形的变化表示语法关系，而且往往一个词尾表示若干个语法意义。这样的词形变化叫作“屈折”（inflection）。

例如，希腊语中的句子：

hoi stratiōtai ēgoradz-on ta epitēdeia

那　士兵们　买（第三人称—复数—陈述式—持续体）那食品

（那些士兵们买了那些食品）

其中，动词 ēgoradz（买）只有一个词尾 on，这个 on 表示第三人称、复数、陈述式、持续体等多种语法意义。

又如，拉丁语 am-o（我爱）中词尾-o 表示现在时、主动态、第一人称、单数、陈述语气等五个语法意义。

屈折有两类：一类叫作外部屈折。例如，英语中的 tall（taller，tallest），work（works，worked，working），这种屈折变化是在词的外部进行的；一类叫作内部屈折，例如，英语中的 tooth—teeth，foot—feet，man—men，这种屈折变化是在词的内部进行的。

黏着语包括蒙古语、日语、芬兰语、匈牙利语、土耳其语、韩国语、斯瓦西里语、吉隆迪语（Kirundi）等，其特征是一个词根（或词干）的前面或后面有一串表示语法关系的语素，每个语素只表示一个语法意义，每个语法意义也只用一个语素表示，语素和语素之间在语音上界限分明，不能融合在一起。

例如，非洲的吉隆迪语中的句子：

y-a-bi-gur-i-ye　abana

　　买　　　孩子们

（他给孩子们买了东西）

这个句子的第一个单词 y-a-bi-gur-i-ye 是一个动词，其中 gur（买）是中心动词，它有三个前缀，第一个前缀是 y，表示该动词的主语是第三人称代词，第二个前缀是 a，表示过去时态，第三个前缀是 bi，表示该动词的直接宾语应当是一个名词，这三个前缀一个接一个地黏附在动词 gur 的前面；这个动词有两个后缀，第一个后缀是 i，表示该动词的受益者是后面的名词 abana（孩子们），第二个后缀是 ye，这是动词的体（aspect）标记，这两个后缀一个接一个地黏附在动词 gur 的后面。

又如，土耳其语中的一个词：oda-lar-im-dan，意思是“从我的一些房间里”，其中词根 oda（房间）后面有语素-lar（表示复数），-im（表示第一人称单数的领属关系），-dan（表示离格，意思是“从……”）等，词根后面这些表示语法意义的语素是自由的，一个接一个地黏附在词根的后面。

孤立型语言包括汉语、越南语、巴斯克语、阿伊努语、萨摩亚语等，在这些语言中，语法意义是通过特定的单词来表示的，在表示语法意义的时候，不采用附加成分或屈折变化，而是需要另外的单词来表示。孤立语中的单词是一个一个孤立的单位，它们主要通过虚词或者语序来表示语法意义。

例如，汉语句子“我 曾经 折断 了 自己 的 胳膊”① 中，动词“折断”没有屈折变化，“过去”的语法意义是使用单独的副词“曾经”来表示的，“完成”的语法意义是使用单独的助词“了”来表示的，语序可以表示语法意义：代词“我”在动词“折断”之前表示主语，名词“胳膊”在动词“折断”之后表示宾语。

上述语言类型的三分法是有用的，因为它能指出语言的一些基本特征。但这只是大体的划分，并不是十分严密和准确的。同

① 为了叙述的方便，这个句子是切了词的。

一类型的语言，其间也还有许多差异。有的语言还兼有几种类型的特征。例如英语。

所以有人说，英语是由屈折型走向孤立型的语言。

除了这三种类型之外，德国语言学家洪堡特曾经指出，有一种语言是混合形式的，他称之为混合语（incorporating language），后来又叫作编插语或多式综合语。如爱斯基摩语，这种语言能够把动词与它的宾语整合成一个词汇形式，一个动词词根上面可以附加表示各种语法意义的语素，从而形成一个结构十分复杂的"词"。

另外，萨丕尔（E. Sapir）根据词中包含语素数目的多少，把语言分为分析语（analytic language）、综合语（synthetic language）和多式综合语（polysynthetic language）[①]。他把一个词中只包含一个语素的语言叫作分析语，一个词中包含少量语素的语言叫作综合语，把一个词中包含大量语素的语言叫作多式综合语。后来，学者们在萨丕尔这种分类的基础上，除了考虑词中语素的数目之外，还进一步考虑句法关系，提出了如下的分类标准：分析语的单词结构比较简单，主要使用功能词（主要是介词、连接词和助词）和语序来表示句法关系，如汉语、越南语、萨摩亚语等；综合语的单词结构比分析语复杂，主要使用词形的屈折变化和词缀与词根的紧密结合来表示句法关系，如德语、俄语、拉丁语、阿拉伯语、芬兰语等；多式综合语的单词结构最为复杂，一个单词的长度接近于我们常见的语言中的一个短语或者一个句子的长度，如美洲的印第安语。根据这样的分类方法，现代英语具备分

---

① 萨丕尔，《语言论：言语研究导论》（陆卓元译），商务印书馆，1964 年。

析语的主要特点，但也具有少量的综合语特点，基本上应当属于分析语。

古典语言类型学的上述研究，根据人类语言在形态上的相似性进行抽象分析，对于世界上的语言进行了科学的分类，这样的分类有助于我们对于世界语言的认识。这些成果都是语言类型学不可或缺的内容。

上述的类型学研究基本上是从语言的总体出发的，对于语言的个别特征关注不够。

布拉格学派发现，除了语言的总体之外，语言某些特征之间可能存在着内在的联系。布拉格学派的这种发现是独具慧眼的，使人耳目一新。

例如，雅可布逊指出，语言的元音系统和辅音系统之间存在着蕴含关联：如果一种语言中存在鼻化元音，那么该语言中一定会存在鼻化辅音。

布拉格学派的这种发现，启发着人们在语言类型学的研究中从关注语言的总体转而关注语言的个别特征。语言类型学研究的重点从“这是哪一种类型的语言”转到“这是语言中哪一种类型的结构”。

在布拉格学派的推动下，现代语言类型学突破了传统语言类型学在形态分类上的局限，把研究的眼光转移到语言形态特征之间的制约关系和共生关系上。

美国语言学家和人类学家格林伯格（Joseph Harold Greenberg，1915—2001）在1963年发表了《某些主要跟语序有关的语法共性》（Some Universals of Grammar with particular Reference to the

Order of Meaningful Elements)① 一文，使语言类型学在研究方向上产生了历史性的转折，使语言类型学从语言的形态研究方面转向了语言的语法类型，尤其是转向了语序类型的研究。格林伯格成为了现代语言类型学的奠基人。

图 18-1　格林伯格

格林伯格在他的文章中提出了人类语言的45条共性原则，其中绝大部分与语言的句法，特别是与语序有关。格林伯格的这些有关语言语序的倾向性的结论，使语言类型学的研究从单纯的分类走向了理论的解释，说明语言类型学已经不能满足于仅仅对语言进行分类了，现代语言类型学的目的在于对语言现象做出解释，要从逻辑上说明语言类型出现的原因，从而通过对于大量的语言现象的观察和描写，得出有充分解释力的类型学规则，这就为现代的“语言类型学”（language typology）的研究奠定了基础。

格林伯格的主要著作有：

1.《非洲语言分类研究》（*Studies in African Linguistic Classification*, New Haven：Compass Publishing Company. 1955）

2.《语言学文选》（*Essays in Linguistics*, Chicago：University of Chicago Press. 1957）

① J. H. Greenberg, Some Universals of Grammar with particular Reference to the Order of Meaningful Elements, In J. H. Greenberg Edited, Universals of Language, Cambridge：MIT Press, 1963. 中译文“某些主要跟语序有关的语法普遍现象”（陆丙甫、陆致极译）《国外语言学》1984（2）：45—60。

3.《非洲的语言》（*The Languages of Africa*. Bloomington：Indiana University Press. 1963）

4.《某些主要跟语序有关的语法共性》（*Some Universals of Grammar with particular Reference to the Order of Meaningful Elements*, Cambridge：MIT Press，1963）

5.《语言中的普遍性：特别参照特征的层级》（*Language Universals*：*With Special Reference to Feature Hierarchies*. The Hague：Mouton & Co. 1966）

6.《美国的语言》（*Language in the Americas*. Stanford：Stanford University Press. 1987）

7.《印欧语及其最近的亲属语言：欧亚语言家族，1：语法》（*Indo-European and Its Closest Relatives*：*The Eurasiatic Language Family*. *1*：*Grammar*. Stanford：Stanford University Press. 2000）

8.《印欧语及其最近的亲属语言：欧亚语言家族，2：词汇》（*Indo-European and Its Closest Relatives*：*The Eurasiatic Language Family*. *2*：*Lexicon*. Stanford：Stanford University Press. 2002）

9.《语言的普遍性》（*Universals of Language*：Report of a Conference Held at Dobbs Ferry，New York，April 13—15，1961；Cambridge：MIT Press，1963；Second edition 1966）

10.《语言的普遍性：1. 方法与理论，2. 音系学，3. 词的结构，4. 句法》（*Universals of Human Language*. *1*：*Method and Theory*，*2*：*Phonology*，*3*：*Word Structure*，*4*：*Syntax*. Stanford：Stanford University Press. 1978）

格林伯格致力于探讨语言的“**共性**”（universal），这种共性也就是语言的普遍性，乔姆斯基也主张研究语言的普遍性，这两位学者对语言普遍性的探索几乎同时肇始于20世纪50年代末，但是，他们的方法是各不相同的，这种方法上的不同可追溯到各自对不同学术传统的反驳：乔姆斯基的生成语法方法针对心理学中的行为主义，而格林伯格的类型学的方法针对人类学中的“相对主义”，这种相对主义认为，“世界的语言具有任意性，它们之间的差异是无穷无尽的和难以预测的”。乔姆斯基批评行为主义习得语言的“刺激—反应”模式，提出天赋的内在语言能力和限制对语言习得起到关键作用，因此其语言“普遍性”带有“先天性”特征。格林伯格的矛头直指人类学相对主义的观点，他通过跨语言采样分析发现语言变异形式是有范围限制的，而这些范围限制表现了语言的普遍性特征。在方法论上，一般认为乔姆斯基使用的是理性主义的演绎推理法，而格林伯格采用的是经验主义的归纳概括法。两者在方法上迥异，但仍有相当的一致性：两者都从分析语言结构开始；两者都对语料进行抽象概括，只不过乔姆斯基主要研究单一语言模式，而格林伯格研究跨语言模式；两者都从普遍的人类能力分析，最终是生物学角度解释语言共性，只不过乔姆斯基诉诸于直接性的基因，而格林伯格诉诸进化理论中可能发现的间接性生物学基础。

威利（Lindsay J. Whaley）把格林伯格对于语言类型学的贡献归结如下①：

---

① L. J. Whaley, Introduction to Typology—The Unity and Diversity of Language, 世界图书出版公司，2008年。

1. 为语言类型学研究建立了一种量化的基础，指出一种语言的类型属性可能处于某种类型连续的某个位置，大大改变了以往类型学探讨倚重主观的状况。
2. 把语言类型学的关注点从语言整体类型转向语言内的结构类型。
3. 充分利用布拉格学派的蕴含共性思想，发现了语言中众多的、很有价值的蕴含共性。
4. 在语言类型学研究中，更加关注句法研究，特别是语序的研究，就是在探讨形态的共性时，也特别重视形态与语序的蕴含关系。
5. 关注语言演变的方式，用语言演变来解释某些语言共性。
6. 强调建立“语种库”（language sample）的重要性，并以自己的学术实践，亲自建立了包括 30 种语言的语种库，为足够规模、均衡合理的语种库提供了榜样。

在格林伯格开创性工作的影响下，语言类型学的研究范围有了进一步拓展，学者们建立了一些语种库，追求语种库的覆盖面和均衡代表性，逐步扩大语种库的数量。1963 年格林伯格的语种库只有 30 种语言，1977 年基南（Keenan）和科姆里（B. Comrie）的语种库已包括 50 多种语言，1983 年霍金斯（John A. Hawkins）的语种库包括 200 多种语言，1992 年德莱尔（Drayer）的语种库包括 600 多种语言，这个语种库到 1999 年已经扩大到包括 900 多种语言。他们力图在这样丰富的材料的基础上来检验语言类型学的结论。

语言类型学涉及的研究领域，除了语序类型之外，还包括更加广泛的内容。例如，日本语言学家桥本万太郎对于语言的地理类型研究，探讨了地理与语言类型之间的关系；科姆里（Comrie）、达尔（Dahl）对动词的时体类型研究，探讨了各种语言中动词在时间方面表现出来的差异性和一致性，说明了人类语言在表达行为的时间和体貌方面有很多规律性的表现，等等。

语言类型学研究还关注历时的演变，发现在历时演变方面存在许多规律性。例如，在语音演变方面，汉语舌根音［k］［kʰ］［x］位于高元音前会产生腭化现象；而在英语、俄语、法语、拉丁语、意大利语等语言的历史上，也发生过类似的腭化现象，而相反的情况却极为少见；在形态演变方面，印欧语系和闪含语系中有不少语言的名词的词尾逐渐消失，而动词的词尾却不容易消失；在句法方面，某些语言中表现出从屈折语向孤立语演变的趋势，而相反的趋势尚不多见。

第二节　语言的蕴含共性和非蕴含共性

语言类型学致力于研究语言的共性（universals），发现在千变万化的语言现象背后隐藏着的语言规律。

例如，在语音方面，人类所有的语言都具有元音，基本元音的数量至少为3个，至今还没有发现只有一个元音的语言。

如果一种语言中有3个基本元音，那么该语言一定有一个低元音［a］，在［a］之外，或者有一个前高元音［i］和一个后高元音［u］，或者有一个前中元音［e］和一个后中元音［o］。

如果一种语言中有5个基本元音，那么最可能是一个低元音［a］、两个高元音（一前一后）、两个中元音（一前一后）；例如，日语和英语。

如果一种语言中有 7 个基本元音，那么最可能是一个低元音、两个高元音、两个中高元音、两个中低元音。其中我们还可以发现，低元音［a］在任何语言中都是存在的，高元音往往有前后之分。

又如，人类绝大部分的语言都有清辅音［p］，［t］，［k］，但是不一定都有相应的浊辅音［b］，［d］，［g］。由于浊辅音在发音方法上一般比清辅音困难一些，因此，我们可以假定，如果一种语言中有浊辅音［b］，［d］，［g］那一定会有清辅音［p］，［t］，［k］，反之不然。

再如，几乎每种语言都有音段成分（如单个的 b、d、m）和超音段成分（如重音、句调）。所有的语言都有唇音。雅柯布逊发现，所有的语言都有擦音，而非洲、美洲和波里尼西亚有些语言没有擦音。

在语法方面，所有语言都有实词和虚词。几乎所有语言的构词中都有复合现象和派生现象。在许多语言中，单数人称代词都是由单音节构成（如汉语的“我、你、他”，英语的“I、you、he”；法语的“je、tu、il”）。

在语义方面，所有语言的动词都具有时间属性，所有语言的名词都具有空间属性。在各种语言中，许多词都有本义和转义。如汉语“口”指嘴巴，转义指“河口”；英语 mouth 也有类似的两层意义。许多语言都用“舌头”表示“语言”，如汉语“舌战”中的“舌”指的是“语言”，拉丁语的 lingua，英语的 tongue，俄语的 язык，希腊语的 glossa，西班牙语的 lengua，芬兰语的 kieli，匈牙利语的 nyelv，土耳其语的 dil，哈萨克语、维吾尔语的 til 等，都同时兼有“舌头”和“语言”两个含义。

这些共性都是语言的实体共性，没有涉及语言中的范畴。

除了实体共性之外，语言中的形式范畴也有共性，叫作形式共性（formal universals）。

例如，“数”是语言中的形式范畴，有的语言除了有单数和复数的范畴之外，还有双数范畴。但是，有双数范畴的语言比有单数和复数范畴的语言少得多，而且，有双数范畴的语言一定有单数和复数范畴，而有单数和复数范畴的语言不一定有双数范畴，这意味着，双数的语法范畴蕴含了单数和复数的语法范畴，这是人类语言中的一个形式共性。

又如，如果一种语言中有阳性和阴性的范畴，不一定有中性的语法范畴，但如果一种语言中有中性范畴，这种语言中一定有阳性和阴性范畴，这意味着中性范畴蕴含了阳性和阴性范畴，这是人类语言中的又一个形式共性。

语言类型学中还研究“**蕴含共性**”（implicational universals）。蕴含（implication）的概念来自逻辑学。如果有现象 A 就一定有现象 B，而有现象 B 不一定有现象 A，那就说，现象 A 蕴含了现象 B。逻辑学中，可以记为 A→B，或者记为 A⊃B。

格林伯格把逻辑学中这种蕴含规则应用于研究语言中某些现象之间的相互联系。他发现，在某些语言中，普遍存在着这样的现象：如果语言中存在某一种语言现象，则一定会存在着另一种语言现象，反之不然。语言中具有这种蕴含关系的共性就是蕴含共性。

例如，如果某种语言中存在第三人称代词，则一定存在第一人称代词和第二人称代词，反之不然；如果某种语言中的动词有人称、性、数的差别，则一定有时态（tense）的差别，反之不然；如果某种语言中存在第一人称反身代词和第二人称反身代词，则一定存在第三人称反身代词，反之不然。

这种蕴含关系，可以使用“四缺一”的逻辑模型（也叫作“四分表”）来表示。

下面是表示“A 蕴含 B”的四分表（表 18-1）：

表 18-1　四分表

	B 形式	–B 形式
A 形式	+	–
–A 形式	+	+

当“A 蕴含 B”的时候，存在着四种可能性：[A] [B]，[–A] [B]，[A] [–B]，[–A] [–B]，其中，[A] [B]，[–A] [B]，[–A] [–B] 这三种形式是存在的，而 [A] [–B] 这种形式是不存在的，四种可能性中存在三种可能性，只缺了一种可能性，所以叫作“四缺一”，这种四缺一的模式就是四分表。

从逻辑学我们知道，如果 A 蕴含 B，那 A 就是 B 的充分条件，这时，“A⊃B”这种蕴含关系应满足如下的真值表（表 18-2）：

表 18-2　真值表

A	B	A⊃B
+	+	+
+	–	–
–	+	+
–	–	+

从这个真值表中可以看出，在 A 蕴含 B 的条件下，四种可能性中有三种成立，只有一种不成立，可见蕴含关系的真值表与四分表是一致的。

因为所有的蕴含关系都是四缺一的，所以我们可以使用这种四分表来表示语言中的蕴含关系。

例如，“如果某种语言中存在第三人称代词，则一定存在第一人称代词和第二人称代词，反之不然”的蕴含关系是“存在第三人称代词”⊃“存在第一人称代词和第二人称代词”，

用四缺一模式表示如下（表 18-3）：

表 18-3　关于人称代词的四分表

	存在第一人称代词和第二人称代词	不存在第一人称代词和第二人称代词
存在第三人称代词	+	−
不存在第三人称代词	+	+

与这个四分表相对应的真值表如下（表 18-4）：

表 18-4　关于人称代词蕴含关系的真值表

存在第三人称代词	存在第一人称代词和第二人称代词	蕴含关系⊃
+	+	+
+	−	−
−	+	+
−	−	+

在这个真值表中，“蕴含关系”这一栏也是“四缺一”的，与四分表完全一致。

所以，“四缺一”模式这种四分表可以看作蕴含关系的一种直观的表现形式。

前面介绍过的那些实体共性中，有的实体共性是“**非蕴含共性**”（non implication universals）。这些共性不依赖于某一具体的条件或现象，它们的存在是普遍的，是所有的语言都具有的。

有的非蕴含共性是显而易见的。例如，前面提过的“人类所有的语言都具有元音，基本元音的数量至少为3个，至今还没有发现只有一个元音的语言”这样的共性中，没有任何的蕴含关系，这是一种非蕴含共性。

但是，有的非蕴含共性需要仔细地观察才能发现。例如，

“在所有的语言中，宾语往往靠近动词，越靠近动词的宾语可接受性就越高。”

“在所有的语言中，主语离动词的距离比宾语离动词的距离要远一些。”

“在所有的语言中，物理上比较长或者结构比较复杂的成分倾向于处于句子的最前端或最末端，不适合处于句子的中间。”

这些非蕴含共性是人类语言普遍具有的，或者是一种普遍的倾向。

语言类型学中经常讨论的三个成分是S（主语），V（动词），O（宾语）。在数学上，这三个成分可以排列如下：

V居于尾部：SOV，OSV

V居于前部：VSO，VOS

V居于中部：SVO，OVS

古希腊语中形态变化丰富，这6种语序都可以存在：

例如，ho	didaskal-os	paideuei	to	paidi-on
冠词	老师（主格）	教	冠词	小孩（宾语）

这是 SVO 的句子。除此之外，还可以有如下的语序：

SOV： ho didaskal-os to paidi-on paideuei

OSV： to paidi-on ho didaskal-os paideuei

VSO： paideuei ho didaskal-os to paidi-on

VOS： paideuei to paidi-on ho didaskal-os

OVS： to paidi-on paideuei ho didaskal-os

由于名词的词尾表达了主格和宾格的信息，这些不同语序的句子在古希腊语中都是合乎语法的。

可是，在世界的各种语言中，S，V，O 的分布是多种多样的。德莱尔（Drayer）统计了 1228 种语言中的 S，V，O 分布，统计结果如下[①]（表 18-5）：

表 18-5　1228 种语言中的 S，V，O 分布

语序类型	数量
SOV	497
SVO	435
VSO	85
VOS	26
OVS	9
OSV	4
难以判定	172

从德莱尔的数据可以看出，S 领先于 O 的语言有 SOV，SVO 等类型，共有 497 + 435 = 932 种语言，在人类的全部语言中属于

① M. S. Dryer, SVO Languages and the OV：VO Typology, Journal of Linguistics, 1991（27）：443—482.

优势语序，因此，我们可以得出结论：在人类语言中，S 领先于 O 是一个普遍倾向。

从德莱尔的上述数据还可以看出，在 SOV，SVO，VOS，OVS 等类型的语言中，O 和 V 总是彼此临近的，或者 O 在 V 之前（如 SOV，OVS），或者 O 在 V 之后（如 SVO，VOS），因此，我们又可以得出结论：在人类语言中，O 临近 V 也是一个普遍倾向。

根据这样的分析，我们可以得出这样的结论：人类语言存在着 S 领先于 O 以及 O 临近 V 的普遍倾向。

格林伯格在他的著作中，发现了人类语言的一些蕴含共性，下面列出其中的几条：

1. 带有名词性主语和宾语的陈述句中，优势语序几乎总是主语处于宾语之前。
2. 在使用前置词的语言中，领属语几乎总是后置于中心名词，而在使用后置词的语言中，领属语几乎总是前置于中心名词。
3. 优势语序为 VSO（动词—主语—宾语）的语言，总是使用前置词。
4. 采取 SOV（主语—动词—宾语）为常规语序的语言，在远远超过随机频率的多数情况下，使用后置词。
5. 如果一种语言以 SOV（主语—宾语—动词）为优势语序，并且领属语后置于核心名词，那么形容词也后置于核心名词。
6. 所有以 VSO（动词—主语—宾语）为优势语序的语言，都可以把 SVO（主语—动词—宾语）作为可能的或唯一的一种替换性基本语序。

7. 在以 SOV（主语—宾语—动词）为优势语序的语言中，如果没有替换语序，或仅有 OSV（宾语—主语—动词）为替换语序，那么动词所带的一切状语都处于动词之前。
8. 如果一种语言的副词在它所修饰的动词之后，那么这种语言的形容词也在名词之后，并且宾语也在动词之后。
9. 如果一种语言的代词性宾语后置于动词，那么名词性宾语也后置于动词。
10. 如果任何一个或者所有的下述成分（指示词、数词、描写性形容词）处于名词之前时，那它们总是以这样的顺序出现：指示词→数词→描写性形容词。如果它们处于名词之后，那么，语序或者依旧：指示词→数词→描写性形容词，或者完全相反：描写性形容词→数词→指示词。

格林伯格发现的这些关于人类语言的共性告诉我们，在世界上形形色色的语言现象的背后，隐藏着为数有限的内在规律性，在语言内部的各种要素之间，存在着某些共同的条件关系。这种发现几乎可以与生物学中脱氧核糖核酸 DNA 发现媲美了。

霍金斯在格林伯格提出的蕴含共性的基础上做了进一步探索，发现了基于两条或更多参项的蕴含关系。

例如，霍金斯提出，

1. 如果一种语言是 SOV 语序，而且它的形容词还位于名词之前，则它的领属成分也就必定位于名词之前。
2. 如果一种语言是 VSO 语序，而且它的形容词还位于名词之后，则它的领属成分也必定位于名词之后。

科姆里把霍金斯的第一条规则和第二条规则分别表述为：

1. 某一 SOV 语言中，如果形容词位于名词之前，那么它的领属成分应当位于名词之前；如果领属成分位于名词之后，那么这种语言是不存在的。
2. 某一 VSO 语言中，如果形容词位于名词之后，那么它的领属成分应当位于名词之后；如果领属成分位于名词之前，那么这种语言是不存在的。

这样的多层次蕴含规则比单蕴含规则严格得多。

语言学中的很多规律并不是百分之百成立的，一些规律具有统计特征。因此，语言类型学进行了语言类型的统计研究。

德莱尔根据语种库中的资料进行统计，得出了一些很有价值的结论。例如，

1. 在名词短语中，有的形容词在名词之前，有的形容词在名词之后。在 OV 语言中，形容词后置与形容词前置的比例是 74∶55，倾向于形容词后置；在 VO 语言中，形容词后置与形容词前置的比例是 55∶44，也倾向于形容词后置。因此，在总体上看来，名词短语中的形容词定语是倾向于后置的。
2. 在 124 种 OV 语言中，有 112 种语言的领属成分在名词之前，只有 12 种语言的领属成分在名词之后；在 93 种 VO 语言中，有 30 种语言的领属成分在名词之前，有 63 种语言的领属成分在名词之后。因此，OV 语言倾向于领属成分居于名词之前，VO 语言倾向于领属成分居于名词之后。
3. 在 63 种 OV 语言中，有 26 种语言的定语从句在名词之前，有 37 种语言的定语从句在名词之后；在 61 种 VO 语

言中，只有 1 种语言的定语从句在名词之前，有 60 种语言的定语从句在名词之后。不论是 OV 或 VO 语言，定语从句在名词之后的比例都比较高，因此，从总体上看，人类语言有定语从句居于名词之后的倾向。

4. 在 104 种 OV 语言中，有 52 种语言的数词处于名词之前，也同样有 52 种语言的数词处于名词之后，两种倾向势均力敌；在 89 种 VO 语言中，有 53 种语言的数词处于名词之前，有 26 种语言的数词处于名词之后。因此，从总体上看，人类语言有数词居于名词之前的倾向，而且这种倾向在 VO 语言中比较明显，而在 OV 语言中则是平分秋色。

5. 在 114 种 OV 语言中，有 107 种语言主要使用后置词，有 7 种语言主要使用前置词；在 82 种语言中，有 12 种语言主要使用后置词，有 70 种语言主要使用前置词。因此，OV 语言倾向于使用后置词，VO 语言倾向于使用前置词。换一种方式来表达：如果语言中的动词在宾语之前，就倾向于使用前置词；如果语言中的动词在宾语之后，就倾向于使用后置词。

可见，在语言类型学中采用统计方法，得到的结论就更加有说服力了。

霍金斯对语序的共性进行了深层解释。为此他提出了“权重”（heaviness）与“和谐”（harmony）两个动因。

他采用“权重”来解释名词多项修饰语的顺序。他认为，在名词的多项修饰语中，指示词和数词是“最重成分”，因此它们靠名词比较近，形容词的权重稍次，因此离名词就远一些，关系从句的权重最小，因此离名词最远。

“和谐”的概念是格林伯格提出的，他发现语言中某些形式总是与另一些形式同现共生，而不与另外一些形式同现。那些总是能够同现的形式之间就是和谐的，否则就是不和谐的。例如，OV 语言的语序与后置词形式和谐，而与前置词形式不和谐；VO 语言的语序与前置词形式和谐，而与后置词形式不和谐。

霍金斯根据“和谐”的概念指出，在感叹句中，OV 语言和 VO 语言的感叹句常常变得“和谐”起来，而某些语序之间之所以出现和谐，是因为其间有历时演化的关系。

语言类型学的研究正在向探索人类语言共性的目标迈进。

本章参考文献

1. J. H. Greenberg，Some Universals of Grammar with particular Reference to the Order of Meaningful Elements，In J. H. Greenberg Edited，Universals of Language，Cambridge：MIT Press，1963.
2. L. J. Whaley，Introduction to Typology—The Unity and Diversity of Language，世界图书出版公司，2008 年。
3. 金立鑫，《什么是语言类型学》，上海外语教育出版社，2011 年。

第十九章　社会语言学

索绪尔的《普通语言学教程》中写道："语言学的唯一的、真正的对象是就语言和为语言而研究的语言。"据考证，这句话虽不是索绪尔亲口说的，但确实体现了索绪尔的思想。因此，索绪尔之后，现代语言学的主要方向是就语言和为语言而研究语言结构本身。这一点，结构主义语言学表现得特别明显，语言研究的路子也就随之变狭窄了。

近20年来，现代语言学开始把它的研究领域进一步拓广，不但要研究语言本身的结构，而且还要研究语言与社会、语言与心理、语言与认知的关系，这样，便产生了社会语言学、心理语言学和认知语言学，语言研究的路子也就越走越宽了，这是现代语言学发展中的可喜现象。

从本章起，我们将逐一地介绍社会语言学、心理语言学、认知语言学。最后，我们还要介绍与现代科学技术密切相关的两个新兴的语言学科：数理语言学和计算语言学。

本章介绍社会语言学。首先介绍社会语言学的发展，然后分别讨论微观社会语言学和宏观社会语言学。

第一节 社会语言学的发展

“**社会语言学**”（sociolinguistics）是研究语言和社会之间的相互关系的一个新兴的语言学部门。它要从社会生活的变化与发展中，来探究语言变化发展的规律，又要从语言的变化和发展中，来探究社会生活的某些倾向和规律。

据记载，英语文献中，“社会语言学”（sociolinguistics）这一个术语最早出现在1952年。美国语言学家丘里（Haver C. Currie）在《社会语言学的设计：语言和社会阶层的关系》这篇论文里说：“言语因素的社会功能和社会意义提供了一个广阔的研究领域……这个领域就叫作社会语言学。”这是在语言学中第一次使用“社会语言学”这个术语。

但是，社会语言学作为独立学科，形成自己的逻辑体系，并且得到学术界普遍的承认和重视，则是20世纪60年代才开始的。

1964年5月，第一次社会语言学会议在美国洛杉矶的加利福尼亚大学（University of California in Los Angles，简称UCLA）召开，会议接受了“社会语言学”这个术语，标志着社会语言学这个新的独立学科的正式确立。

所以，我们认为社会语言学兴起于20世纪50年代中期，确立于20世纪60年代中期。

1964年以后，社会语言学迅速地发展起来。

1966年，布莱特（William Bright）把1964年第一次社会语言学会议的论文编辑成册在荷兰海牙的Mouton公司出版，论文集的名称是：《社会语言学：洛杉矶加利福尼亚大学社会语言学会议论文集》（*Sociolinguistics：Proceedings of the UCLA Sociolinguistics Conference*，1964）。

布莱特在这本论文集中归纳出来的社会语言学主要研究内容如下：

1．说话人和听话人，即交际双方的社会身份；

2．言语事件发生时的社会环境；

3．社会方言的共时分析和历时分析；

4．说话人对不同言语行为的社会评价；

5．社会语言学研究的实际应用。

尽管当时社会语言学研究的范围还比较有限，但这一新学科的出现，把语言学的研究领域大大地拓广了，这是现代语言学的一大进步。

社会语言学兴起的原因主要有二：

第一，自从索绪尔以后，特别是结构主义语言学派，致力于研究语言本身的内部结构及其发展规律，一般都没有摆脱只研究语言自身内部规律的框框。他们不研究语言的社会性这一根本特征，忽视语言的社会制约性，他们没有充分认识到语言是一种经常发生变化的现象，这种变化不仅跟语言自身的内部规律有关，而且还与社会密切相关。因此，他们的研究对语言现象的解释往往是片面的。为了突破这种局限，有的语言学家力图把语言作为一种社会现象来研究。20 世纪以来，作为社会现象的语言的社会属性被大大地忽略了，由于社会语言学的出现，语言学中重新强调要把语言作为一种社会现象来研究，这是现代语言学向前发展的一个好征兆。

第二，第二次世界大战以后，出现了许多独立国家，社会经济有了巨大的飞跃变化，特别是社会生产力在某几个关键性地区或国家提高得很快，几个战败国（如日本、德国）在战后经济“起飞”，引起社会生活一系列重大变化。科学技术有了新的突破，尤其是信息科学的惊人发展，使信息交换和传递发生了划时代的变化。这些新的社会因素对语言学提出了许多新的要求，因此，自索绪尔以来只局限于研究语言内部结构的语言学已经不能够满足社会发展的需要。为了适应社会发展的新的要求，社会语言学便应运而生。

20 世纪 70 年代以后，社会语言学的应用研究进一步得到加强。

1984 年，社会语言学家特鲁吉尔（P. J. Trudgill）提出了“应用社会语言学”（applied sociolinguistics）这一概念。社会语言学中开始关注语言的变异，关注法律语言、广告语言、医生的诊断语言等语言应用的研究。

社会语言学家拉波夫（W. Labov，1927—　）一直关注美国黑人儿童的教育问题。他指出，美国黑人读写能力的障碍是由于种族歧视、社团隔离和方言的影响造成的，因此应当改革教育体制和教学方法。

拉波夫曾经多次以社会语言学家的身份出庭为被告辩护。1984 年，拉波夫为一个被怀疑向一家航空公司打恐吓电话的犯罪嫌疑人辩护。司法机关曾经认为，这个犯罪嫌疑人就是打恐吓电话的人。但是，拉波夫根据电话的语音情况分析，发现电话中的说话人呈现出明显的新英格兰东部地区的元音特征，因而估计打电话的人应当是新英格兰东部地区的人，而法院怀疑的犯罪嫌疑人却是纽约人，拉波夫的这个社会语言学的分析结论是很有力的，终于使得这个犯罪嫌疑人得以无罪释放。这位被诬告的犯罪嫌疑人出狱后写信感谢拉波夫，说："我在监狱中等了 15 个月，盼望能有一个人可以把虚构和事实分开。当我听说这件事在法庭上解决了的时候，真让我感动不已。"拉波夫的这些工作，充分体现出社会语言学的在当代社会生活中的作用。

1966 年，豪根（Einar Haugen，1906—1994）发表了《方言、语言和国家》（Dialect，Language，Nation）一文。文章对方言、语言和国家三者之间的关系进行了深入的讨论，特别强调了语言和国家之间的关系。为了更清楚地描述语言发展的特点，豪根提出了从"方言"到"语言"（从俗语到标准语）的几个主要步骤：（1）规范的选择；（2）形式的标准化；（3）功能的精细化；（4）社区的接受度。其中前两个步骤针对的是语言的形式，后两个步骤针对的是语言的功能。

豪根在 1966 年的发表的《语言冲突和语言规划》中对于形式和功能的问题进行了更详细的讨论。豪根认为按照一种标准语言的理想目标，"标准化"追求的目标是"形式上的最小变化"，而"精细化"追求的目标则是"功能上的最大变化"。这样，形式和功能二者之间就会产生矛盾，形式上的统一会导致功能上的单一，而功能上的多样化必然会引起形式上的复杂化。如何平衡这些关系，是语言规划的制定者应该考虑和需要解决的问题。也许正是出于这些方面的考虑，豪根认为"语言规划目前与其说是像一门科学，毋宁说是更像一种艺术”[1]。

1969 年，德裔加拿大学者克罗斯（Heinz Kloss）发表了题为《群体双语研究的可能性》（*Research Possibilities on Group Bilingualism*：Report）的报告。在这个报告中，克罗斯在豪根关于语言规划的形式和功能关系研究的基础上，引入了“语言地位规划”（status planning）和“语言本体规划”（corpus planning）的概念。克罗斯把针对改变语言本身的活动称之为“语言本体规划”，而把解决“语言地位满意不满意”、“语言的地位是应该降低还是提高”等问题的活动称之为“语言地位规划”[2]。克罗斯认为本体规划和地位规划的最大差别在于：如果没有专家（主要是语言学家和作家）的参与，语言的本体规划是无法进行的，而语言的地位规划可以作为政府公务员例行工作的一部分，用不着有太多的社会语言学知识。

豪根和克罗斯的这些研究，为语言规划的研究奠定了理论基础。

1971 年，社会语言学家海姆斯（D. Hymes）发表了题为《论交际能力》（On Communicative Competence）的报告[3]。在这个报告中，海姆斯提出了“交际能力”这个社会语言学的基本概念，他指出，交际能力包括如下四个方面的内容：

---

① 豪根，语言冲突和语言规划，第 26 页，1966 年。

② 冯志伟，论语言文字的地位规划和本体规划，《中国语文》277（4），第 363—377 页，2000 年。

③ D. Hymes，On Communicative Competence，Philadelphia：University of Pennsylvania Press，1971.

1. 语法的正确性：懂得什么是合乎语法的话；
2. 语言的可接受性：懂得什么是能够接受的话；
3. 语言的得体性：懂得什么样的语言适合什么样的场合；
4. 语言的可行性：懂得某种语言形式在现实生活追踪使用的可能性有多大。

海姆斯把语言能力看作是人在社会中的各种使用语言能力的总称，他把社会因素纳入了语言能力的范畴。他的这种理论对于语言教学法产生了影响，在语言教学中开始关注“语言交际”的作用和“跨文化交际”的作用，产生了“交际教学法”。在语言测试领域，出现了“交际性语言测试”理论，以语言交际能力作为语言能力的一个标准。

1989 年，库普尔（Robert L. Cooper，1931—　）在剑桥大学出版社出版了《语言规划与社会变化》（*Language Planning and Social Change*）一书。库普尔的语言规划理论被称作“八问模型”，因为他试图用“八个问题”来分析语言规划活动，这八个问题是：

1. 谁是语言规划的制订者？
2. 语言规划针对什么行为？
3. 语言规划针对哪些人？
4. 语言规划要达到什么目的（或出于什么动机）？
5. 在什么条件下进行语言规划？
6. 用什么方式进行语言规划？
7. 通过什么决策过程进行语言规划？
8. 语言规划的效果如何？

库普尔认为，通过这八个问题，人们可以研究语言规划的不同案例，从而寻求其普遍性和特殊性。

1997年，开普朗（Robert B. Kaplan）和巴尔道夫（Richard B. Baldauf Jr.）发表了《语言规划：从实践到理论》（*Language planning: from practice to theory*），提出了“语言规划的生态模型”。他们指出：

1. 本体规划和地位规划不是独立的活动，二者是相互交织在一起的；
2. 语言政策不仅包括国家层面的宏观的政策，微观的语言规划活动更为常见，其影响也越来越大；
3. “一个国家一种语言”的说法是不现实的；
4. 任何语言规划活动都是在一些密切相连的“生态系统”（ecological system）中进行的；
5. 语言规划是一种需要学术和语言社团共同参与的复杂活动，这里所说的语言社团包括规划活动涉及的所有语言的全部操用者；
6. 语言规划不仅仅是教育部门的事情，这种活动不应该只在教育部分进行；任何语言规划活动均应包含活动所在生态系统的整体；
7. 语言规划应该以民众为中心；也就是说，理想的语言规划和政策的实施宜采用自下而上的策略，而不是自上而下的方法；
8. 成功的语言规划是一个实施、评估、修订、实施的循环连续过程。[1]

在1997年的书中，开普朗和巴尔道夫用他们提出的“语言规划生态模型”分析了澳大利亚、马来西亚、墨西哥、南非、瑞典、美国的语言生态系统。这些研究成果也可以作为其他国家语言生态系统描述的借鉴。“语言规划生态模型”也引起了人们对于濒危语言的关注。

2006年，费什曼（Joshua A. Fishman）出版了《不要让你的语言任其自然》（*Do Not Leave Your Language Alone*）一书。在这本书中，费什曼用大量的事实说明本体规划和地位规划之间存在着密切的关系，他认为，在语言的本体规划中隐含着语言的地位问题，语言的本体规划不能任其自然，而应该受到语言地位规划的制约，因此人们很难脱离语言地位规划来讨论语言本体规划问题。

社会语言学的研究领域在不断扩大。至今为止，社会语言学的领域还没有确定的疆界。我们认为，社会语言学发展至今，基本上可以分为两派：一派是“微观社会语言学”（micro-sociolinguistics），他们主要研究人际交往过程中语言的使用、变化及其与社会语境的关系，研究社会中的语言的各种“变异”（variation），他们对于纽约英语的社会层次划分的研究别具特色，被人们称为“城市方言学派”（urban dialectology）；一派是“宏观社会语言学”（macro-sociolinguistics），他们主要研究社会中全

---

① Eggington, William G. Introduction of Part 5. Bruthiaux, Paul, et. al. *Directions in Applied Linguistics: essays in honor of Robert B. Kaplan*. Clevedon: Multilingual Matters Ltd. 2005: 223—226.

局性的语言问题，如语言规划、语言接触、语言演变、双语和语言政策等。

第二节　微观社会语言学

微观社会语言学以美国拉波夫为代表。拉波夫是社会语言学的代表人物之一，宾夕法尼亚大学语言学教授。1927 年 12 月 4 日出生于美国 Rutherford。1948 年在哈佛大学获得学士学位，1963 年在哥伦比亚大学获得硕士学位，次年获得博士学位。1964 年到 1970 年担任哥伦比亚大学助理教授，1971 年至宾夕法尼亚大学任副教授，1976 年担任该大学语言学实验室主任。1979 年任美国语言学会主席，1986 年还出任纽约语言学研究所萨丕尔教授席位。

图 19-1　拉波夫

拉波夫早期师从魏茵莱希（Max Weinreich），重点研究语言与社会的关系，曾共同撰写一篇很有影响的论文《语言演变理论的经验基础》，为社会语言学、历史语言学的研究开拓了一个新方向。拉波夫主张把语言放到社会中去研究，反对索绪尔以语言、言语的区分为基础的“就语言为语言而研究语言”的理论，使得索绪尔以来的语言研究方向发生了重大的变化，使语言研究不再局限于语言系统内部，他们联系不同的社会因素，具体考察这些社会因素如何影响语言的运转和演变，研究语言的变异，建立起一套富有特点的社会语言学的理论和方法。

拉波夫的主要著作有：

1.《纽约市英语的社会层次》(*The Social Stratification of English in New York City*, 1966)

2.《非标准英语研究》(*The Study of Nonstandard English*, 1969)

3.《社会语言学模式》(*Sociolinguistic Patterns*, 1972)

4.《社会语言学》(*Sociolinguistique*, [法语版], Paris: Editions de Minuit, 1972)

5.《在城市内的语言》(*Language in the Inner City*, 1972)

6.《什么是语言学的事实?》(What is a linguistic fact?, 1977)

7.《话语治疗法：谈话心理疗法》(与 David Fanshel 合著, *Therapeutic Discourse*: *Psychotherapy as Conversation*, 1977)

8.《在时间上和空间上给语言定位》(主编)(*Locating Language in Time and Space*, ed., 1980)

9.《语言变化的原则：第一卷：内部因素》(*Principles of Linguistic Change*. Volume 1: Internal Factors, 1994 年)

10.《语言变化的原则，第二卷：社会因素》(*Principles of Linguistic change*. *Volume II*: Social Factors, 2001)

11.《北美英语的语言地图：音系学与语音学》(与 Sharon Ash and Charles Boberg 合著, *Atlas of North American English*: *Phonology and Phonetics*, 2006)

12.《语言变化的原则，第三卷：认知和文化因素》(*Principles of Linguistic Change*. *Volume III*: Cognitive and Cultural Factors, 2001)

拉波夫认为，社会语言学的基本问题，是由于有必要了解为什么某些人说某种话而提出的。因此，他们注重研究各种具体的语言问题，如语言和社会、语言和社会阶级、语言和环境、语言和性别、语言和年龄、语言与行业、语言和民族、语言和地理、语言和种族集团等等。

拉波夫对纽约市城市方言作了340个选样，进行深入细致的调查研究，掌握了丰富的第一手材料。他发现，方言的差别不仅是由地域造成的，而且也是由社会造成的，地理上的远近仅只是造成方言差别的原因之一，社会的不同层次和结构也是造成方言差别的重要原因；他还发现，语言的差异并不是纯语言的，而是由一定的社会环境决定的，语言本身无所谓好或坏，无所谓完善或不完善，对某种语言的评价是由使用该语言的人或社会集团的社会地位、文化修养等因素决定的。拉波夫认为，语言的演变就存在于实际的社会生活之中，对某种方言进行追根究底的调查，研究语言与语言使用者的社会地位、性别、年龄、文化程度、经历、家庭环境等参数之间的相依关系，由此就可以看到语言变迁的实际过程。以拉波夫为中心，很多社会语言学家都关注城市方言问题，形成了社会语言学中的"城市方言学派"。

城市方言学派在进行具体语言分析时，十分注意语言结构和社会结构的各种参数之间的对应关系，进行了精细入微的研究。例如，城市方言学派的学者们研究了美国黑人英语土语（black English vernacular），他们发现，黑人英语土语有如下的语法特点：

1. 许多黑人讲的英语中，动词第三人称单数现在时形式没有词尾-s。例如，常出现这样的句子：

He go.　　（他去）

It come.　　（它来）

She like.（她喜欢）

2. 黑人英语土语中，不用系词（动词 to be）的现在时形式。

例如，下列句子都是常见的：

She real nice.（她真漂亮）

They out there.（他们在那儿）

He not American.（他不是美国人）

If you good, you going to Heaven.（如果你是好人，你会进天堂）

3. 黑人英语土语中，常将词形 be 作为限定动词来使用，也就是 be 常常用其原形。

例如，下列句子是常见的：

He usually be around.（他总在跟前）

Sometimes she be fighting.（她有时候打架）

She be nice and happy.（她又漂亮，又快乐）

社会语言学家们在美国底特律作过关于黑人英语土语的实验。实验结果表明，各种年龄和社会阶层的底特律人，能够根据几秒钟的录音材料认出是黑人在说话，还是白人在说话，成功率将近 80%。这说明说话人的语言特征是从生活中与他们有密切接触的人那里学来的。在白人住在黑人中间或黑人住在白人中间这种异常情况下，他们所学会的语言模式，就是在该地区占支配地位的种族集团的语言模式，也就是说，这种语言差别没有任何人种上的或生理上的基础，纯粹是由社会因素所决定的。

根据这些事实，拉波夫得出结论：“黑人方言不断偏离白人”，根据这样的结论，拉波夫向美国社会宣告：“黑人与白人之间的种族距离，不是在缩小，而是在扩大。”这一结论不啻于向美国社会的政治和经济现状发出了严重的警告，一时成为美国举国上下的头条新闻。

社会语言学家研究语言的变异，包括语言的性别变异、语言的年龄变异、语言的社会阶层变异、语言的行业变异等。

语言的性别变异是指不同性别的人在使用同一种语言或方言时表现出来的差异。

例如，美国人说英语，男女发元音时各有特点。发前元音时，女性舌位比男性靠前；发后元音时，女性舌位比男性靠后；发高元音时，女性舌位比男性偏高；发低元音时，女性舌位比男性偏低。在英语社会中，女性偏爱使用 aborable（值得崇拜的），charming（迷人的），divine（神圣的），lovely（秀丽的），sweet（亲切的）等形容词，而男性则很少使用这些形容词。在美国英语中，女性在使用陈述句时，喜欢在句子末尾加反问。例如，女性喜欢说：“They caught the robber last week，did not they?”（他们在上星期抓住了那个抢劫犯，是不是?）而男性则不喜欢在句子末尾加上反问。

英国社会语言学家特鲁吉尔发现，在英国的城市里，女性使用的语言形式通常比男性更加接近于标准语，其原因可能是女性的社会地位比男性低一些，因此女性比男性具有更敏锐的地位感，她们希望在语言方面来表明她们的社会地位。

语言的年龄变异是不同年龄阶段的人在学习和使用语言是表现出来的差异。在一般情况下，儿童的语言变体比较简单，老年人的语言变体往往保留一些旧有的语言特征，而青年人的语言对于新的语言变化反应比较快。

加拿大语言学家臣伯（J. Chambers）发现，加拿大安大略省南部对于英语字母表的最后一个字母 z 的发音存在/zee/或/zed/的变异。/zee/被认为是美国发音，在受过教育的安大略成人中，普遍认为这是一种错误的发音。1979 年的有关调查发现，在多伦多市被调查的 12 岁少年中，有三分之二的少年的发音为/zee/，而在被调查的成年人中，只有不到十分之一的人的发音为/zee/。多伦多人对于字母 z 的发音越来越与美国人的发音一致了。美国有的老年人把“冰箱”叫作 ice-box，而年轻人都把“冰箱”叫作 refrigerator。

1963 年，拉波夫对马萨葡萄岛（Martha's Vineyard）居民的语音调查发现，这个岛的居民在 right、wife、house、out 等词语的发音中，出现了前低元音央化的趋势，他们倾向于把前低元音/a/发成央元音/A/。拉波夫从 75 岁年龄组开始，每 15 年为一阶按递减顺序排列，把发音人分为四个年龄组，随着年龄组的递减，前低元音央化的比例逐渐上升。

语言是具有全民性，没有阶级性的，但是不同的社会阶层对语言是有影响的，语言存在着阶层变体，这就是语言的层化变异。

拉波夫在语言层化变异方面进行了开创性的研究。

在语言的社会调查中，常常会出现“**观察者悖论**”（observer's papradox），也就是说，观察者搜集日常语言资料采用的访谈方法，往往会影响到资料的自然状态，因而与访谈者调查的初衷相悖。

为了避免“观察者悖论”，拉波夫采用诱导技巧，让被观察者在完全没有察觉的情况下，说出所需要了解的语言变异形式，从而搜集到可靠的语言变异资料。

他在“纽约市百货公司/r/的社会分层”的调查中，提出了一个假设：加入纽约市本地人中有任何两个集团在社会分层的阶梯上处于高低不同的位置，那么他们在发/r/这个音时也会显示出相应差异来。他选择纽约曼哈顿区的级别不同的三家百货公司的售货员作为调查对象，因为他觉得，售货员与顾客交往较多，他们在发/r/这个音时，会努力向他们的顾客看齐。他把百货公司分为上、中、下三个等级，对这三个百货公司的售货员进行发/r/情况的调查，让他们分别发“the fourth flour”这个词组，记录下他们发/r/音的情况。

为了得到真实的第一手语言事实，拉波夫在调查中，尽量设法避开那些非自然的因素。他巧妙地采用了快速隐匿观察的方法。

例如，他首先选定一个下等百货公司的商场并得知这个商场在四楼（the fourth flour）卖鞋，然后他到一楼问一个黑人售货员：

拉波夫：“请问，鞋在几楼卖？”

售货员：“four。”（不带/r/音）

拉波夫：“对不起，在几楼？”

售货员：“four！”（带/r/音）

拉波夫在这个调查中巧妙地控制黑人售货员说话风格的转

换。黑人售货员第一次回答问题说出的four不带/r/音，是他在不经意的自然状态下说出的，而黑人售货员第二次回答问题说出的four带/r/音，是在拉波夫再次问他之后，有意识地故意说出来的。通过这样的快速隐匿观察的方法，拉波夫得到了最自然的、最真实的第一手语言事实：下等百货公司的黑人售货员说four的时候是不带/r/音的。

拉波夫的调查结果显示，上等百货公司售货员发/r/的比例占该公司售货员总数的62%，中等百货公司售货员发/r/的比例占该公司售货员总数的51%，下等百货公司售货员发/r/的比例占该公司售货员总数的20%。这说明，社会地位越高，越是喜欢发/r/这个音，随着社会地位的降低，喜欢发/r/这个音的人越来越少。

英国语言学家特鲁吉尔对英国诺里奇市进行了类似的调查。他发现，在诺里奇的市民中，发walking和laughing中的ng时，存在着/n/和/ŋ/两种不同的发音。在随便说话的时候，诺里奇市民中的下层工人阶级发/n/的比例比较高，这是不标准的发音，而中层阶级喜欢发标准音/ŋ/。

语言的行业变异是指由于人们的职业活动不同而产生的语言变异。在某种语言运用上持有某些共同社会准则的人们的集合体，构成“语言社团”（speech community）。在语言社团中的某些人，在运用语言方面自成体系，成为与语言社团中的其他群体有明显语言区别的社会团体，叫作“语言社群”（social-language group）。语言社群比语言社团的外延更小，产生的语言变异比语言社团更明显。语言社群中还要进一步区分内部成员的交际用语与对外交际时的言语风格和交际方式。前者叫作“**行话**”(jargon)，后者叫作“**语域**”(register)。

凡是语言社群，都有自己的行话。行话不仅限于诸如医生、科技工作者等特定行业领域，其他诸如宗教团体、帮会团伙、黑社会帮派，乃至于乞丐群体、青楼妓院，都有独特的行话。一般把前一种特定行业的用语叫作“**术语**”(term)，术语是人类科学技术知识在自然语言中的结晶，研究术语的学科叫作“**术语学**”(terminology)①。

此外，文化、宗教对于语言都会产生影响，从而引起语言的变异。

微观社会语言学的这些研究是卓有成效的，他们发现了许多新现象，提出了许多新问题，但是，他们的研究只是局限于个人交际的言语行为的范围之内，只是一种微观的研究，不能解决语言规划、发展中国家的语言问题等重大的社会语言学问题。20世纪60年代到70年代中期，是以拉波夫为代表的微观社会语言学的黄金时代，后来的发展就比较缓慢了。此后发展起来而成为社会语言学主流的是宏观社会语言学。

第三节　宏观社会语言学

宏观社会语言学主要研究语言规划、语言接触、语言演化、语言政策、双语和多语交际、双语和多语教育、语言规范化和非

---

① 关于术语学的理论和方法，可参看冯志伟《现代术语学引论》（增订本），商务印书馆，2011年。

规范化（如皮钦语、克里奥尔语[1]）等宏观的问题。

宏观社会语言学家们认为，多语民族存在于世界各地，很难找出一个纯粹的单语国家。尽管我们习惯上认为大多数欧洲国家是单语国家，但实际上并非如此。例如，在罗马尼亚，大约有85%的居民把罗马尼亚语作为他们的母语，但至少还有另外的14种语言被作为本族语来使用；这14种语言是：捷克语、匈牙利语、德语、乌克兰语、吉普赛语、俄语、塞尔维亚-克罗地亚语、依地语、鞑靼语、斯洛伐克语、土耳其语、保加利亚语、希腊语、亚美尼亚语。

这种多语现象给政府和其他有关的国家机构带来了很大的问题，必须制定正确的语言政策来恰当地加以解决。目前，比利时和加拿大的语言冲突已成为一个严重的社会问题，它已影响到就业、广播、电视、学校教育等许多领域，政府正设法来解决这个问题。非洲地区随着民族运动的高涨，在某一地区内选择什么语言作为主要语言也成为一个重要问题，这种选择跟社会的各种因素联系在一起，属于语言规划的研究，这是宏观社会语言学要研究的一个重要课题。

另外，语言不断地在发展变化，为了有效地控制这种变化以适应交际的需要，在一个国家内，要进行语言的规范化、文字改革等；在国际范围内，要从理论和实践上解决世界语言发展的一系列十分迫切的问题，例如，在国际科学技术和文化交流中，应

---

① 它们是在语言频繁接触地区，由几种不同的自然语言成分混杂而成的混合语。

该采用哪几种语言比较合适？为了不落后于世界先进水平，在本国内应该推广哪几种语言？如何克服科学技术交流中严重的语言障碍？……这些也都是语言规划的研究课题。

语言规划具有这样一些特征：

1. 语言规划是人类有意识的对语言发展的干预，是影响他人语言行为的一种活动；
2. 语言规划是为了解决由于语言的多样性而引起的交流问题；
3. 语言规划一般是由国家授权的机构进行的一种有组织的活动；
4. 语言规划不仅仅对语言本体进行规划，更多的是对语言地位的规划，对语言和人以及社会之间关系的规划；
5. 语言规划是一种立足现在、面向未来的活动；
6. 语言规划和语言政策是国家或地区社会政策的有机组成部分；
7. 语言规划与语言学其他领域的不同在于：它通过明显的、有组织的人工干预在自然语言中引入“人造”成分。

这些基本上是20世纪80年代中后期之前人们对于语言规划的一些看法。

20世纪90年代以来，人们对语言规划又有了更多的认识：

1. 语言规划是对语言多样性的一种人工调节；
2. 语言规划不是要消灭语言的多样性，而是要保护这种多样性；
3. 语言规划的目的不再只是解决交际问题了，而且也应该考虑其他非交际的问题；

4. 语言规划也应该考虑受众的感受，应该考虑规划行为对整体语言生态系统的影响；

5. 语言规划不仅仅是语言学的一个分支，和社会学、政治学也有着密切的关系；

6. 语言规划应该被看作整个社会规划的一部分。

在语言规划方面，费什曼、豪根、克罗斯、库普尔、开普朗、巴尔道夫都有重要贡献，我们这里主要介绍费什曼的语言规划理论。

费什曼（Joshua A Fishman，1926—　）于1926年生于美国的费城，他从小学习意第绪语（Yiddish）①，在学习意第绪语时，他的父亲教导他，要关注意第绪语与文学、历史和社会问题的关系，引起他研究语言与社会的关系的兴趣。从1944年到1948年，他在宾夕法尼亚大学学习历史和心理学，在1948年夏天，师从魏茵莱希（Max Weinreich）研究意第绪语，1951年，他在纽约的犹太教育委员会（Jewish Education Committee）中担任教育心理学家。1953年，他在哥伦比亚大学获社会心理学博士学位。费什曼本人曾受过社会心理学的专门训练，他主要从社会学的角度来研究语言问题。此后，他先后在纽约大

图19-2　费什曼

① 意第绪语属于日耳曼语族。全球大约有300万人在使用意第绪语，大部分的使用者是犹太人。

学、斯坦福大学担任语言学、应用语言学、多语和多文化教育的教授，并在斯坦福大学行为科学高级研究中心、普林斯顿大学高等研究所任职。1966 年，他被耶什华大学（Yeshiva University）社会科学的杰出大学研究教授，1988 年退休。

费什曼是当代社会语言学的奠基人之一，在语言规划、双语教育、意第绪语、语言与民族等领域有重要的贡献。

他的主要著作有：

1.《发展中国家的语言问题》（*Language problems of developing nations*，1968）

2.《社会文化变革中的语言》（*Language in Sociocultural Change*，1972）

3.《语言社会学》（*The sociology of language*，1972）

4.《语言规划进展》（*Advances in language planning*，1974）

5.《双语教育》（*Bilingual education*，1976）

6.《语言规划新进展》（*Progress in language planning*，1983）

7.《意识形态、社会和语言》（*Ideology, Society and Language*，1987）

8.《语言和民族》（*Language and Ethnicity*，1991）

9.《濒危语言可以被拯救吗?》（*Can Threatened Languages Be Saved?* 2006）

10.《不要让你的语言任其自然》（*Do Not Leave Your Language Alone*，2006）

费什曼是一位多产的学者，除了以上提及的专著外，他还发表过上千篇学术论文。

在语言规划方面，费什曼关注的主要问题是：本体规划是如何反映相应的地位规划的？语言的纯洁化和古典化，书写体系的创制、标准化和修订，语言机构的组织和运作等。

这里介绍的费什曼的语言规划思想主要选自他 2006 年的新作《不要让你的语言任其自然》。这本书虽然篇幅不大，但基本涵盖了费什曼在语言规划领域的大多数原创思想。在这本书中，费什曼用大量的事实说明本体规划和地位规划有着密切的关系，在语言本体规划中隐含着语言地位规划问题，人们很难脱离语言的地位规划来讨论语言的本体规划问题。

费什曼认为语言规划中的本体规划（corpus planning，简称 CP）和地位规划（status planning，简称 SP）是通过一种非均衡和不规则的方式组合在一起的。一个语言规划的进程可以图示为（图 19-3）：

--→

SP3→SP1--→CP1----→SP2-----→CP2--→SP6---→SP5

……………………………………

图 19-3　语言规划的进程

图中 SP、CP 后的数字表示某种地位规划或本体规划活动。两种活动之间的箭头长度表示这项活动的持续时间。

费什曼总结出了四组语言本体规划中互相对立的倾向，并将它们归纳为下图（图 19-4）：

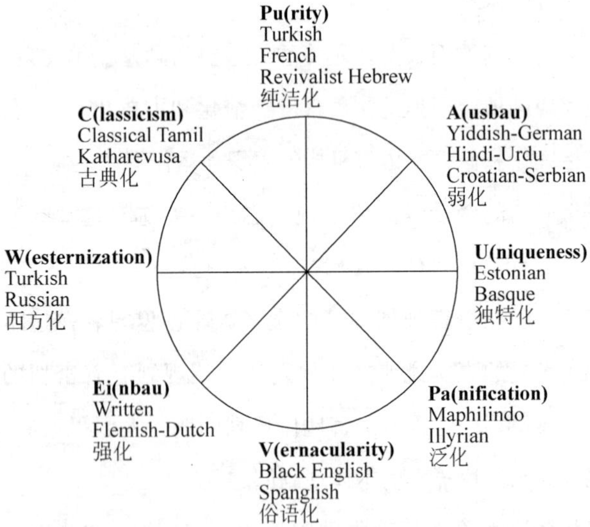

图 19-4　本体规划中的四组对立的倾向

在这个图中，一共有四组倾向，分述如下。

纯洁化（Purity，简称 Pu）和俗语化（Vernacurity，简称 V）是一组，这一组反映的是本体规划的制定者对外来语的态度，有的主张纯洁化，有的主张俗语化。

独特化（Uniqueness，简称 U）和西方化（Westernization，简称 W）是一组，独特化反对来自其他语言的所有借词，而西方化对外来词则采取“来者不拒”的态度。

古典化（Classicism，简称 C）和泛化（Panification，简称 Pa）是一组，这一组都于古典语言有关，古典化希望把不同的俗语重构为一种假想的古典语言，而泛化则试图把一种已经存在的俗语纳入本体规划之中。

弱化（Ausbau，简称 A）和强化（Einbau，简称 Ei）是一组，这两个来自于德语的术语表达的是本体规划中两种语言之间的关系，弱化指的是减小两种语言之间在各个方面的相似性，而强化则表示加强这种相似性。

费什曼认为纯洁化、独特化、古典化和弱化四种倾向的作用是凸显某一种语言的特点，而俗语化、西方化、泛化和强化四种倾向的作用则是加强某种语言与其他语言之间的关系。

这些方法和倾向可以出现在同一种语言的本体规划当中。

例如，图 19-5 描述了一种逐词翻译宗教语言（calque language）的本体规划情况。这种语言在过去的一千年间保留了其翻译的神圣性，因而它的纯洁化、独特化、古典化和弱化的指标都比较高，但在近百年来进行了俗语化、西方化、泛化和强化，尤其在西方化方面的倾向性较高，说明这种宗教语言也实现了一定程度本体规划，逐渐走向了现代化的道路。

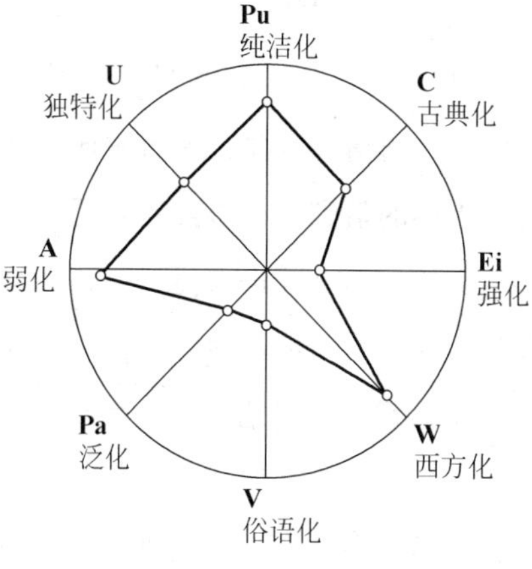

图 19-5　一种宗教语言的本体规划情况

在语言规划的研究中，近年来越来越关注语言的生态问题，有的社会语言学家提出，任何语言规划活动都是在一些密切相连的生态系统中进行的，因此，应当注意语言生态的研究。

宏观社会语言学主张语言也是生态系统的一部分。语言同自然界中的许多物种一样，它的种类由赤道向两极递减。语言是纬度越高种类越少。例如，新几内亚有大约 860 种语言，印度尼西亚大约有 670 种语言，印度大约有 380 种语言，欧洲大约有 230 种语言，中国大约有 80 种语言，日本大约有 2 种语言，而韩国只有 1 种语言。

“语言是生态的一部分”意味着“人是生态的一部分”。这说明：“没有脱离人的语言”，“脱离人的语言是不存在的”，“语言不能脱离人”。这样一来，就能够避免无视“人”的“语言生态研究”。

语言分布与适宜人类居住的自然环境有关，但是，语言分布和语言的种类并不是完全相同的一个概念。语言必然分布在适宜人类居住的地方（纬度、陆地），语言的种类数量的多少却往往与当地的交通封闭、畅通情况有关，封闭的地形是语言种类众多的一种存在条件。人类的阻碍，与语言的阻碍有相异之处，但是主要是相同点多。交通上的“可进入性”是语言研究的一个重要因素，需要语言学研究者引起足够的重视，一定要把这个交通上能否“进入”的阻隔情况看成是语言的生存条件之一。

语言功能的演变有两个相反的走向：一是语言功能扩大，使用的人越来越多，作用越来越大；一是语言功能缩小，使用的人越来越少，作用越来越小。语言功能缩小到了极限，就会走到濒危的境地。等到语言没有人使用了，这种语言也就消亡了。因此，濒危语言的研究是语言生态研究的重要内容。

据《人类学》杂志《世界语言状况》的估计，世界语言有6760种，其中使用人数在一万人以下的有3248种，占总数的48%；使用人数在10万人以下的有4611种，占总数的70%。在21世纪，使用人数在10万人以下的语言处于濒危状态，很有可能消亡。这意味着，在21世纪，世界语言的三分之二有可能消亡。为此，世界各国都开始关注濒危语言这一个语言规划的生态问题。联合国教科文组织把1993年定为“濒危语言年”，1995年在日本东京召开了濒危语言研究国际学术会议，1996年联合国在西班牙召开了濒危语言政策国际会议，2003年联合国教科文组织在法国巴黎召开了关于濒危语言问题的专家会议。从20世纪80年代以来，国际上成立了上百个抢救濒危语言的基金会和组织。例如，在日本成立了环太平洋地区抢救濒危语言基金会。濒危语言研究已经成为世界各国关注的焦点之一。

宏观社会语言学还研究语言接触、语言演变的问题。

“语言接触”（language contact）是指不同民族、不同社群由于社会生活中的相互接触而引起的语言之间的相互接触关系。

语言变化来自两个方面：一是语言自身结构的矛盾、整合引起语言变化，这种变化来自语言内部的因素，叫作“常规变化”（normal change）；一是由于不同语言的接触引起语言变化，这种变化来自语言外部的因素，叫作“非常规变化”（non-normal change）。我们固然要注意语言的常规变化，也要注意语言接触引起的语言的非常规变化，语言接触是宏观社会语言学的研究内容。

语言接触的一个表现是语言影响，在词汇、语音、语法等方面都存在语言影响。借词（loan words）是语言在词汇方面影响最明显的例子。

混合语是由两种或两种以上的语言由于相互接触混合而成的语言。混合语既不是甲语言，也不是乙语言，而是第三种语言。这是语言接触中的一种特殊现象。

混合语的典型例子是**皮钦语**（pigin）和**克里奥尔语**（creole）。

皮钦语是说不同语言的人由于贸易或移民等原因聚集在一起而形成的一种混合语。这种混合语的语法结构、语音系统和词汇都比较简单，未能成为一种独立的社团语言。在印度、非洲、美洲等地，都有一些由英语、法语、西班牙语、葡萄牙语混合而成的皮钦语，又叫作洋泾浜语。

如果皮钦语独立而成为某一语言社团的母语，那它就叫作克里奥尔语。克里奥尔语是一种独立的社团语言。在牙买加、海地等国，都有克里奥尔语。

语言接触的另一个表现是语言兼用。语言兼用是指一个民族除了使用自己的母语之外，还兼用另外一个民族的语言，又叫作“双语现象”（bilingualism）。语言兼用是语言接触的产物。在瑞典、荷兰等国，许多人除了掌握母语之外，还兼用德语、法语、英语等语言。

兼用的语言会随着社会背景的变化而发生变化。例如，1380年伊斯兰教传入菲律宾，阿拉伯语成为菲律宾伊斯兰学校的教学语言；1565年西班牙统治了菲律宾，西班牙语成为了菲律宾的官方语言；1898 年美国统治菲律宾后，英语成为了菲律宾的官方语言。

语言转用是语言接触的另一种表现。语言转用是指一个民族或一个民族中的一部分人放弃使用自己的母语而转用另外一种语言的现象。我国南北朝时期的鲜卑族，曾经在北方建立了北魏政权，盛极一时，可是后来放弃了鲜卑语而转用汉语，鲜卑族也融入了汉族。满语在历史上曾经为满族广泛使用，但到了清朝中期以后逐渐转用汉语。

目前，社会语言学引起了越来越多的学者的重视，它正逐步地由单纯描写的研究发展到对材料的系统的研究，并将语言学的方法与社会学的、人类学的乃至于数学的方法结合起来，进行跨学科的研究。这样，语言学的研究领域也就从对语言的内部结构进行分析的狭窄圈子，扩大到了社会这个广阔的天地中来。这一切，都使我们有可能更深入地认识语言的本质，从而促进现代语言学的发展，同时，对社会生活也将起到积极的作用。

本章参考文献

1. W. Labov, Sociolinguistic Patterns, University of Pennsylvania Press, 1972.
2. J. A. Fishman, Sociolinguistics: An Brief Introduction, Newbury House, 1972.
3. P. Trudgill, Sociolinguistics: An Introduction（社会语言学）, Penguin Books, 1974；中译文，求知等译，载《国外语言学》，1980 年，第 4 期，1982 年，第 1 期。

4. 博纳德·斯波斯基著，张治国译，赵守辉审，《语言政策：社会语言学中的重要论题》，商务印书馆，2011 年。
5. 冯志伟，论语言文字的地位规划和本体规划。《中国语文》277（4），第 363—377 页，2000 年。
6. 刘海涛，语言规划和语言政策——从定义变迁看学科发展。陈章太等主编《语言规划的理论和实践》，语文出版社，第 55—60 页，2006 年。
7. 赵守辉，语言规划国际研究新进展——以非主流语言教学为例，《当代语言学》，10（2），第 122—136 页，2008 年。
8. 卫志强，苏联社会语言学研究中的几个问题简介，《国外语言学》，1980 年，第 6 期。
9. 陈原，社会语言学的兴起、生长和发展前景，《中国语文》，1982 年，第 5 期。
10. 戴庆厦主编，《社会语言学概论》，商务印书馆，2004 年。
11. 祝畹瑾编译，《社会语言学译文集》，北京大学出版社，1985 年。

第二十章　心理语言学

“心理语言学”（psycholinguistics）是研究语言活动中的心理过程的学科。它研究人们使用语言（包括语言的理解、产生）和习得语言的心理过程和规律。研究语言使用的心理过程和规律，属于**“实验心理语言学”**（experimental psycholinguistics），研究语言习得的心理过程和规律属于**“发展心理语言学”**（developmental psycholinguistics）。

本章首先介绍早期关于心理与语言关系的研究，接着介绍心理语言学的形成和发展，心理语言学的主要流派、研究方法和主要研究领域。

第一节　早期关于语言与心理关系的研究

语言与心理关系的研究源远流长。

早在古希腊时期，哲学家亚里士多德和柏拉图就讨论过语言与思维的关系问题。

近代现代欧洲学者英国的 F. 培根、法国的 R. 笛卡尔、英国的J. 洛克、德国的W. F. 洪堡特、L. 维特根斯坦都探讨过语言与行为及心理的关系。

英国生物学家C. 达尔文从物种起源的角度观察语言的进化和儿童的语言发展；法国病理学家P. 布罗卡（P. Broca，1824—1880）和德国科学家C. 维尔尼克（C. Wernicke，1848—1905）初步确定，人类的大脑左半球是主管语言的部位。

这些学者的研究为心理语言学做了准备工作。

德国哲学家和心理学家温德（W. Wundt，1832—1920）晚年对于语言的研究有浓厚的兴趣，他在第一次世纪大战之后发表了《民族心理学》一书，共十卷，第一卷就是《语言》，可见他对于语言研究之重视。语言分析和语言本质的研究是温德这部巨著《民族心理学》的基础。

图20-1　温德

温德从经验主义的立场出发，强调心理经验的结构。温德是经验主义心理学的代表人物。

在研究语言的过程中，温德对于句子的本质、言语的理解和产生、语言的获得等问题，提出了一系列重要的看法。

他提出，语言行为可以分为外部现象和内部现象两个方面：语言的产生和知觉是外部现象，语言反映的思维过程是内部现象。他从统觉出发来分析句子理解和产生的心理过程，他提出，从认知的水平来看，语言的基本单位应当是句子而不是单词。言语活动开始于一般观念的统觉，因此，只把话语作为一个声学事件不足以理解句子。在意识中，句子是作为不可分割的整体而出现的。因此，必须把句子的分解看作一个认知过程。

关于语言的获得，温德提出，儿童能够最终学会说话这个事实表明，在交际过程中，儿童具有顺利地接受语言的心理上和生理上的特质。正因为儿童具有这样的特质，所以即使没有正常的交际，儿童也可以发展某种伴随声音的表达动作，而这样的声音最终也会发展成某种不完善的语言。

关于心理学与语言学的关系，温德认为，当一个语言学家把言语解释为心理过程，并且尝试使用言语的行为因素来解释语言中的变化时，他就成为一个心理学家了。那些把句子作为心理判断的外部形式的语言学家，他们讨论的问题在实际上也属于心理学问题了。因此，温德主张，语言学与心理学之间有着密切的关系。

关于心理学的研究方法，温德主张采用内省的经验主义方法来分析心理活动的内在规律。

德国生理学家普莱尔（W. Preyer）研究儿童语言发展的问题。普莱尔曾从事胚胎发育研究，后来转而研究人类心理的发展。他在1881年出版了《儿童的心理》一书，认为智慧的发展首先要获得语言的能力，其次才发展逻辑的能力。关于语言获得，普莱尔认为仅仅通过学习是不能解释语言获得的，只有假定儿童生下来就具有某种基本的观念、概念、判断或推理的能力，才有可能解释清楚语言的获得问题。

1907年，德国心理学家斯特恩（W. Stern）出版了《儿童语言》一书，书中讨论了语言获得的一般心理学问题，并针对不同语言中的语言获得进行了比较研究。在讨论语言发展问题时，斯特恩叙述了表达性手势、单词句、句法结构（如否定句、疑问句和从句）的发展以及词的分类问题。在语言获得问题上，他认为儿童有一种“语言的需要”，语言的发展就像一个自然发展的胚胎细胞；儿童学习语言，既不像一架只会记录外部声音的录音机，同时，儿童也不是一个独立的语言创造者。因此，儿童语言习得的关键不在于他们是通过模仿学习语言的，还是通过自发地学习语言的，而在于儿童在模仿、选择的过程中以及在外部形式的内部处理过程中，儿童的内部倾向和力量所起作用的程度。

1924年，美国心理学家奥尔波特（F. H. Allport）出版了《社会心理学》一书，他从行为主义的立场出发来描述儿童的语言习得问题。他认为，语言习得的机制是循环反射。他把语言的习得过程分为三个阶段：

1. 第一阶段是随意发音和循环反应固定的阶段。在这个阶段，儿童的发音没有任何的目的，只是一种游戏的形式和能量的发泄，在这样的发音过程中，儿童的耳朵和声音之间形成了稳定的反射弧，由此，一个声音就可以直接引发儿童产生一个清晰的发音。

2. 第二个阶段是模仿的阶段。在这个阶段，儿童通过他人的言语引发自己的发音，社会影响开始介入儿童的语言习得过程。

3. 第三阶段是条件反射阶段。在这个阶段，儿童通过客体或情境建立发音成分的条件反射，父母可以有意识地引发儿童重复某些单词的发音，并开始教儿童对客体进行命名，由此形成条件反射。

瑞士心理学家皮亚杰（J. Piaget，1896—1980）提出了认知发展理论。他在从事智力测验的研究过程中发现，所有儿童对世界的了解都遵从同一个发展顺序，在认知过程中犯同类的错误，得出同样的结论。年幼儿童不仅比年长儿童或成人“笨”，而且他们是以完全不同的思考方式进行思维的。为了更好地了解儿童的思维，他放弃了标准化测验的研究方法，开用临床法研究儿童智力的先河。通过细致的观察、严密的研究，皮亚杰得出了关于认知发展的几个重要结论。其中最重要的是他提出人类发展的本质是对环境的适应，这种适应是一个主动的过程。不是环境塑造了儿童，而是儿童主动寻求了解环境，在与环境的相互作用过程中，通过同化（assimilation）、顺应（accommodation）和平衡（equilibration）的过程，认知逐渐成熟起来。

皮亚杰认为智力结构的基本单位是图式（schema），它是指有组织的思考或行动的模式，是用来了解周围世界的认知结构。“同化”是指个体将外界信息纳入到已有的认知结构的过程。儿童天生有一套有限的行为模式，以对付其碰到的一切事物，如从吮奶到吮手指头，他要把这些对象吸收到他的行为模式里，这就是同化。但是，在同化过程中，儿童发现要用不同的方式张嘴才能吮不同的东西，这种行为模式的改变是他与环境相互作用的结果，这就是“顺应”。通过同化与顺应，儿童从直觉向抽象思维发展，儿童的语言知识就是通过同化与顺应而获得的。“平衡”是一种心理状态，当个体已有的认知结构能够轻松地同化环境中的新经验时，就会感到平衡，否则就会感到失衡。心理状态的失衡驱使个体采取行动调整或改变现有的认知结构，以达到新的平衡。平衡是一个动态的过程，个体在“平衡—失衡—新的平衡”中，实现了认知的发展。

皮亚杰指出，言语行为是人类行为的一种，不过这种行为反映了人脑的一种内部结构，这种内部结构决定人类如何与环境发生相互作用，并向环境学习。这种内部结构是遗传的，叫作“功能不变式”（functional invariants），还有一种结构是人类与环境相互作用的产物，是不可遗传的，叫作“认知结构”（cognitive structure）。学习的中心环节就是发挥“功能不变式”的作用，包括同化、顺应和平衡。

图 20-2　皮亚杰

皮亚杰认为个体从出生至儿童期结束，其认知发展要经过四个时期：

1. 感知运动阶段（出生至 2 岁），个体靠感觉与动作认识世界；

2. 前运算阶段（2 至 7 岁），个体开始运用简单的语言符号从事思考，具有表象思维能力，但缺乏可逆性；

3. 具体运算阶段（7 至 11、12 岁），出现了逻辑思维和零散的可逆运算，但一般只能对具体事物或形象进行运算；

4. 形式运算阶段（11、12 至 14、15 岁），能在头脑中把形式和内容分开，使思维超出所感知的具体事物或形象，进行抽象的逻辑思维和命题运算。

皮亚杰在进行上述年龄阶段的划分时，提出下列重要原理：

1. 认知发展的过程是一个结构连续的组织和再组织的过程，过程的进行是连续的，但它造成的后果是不连续的，故发展有阶段性；

2. 发展阶段是按固定顺序出现的，出现的时间可因个人或社会变化而有所不同，但发展的先后次序不变；

3. 发展阶段是以认知方式的差异而不是以个体的年龄为根据。因此，阶段的上升不代表个体的知识在量上的增加，而是表现在认知方式或思维过程品质上的改变。

1923 年，皮亚杰出版了《儿童的语言和思维》一书，根据认知发展的理论来考察语言问题。他把儿童的语言习得过程分为两个阶段：第一个阶段是早期的自我中心言语阶段，第二个阶段是社会言语阶段。皮亚杰认为，儿童最初说话并不是为了与他人交际，而只是自己对自己说话；随着儿童与周围社会的接触，他们才考虑到听话的对象，用语言来进行真正意义上的交际。

俄罗斯心理学家维果斯基（Лев Выготский，1896—1934）在 1934 年出版了《语言和思维》一书，研究儿童的思维发展以及语言和思维的关系。在这本著作中，他提出了内部语言的问题，他认为内部语言本身是由外部语言逐渐压缩和内化而形成的，内部语言是内部的思维转化为外部扩展的言语结构的中心环节。可惜维果斯基英年早逝，享年仅 35 岁。

上述关于语言与心理的研究涉及了广泛的领域，例如，儿童语言获得的机制，儿童语言的习得和发展，词句的理解和产生，思维和语言的关系，语言发展的比较研究等。

随着实验心理学的发展，在语言和心理的关系研究中，也开始采用实验的方法。温德的学生亨利（V. Henri）采用回忆从而再产生句子的方法来研究句子的结构；埃斯玻（E. Esper）用无意义的音节组成“人造语言”的技术来研究语言学习问题；1897年，柯万兹（J. Q. Quantz）采用眼动技术来研究阅读理解问题，发现“眼—语音空间”（eye-voice span，简称 EVS）平均为 5 个单词，最大可达 7 个单词①。

早期关于语言和心理的研究存在如下不足：

第一，心理学家和语言学家还没有真正相互了解他们彼此所从事的科学领域的共同性，他们在研究中的结合比较松散。心理学家往往从传统的纯心理学角度来研究语言问题，而语言学家也往往缺乏全面的心理学知识，因而这些研究都不够深入。

第二，在这个时期，儿童言语的研究主要从属于儿童心理学。许多心理学家对儿童语言研究的出发点在于研究儿童的智力发展，试图从语言发展中寻找儿童智力发展的线索，因此，他们的研究对象往往局限于儿童，研究方法以记录为主，偏重于对现象的罗列，例如，研究词汇量、话语的平均长度等，缺乏深入的心理学分析。

第三，在行为主义理论和方法的影响下，注重语言发展的形

① 被试人先用眼睛（eye）阅读某段文本然后再关闭该文本时，他能够回忆并用语音（voice）朗读出来单词个数，叫作“眼-语音空间”，简称 EVS。EVS 相当于人在阅读时“过目不忘”的最多单词数。

式变化，对于语言的内部机制和心理过程的探讨比较薄弱。

尽管如此，这些早期对于语言和心理的研究，为心理语言学的形成奠定了基础。

第二节　心理语言学的形成和发展

在第二次世界大战期间，很多心理学家参与了通信的研究，他们发现心理学与语言有着密切的关系，促进了使用心理学方法研究语言的兴趣，而计算机的出现和通信数学理论的建立又大大地推动了语言研究工作。语言学家和心理学家认识到，他们的研究工作有很多共同之处，而要真正解决语言学的问题，单靠语言学本身是难以做到的。

1951 年夏，美国社会科学研究委员会在康奈尔大学召开了一次由语言学家和心理学家参加的关于语言行为的边缘学科讨论会，1952 年秋，成立了“全国语言学与心理学委员会”。这个委员会的成立，意味着语言学家和心理学家决心并肩从事语言的研究。1953 年的夏天，在美国社会科学研究委员会的支持之下，在美国印第安纳大学召开了一个跨学科的研讨会。1954 年，奥斯古德（C. E. Osgood，1916—　）和西贝奥克（T. Seboek）把这次会议的文件汇编出版，书名叫作《心理语言学：理论和问题概观》（*Psychlinguistics*：*A Survey of Theory and Research Problems*）。这本书的出版通常被

图 20-3　奥斯古德

看作心理语言学作为一个独立学科确立的标志。从此以后，“心理语言学”这个术语作为一门正式学科的名称，在学术研究中得到广泛的认可和使用，心理语言学正式形成。

不过，应当注意的是：英语的 psycholinguistics 这个术语并不是 1954 年才出现的。在德语中，远在 20 世纪初年的温德的时代，就已经使用过 Sprachpsychologie 这个术语了（在德语中，Sprache 表示“语言”）。在 20 世纪 30—40 年代，美国心理学家康托尔（Kantor）在他的《语法的客观心理学》一书中，曾经使用过 psycholinguistics 这个术语，用来指德语的 Sprachpsychologie。在 1954 年前 8 年，也就是 1946 年，美国心理学家普隆科（N. Pronko）发表过一篇题为《语言和心理语言学》（language and psycholinguistics）的论文，其中就使用了 psycholinguistics 这个术语。1953 年，美国著名心理学家卡罗尔（J. B. Carroll）也使用过 psycholinguistics 这个术语。只不过 1954 年的会议文集才使这个术语称为了一个正式的学科名称，从此以后得到学术界的公认。

美国第一代的心理语言学家是在行为主义心理学、结构主义语言学的影响下进行研究的。奥斯古德指出，语言在刺激和反应之间能起传递作用，例如，如果有人说“狼来了”，大家就会警觉起来；但是，狼真的来了人们才怕，如果虚报过几次，即使再说“狼来了”，人们也不怕了。可见词语和事实的作用并不完全相同。

20 世纪 50 年代中期，随着乔姆斯基的转换生成语法的兴起，产生了第二代心理语言学家。这些学者观察过在实验环境下成长的一些聋哑幼儿，认为他们不经过母亲的教导，也能用手势组成名词性词组和动词性词组，并把这两种词组组成一个系列，因此，这些学者认为，这可能是由于儿童有天赋的语言能力。在乔姆斯基的影响下，心理学家米勒（G. A. Miller，1920— ）把信息论运用于语言研究，观察语言成分出现的概率。

现在，学者们普遍认识到，心理语言学研究不能局限于验证某一语法模式是否正确，而应建立自己的独立体系，探索语言与认知的奥秘，于是出现了第三代心理语言学家。他们不赞成对言语过程作抽象的分析，而强调在语言环境中进行实验，借助于认知心理学来探索思维和语言交际过程中的认知规律。

心理语言学有三个主要的研究方向：经验主义的研究方向、行为主义的研究方向和认知心理学的研究方向。

如前所述，20世纪初叶温德对于语言与心理的研究是基于经验主义的。

在20世纪50年代，心理语言学主要受行为主义心理学和描写语言学理论的影响，当时的心理语言学家用行为主义的观点来解释心理语言现象。他们认为言语行为和人的其他一切行为一样，也是对刺激的反应，是联想的形成、实现和改变，是借助于强化而获得的。因此，心理语言学的理论基本上是行为主义学习理论在言语活动中的具体表现。这个研究方向的代表人物是斯金纳（B. F. Skinner，1904—1999）和奥斯古德。斯金纳是一个激进的行为主义者，奥斯古德虽然没有完全把意义排斥在语言现象之外，引用了中介过程来说明语言的意义，但他仍坚持认为行为主义的学习理论可以解释言语行为。

心理语言学受现代语言学理论的影响很大。特别是在乔姆斯基的转换生成语法产生和盛行之后，心理学界对行为主义的语言学习理论的抨击增多，认为行为主义不能解释言语活动中的许多现象。

以米勒为代表的心理学家把转换生成语法运用到心理语言的研究中，认为人们掌握的不是语言的个别成分，如音素、词和句子，而是一套规则系统；言语活动不是对刺激的反应，而是由规则产生和控制的行为，因此，言语活动具有创造性。他们还认为心理语言学研究的重点不是人类各种语言的不同结构，而是存在于各种语言底层的普遍规则，研究这些普遍规则如何转化为某一种特殊的语言。1963 年，米勒与乔姆斯基共同发表过关于语言使用者的有限模型的文章①。

以认知心理学为研究方向的心理语言学把语言能力看成是人类认知能力的一部分，把语言看成是一种**“认知过程”**（cognitive process）。

心理语言学研究的问题包括言语的知觉和理解，言语的产生，语言的获得，言语的神经生理机制，各种言语缺陷，言语和思维以及言语和情绪、个性的关系等。这些问题的解决，对于学习理论、思维理论、儿童心理发展理论的研究都会起很大的作用。心理语言学对工程心理、语言教学、言语缺陷的诊断和治疗、电子计算机的语言识别等人工智能的研究也都有应用价值。

心理语言学的研究在美国开展得比较广泛。俄罗斯、英国、

---

① G. A. Miller，N. Chomsky，Finitary models of language users，In Handbook of mathematical psychology，New York，Wiley，1963（2）：419—491.

法国、德国、荷兰、中国也都有心理学家从事这方面的工作，其特点是力图把心理语言学的研究与本国的心理学传统结合起来。

第三节　心理语言学的主要流派

心理语言学可以粗略地分为三个流派：**联想学派**（associationist approach）、**内容学派**（content approach）和**程序学派**（process approach）。下面我们分别加以介绍。

联想学派以奥斯古德（C. E. Osgood）、斯金纳（B. F. Skinner）为代表。

他们的主张是：

1. 人的语言行为不是天生就有的，而是后天习得的。

他们虽然承认语言有一定的生理基础，语言的发展要受到生理发展一定的影响，但他们坚持认为，人没有任何的天赋观念和原则，一切观念和概念都来自生活经验。因此，语言与其他的知识和技巧一样，不是天赋的，语言行为同运动行为一样，都是通过反复练习而得来的。

2. 语言行为不是人类所特有的，它同人类的其他行为一样，没有自己的特殊性。

他们认为，语言是经过反复的“刺激—反应—强化”而形成的一套习惯，如同开汽车、弹钢琴之类的行为一样，也是这样的一套习惯。他们中有的人认为，动物的呼叫和人类的语言是一样的，只是不够发达而已。有的人认为，人类语言中也残存着一些动物的呼喊信号，如由于害怕、吃惊、剧痛、高兴而发出的叫声。甚至有人认为，动物经过训练同样可以掌握人的语言。

3. 语言就是一系列的话语，只有可观察到的材料才能够成为语言。

索绪尔提出了语言和言语的区分，乔姆斯基提出了语言能力和语言运用的区分，而联想学派否认这样的区分，否认内在的语言能力的存在。实际上，他们只承认言语，不承认语言，只承认语言运用，不承认语言能力。

4. 语言是通过联想（association）学会的，语言本身就是一套联想。

他们认为，语言习得是一个“刺激—反应—强化”的过程。儿童学话就是通过联想，不断地对外界刺激作出反应，一步一步强化，最后才形成习惯。一个词、一句话都具有刺激的性质，都可以诱发出条件反映，这种诱发出的条件反应，又可以作为新的刺激，诱发出新的条件反应，如此类推，就形成了联想的序列和锁链。任何刺激都可以引起一种或多种隐含反应，隐含反应产生一系列的隐含联想，这些联想叫作中介体系（mediation system），中介体系用来分析所受的刺激，然后把联想发展成句子，变成外显反应。因此，语言本身就是一套联想。

联想学派属于第一代心理语言学。这一派的理论背景主要是行为主义。

在温德去世以前，他的经验主义心理学在心理学中居于统治地位，1920 年温德去世之后，温德的“内省法”受到了严厉的该批评，心理学家主张使用客观的行为技术来研究人类的心理行为，行为主义开始盛行。行为主义认为语言是一种行为，在本质上与人类的其他行为没有什么差别，语言不是内部的心理事件。

美国心理学家瓦特生认为，我们能够观察的是行为，也就是有机体所做和所说的东西；说话就是做，也就是行为；正如玩棒球一样，说话或自言自语也是一种客观的行为。

行为主义心理学家斯金纳在1957年出版了《言语行为》（*Verbal behavior*）一书。斯金纳在1932年就开始写这本书，为了建立完整的行为主义理论体系，直到1957年才出版，历史25年之久，可见其用力之深。

图20-4　斯金纳

斯金纳认为人们说话或对话语做出反应的时候所发生的事情显然是一个关于人类行为的问题，因此要通过作为人类实验科学的心理学的概念和技术来回答。斯金纳在研究中发现存在两类条件反射：一类是“应答性条件反射”，一类是“操作性条件反射”。他认为，在人类学习情境的现实生活中，操作行为更具有代表性，人类的行为主要是由操作性条件反射构成的，是由行为之前的刺激事件以及这种刺激经过强化之后的行为后果所控制的，强化在操作性条件反射中处于关键地位。

斯金纳指出，这个原理也同样可以运用于语言的研究。他特别强调，心理学对于语言的研究应当是纯描述性的，在语言研究中，不应当对语言的任何内部机制或解释做出任何的假设。斯金纳根据这个原理对言语行为进行了一系列的分析。他认为，先前的经验在言语行为中起着十分重要的作用。

斯金纳提出要区分五种不同的言语操作，这些操作都是在一定刺激控制之下产生的：

1. 象声（echoic）：象声就是模仿声音，它是在言语刺激作用下产生的与刺激物相似的声音。

2. 指令（mand）：指令是表示命令或要求的祈使式言语行为。例如，小孩想喝牛奶，就指着牛奶说："我要牛奶"，妈妈接着把牛奶送给小孩喝，这是一种在愿望和要求这种刺激控制下所引起的反应。反应方式与特定的强化物及强化方式之间有着特定的关系，小孩的这个言语行为的效果是他喝到了牛奶，这样的效果进一步强化了这种言语操作。

3. 接触联系（tact）：接触联系这种言语操作的刺激物通常是非语言的客体或事件，所作出的反应是对客体或事件的言语描述，例如，受到某个客体的刺激后，叫出那个客体的名称。这类言语操作具有陈述功能。如果在操作中受到别人的赞许，就会强化这种刺激。

4. 文本（textual）：文本这种言语操作专指书面文本的阅读，这是一种特殊的言语操作。

5. 言语内操作（interverbal operant）：言语内操作指说话者自己已经说出的词语本身也成为一种刺激，这种刺激控制了接着说出的词语。例如，在单词的联想测验中，如果被试者读到了"桌子"这个单词，他常常也会联想起"椅子"这个在语义上与"桌子"有关联的单词。言语内操作说明，已经说出的单词能够控制接下来要说的单词，形成了"言语链"（speech chain）。

斯金纳提出"自动附着理论"来解释儿童句式的获得。他认为，儿童之所以能够说出句式不同的句子，是因为他建立了不同句式的反应框架。例如，根据“It is …”这样的句式，儿童能够根据不同的语言环境说出“**It is** a book”，“**It is** a table”等具有相同框架的句子，“book”“table”等单词可以依据不同的情境而自动地附着到这种句式的框架中。

斯金纳从行为主义的思想出发，反对在言语行为中任何的内部事件，坚持主张言语行为的实际起因依赖于在特定情境中所产生的特定言语反应之后的强化刺激。

实际上，很多言语行为并没有可观察到的直接的外部刺激或强化刺激，很多言语刺激也没有产生外部可观察到的反应。斯金纳的理论难以解释这些现象。

为了解释这些现象，奥斯古德提出了“中介理论”。他在刺激和反应之间增加了一个中间过程，形成“刺激→中介过程→反应”这样的模式。

奥斯古德认为，一个刺激可以引起两类反应：一类是外显的反应，一类是看不见的隐含的反应。言语反应不仅仅可以由特定情境中的外界刺激所引起，也可以由个体内部的状态所引起，这种内部状态就是刺激和反应之间的中介联系。中介过程包括内化了的、隐含的非语言反应和产生这种反应的自我刺激作用。而且，这些反应是由那些通常被认为是对外部事物的反应模式派生出来的。

奥斯古德的**“中介理论”**，发展了瓦特生提出的“刺激→反应”模式，具有更强的解释力。

不过，斯金纳居然还攻击奥斯古德的这种“中介理论”，他指责奥斯古德把不可观察的内部过程重新引进了心理学，坚决主张在心理学研究中排除一切内部因素。可见斯金纳是一个激进的行为主义心理学家。

在语言获得问题上，行为主义心理学家斯金纳和奥古斯特是完全一致的。他们都认为，言语行为与其他行为相比较，并没有什么特殊之处。因此，语言获得的机制可以从环境、学习和个体的经历中找到答案。他们认为，就交际行为而言，人与动物之间并没有一条不可逾越的鸿沟。奥斯古德甚至认为：人类把自己看成是超越动物的纯粹理性生物，实际上是人类的自我欺骗和傲慢的表现。

乔姆斯基对于斯金纳和其他行为主义者的心理语言学理论进行了系统的批判。他在 1959 年在《语言》（Language）杂志上发表了《评斯金纳的言语行为一书》① 一文，严厉地批判了以斯金纳为代表的行为主义语言观。

乔姆斯基指出，斯金纳的《言语行为》一书，存在着如下的问题：

第一，斯金纳在书中使用的术语，诸如“刺激”“强化”“反应”等，都是不精确的，这种理论无法解释言语行为的许多重要的特点。

第二，斯金纳的理论缺乏详尽的证据来证明言语行为是通过模仿和系统的强化而获得的。

第三，斯金纳把在动物研究中所得到的具有一定局限性的概

① N. Chomsky, Review of *Verbal Behavior* by B. F. Skinner, *Language*, 1959 (35): 26—58.

念随便推广到人类的心理研究中去，这样的推广是缺乏根据的。

第四，斯金纳的行为主义心理学只分析言语的表面特征，这种只分析表面现象的方法是肤浅的，也是注定要失败的。

乔姆斯基主张，语言学理论不能只停留在描写现有语言素材的水平上，而应当解释这些话语究竟是怎样产生出来的。他认为，人们已经说出和可能说出的句子是无限的，所以，要像行为主义心理学家那样试图描写全部的语言事实，在实际上是不可能的，而且也是没有必要的，只有解释语言能力的理论才有可能对已有的以及任何可能产生出来的句子做出科学的解释。

乔姆斯基提出，人类天生就被赋予了特有的语言机能（language faculty），这种语言机能是由遗传性的种系特征决定的，是基因突变的结果。他假定儿童的头脑中存在着一种语言习得装置（Language Acquisition Device，简称 LAD）。这种装置就是普遍的语法能力。乔姆斯基提出"刺激贫乏论"，认为存在一种全人类共有的普遍语法，只有研究这种普遍语法，才有可能解开人类语言之谜。乔姆斯基的这些观点，我们在本书第十三章已经介绍过，这里就不赘述了。

乔姆斯基的语言学理论对于心理语言学的影响，主要表现为如下三个方面：

第一，乔姆斯基的语言学理论打破了行为主义理论的思想禁锢，心理语言学家不再拘泥于行为主义的理论框架和方法，开始关注言语活动的内部过程和机制。

第二，在乔姆斯基语言学理论的影响下，心理语言学家试图从语言能力的角度探讨语言获得和语言发展，他们不再满足于从平均话语长度、词汇量等表层现象来描述儿童的话语，而试图对儿童的语言发展进行追踪研究，探讨儿童的语言知识究竟是在什么时候发展的，是怎样发展的，控制儿童语言发展的规律究竟是什么。这些都是语言发展的内部因素问题。心理语言学家还试图探讨乔姆斯基的转换生成语法的心理现实性，研究这种理论是否反映了言语过程的实际的心理过程。

第三，由于乔姆斯基的转换生成语法以句法为核心，以解释语言能力为目标，因此，一些心理语言学家开始关注句子平面和语义平面上的心理语言学问题。

在乔姆斯基批评斯金纳的行为主义的文章发表之后，20 世纪 60 年代，心理语言学对行为主义继续进行了批判，乔姆斯基的理论在心理语言学中广为传播，出现了米勒（G. A. Miller）、卡兹（J. J. Katz）、布雷恩（M. Braine）、埃尔文（S. Ervin）、布卢姆（L. Bloom）等心理语言学家。他们属于内容学派，是第二代心理语言学家。

内容学派的主张是：

1．人的天赋的生理机构规定着大脑中的语言内容（content）。

他们认为，人先天有一种“语言习得机制”（即转换生成语法中所说的 LAD）。LAD 包括一套语言知识，包括语言分析的普遍过程。儿童能够习得语言，是因为听到的语言材料可以激发起一套具体的天赋结构，这种结构是生来就可以接受语言的普遍规律。因此，LAD 的内容是具体的，而且是先于学习语言的过程的，语言习得只不过是语言的发展。

2. 语言具有特殊性，而且这种特殊性是绝对的。

他们认为，语言的这种绝对的特殊性表现于语言机制是天赋的，而其他行为不是天赋的，而且语言机制只限于语言表达，不支配其他活动，语言只属于人类，动物的交际信号与语言的复杂性不可同日而语，是根本无法比拟的。

3. 语言能力和语言运用是不同的，语言能力就是对概括性的语言原则的知识。

他们认为，转换生成语法最能说明语言能力的特点，生成语法的规则是有限的，可是它却能生成无限的句子。因此，语言运用只不过是语言能力的反映，语言运用必须根据语言能力来加以分析。

4. 人们依靠存在于语言习得机制中的与生俱来的语言知识来掌握语言。

他们认为，如果没有天生的语言习得机制，儿童就不可能在短时间内掌握母语。因为儿童每天接触的话语中有许多不合规律的现象，如果事先没有对语言的概括的了解，儿童就不可能从各种杂乱无章的话语中，归纳出语言的抽象体系来。

显而易见，内容学派受到乔姆斯基语言习得机制理论的强烈影响。

乔姆斯基指出，语言习得机制中包含着儿童生来就有的关于语言共性的知识，这些知识指导着儿童的“假设建立机制”

（hypothesis-making device）去建立各种假设，经过反复修正，达到内化了的语法。当儿童在各种规则中选择合乎语法的规则时，必须运用“评价程序”（evaluation procedure）进行选择，从而使他们能够在已经获得的语言知识的基础上，形成新的假设并加以验证和评价。儿童就像知识渊博的科学家那样整理已有的语言材料，然后建立起他自己的生成语法来。

程序学派以美国的斯洛宾（D. Slobin）、弗托（J. A. Fodor）为代表。他们开始关注认知（cognition）的研究，属于第三代心理语言学家。瑞士心理学家的皮亚杰（J. Piaget）在1923年就出版了《儿童的语言和思维》一书，是语言与心理关系研究的先驱，晚年他也加入了心理语言学家的队伍，成为程序学派的中坚人物。

图 20-5　斯洛宾

程序学派的主张是：

1. 人先天有一种认知机制，可以用特殊的方式整理输入的语言材料。

他们认为，先天的认知机制支配着人的一切行为，适用于一切认知能力。但是，他们不认为有天赋的语法，只认为先天的认知机制可以加工和整理语言材料，所以，语言是需要学习才能获得的。

2. 语言行为不同于其他行为，有其特殊性。

他们认为，语言行为的特殊性主要表现在两个方面：第一，听到的语言材料是有一定结构的；第二，说出的话语是受规则支配的，但是，这两方面的特点并不足以把语言行为和其他认知过程区分开来。

3．语言能力与语言运用是有区别的，但不应过分夸大语言能力的作用。

他们认为，语言能力与语言运用同等重要，语言能力是语言运用的前提，但语言运用又是语言能力的证据，只有通过分析语言运用，才能确认人类具有动物所没有的语言能力。

4．儿童没有先天的语言知识，但有加工语言材料的机制。

他们认为，儿童的大脑的先天构造可以加工、整理构成人类语言特点的那些结构，但这并不是说语法体系本身就是先天知识，而是说儿童有先天的办法来加工语言材料，组成内在的结构，当这些能力用于他听到的语言时，就能建造出母语的语法。因此，语言知识是在对于先天分析机制进行加工整理的信息处理“程序”（process）中产生出来的结果，而不是与生俱来的。

第三代心理语言学家认为，语言是人类特有的行为，是人类普遍认知组织的一部分；语言产生于个体认知发展的一定阶段；语言发展以最初的认知的发展为前提，而语言和符号功能的发展又促进了认知的发展；个体的语言能力是在个体和环境的相互作用下逐渐发展起来的。

斯洛宾认为，儿童习得语言的过程是一个积极的过程，儿童会运用一系列的策略对成人的言语进行分析，并在这样的基础上发现语法结构。这样的策略实际上是一系列的认知操作原则。

在认知心理学的影响之下，心理语言学的研究领域进一步扩充了。心理语言学家把研究对象从句子扩充到比句子更大的语言单位，如语段、篇章等。语用的研究也得到了重视，他们发现，儿童似乎很早就会根据不同的情境使用不同的言语方式。使用语言的社会环境不仅是研究儿童语言习得的条件和源泉，而且也是研究语言的社会功能不能忽视的重要方面。

他们还进行跨语言的比较研究。1985 年，斯洛宾主编了《语言习得的跨语言研究》（*The crosslinguistic study of language acquisition*）[①] 一书，书中汇集了近十种语言的儿童语言习得数据。斯洛宾在该书的序言中指出，跨语言研究是发展心理语言学的重要方式，跨语言研究就不仅可以揭示语言发展的一致规律，而且还可以揭示影响语言发展的各种特殊条件。他强调研究不同语言之间的差异，并且认为如果不研究各种各样的语言，就无法揭示语言的普遍性。

可以看出，联想学派、内容学派和程序学派之间既有共同之处，也存在分歧。为了促进不同观点的交流，美国心理语言学家里博（R. W. Rieber）和瓦耶（G. E. Voyat）拟定了七个涉及语言和思维的心理学问题，在 1975 年请五位有代表性的学者发表他们的见解并展开讨论。这五位学者是：乔姆斯基、皮亚杰、奥斯古德、奈塞（U. Neisser）[②] 和金斯伯恩（M. Kinsbourne）[③]。

他们讨论的七个问题是：

1. 认知在语言习得和语言发展中起了什么作用？语言学因

---

① D. Slobin, Crosslinguistic study of language acquisition. Vol. 1. The data, Hillsdale, New York, Erbaum, 1985.

② 著名认知心理学家。

③ 著名心理学家。

素是否对一般的认知过程产生影响？

2. 个体内部和个体外部的言语以及非言语行为是怎样影响语言习得和语言发展的？

3. 言语的信号系统和非言语的信号系统之间是否存在相互联系？

4. 在试图解决语言领域和认知领域的基本问题的时候，应当怎样正确地对待先天和后天的问题？

5. 目前正在采用语言或其他方法来训练大猩猩或黑猩猩，这样的研究被称为比较心理语言学研究，这种研究的重要性如何？

6. 在语言和认知心理学研究中，什么样的研究是最为重要和最有前景的？

7. 你是否认为，语言和认知领域的研究目前正处于一个寻找新理论或新范式的过渡时期？如果果真如此，你认为现在正在出现或者将要出现什么样的理论？

这七个问题在一定程度上反映了语言学、心理语言学、认知心理学所关心的问题。五位学者发表了他们的意见，并进行了激烈的争论。皮亚杰以八十高龄参加了讨论，他指出，他和乔姆斯基之间的根本区别在于，他把包括语言在内的所有认知习得看成是一个逐步构造过程的结果，这个过程开始于生物学胚胎遗传的演化形式，结束于现代的科学观念，因此他拒绝任何意义上的“先于程序”（preprogramming）的概念①。他认为，遗传的潜能是

① 也就是“先天”的概念。

在内外因素的相互作用的过程中逐步展开的，儿童与生俱来的并不是语言能力，而是更广泛的认知能力。认知能力使儿童从客观世界得到各种概念，再把这些概念组成若干系列，这便是语言能力。他断言，语言能力是逐渐养成的，不是生来就有的。

1982 年，里博和瓦耶把这五位学者的谈话汇编成书出版，书名叫《语言和思维的心理学问题对话》（*Dialogues on the Psychology of Language and Thought*）①。里博指出，行为主义的心理学理论和乔姆斯基的语言理论正在逐渐失去力量，在心理学中处于领导地位的竞争者似乎是认知心理学。

第四节　心理语言学的研究方法和主要研究领域

心理语言学中采用的方法多种多样，最近十年来，有向神经科学转向的趋势，很多心理学家放弃过去使用的单纯行为研究方法，开始使用功能磁共振、事件相关电位等一些仪器设备，对语言的大脑神经机制进行研究。

概括起来，心理语言学的研究方法有以下几个大类：第一，神经科学方法；第二，问卷调查法；第三，行为方法。

神经科学方法主要是采用一些先进的仪器，如事件相关电位（ERP）、功能磁共振（MRI）等，对语言的神经机制进行研究，但是，这样的研究对于设备的要求较高。

---

① W. R. Rieber，G. Voyat，Dialogues on the Psychology of Language and Thought，Plenum Press，New York，1982.

问卷调查方法常用于心理测量中，在心理语言学研究中，可以参考心理学问卷的设计方法设计问卷，并按照研究的总体设计对不同类型的人进行调查。

行为方法是一个大类，可再细分为自然观察法和控制实验法。

自然观察法主要采用录音、录像设备对自然发生的语言进行观察、记录，然后根据研究设计对语言的不同方面（如词汇、语法、语用、非语言交际手段等）进行分析，并得出具有规律性的结论。自然观察法用于那些难以操控的自然行为，例如，语言的习得、言语过程中的口误等。这种方法往往可以与语料库方法结合起来。

控制实验方法其实是一个非常笼统的说法，包含数十种不同的方法。例如，词汇监察方法、跨通道命名方法、自定步调阅读方法、移动窗口阅读方法、词汇抉择方法、眼动方法、句子匹配方法等。研究者可根据自己的研究目的从中选择使用，也可以对其加以改造使用，甚至可以发明新的研究方法。控制实验方法是在心理语言学中使用得最广的方法，涉及语言使用的各种心理过程，例如，言语信息的感知、解码和编码、语言信息的存储和提取等。

心理语言学中常用的实验手段有如下几种：

1. 对输入的刺激进行控制。例如，故意切去句子中的某些语流，然后要求被试者对输入进行判断或复原；用其他声音进行干扰；对某些频率进行过滤。
2. 使用“实时”（real time）或“在线”（on line）的手段。主要包括：

词汇决定实验（lexical decision）：测量被试者判定所显示的

刺激是否真实的时间。

（1）音素监察实验（phoneme-monitoring）：测量被试者在听一段话时察觉一个特定的声音、音素或单词所需要的时间。

（2）跟读实验（shadowing）：让被试者戴上耳机重复一段话，测量显示和重复之间的时间差。

（3）有声思维或口头报告（thinking aloud or verbal report）：让被试者在完成一件作业的同时或事后，报告他再想什么。

（4）阅读中的眼球注视时间（eye fixation）。

（5）电子皮肤反应（electrodermal response）。

（6）电子大脑照相术（electrocephalographic measures）：测量大脑对词语刺激的反应。

3. 观察语言处理的结果。通常采用再现实验（recall）和再认实验（recognition）的办法来观察处理结果。再现实验要求被试者把看到或听到的东西复述出来。再认实验要求被试者辨认出他所听到或看到的材料

4. 计算机模拟：对时间跨度很长的复杂系统的逻辑和数学关系进行计算机模拟，并比较模拟的结果和实验的结果，以验证理论模型。

心理语言学和语言学其他学科的不同之处在于，心理语言学要关注语言活动的心理过程，包括人们语言习得和语言使用必须具备的潜在的知识和能力、语言信息的编码和解码过程及其心理基础。

心理语言学的研究领域主要包括“实验心理语言学”（experimental psycholinguistics）和“发展心理语言学”（developmental psycholinguistics）两个方面。

实验心理语言学研究人类语言使用的问题，包括语言理解和语言产生的心理过程，主要涉及以下几个方面：语言词汇在大脑中的储存与提取方式、语言的感知、语言的理解、语言的生成。分述如下：

1. **语言词汇在大脑中的储存与提取方式的研究**：心理词库（mental lexicon）研究是心理语言学研究的重点之一，心理词库又叫内部词库（internal lexicon），主要探究词汇在大脑中是按照什么方式组织起来。这样的研究有助于加深人们对语言过程其他各方面的理解。任何一个人，若要成功地用语言进行交流，他的大脑中必须有一个巨大的词库，且词汇知识在这个库中必须按照一定的方式组织起来，这样才能够保证在交流过程中快速、高效地提取出来。

词汇知识包括词汇的语音、句法、词法和语义等知识，这些知识使人们能够发出词的声音、创造新词和了解词义。

心理词库是按照语义网络（semantic network）组织起来的，在语义网络中，词用结点来表示，结点与结点之间通过词的语义关系相互连接。语义网络有两种模型：一种是“层次网络模型”（hierarchical network model），一种是“扩散激活模型”（spreading activation model）。层次网络模型通过层次来体现单词的范畴关系和属性关系，不同的结点在网络中有层次高低之分。例如，表示“动物”的结点比表示“鸟”的结点层次高，表示“鸟”的结点比表示“金丝雀”的结点的层次高。句子中两个结点在语义网络中的距离越近，那么确定这个句子真假的时间就越短。例如，确定“金丝雀是鸟”是真比确定“金丝雀是动物”是真所需要的时间短。但是，进一步的研究发现，除了结点在语义网络中的位置之外，两个结点之间联系的频率，是决定反应时间的另一个重要因素。例如，判定“鸟有羽毛”为真比判定“鸟会吃”为真的时间短，这是因为“鸟”和“羽毛”之间的结合频率比“鸟”和“吃”之间的结合频率高，或者说，“鸟”和“羽毛”之间的结合的典型性比“鸟”和“吃”之间的结合的典型性高。但是，层次网络模型不能反映这种“典型性效应”（typicality effect）。扩散激活模型摒弃了层次的概念，语义网络中结点之间的距离既考虑分类关系这样的结构特点，也考虑典型性效应这样的现象。激活是某结点向周围结点扩散的过程。扩散激活模型既考虑了词的概念知识，也考虑了词的句法和语义知识，是一个较好的反映心理词汇本质的模型。

词汇提取又叫“词汇通达”，指人们激活词汇知识的过程。词汇提取研究主要探讨人们在语言使用中以何种方式从心理词库中提取词汇，词汇的使用频率、单词的语音特征、单词的词法结构、单词的句法范畴、单词是否有歧义、单词是否遇到意义相近的词、单词的语境信息等对词汇提取都有影响。实验表明，在词汇提取时，存在词频效应、上下文效应、词义性效应。所谓词频效应是指：词频高的单词更容易被提取。所谓上下文效应是指：歧义词的多个意义都被同时短暂激活，但是上下文能够很快地决定保持其中的一个意义，而且当上下文确定的意义与单词的主要意义一致时，很可能只是主要意义被激活。所谓词义性效应是指：意义相近的词有助于词的激活提取。

心理语言学家提出了搜索模型（search model）、词汇发生模型（logogen model）、交股模型（cohort model）来解释这些现象，其中，交股模型采用了严格的自顶向下的并行处理方式，对于这些现象的解释最为方便。

2. **语言感知研究**：语言的感知（perception of language）虽然也包括书面语言的辨认，但是其主要的研究都集中在语言听辨（speech perception）的研究上，语言感知是语言加工初期最重要的一个过程，因为若要理解所接受的语言输入，首先要将输入的声学或者视觉信号转换成为语言符号。人在日常语言交流中所发出的声音，因人而异，因语境、情境而异，此外还有外部噪音的干扰，但是人却能够将所接收的声学信号与语言符号匹配起来，为正确理解语言奠定基础。音系学在高度抽象的层次上对这种现象进行了描述，语言感知研究对这种现象作出了解释。

语言感知研究的内容主要有如下几个方面：

（1）言语结构。包括研究语音如何产生的发音语音学和研究所发出的语音声学特征的声学语音学。

（2）孤立语音的听辨。可以分为三个阶段：

a. 听觉阶段（auditory stage）可接受所有的声音；

b. 语音阶段（phonetic stage）听辨只有语言才有的声音；

c. 音位阶段（phonological stage）只处理语言中能够区别意义的声音。

言语听辨具有一些在其他的听觉感知形式中找不到的特点，这些特点主要表现为：声音信号和它的语音表征之间缺乏“不变式”的问题（the problem of invariance）[①]、范畴听辨现象（categorical perception）、双耳听辨现象（duplex perception）。

言语听辨的肌动理论（the motor theory of perception）认为，言语信号是参照言语器官的肌肉活动来辨认的，肌肉活动的相似性可以用来计算声音的变异，这样就可以将在听觉阶段有差别的声音听成同一个范畴的声音。

（3）连续语言的听辨。言语听辨受上下文的影响，音素复原及听辨错误发音各项研究的数据显示，人们主要是使用自顶向下（top-down）的处理策略来确定上下文中的声音的。言语听辨的轨迹模型（the trace model）认为，在言语听辨过程中，各个层面（区别性特征、音素、单词）的处理是同时进行的，并且相互作用，彼此之间帮助激活或者抑制激活。在激活过程中，某些低层面的单元的激活（如音素）可以帮助高层面中相关单元（如单词）的激活，而这些高层面的单元激活之后，又可以反过来强化激活低层面中的相关单元。这个过程是在多个层面上进行的，其中从高层面到低层面的处理方向就是自顶向下的。

（4）句子理解与记忆和书面语言的听辨。书面语言的辨认也需要通过特征层、字母层、单词层等多个层面的处理。由于存在“单词优越效应”（word superiority effect），在单词的上下文中辨认字母要比辨认孤立的字母或者没有

① 所谓缺乏“不变式”，就是指声学提示和语音听辨之间缺乏一一对应的关系。

联系的字母容易得多。书面语言的辨认有两个模型：一个是“双路径模型”（the dual-route model），一个是“连接主义或并行分布处理模型”（the connectionist or parallel distribution processing model）。前者认为，人们在阅读个别单词的时候，规则系统和记忆系统同时在两条路径上起作用；后者认为，在字母、语音、语义三个层面上只有一条路径，逐层向上激活，而且每一个连接都有不同的权重。

3. **语言理解研究**：语言加工也就是语言的理解，这是心理语言学研究的一个重要方面，分为两大块：一是句子理解与记忆，二是语篇理解与记忆。前者的理论框架是系统功能语言学的衔接与连贯理论，后者的理论框架主要是用于解释叙事语篇理解的故事语法。句子理解研究关注的焦点是语言理解早期的心理过程，而语篇理解研究关注的则是语篇加工过程中衔接与连贯的建立以及背景知识在阅读理解中的作用。

（1）句子的理解与记忆：从心理学看来，话语内容的基本单位是命题。要听懂对方的话，就要知道它的命题，要弄清其中有多少个成分，各成分又以哪里为界线。从1965年以来，心理语言学家常常使用“卡塔研究法”，即故意在一句话不应该停顿的地方插入“卡塔”声（下文用星号表示），看听者有何反应。例如，在两个结构不同但后半部词语相同的句子中各插入“卡塔”声：

① As a result of their invention's influence the * company was given an award.（由于他们的发明，公司获得了奖赏。）

② The chairman whose methods still influence the * company was given an award.（那个想出办法帮助公司的董事长获得了奖赏。）

在放录音时，两个句子的“卡塔”声都插在 the 与 company 之间。可是听者的辨识结果却令人诧异，因为听者认为，卡塔声在第 1 句里发生在 influence 与 the 之间，在第 2 句里则发生在 company 与 was 之间。由此可知，在听话时，人们是把句子分成若干表示命题的短语或子句来理解的，并不受插入的噪音的影响。因此，理解句子首先要进行句法分析（parsing）。句法分析是把表层结构的句子成分赋予语言范畴（linguistic categories）的过程。由于处理资源上的限制，人们不能等听完了整个句子之后才开始句法分析。句法分析有两种理论：一种是“模块论”（modular），一种是“互动论”（interactive）。模块论认为，人们听到每一个单词时，首先激活句法处理方面的策略，这些策略使得人们更容易把听到的单词附着在最近的句子成分上，或者重新构建一个成分。互动论认为，人们在理解句子时，要同时使用所有可能的知识，包括词汇信息、语篇信息、上下文信息等，这些信息是彼此交互的。记忆有两种：长时记忆和短时记忆。长时记忆是一个信息库，可以长期储存大量的信息，长时记忆又分语义记忆和情节性记忆两种。语义记忆指各种关于词语、概念、符号和物体的知识，它们在语言记忆中起着至关重要的作用；情节性记忆与个人的经验有关，可能是在语义记忆的基础上发展起来的。外部信息经过感觉通道首先进入短时记忆，短时记忆是信息进入长时记忆的一个容量有限的缓冲器和加工器。1956 年，米勒发表题为《神奇数 7 加减 2：我们加工信息的能力的某些限制》（The magical number seven，plus or minus two：Some limits on our capacity or processing information）① 的文章，明确提出人的短时记忆容量为 7，也就是说，一般为 7，并可以在 5—9 之间波动，短时记忆中的信息单位可以是字母、数字，也可以是音节、单词。如果呈现互不关联的字母，人大约可以记住 7 个字母；如果呈现一串没有联系单词，人大约可以记住 7 个单词；如果单词是由若干个字母组成的，短时记忆的字母数目就会大大超过 7 个，这时就不能采用字母的数目来计算短时记忆的容量。因此，米勒在这篇论文中提出了**“组块”**（chunk）的概念。在短时记忆中的信息，不是以信息论中的比特（bit）为单位来计算的，而应当组块为单位来计算。短时记忆的容量是 7 加减 2 个组块。人们对句子的记忆包括句子本身的意义、句子的措词以及理解句子时所进行的推理。人们的短时记忆能力是有差异的，短时记忆能力不同的人，在处理**“花园幽静句”**（garden path sentence）② 之类理解

---

① G. A. Miller，The magical number seven，plus or minus two：Some limits on our capacity or processing information，Psychology Review，1956（63）：81—97.

② 关于“花园幽静句”，请参阅冯志伟：花园幽径句的自动分析算法，《当代语言学》，2003 年，第 4 期。

起来出现一波三折的句子的时候也是有差异的。在句子记忆里保存的主要是意义，在特别注意的情况下，人们也能记住句子中原来的单词，如一些在语用上表示幽默或侮辱的句子。实验表明，除非人们特别注意，在过了一段时间之后，人们很难记住句子本身的意义和他们在理解句子过程中所进行的推理。

（2）语篇理解与记忆：语篇理解与句子理解的最大区别在于语篇理解时存在连贯（coherence）。连贯既是局部的（local），也是全局的（global）。如果语篇中的句子相互之间有联系，那这个语篇就是局部连贯的；如果语篇中的所有句子都可以与一个主题联系起来，那这个语篇就是全局连贯的。理解语篇首先就算是要理解语篇中句子之间的这种连贯关系。句子中既有新信息，也有已知的旧信息。新信息通过已知信息同语篇中前面的句子发生联系。一般说来，语篇的理解包括三个步骤：第一步，确认句子中的新信息和已知信息；第二步，为已知信息寻找前面的前置信息（antecedent）；第三步，把新信息放在前置信息所确定的记忆位置上。如果找不到前置信息，那么就不进行连接性推理（bridgeing inerence）；若前置信息太远，人们就得重新再引入前置信息。语篇的记忆方式有三种：表层表征记忆、命题表征记忆、情境模型记忆（situational models）。每一种方式都受到不同变量的影响，所能记住的时间也各不相同。表层表征记忆的记忆时间很短，除非某些措词在语用上特别重要。

命题表征记忆的时间较长，记忆的内容既包括语篇本身的信息，也包括人们对语篇所做推理的信息。情境模型记忆建立在语篇中不同部分之间的空间关系或因果关系上，记忆的时间最长。在采用自顶向下的处理方式时，图式（schemata）有助于理解语篇的全局性连贯。“图式”是大脑的语义记忆中关于事件的一般性顺序的结构。如果在语义记忆中没有合适的图式，或者没有激活合适的图式，人们理解篇章就会发生困难。在故事理解和复述中的图式是故事语法（story grammar）。故事语法具有其心理现实性，并且是跨文化存在的。

4. **言语产生研究：**言语产生（speech production）的研究与语言加工的研究正好相反，主要采用口误分析法，探讨人是如何形成需要表达的思想并用语言表达出来的。言语的产生大致要经历四个阶段：第一阶段把意念转化成要传递的信息；第二阶段把信息构成言语计划，即“言语计划的制定”；第三阶段执行言语计划；第四阶段进行自我监察。第一阶段的研究还相当薄弱，心理语言学对于这个阶段的规律尚处在扑朔迷离之中。第三和第四阶段可以归纳为“言语计划的实施”。因此，言语产生目前主要研究言语计划的制定和言语规划的实施。言语失误（speech errors）是研究言语产生作重要的途径。通过对言语失误的观察可以了解人们是怎样制定言语计划的。言语失误有转移、倒置、提前、延续、增加、减少、代替和混合等。言语失误反映了言语产生的计划单位，这些计划单位可以是：语音区别性特征、音段、音节、重音、语素、词、语法规则、短语等。言语失误只是发生在这些计划单位的某一层次上，不会在多个层次上发生失误。言语规划的制定有两种模型：串行模型和并行模型。串行模型认为，言语计划的制定要经过话语的整体概念、句法结构、语调形式、实词、语素、语音等不同阶段的过程。并行模型认为，言语信息是在语义、句法、词法、语音等层次上并行地组织起来的，任何一个层次的结点的激活，都可以引发其他层次的结点的激活。言语计划的实施涉及肌肉系统、呼吸系统、声道系统三个系统。从大脑中发出的肌肉动作命令，确定声道中各个器官的目标位置。话语中的暂停现象说明，人们似乎一边在计划言语活动的一部分，一边说出来另一部分。

发展心理语言学研究语言习得的问题，探讨儿童出生后，语音、词汇、句法、语用等的习得过程。例如，儿童学会用语言进行交流前，如何用非语言手段进行交流？儿童在不同的发展阶段，其语音、词汇、句法呈现出什么特点？等等。

在儿童语言习得的早期阶段，首先是习得语音，他们对于语义不甚了解。婴儿出生不久就对语言的区别性特征有所知觉，在随后的一年里，儿童的语音发展逐渐集中在他所接触的母语方面，随着早期词汇的出现，儿童的声音和意义才开始结合起来。

儿童的词语在两岁的时候有很大的发展，这包括两个方面：一方面是习得词汇，一方面是使用单个的词来表达成人需要使用多个词才可以表达的意思，这样的单个的词叫**“表句词”**（holophrase）。儿童早期的语法所使用的结构，既不是成人话语的模仿，也不完全符合成人语法的标准，只是在进一步发展之后，他们才习得成人话语的语法范畴。

在儿童语言习得的后期阶段，在他们入学前几年的时间内，他们逐渐习得词法，他们一边习得这些词法，一边创造性地使用它们，有时会犯一些**“过度规则化”**（overgeneralization）的错误。儿童在入学前也习得一些复杂的句法结构，例如，否定句、疑问句、被动句、复合句等。儿童在习得后期的语法习得，可以分为两个阶段：一个是连接语法阶段（connective grammar）；一个是递归语法阶段（recursive grammar）。在连接语法阶段，儿童话语中出现一些可以把单词连接起来的语法标志，例如，动词的词尾变化、连接词、介词、冠词、助动词等。在递归语法阶段，儿童话语中开始出现否定句、疑问句、被动句、复杂句，儿童的语言意识觉醒了。从连接语法发展到递归语法，是儿童语言习得的一大飞跃。

心理语言学中的所有研究都是围绕着这实验心理语言学和发展心理语言学两方面的问题而展开的。

心理语言学已经应用于通信技术（研究信息的传递、感知和理解）、医学（研究失语症和神经官能症的原因和疗法）和人工智能研究（探讨如何模拟人脑的语言功能）等领域，尤其在教学方面（包括幼儿教学、外语教学、聋哑人语言教学等等），心理语言学具有很强的指导作用。在心理学和语言学研究的基础之上，心理语言学一定能发展成为一个造福于人类发展的，既具有雄厚理论基础，又有很高实践指导意义的语言学新学科。

第五节　神经语言学

1967 年，美国心理学家伦纳伯格（E. H. Lenneberg）发表的《语言的生物学基础》（The Biological Foundation of Language）一

书，是心理语言学的重要著作。在这部著作中，伦纳伯格证明，人的牙齿整齐，啮合无缝，唇部肌肉发达、灵活，口形较小，张合迅速，这一切都是为发音而生就的。他认为，语言是一种具有物种特征的倾向，语言能力受大脑左半球支配。儿童发育时期，语言能力受大脑右半球支配，从右半球转移到左半球，叫大脑的**"侧化"**（lateralization）。侧化一般发生在2岁到12岁之间。侧化之前，左半球受伤，语言能力留在右半球；侧化之后，左半球受伤，就会失去语言能力。这说明，语言的生理基础是很难否认的。伦纳伯格还指出，儿童学话的发展过程与其身体的发育过程是相一致的，大体上都在一岁半到六岁之间。过了这个时期，再学话就有困难。儿童学话不受智力高低的影响，其经历的过程基本相同：两三个月时开始学发音，半岁后能听懂成年人讲的简单话语，一岁后开始学话，说出有意义的单词，到了两三岁，就能使用独词句或双词句，四五岁以后，词汇和语法日渐丰富，连贯地使用语言的能力逐步加强。可见，语言不是靠刺激、反应来掌握的，语言能力是靠遗传而与生俱来的。心理语言学的这些研究成果，是对联想派的巨大挑战。

近年来，心理语言学中发展出一个新的分支，叫**"神经语言学"**（Neurolinguistics），它主要研究语言和大脑结构之间的关系，研究大脑如何生成语言。不过，要进行这样的研究是十分困难的，因为我们不能对正常的人进行大脑的解剖，而对动物的脑的功能的研究又无济于事，因此这种研究主要通过大脑遭受损害引起话语障碍的病症来进行，这种病症叫**"失语症"**（aphasia）。神经语言学家们已找出了失语症与大脑中相应部分的联系，这项研究成果，对于揭开人类语言的奥秘有着重要意义。

人脑左侧皮层的额叶有一个区叫**“布洛卡氏区”**（Broca's area），这个区的界限还不十分确定（图20-6）。布洛卡氏区的损害引起布洛卡失语症（Broca's aphasia），它的症状的不同取决于布洛卡氏区损坏的大小及位置。按美国学者盖希温德（Geschwind）的研究，布洛卡失语症有如下表现：

1．说话困难：布洛卡氏区损坏的有些病人一点儿也不能说话，但他们尚能发出各种声音，并且甚至还会哼哼歌曲；损坏范围小的病人能够说话，但很困难，一字一句说得很慢，发音也不大清楚。

2．打电报式的讲话：布洛卡氏区损坏的病人如能说话，他讲的话是有意义的，但是会把介词、连接词等虚词省略掉，只讲出主要的名词、动词、形容词等实词。他们讲的话，就像我们打电报的电文一样。

3．能够理解语言的含义：布洛卡氏区损坏的病人懂得口头语言，也懂得书面语言，但他们自己则说不好也写不好。

根据米尔奈（Milner）的研究，在语言习得期间，没有发现布洛卡氏区在解剖上有明显的变化。

在离开大脑的司听觉部位不远的左侧颞叶中，有一个区叫**“维尔尼克氏区”**（Wernicke's area），它的界限也不十分确定。维尔尼克氏区的损坏可导致维尔尼克失语症（Wernicke's aphasia）。据布劳恩（Brown）的研究，主要症状为：

1．发音没有困难：维尔尼克氏区的损坏，不会影响语言的流畅性。

2. 语言理解力不好：维尔尼克氏区损坏的病人，尽管视觉和听觉不一定受到损害，但他们理解口头语言和书面语言的能力有显著衰退。

3. 无意义的讲话：维尔尼克氏区损坏的病人很难于想出物体的名称，他们讲的话大多数是没有意义的。

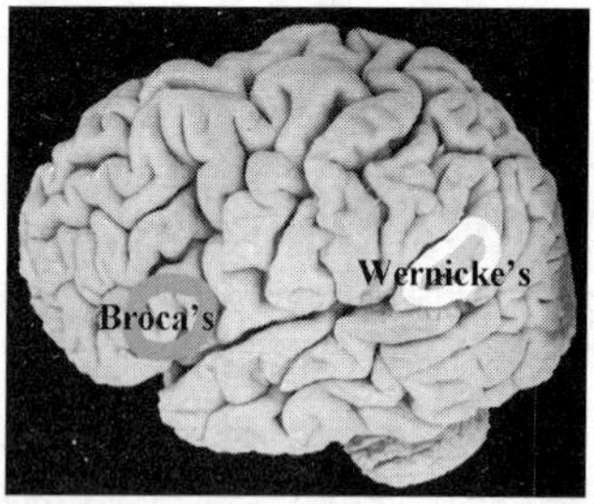

图 20-6　布洛卡氏区和维尔尼克氏区

由此，学者们认为，布洛卡氏区的功能是把语言映象转换成说话所必需的肌肉运动，而维尔尼克氏区的功能则是把声音转换成语言的意义。美国学者盖希温德认为，从布洛卡氏区到维尔尼克氏区的联结如果受到破坏，也会产生语言缺陷。后来发现，连接布洛卡氏区与维尔尼克氏区的一组神经纤维叫“上纵束”（arcuate fasciculus）。如果布洛卡氏区和维尔尼克氏区都没有毛病而上纵束受到损坏，则病人的发音正常，理解语言的能力也正常，但病人讲出的话同他听到的话毫不相干，经常答非所问，他不能复述另一个人所说的话，而且像维尔尼克失语症患者那样，他难于说出物体的名称。

神经语言学的研究者们还发现，大脑两半球在解剖上存在差异。盖希温德和列维斯基（Levisky）发现，颞平面有65%的人左半球比右半球来得大，有24%的人左右两半球相等，只有11%的人右半球比左半球稍大。颞平面包括维尔尼克氏区，因此它在左脑半球内较大，这显然与语言在大脑左半球的优势是相适应的。韦德尔逊（Witelson）和帕利（Pallie）检查了三个月年龄之前就死亡的婴儿的脑，发现14个婴儿中有12个婴儿的颞平面左半球大于右半球。这些研究说明，在婴儿会讲话之前，大脑颞平面左半球已明显地大于右半球。这些都为语言先天就有其生理基础的主张提供了论据。

本章参考文献

1. D. I. Slobin，Psycholiguistics，1971.
2. E. H. Lenneberg，The Biological Foundation of Language，1967.
3. D. W. Carroll，Psychology of Language，桂诗春、董燕萍导读，外语教学与研究出版社，圣智学习出版社，2008年。
4. 刘润清，心理语言学诸派及其观点介绍，《国外语言学》，1982年，第1期。
5. 冯志伟，语言与大脑，《语文建设》，1986年，第3期。
6. 朱曼殊、缪小春，《心理语言学》，华东师范大学出版社，1990年。
7. 桂诗春，《新编心理语言学》，上海外语教育出版社，2000年。

第二十一章　认知语言学

20 世纪 70 年代，由乔姆斯基开创的生成语法学仍然占据着语言学的主流地位。但与此同时，有一批语言研究者不愿跟从主流的步伐，仅仅从结构的内部特性去解释语言现象，而是十分注意语言结构与外部世界的联系，他们尤其对语言和认知的关系很感兴趣。这批研究者共同的研究成果逐渐汇集形成了一个新兴的语言学流派——**“认知语言学”**（cognitive linguistics）。温格乐（F. Ungereer）和史密德（H. J. Schmid）在《认知语言学入门》①中说，“认知语言学就是以我们的世界经验以及我们感知世界并将其概念化的方法为基础，来解释语言现象的一种方法”②。

认知语言学特别关注心智与语言之间的关系。其产生的最初

① F. Ungereer & H. J. Schmid，An Introduction to Cognitive Linguistics（《认知语言学入门》），外语教学与研究出版社，2001 年。

② 在 F. Ungereer & H. J. Schmid 的 An Introduction to Cognitive Linguistics 中，关于认知语言学这个定义的英文是“Cognitive linguistics，as presented in this book，is an approach to language that is based on our experience of the world and the way we perceive and conceptualize it”。

推动力，就是心理学家关于人类范畴特性的前沿研究。乔姆斯基的生成语言学也关注人的心智，并且还曾经自称自己的理论是“认知语言学”。但生成语言学中所说的“心智”与认知语言学所关注的“认知”其实完全不是一回事。

乔姆斯基把语法知识看作人的心理状态，认为人的心理是以大脑物质为基础的，语言学属于心理学。但是同时他认为，心理学属于生物学，生成语法学是对人类大脑机能的一种研究是在抽象的高度对大脑物质进行的一种研究。因此，语言学归根结底属于生物学。生成语言学所关注的，是生物学基础上的心理，甚至可以说，他们关注的是大脑这一生物组织的活动机制。所以，乔姆斯基提出了研究“生物语言学”的建议。

认知语言学者虽然从未给“认知”下一个明确的定义，但是他们的研究取向可以看出，认知语言学的“认知”，指的是包括感知觉、知识表征、概念形成、范畴化、思维在内的大脑对客观世界及其关系进行处理从而能动地认识世界的过程，是通过心智活动将对客观世界的经验进行组织，将其概念化和结构化的过程。认知语言学里的“认知”，是一个心理过程，而不是生物机能。

在本章里，我们首先介绍认知语言学的发展情况，并介绍这个学派主要代表人物的学术成果，然后介绍认知语言学的哲学基础和主要内容。

第一节　认知语言学的发展和主要代表人物

认知语言学形成的直接动力来自语言学本身，特别是来自语用学（pragmatic）和生成语义学（generative semantics）。

语用学认为语义不能脱离语言的使用者和具体的语境，因此，我们需要研究在一定语境中的语言，这样的研究最终会追溯到人的**“认知体系”**（cognitive system）。

生成语义学主张句法不是自主的，句法不能脱离语义，而语义不能脱离人的认知（cognition）。

在语用学和生成语义学的影响下，语言学开始越来越关注认知，关注语言与认知的关系。于是，在20世纪70年代，产生了认知语言学。20世纪80年代中期，认知语言学扩展到语言学的各个领域，成为了现代语言学中异军突起的一个学派。

认知语言学这个学派真正成熟起来的标志有两个：一是1987年，雷柯夫的《女人、火和危险事物：范畴揭示了思维的什么奥秘》① 以及兰盖克的《认知语法基础（第一卷）》② 两部著作的面世；二是1989年春，由德尔文（Rene Dirven）组织在德国的杜伊斯堡（Duisburg）召开的认知语言学专题讨论会。在这次会议上，成立了国际认知语言学会（International Cognitive Linguistics Association，简称ICLA），并决定以后每两年召开一次国际认知语

---

① G. Lakoff，Women，Fire，and Dangerous Things-what categories reveal about the mind，University of Chicago Press，1987.

② R. Langacker，Foundations of Cognitive Grammar，Vol. 1，Theoretical Prerequisities，Stanford University Press，1987.

言学会的会议。这次会议一年之后，也就是1990年，开始出版《认知语言学》杂志，并由Mouton de Gruyter出版社出版《认知语言学研究系列丛书》。

在20世纪70年代和80年代早期，认知语言学的研究者还相对较少，并且主要集中在美国。到了20世纪80年代，认知语言学研究开始在欧洲大陆扎根，尤其是在比利时、荷兰和德国，这些国家的认知语言学研究发展相当迅速。

到了20世纪90年代，认知语言学开始为语言研究者所广泛认识，并且召开了很多会议。雷柯夫（G. Lakoff）、兰盖克（R. Langacker）和塔尔米（L. Talmy）理论成为这些研究中的主流，同时一些相关的理论，如构式语法，也被许多认知语言学家所关注。很多国家都纷纷开始了认知语言学研究和活动。

进入21世纪之后，隶属于ICLA的区域性的认知语言学协会开始出现。西班牙、芬兰、波兰、俄罗斯和德国均成立了自己的组织。北美洲还有了斯拉夫认知语言学会。目前法国、日本、比利时和英国、北美都有了新的协会。一个评论性的杂志——《认知语言学年度综论》开始出版。

认知语言学的代表人物主要有雷柯夫、兰盖克和塔尔米等人。这个学派突出的特点是，每位研究者各有自己的语言描写方法和语言学理论，关注某一系列特别的现象，并不像生成学派那样有一个乔姆斯基那样的领军人物。但是，这些学者们对语言所持的基本假设大同小异。正是这些共有的假设，我们可以认为这些学者已经形成了一个语言学流派。

在认知语言学流派中，雷柯夫和兰盖克是其中具有特殊意义的两位，因为两位的著作在1987年的出版，成为认知语言学成熟的标志性事件。在这一节里，我们还要介绍认知语言学的另一位代表人物塔尔米。

雷柯夫（1941— ）于1966年在美国印第安纳大学获得语言学博士学位，他先后执教于哈佛大学、密歇根大学和斯坦福大学，1972年进入加州大学伯克利分校任教。雷柯夫早年曾提倡生成语义学，20世纪80年代以后转而研究认知语言学，是认知语言学的领军学者。

图 21-1 雷柯夫

雷柯夫的代表作主要有：

1.《我们赖以生存的隐喻》（*Metaphors We Live By*，与马克·詹森［Mark Johnson］合著，1980）

2.《女人、火与危险事物》（*Women*，*Fire*，*and Dangerous Things*，1987）

3.《体验哲学》（*Philosophy In The Flesh*，与马克·詹森［Mark Johnson］合著，1999）

《我们赖以生存的隐喻》出版于1980年，是公认的认知语言学经典之作。这本书一改传统的仅将隐喻当作一种修辞技巧的看法，认为隐喻不仅仅是修辞学上的装饰技巧，是使我们的语言变得更加生动有趣的手段，而且更是整个人类认知与思维的本质，因此隐喻具有普遍性。例如，将婚姻说成“契约”、“团队活动”、“宗教誓言”等，并不是简单的在修辞上换一个说法，而是反映了不同的人对“婚姻”的不同理解。这本书的两位作者分析了大约 50 条生活中最基本的隐喻，并且举了许多例子，用以证明他们的基本观点。

将隐喻作为人类思维和语言中具有普遍意义的现象，是与认知语言学所持的哲学观点密不可分的。认知语言学的哲学基础是**“体验哲学”**（embodied philosophy），认为人是通过自身的体验来观察和表达世界的。因此，语言和真实世界之间就不是一个简单的对应关系，他们之间必须经过认知的沟通，融入人的理解。隐喻就是以自身的体验和感受来表达世界的一种必然的方式。

《女人、火与危险事物》出版于 1987 年，这本书的出版被看作认知语言学走向成熟的标志之一。从标题上可以看出，本书试图在“女人”、“火”和“危险事物”之间建立起内在的联系。例如，“女人”的感情像“火”一样热烈，而“火”又是一种“危险事物”，“女人”、“火”和“危险事物”是三个不同的范畴，而这三个范畴之间又存在着密切的联系。这本书有一个副标题——what categories reveal about the mind（范畴揭示了思维的什么奥秘），这个副标题告诉我们，该书主要关注的是范畴与思维的关系。

所谓**“范畴”**（category），通俗地说就是对事物所归的类。**“范畴化”**（categorization）也就是将事物归类。范畴化是人类认知世界的主要方式。传统的观点认为范畴是由范畴成员的共同特征决定的，因此对外，范畴与范畴之间界限分明；对内，范畴中每一个成员的地位是平等的。这一观点后来逐渐被**“原型理论”**（prototypical theory）取代。所谓原型理论，强调范畴不是由该范畴内所有成员共有的特征来划界的。范畴与范畴之间的界限往往并不清晰。范畴内部成员之间的地位也不平等，有的是典型成员，有的是非典型成员。例如，在“体育运动”这个范畴中，一般会认为比较消耗体力的如“跑步、游泳、踢球”是典型成员，而同样归属现代体育的“棋牌”类活动，则属于非典型成员。这种范畴与范畴之间的相似性，就像一个家族中的面目各有差异的成员之间所具有的相似性，叫作“家族相似性”（family resemblance）①。在根据语法特征划分词类的时候，一组单词聚合成某一词类的方式可能是：A 有特征 1，2，3；B 有特征 3，4，5；C 有特征 5，6，7。虽然 A，B，C 之间存在相似性，但并没有成为所有成员都共有的特征，它们聚合成一个词类的根据就是这种“家族相似性”。

在这本书中，雷柯夫进一步提出，人类的概念范畴不但是由范畴成员的特性决定的，而且还与进行范畴划分的人的“体验”有关。

该书的第一、第二部分“范畴与认知模式”及“哲学蕴涵”，概括论述了有关范畴划分的许多实验现象：家族相似性、中心地位、梯度性、转喻推理、作为原型现象的生成性、概念的具体性、基本层次范畴划分和首位性，以及语言中认知范畴的使用。通过这些研究，证明了原型效应的真实性，并且就这些效应可能产生的来源提出了一些见解。然后，文章又在证明客观主义哲学谬误的基础上，进一步说明了概念范畴与真实世界的范畴之间不是简单的一一对应关系，概念结构受到现实以及作为现实的固有

① “家族相似性”是维特根斯坦（Wittgenstein）在 1953 年提出的。

组成部分的人的活动方式的强力制约。

该书的第三部分，是三个和语言学有关的实例研究。三个实例分别涉及概念、词语和语法结构三个不同的领域。第一个实例研究一个概念—— angry（“愤怒”）。第二个实例思考 over 这个单词的各项意义之间的关联。第三个实例则讨论英语中的“there 结构”。①

《体验哲学》出版于 1999 年，该书也有一个副标题——The Embodied Mind and Its Challenge to Western Thought（基于体验的心智及对西方思想的挑战）。正如这个副标题所说的那样，该书向西方传统思想发起了全面挑战，提出了“体验哲学”（Embodied Philosophy，Philosophy in the Flesh）的理论，对客观主义进行了严厉批评，并且与英美分析哲学和乔姆斯基的心智观针锋相对。

“体验哲学”对哲学、认知科学和认知语言学产生了深远的影响，被视为认知语言学的哲学基础。该理论包括三个基本原则：心智的体验性、认知的无意识性、思维的隐喻性。

心智的体验性认为：我们的范畴、概念、推理和心智并不是外部世界的客观的、真实的反映，而是由我们的身体经验所形成，特别是由我们的感觉运动系统所形成。人类大部分推理的最基本形式依赖于空间关系概念，身体、大脑和环境的互动，提供了日常推理的认知基础。两位作者在书中指出：“概念是通过身体、大脑和对世界的体验而形成的，并且只有通过它们才能被理

① 关于这本书的一些基本概念及理论背景，石毓智（1995）的《语法的认知语义基础》一书曾经有过较为详细的评介，可以作为参考。

解。概念是通过体验，特别是通过感知和肌肉运动能力而得到的。”空间概念和身体部位是我们形成抽象概念的基础。

认知的无意识性认为：人们对心智中的所思所想没有直接的知觉，即使理解一个简单的话语也需要涉及许多认知运作程序和神经加工过程。视觉、听觉、嗅觉、感觉等神经加工过程无法被意识到，大部分推理也不能被意识到。人类的范畴根据原型进行概念化，每一个原型就是一个神经结构，它能使我们进行与此范畴相关的推理和想象。

思维的隐喻性认为：隐喻基于身体经验，我们日常经验中的相关性会引导我们获得基本隐喻，它是身体、经验、大脑和心智的产物，只能通过体验获得意义。隐喻使得大部分抽象思维成为可能，它是不可避免的。隐喻的基本作用是从“始源域”将推理类型映射到“目标域”，大部分推理是隐喻性的。隐喻是人类思维的特征，普遍存在于人类的文化和语言之中。没有隐喻就没有哲学。

兰盖克（1942—　）于1966年在美国伊利诺斯大学取得语言学博士学位，此后一直在加州大学圣地亚哥分校任教。他从20世纪70年代开始从事认知语法研究，逐渐成为最有影响力的认知语言学家之一。

图21-2　兰盖克

兰盖克的语言学理论，最初称为“空间语法”（Space Grammar），后称为“认知语法”。他最经典的著作是《认知语法基础》（*foundations of cognition grammar*）。

这是一套两卷本的著作，分别于1987年和1991年由斯坦福大学出版社出版，2004年北京大学出版社出版了该书的影印本。由评价认为《认知语法基础》是认知语言学领域关于语法讨论最为详尽的一部著作。这套书的出版，被学界认为是认知语言学走向成熟的标志之一。

兰盖克在他的《认知语法基础》中认为语言是由词到句的大小不同的语言单位组成的象征系统，每个单位都是由相互对应的两极（语音和语义）组成的象征单位。语义的形成是概念化（conceptualization）的过程，是一种认知过程。而概念的形成涉及两个重要的概念，一个叫认知域（cognitive domains），一个叫意象（image）。认知域描写的是某个语义涉及的概念域，可以是一个简单的知觉或者概念，也可以是一个复杂的知识系统。兰盖克提出的意象指的是对一个客观事物或情境由于凸显的部分不同，采取的视角不同，抽象化的程度不同等差异而形成的不同的心理印象，于是也有不同的表达方式。

《认知语法基础》第一卷由三部分组成。第一部分：研究取向（Orientation）介绍了和认知语言学相关的一些基本假设（guiding assumption）和基本概念（foundamental concepts）。认知语法认为语义是语言研究的中心。句法是以语义为基础建构的。认知语言学的任务就是要描写语义结构。因此，该书的第二部分就讨论的是语义结构（semantic structure）。这一部分的开头，讨论了认知能力（cognitive abilities）的一些基本特性，在后面的几章中，又分别讨论了认知域、意象、不受时间影响的关系和过程等问题。第三部分：语法组织（Grammatical Organization）共有五章，分别讨论了配价关系（valence relations）、象征单位（symbolic units）、范畴化和语境、词类、结构描写、表达式中的构件与复合结构之间的关系等问题。

《认知语法基础》第二卷“描写应用”，是在第一卷理论介绍基础上的实战演习。这一卷也分三个部分，共十二章，分别通过考察英语名词、动词、小句和小句组合等问题，来说明认知语法可以为许多语言现象提供更加简洁和合理的描写。

塔尔米毕业于美国加州大学伯克利分校，曾经在德国、罗马和莫斯科担任教职，长期担任美国纽约州立大学水牛城分校（University at Buffalo，State University of New York）认知科学中心主任。

图 21-3　塔尔米

塔尔米从 20 世纪 70 年代初就十分关注认知语言学研究，并且写了很多有分量的论文。2000 年他出版了专著《走近认知语言学》（*Toward a Cognitive Semantics*），这是他多年研究成果的总结。这部书分为两卷，第一卷名为“概念结构化系统”（concept structuring systems），第二卷名为“概念结构化的类型和过程”（typology and process in concept structuring），全书共十六章。

在第一卷的第一章中，塔尔米就明确提出语言应该区分语法子系统和词汇子系统。这与兰盖克的词汇—语法连续统的观点是不同的。塔尔米认为语法是一个封闭的类，而词汇则是一个开放的类。一个句子在听话人头脑中产生一种认知表征，而这个句子的语法和词汇系统可以说明认知表征的不同部分：句子的语法成分决定表征的结构，而词汇成分决定其内容。在语言中，语法子系统有语义限制，而词汇子系统则没有语义限制。例如，在很多语言中，名词都有屈折形式来表达“数”的概念（例如英语中加“s”），但是却没有一种语言用语法的形式来表达“颜色”的概念，这就是一种语义对语法系统的限制。语法系统受限制的另一个表现是，即使是语法系统所能表达的语义域，其中能通过语法形式来反映的概念也是有限的。仍以“数”范畴为例，语法中的“数”，可以表达单数、复数或者多数的区别，但是却不可能用来表示“千万”或者“二十七”，这些意义仍然需要通过词汇手段来表达。

塔尔米认为词汇形式所能表达的概念是无法统计的，因为人类的经验、知识是无限的。但是语法系统作为一个封闭的类是可以描写的。他本人的研究兴趣就主要集中在描写和解释语法子系统的特征和组织方式。

塔尔米提出，不同的语法成分在特定的概念范畴中被模式化，这些特定的范畴就是“图式范畴”。图式范畴合起来构成综合的概念结构系统，他称之为“图式系统”（schematic systems）。图式系统至少包括四类：构型系统（configurational system）、注意力系统（attentional system）、视角系统（perspectival system）和力量—动态系统（force-dynamics system）。正是通过这些图式系统及图式范畴，塔尔米试图说明人类的认知是如何通过语法来表达的。

第二节　认知语言学的理论基础和主要内容

认知语言学认为语言是人的智能活动之一，是人类认知的一个组成部分，两者有着密切的联系。认知语言学对于语言和认知之间的关系的基本观点可以归结如下：

1. **认知是语言的基础，语言是认知的窗口：**认知语言学主张，认知发展先于语言，并决定语言的发展，语言是认知能力发展到一定阶段的产物，也只有认识了的事物才能用语言表达出来。而且，从认知能力发展的观点看，认知具有“前语言阶段”（pre-linguistic stage），即认识了的事物还尚未发展到具有外在语言符号的阶段。

2. **语言能促进认知的发展：**皮亚杰曾经说过，语言不能包括全部的认知能力，也不能决定认知能力的发展，但是语言能促进认知能力的发展。语言的产生对认知能力的发展起很大的促进作用。一方面语言能帮助人们更好地思维和认知新事物；人们可以借助于已有的语言更好地认识具有一定关联的新事物。另一方面，有了语言，人们才可以交流思想，交换信息，增加经验，从而互相沟通认识，互相调整、适应、趋同，促进种系和个体认知的发展。

3. **语言是巩固和记载认知成果的工具：**人们认识客观世界的全部过程有两个途径：一个途径是通过直接经验，另一个途径是通过间接经验。对一个人来说是间接经验的东西，其实是他人或前人的直接经验。人的直接经验和认知只有通过语言（口头或文字的）才能表达、交流、记载、保存，从而传给下一代，成为后人间接的认知成果。人们对客观世界的认识也只有依靠语言才能变为集体的认识，使之成为全社会的、全人类的认知成果，一代一代传下去，不断积累，不断巩固。就语言本身而言，认知语言学认为语言不完全是形式的东西，不是一套规则系统，不能用生成和转换以及对形式描述的方法来对语言共性进行解释。语言的词汇和语法结构都是不同层次的语言单位，是形式与意义相结合构成的具有内在结构的象征符号，具有真实的认知地位。句法的不同形式来自并反映不同的语义。语义不是基于客观的真值条件，而是对应于认知结构的，表层形构又直接对应于语义结构，所以，认知语言学认为语义结构才是语言研究的重点。语言的意义不限于语言内部，而是植根于人与客观世界的互动的认知，植根于使用者对世界的理解和信念。因此，语义知识和语用知识是不可分的，而语言形式是认识、语义、语用等形式之外的因素促动的结果。

认知语言学是在对认知科学一些基本问题进行深刻反思后而形成的新的认知观的基础上建立的，是批判地继承和创新的结果。认知语言学的认知结构完形的组织原则来源于格式塔心理学，它的主客观互动的信念来自皮亚杰的心理发展的相互作用论。认知语言学也接受了认知心理学中关于原型和范畴的研究。意象、图式和扫描的观念直接受到认知心理学关于表象和知觉研究的启发。

认知语言学的心理学基础是**"认知心理学"**（cognitive psychology）。认知心理学在 20 世纪 60—70 年发展迅速，成为心理学的一个占主导地位的分支。认知心理学的贡献不仅在于它使用信息加工论作为认知内部心理机制的新方法，还在于它主张人的一切行为受其认知过程的制约，因此需要研究认知活动本身的过程和结构，从而揭示智力的本质。认知语言学继承和发展了经验联想主义和认知心理学的一些观点，从人的生理基础出发，认为大脑与人身不可分，认为大脑的认知是以自身为基础向外扩展的，大脑的思维开始于大脑所存在的、与外界发生作用的人自身。认知是人对客观世界的感知与经验的结果，是人与外部世界相互作用的产物。认知最基本的要素是基本范畴（basic category）和动觉图式（motor schema），而基本范畴和动觉图式是通过人自身与外界发生作用而直接被理解的，其他概念和范畴是通过隐喻认知和转喻认知模式而间接被认识的。认知具有自己动态的完整结构和模式，不是机器可以模拟的。认知心理学的这些研究成为了认知语言学的心理学基础。

认知语言学的哲学基础是"体验哲学"（Embodied Philosophy 或 Experientialism），体验哲学是对传统的经验主义（empiricism）和理性主义（rationalism）的一次强有力的冲击。

传统的经验主义和理性主义都认为现实世界中的范畴、关系是一种客观存在，独立于人的意识；概念虽然是人的思维的产物，但是概念范畴只是对客观存在的真实反映。

体验哲学的基本观点是现实世界中的范畴、关系是通过人的主观作用被认识的，人们的思维、心智，概念结构和意义系统的形成是人与外部世界互动的结果，而不是对外部世界的简单反映。例如，婴儿通过呼吸、进食、排泄而体验到"里"和"外"的概念对立，通过不断地抓起玩具而又放下的身体动作而体验到

“控制”和“被控制”的概念对立。人的整个概念系统都植根于知觉、身体运动和人在物质和社会环境中的体验。

与此同时，体验哲学还认为，概念和概念系统的形成受到人的身体构造的制约。例如，人类对颜色的认识就与视网膜的生理构造密切相关。

传统的观点认为，不同语言有不同数目的颜色词，这些颜色词是对色谱随意切分的结果。1969 年，布林德·贝尔林（Brent Berlin）和保罗·凯伊（Pal Kay）对 98 种语言中颜色词进行分析后发现①，在这些语言的颜色词中有一定的规律在制约着，否定了传统上那种“想当然”的错误认识。

他们发现，一种语言中包含颜色词的数量和某个具体的颜色范畴出现的概率存在如下规律：

1. 如果一种语言只有两个颜色词，那最有可能的颜色词是“黑”和“白”；
2. 如果一种语言有三个颜色词，那最有可能的颜色词是“黑”、“白”和“红”；
3. 如果一种语言有四个颜色词，那除了“黑”、“白”“红”三种颜色之外，第四个颜色词是在“黄”、“蓝”“绿”三种颜色中选择；五个颜色词、六个颜色词的选择依此类推。“黑”“白”“红”“黄”“蓝”“绿”等六个颜色叫作焦点颜色（focal colors 或 foci）。

---

① Brent Berlin and Paul Kay, Basic Color Terms: Their University and Evolution, Berkeley & Los Angeles: University of California Press, 1969.

4. 除了上述六个焦点颜色之外的颜色是混合色，例如，“紫”是由“红”和“黑”混合而成的。如果一种语言有多于六个的颜色词，那其他的颜色词就要在六个焦点颜色之外的混合色中进行选择。

这些颜色词的选择存在着如下的层级关系：

黑/白 > 红 > 黄/蓝/绿 > 棕 > 粉/橙/灰/紫

那么究竟是什么因素决定了每种语言中存在上述的层级关系呢？

1968 年，德沃勒瓦（R. L. Devalois）和他的同事雅可布斯（G. H. Jacobs）从视觉神经的角度对这个问题进行了探索。他们研究了一种与人类具有类似视觉神经系统的猴子，发现视网膜中存在六种与颜色有关的细胞：四种细胞决定色类，两种细胞决定亮度。前四种细胞中又分两组：一组细胞感知“蓝”和“黄”，一组细胞感知“红”和“绿”。亮度细胞专门感知“黑”和“白”：亮度达到最大极限就是“白”，亮度达到最小极限就是“黑”。因此，“黑”“白”“红”“黄”“蓝”“绿”等六种最常见的焦点颜色以及它们出现的概率，很可能是由人类视觉神经系统决定的，人类语言的焦点颜色与人类视觉神经系统的生理基础之间存在着明确的一致性。这个重要的科学发现发表在顶级刊物《科学》（Science）杂志上①。

布林德·贝尔林和保罗·凯伊进一步推广了德沃勒瓦和雅克

① R. L. Devalois and G. H. Jacobs, Prime Color Vision, Science 162, 1968: 533—540.

布斯的结论。他们推测，“棕”“粉”“橙”“紫”等混合颜色很可能来自人类的模糊识别能力。例如，“紫”色很可能是“红”和“黑”两种细胞模糊感知的结果。

雷柯夫用上述颜色词的例子说明，语言中的范畴不是客观地存在于人类的思维之外的，它们不能独立于人类之外，它们的形成受制于多方面的因素，除了人类的生理基础之外，还包括外在的物质世界、人类的认知能力、人类文化上的需求等等。这些都成为了体验哲学的重要论据。

1973 年，罗施（E. Rosch）对于焦点颜色的心理背景进行了探索，发现焦点颜色源于前语言的认知（pre-linguistic cognition），焦点颜色在感知上的凸显（perceptually salient）源于人类视觉器官对颜色词的感知。他对 3 岁到 4 岁的儿童的试验证明，焦点颜色在感知和记忆中是凸显的，它们比其他颜色的辨认更加准确，学习和回忆起来更快，因而也就更加有利于识别和分类。

罗施把颜色词焦点颜色的研究扩充到其他物体的研究，也发现了同样的现象，于是他把“焦点”（focus）换成了“原型”（prototype）。这样一来，“焦点颜色”（focal color）就成了“原型颜色”（prototypical color）。他把“原型颜色”的规律推广到其他的物体，于是，他发现，“原型”具有普遍性，“原型”对于范畴的形成具有普遍意义。

例如，他对“鸟”（bird）这个范畴进行试验，列出了“鸟”的 13 种属性，这些属性包括：会生蛋，有喙，有双羽和双腿，有羽毛，等等。他发现，鸟范畴具有原型结构，知更鸟是与其他成员具有更多共享属性的成员，所有其他成员与原型具有相似性。

原型是物体范畴最好、最典型的成员，而其他成员具有程度不同的差别。例如，“麻雀”就比“鸵鸟”更加接近于“鸟”的范畴。所以，对范畴的确定是一个围绕原型建构的模糊的识别过程。

从20世纪70年代开始，罗施等学者为代表对“鸟”（bird）、“杯子”（cup）、“水果”（fruit）、“家具”（furniture）、“蔬菜”（vegetable）、“玩具”（toy）、“车辆”（vehicle）、“服装”（clothing）等概念，采用上述的方法做了一系列深入的定量实验研究，发现了在范畴化中起到关键性作用的就是认知上显著的“原型范畴”（prototypical category）。

以原型范畴为关键的范畴化（categorization）具有如下的特点：

第一，范畴不是对客观事物的任意切分，而是基于大脑范畴化的一种认知能力。

第二，范畴化的依据是事物的“属性”（attributes）而不是事物的“基本特征”（essential features）。属性是事物性质的心理体现，与人们认知及现实的互动模式密切相关；而基本特征是事物固有的本质属性，它们与主体认知无关，是客观而独立的存在的。

第三，对自然类的范畴化而言，传统理论所说的那些起定义作用的特征往往难以找到。例如furniture（“家具”）这个单词，在著名的《韦伯斯特英语词典》中定义为“movable article used in readying an area as a room or patio for occupancy or use（用于装备房间、内院之类的地方，使便于居住或者使用的可移动物件)"，在词典的定义中，只是勉强找出的非确定性的描述，而没有提供可以据此来确切分类的充分必要条件。例如，我们很难确定“壁柜”“电话”“地毯”等“可移动物件”是不是也属于 furniture。

第四，自然类的边界往往是模糊的，相邻范畴常常不是由严格的边界截然分开，其边缘成员往往与相邻范畴互相重叠、互相交叉。

第五，自然类各成员地位并不相等，其中有较好的和较差的成员之分。最好的成员就是那些最具有原型性（prototypicality）的成员，最差的成员与最好的成员之间存在着等级的差别。所有事物的认知范畴都是以概念上凸显的原型定位的，原型对范畴的形成起着重要的作用。

第六，范畴中原型性更高的成员具有更多的与同类其他成员共有的属性，同时还具有更少的与相邻类别成员共有的属性；也就是说，就属性而言，原型成员最大限度地区别于其他范畴的原型成员，而非原型成员（或者叫做边缘成员）与同类其他成员共有的属性较少，而可以与相邻范畴共有一些属性。

第七，实体范畴化的评估，所涉及的心理过程不仅只是属性的计算，而更多的是“完形感知”（Gestalt Perception），这种完形感知把范畴化对象中功能重要、视觉显著的部分整合为一个整体。

基本等级范畴是典型的原型范畴，体现为范畴成员之间具有最大的“家族相似性”。原型在基本等级范畴中得到最好的体现，基本范畴具有明显的原型成员。所以，基本范畴是人们认识世界最直接、最基本的层面，是人们对世界进行范畴化的有力工具。

语言深深地扎根在认知结构之中。隐喻（metaphor）是一种重要的认知模式，是新的语言语义产生的根源。

雷柯夫将隐喻纳入人的行为活动、思维方式、概念范畴、语言符号等领域作全面细致的研究，提出了概念隐喻（Conceptual metaphor）的命题并将概念隐喻分为三类：结构隐喻、实体隐喻和方位隐喻。

结构隐喻（Structural metaphors）是指以一种概念的结构来构造另一种概念，使两种概念相叠加，将谈论一种概念的各方面的词语用于谈论另一概念。

例如，spend 这个词最早是用于谈论“金钱”（money）的，后来被用来谈论“时间”（time）“能量”（energy）“力量”（force）“燃料”（fuel）等，这就是结构隐喻。如果用于谈论“时间”（time），就形成的 TIME IS MONEY（“时间就是金钱”）的隐喻。

我们可以说：

This gadget will save you hours.

（这个小机械将为你节省时间）

I don't have the time to give you.

（我没有时间给你了）

How do you spend your time these days?

（这些天来你是怎样消磨你的时间的呢？）

大量的表达方式证明，ARGUMENT IS WAR（“争论就是战争”）也是一个结构隐喻。

我们可以说：

Your claims are indefensible.

（你的断言是无法防守的）

He attacked every weak point in my argument.

（他攻击我论据中的每一个弱点）

His criticisms were right on target.

（他的批评正中要害）

I demolished his argument.

（我推翻了他的论点）

I've never won an argument with him.

（我从来也没有在争论中战胜过他）

人们在争论时所说的话，大部分都是由战争的概念构成的，“争论就是战争”这样的隐喻决定了人们对于争论的认识和理解都是由战争的概念构造而成的。

实体隐喻（Ontological metaphors）是指人类最早的生存方式是物质的，人类对物质的经验为我们将抽象的概念表达为“实体”提供了物质基础。在实体隐喻概念中，人们将抽象的和模糊的思想、感情、心理活动、事件、状态等无形的概念作为具体的有形的实体。

最典型的实体隐喻是容器隐喻（container metaphor）。人是独立于周围世界之外的一个实体，每一个本身就好比一个容器，有身体的分界面，有内部和外部，等等。人们将这样的概念投射到人体以外的其他物体，如房子、丛林、田野、地区，甚至将一些无形的、抽象的事件、行为、活动、状态也看做容器。例如，我们可以说，

The ship is coming into view.

（“这个轮船正在开进视野”，这里把“视野”比作容器）

Are you in the race on Sunday?

（“你参加了星期日的赛事没有?”，这里把“赛事”比作容器）

There is a lot of land in Kansas.

（“在康萨斯地区有很多土地”，这里把“地区”比作容器）

We're out of trouble now.

（“现在我们终于摆脱麻烦了”，这里把“麻烦”比作容器）

方位隐喻（Orientational metaphors）是指参照方位而形成的一系列隐喻概念。空间方位来源于人们与大自然的相互作用，是人们赖以生存的最基本的概念：“上—下”，“前—后”，“深—浅”，“中心—边缘”等，人们将这些具体的概念映射到情绪、身体状况、数量、社会地位等抽象的概念上，形成了用表示方位的词语来表达抽象概念的隐喻方式。

例如，用 up 隐喻“高兴”，用 down 隐喻“悲哀”。形成“HAPPY IS UP；SAD IS DOWN”的方位隐喻。我们可以说，

I'm feeling up.

（我感到兴高采烈）

You're in high spirits.

（你的精神高昂）

I'm feeling down.

（我感到情绪低下）

对于**“语言象似性”**（iconicity）的研究是认知语言学的一个重要方面。象似性是说，语言的能指和所指之间，语言的内容与表达形式之间存在着一种必然的联系，两者之间的关系是可以论证的，是有理据的（motivated）。豪斯霍尔德（Householder）认为，英语中 91% 以上的词具有理据性。雷柯夫和詹森曾以 refrigerator（“电冰箱”）这个派生词为例来说明单词的理据性。这个派生词是由 re-frig-er-at-or 等语素构成的，每个语素都有一个意义，它们都对整个词的意义起到一定的构成作用，如果将它们组合起来，则可预测出其义为：“使物品再次变冷的某种事物”，当然整个的派生词比起它的各个语素组合得出的意义会多些或少些，但可见这个派生词的意义相对于语素的意义绝不是任意的。一般说来，构成派生词的语素对大部分派生词的意义都是有理据的。这种理据性也就是语言的象似性。

认知语言学把语言的象似性分为两种：一种是“拟象象似性”，一种是“隐喻象似性”。

拟象象似性指的是句法结构与认知结构之间彼此映照的现象。如果语言表达中的长短、顺序或者构成成分之间的关系与所表达的概念内容或经验内容存在一致的时候，我们就说，这种语言表达具有象似性。

例如，下面两个句子：

（1）Mary doesn't think he'll leave until tomorrow.

（Mary 不认为明天之前他会离开）

（2）Mary thinks he won't leave until tomorrow.

（Mary 认为明天之前他不会离开）

句子（1）中的否定词 not 与动词 leave 相距较远，否定 leave 的意义较弱；句子（2）中的否定词 not 与动词 leave 直接毗邻，否定 leave 的意义较强。这说明，两个单词之间在形式上距离接近，在语义上就会得到加强。

拟象象似性有如下几种：

1. 顺序象似性（sequencing iconicity）：事件发生的时间顺序或概念的时间顺序与语言描述的线性顺序相对应。例如，

（1）He opened the bottle and poured himself a glass of wine.

（他打开瓶子给自己倒了一杯酒）

（2）She closed the window and they left.

（她关上窗子，他们就离开了）

客观世界中行为的先后顺序与语言的句子中单词的先后顺序相对应，反映了客观世界、认知和语言的一致性。

接近象似性（proximity iconicity）：认知上相近的概念在语言形式的时间和空间上也接近。从信息处理的角度看，相邻的概念就容易快读被激活，从而缩短处理时间。例如，在英语的名词短语"the famous delicious Italian pepperoni pizza"和"the old black wooden desk"中，多个形容词修饰中心名词，与中心名词概念越接近的形容词离开中心名词越近。在英语的名词短语"the beautiful big old red wooden house"中，由于 wooden 对于 house 来说是最本质的，因此最靠近中心名词 house；而 beautiful 纯粹是主观性的，因此置于该名词词组的最前面；old 对于房子来说既不

是本质的（因为房子不可能一开始就是 old 的），也不是纯粹主观的（因为它与某一时间标准相关），因此比 beautiful 更靠近中心名词，比 wooden 更远离中心名词；red 不完全是本质性的（因为可以将房子重新油漆成其他颜色），但比 old 更加本质，因为 old 纯粹取决于相对于建房时间的讲话时间；至于物理特性"big"比 beautiful 的主观性要小，但比 old 主观性要大，所以置于 beautiful 与 old 之间。

2. 数量象似性（quantitative iconicity）：概念上信息量大、更重要、更难预测的信息，其语言表达也就更长、更复杂。例如，下面两组句子：

（1）On the Brighten train from Victoria，I met her.

（在来自 Victoria 的 Brighten 列车上，我遇见了她）

（2）On the Brighter train from Victoria，I met this fair-haired，fragile and beautiful creature.

（在来自 Victoria 的 Brighten 列车上，我遇见了这个金色头发的、娇嫩而又漂亮的美人）

这两个句子相比，句子 b 比句子 a 的信息量大，因而也就更长、更复杂。

3. **对称象似性**（symmetric iconicity）：在认知上具有同等重要性的信息，在语言中常常采用并列结构来表达，它们之间具有对称性。

4. **非对称象似性**（asymmetric iconicity）：在认知上具有凸显性的信息在语言中往往处于话题的位置。

第二种象似性是隐喻象似性。这种象似性是从一个概念到另一个概念，从一个认知域映射到另一认知域的象似性。人的概念结构映射客观世界，语言映射概念结构，语言形式映射方位结构，因此，隐喻象似性是非常普遍的。这个问题我们在讨论“概念隐喻”时已经说明，兹不赘述。

认知语言学可以分为两大基本内容：**认知语义学**（cognitive semantics）和**认知语法学**（cognitive grammar）。

认知语义学的研究主要关注经验、概念系统和语义结构编码之间的关系，研究知识的表达（概念结构）和语义的结构（概念化）。认知语义学认为语言是观察认知现象的窗口，因此对语言的意义非常关注。

认知语法学更关注语言系统本身，而不是心智特征。认知语法学把认知语义学的研究成果作为自己研究的起点，认为语义是语法研究的中心。

认知语义学和认知语法学虽然有所区分，但是它们之间的联系却非常紧密，大部分认知语言学家都认为，将词汇语义和语法结构结合起来考察是非常必要的。

认知语义学有四个基本原则：

1. 概念结构是体验性的

和前面提到的体验哲学相关，认知语义学认为人们对于“真实世界”的理解和认识在很大程度上是与我们自身的身体的体验相关的。人们谈论的都是能观察和感觉到的世界，而这些被观察和感觉的事物都与人们的身体体验有关。从这个角度来说，人类的思维来源于身体的体验。前面提到的人对颜色的感知与视网膜构造之间的关系都支持这样的认识。

2．语义结构大致等同于概念结构

这个原则是说，语言所表达的其实是说话者的心理建构起来的概念，而并不是对外部世界的直接客观的表现。换句话说，语义结构与概念结构是等同的。

当然，这里所说的语义结构的等同于概念结构，并不意味着两者是一模一样的。认知语义学认为，通过语词这样的语言单位所表达的意义，只能表达部分的概念；因为人们所具有的思想、观念和感情，要远远多于语言编码的形式，所以准确地说，语义结构只是大致等同于概念结构。兰盖克在1987年曾经举例说，我们的概念上有这么一个地方，指鼻子和嘴之间那个长胡子的地方。我们需要这个概念来理解长在此处的毛发称为胡子。但是，英语中却没有一个单词来指称这个地方。

3．语义描写需要百科知识

认知语义学认为语言单位所表达的意义，并不仅仅是词典里所说的意义。对于语义的描写和理解往往要借助百科知识。例如，如果我们在海滩上说如下的两句话：

（1）这个孩子很安全。

（2）这个海滩很安全。

第一句话中的“安全”指的是孩子不会受到伤害。而第二句话中的“安全”就不是说海滩不会受到伤害，而是指在这个海滩上使孩子受到伤害的可能性微乎其微，这就涉及海滩的地理位置、安全设施等足以证明海滩是安全的百科知识。

可见，很多词语的意义，需要在一定的语境下借助于百科知识来理解。

4．意义构造就是概念形成过程

这一原则是说意义是在概念层面形成的，语词等语言单位知识只是概念化过程的提示符和背景知识的补充。

与认知语义学相关的理论有意象图式、范畴和理想认知模型、概念隐喻、转喻、整合、思维空间理论等。

认知语法学对语法的关注点有所不同。有的研究者主要关心的是能够解释语法现象的认知机制和原则；有些研究者则主要关注与语法有关的语言单位和构式（construction）的形成及其作用；还有一些研究者关心语法变化，研究语法化（grammaticalization）现象。

尽管研究取向有所不同，但是认知语法学都以语义研究为中心和基础，并同时遵循以下基本原则：

1．语言在本质上是象征性的

认知语法学认为语法的基本单位是一个形式—意义的配对的象征单位。在兰盖克的认知语法中将其称为“象征组配”，在构式语法中则称之为“构式”。在兰盖克看来，语音单位和语义单位构成象征单位的两极（poles）。语音单位就是“形式”，语义单位就是“意义”。在这一点上，认知语言学与索绪尔的观点是一致的，即认为语言是一个象征符号系统。其中的语义极（semantic pole）就是“所指”，语音极（phonological pole）就是“能指”。这一观点直接推导出来的结论是，语义是语言研究的中心，无法脱离意义来研究形式。

在此基础上，兰盖克进一步指出，各级语言单位，从 cat（“猫”）这样的词汇单位，到被动式、双宾句这样的语法构式，都是象征单位，它们只是在抽象程度和复杂程度上有所不同。这不仅意味着无法脱离意义来研究形式，而且是认为词汇和语法之间只是一个连续统，研究语法，就要研究构成语言的各级单位。

任何一个在一定程度上可以分析的多词素符号都不是任意的。例如，stapler（订书机）用于指 stapling device（用于订书的工具）绝不是任意的。拟声词显然是具有理据性的，除了拟声词之外的其他单词素符号，从发展的角度看也不是完全任意的，而是有理据的。

句法结构也具有内在象征性。意义是语言的中心，句法只是语义内容的重组和象征化（symbolization）。语言不是一个自足的认知系统，对于语言的描述必须参照人的认知过程。

2. 句法不是自主的规则系统，而是语义结构的常规象征

句法受到语义影响，语义结构相对于人的开放的知识系统，它的语义值不仅要反映所感知的事物的内容，而且也要反映感知的构造方式。

3. 语法是意象的

意象（imagery）是人类认知的基本成分之一，是概念在大脑中形成的构思方式。兰盖克认为，意象是在没有直接外在刺激时可出现的类似的知觉感受。人们以不同的视角，选择不同的关注点，凸显不同的方面来观察某一情境，形成不同的意象，以便去理解和把握某一感知到的事物或情境。同一个情境，由于观察方式的不同和观察角度的不同，在大脑中形成的意象也不同，从而产生不同的表达方式。对于单词、短语和句子的意义的描述离不开意象，每一个表达式都有一个伴随的意象构造其概念内容。不同的语言表达式可以以不同的意象去构思观察到的同一个情景，从而形成不同的概念内容。语法象征体系为概念内容提供了一系列构造意象的不同方式。例如，下面两个句子：

（1）Bill sent a walrus to Joyce.

（Bill 送一只海象给 Joyce）

（2）Bill sent Joyce a walrus.

（Bill 送给 Joyce 一只海象）

句子（1）中使用介词 to 来象征 walrus（海象）的转移方向，凸显了转移这个事件。句子（2）中没有出现 to，两个名词短语 Joyce 和 a walrus 并列地处于动词之后，凸显了 walrus 的转移结果，说明了 Joyce 对于 walrus 的所有权。（1）和（2）两个句子在听话人的大脑中形成的意象是不同的，它们凸显了不同的侧面，象征着不同的意义。因此，兰盖克说，“语法是意象的”（grammar is thus imagic in character）。

4. 语言现象不是界限分明的“非此即彼”的问题，而是一个程度问题

语言的规范或不规范，语法范畴的划分，词义的范畴，词类的划分，都有一个程度问题。这反映了语言的复杂性。

认知语言学坚持体验哲学的观点，以身体经验和认知为出发点，以概念结构和意义研究为中心，着力寻求语言事实背后的认知方式，并通过认知方式和知识结构等对语言做出统一的解释。这是现代语言学中一个新兴的、跨学科的重要流派。

本章参考文献

1. F. Ungerer and H. J. Schmid, An Introduction to Cognitive Linguistics, 北京：外语教育与研究出版社，牛津：牛津大学出版社，2001.
2. William Croft and Alan D. Cruse, Cognitive Linguistics, CUP. 2004.
3. Rene Dirven, Cognitive exploration of language and linguistics, John Benjamins. 1998.
4. George Lakoff and Mark Johnson, Metaphors We Live By, Chicago University Press. 1980.
5. George Lakoff, Women, Fire and Dangerous Things, University of Chicago Press. 1987.
6. Ronald Langacker, Foundations of Cognitive Grammar, Vol. 1. Stanford University Press. 1987.
7. John Taylor, Linguistic Categorization (second edition), OUP, 1995.
8. 王寅，认知语言学的哲学基础：体验哲学，《外语教学与研究》，2002年，第3期。
9. 王寅，认知语言学与两代认知科学，《外语学刊》，2002年，第1期。
10. 王寅，《认知语言学》，上海：上海外语教育出版社，2007年。
11. 束定芳，语言的认知研究，《认知语言学论文精选》，上海：上海外语教育出版社，2004年。
12. 赵艳芳，《认知语言学概论》，上海：上海外语教育出版社，2000年。
13. 赵艳芳，认知语言学的理论基础及形成过程，《外国语》，2000年，第1期。
14. 赵艳芳，认知语言学研究综述，《解放军外国语学院学报》，2000年，第9期。

15. 石毓智《语法的认知语义基础》，江西教育出版社，2000 年。

16. 石毓智，《认知语言学的“功”与“过”》，《外国语》，2004 年，第 2 期。

17. 张敏，《认知语言学与汉语名词短语》，北京：中国社会科学院，1998 年。

18. 赵彦春，先验与本质的缺失——认知语言学学理反思之一，《外语学刊》，2007 年，第 6 期。

19. 沈家煊，句法象似性问题，《外语教学与研究》，1993 年，第 1 期。

20. 傅玉，L&J 认知语言理论与乔姆斯基语言理论的哲学冲突，《重庆文理学院学报》（社会科学版），2008 年，第 5 期。

21. 牛立伟，认知语言学在中国——中国认知语言学研究十年调查与分析，《四川外语学院学报》，2005 年，第 5 期。

22. 柯航，认知语言学概述，载《现代语言学名著导读》，北京大学出版社，2009 年。

第二十二章 数理语言学

近年来，数学方法在语言研究中得到了越来越加广泛的运用，语言学家越来越加关注语言学中的数学方法①。本章介绍数理语言学中的代数语言学和计量语言学的主要研究成果，希望读者密切关注现代语言学中这个新方向的进展。

第一节 数理语言学的学科结构

用数学来研究语言的想法，早在19世纪末叶到20世纪初年就有人提出过了。

1847年，俄国数学家布良柯夫斯基（B. Buljakovski）认为可以用概率论方法来进行语法、词源和语言历史比较的研究。

1851年，英国数学家德莫根（A. De Morgen）把词长作为文章风格的一个特征进行统计研究。

1894年，瑞士语言学家索绪尔（De Saussure）指出，在基本

---

① B. H. Partee等，Mathematical Methods in Linguistics，冯志伟导读，世界图书出版公司，2010年。

性质方面，语言中的量和量之间的关系，可以用数学公式有规律地表达出来，他在1916年出版的《普通语言学教程》中又指出，语言好比一个几何系统，它可以归结为一些待证的定理。

1898年，德国学者凯定（F. W. Kaeding）统计了德语词汇的在文本中的出现频率，编制了世界上第一部频率词典《德语频率词典》。

1913年，俄国数学家马尔可夫（A. A. Markov）采用概率论方法研究过《欧根·奥涅金》中的俄语字母序列的生成问题，提出了马尔可夫随机过程论。

1904年，波兰语言学家博杜恩（Baudouin de Courtenay）指出，语言学家不仅应当掌握初等数学，而且还要掌握高等数学，他表示坚信，语言学将日益接近精密科学，语言学将根据数学的模式，更多地扩展量的概念，发展新的演绎思想的方法。

1933年，美国语言学家布龙菲尔德（L. Bloomfield）提出一个著名的论点："数学只不过是语言所能达到的最高境界。"

1935年，加拿大学者贝克（E. Varder Beke）提出了词的分布率的概念，并以之作为词典选词的主要标准。

1944年，英国数学家尤勒（G. U. Yule）发表了《文学词语的统计分析》一书，大规模地使用概率和统计的方法来研究词汇。

然而，无论是布良柯夫斯基、索绪尔、博杜恩和布龙菲尔德的想法和信念也好，还是马尔可夫、德莫根、凯定、尤勒的实际研究也好，都没有对当时的语言学研究发生显著的影响。这是由当时的社会实践的要求决定的。因为当时的语言学，主要是为语言教学、文献翻译、文学创作和社会历史研究服务的。在这样的实践要求下，语言学没有多大的必要与数学接近。

进入20世纪后，随着用数学方法对语言学各个层面的深入研究，产生了**“数理语言学”**（mathematical linguistics）这个新兴学科。

1955年，美国哈佛大学首先创办了数理语言学讨论班，1957年正式开设了数理语言学课程。接着，麻省理工学院、密歇根大学、宾夕法尼亚大学、印第安纳大学、加利福尼亚大学都相继开设了数理语言学课程。同年，日本成立了计量语言学会，创办了数理语言学杂志《计量国语学》，德国的波恩大学也开设了数理语言学课程，苏联在莫斯科大学、列宁格勒大学及莫斯科国立第一外国语师范学院也进行了数理语言学的研究工作。1958年，莫斯科大学、高尔基大学、萨拉托夫大学、托姆斯克大学，分别给数学系及语文系的学生开设了数理语言学的选修课，并在列宁格勒大学设置了数理语言学专业。

此外，罗马尼亚、匈牙利、捷克、英国、法国、挪威、波兰、瑞典等国，都先后开展了数理语言学的研究工作，有的国家还创办了专门的刊物，成立了专门的研究机构。

近年来，数理语言学成了语言学、数学、计算机科学、人工智能等学科所共同关注的重要领域。在有关上述学科的国际学术会议上，数理语言学经常是中心议题之一。

数理语言学的研究应该从语言的内部结构和语言的交际活动两方面来进行，也就是说，我们可以把数理语言学的研究分为对作为符号系统的语言的数学性质的研究和对作为交际活动的过程及结果的言语的数学性质的研究两个部分。

作为符号系统的语言，本质上是由一些离散的单元构成的，我们可以采用集合论、数理逻辑、算法理论、图论、格论等离散的、代数的方法来研究它，这方面的研究就叫作**"代数语言学"**(algebraic linguistics)。

在言语中，在用语言进行交际的活动中，有的语言成分使用得多些，有的语言成分使用得少些，各语言成分的使用有一定的随机性，而交际过程本身，又是一个信息传输的过程，我们可以使用概率论、数理统计和信息论等统计的、非离散数学的方法来研究它，这方面的研究就叫作**"统计语言学"**(statistical linguistics)。

当然，在语言与言语、语言能力与语言运用之间也是有联系的。因此，在代数语言学和统计语言学之间也是有联系的：我们要研究作为符号系统的语言的数学性质，就要注意到各语言成分的统计特征，而在对言语作统计研究时，也必须考虑到整个语言符号系统的总体。

在数理语言学中的语言统计研究的基础之上，诞生了一个新的分支，叫作**"计量语言学"**(quantitative linguistics)。

1964年，英国统计学家赫丹（Gustav Herdan）首次使用了"计量语言学"这个术语。他出版了《计量语言学》(*Quantitative Linguistics*，1964)、《语言作为选择和机会的理论》（*Advanced Theory of Language as Choice and Chance*，1966）等著作，产生了广泛的影响。

当代计量语言学的主要代表人物都是来自德国和东欧地区的，其中最著名的是德国波鸿大学（Bochum University）的阿尔特曼（Gabriel Altmann）教授和德国特里尔大学（Trier University）的柯勒（Reinhard Köhler）教授。目前有两本计量语言学的国际学术刊物 Journal of Quantitative Linguistics 和 Glottometrics，前者为 International Quantitative Linguistics Association（IQLA，国际计量语言学协会）的会刊①，是 SSCI 的国际检索刊物②。国际著名的语言学出版社 Mounton de Gruyter 正出版一套 Quantitative Linguistics 图书系列，已出 60 多种。

计量语言学以真实的语言交际活动中呈现的各种语言现象、语言结构、结构属性以及它们之间的关系作为研究对象，使用概率论、随机过程、微分方程、函数论等统计的、非离散的数学定量方法，对其进行精确的度量、观察、模拟、建模和解释，以探索语言现象中隐藏的数学规律，刻画语言的数学面貌，揭示语言系统的自适应机制以及语言演化的动因，从而发现自然语言中存在的各种定律，如分布定律、函数定律、演化定律等。因此，计量语言学是以真实语料为基础、用计量的方法来研究语言的结构和发展规律的一门语言学科。

计量语言学和代数语言学的研究是有区别的。代数语言学的研究一般采用代数、集合、逻辑等方法对语言的结构特征进行描述，是一种对语言的定性描述，这种研究基本上是静态的，例如，乔姆斯基的形式语言理论、库拉金娜的语言集合论模型、巴希勒的范畴语法，这些理论的目的在于建立自然语言的形式模

① IQLA 网址：http：//www. iqla. org/。

② SSCI 是 Social Science Citation Index（社会科学引文索引）的简称。

型，包括生成模型、分析模型、辨识模型。而计量语言学关注的是语言的定量特征，这些特征对于描述和理解语言系统及其组成成分的发展和运作是至关重要的，这样的研究往往是动态的，这些研究的目的在于建立自然语言的分布定律、函数定律、演化定律。例如，齐普夫定律、蒙采拉特-阿尔特曼定律、毕奥特洛夫斯基-阿尔特曼定律等，这样的研究是数理语言学中统计语言学的进一步完善和发展；所以，计量语言学可以看成是数理语言学的一个分支①。

总起来说，数理语言学的学科结构可以图示如下（图 22-1）：

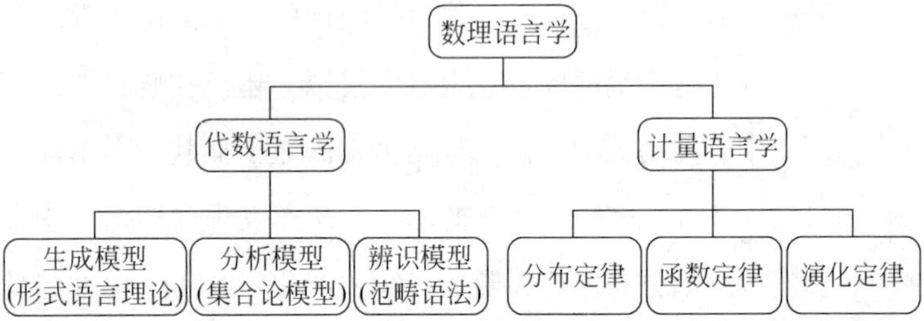

图 22-1　数理语言学的学科结构图

下面，我们分别来介绍代数语言学和计量语言学。

第二节　语言模型

代数语言学采用集合论、数理逻辑和算法理论等离散数学的方法来研究语言的数学模型，建立语言模型理论，从而为自然语

① 关于数理语言学的进一步知识，请参看冯志伟的《数理语言学》（增订本）一书。

言的信息处理提供理论基础。

语言模型是语言客观事实的模拟。它是人们为了解释语言客观事实而设计出来的抽象系统，它并不完全等同于语言客观事实，而只是语言客观事实的某种近似物。在语言模型与语言客观事实之间，可以建立某种对应关系。但是，语言模型并不能完全充分地描写语言客观事实，它只提供出语言中个别成分（词、句子等）的性质及关系（句法、形态等）的抽象描写。语言客观事实的完全充分的描写，只有把它看成是一系列模型的极限时，才是可以想象的。

语言模型与语言客观事实之间的关系，正如数学上的抽象直线与客观世界中所存在的成千上万的各式各样的具体直线之间的关系一样。

语言模型是一个单纯的、统一的、抽象的形式系统。语言客观事实经过语言模型的描述之后，就比较适合于电子计算机对其进行自动加工，因而语言模型的研究，对于自然语言的信息处理是至关重要的。

语言模型主要有三种类型：一种是**生成模型**（generative model），一种是**分析模型**（analytical model），一种是**辨识模型**（discernible model）。

如果我们所研究的模型是从一个形式语言系统着手，生成语言的某一集合，那么这种模型就是生成模型。如乔姆斯基的形式语言理论和转换语法，便是生成模型。

如果我们所研究的模型是从语言的某一集合开始，根据对这个集合中各个元素的性质的分析，阐明这些元素之间的关系，并在此基础上建立语言的规则系统，那么这种模型便是分析模型。分析模型要从一些最基本的原始概念出发，利用演绎的方法，推演出其他的派生概念，从而使整个语言体系成为一个严格的演绎系统。前苏联数学家库拉金娜（О. С. Кулагина）和罗马尼亚数学家马尔库斯（S. Marcus）提出的语言模型，便是分析模型。

在生成模型和分析模型的基础上，把二者结合起来，便产生了一类很有实用价值的模型，即辨识模型。辨识模型可以从语言元素的某一集合及规则系统出发，通过有穷步骤，判定这些元素是一堆乱七八糟的词还是语言中的成立句子。美国数理逻辑学家巴希勒和美国数学家兰姆别克（J. Lambek）用数理逻辑方法提出的模型，便是辨识模型。

下面，我们分别加以介绍。

1. 生成模型

这种模型我们在生成语法的有关章节已作过详细的解释，兹不赘述。这种生成性模型本来是为了研究自然语言而提出来的，后来人们发现它与计算机程序语言有密切关系，因而得到了相当广泛的注意。

我们知道，20世纪50年代末期在乔姆斯基提出形式语言理论和转换语法的时候，计算机科学也有了迅速的发展。计算机科学家为了实现人机联系，对通常的数学语言及形式化方法进行了研究，力图设计既接近通常数学语言的习惯、又是形式化的描写科学计算算法的程序语言，如ALGOL60等。程序语言设计成后，就需要对它有个形式的描述，以便对用它写出的程序进行机械加工和检查正误。为此，人们想找出一种形式工具来对程序语言进行精确的描述。数学家巴科斯（J. W. Backus）和瑙尔（P. Naur）等人找到了这样一种大体上合适的描述工具，即所谓巴科斯—瑙尔范式（Backus-Naur normal form）。后来，计算机科学家们发现，巴科斯—瑙尔范式恰好与乔姆斯基形式语言理论中的上下文无关文法等价，因而可以采用乔姆斯基形式语言理论中的上下文无关文法来形式地、严格地描述程序语言。这样，乔姆斯基的形式语言理论就引起了计算机科学家的极大兴趣，其中很多人甚至也开始去研究它。

更为有趣的是，ALGOL60 公布不久，人们发现它存在歧义性。于是，计算机科学家纷纷寻找机械的办法，以便判断一种程序语言是否有歧义，为此绞尽脑汁。后来，乔姆斯基用形式语言理论的基本思想证明，一个任意的上下文无关文法是否有歧义性的问题是不可判定的，因此，如 ALGOL60 之类的程序语言是否有歧义性的问题，也是不可判定的。乔姆斯基如此令人信服地回答了计算机科学中这一重大理论问题，充分显示了形式语言理论的作用。这是语言学对现代科学技术挑战的有力回答，它促进了语言学和计算机科学的联系和相互渗透，成为现代语言学历史上的一段佳话。

2. 分析模型

1958 年，库拉金娜在前苏联《控制论问题》（Проблемы Кибернетики）第一卷上，发表了《根据集合论定义语法概念的一种方法》（Об одном способе определения граммат-ических понятий на базе теории множеств）一文，用集合论方法来建立自然语言的数学模型，并以此来模拟机器翻译中从词归约为词组，从词组归约为句子的层次分析过程。

库拉金娜指出，在某种具体的自然语言中，通过毗连运算而形成的词的一切组合，可以分为两个子集：一个是成立句子的子集，一个是不成立句子的子集。

凡是在形式上正确的句子，都叫成立句子。所谓形式上正确，是指语法上正确，而不是指语义上正确。因此，在俄语中，Стол стоит на полу（桌子立在地板上）和 Тупой куст врсзалку x-ихикнул（直译是“迟钝的灌木蹒跚地吃吃笑”，它只是在语法上正确）都是成立句子。而 Онпошелвшкола 是不成立句子，因为 школа 没有变为它的第四格形式 школу，在语法上不正确。

成立句子的集合，记为 θ。

如果有了词的集合 W 以及在 W 上的成立句子的集合 θ，那么就说，我们有了语言 L。也就是说，L = {W，θ} 称为词汇集合 W 上的一个语言。

某一个词的完整的形式系统，也就是某一个词的词形变化的全部形式的集合，叫作这个词的域。例如，对于词 стол（桌子），有 стол，стола，столу，столом，столе，столы，столов，столами，столах 等，它们构成词 стол 的一个域。词 x 的域记为 Γ（x）。

Γ（x）可把集合 W 分割为彼此不相交的子集之并，故可得出域的分划，记为“Γ 分划”。

对于语言中的词 x 与词 y，如果：

（1）对于任何一个形如 A_1xA_2 的成立句子，句子 A_1yA_2 也成立；

（2）对于任何一个形如 B_1yB_2 的成立句子，句子 B_1xB_2 也成立。

其中，A_1，A_2，B_1，B_2 是任意的词串，它们也可以是不包含任何一个词的空词串，那么，我们就说，词 x 与词 y 等价，记为 x ~ y。

这样的等价具有自反性、对称性和传递性，它可以把集合 W 分划为一系列不相交的子集合，这种子集合叫作“族”。两个等价的元素进入同一个族中，而两个不等价的元素则进入不同的族中。词 x 的族记为 S（x）。

例如，我们取俄语句子

i. Я пошёл к окну

（我走到窗前）

ii. прямоугольник，равный окну，очень касиво

（跟窗子一样大小的那个长方形框子很好看）

在句子 i 中，词 окну 以两个词串为其环境，一个是“Я пошёл к”，一个是空词串。在这个环境中，出现词 столу，человеку 等仍得成立句子。在句子 ii 中，词 окну 以词串“прямоугольник，равный”及词串“очень касиво”为其环境，在这个环境中，出现词 столу，человеку 等仍得成立句子，因此词 окну，столу，человеку 等价，属于一个族。

族 S（x）把集合 W 分割为彼此不相交的子集合之并，故可得出族的分划，记为“S 分划”。这样，我们便得到了用不相交子集合系统的形式来表示词的全部集合的两种方法，这就是 Γ 分划和 S 分划。在这种场合下，如果我们不管分划出子集合的标准是什么，而用彼此不相交子集合 a 之并的形式来表示集合 W，即

$$W_i = B_1 \cup B_2 \cdots \cup B_i \cdots \cup B_n$$

$$= \bigcup_{i-1}^{n} B$$

那我们就把它称之为集合 W 的 B 分划，若 $X \in B_i$，有时可把 B_i 写为 B(x)。

如果一个子集合只由一个词构成，我们就把这种分划称之为“E 分划”。显然，E 分划是 B 分划的一种特殊情况。

现在我们引入句子 A 的 B 结构的概念。

取任何一个句子 $A = x_1 x_2 \cdots x_i \cdots x_n$，我们把子集合 $B(x_1)$ $B(x_2)$ $\cdots B(x_i)$ $\cdots B(x_n)$ 的序列，即在给定的 B 分划中，词 x_i 所进入的子集合的序列，称之为句子 A 的 B 结构，记为 B(A)。

我们取同一个句子

A = раздался звонок（铃响了）

为例，来看看在不同的分划下，这个句子的 B 结构是怎样的：

① 在 E 分划下，B 结构有形式：

E（A） = {раздался} {звонок}

这种 B 结构，叫作 E 结构。

② 在 S 分划下，B 结构有形式（图 22-2）：

$$S(A) = \left\{\begin{array}{l} \text{раздался} \\ \text{зазвонип} \\ \text{уехап} \\ \text{шёп} \\ \text{ппакап} \\ \cdots \end{array}\right\} \left\{\begin{array}{l} \text{звонок} \\ \text{нош} \\ \text{кпуб} \\ \text{трамвай} \\ \cdots \\ \cdots \end{array}\right\}$$

图 22-2 S 结构

这种 B 结构，可叫作 S 结构。

③ 在 Γ 分划下，B 结构有形式（图 22-3）：

$$
(A)\;=\left\{\begin{matrix}\text{раздаться}\\ \text{раздапось}\\ \text{раздапись}\\ \text{раздаются}\\ \dots\end{matrix}\right\}\left\{\begin{matrix}\text{звонку}\\ \text{звонка}\\ \text{звонками}\\ \text{звонки}\\ \dots\end{matrix}\right\}
$$

图 22-3　Γ 结构

这种 B 结构，可叫作 Γ 结构。

如果至少有一个成立句子具有某一 B 结构，那么这个 B 结构就是成立的。

取集合 W 的任意 B 分划，我们把这样的 B 结构称为一级 B 格式，记为$\tilde{B}_{(1)}$，如果：

i. $\tilde{B}_{(1)}$含有的元素不少于两个；

ii. 存在着 B 分划的一个元素 $B_{\alpha 1}$，使得 B 结构 B（A_1）$\tilde{B}_{(1)}$ B（A_2）及 B（A_1）$B_{\alpha 1}$B（A_2）在任何词串 A_1 与 A_2 中，同时成立或同时不成立。

元素 $B_{\alpha 1}$可以在保持结构成立性的条件下替换格式$\tilde{B}_{(1)}$，我们把它叫作“结果元”，结果元可以不是唯一的。事实上，如果 $B_{\alpha 1}$是格式$\tilde{B}_{(1)}$的结果元，那么 B 分划中与 $B_{\alpha 1}$处于 B 等价的任何元素 B_i（$B_i \underset{B}{\sim} B_{\alpha 1}$），也可以是格式$\tilde{B}_{(1)}$的结果元。

用结果元 $B_{\alpha 1}$ 来替换一级 B 格式，我们便得到一级 B 结构，记为 $B_{(1)}$。

一般来说，我们把这样的 B 结构称为 n 级 B 格式，记为$\tilde{B}_{(n)}$，如果：

i. $\tilde{B}_n$含有的元素不少于两个；

ii. 存在一个元素 $B_{\alpha n}$，使得（n-1）级 B 结构 B（A_1）$\tilde{B}_n$B（A_2）和 B 结构 B（A_1）$B_{\alpha n}$B（A_2）在任何词串 A_1 和 A_2 中，同时成立或同时不成立。

其中，不包含 n 级 B 格式的 B 结构 B（A_1）$B_{\alpha n}$B（A_2）叫作 n 级 B 结构。

可见，B 格式的定义是递归的：通过（n-1）级 B 结构来定义 n 级 B 格式，通过（n-2）级 B 结构来定义（n-1）级 B 格式……如此等等。这样，每一个 B 格式用结果元替换之后，就得到了同级的 B 结构。

从这样的观点出发，我们来分析下面这个 B 结构：

B(маленькая) B(девочка) B(долго) B(ласкала) B(кошку)

这是俄语句子

маленькая девочка долго ласкала кошку

(小姑娘长时间地抚摸着小猫)

的 B 结构。

如果我们用 B(девочка) 来替换 B(маленькая) B(девочка)，得到

B(девочка) B(долго) B(ласкала) B(кошку)

这也是一个成立 B 结构。但是，这时我们还没有理由认为 B(маленькая) B(девочка) 这个 B 结构就是一级 B 格式，因为我们还没有检查能够进行这种替换的一切环境。

我们再取这样的环境：

B(весьма) B(маленькая) B(девочка) B(стояла)

这是句子

весьма маленькая девочка стояла

（很小的女孩站着）

的 B 结构。

如果我们在这个成立 B 结构中，用 B（девочка）来替换 B（маленькая）B（девочка），我们将会得到：

B（весьма）B（девочка）B（стояла）

这个 B 结构显然是不成立的。可见，B（маленькая）B（девочка）不是一级 B 格式。

容易检验，B（весьма）B（маленькая）是一级 B 格式，因为 B（весьма）B（маленькая）在一切环境中都可用 B（маленькая）来替换，这时，这个一级 B 格式的结果元 $B_{\alpha 2}$ = B（маленькая）。

如果我们只研究一级 B 结构，即在其中没有一级 B 格式的 B 结构，那么在任何环境中，B（маленькая）B（девочка）都可用 B（девочка）来替换，可见，B（маленькая）B（девочка）是二级 B 格式，它的结果元 $B_{\alpha 2}$ = B（девочка）。

再继续分析我们的 B 结构。B（долго）B（ласкала）是二级 B 格式，其结果元为 B（ласкала）。这样，由原来的那个 B 结构可得到二级 B 结构：

B（девочка）B（долго）B（ласкала）B（кошку）

如果只研究这个二级 B 结构，那么在任何环境中，都可用 B（ласкала）来替换 B（ласкала）B（кошку），也就是用不及物动词来替换述宾短语，这样，我们就得到三级 B 结构：

B（девочка）B（ласкала）

从此例可以看出，上述的格式变换的理论实际上是一种归纳过程，把复杂的结构按其层次一步一步地化为不能再归约的简单结构。这种归约的过程，实际上就是机器翻译中进行句法分析的过程，因此，库拉金娜提出的这个语言的形式模型可以看成是机器翻译句法分析过程的数学模拟。

库拉金娜把这个形式模型运用到法俄机器翻译系统中，使这个系统能够建立在一种比较完善的理论基础之上，这就为进一步开展机器翻译的研究以及其他的自然语言信息处理的研究，在理论上提供了一个很好的工具。

3. 辨识模型

1953 年，巴希勒（Bar-Hillel）发表了《句法描写的准算术记法》（A quasi arithmetical notation for syntactic description）一文，提出了句法类型演算方法，这就是一种辨识模型。这种模型，又称为范畴语法（category grammar），在描写英语方面取得了令人满意的效果。

图 22-4　巴希勒

巴尔一希列尔认为，任何词，都可以根据它在句子中的功能归入一定的句法类型。如果用 n 表示名词的句法类型，用 S 表示句子，则其他一切句法类型都可以用 n 和 S 以不同的方式结合起来表示。

如果有某个词 B，其后面的词 C 的句法类型为 γ，而它们所构成的词的序列 BC 的功能与 β 相同，则这个词 B 的句法类型记为 β/γ；如果有某个词 B，其前面的词 A

的句法类型为 α，而它们所构成的词的序列 AB 的功能与 β 相同，则这个词 B 的句法类型记为 α/β；如果有某个词 B，其前面的词 A 的句法类型为 α，其后面的词 C 的句法类型为 γ，而它们所构成的序列 ABC 的功能与 β 相同，则这个词 B 的句法类型记为 α \ β/γ。

根据这种记法，我们可以写出任何一个词的句法类型。

例如，John（约翰）的句法类型为 n。

Poor John（可怜的约翰）中的 poor，它后面出现名词 John，而它所构成的 poor John 的功能与名词相同，故其句法类型为 n/n。

John works（约翰工作）中的 works，它前面出现名词 John，而它所构成的 John works 的功能与句子相同，故其句法类型为 n \ s。

John likes Mary（约翰喜欢玛丽）中的 likes，它前面为名词 John，后面为名词 Mary，而它所构成的 John likes Mary 的功能与句子相同，故其句法类型为 n \ s/n。

John ran quickly（约翰跑得快）中的 quickly，它前面的词 ran 为 n \ s，而它所构成的 ran quickly，功能与 n \ s 相同，故其句法类型为 n \ s \ \ n \ s。

John slept soundly（约翰睡熟了）中的 soundly，它前面的 slept 为 n \ s，而它所构成的 slept soundly，功能与 n \ s 相同，故其句法类型为（n \ s）\ n \ s。

John works here（约翰在这里工作）中的 here，能够把 John works 这个句子 s，转换成一个新的句子 John works here，故 here

的句法类型为 s \ s。

John never works（约翰从不工作）中，由于 John 的句法类型为 n，故 never works 的句法类型为 n \ s，可见，句法类型为 n \ s 的 works 前面加了 never 构成 never works 之后，其句法类型仍然为 n \ s，所以，never 的句法类型为 n \ s/（n \ s）。

John works for Jane（约翰为珍妮工作）中，for 的作用与 John works here 中的 here 的作用相似，但其后还有一个名词 Jane，故 for 的句法类型为 s \ s/n。

John works and Jane rests（约翰工作而珍妮休息）中 and 是一个连接词，它把前后两个句子连接起来，构成一个新的句子，故其句法类型为 s \ s/s。

一个词可以属于几个句法类型。如 knows，在 John knows（约翰知道）中，属于 n \ s，在 John Knows Mary（约翰认识玛丽）中，属于 n \ s/n。

于是我们得到了如下的英语的句法类型清单（表 22-1）：

表 22-1　英语的句法类型清单

	词	句法类型	词　类
(1)	John	*n*	名词
(2)	poor	*n/n*	形容词
(3)	works	*n* \ *s*	不及物动词
(4)	likes	*n* \ *s/n*	及物动词
(5)	soundly	（*n* \ *s*） \ *n* \ *s*	副词
(6)	here	*s* \ *s*	副词
(7)	never	*n* \ *s*/（*n* \ *s*）	副词
(8)	for	*s* \ *s/n*	介词
(9)	and	*s* \ *s/s*	连词

对于语言中的一切词都列出了一个完整的句法类型清单之后，就可以按如下规则对这些句法类型进行运算：

如果有形如 α，α \ β/γ，γ 的符号序列，那么就用 β 来替换它。

这个规则同时也包括了下面两个规则：

(1) 用 β 替换形如 α，α \ β 的符号序列；

(2) 用 β 替换形如 β/γ，γ 的符号序列。

根据句法类型及运算规则，可以对语言中的任何词的序列进行判定，辨识它是否为该语言中的成立句子，如果通过有穷个运算步骤，可以把词的序列化为 S，那这个词的序列便是该语言中的成立句子。

例如，我们有词的序列

Paul believed that John ran quickly

根据英语句法类型清单，把句法类型用符号标在相应词的下面，删节号表示某些此处暂不考虑的其他的句法类型。

Pual	believed	that	John	ran	quickly
n	n \ s	n	n	n \ s	n \ s \ \ n \ s
	n \ s/n	n/n			n \ s/n//n \ s/n
n \ s/s		n/s			…
…					…

由所指出的这些句法类型，我们可以得到 18 个初始符号序列，这是因为其结合方式的总数应为 1 × 3 × 3 × 1 × 1 × 2 = 18。

现在，对于这 18 个初始符号序列，运用上述规则进行运算。

在初始符号序列

n　n\s　n　n　n\s　n\s\\n\s

中，把第一个规则运用于第四、第五个符号，得到序列

n　n\s　n　s　n/s\\n/s

对于这个序列中的第一、第二个符号，再用第一个规则运算一次，得到序列

s　n　s　n\s\\n\s

对于这个序列，不能再运用上述的规则进行运算了。

在同一初始符号序列中，如果把第一个规则运用于第五、第六个符号，可得到序列

n　n\s　n　n　n\s

对于这个序列中的第四、第五个符号，再用同一规则运算一次，得到序列

n　n\s　n　s

对于这个序列中的第一、第二个符号，再用同一规则运算一次，得到序列

s　n　s

对于这个序列，不能再运用上述的规则进行运算了。

把上述的运用算规则施行于 18 个初始符号序列之后，可以得到三个结论：

i

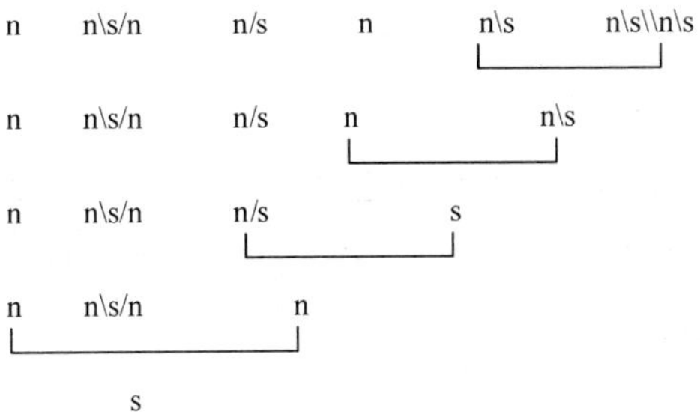

ii

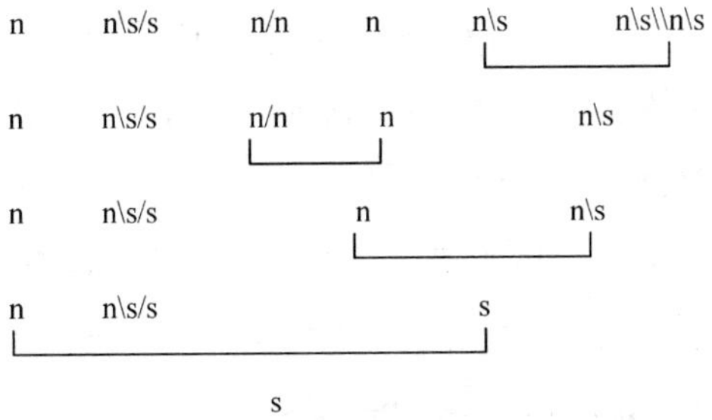

iii

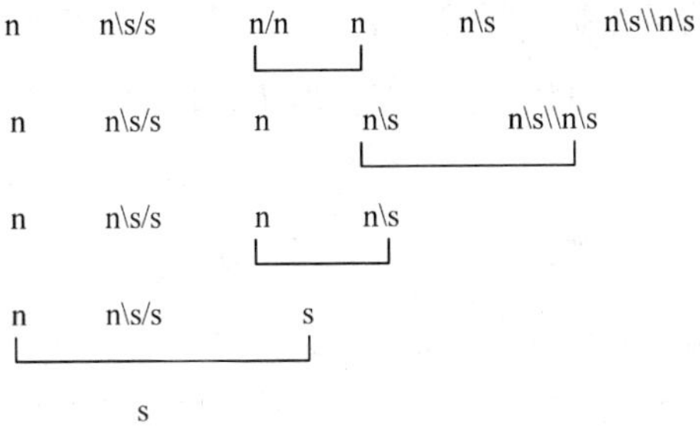

运算规则可以把 Paul believed that John ran quickly 化为 s，可见，这个词的序列是英语中的成立句子。在这三个结论中，第二、第三个结论显然是等价的，因此实际上只得到两个有实质区别的结论，这说明，Paul believed that John ran quickly 这个句子是同形歧义结构，它在句法上有两个不同的意思：一个意思是“保罗相信，约翰跑得快”（that 是连接词），另一个意思是“保罗相

信，那个约翰跑得快”（taht 是指示代词，这时，在动词 believed 之后，作为宾语从句中的连词 that 被省略了）。

显然，巴尔—希列尔的这种范畴语法，适合于电子计算机按一定的运算规则对英语结构进行判定，这对于自然语言的自动分析是大有助益的。

第三节　蒙塔鸠语法

美国著名语言学家雷柯夫认为，在当代美国众多的语言学理论中，应该抓住三个主要的趋向：一是扩充式标准理论，二是生成语义学，三是蒙塔鸠语法。关于扩充式标准理论和生成语义学，我们在前面已作过介绍，在这一节里，我们来介绍**“蒙塔鸠语法”**（Montague grammar）①。

蒙塔鸠语法是已故美国数理逻辑学家蒙塔鸠（R. Montague，1930—1971）提出的一种关于自然语言的逻辑分析的方法。蒙塔鸠语法有两个来源：一个来源是乔姆斯基的转换生成语法，另一个来，源是内涵逻辑学（intensional logic）。

乔姆斯基的转换生成语法在现代语言学中占有十分重要的地位，我们在第十、第十一、十二、十三章中已作过介绍，兹不赘述。

内涵逻辑学是用于处理可能性、必然性等模态概念和时态的逻辑学，在逻辑学中已提出将近 60 年，到了 20 世纪 60 年代之初，出现了模式理论（model theory）之后，这种内涵逻辑学才与

---

① Montague grammar 的汉语译名有“蒙塔鸠语法”“蒙塔古语法”“蒙太格语法”等，本书根据《中国大百科全书·语言文字卷》推荐的译名，译为“蒙塔鸠语法”。

现代语言学理论结合起来。

1970年前后，以蒙塔鸠为中心，卡普兰（D. Kaplan）、凯毕（D. Gabby）等人开始把内涵逻辑学应用于自然语言的研究，接着，语言学家帕蒂（B. H. Partee）、柯柏（R. Cooper）等也参加了这一方面的研究工作，最后，由蒙塔鸠和克来斯威尔（M. J. Cresswell）把转换生成语法与内涵逻辑学这两个领域的研究集中起来，提出了蒙塔鸠语法。

目前，美国、日本和欧洲各国都在大力研究蒙塔鸠语法，并且试图用这种语法在计算机上实现自然语言的机械处理，因而蒙塔鸠语法成为了数理语言学中一个引人注目的新流派。

一般说来，蒙塔鸠语法由三部分组成：第一部分是由乔姆斯基的转换生成语法推导出成立句子的理论和方法，第二部分是把成立句子转化为内涵逻辑表达式的理论和方法，第三部分是内涵逻辑学的语义理论和方法。我们这里着重介绍第二部分。

根据乔姆斯基的转换生成语法，下面两个句子

（1）The man comes（那人来了）

（2）Every man comes（每个人都来了）

的深层结构，可用树形图分别表示出来。对于句子（1），其树形图如图22-5所示。

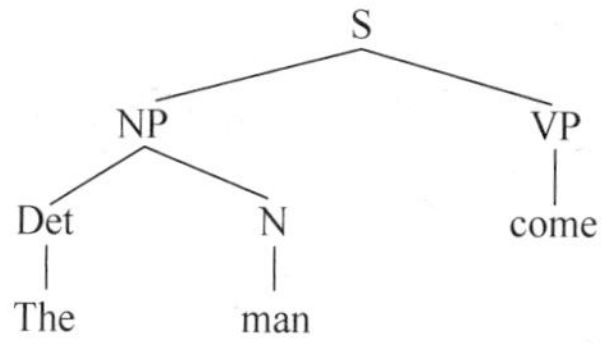

图22-5　句子the man comes的深层结构

从树形图可以看出，句子 S 可以重写为名词短语 NP 和动词短语 VP，名词短语 NP 又可重写为限定词 Det 和名词 N，再使用词汇部分的次范畴规则，得到 the man come，这个树形图是深层结构，为了得到句子的表层结构，还必须对 the man come 中的词作形态变化，把 come 转换为 comes。

对于句子（2），其树形图如图 22-6 所示，这也是深层结构。

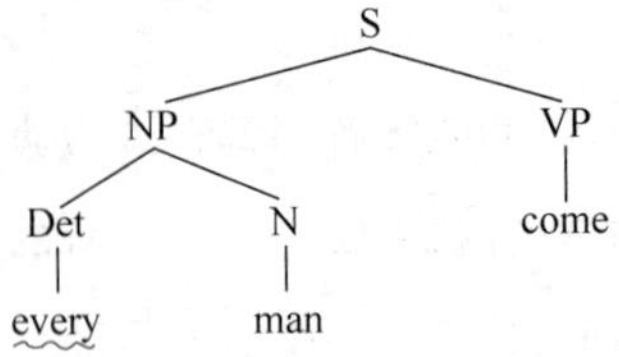

图 22-6　句子 every man comes 的深层结构

从图 22-5 和图 22-6 中可以看出，句子（1）与句子（2）的深层结构是一样的，它们的差别仅在于 Det 的后裔。句子（1）中 Det 的后裔是 the，句子（2）中 Det 的后裔是 every，但 the 与 every 的这种差别，不能由乔姆斯基的转换生成语法得到说明。

为了说明上述的差别，蒙塔鸠语法采用内涵逻辑学的方法来翻译句子的深层结构，这样的翻译是按树形图中从下而上的顺序来进行的；在翻译时，要把树形图中有关结点上的成分解释为相应的内涵逻辑表达式。

首先，从图 22-5 的树形图中的末端的词汇项开始进行翻译。

$\text{the}\rightarrow\lambda P\lambda Q\{\exists x(P(x)\wedge Q(x))\wedge\forall x\forall y(P(x)\wedge P(y)\rightarrow x=y)\}$

man→man

come→come

下面，我们来解释上述的翻译表达式。

先解释符号 λPλQ。

表达式 λxx + 1 表示加 1 的函数。

例如：（λxx + 1） 2 = 2 + 1 = 3。

表达式 λxx > 0 表示大于 0 的函数。

例如：（λxx > 0） 3 = 3 > 0，这是一个真命题。

（λxx > 0） − 2 = − 2 > 0，这是一个假命题。

一般地说，

（λx…x…） a = …a…，是 a 满足“…x…”这一性质的集合。

另外，λxx + 1 = λyy + 1。

因此，加 1 的函数 λx x + 1 亦可写为 λy y + 1。

由此可见，符号 λ 之后是一个变数，它可为 x，亦可为 y，亦可为其他的符号。

定冠词 the 的内涵逻辑表达式中的 λPλQ，表示 P 与 Q 是两个性质。∃x(P(x) ∧ Q(x))表示存在某个 x，满足性质 P 且满足性质 Q。Q(x) ∧ ∀x∀y(P(x) ∧ P(y))，表示对于任何的 x 与任何的 y，x 与 y 都同时具有 P 这一性质①。“→”是蕴涵号，表示“如果……，则……”。x = y 表示 x 与 y 相等。可见，定冠词 the 的内涵逻辑表达式说明，P 这一性质是唯一地存在的。如果 x 具有性质 P 与 Q，并且 y 与 x 同时具有性质 P，则 x 与 y 相等。这种内涵逻辑表达式，恰当地说明了定冠词 the 的含义。

man 被译为 man，左边的 man 是英语中的词 man，右边的 man

① ∃和∀是数理逻辑中的量词符号，∃是存在量词，∀是全称量词。

是内涵逻辑学中的常量 man。

come 的翻译与 man 相同，左边的 come 是英语中的词 come，右边的 come 是内涵逻辑学中的常量 come。

从（λx…x…）a 出发得到“…a…”这一运算，称为 λ-变换（λ-transformation）。

上述的（λxx+1）2=2+1=3，就是 λ-变换。

λ-变换是蒙塔鸠语法的关键。

下面，我们从 the 的内涵逻辑表示式出发，采用 λ-变换来继续翻译图 22-5 的树形图中的其他成分。

从 the 与 man 所在的结点往上溯，分别得到限定词 Det 和名词 N，再继续上溯，便得到由 the 和 man 构成的名词短语 NP，为了得出 NP 的内涵逻辑表达式，我们把 man 代人 the 的内涵逻辑表达式，有：

$$[\lambda P\lambda Q\{\exists X(P(x)\wedge Q(x))\wedge\forall x\forall y((P(x)\wedge P(y))\rightarrow x=y)\}]_{man}\qquad(i)$$

由表达式（i）进行 λ-变换，用 man 来代替性质 P，得到 NP 的内涵逻辑表达式：

$$\lambda Q\{\exists x(man(x)\wedge Q(x))\wedge\forall x\forall y((man(x)\wedge man(y))\rightarrow x=y)\}\qquad(ii)$$

come 的结点上溯为 VP，把 NP 与 VP 相结合，构成句子 S，为此，我们把 come 代入（ii）：

$$[\lambda Q\{\exists x(man(x)\wedge Q(x))\wedge\forall x\forall y((man(x)\wedge man(y))\rightarrow x=y)\}]_{come}\qquad(iii)$$

在（iii）中进行 λ-变换，用 come 来代替性质 Q，得到：

$\lambda Q\{\exists x(man(x)\wedge come(x))\wedge\forall x\forall y((man(x)\wedge man(y))\rightarrow x=y)\}$　　　(iv)

(iv) 就是句子 S 的内涵逻辑表达式，它说明了 the man comes 这一句子的内涵逻辑学解释是：

存在某个 x，如果 x 具有 man 这一性质，又具有 come 这一性质，并且对于任何的 x 和任何的 y，x 具有 man 这一性质，y 也具有 man 这一性质，那么，x = y。

对于图 22-6 中的树形图，我们有

$every\rightarrow\lambda P\lambda Q\forall x(P(x)\rightarrow Q(x))$

$man\rightarrow man$

$come\rightarrow come$

限定词 every 的内涵逻辑表达式中的 λPλQ 表示 P 与 Q 是两个性质，∀x (P (x) →Q (x)) 表示对于一切的 x，如果 x 具有性质 P，那么，x 就具有性质 Q。这种内涵逻辑表达式，恰当地说明了限定词 every 的含义。

man 和 come 的内涵逻辑表达式的含义与图 22-5 的树形图中的相同。

把 man 代入 every 的内涵逻辑表达式，有

$[\lambda P\lambda\forall Qx(P(x)\rightarrow Q(x))]_{man}$　　　(v)

在（V）中进行 λ-变换，用 man 来代替性质 P，得到：

$\lambda Q\forall x(man(x)\rightarrow Q(x))$　　　(vi)

把 come 代入（vi），有：

$[\lambda Q\forall x(man(x)\rightarrow Q(x))]_{man}$　　　(vii)

在（vii）中进行 λ-变换，用 come 来代替性质 Q，得到

$\forall x(man(x) \rightarrow come(x))$ (viii)

（viii）是句子 S 的内涵逻辑表达式，它说明 every man comes 这一句子的内涵逻辑学解释是：

对于一切的 x，如果 x 具有 man 这一性质，则 x 具有 come 这一性质。

由此可见，采用蒙塔鸠语法进行 λ-变换之后，可以从形式上说明 the 和 every 的差别。具有相同树形结构的两个句子，仅仅由于 the 和 every 的不同，它们的内涵逻辑表达式就有着很大的差异。如果我们仔细比较（iv）和（viii）两个内涵逻辑表达式，就不难看出这种差异来。所以，蒙塔鸠语法比乔姆斯基的转换生成语法对自然语言现象具有更强的解释力。

但是，蒙塔鸠语法的内涵逻辑表达式还不是自然语言的句子所表示的实在意义。为了揭示出这种意义，还必须进一步研究语义理论，这种语义理论就是内涵逻辑学的模型论。最近，这方面的研究已取得显著的进展。通过内涵逻辑学的模型论，可以把自然语言所表现出来的意义介入内涵逻辑学，这样的研究，不仅对于语言学，而且对于认知科学（cognitive science），都有着重大的价值。

在内涵逻辑学的模型论中，自然语言的词汇项目，不再是一个一个地直接进行解释，而是把重点放在研究语言本身所表现出来的总的意思上，这是蒙塔鸠语法的一大特征。当然，这种通过人为的方法得出的意义，究竟是否就起着真正意义的作用，已经是一个极为深奥的哲学问题了，不过，由于这个问题与自然语言的自动分析有关，还是值得我们进一步探讨的。

蒙塔鸠语法采取“规则到规则”（rule to rule）的假设[①]。在蒙塔鸠语法中，每一条句法规则都与一条决定句法成分意义语义规则相联系。蒙塔鸠语法实质上是把表层结构与这些表层结构的语义表达进行配对的系统。蒙塔鸠语法中不存在任何的“深层结构”和“底层结构”，在这一方面，蒙塔鸠语法与构式语法是非常相似的。

荷兰学者江森（Janssen）研究了蒙塔鸠语法的计算机程序化问题，他提出了一种算法，可以把从树形图的深层结构表示式到蒙塔鸠语法的内涵逻辑表达式的全部翻译过程加以程序化，从而能够简洁方便地在计算机上实现这个过程。这方面的研究还处于初步的探讨阶段。

日本京都大学西田豊明（Nishida Toyo-aki）等人，用蒙塔鸠语法来研制英日机器翻译系统，取得一定成效。这个系统分为英语分析、英语—日语转换、日语生成三个阶段。在英语分析阶段，分析输入的英语文句，得到英语的内涵逻辑表达式；在英语—日语转换阶段，进行英语到日语的词汇转换以及某些简单的结构转换，把英语的内涵逻辑表达式变为日语的内涵逻辑表达式；在日语生成阶段，从日语的内涵逻辑表达式，生成日语句子的短语结构，经过形态处理之后，得到日语的输出文句。由于英语与日语分属两种不同的语系，语法结构差别很大，采用蒙塔鸠语法的内涵逻辑表达式作为中间表示方法，在一定程度上减小了

① Emmon Bach, An Extention of Classical Transformational Grammar. In Problems of Linguistic Metatheory（Proceedings of the 1978 Conference）. East Lansing: Michigan State University.

语言分析和生成的难度。

第四节　齐普夫定律

上面我们介绍了代数语言学的主要内容，下面几节，我们来介绍计量语言学的研究。

1935 年，齐普夫（George Kingsley Zipf，1902—1950）有关语言统计的著作出版[①]，这标志着一个新的语言学分支学科和一种新的研究方法的诞生。在这本书的前言中，齐普夫认为利用统计方法可以定量研究语言中的各种现象，这样语言学也可成为一门精确科学。这本书的书名《语言的心理生物学》（*The Psycho-Biology of Language*）表达了结合人类的经验和功能来研究语言的意愿，书的副标题“动态语文学导论”（An Introduction to Dynamic Philology）则强调了这种方法和其他方法的主要区别在于研究采用的是真实的语言样本，语言应用的变化也会导致理论研究结论的变化，因此这是一种动态的语言学研究方法。70 多年来，齐普夫所倡导的方法在语言学和其他领域都得到了广泛的应用。齐普夫所说的“动态语文学”就是今天的“计量语言学”。齐普夫是计量语言学公认的奠基人之一，因此也

图 22-7　齐普夫

① G. K. Zipf, *The Psycho-biology of Language*: *An Introduction to Dynamic Philology*. Boston: Houghton Mifflin Co. 1935.

有学者将计量语言学称之为**“齐普夫语言学”**（Zipf Linguistics）。

1902 年 1 月 7 日，齐普夫出生在美国伊利诺伊州弗莱伯特市（Freeport）的一个德裔家庭。1924 年，齐普夫以优异的成绩从哈佛大学毕业。大学毕业后，他去德国柏林大学和波恩大学求学三年。在此期间，他开始有了把语言作为一种自然现象进行研究的想法。返回美国后，他于 1929 年在哈佛大学获得比较语文学博士学位，博士论文为《相对频率作为语音变化的决定因素》（Relative Frequency as a Determinant of Phonetic Change）。1930 年，开始在哈佛大学任教，从事德语教学工作。1950 年因病去世，时年 48 岁。齐普夫的代表性著作是《语言的心理生物学》（*The psycho-biology of language. An introduction to dynamic philology*, 1935）和《人类行为及最小用力原则》（*Human behavior and the principle of least effort*, 1949）。除此之外，他还发表过 40 多篇文章，内容大多和语言的计量研究有关。齐普夫在这些著作当中提出了许多创新的想法，如：自组织的概念，语言经济性原则以及语言定律的基本特征等。他的“最小用力原则”（principle of least effort）和“统一化与多样化力量”（forces of unification and diversification）直到今天仍很重要。

在计量语言学中最早提出的统计规律之一是齐普夫定律（Zipf's law），这个定律是因齐普夫而得名的，而齐普夫也因这个定律而广为人知。下面是对这个定律的简单描述。

假设我们研究包含 N 个词的文章（N 应该充分地大），按这些词在文章中出现频率递减的顺序，把它们排列起来，并且顺次从 1（频率最大的词）到 L（频率最小的词）编上号码，造出这篇文章的词表。词的频率用 Pr 表示，词的号码用 r 表示，r 可以取区间 1≤f≤L 内的全部自然数值。词表的形式如下（表 22-2）：

表 22-2　词表

词的序号（r）	**词的频率（Pr）**
1	P_1
2	P_2
…	…
r	P_r
…	…
L	P_L

从表 22-2 中可以看出，随着词在词表中编号数目 r 的增大，相应的词在文章中出现的频率 P_r 逐渐减小，r 由 1 增大到 L，P_r 就由 P_1 减小到 P_L。齐普夫通过实验发现，P_r 与 r 之间有下列关系：

$$P_r = \frac{K}{r^\gamma}$$

其中，r 表示词在词表中的序号，Pr 表示序号为 r 的词的频率，K 和 γ 都是常数，齐普夫由实验测出，γ≈1，K≈0.1。这就是齐普夫定律。它说明，在按频率递减顺序排列的频率词典中，词的序号越大，则词的频率越小，序号与频率之间存在着如公式所示的数量关系。显而易见，齐普夫定律是一个关于单词频率的分布定律。

例如，如果词的序号 r＝50，那么，根据公式得出：

$$P_r = \frac{K}{r^\gamma} = \frac{0.1}{50^1} = 0.002$$

后来，经过学者们的多次修正，这个定律有了更为精确的形式。

艾思杜（J. Estoup）、贡东（E. Condon）、朱斯（M. Joos）、曼德尔布洛特（B. Mandelbrot）以及齐普夫本人，先后对上述定律进行过研究，因而又称齐普夫定律为齐普夫—朱斯—曼德尔布洛特定律（Zipf-Joos-Mandelbrot law）①。

由齐普夫定律可知，如果词表包含数十万个词，那么其中头1000个最常用的词占该语言的各种文章中全部出现的词的80%，因为：

$$\sum_{r=1}^{1000} P_r = \sum_{r=1}^{1000} \frac{K}{r^{\gamma}} = \sum_{r=1}^{1000} \frac{0.1}{r^{1}} = 0.1\sum_{r=1}^{1000} \frac{1}{r}$$

$$= 0.1 \times \left(\frac{1}{1} + \frac{1}{2} + \frac{1}{3} + \cdots + \frac{1}{\gamma} + \cdots + \frac{1}{1000}\right)②$$

$$= 0.8 = 80\%$$

这说明，只要掌握一种语言中的1000个最常用词，就有可能读懂该语言文章的80%。这个事实对于语言教学以及自然语言信息处理都是十分重要的。

上述齐普夫定律中的$\gamma \approx 1$，这个值是齐普夫根据英语的文本得到。齐普夫之后，许多学者对不同语言的文本进行了实测，结果表明γ值会随语言的不同而发生微小的变化。最新研究表明，这种微小的差异也许可以作为语言分类的一种指标。有学者对21种语言的欧洲联盟宪章进行了词频统计分析，并按照γ的不同，

---

① 详见冯志伟《数理语言学》，第151—157页，知识出版社，1985年8月，上海。

② Σ是求和符号，读作Sigma。表示顺次用1、2、3…，1000来代替P_r中的r，再把这1000个数连加起来。

做出下图（图22-8）[①]：

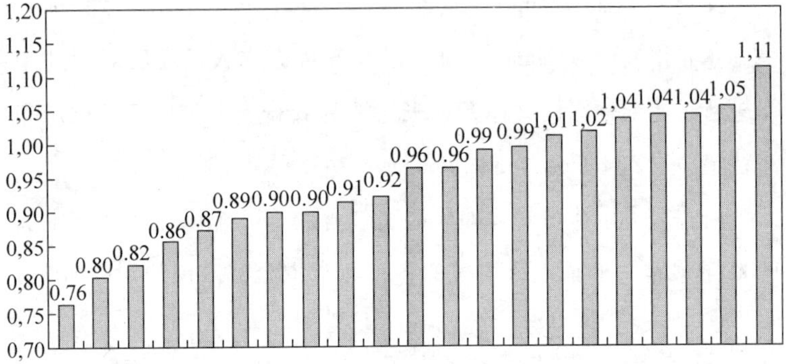

图22-8 21种语言的齐普夫γ分布

这21种语言依次（从左到右）是：芬兰语，爱沙尼亚语，匈牙利语，立陶宛语，拉脱维亚语，斯洛伐克语，捷克语，波兰语，斯洛文尼亚语，马耳他语，世界语，希腊语，丹麦语，瑞典语，德语，意大利语，葡萄牙语，西班牙语，法语，荷兰语和英语。可以看出，芬兰语，爱沙尼亚语，匈牙利语的γ值相近；立陶宛语，拉脱维亚语的γ值相近；斯洛伐克语，捷克语，波兰语，斯洛文尼亚语的γ值相近；马耳他语属阿拉伯语系，γ值为0.92；世界语是人工语言，γ值为0.96；希腊语的γ值与世界语相同；丹麦语，瑞典语，德语的γ值相近；意大利语，葡萄牙语，西班牙语，法语的γ值相近；荷兰语和英语的γ值相近。上图表明，齐普夫定律中的某些参数是有可能作为一种语言分类指

① Bujdosó Iván，Parencaj lingvoj，La Ondo de Esperanto. 2008：4（162）：14—15.

标的，但能这样做的深层次原因，还有待于进一步研究。

第五节　其他计量语言学定律

齐普夫定律提出之后，各国计量语言学学者经过几十年的努力，又发现了不少普适的计量语言学定律，本节介绍其中的几个。

齐普夫定律是研究频率词典中单词的序号与频度的分布规律。除了研究这样的分布规律之外，计量语言学还研究语言中各种特征之间的函数相依关系，以揭示语言中各个变量之间的函数关系，发现语言的函数定律。

语言是一个层级系统。一般来说，高一层级的语言学单位会包含多个低一层级的单位。在不同层级，语言学家都观察到在各个层级单位的长度之间似乎存在一种关系。总的说来，高一级单位的长度会随低一级单位长度的增加而减小。表 22-3 列出了一些人们已经考察过的部分和整体关系。

表 22-3　语言学单位部分 – 整体关系举例

结构（整体）	组成部分	因变量（Y）
句子	子句	子句长度
句子	词	词长度
句子	音节	音节的时长
句子	音节	音节长度
节奏单位	音节	音节的时长
词	词素	词素长度
词	音节	音节长度
词	音子	音子的时长
音节	音子	音子的时长
汉字	部件	部件复杂度

如何通过计量语言学的手段来精确地描述这种部分和整体之间的长度的相依关系呢?

1928 年，德国心理学家和语音学家蒙采拉特（Paul Menzerath）在研究词和音节长度的关系时发现：随着一个词所含音节数的增加，这些音节的平均长度会减小。他将此种现象概括为“整体越大，其部分越小”（the greater the whole the smaller its parts），这显然是一种函数关系。

1980 年，德国计量语言学家阿尔特曼（Altmann）对蒙采拉特（Menzerath）的发现进行了数学描述。今天人们将这一定律称为**“蒙采拉特—阿尔特曼定律”**（Menzerath-Altmann law）。为了用数学公式建立语言学单位间的这种部分和整体的函数关系，阿尔特曼将蒙采拉特的假设做了更精确的假设“一种语言结构越长，则构成它的部件（成分）越短”（The longer a language construct the shorter its components（constituents）），这意味着：部件尺寸是结构尺寸的函数。所以，“蒙采拉特—阿尔特曼定律”是一个函数定律。

设 x 为部件尺寸，y 为结构尺寸。则以上假设可以描述为部件的相对变化 dy/y 与结构的相对变化 dx/x 成反比[①]：

$$\frac{dy}{y} \infty \frac{dx}{x}$$

① Cramer, I. M.: Das Menzerathsche Gezetz. Quantitative Linguistik. Berlin-New York: de Gruyter, 2005: 659—684.

按照假设，比例系数为负，这样，就得到以下方程：

$$\frac{dy}{y} = -b\frac{dx}{x}$$

两边积分后得：

$$\ln y = -b\ln x + c$$

令 $A = e^c$，就得到了蒙采拉特-阿尔特曼定律的基本形式：

$$y = Ax^{-b}$$

式中的常数 A 和 b 为常数。在同一种语言的不同文本里，它们的值会有不同，因此可作为一种文本特征来使用。

表 22-4 中所列的部分与整体关系已被证明是符合蒙采拉特-阿尔特曼定律的。

表 22-4　美国英语平均音节长度

词长（音节数）	词的数量	平均音节长度	理论平均音节长度
1	2747	4.16	4.09
2	3969	3.11	3.19
3	2247	2.77	2.76
4	874	2.57	2.49
5	213	2.42	2.30
6	14	2.23	2.15

表 22-4 中词长（音节数）与平均音节长度的关系可用下图表示（图 22-9）：

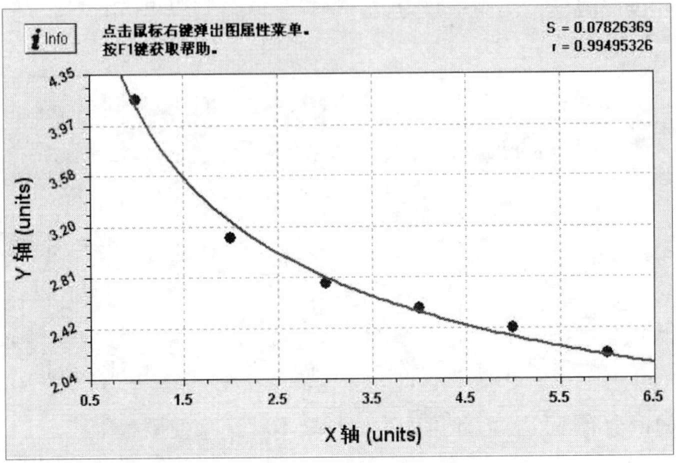

图 22-9　采用实际音节平均长度时的曲线

这时，A = 4.09879847732，b = 3.43755612238，拟合度 r = 0.99495326，蒙采拉特-阿尔特曼定律的公式为：

$$y = 4.09879847732x^{-3.43755612238}$$

从曲线上可以看出，有的点与曲线拟合得还不十分满意，如果加以改进，对于平均音节长度的数值加以适当的修正，使之与曲线更加弥合，这样的平均音节长度叫作理论平均音节长度。

采用理论平均音节长度，则表 22-4 中词长（音节数）与理论平均音节长度的关系可用下图表示（图 22-10）：

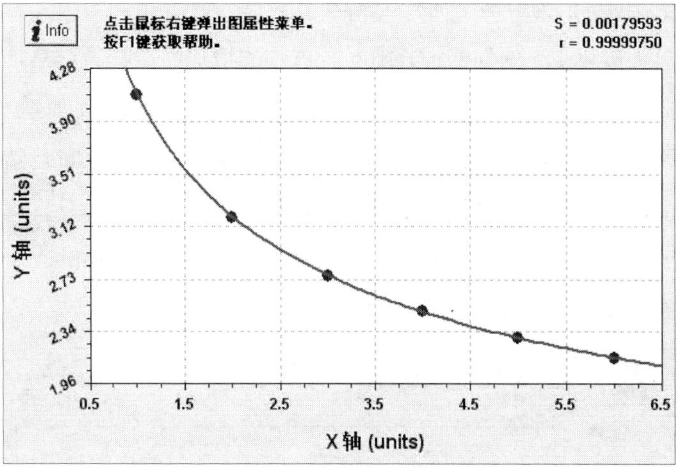

图 22-10　采用理论音节平均长度时的曲线

可以看出，这时 A = 4.09002432578，b = 3.58213087797，拟合度 r = 0.99999750。点与曲线拟合得几乎天衣无缝了。

这时，蒙采拉特—阿尔特曼定律的公式为：

$$y = 4.09002431578x^{-3.58213087797}$$

蒙采拉特—阿尔特曼定律的一般形式公式中的 A 和 b 两个参数，在不同语言中是不一样的，可以使用离散概率分布的数学方法来计算。

从形式上看，蒙采拉特—阿尔特曼定律是一种**“幂律”**(power law)，具有普适性，因此在其他领域也会有类似的规律存在。

冯志伟根据表 22-4 中的美国英语音节长度数据，使用统计方法对这些数据进行分析发现：在美国英语中，词长（音节数）以

2 音节的单词为最多，词长为 1 音节的单词数量比词长为 2 音节的单词数量少，它们的词长随着音节数的增加而增加，可是词长为 2 音节以上单词，它们的词长则随着音节数的增加而减少，2 音节以下的词长数量分布与 2 音节以上的词长数量分布截然不同。冯志伟使用计算机对于表 22-4 中的数据进行了计算，发现这样的词长数量的分布大致呈**“高斯分布”**（Gaossian distribution），分布曲线如下（图 22-11）：

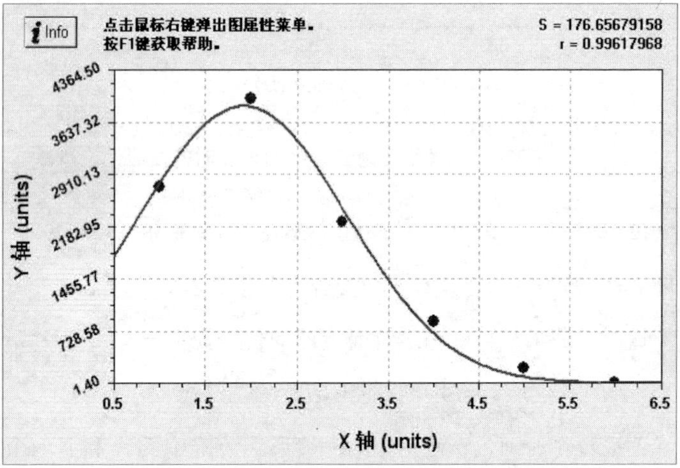

图 22-11　词长数量的变化呈高斯分布

高斯分布的公式是：

$$y = ae^{\frac{-(x-b)^2}{2c^2}}$$

其中，e 是自然对数的值，e = 2.71828。经过计算，冯志伟得出：a = 3.86373827859，b = 1.90736460432，c = 1.13220102940. 拟合度 r = 0.99617968。

因此，冯志伟认为，文本中词长数量的分布可以粗略地使用高斯分布来估计，这种分布非常接近于**“泊松分布”**（Poisson distribution）①。

词长分布是计量语言学家关注的一个热点问题②。尽管词长可以用字母、音素、词素、音节等单位来测量，但最常用的测量单位还是音节。在语言学的历史上，曾经有不少学者对于词长分布进行过研究。

最研究词长分布的学者早可能是俄国科学家布良可夫斯基，他于 1874 年发表过关于词长分布研究的一篇文章，但是此文已经无从考查了。

1947 年，谢巴诺夫（S. G. Čebanov）发现词长分布遵循“单位移泊松分布”（1-displaced Poisson distribution）。

1955 年，德国学者福克斯（W. Fucks）用概率方法研究不同语言中词长（单词中的音节数）的分布规律③，得到了如下的公式：

$$p_i = \frac{e^{-(\bar{i}-1)} \times (\bar{i}-1)^{i-1}}{(i-1)!}$$

这个公式中，i 表示单词的词长（$i=1, 2, 3, \cdots\cdots$），$\bar{i}$ 表示某一语言中所有单词的平均词长，e 为自然对数的底，等于

① 冯志伟，用计量方法研究语言—计量语言学，《外语教学与研究》，2012 年，第 2 期，第 97—100 页。

② Grzybek，P.（ed.）（2005）. Contributions to the Science of text and Language. Word length Studies and Related Issues. Dordrecht：Springer.

③ 参看冯志伟《数理语言学》有关福克斯公式的介绍，《数理语言学》，第 159 页，知识出版社，1985 年 8 月，上海。

2.7182……，p_i 表示词长为 i 的单词在文本中的百分比。这个公式叫福克斯公式（Fuchs Formula）。其中的平均词长 $\bar{i}$ 通过如下公式来计算：

$$\bar{i} = \frac{1}{N}\sum_{i=1}^{N} i$$

其中 N 是文本中的单词总数，i 是单词 i 的词长（单词 i 包含的音节数）。

福克斯公式遵从“单位移泊松分布”的规律，这与谢巴诺夫的研究结论不谋而合，因此，人们把这个关于词长分布的定律称为**“福克斯—谢巴诺夫定律”**（Fucks-Čebanov law）。

上世纪 90 年代中期，德国计量语言学家阿尔特曼等学者分析了现有关于词长分布的理论和实证研究后，提出了一种词长分布的一般模型①。

他们的实证研究表明，词长为 2 音节的词数和词长为 1 音节的词数具有的比例关系，与词长为 3 音节的词数和词长为 2 音节的词数具有的比例关系有着明显的不同。而且，二者之间的这种比例关系无法用一个常量来表示。因此，可以将这种关系表示为：

$$P_x = g(x)P_{x-1} \tag{1}$$

（1）式中，P_x 是词长（音节数）为 x 的单词在文本中的百分比，g（x）通过下面的比例函数来估计：

① Best，K.-H. Wortlängen. In：Köhler，R.，Altmann，G.，Piotrowski，R.（Hg.），Quantitattive Linguistik-Quantitative Linguistics. Ein internationales Handbuch. Berlin/ N. Y.：de Gruyter. 2005：260—273.

$$g(x) = 1 + a_0 + \frac{a_1}{(x + b_1)^{c_1}} + \frac{a_2}{(x + b_2)^{c_2}} \quad (2)$$

比例函数（2）为一个无穷级数的前四项。在绝大多数情况下，以下的简化形式就足以满足需要了：

$$g(x) = 1 + a_0 + \frac{a_1}{x + b_1} + \frac{a_2}{x + b_2} \quad (3)$$

在（3）式中，令 $a_0 = -1$，$a_1 = a$，$a_2 = b_1 = 0$，就得到了福克斯-谢巴诺夫定律的公式：

$$P_x = \frac{e^{-a} a^{x-1}}{(x-1)!}, \quad x = 1,2,3\cdots; \quad a > 0$$

这个公式中的 e 为自然对数的底，等于 2.7182……

这个公式中的参数 a 的值为文本平均词长减一，可由下式得到：

$$a = \frac{1}{N}\sum_{i=1}^{N} x_i - 1 = \frac{1}{N}\sum_{x=1}^{\infty} n_x x - 1$$

其中，N 是文本中所含单词的次数，x_i 是第 i 个词的词长（用音节来测量），n_x 是长度为 x 的词的数量。

把福克斯—谢巴诺夫定律的公式与前面讲过的福克斯公式相对比，可以看出二者是非常相似的，只是使用的符号稍有不同而已。

“福克斯—谢巴诺夫定律”的公式比冯志伟提出的“高斯分布”公式复杂得多，但显然比高斯分布公式更加精确。这两个公式描述的都是关于词长的分布定律。

语言中的一切都是变化的。如何用数学手段来描述这种变化，探索语言的演化规律，也是计量语言学家所关心的问题。

1950年，美国语言学家史瓦德士（M. Swadesh）提出了“语言年代学”（glottochronology），通过语言的词汇统计，来测定语言存在的年代或亲属语言从共同原始语分化的年代。语言年代学又称为词源统计分析法。

史瓦德士认为，每一种语言都有一些核心词汇，这些核心词汇是反映与人们日常生活和劳动密切相关的基本范畴的词汇，反映不同时代和不同地域人们共有的认知范畴的词汇，反映交际中频繁使用的词汇。如人称代词、身体外部器官的名称、身体动作、亲属称谓、自然现象、事物属性等，这些核心词汇的变化速度，在很长的时间内大体上是一样的。他选择了200个词作为适用于各种语言的核心词汇，经过统计测出，它们在1000年中保存下来的词汇大约为86%。如果某种古代语言及由它发展而成的现代语言的核心词汇有60%是相同或相近的，那么就可根据公式

$$t = \frac{\ln L}{\ln L_0}$$

来计算这种古代语言存在的绝对年代。式中，$L_0 = 0.86$，L是在现代语言中保留下来的核心词汇的百分比，t是古代语言存在的绝对年代，根据条件，$L = 0.60$，故根据上式可得到t等于3000年，也就是说，这种语言从古代算起已经存在3000年了。如果比较的不是古代语言及其发展而成的现代语言，而是两种由共同原始语分化而来的现代语言，要是这两种现代语言的核心词汇中共同的词的比例为Lc，那这两种现代语言从原始语分化的绝对年代可按公式

$$t = \frac{\ln L_c}{2\ln L_0}$$

来计算。例如，比较英语和德语的核心词汇得出 Lc＝0.82，由上式可知，t 约等于 1300 年，这就是说，英语和德语是在 1300 年前，即公元 6 世纪时分化的。

史瓦德士的公式描述的是语言的演化定律。

史瓦德士的语言年代学对于各语言文化历史的特点考虑不够，他选择的 200 个核心词汇在各种语言中不会是完全一样的，而且，民族迁徙、民族接触以及其他社会历史因素，经常会加快或减慢语言词汇的变化速度，这些因素史瓦德士也没有考虑到，这是语言年代学的致命弱点。

参考史瓦德士的 200 个核心词汇，我国学者郑张尚芳、黄布凡、江荻等拟定了汉语的核心词表，归纳各家的意见，学者们初步确定的“汉语 200 核心词汇表”如下：“日、月、泥、土、锈、洞、山、河，衣、饭、粥、家、房、坟、路，棍、桌、柜、锅、筷、绳、本，头、脸、眼、鼻、嘴、舌、牙、耳、发、须、颈、乳、腹、臂、手、腿、脚、膝，狗、猪、蛋、翼，稻（稻子、稻谷）、树、根，生，落、藏、找，捆（绑）、系、解、掰、剥、缝、编、裹、盖、穿、脱，烧、煮、蒸，尝、喝、吃、咬、嚼、吸、咽、吐、吹，睡、玩，看、听、闻，拿、提、举、端、抬、扛、背、挑，打、捏、揉、按、推、拖、拉、搂，撕、折、拧、扔、捉，躺、蹲、靠、站、走、跑、追、踩、游、来，切、剁、砍、杀，浇、擦、洗、晒，哭、笑、说、唱，要、给、换，知、怕，昼、夜，上、下，人、孩、爷、奶、父、母、夫、妻、哥、弟、子、女，我、你、他、这、那、谁、哪、何，雌、雄，好、坏、重、远、近、利、钝、美、丑、香、淡、甜、凉、冷、热、干、湿、潮、饿、累、疼、勤、懒、胖、瘦、迟、粗、细、大、小、高、低、宽、窄、直（竖）、斜、陡、稀、稠，黑，暗、亮，和、不、没、很，个”。这个汉语核心词汇表可以作为汉语教学、汉语方言调查的参考。

除了史瓦德士的语言年代学外，计量语言学的学者们还研究了单个语言现象的演化规律。

1974 年，苏联语言学家毕奥特洛夫斯基（Rajmund Piotrovski）和他的夫人提出了用反正切函数来描述语言现象的演化规律。

1983 年，阿尔特曼（Altmann）等人在毕奥特洛夫斯基发现的基础上，并结合拉波夫（Labov）等人的研究成果，提出了语言演化规律的三种变体。因此，后人将语言演化规律称为**“毕奥特洛夫斯基定律”**（Piotrowski law）或**“毕奥特洛夫斯基—阿尔特曼定律”**（Piotrowski-Altmann law）。这一定律一般用来研究借词数量增加、形态变化等有关语言演化的问题①。

这一定律认为“所有语言演化都是新老形式交互作用的结果”。这种交互作用可以用下式来描述：

$$dp_t = k_t p_t (C - p_t) dt \qquad (1)$$

p_t = 新形式所占的比例

k_t = 时间函数(也可为常量)

① Leopold, E. Das Piotrowski-Gesetz. In: Altmann, G., Köhler, R., Piotrowski, R. (Hg.), Quantitative Linguistik-Quantitative Linguistics. Ein internationales Handbuch, 2005: 627—633. Berlin/ N. Y.: de Gruyter.

$$C = \text{变化区间}$$

$$t\ \text{表示时间}, t > 0$$

$$dp_t = \text{比例变化}$$

式（1）说明新形式所占比例的演化与新旧形式的交互存在着比例关系。

求解式（1），可得到三个解：

（**a**）完全变化，此时 $C=1$ 并且 $k_t=b$ 为常量

$$p = \frac{1}{1 + ae^{-bt}} \tag{2}$$

式（2）中，p 为新形式所占的比例，a 为积分常数。式（2）所表示的逻辑斯谛曲线在许多领域均存在，一般用来描述增长现象。

（**b**）部分变化，此时 $k_t=b$ 为常量，C 为渐近线

$$p = \frac{C}{1 + ae^{-bt}} \tag{3}$$

式（3）中，p 为新形式所占的比例，a 为积分常数。

（**c**）可逆变化，此时 $k_t=a' - b't$，$C=$常量

$$p = \frac{C}{1 + ae^{-bt+ct^2}} \tag{4}$$

式（4）中，p 为新形式所占的比例，a，b，c 是 a'，b'和 C 的简单函数。

贝厄迪（Beöthy）和阿尔特曼（Altmann）根据毕奥特洛夫斯基—阿尔特曼定律研究了匈牙利语中的拉丁语借词的演化情况

（表 22-5），结果表明这种演化模式非常符合（3）式①。

表 22-5　匈牙利语中的拉丁语借词

时间区间	t	借词数量	累积数量	理论数量②
—1207	1	2	2	3.53
1208—1307	2	0	2	8.20
1308—1407	3	13	15	18.55
1408—1507	4	20	35	39.77
1508—1607	5	58	93	77.03
1608—1707	6	24	117	127.52
1708—1807	7	60	177	176.40
1808—1907	8	35	212	210.49
A = 161.80，b = 0.86113，C = 245.19，D = 0.99				

这些定律的发现对于我们更精确地理解语言的结构和语言的演化无疑是有极大的帮助的。

语言的计量研究不但有益于提升语言的研究精确化和科学化水平，还有助于弥补传统语言学研究方法的不足。当然，语言结构的形成、变化和发展是多种因素交互的结果，计量语言学所建立的模型一般都有特定的使用范围，采用计量语言学的方法所发现的各种定律虽然有助于人们认识单个语言现象的本质，但如何将这些不同层面的计量语言学定律结合在一起却不是一件容易的事情。下面介绍计量语言学在这方面的努力。

---

① Beöthy，E.，Altmann，G.. Das Piotrowski-Gesetz und der Lehnwortschatz. Zs. für Sprachwissenschaft 1，1982：171—178.

② 本节内容主要参考了 Köhler，R.（2005）. Synergetic linguistics. In：Altmann，G.，Köhler，R.，Piotrowski，R. G.（eds.），Handbook of Quantitative Linguistics，2005：760—774. Berlin：de Gruyter.

第六节　协同语言学

由前两节的内容可知，在语言学的各个层面似乎都存在一些定律，通过这些定律，我们可以更精确地对语言进行描述。如果我们打算对语言做一个全面的描述，那就有必要将这些定律有机地结合在一起，形成一个基于普适定律的语言学体系。这也是德国计量语言学家科勒（Reinhard Köhler）提出**“协同语言学”**（Synergetic linguistics）的初衷。1986 年，科勒出版了《语言协同学：词汇的结构以及动力学》（*Zur linguistischen Synergetik. Struktur und Dynamik der Lexik*），这标志着协同语言学的诞生。协同学（Synergetics）是由德国学者哈肯（Hermann Haken）在上世纪 70 年代提出的，它是一个研究不同事物共同特征及其协同机理的新兴学科。协同论认为，各种系统，尽管其属性不同，但在整个环境中，各个系统间存在着相互影响而又相互合作的关系。协同论的主要特点是通过类比对从无序到有序的现象建立一整套数学模型和处理方案。它基于“很多子系统的合作受相同原理支配而与子系统特性无关”的原理，设想在跨学科领域内，考察其类似性以探求其规律。协同语言学便是将协同学应用到语言研究领域的产物。

科勒认为，理论是由一些普遍定律组成的系统，没有定律，解释就无法进行。协同语言学的主要任务提供一套构建语言学理论的架构，即这套建模方法可以用来建立普适的假设，测试假设，将这些假设组合起来形成定律和类似于定律的陈述网络，并用其来解释所观察到的现象。通过这种方法，也可以重构近几十年来正在丧失的语言观：语言既是一种心理—社会现象，同时也是一种生物—认知现象。协同语言学的基本公理是：语言是一个自组织和自调节的系统，是一种特殊的动态系统①。

第一个协同语言学的模型是由科勒于1986年建立的，这是一个有关词汇的语言子系统，如图22-13所示。长方形表示的是系统变量（如，状态或控制变量）；圆代表的是系统需求（requirements）；正方形表示的是运算符，在大多数情况下，运算符是一些带有正负号的比例算子。值得注意的是，在阅读分析这样的语言系统图时，不应忘记图中所表示的关系实际上是对最初假设经过对数转换后的结果。如果我们想表示的假设是“一个词的长度越长，它的义项就越少”，则需要用的公式为：

$$P = a L^{-b}$$

对此式两边取对数，就得到：

$$Q = c - b M$$

式中 Q = ln P，c = ln a，M = ln L. 由此可得到这一假设的图示形式（图22-12）：

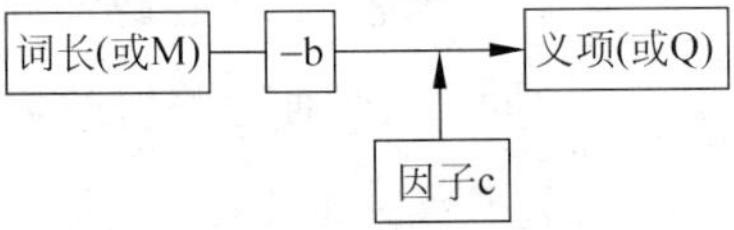

图22-12　Q = c – b M 的图示

① 本节内容主要参考了 Köhler, R. Synergetic linguistics. In: Altmann, G., Köhler, R., Piotrowski, R. G. (eds.), Handbook of Quantitative Linguistics, 2005: 760—774. Berlin: de Gruyter.

这意味着，如果我们要从协同语言学结构图中提取单个假设的公式或等式，则需要进行反对数的操作。

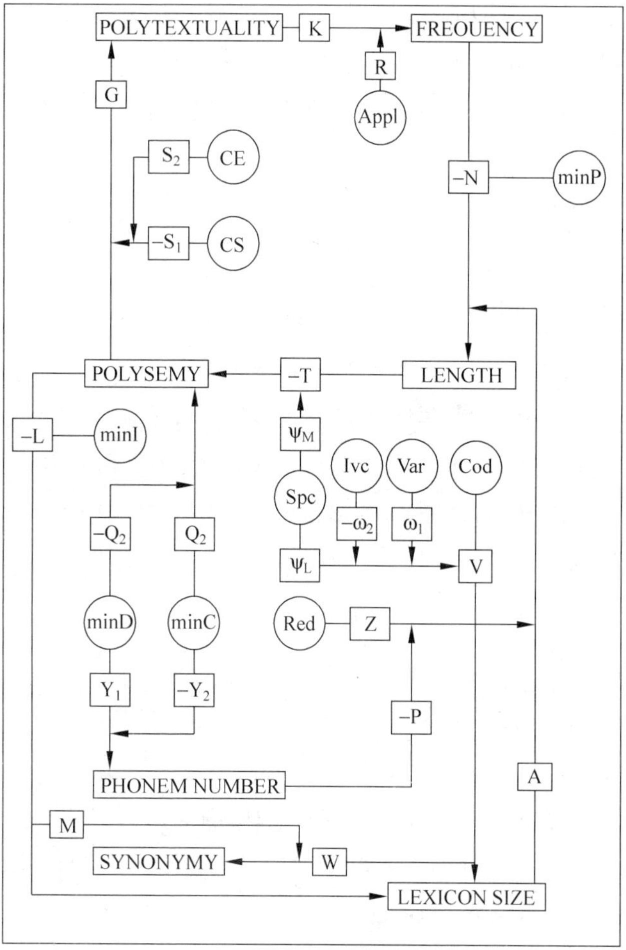

图 22-13　词汇子系统结构示意图

我们可以从图 22-13 中得到下列公式：

1. $LS = COD^{V} PS^{-L}$

词库大小（Lexicon size，简称 LS）是编码需求 COD 和多义词 PS 的函数。V 是运算符，写在上标的位置，量 V 是需求 Spc、Var 和 Inv 的函数，这些需求反映的是形意关系稳定性和灵活性之间的平衡和折衷。-L 是运算符，写在上标的位置。以下公式中的运算符都写在上标的位置，不再特殊说明。

2. $PN = minD^{Y1} minC^{-Y2}$

音素的数量（Phoneme number，简称 PN）是平衡反映编码 minC 和解码需求 minD 的结果。

3. $L = LG^{A} Red^{Z} PH^{-P} F^{-N}$

词长（Length，简称 L）是词库大小 LG、冗余 Red、语音总藏大小（phonological inventory size，简称 PH）及频率 F 的函数。

4. $PL = minC^{Q2} minD^{-Q1} L^{-T}$

多义词（Polysemy，简称 PL）是需求 minC、minD 和词长 L 之间折衷的结果。

5. $PT = CE^{S2} CS^{-S1} PL^{G}$

多文度（Polytextuality，也就是可能的上下文数量，简称 PT）是上下文全局化 CE 和上下文集中化 CS 过程间的作用以及多义词 PL 的函数。

6. $F = Appl^{R} PT^{K}$

一个词项的频率（Frequency，简称 F）取决于它的意义的交际关联度 Appl 和它的多文度 PT。

7. $SN = Cod^{VW}\ PL^{M}$

同义词（Synonymy，简称 SN）是编码需求 Cod 和多义词 PL 的函数，它是灵活性需求和稳定的形意关系之间折衷平衡的结果。

限于篇幅，这些公式和图中的大多数符号不能在此一一详解。但我们有必要对几个 min 开头的符号做一点说明，图中出现了 minP、minI、minD 和 minC 等符号。因为它们是出现在圆圈内部的，因此反映的是语言交际中的需求。语言交际包括了说者（speaker）和听者（hearer），在交流的过程中，二者都想用最省力的方式来完成交际，因此交际过程使用中说者和听者之间最小省力的平衡过程。换言之，在一个探讨语言交际的模型中，是不能忽略这些因素的作用的。协同语言学模型中的 minP 表示的是言语生成方面的最小化，minI 是语言单位总藏的最小化（这是与人的记忆密切相关的），minD 表示的是解码方面的最小化，minC 是编码方面的最小化。由此可见，旨在解决这些因素和交际需求平衡的协同语言学是齐普夫提出的“最小省力原则”的具体化和现代化。

这里所说模型中的每一个假设均得到过实际数据的验证，其中许多假设更是通过了多种类型各异语言的验证。这些实证研究说明，采用协同学的原理来研究语言系统是可行的和值得进一步努力的。目前，除了本节提及的词汇子系统外，句法子系统也已基本形成。当然，鉴于所研究对象的极端复杂性，构建语言系统完整的协同语言学模型，还有很长的路要走。

第七节　信息论和语言学

1948 年，美国年轻的数学家申农（C. E. Shannon，1916—2001）发表了《通讯的数学理论》（A Methematical Theory of Communication），为信息论的研究奠定了基础。信息论是研究信息传输和信息处理系统中一般规律的科学，60 多年来，这门学科发展极为迅速。

图 22-14　申农

在信息论产生之前，人们对信息系统的理解是比较肤浅的，一般把携带信息的消息看成是瞬态性的周期性的信号。后来，人们把近代统计力学中的重要概念，把马尔可夫随机过程理论以及广义谐波分析等数学方法运用于信息系统的研究中，才看出通讯系统内的消息实质上是一种具有概率性的随机过程，从而得出了一些概括性很高的结论，建立了信息论这个学科。

信息论的研究对象是广义的信息传输和信息处理系统，从最普通的电报、电话、传真、雷达、声呐，一直到各种生物的感知系统，都可以用同一的信息论观点加以阐述，都可以概括成这样或那样的随机过程而加以深入的研究。

随机过程有两层含义：

第一，它是一个时间的函数，随着时间的改变而改变；

第二，每个时刻上的函数值是不确定的，是随机的，也就是说，每一时刻上的函数值按照一定的概率而分布。

在我们写文章或讲话的时候，语言中每一个字母（或音素）的出现随着时间的改变而改变，是时间的函数，而在每一个时刻出现什么字母（或音素）则有一定的概率性，是随机的。因而我们可以把语言看成是一个随机过程，用信息论的方法来加以研究。

从信息论的角度看来，用自然语言来交际的过程，就是从语言的发送者通过通讯媒介传输到语言的接收者的过程。如图 22-15 所示：

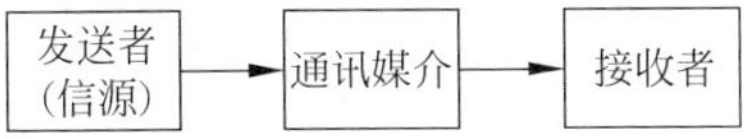

图 22-15　交际过程

语言的发送者（即信源）随着时间的顺序依次地发出一个一个的语言符号，语言的接收者也随着时间的顺序依次地接收到一个一个的语言符号。显而易见，这个过程是时间的函数，而每一时刻出现什么样的符号又是随机的，因而它是一个随机过程。如果做试验来确定语言中出现什么字母，那么这样的试验叫作随机试验，而所出现的字母就是随机试验的结局，语言就可以看作是一系列具有不同随机试验结局的链。其中，每一个随机试验的个别结局的概率，依赖于它前面的随机试验的结局。例如，在俄语中，当前面的字母是辅音时，元音出现的概率就增长起来，在字母 Ч 之后，无论如何也不能出现字母 Ы、Я 或 Ю，而主要是出现字母 Т（如 ЧТО）或 И、Е 等。这种链，叫作马尔可夫链。

在俄语中，如果 Ъ 和 Ь，Е 和 Ё 都算为一个字母，词与词之间的空白算为一个新字母，那俄语的字母表就由 32 个字母组成。

假设这 32 个字母都是等概率不相关的，那随机试验后我们可以得到这样的链 $Ф_0$：

ОУХЕ РРОХЬДБШ ЯЫХВШХЙЖТИВНАРНВ ЩТФРПХГПЧ-ЬКИЗРЯС

显然，链 $Ф_0$ 不是马尔可夫链，而是等概率独立链。

假设我们考虑到这 32 个字母出现的概率不一样，例如，空白的出现概率为 0. 174，字母 О 的出现概率为 0. 090，字母 Ш 的出现概率为 0. 003，字母 Ф 的出现概率为 0. 002 等，那我们可以得到这样的链中 $Ф_1$：

Т ЦЫЯЬ ОЕРВ ОДНГ ЗБЯ ЕНВТША ВУЕМЛОЛЙК

显然，链 $Ф_1$ 也不是马尔可夫链，而是不等概率的独立链。

假设我们不但考虑到这 32 个字母的出现概率的不同，而且还考虑到前面一个字母对后面一个字母出现概率的影响，那我们可得到这样的链 $Ф_2$：

КАЯ ВСВАННЫЙ РОСЯ НЫХ КОВКРОВ

这时，链 $Ф_2$ 就是马尔可夫链了，这种链叫作一重马尔可夫链。

假设我们再考虑到前面两个字母对后一个字母出现概率的影响，那我们可得到这样的链 $Ф_3$：

ПОКАК ПОСТИВЛЕННЫЙ ПОТ ДУРНОСКАКА НАКОН Е ПЛО ЗНО СТВОЛОВИЛ

显然，链 $Ф_3$ 也是马尔可夫链，这种链叫作二重马尔可夫链。

假设我们考虑到前面三个字母对后一个字母出现概率的影

响，那我们可得到这样的链：

ВЕСЕЛ ВРАТЪСЯ НЕ СУХОМ И НЕПО И ДОБРЕ

显然，链 $Ф_4$ 也是马尔可夫链，这种链叫作三重马尔可夫链。

类似地，我们还可以考虑前面四个字母、五个字母……对后面字母出现概率的影响，分别得到链 $Ф_5$、$Ф_6$ 等等。$Ф_5$ 叫作四重马尔可夫链，$Ф_6$ 叫作五重马尔可夫链，依此类推。

可以看出，随着马尔可夫链重数的增大，每一个后面的链都比前面的链更接近于有意义的俄语句子。乔姆斯基和米勒通过心理语言学的研究说明，这样的马尔可夫链的重数并不是无穷地增加的，它的极限就是语法上成立的句子的集合。

同时，我们还可以看出，随着马尔可夫链重数的增大，我们越能正确地根据前面的字母预测下一个字母的出现情况，也就是说，随着马尔可夫链重数的增大，我们根据前面的字母预测下一个字母出现的这个随机试验的不定度越来越小，至于不是马尔可夫链的那些独立链，其字母的出现情况是最难预测的，也就是说，每一个字母出现的不定度是很大的。

在信息论中，信息论的大小恰恰就是用在接收到消息之前，随机试验不定度的大小来度量的。随机试验不定度的大小，叫作**“熵”**（entropy）。在接收到语言符号之前，熵因语言符号的数目和出现概率的不同而不同。在接收到语言符号之后，不定度被消除，熵等于零。可见，信息量等于被消除的熵，因此，只要我们测出了语言符号的熵，就可以了解该语言符号所负荷的信息量是多少了。

如果我们做某一有 n 个可能的等概率结局的随机试验，那么，这个随机试验的熵 H_0 为：

$$H_0 = \log_2 n$$

如果随机试验的结局不等概率，那么就可以根据较复杂的公式得出熵 H_1。如果随机试验前面的结局对于后面的结局有影响，那么就可得出条件熵，马尔可夫链的熵就是条件熵。我们可以用更复杂的公式计算一阶条件熵（H_2）、二阶条件熵（H_3）、三阶条件熵（H_4）……直至极限熵（H_∞）。阶数越高熵越小。

熵之所以会减少，是由于语言有结构性，各字母之间有相互影响。在通讯中，如果在编码时不考虑语言的结构性，把每一个代码都当作是等概率不相关的，那么就有许多成分显得多余。多余成分的百分比叫作多余度（redundance），它表示超过传递最少需要量的信息量的比例。多余度 R 可以按下面公式计算：

$$R = 1 - \frac{H_\infty}{H_0}$$

例如，实验测出，俄语中 $H_0 = 5$，$H_\infty = 1$，故 $R = 1 - (1/5) = 0.80 = 80\%$。这说明，在任何俄语的文句中，大约有 80% 的字母是由语言的结构规定好的，这时，如果我们通过理想的编码，采用最佳编码方法，就可以把文句缩减 80%（即压缩至原有的五分之一），从而提高信道的传输能力。可见，语言的熵和多余度的研究，对于通讯的理论和技术都有重要意义。

1951 年，申农首先应用信息论的方法测得了英语中不等概率的独立链的熵 H_1，尔后，在实践的迫切要求之下，人们又测出了一些印欧语言的熵。到目前为止，英语已测出了九阶条件熵，俄语已测出了八阶及十四阶条件熵。现将各语言不等概率独立链的

熵 H_1 列表比较如下（表 22-6）：

表 22-6　几种语言的熵 H_1 比较

语种	符号数	熵 H_1（单位：比特）	所用字母
法语	27（包括空白）	3.98	拉丁字母
意大利语	27（包括空白）	4.00	拉丁字母[19]
西班牙语	27（包括空白）	4.01	拉丁字母
英语	27（包括空白）	4.03	拉丁字母
德语	27（包括空白）	4.10	拉丁字母
罗马尼亚语	27（包括空白）	4.12	拉丁字母
俄语	32（包括空白）	4.35	斯拉夫字母

图示如下（图 22-16）：

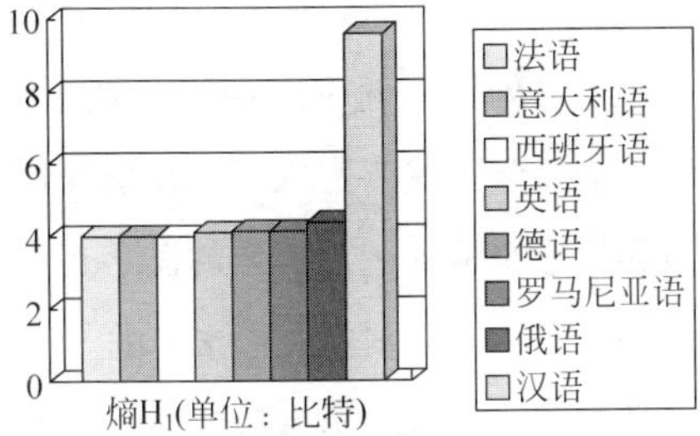

图 22-16　各种语言的熵比较

同国外相比，我国对于汉字熵的测定工作做得还很不够，这是因为汉字符号太多的缘故，《康熙字典》中所收的汉字达 47000 多个，要对这么多的符号来测熵，是一件很不容易的事。20 世纪 70 年代末，我国还没有个人计算机（personel computer），在没有计算机的情况下，我国学者冯志伟采用逐渐扩大汉字容量的办法，根据手工查频的数据，计算出当汉语书面语文句中的汉字字种扩大到 12370 个汉字时，包含在一个汉字中的熵 $H_1 = 9.65$

比特，并从理论上说明了，如果再进一步扩大汉字容量，这个熵值不会再增加。

这是世界上首次计算出的汉字的熵。由于是手工查频和手工计算，冯志伟始终认为，这个数值只是他对于汉字熵的一种粗略的估计和猜测。这项研究是文化大革命期间在筚路蓝缕的艰苦条件下进行的，当时的学术界基本上还不能理解冯志伟这项研究的意义，他的研究成果直到 1984 年才得以在《文字改革》杂志上以通俗的形式发表[①]。

从图 22-16 中可以看出，汉字的熵比印欧语中字母的熵大得多，而早期计算机的研制主要是建立在拉丁字母字符集（ASCII 码[②]）的基础之上的，没有考虑到汉字这样庞大的字符集，这会使得汉字在计算机信息处理中处于困难的境地。不过，这种困难的处境已经被中国的科学家逐步克服了，目前汉字已经可以在计算机和手机中自如地输出输入了，古老的汉字正在计算机信息处理中焕发其美妙的青春，这是值得我们庆幸的。

熵是信息量的度量，在自然语言处理中，熵是用来刻画语言数学面貌的非常有价值的数据。熵可以用来度量一个特定的语法中的信息量是多少，度量给定语法和给定语言的匹配程度有多高，预测一个给定的 N 元语法中下一个单词是什么。如果有两个给定的语法和一个语料库，我们可以使用熵来估计哪一个语法与语料库匹配得更好。我们也可以使用熵来比较两个语音识别任务

---

① 冯志伟，汉字的熵，《文字改革》，1984 年，第 4 期。

② ASCII 码是用于信息交换的标准代码，基本上是建立在拉丁字母字符集的基础之上的。

的困难程度，也可以使用它来测量一个给定的概率语法与人类语法的匹配程度。所以，语言的熵的研究是一件很有意义的工作。

现在我们已经进入了信息网络的时代，大量的语言文字信息通过互联网（Web）在全世界范围内得到了空前广泛的传播，语言文字的载体逐渐从书本转到了磁盘和光盘上，语言文字的信息逐渐数字化，无论多么繁复的语言文字都可以由 0 和 1 这样的数字来表示，数字化的语言文字要求有数字化的语言文字处理技术和产业，如文本处理、语音识别、文字识别、机器翻译、全文检索、自动文摘、文献自动分类等，而且这种技术和产业越来越与普通老百姓的日常生活密切相关。面临语言文字载体的这种历史性的巨变，现代语言学继索绪尔和乔姆斯基之后，不论在理论方面还是在方法方面，必将产生一次全新的革命。可以预见，语言学与数学和信息科学的联系必将越来越密切，语言学在未来的人类社会中将会成为一个非常重要的学科，它的重要性完全可以同 17 世纪伽利略改变了我们关于物质世界的整个观念的新学科相媲美。

由于篇幅的限制，我们不能在本章中深入地讨论语言文字的信息化和数字化问题，我们在这里只是将数理语言学的情况，向读者作一个鸟瞰式的介绍，希望读者在读过本章之后，能够注意现代语言学正在发生的这场巨变，参与到数字化的语言文字处理技术的研究中来，为现代语言学的新发展作出贡献。关于自然语言计算机处理的理论和方法的系统性论述，有兴趣的读者可参看其他更加专门的著作①。

19世纪初叶，施来赫尔把生物学中的分类方法用于语言发展过程的研究，提出了印欧系语言发展的谱系树，从而大大地推进了历史比较语言学的发展。20世纪初叶，雅可布逊把物理学中关于物质由基本粒子构成的理论用于音位研究，提出了音位的区别特征学说，把音位学的研究发展到一个新阶段。在信息网络时代的今天，把数学方法用于语言研究，必将使语言学适应当前新的技术革命的需要，进一步促进语言学的现代化。正如乔姆斯基所指出的："生成语法的研究之能实现，乃是数学发展的结果，……普遍语法的数理研究，很可能成为语言理论的中心领域。现在要确定这些希望能否实现还为时过早。但是，根据我们今天已经懂得的和正在逐渐懂得的东西，这些希望未必是不合理的。"他乐观地预言："普遍语法的某种数学理论与其说是今日的现实，毋宁说是未来的希望。人们至多只能说，目前的研究似乎正在导致这样一种理论。在我看来，这是今天最令人鼓舞的研究领域之一，如果它能获得成功，那么将来它可能把语言研究置于一种全新的基点上。"② 我们认为，乔姆斯基的这种预见正在变为现实。正是基于这样的原因，我们希望读者密切关注数理语言学和计量语言学的发展动向，努力争取成为文理兼通的现代语言学家。

---

① 冯志伟，自然语言处理的形式模型，中国科学技术大学出版社，2010年。

② M. Gross，A. Lentin，Introduction to Formal Grammars，乔姆斯基的序言，Berlin，Springer-Verlag，1970。

本章参考文献

1. W. Plath, Mathematical linguistics, Trends in European and American Linguistics 1930—1960), 1961: 21—57.
2. L. Bar-Hillel, Decision procedures for structure in natharl language, Logique et analyse, 2⁻ᵉanneé, 1959 (5).
3. B. H. Partee 等, Mathematical Methods in Linguistics, 冯志伟导读, 世界图书出版公司, 2010 年。
4. O. C. Кулагина, Об одном способе определения грамматических понятий на базе теории м ножеств, Проблем ы кибернетики, в ы п l, с т р 201-214, 1958.
5. 冯志伟, 数理语言学简介,《计算机应用与应用数学》, 1975 年第 4 期, 第 34—51 页。
6. 冯志伟, 现代信息科学对语言学的影响,《外语学刊（黑龙江大学学报)》, 1986 年, 第 1 期。
7. 冯志伟,《数理语言学》, 上海知识出版社, 1985 年。
8. 冯志伟,《自动翻译》, 上海知识出版社, 1987 年。
9. 冯志伟,《现代汉字和计算机》, 北京大学出版社, 1989 年。
10. 冯志伟,《中文信息处理与汉语研究》, 商务印书馆, 1992 年。
11. 冯志伟,《数学与语言》, 湖南教育出版社, 1991 年。
12. 冯志伟, 信息时代的语言观,《语文现代化论丛》, 第二辑, 语文出版社, 1996 年。
13. 冯志伟, 数理语言学, 载《语言多学科研究与应用》（下册, 杨自俭主编), 第 309—430 页, 广西教育出版社, 2002 年。
14. 冯志伟, 用计量方法研究语言——计量语言学, 《外语教学与研究》, 2012 年。
15. 刘海涛, 基于类比的计算语义处理机制, 载《语言工程》, 清华大学出版社, 1997 年。

第二十三章　计算语言学

采用计算机技术来研究和处理自然语言是20世纪40年代末期和50年代才开始的，六十多年来，这项研究取得了长足的进展，成为了现代语言学中一门重要的新兴学科，叫作**“计算语言学”**（Computational Linguistics，简称CL），这门学科同时也属于计算机科学的一个分支，叫作“自然语言处理”（Natural Language Processing，简称NLP）。

我们认为，计算机对自然语言的研究和处理，一般应经过如下四个方面的过程：

第一，把需要研究的问题在语言学上加以形式化，使之能以一定的数学形式，严密而规整地表示出来；

第二，把这种严密而规整的数学形式表示为算法，使之在计算上形式化，建立自然语言处理的形式模型；

第三，根据算法编写计算机程序，使之在计算机上加以实现；

第四，对于所建立的自然语言处理系统进行评测，使之不断地改进质量和性能，以满足用户的要求。

美国计算机科学家马纳里斯（Bill Manaris）在《计算机进展》（Advanced in Computers）第47卷的《从人-机交互的角度看自然语言处理》① 一文中曾经给自然语言处理提出了如下的定义：

“自然语言处理可以定义为研究在人与人交际中以及在人与计算机交际中的语言问题的一门学科。自然语言处理要研制表示语言能力（linguistic competence）和语言应用（linguistic performance）的模型，建立计算框架来实现这样的语言模型，提出相应的方法来不断地完善这样的语言模型，根据这样的语言模型设计各种实用系统，并探讨这些实用系统的评测技术。”

马纳里斯关于自然语言处理的这个定义，比较全面地表达了计算机对自然语言的研究和处理的上述四个方面的过程。我们认同这样的定义。

马纳里斯的这个定义也可以适用于计算语言学。简要地说，计算语言学是用计算机研究和处理自然语言的一门新兴的边缘学科。这门学科在计算机科学中叫自然语言处理，在语言学中叫计算语言学。在这门学科的发展过程中，曾经在计算机科学、电子工程、语言学、心理学、认知科学等不同的领域分别进行过研究。之所以出现这种情况，是由于计算语言学包括了一系列性质不同而又彼此交叉的学科，具有突出的跨学科性质。

与前面一章介绍的数理语言学比较起来，计算语言学具有更明显的应用学科性质。计算语言学在研究自然语言处理的形式模型的同时，还要把这些形式模型在计算机上加以实现，建立机器翻译、信息检索、信息提取、数据挖掘、自动问答、文本自动分

---

① Bill Manaris, Natural language processing: A human-computer interaction perspective, *Advances in Computers*, Volume 47, 1999.

类、语音合成、语音识别等不同类型应用系统。

本章简要介绍计算语言学的萌芽期、发展期、繁荣期，总结计算语言学中形式模型研究的成果，并分析当前计算语言学发展的特点。由于篇幅的限制，关于计算语言学的各种应用技术和应用系统，本书就略而不述了。对于这些应用技术和应用系统有兴趣的读者，可以阅读我写的《机器翻译研究》[1] 以及我和孙乐翻译的《自然语言处理综论》[2]。

第一节　计算语言学的历史回顾

计算语言学可以分为萌芽期、发展期、繁荣期等阶段。本节中，我们将对于计算语言学的这些不同时期做一个历史回顾。

1. 计算语言学的萌芽期

从20世纪40年代到50年代末这个时期是计算语言学的萌芽期。

在“计算语言学”这个术语出现之前，就有一些具有远见卓识的学者研究过语言的计算问题，他们从计算的角度来研究语言现象，揭示语言的数学面貌。关于语言计算的思想和研究是源远流长的。

有四项基础性的研究特别值得注意：

一项是马尔可夫关于马尔可夫模型的研究；

一项是图灵（A. M. Turing）关于算法计算模型的研究；

一项是申农关于概率和信息论模型的研究；

---

① 冯志伟，《机器翻译研究》，中国对外翻译出版公司，2004年。

② D. Jurafsky & J. Martin，《自然语言处理综论》，冯志伟、孙乐译，电子工业出版社，2005年。

一项是乔姆斯基关于形式语言理论的研究。

早在1913年，俄罗斯著名数学家马尔可夫就注意到俄罗斯诗人普希金的叙事长诗《欧根·奥涅金》中语言符号出现概率之间的相互影响，他试图以语言符号的出现概率为实例，来研究随机过程的数学理论，提出了**“马尔可夫链”**（Markov Chain）的思想，他的这个开创性的成果用法文发表在俄罗斯皇家科学院的通报上①。

图23-1 马尔可夫

后来马尔可夫的这一思想发展成为在计算语言学中广为使用的马尔可夫模型（Markov model），是当代计算语言学最重要的理论支柱之一。

在计算机出现以前，英国数学家就预见到未来的计算机将会对自然语言研究提出新的问题。

1936年，图灵向伦敦权威的数学杂志投了一篇论文，题为《论可计算数及其在判定问题中的应用》。在这篇开创性的论文中，图灵给“可计算性”下了一个严格的数学定义，并提出著名的“图灵机”（Turing Machine）的数学模型。**“图灵机”**不是一种具体的机器，而是一种抽象的数学模型，可制造一种十分简单但运算能力极强的计算装置，用来计算所有能想象得到的可计算函数。1950年10月，图灵在《机器能思维吗》一文中指出：“我

---

① A. A. Markov, Essai d'une recherche statistique sur le texte du roman “Ougene Onegin” illustrant la liaison des epreuve en chain, Bulletin de l'Academie Impériale des Sciences de St-Pétersbourg, 7: 153—162.

们可以期待，总有一天机器会同人在一切的智能领域里竞争起来。但是以哪一点作为竞争的出发点呢？这是一个很难决定的问题。许多人以为可以把下棋之类的极为抽象的活动作为最好的出发点，不过，我更倾向于支持另一种主张，这种主张认为，最好的出发点是制造出一种具有智能的、可用钱买到的机器，然后，教这种机器理解英语并且说英语。这个过程可以仿效小孩子说话的那种办法来进行。”

图 23-2　图灵

图灵提出，检验计算机智能高低的最好办法是让计算机来讲英语和理解英语，进行“图灵测试”。他天才地预见到计算机和自然语言将会结下不解之缘。

20 世纪 50 年代提出的自动机理论来源于图灵在 1936 年提出的可计算性理论和图灵机模型，图灵的划时代的研究工作被认为是现代计算机科学的基础。图灵的工作首先导致了麦库洛克-皮特（McCulloch-Pitts）的神经元（neuron）理论。一个简单的神经元模型就是一个计算的单元，它可以用命题逻辑来描述。接着，图灵的工作还导致了克林（Kleene）关于有限自动机和正则表达式的研究。

1948 年，美国学者申农使用离散马尔可夫过程的概率模型来描述语言的自动机。

申农的另一个贡献是创立了**“信息论”**（Information Theory）。他把通过诸如通信信道或声学语音这样的媒介传输语言的行为比喻为“噪声信道”（noisy channel）或者“解码”（decoding）。申农还借用热力学的术语“熵”（entropy）作为测量信道的信息能力或者语言的信息量的一种方法，并且他用概率技术首次测定了英语的熵①。

1956年，美国语言学家乔姆斯基从申农的工作中吸取了有限状态马尔可夫过程的思想，首先把有限状态自动机作为一种工具来刻画语言的语法，并且把有限状态语言定义为由有限状态语法生成的语言。这些早期的研究工作产生了**“形式语言理论”**（formal language theory）这样的研究领域，采用代数和集合论把形式语言定义为符号的序列。乔姆斯基在研究自然语言的时候首先提出了**“上下文无关语法”**（Context-Free Grammar，简称CFG），后来，计算机科学家巴库斯和瑙尔等在描述ALGOL程序语言的工作中，分别于1959年和1960年也独立地发现了这种上下文无关语法。这些研究都把数学、计算机科学与语言学巧妙地结合起来。

乔姆斯基在计算机出现的初期把计算机程序设计语言与自然语言置于相同的平面上，用统一的观点进行研究和界说。他在《自然语言形式分析导论》② 一文中，从数学的角度给语言提出了新的定义，指出：“这个定义既适用于自然语言，又适用于逻

---

① C. E. Shannon，A mathematical theory of communication，*Bell System Technical Journal*，1948（27）：379—423.

② N. Chomsky and G. A. Miller，Introduction to the formal analysis of natural languages，In R. D. Luce，R. Bush and E. Galanter，（Eds.）*Handbook of Mathematical Psychology*，Wiley，New York，1963（2）：269—322.

辑和计算机程序设计理论中的人造语言”。在《语法的形式特性》① 一文中，他专门用了一节的篇幅来论述程序设计语言，讨论了有关程序设计语言的编译程序问题，这些问题，是作为“组成成分结构的语法的形式研究”，从数学的角度提出来，并从计算机科学理论的角度来探讨的。他在《上下文无关语言的代数理论》② 一文中提出：“我们这里要考虑的是各种生成句子的装置，它们又以各种各样的方式，同自然语言的语法和各种人造语言的语法二者都有着密切的联系。我们将把语言直接地看成在符号的某一有限集合 V 中的符号串的集合，而 V 就叫作该语言的词汇……我们把语法看成是对程序设计语言的详细说明，而把符号串看成是程序。”在这里乔姆斯基把自然语言和程序设计语言放在同一平面上，从数学和计算机科学的角度，用统一的观点来加以考察，对“语言”、“词汇”等语言学中的基本概念，获得了高度抽象化的认识。

马尔可夫、图灵、申农和乔姆斯基这四位著名学者对于语言和计算关系的探讨，是计算语言学萌芽期最重要的研究成果，为计算语言学的理论和技术奠定了坚实的基础。

机器翻译是计算语言学最重要的应用领域。在计算语言学的萌芽期，机器翻译研究得到长足的进展。

---

① N. Chomsky, Formal properties of grammars, In R. D. Luce, R. Bush and E. Galanter, (Eds.) *Handbook of Mathematical Psychology*, Wiley, New York, 1963 (2): 323—418.

② N. Chomsky and M. P. Schützenberg, The algebraic theory of context free language [A], In P. Brafford and D. Hirschberger, Computer Programming and Formal Language [C], Amsterdam, North Holland: 118—161.

1949年，美国洛克菲勒基金会副主席韦弗（W. Weaver）在一篇以《翻译》为题目的《备忘录》[1]中，把机器翻译仅仅看成一种机械的解读密码的过程，他远远没有看到机器翻译在词法分析、句法分析以及语义分析等方面的复杂性。

图23-3　韦弗

早期机器翻译系统的研制受到韦弗的上述思想的很大影响，许多机器翻译研究者都把机器翻译的过程与解读密码的过程相类比，试图通过查询词典的方法来实现词对词的机器翻译。

由于学者的热心倡导，实业界的大力支持，美国的机器翻译研究一时兴盛起来。1954年，美国乔治敦大学在国际商用机器公司（IBM公司）的协同下，用IBM-701计算机，进行了世界上第一次机器翻译试验，把几个简单的俄语句子翻译成英语，接着，苏联、英国、日本也进行了机器翻译试验，机器翻译出现热潮。

1952年，在美国的麻省理工学院（MIT）召开了第一次机器翻译会议，在1954年，出版了第一本机器翻译的杂志，这个杂志的名称就叫作Machine Translation（《机器翻译》）。尽管人们自然语言的计算方面进行了很多的研究工作，但是，直到20世纪60年代中期，才出现了computational linguistics（计算语言学）这个

① 参看W. N. Locke and A. D. Booth（eds.），Machine translation of languages：fourteen essays，Cambridge，Mass：Technology Press of the Massachusetts Institute of Technology，1955。

术语，而且在刚开始的时候，这是术语是偷偷摸摸地、羞羞涩涩地出现的。

1965 年 Machine Translation 杂志改名为 Machine Translation and Computational Linguistics（《机器翻译和计算语言学》）杂志，在杂志的封面上，首次出现了“Computational Linguistics”这样的字眼，但是，“and Computational Linguistics”这三个单词是用特别小号的字母排印的。这说明，人们对于“计算语言学”是否能够算为一门真正的独立的学科还没有把握。计算语言学刚刚登上学术这个庄严的殿堂的时候，还带有“千呼万唤始出来，犹抱琵琶半遮面”那样的羞涩，以至于人们不敢用 Machine Translation 同样大小的字母来排印它。当时 Machine Translation 杂志之所以改名，是因为在 1962 年美国成立了“机器翻译和计算语言学学会”（Association for machine Translation and Computational Linguistics），通过改名可以使杂志的名称与学会的名称保持一致。

根据这些史料，我们认为，远在 1962 年就出现了“计算语言学”这个学科了，尽管它在刚出现的时候还是偷偷摸摸的，显示出少女般的羞涩。但无论如何，计算语言学这个新兴的学科终于萌芽了，她破土而出，悄悄地登上了学术的殿堂。

1964 年，美国科学院成立了语言自动处理咨询委员会（Automatic Language Processing Advisory Committee，简称 ALPAC 委员会），调查机器翻译的研究情况，并于 1966 年 11 月公布了一个题为《语言与机器》的报告，简称 ALPAC 报告①，这个报告对机器翻译采取了否定的态度，报告宣称："在目前给机器翻译以大力支持还没有多少理由"；这个报告还指出，机器翻译研究遇到了难以克服的"语义障碍"（semantic barrier）。在 ALPAC 报告的影响下，许多国家的机器翻译研究低潮，许多已经建立起来的机器翻译研究单位遇到了行政上和经费上的困难，在世界范围内，机器翻译的热潮突然消失了，出现了空前萧条的局面。

美国语言学家海斯（David Hays）是 ALPAC 委员会的成员之一，他参与起草了 ALPAC 报告，在 ALPAC 报告中，他建议在放弃机器翻译这个短期的工程项目的时候，应当加强语言和自然语言计算机处理的基础研究，可以把原来用于机器翻译研制的经费使用到自然语言处理的基础研究方面，海斯把这样的基础研究正式命名为 Computational Linguistics（计算语言学）。所以，我们可以说，"计算语言学"这个学科名称最早出现于 1962 年，而在 1966 年才在美国科学院的 ALPAC 报告中正式得到学术界的承认。

2. 计算语言学的发展期

20 世纪 60 年代中期到 80 年代末期是计算语言学的发展期。

在计算语言学的发展期，各个相关学科的彼此协作，联合攻关，取得了一些令人振奋的成绩。

统计方法在语音识别算法的研制中取得成功。其中特别重要

---

① ALPAC, Language and machines: computer in translation and linguistics, A report by the Automatic Language Processing Advisory Committee, Division of Behavioral Sciences, National Academy of Sciences, National Research Council, Publication 1416, Washington.

的是“隐马尔可夫模型”（Hidden Markov Model）和“噪声信道与解码模型”（Noisy channel model and decoding model）。这些模型是分别独立地由两支队伍研制的。一支是杰里奈克（Jelinek），巴尔（Bahl），梅塞尔（Mercer）和IBM的华生研究中心的研究人员，另一支是卡内基梅隆大学（Carnegie Mellon University）的贝克尔（Baker）等，贝克尔受到普林斯顿防护分析研究所的鲍姆（Baum）和他的同事们的工作的影响。AT&T的贝尔实验室（Bell laboratories）也是语音识别和语音合成的中心之一。

逻辑方法在计算语言学中取得了很好的成绩。1970年，柯尔迈洛埃（A. Colmerauer）和他的同事们使用逻辑方法研制了Q系统（Q-system）和“变形语法”（metamorphosis grammar），并在机器翻译中得到应用，柯尔迈洛埃还是Prolog语言的先驱者，他使用逻辑程序设计的思想设计了Prolog语言。1980年佩瑞拉（Pereira）和瓦楞（Warren）提出的“定子句语法”（Definite Clause Grammar）也是在计算语言学中使用逻辑方法的成功范例之一。1979年凯伊（M. Kay）对于“功能语法”（functional grammar）的研究，1982年布列斯南（Bresnan）和卡普兰（R. M. Kaplan）在“词汇功能语法”（Lexical Function Grammar，简称LFG）方面的工作，都是特征结构合一（feature structure unification）研究方面的重要成果，他们的研究引入了“复杂特征”（complex feature）的概念，与此同时，我国学者冯志伟提出了“多叉多标记树形图模型”（Multiple-branched Multiple-labeled Tree Model，简称MMT模型）①，在他设计的多语言机器翻译

① 冯志伟，汉语句子的多叉多标记树形图分析法，《人工智能学报》，1983年，第2期。

FAJRA（英语、法语、日语、俄语、德语的法文首字母缩写）系统中，采用了“多标记”（Multiple label）的概念。“多标记”的概念与“复杂特征”的概念实质上是一致的，这些关于自然语言特征结构研究成果，都有效地克服了乔姆斯基短语结构语法的生成能力过强的缺陷。

1965 年在美国纽约成立了国际计算语言学委员会（International Committee of Computational Linguistics，简称 ICCL），每两年召开一次国际会议，叫作 COLING①。COLING 第一任主席是沃古瓦（Bernard Vauquois，1929—1985），他是法国著名数学家和格勒诺布尔大学（Grenoble University）应用数学研究所自动翻译中心 CETA 主任。

图 23-4　沃古瓦

沃古瓦提出了**“机器翻译金字塔”**（Machine Translation Pyramid）。他把机器翻译分为直接翻译型（direct translation）、转

① COLING 现已召开了二十二届。各届的时间地点如下：1965：纽约（New York），1967：格勒诺布尔（Grenoble），1969：斯德哥尔摩（Stockholm），1971：德布勒森（Debrecen），1973：比萨（Pisa），1976：渥太华（Ottawa），1978：卑尔根（Bergen），1980：东京（Tokyo），1982：Prague（布拉格，中国学者冯志伟首次参加 COLING），1984：斯坦福（Stanford），1986：波恩（Bonn），1988：布达佩斯（Budapest），1990：赫尔辛基（Helsinki），1992：南特（Nantes），1994：京都（Kyoto），1996：哥本哈根（Copenhagen），1998：蒙特利尔（Montréal），2000：萨尔布吕肯（Saarbrücken），2002：台北（Taipei），2004：日内瓦（Geneva），2006：悉尼（Sydney），2008：曼彻斯特（Manchester），2010：北京（Beijing）。

换翻译型（transfer）和中间语言型（interlingua）三类；转换型机器翻译的过程是：从源语言的文本（source text）出发，经过分析（analysis）、转换（transfer）和生成（generation）三个阶段，得到目标语言的文本（target text）。如图23-5所示。“机器翻译金字塔”成为了基于规则的机器翻译的基本模型。

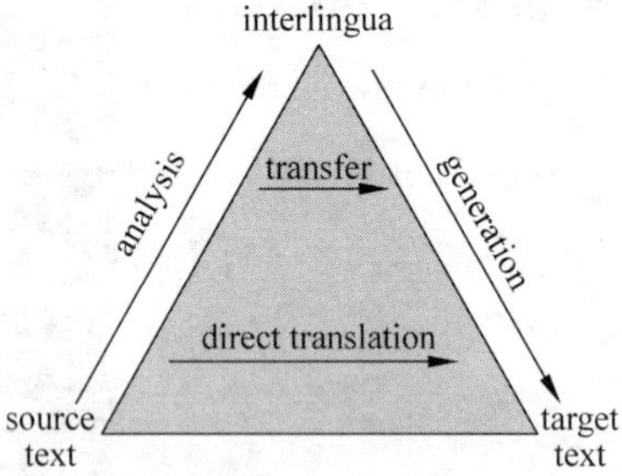

图23-5　机器翻译金字塔

与此同时，美国出版了学术季刊《美国计算语言学杂志》(American Journal of Computational Linguistics)，后改名为《国际计算语言学杂志》(International Journal of Computational Linguistics)，是SSCI，SCI[①]的国际检索刊物。

在这个时期，自然语言理解（Natural Language Understanding，简称NLU）也取得明显的成绩。自然语言理解肇始于维诺格拉德(Terry Winograd）在1972年研制的SHRDLU系统，这个系统能够模拟一个嵌入玩具积木世界的机器人的行为。该系统的程序能够接受自然语言的书面指令（例如，“Move the red block on top of the

---

① SCI是Science Citation Index（科学引文索引）的简称，SSCI是Social Science Citation Index（社会科学引文索引）的简称。

smaller green one”［请把绿色的小积木块移动到红色积木块的上端］），从而指挥机器人摆弄玩具积木块。这是一个非常复杂而精妙的系统。这个系统还首次尝试建立在韩礼德（Halliday）提出的“系统语法”（systemic grammar）基础上的全面的英语语法。维诺格拉德的模型还清楚地说明，句法剖析也应该重视语义和话语的模型。

1977年，杉克（Roger Schank）和他在耶鲁大学的同事和学生们建立了一些语言理解程序，这些程序构成一个系列，他们重点研究诸如脚本、计划和目的这样的人类的概念知识以及人类的记忆机制。他们的工作经常使用基于网络的语义学理论，并且在他们的表达方式中开始引进菲尔摩在1968年提出的关于“深层格”（deep case）的概念。

在自然语言理解研究中也使用过逻辑学的方法，例如，1967年伍兹（Woods）在他研制的LUNAR问答系统中，就使用谓词逻辑来进行语义解释。

计算语言学在话语分析（discourse analysis）方面也取得了很大的成绩。基于计算的话语分析集中探讨了话语研究中的四个关键领域：话语子结构的研究、话语焦点的研究、自动参照消解的研究、基于逻辑的言语行为的研究。1977年，克洛慈（Crosz）和她的同事们研究了话语中的“子结构”（substructure）和话语焦点；1972年，霍布斯（Hobbs）开始研究“自动参照消解”（automatic reference resolution）。在基于逻辑的言语行为研究中，佩劳特（Perrault）和艾伦（Allen）在1980年建立了“信念—愿望—意图”（Belief-Desire-Intention，简称BDI）的框架。

在1983—1993年的十年中，计算语言学研究者对于过去的研究历史进行了反思，发现过去被否定的有限状态模型和经验主义方法仍然有其合理的内核。在这十年中，计算语言学的研究又回到了20世纪50年代末期到60年代初期几乎被否定的有限状态模型和经验主义方法上去，之所以出现这样的复苏，其部分原因在于1959年乔姆斯基对于斯金纳的“言语行为”（Verbal Behavior）的很有影响的评论在80年代和90年代之交遭到了理论上的反对。

这种反思的第一个倾向是重新评价有限状态模型，由于卡普兰和凯伊在有限状态音系学和形态学方面的工作，以及邱吉（Church）在句法的有限状态模型方面的工作，显示了有限状态模型仍然有着强大的功能，因此，这种模型又重新得到计算语言学界的注意。

这种反思的第二个倾向是所谓的“重新回到经验主义”；这里值得特别注意的是语音和语言处理的概率模型的提出，这样的模型受到IBM公司华生研究中心的语音识别概率模型的强烈影响。这些概率模型和其他数据驱动的方法还传播到了词类标注、句法剖析、介词短语附着歧义的判定以及从语音识别到语义学的联接主义方法的研究中去。

此外，在这个时期，自然语言的生成研究也取得了引人瞩目的成绩。

3. 计算语言学的繁荣期

从20世纪90年代开始，计算语言学进入了繁荣期。1993年7月在日本神户召开的第四届机器翻译高层会议（MT Summit IV）上，英国著名学者哈钦斯（J. Hutchins）在他的特约报告中指出，自1989年以来，机器翻译的发展进入了一个新纪元。这个新纪元的重要标志是，在基于规则的技术中引入了语料库方法，其中包括统计方法，基于实例的方法，通过语料加工手段使语料库转化为语言知识库的方法，等等。这种建立在大规模真实文本处理基础上的机器翻译，是机器翻译研究史上的一场革命，它将会把计算语言学推向一个崭新的阶段。随着机器翻译新纪元的开始，计算语言学进入了它的繁荣期。

在20世纪90年代的最后五年（1994—1999），计算语言学的研究发生了很大的变化，出现了空前繁荣的局面。这主要表现在如下三个方面。

第一，概率和数据驱动的方法几乎成为了计算语言学的标准方法。句法剖析、词类标注、参照消解、话语处理、机器翻译的算法全都开始引入概率，并且采用从语音识别和信息检索中借过来的基于概率和数据驱动的评测方法。

第二，由于计算机的速度和存储量的增加，使得在计算语言学的一些应用领域，特别是在语音合成、语音识别、文字识别、拼写检查、语法检查这些应用领域，有可能进行商品化的开发。自然语言处理的算法开始被应用于"增强交替通信"（Augmentative and Alternative Communication，简称AAC）中，语音合成、语音识别和文字识别的技术被应用于"移动通信"（mobile communication）中。

第三，随着网络技术的发展，互联网（Wide World Web）逐渐变成一个多语言的网络世界，互联网上的机器翻译、信息检索和信息抽取的需要变得更加紧迫。目前，在互联网上除了使用英语之外，越来越多地使用汉语、西班牙语、葡萄牙语、德语、法语、俄语、日语、韩国语等英语之外的语言。从 2000 年到 2005 年，互联网上使用英语的人数仅仅增加了 126.9%，而在此期间，互联网上使用俄语的人数增加了 664.5%，使用葡萄牙语的人数增加了 327.3%，使用中文的人数增加了 309.6%，使用法语的人数增加了 235.9%。

2008 年 6 月，中国的网民已经达到 2.56 亿，超过了美国的网民数量，截至 2010 年 5 月，我国网民的数量已经达到 4.04 亿之多，使用手机上网的网民达到 2.33 亿人，我国成为了世界上首屈一指的互联网大国。截至 2009 年，我国共完成互联网基础设施建设投资 4.3 万亿元，建成光缆网络线路总长度达 826.7 万公里。目前，我国 99.1% 的乡镇和 92% 的行政村接通了互联网，95.6% 的乡镇接通了宽带，3G 网络已基本覆盖全国。2009 年我国电子商务交易总额突破 4 万亿元。互联网已经成为我国经济发展的火车头。

互联网上使用英语之外的其他语言的人数增加得越来越多，英语在互联网上独霸天下的局面已经打破，互联网确实已经变成了多语言的网络世界，因此，网络上的不同自然语言之间的计算机自动处理也就变得越来越迫切了。网络上的机器翻译、信息获取和信息搜索正在迅猛地发展，计算语言学的各种应用技术事实上已经成为了互联网技术的重要支柱。

现在计算语言学正处于激动人心的时刻。普通计算机用户可以使用的计算资源正以惊人的速度迅速增长，互联网的兴起并且成为了无比丰富的信息资源，无线移动通信日益普及并且日益增长起来，这些都使得计算语言学的应用成为了当前科学技术的热门话题。

这里我们列举出计算语言学一些当前的应用项目，由此可以看出这个学科近期发展对于社会进步的重要作用。

（1）**自动生成天气预报：**加拿大的计算机程序 TAUM-METEO 能够接受每天的天气预报的数据，然后自动生成天气预报的报告，不必经过进一步的编辑就可以用英语和法语公布。

（2）**自动翻译和自动问答：**美国 Systran 的 Babel Fish 机器翻译系统每天可以从 Alta Vista 搜索引擎处理 100 万个翻译的问题。基于网络的问答系统（Web-based question answering）是简单的网络搜索的进一步发展，在基于网络的问答系统中，用户不只是仅仅键入关键词进行提问，而是可以用自然语言提出一系列完整的问题，从容易的问题到困难的问题都可以提，计算机根据网络搜索的结果，用自然语言回答用户的提问。

（3）**饭馆咨询服务：**目前，世界上已经出现不少使用自然语言的口语向计算机咨询饭馆服务情况的系统。例如，前往美国马萨诸塞州（Massachusetts）的坎布里奇（Cambridge）访问的一个访问者用口语问计算机在什么地方可以吃饭；系统查询了一个关于当地饭馆的数据库之后，给出有关信息并用自然语言做出回答，使得这个访问者方便地找到了自己喜欢的饭馆。

（4）**图像到语音的自动转换：**给计算机装上图像识别系统，

它就可以观看一段足球比赛的录像，并且用自然语言实时地向足球爱好者报告比赛的情况。

（5）**残疾人增强交际**：对于有言语或交际障碍的残疾人，计算机能预见到在说话过程中下面将要出现的词语，给他们做出提示，或者帮助他们说话时在词语方面进行扩充，使残疾人能完整地说出简洁的话语。

（6）**旅行咨询服务**：例如，美国的 Amtrak 旅行社、美国联合航空公司以及其他的一些旅行社可以与智能会话代理（intelligent conversation agent）进行交互，在智能会话代理的指导下，他们能够自动地处理关于旅行中的订票、到达、离开等方面的信息。

（7）**语音地理导航**：汽车制造公司可以给汽车驾驶员提供语音识别和文本-语音转换系统，使得他们可以通过语音来控制他们的环境、娱乐以及导航系统，从而可以自由地使用他们的双手操纵汽车。在国际空间站的宇航员也可以使用简单的口语对话系统来帮助他们的工作。语音合成系统还可以作为“全球定位系统”（Global Positioning System，简称 GPS）的语音导航，使用自动合成的语音来报告地理情况，保证驾驶员用双手操纵汽车。目前使用语音导航的 GPS 已经逐渐普及，给汽车驾驶员提供了极大的方便。

（8）**语音资料搜索**：一些视频搜索公司使用语音识别技术，可以在网络上提供多达数百万小时的视频资料的搜索服务，并且在语音资料中搜索到与之相应的单词。

（9）**跨语言信息检索和翻译：**谷歌（Google）在网上提供跨语言信息检索和50多个语言对的自动翻译服务，用户可以使用他们自己的母语来提问，以便搜索其他语言中的有关信息。谷歌还可以对用户提出的问题进行自动翻译，找出与所提出的问题最相关的网页，然后自动地把它们翻译成用户的母语。

（10）**作文自动评分：**在美国，像培生公司（Pearson）这样的大型出版社和像“英语评测服务处”（English Test Service，简称ETS）这样的测试服务公司使用自动系统来分析数千篇学生的英语作文，对于这些作文进行自动打分、自动排序和自动评价，而且计算机的打分结果与人的打分结果几乎毫无二致，难以分辨。

（11）**自动阅读家庭教师：**让计算机充当自动阅读家庭教师，帮助改善阅读能力，它能教小孩阅读故事。当阅读人要求阅读或者出现阅读错误时，计算机能使用语音识别器来进行干预。具有生动活泼的动画特征的交互式虚拟智能代理可以充当教员来教儿童学习如何阅读。

（12）**个性化市场服务：**文本分析公司根据用户在互联网论坛和用户群体组织中表现出来的意见、偏好、态度的自动测试结果，对用户提供智能化、个性化的服务，帮助用户在市场上挑选到符合他们要求的商品。

计算语言学这些应用项目的成就确实是鼓舞人心的。读者看了之后也许会情不自禁地赞叹：“大哉，计算语言学之为用！”

第二节　计算语言学中的形式模型

计算语言学有着明确的应用目标，语音合成、语音识别、信息检索、信息抽取、机器翻译等，都是计算语言学的重要应用领域。由于现实的自然语言极为复杂，不可能直接作为计算机的处理对象，为了使现实的自然语言成为可以由计算机直接处理的对象，在这众多的应用领域中，我们都需要根据处理的要求，把自然语言处理抽象为一个“问题”（problem），再把这个问题在语言学上加以“形式化”（formalism），建立语言的“形式模型”（formal model），使之能以一定的数学形式，严密而规整地表示出来，并且把这种严密而规整的数学形式表示为“算法”（algorithm），建立自然语言的“计算模型”（computational model），使之能够在计算机上实现。在计算语言学中，算法取决于形式模型，形式模型是自然语言计算机处理的本质，而算法只不过是实现形式模型的手段而已。因此，这种建立语言形式模型的研究是非常重要的，它应当属于计算语言学的基础理论研究。

由于自然语言的复杂性，这样的形式模型的研究往往是一个**“强不适定问题”**（strongly ill-posed problem），也就是说，在用形式模型建立算法来求解计算语言学的问题时，往往难以满足问题解的**“存在性”、“唯一性”**和**“稳定性”**的要求，有时是不能满足其中的一条，有时甚至三条都不能满足。因此，对于这样的强不适定性问题求解，应当加入适当的**“约束条件”**（constraint conditions），使问题的一部分在一定的范围内变成“适定问题”（well-posed problem），从而顺利地求解这个问题。

计算语言学是一个多边缘的交叉学科，因此我们可以通过计算机科学、语言学、心理学、认知科学、人工智能等多学科的通力合作，把人类知识的威力与计算机的计算能力结合起来，给计算语言学的形式模型提供大量的、丰富的“约束条件”，从而解决计算语言学的各种困难问题。计算语言学这个学科的边缘性、交叉性的特点，为解决这样的“强不适定问题”提供了有力的手段，我们有可能把计算语言学形式模型的研究这个“强不适定问题”变成“适定问题”，这是我们在研究计算语言学的形式模型的时候，值得特别庆幸的，也是应该特别注意的。

早在计算语言学这个学科出现之前，语言计算研究的先驱者们就开始探索自然语言的形式模型。例如，马尔可夫链（Markov chain），齐普夫定律（Zipf' law），申农关于“熵”的研究，巴希勒的范畴语法，海里斯的语言串分析法，库拉金娜的语言集合论模型等。马尔可夫等具有远见卓识的学者很早就从形式描述的角度来研究自然语言，开**计算语言学形式模型**（Formal models for NLP）研究的先河。

随着计算语言学研究的发展，一系列的形式模型开始建立起来。这些形式模型大致可以归纳为如下几种①：

1. 基于短语结构语法的形式模型：主要有乔姆斯基的短语结构语法，递归转移网络和扩充转移网络，自底向上分析法与自顶向下分析法，通用句法生成器和线图分析法，

---

① 冯志伟，《自然语言处理的形式模型》，中国科学技术大学校友文库，中国科学技术大学出版社，2009 年。

伊尔利算法（Earley algorithm），左角分析法，CKY 算法，富田算法（Tomita algorithm），乔姆斯基的管辖-约束理论与最简方案，尤喜（Joshi）的树邻接语法等。

2. 基于合一运算的形式模型：主要有卡普兰的词汇功能语法，凯伊的功能合一语法①，盖兹达（Gazdar）的广义短语结构语法，席贝尔（Shieber）的 PATR，珀拉德（Pollard）的中心语驱动的短语结构语法，佩瑞拉（Pereira）的定子句语法等。

3. 基于依存和配价的形式模型：主要有泰尼埃的依存语法，德国学者的配价语法，赫德森的词语法等。

4. 基于格语法的形式模型：主要有菲尔摩的格语法和框架网络。

5. 基于词汇主义的形式模型：主要有格罗斯（Gross）的词汇语法，斯里特（Sleator）和汤佩雷（Temperley）的链语法，巴尔德里奇（Baldridge）等的组合式范畴语法（Combinatory Category Grammar，简称 CCG），词网（WordNet）等。

6. 基于概率和统计的形式模型：主要有 N-元语法（N-gram），隐马尔可夫模型（Hidden Markov Model，简称 HMM），最大熵模型（Maximum Entropy，简称 ME），条件随机场（Condition Random Field，简称 CRF），查理亚克（Charniak）的概率上下文无关语法和词汇化的概率上下文无关语法，贝叶斯公式（Bayes formula），动态规划

① 冯志伟，功能合一语法，《国外语言学》，1991 年，第 2 期

算法，噪声信道模型，最小编辑距离算法，决策树模型，加权自动机，维特比算法（Viterbi algorithm），向内向外算法，向前向后算法等。

7. 语义自动处理的形式模型：主要有义素分析法、语义场理论，语义网络理论，蒙塔鸠（Montague）的蒙塔鸠语法，威尔克斯（Wilks）的优选语义学，杉克的概念依存理论，梅里楚克的“意义⇔文本理论”等。

8. 语用自动处理的形式模型：主要有曼（Mann）和汤姆森（Thompson）的修辞结构理论，文本连贯中的常识推理技术等。

计算语言学形式模型的研究大大地丰富了传统的理论语言学的内容，是计算机时代理论语言学研究的重要成果，我们应当特别关注这个领域的研究。

第三节　当前计算语言学发展的特点

21 世纪以来，由于互联网的普及，自然语言的计算机处理成为了从互联网上获取知识的重要手段，生活在信息网络时代的现代人，几乎都要与互联网打交道，都要或多或少地使用计算语言学的研究成果来帮助他们获取或挖掘在广阔无边的互联网上的各种知识和信息，因此，世界各国都非常重视计算语言学的研究，投入了大量的人力、物力和财力。

当前计算语言学研究有四个显著的特点：

1. 随着语料库建设和语料库语言学的崛起，大规模真实文本的处理成为计算语言学的主要战略目标，计算语言学中出现了

“战略转移”（strategic transit）：在过去的五十多年中，从事计算语言学系统开发的绝大多数学者，都把自己的目的局限于某个十分狭窄的专业领域之中，他们采用的主流技术是基于规则的句法-语义分析，尽管这些应用系统在某些受限的“子语言”（sub-language）中也曾经获得一定程度的成功，但是要想进一步扩大这些系统的覆盖面，用它们来处理大规模的真实文本，仍然有很大的困难。因为从自然语言系统所需要装备的语言知识来看，其数量之浩大和颗粒度之精细，都是以往的任何系统所远远不及的。而且，随着系统拥有的知识在数量上和程度上发生的巨大变化，系统在如何获取、表示和管理知识等基本问题上，不得不另辟蹊径。这样，就提出了大规模真实文本的自动处理问题。1990 年 8 月在芬兰赫尔辛基举行的第 13 届国际计算语言学会议（即 COLING'90）为会前讲座确定的主题是：“处理大规模真实文本的理论、方法和工具”，这说明，实现大规模真实文本的处理将是计算语言学在今后一个相当长的时期内的战略目标。为了实现战略目标的转移，需要在理论、方法和工具等方面实行重大的革新。1992 年 6 月在加拿大蒙特利尔举行的第四届机器翻译的理论与方法国际会议（TMI-92）上，宣布会议的主题是“机器翻译中的经验主义和理性主义的方法”。所谓“理性主义”（rationalism），就是指以生成语言学为基础的方法，所谓“经验主义”（empiricism），就是指以大规模语料库的分析为基础的方法。从中可以看出当前计算语言学关注的焦点。当前语料库的建设和语料库语言学的崛起，正是计算语言学战略目标转移的一个重要标志。随着人们对大规模真实文本处理的日益关注，越来越多的学者认识到，基于语料库的分析方法（即经验主义的方法）至少是对基于规则的分析方法（即理性主义的方法）的一个重要补充。因为从“大规模”和“真实”这两个因素来考察，语料库才是最理想的语言知识资源。但是，要想使语料库名副其实地成为自然语言的知识库，就有必要首先对语料库中的语料进行自动标注，使之由“生语料”变成“熟语料”，以便于人们从中提取丰富的语言知识。

2. **计算语言学中越来越多地使用机器自动学习的方法来获取语言知识**：传统语言学基本上是通过语言学家的“内省”（introspection）或“诱导”（elicitation）的手工方法来获取语言知识的，由于人的记忆能力有限，任何语言学家都不可能通过手工的方法来记忆和处理浩如烟海的全部的语言数据，因此，使用传统的手工方法来获取语言知识，犹如以管窥豹，以蠡测海，这种获取语言知识的方法显然带有很大的主观性和片面性。当前的计算语言学研究提倡建立语料库，使用机器自动学习的方法，让计算机自动地从浩如烟海的语料库中获取准确的语言知识。这些机器自动学习的方法中，包括无指导的学习方法（unsupervised approach）、有指导的学习方法（supervised approach）、半指导的学习方法（semi-supervised），基本上可以保证知识获取的客观性，避免语言学家个人的主观性，是语言学中获取知识方法的重要途径。有指导学习方法和半指导的学习方法，需要依靠标注语料库和机器词典作为知识的来源（knowledge sources），以便从这些知识源中获取知识，因此机器学习、机器词典和大规模语料库的建设成为了当前计算语言学的热点。这是语言学获取语言知识方式的巨大变化，作为21世纪的语言学工作者，应该注意到这样的变化，逐渐改变传统的获取语言知识的手段。

3. **计算语言学中越来越多地使用统计数学方法来分析语言数据**：使用人工观察和内省的方法，显然不可能从浩如烟海的语料库中获取精确可靠的语言知识，必须使用统计数学的方法。目前，计算语言学中的统计数学方法已经相当成熟，如果我们认真地学会了统计数学，努力地掌握了统计数学，就会使我们在获取语言知识的过程中如虎添翼。目前，在机器翻译中使用统计方法获得了很好的成绩，统计机器翻译（statistical machine translation，简称SMT）成为了机器翻译的主流技术①。

2003年7月，在美国马里兰州巴尔的摩（Baltimore，Maryland）由美国商业部国家标准与技术研究所NIST/TIDES（National Institute of Standards and Technology）主持的评比中，来自德国亚琛大学（Achen University）的年轻的博士研究生奥赫（F. J. Och）获得最好成绩。他使用统计方法，在很短的时间之内就构造了阿拉伯语和汉语到英语的若干个机器翻译系统。两千多年前，伟大的希腊科学家阿基米德（Archimedes）说过："只要给我一个支点，我就可以移动地球。"（"Give me a place to stand on，and I will move the world."）而这次评比中，奥赫也模仿着阿基米德说："只要给我充分的并行语言数据，那么对于任何的两种语言，我就可以在几小时之内给你构造出一个机器翻译系统。"（"Give me

① Philipp Koehn，Statistical machine translation，Cambridge University Press，2010.

enough parallel data, and you can have translation system for any two languages in a matter of hours.”）这反映了新一代的机器翻译研究者朝气蓬勃的探索精神和继往开来的豪情壮志。看来，奥赫似乎已经找到了机器翻译的有效方法，至少按照他的路子走下去，也许有可能开创出机器翻译研究的一片新天地，使我们在探索真理的曲折道路上看到了耀眼的曙光。过去我们研制一个机器翻译系统往往需要几年的时间，而现在采用奥赫的方法构造机器翻译系统只要几个小时就可以了，研制机器翻译系统的速度已经大大地提高了。这是当前计算语言学中令人兴奋的新进展。

4. **计算语言学中越来越重视词汇的作用，出现了“词汇主义”（lexicalism）的倾向**：词汇信息在自然语言的计算机处理中起着举足轻重的作用，单词之间的相似度（similarity）的计算、词汇搭配关系（lexical collocation）和词汇联想关系（lexical association）的自动获取、动词的次范畴框架（sub-categorization frame of verb）的自动获取、计算词汇语义学（computational lexical semantics）等都是当前计算语言学研究的热点。在统计方法中引入了词汇信息，可以大大地提高统计分析的精确度，在句法分析中引入词汇信息，可以减少结构上歧义，提高句法分析的效率。机器可读词典和词汇知识库成为了自然语言处理最关键、最重要的语言资源。

我们目前的时代是一个多语言的信息网络时代，科学技术的发展日新月异，新的信息、新的知识如雨后春笋地不断增加，出现了“信息爆炸”（information explosion）的局面。现在，世界上出版的科技刊物达 165000 种，平均每天有大约 2 万篇科技论文发表。专家估计，我们目前每天在互联网上传输的数据量之大，已经超过了整个19世纪的全部数据的总和；我们在新的21世纪所要处理的知识总量将要大大地超过我们在过去2500年历史长河中所积累起来的全部知识总量。而所有的这些信息主要都是以语言文字为载体的，也就是说，网络世界主要是由语言文字构成的。

为了说明计算语言学的重要性，我们可以把它与物理学做如下的类比：我们说物理学之所以重要，是因为物质世界是由物质构成的，而物理学恰恰是研究物质运动的学科；我们说计算语言学之所以重要，是因为网络世界主要是由语言文字构成的，而计算语言学恰恰是研究语言文字自动处理的学科。

可以预见，知识突飞猛进的增长和网络技术日新月异的进步，一定会把计算语言学的研究推向一个崭新的阶段。计算语言学有可能成为当代语言学中最有发展潜力的学科，计算语言学已经给有着悠久传统的古老的语言学注入了新的生命力，促进了信息时代的语言观的研究①。在计算语言学的推动下，语言学有可能真正成为当代科学百花园中的一门名副其实的领先学科。

我国计算语言学已经取得不少成绩，但是与国际水平相比，差距还很大。2010年8月23—27日第23届国际计算语言学会议（COLING-2010）在北京召开，与会代表700多人，这说明我国的计算语言学研究已经引起了国际计算语言学界的广泛关注。计算

① 冯志伟，信息时代的语言观，载《语文现代化论丛》，第2辑，语文出版社，1996年版。

语言学是国际性的学科，我们不仅要学习和了解国外计算语言学的研究成果和最新动态，而且要参与到国际计算语言学的研究中去，用国际的水平和国际的学术规范来要求我们的研究，促进我国计算语言学研究的世界化。

本书以二十三章的篇幅，初步勾画出了现代语言学流派的轮廓。通过本书，读者可以对于现代语言学流派获得一个鸟瞰式的认识，希望本书能给读者带来更加丰富的现代语言学理论和方法的信息，进一步激发读者对于现代语言学的喜爱，从而投身到现代语言学这门令人神往的学科中去，为这门学科的发展做出贡献。

现代语言学正在不断地开辟着新的领域，它在内容、方法和应用等方面都发生了深刻的变化，它越来越多地带上了跨学科的色彩。我们语言学工作者应当进行更新知识的再学习，努力改善自己的知识结构，敢于创新，勇于探索，以回答新时代对我们的要求。

本章参考文献

1. Bill Manaris, Natural language processing: A human-computer interaction perspective [A], Advances in Computers, Volume 47, 1999.
2. Carstensen Kai-Uwe et al, Computerlinguistik und Sprachtechnologie, Eine Einführung [M], Heidelberg/Berlin, Spektrum Akademischer Verlag, 2004.
3. Daniel Jurafsky, James H. Martin, Speech and Language Processing: An Introduction to Natural Language Processing, Computational Linguistics and

Speech Recognition, Upper Saddle River, New Jersey, Prentice Hall, 2000. 中文译本，冯志伟、孙乐译，《自然语言处理综论》，电子工业出版社，2005 年。

4. Philipp Koehn, Statistical Machine Translation, Cambridge University Press, 2010.

5. W. Weaver, Warren Weaver's memorandum in 1949: Translation, Milestones in Machine Translation, In Locke, W. N. and Booth, A. D. (eds.) *Machine translation of languages: fourteen essays*, Cambridge, Mass.: Technology Press of the Massachusetts Institute of Technology, 1955.

6. 冯志伟，《自然语言的计算机处理》，上海，上海外语教育出版社，1996 年。

7. 冯志伟，《机器翻译研究》，北京，中国对外翻译出版公司，2004 年 12 月。

8. 冯志伟，《自然语言处理的形式模型》，中国科学技术大学出版社，2010 年。

9. 冯志伟，《语言与数学》，世界图书出版公司，2010 年。

10. 冯志伟，论语言学研究中的战略转移，《现代外语》，总第 34 卷，第 1 期，第 1—11 页，2011 年。

附录：冯志伟主要著作年表

一．主要专著：38 本

1985 年（46 岁）：1 本

1．《数理语言学》，上海知识出版社，1985 年版。

1987 年（48 岁）：2 本

2．《自动翻译》，上海知识出版社，1987 年版。

3．《现代语言学流派》，陕西人民出版社，1987 年版。

1988 年（49 岁）：3 本

4．*Analysis of Formation of Chinese Terms in Data Processing*（数据处理领域中文术语结构的分析），英文出版，Fraunhofer-Gesellschaft，IAO，Stuttgart，Germany，1988 年版。

5．*GLOT-C*（*Chinese Terminological Data Bank for Data Processing*）（GLOT 术语术语数据库-数据处理领域中文术语数据库），英文出版，Fraunhofer-Gesellschaft，IAO，Stuttgart，Germany，1988 年版。

6．*Chinese Character Index for Chinese Terms in GLOT-C*（GLOT-C 中文术语数据库中的汉字计算机索引），英文出版，Fraunhofer-

Gesellschaft，IAO，Stuttgart，Germany，1988 年版。

1989 年（50 岁）：1 本

7.《现代汉字和计算机》，北京大学出版社，1989 年版。

1991 年（52 岁）：1 本

8.《数学与语言》，湖南教育出版社，1991 年版。

1992 年（53 岁）：1 本

9.《中文信息处理与汉语研究》，商务印书馆，1992 年版。

1994 年（55 岁）：1 本

10. *Chinesische Schriftzeichen-Verganggenheit und Gegenwart*，Wissenschft Verlag，Trier，1994（《汉字的历史和现状》，德文出版，德国特里尔科学出版社，1994 年版）。

1995 年（56 岁）：2 本

11.《自然语言机器翻译新论》，语文出版社，1995 年版。

12.《中国汉字文化大观》（《字学创新篇》部分），北京大学出版社，1995 年，人民教育出版社，2010 年新版。

1996 年（57 岁）：3 本

13.《自然语言的计算机处理》，上海外语教育出版社，1996 年版。

14.《英汉对照计算语言学词语汇编》（与俞士汶等合著），北京大学出版社，1996 年版

15.《现代术语学引论》，语文出版社，1996 年版。

1997 年（58 岁）：1 本

16.《现代术语学》（繁体字版），台湾农业资讯中心，1997 年版。

1999 年（60 岁）：2 本

17.《应用语言学综论》，广东教育出版社，1999 年版。

18.《现代语言学流派》（修订本），陕西人民出版社，1999 年版。

2000 年（61 岁）：1 本

19.《术语浅说》，语文出版社，2000 年版。

2001 年（62 岁）：2 本

20.《计算语言学基础》，商务印书馆，2001 年版。

21.《计算语言学探索》，黑龙江教育出版社，2001 年版。

2002 年（63 岁）：1 本

22. *2001—2002 Collection of KORTERM Publication-In Honor of Professor Feng Zhiwei*（2001—2002 年 KORTERM 文集，纪念冯志伟教授特刊），KORTERM，KAIST，2002 年版。

2003 年（64 岁）：3 本

23.《应用语言学新论—语言应用研究的三大支柱》，当代世界出版社，2003 年版。

24.《数学辞海》（数理语言学部分），山西教育出版社，2003 年版。

25. *English-Chinese Computational Linguistics Terminology*（责编专著），Editors in Chief：Chiao Wei & Wolfgang Kühlwein，Managing Editor：Feng Zhiwei，Wissenschaftlicher Verlag Trier，Germany，2003.

2005 年（66 岁）：2 本

26.《机器翻译研究》，中国对外翻译出版公司，2005 年版。

27.《汉语教学与汉语拼音正词法》（与新加坡许福吉博士合著），2005 年，Marshall Cavendish Academic 出版社，新加坡。

2007 年（68 岁）：1 本

28.《机器翻译今昔谈》，语文出版社出版，ISBN 978-7-80184-782-9/H. 45。

2009 年（70 岁）：2 本

29.《自然语言处理的形式模型》，中国科学技术大学出版社，2009 年版。

30.《现代汉语使用手册》（“计算机中文信息处理”部分，p931—1013），北京出版集团公司，北京出版社。

2010 年（71 岁）：1 本

31.《语言与数学》（修订本），世界图书出版公司，2010 年版。

2011 年（72 岁）：2 本

32.《现代术语学引论》（增订本），商务印书馆，2011 年版。

33.《数理语言学》（增订本，与胡凤国合著），商务印书馆，2011 年版。

2012 年（73 岁）：1 本

34.《自然语言处理简明教程》，上海外语教育出版社，2012 年版。

2013 年（74 岁）：1 本

35.《现代语言学流派》（增订本），商务印书馆，2013 年版。

2017 年（78 岁）：3 本

36.《自然语言计算机形式分析的理论和方法》，中国科学技术大学出版社，2017 年。此书 100 多万字，得到 2016 年国家出版基金的资助，是“十三五”国家重点图书。

37.《Τα κινεζικα συμβολα γραφη: Μια αναλυση στο χρονο》（汉字的历史与现状，希腊文版），ΠΑΠΑΠΗΣΗ 出版，2017 年，ΑΘΗΝΑ（雅典）。

38.《Chinese Characters》（汉字），外语教学与研究出版社，2017 年，此书是“十三五”国家重点出版物出版规划项目。

二. 主要译文

翻译专著：2 本

2005 年（66 岁）：1 本

1.《自然语言处理综论》（与孙乐合作），电子工业出版社，2005 年版。

2016 年（77 岁）：1 本

2.《统计语言学习》（与胡凤国合作），世界图书出版公司，2016 年版。

审校专著：3 本

2011 年（72 岁）：2 本

1.《普通术语学和术语词典编纂学导论》（邱碧华译自德文，冯志伟审校），商务印书馆，2011 年版。

2.《术语学、知识论和知识技术》（邱碧华译自德文，冯志伟审校），商务印书馆，2011 年版。

2016 年（77 岁）：1 本

3.《自然语言交流的计算机模型—数据库语义学下的理解、推理和生成》（冯秋香译自英文，冯志伟审校），商务印书馆，2016 年版。

翻译论文：18 篇

1. 七十年代的机器翻译，《机器翻译论文选辑》，科学技术文献出版社，1980 年，译自英文。

2. 处理自然语言的计算机软件，《科学》，中文版，1985 年，第 1 期，译自英文，原文作者是著名人工智能专家 Winograd，发表于美国顶尖级刊物 *Science*。

3. 机器翻译的理论问题，译自法文。

4. 机器翻译中概念系统的反映模型，译自法文。

5. 句法分析的语义根据，译自俄文。

6. 表层语义模型：规则类型，译自俄文。

7. 自动找出和修正错误是文句意义加工的技术前提，译自俄文。

8. 在分布使用中俄语名词的数的形式的选择，译自俄文。

9. 在自动翻译系统 ETAP 中“实用逻辑”的试验，译自俄文。

10. 可自动处理的意大利语言词汇表示模式，译自意大利语。

11. 连贯正文的分析方法（关于在文献事实情报检索系统中运用文句语义模型的问题），译自俄文。

12. 叙词表是描述人文科学语言的模型，译自俄文。

13. 对“超文本”语义学和语用学的一些意见，译自俄文。

14. 同文章对话，译自俄文。

15. 论数理逻辑与自然语言语义学之间的相互关系，译自俄文。

16. 语用学和对话文章，译自俄文。

17. 正文的人机综合系统，译自俄文。

18. 在信息不充分条件下正文语义分析的形式化问题，译自俄文。

（3——18 均载于《情报学文摘》1985 年各期，中国科学技术信息研究所出版。）

三．主要论文（用中文、英文、法文和德文发表）：

中文论文：395 篇

1961 年（22 岁）：2 篇

1.“文法”不如“语法”好——与陈望道、吴文祺等先生商榷，《文汇报》，1961 年 1 月 22 日，第 3 版。

2.“语法”定名胜于“文法”，《中国语文》，1961 年，第 2 期。

1965 年（26 岁）：1 篇

3. 福克斯公式，《语言学资料》，1965 年，第 2 期。

1975 年（36 岁）：1 篇

4. 数理语言学简介，《计算机应用与应用数学》，1975 年，第 4 期。

1978 年（39 岁）：1 篇

5. 国外主要机器翻译单位工作情况简述，《语言学动态》，

1978 年，第 6 期。

1979 年（40 岁）：1 篇

6. 形式语言理论，《计算机科学》，1979 年，创刊号。

1980 年（41 岁）：2 篇

7. 国外机器翻译的新进展，《国外语言学》，1980 年，第 1 期。

8. 第八次计算语言学国际会议即将举行《当代语言学》1980 年，第 4 期，16 页.

1981 年（42 岁）：1 篇

9. 代数语言学，《现代英语研究》，1981 年，第 3 期。

1982 年（43 岁）：6 篇

10. 汉——法/英/日/俄/德多语言自动翻译试验，《语言研究》，1982 年，第 2 期，总第 3 期；又转载于《中国的机器翻译》，上海知识出版社。

11. 当前机器翻译研究中的一些新特点，《情报学报》，第 1 卷，第 2 期，1982 年。

12. 从形式语言理论到生成转换语法，载《语言研究论丛》，天津人民出版社，1982 年版。

13. 统计语言学，《现代英语研究》，1982 年，第 2 期。

14. 第九次国际计算语言学会议即将举行. 《国外语言学》1982 年，第 1 期。

15. 法国的自动翻译研究，《国外语言学》1982 年，第 2 期。

1983 年（44 岁）：4 篇

16. 特思尼耶尔的从属关系语法，《国外语言学》，1983 年，第1期。

17. 齐普夫定律的来龙去脉，《情报科学》，1983年，第2期。

18. 论模糊数学在方言研究中的应用（与钱锋合著），《华东师范大学学报》，1983年，第4期。

19. 汉语句子的多叉多标记树形图分析法，《人工智能学报》，1983年，第2期。

1984年（45岁）：6篇

20. 汉字的熵，《文字改革》，1984年，第4期。

21. 国外自然语言理解系统概况，《计算机科学》，1984年，第2期。

22. 机器翻译对文字改革的新要求，《文字改革》，1984年，第5期。

23. 机器翻译的历史和现状，《国外自动化》，1984年，第2期。

24. 应用数理语言学，《现代英语研究》，1984年，第1期。

25. 生成语法的公理化方法，载《生成语法讨论会文集》，1984年，哈尔滨。

1985年（46岁）：6篇

26. 蒙太格语法，《外语学刊》（黑龙江大学学报），1985年，第2期。

27. 汉语产生式语法刍议（与钱锋合著），载《科技革命与汉语研究》，上海市哲学社会科学协会出版，1985年。

28. 我国机器翻译研究工作的发展，《情报学报》，1985年，

第3卷，第3期。

29. 机器翻译和它的“代”，《文字改革》，1985年，第5期。

30. 汉-法自动翻译扩大试验，载《语言论文集》，商务印书馆，1985年版。

31. 机器翻译的困难性和它的工程化，《情报学报》，1985年，第4卷，第5期。

1986年（47岁）：7篇

32. 现代信息科学对语言学的影响，《外语学刊（黑龙江大学学报）》，1986年，第1期，。

33. 数理逻辑方法在机器翻译中的应用，载《逻辑与语言论集》，语文出版社，1986年版。

34. 语音的自动识别与合成，《语文建设》，1986年，第1期。

35. 机器翻译与情报工作，《现代化》，1986年，第5期。

36. 语言与大脑，《语文建设》，1986年，第3期。

37. 第十一届国际计算语言学会议即将举行.《国外语言学》，1986年，第2期。

38. 七十年代以来的机译系统，《计算机科学》1986年，第5期。

1987年（48岁）：8篇

39. 汉字的自动识别，《语文建设》，1987年，第1期。

40. 蒙太格文法在机器翻译中的应用，《现代图书情报技术》，1987年，第4期。

41. 机器翻译和人机对话中语言研究的新方法，《情报科学》，1987 年，第 1 期。

42. 法-汉机器翻译 FCAT 系统，《情报科学》，1987 年，第 4 期。

43. 人机对话与语言研究，《语文建设》，1987 年，第 6 期。

44. 特鲁别茨柯依和他的《音位学原理》，载《语文论集》，第二辑，外语教学与研究出版社，1987 年版。

45. 机器翻译专用软件，载《语言和计算机》，第三辑，中国社会科学出版社，1987 年版。

46. 第十二届国际计算语言学会议 1988 年召开，《国外语言学》1987 年，第 3 期。

1988 年（49 岁）：8 篇

47. 德-汉机器翻译 GCAT 系统的设计原理和方法，《中文信息学报》，1988 年，第 3 期。

48. FEL 公式——术语形成的经济律，《情报学刊》，1988 年，第 5 期；又转载于《中国术语学研究与探索》，168—182 页，商务印书馆，2010 年。

49. 英国的计算语言学，《国外语言学》，1988 年，第 1 期。

50. 评《现代语言学》，《科技日报》，1988 年 10 月 9 日。

51. 计算语言学漫谈，《语文建设》，1988 年，第 5 期。

52. 法国的语言政策，《语文建设》，1988 年，第 6 期。

53. 国外术语数据库研制概况，《自然科学术语研究》，1988 年，第 2 期。

54. 术语学和知识工程国际会议在联邦德国召开，《国外语言学》1988 年，第 2 期。

1989 年（50 岁）：9 篇

55. FEL 公式与术语命名规范，载《中文信息处理标准化国际研讨会论文集》，SCIP 89’，1989 年版。

56. 术语数据库，《语文建设》，1989 年，第 2 期。

57. 中文科技术语的结构描述与潜在歧义，《中文信息学报》，1989 年，第 2 期。

58. 现代术语学的产生和发展，《语文建设》，1989 年，第 4 期。

59. 国外实用化的机器翻译系统，《中国计算机用户》，1989 年，第 5 期。

60. 中文科技术语中的歧义结构及其判定方法，《中文信息学报》，1989 年，第 3 期；又转载于《中国术语学研究与探索》，239—268 页，商务印书馆，2010 年。

61. 中文科技术语描述中的三种结构，《语文建设》，1989 年，第 5 期。

62. 当前计算语言学研究中的几个问题，《计算机信息报》，1989 年 12 月 19 日。

63. 汉语单词型术语的结构初析，《自然科学术语研究》，1989 年，第 2 期。

1990 年（51 岁）：7 篇

64. 评《汉字属性字典》，《语文建设》，1990 年，第 2 期。

65. 词汇功能语法及其在计算语言学中的作用，《中国计算机用户》，1990 年，第 11 期。

66. 汉语句子描述中的复杂特征，《中文信息学报》，1990 年，第 3 期。

67. 从语言学角度看科技术语之间的关系，《自然科学术语研究》，1990 年，第 2 期。

68. 德汉机器翻译 GCAT 系统，《语文现代化》，1990 年，第 10 辑。

69. 我国机器翻译研究工作的回顾，《语文建设》，1990 年，第 5 期。

70. 中文数理化术语的发展源流，《语文建设》，1990 年，第 3 期。

1991 年（52 岁）：4 篇

71. 应用语言学刍议（与龚千炎合著），《语文建设》，1991 年，第 1 期。

72. Martin Kay 功能合一语法，《国外语言学》，1991 年，第 2 期。

73. 科技术语的性质及其理论模型，《自然科学术语研究》，1991 年，第 1 期。

74. 关于“犹太”民族的译名用字问题，《汉字文化》，1991 年，第 1 期。

1992 年（53 岁）：5 篇

75. 计算语言学对理论语言学的挑战，《语言文字应用》，1992 年，第 1 期。

76. 机器翻译中汉语分析和生成的四个原则，载《全国机器翻译理论与技术讨论会文集》，1992 年。

77．德语的规范化，《语文建设》，1992 年，第 3 期。

78．国际标准化组织 TEI 会议和 ISO/TC37/SC3 第 8 次会议侧记，《自然科学术语研究》，1992 年，第 2 期。

79．中文信息 MMT 模型，《语言文字应用》，1992 年，第 4 期。

1993 年（54 岁）：6 篇

80．评《计算机辅助术语工作译文集》，《语文建设》，1993 年，第 7 期。

81．德国计算语言学研究近况，《语文建设》，1993 年，第 8 期。

82．中文 0（1 | 2（2.1 | 2.2））型名词词组科技术语潜在歧义结构的实例化，《语言文字应用》，1993 年，第 4 期。

83．中文动词词组型科技术语潜在歧义结构的实例化，载《全国计算语言学学术讨论会文集》，北京语言学院出版社，1993 年版。

84．再谈汉字的熵——汉字的信息量大不利于信息处理，《文改之声》，1993 年，第 4 期。

85．计算机辅助术语工作，《语文建设》，1993 年，第 9 期。

1994 年（55 岁）：16 篇

86．关于“犹太”民族译名用字问题，《词库建设通讯》，1994 年，香港。

87．汉语形式语法的拓荒之作—《汉语计算语言学》序言，《语文建设》，1994 年，第 7 期。

88. 英-汉计算语言学术语数据库，《语文建设》，1994 年，第 7 期。

89. 中国计算语言学的世界化刍议，《语言文字应用》，1994 年，第 1 期。

90. 人类科学知识在语言中的结晶——术语，《中国术语网通讯》，1994 年，第 1 期。

91. 定义术语的原则和方法，《中国术语网通讯》，1994 年，第 1 期。

92. 日本的电子词典研究，《语文建设》，1994 年，第 6 期。

93. 我国自然科学基础学科术语的审定工作（上，下），《中国术语网通讯》，1994 年，第 2—3 期。

94. 术语标准化是标准化工作的基础，《中国术语网通讯》，1994 年，第 2 期。

95. 专科术语命名的法规与原则（上，下），《中国术语网通讯》，1994 年，第 4 期，1995 年，第 1 期。

96. 电子词典中变形词自动分析刍议，载《北京国际电子出版研讨会论文集》，科学出版社，1994 年版。

97. 迈向实用化商品化的机器翻译研究，《语文建设》，1994 年，第 8 期。

98. 计算机辅助教学系统，《语文建设》，1994 年，第 11 期。

99. 中文信息 MMT 模型中多值标记集合的运算方法，《情报科学》，第 15 卷第 3 期，1994 年 6 月，哈尔滨。

100. 我国术语工作应和国际标准接轨，《中文信息》，1994 年，第 1 期。

101. 汉字的信息量大不利于中文信息处理——再谈汉字的熵，《语文建设》，1994 年，第 3 期。

1995 年（56 岁）：10 篇

102. 中文科技术语研究中的结构功能观，《中国术语网通讯》，1995 年，第 1 期。

103. 电子词典中单词的词法分析问题，《语言文字应用》，1995 年，第 2 期。

104. 信息时代中汉字的标准化和共通化（在韩国国际汉字振兴协议会上的演讲，有韩国语译文），1995 年 11 月 24 日，韩国，汉城。

105. 论歧义结构的潜在性，《中文信息学报》，1995 年，第 2 期。

106. 歧义消解策略初探，载《计算语言学的理论和应用》，清华大学出版社，1995 年版。

107. 21 世纪究竟从哪天开始？《词库建设通讯》，1995 年，第 7 期，香港。

108. 我国的术语规范化工作，《语文建设》，1995 年，第 12 期。

109. 面向计算机的语言研究（一）（二），《语文与信息》，1995 年，第 1—2 期。

110. 参加 ISO/TC37/SC3 第 12 次会议（在美国费城召开）随感，《中国术语网通讯》，1995 年，第 3 期。

111. 中文科技术语中的潜在歧义结构，《中国术语网通讯》，1995 年，第 4 期。

1996 年（57 岁）：17 篇

112. 汉字的极限熵，载《计算机时代的汉语和汉字研究》，清华大学出版社，1996 年版，北京；又转载于《中文信息》，1996 年，第 1 期；《语文建设通讯》（香港），第 50 期，1995 年 12 月。

113. 自然语言处理中歧义消解的方法，《语言文字应用》，1996 年，第 1 期。

114. 再谈 21 世纪的开始时间问题，《词库建设通讯》，1996 年，第 8 期，香港。

115. 汉字结构的一种括号式表示方法（中文摘要），《世界汉语教学》，1996 年，第 2 期。

116. 千进制在我国古已有之（在数字问题讨论会上的发言，1996 年 4 月，香港），《汉语数词现代化讨论集》，岭南学院文学与翻译研究中心出版。

117. 中文科技术语同形歧义结构的判别方法（上、下），《术语标准化与信息技术》，1996 年，创刊号-第 2 期。

118. 情报自动检索系统与自然语言处理，《术语标准化与信息技术》，1996 年，第 2 期。

119. 潜在歧义理论用于自然语言处理，《中文信息》，1996 年，第 1 期，总第 50 期。

120. 再谈汉字的熵值，《语文与信息》，1996 年，第 2 期。

121. 关于“身毒、天竺、印度”的译名问题，《词库建设通讯》，1996 年，第 10 期，香港。

122. 信息时代的语言观，载《语文现代化论丛》，第 2 辑，语文出版社，1996 年版。

123. 机器翻译发展的曲折道路（一），《术语标准化与信息技术》，1996 年，第 3 期。

124. 机器翻译发展的曲折道路（二），《术语标准化与信息技术》，1996 年，第 4 期。

125. 中文科技术语中的几何歧义与术语命名规范，《术语标准化与信息技术》，1996 年，第 3 期。

126. “例不十，法不立”原则和统计方法，《词库建设通讯》，1996 年 8 月，总第 8 期，香港。

127. 中文科技术语中的歧义结构及其判定方法，《中文信息学报》1989 年，第 3 期。

128. 中文的自然语言处理 - - COLIPS 系列讲座（1996 年 5 月在新加坡国立大学计算机与系统科学系的讲课记录），载《中文与东方语言信息处理学会通讯》，第 6 卷，第 1 期，1996 年 6 月，新加坡，可通过互联网浏览：http：//www. iscs. nus. sg/ ~ colips/commcolips。

1997 年（58 岁）：13 篇

129. 语言文字规范化对于语言信息处理的作用，《中国语文》，1997 年第 5 期，总 250 期。

130. 受限汉语研究与信息技术，《中文信息》，1997 年，第 2 期。

131.《自然语言的计算机处理》前言，《中文信息》，1997 年第 4 期，总第 59 期。

132. 网络翻译系统市场潜力极大，《中文信息》，1997 年第

6 期，总第 61 期。

133. 德国术语数据库和机器翻译的新动向，《术语标准化与信息技术》，1997 年第 3 期，总第 7 期。

134. 机器翻译—从实验室走向市场，《语言文字应用》，1997 年第 3 期，总第 23 期。

135. 中文信息处理专题研究（3）机器翻译，主持人的话，《语言文字应用》1997 年第 3 期，总第 23 期

136. 德国术语数据库新动向，《新闻出版报》，1997 年 8 月 11 日，第 3 版，第 1659 期。

137. 日语形态的有限状态转移网络分析，《97 年术语学与知识转播国际会议论文集》，1997 年，北京。

138. 中国的语言资源与语言工程，《97 年术语学与知识传播国际会议论文集》，1997 年，北京。

139. 机器翻译今昔谈，《科苑》杂志，1997 年，第 4 期。

140. 信息时代中汉字的标准化和共通化，《术语标准化与信息技术》，1997 年，第 1—2—3 期连载。

141. 从通用置标语言 GML 到标准通用置标语言 SGML，《术语标准化与信息技术》，1997 年，第 4 期。

1998 年（59 岁）：17 篇

142. 从属关系语法对机器翻译研究的作用，《外语学刊》，1998 年第 1 期，总第 91 期，CSSCI 收录。

143. 机器可读术语交换格式 MARTIF 的数据类目，《术语标准化与信息技术》，1998 年第 2 期，总第 10 期。

144. 同义译名研究刍议，《词库建设通讯》，1998 年 5 月，

总第16期，香港。

145. 从属关系语法的某些形式特性，《1998年中文信息国际会议论文集》，1998年11月18—20日，北京。

146. 判断从属树合格性的五个条件，《第二届全国应用语言学讨论会文集》，1998年。

147. 词语杂谈，《古今艺文》，第24卷，第3期，1998年5月1日出版，台湾。

148. 东西方文化交流史上的光辉一页—来华西方传教士学术成就琐议，《古今艺文》，第25卷，第1期，1998年11月1日出版，台湾。

149. 《汉语计算语言学》序言，载《汉语计算语言学》，1999年1月，电子工业出版社。

150. 关于汉字的熵和极限熵致编辑部的一封信，《中文信息学报》，第12卷第1期，1998年。

151. 标准通用置标语言SGML及其在自然语言处理中的应用，《当代语言学》，1998年第4期，CSSCI收录。

152. 汉英机器翻译中名词复数的确定标志，《‘98现代汉语语法学术国际会议（ICCC’98）论文集》，1998年8月，北京。

153. 从汉英机器翻译看汉语句法语义分析的特点和难点，《汉语计算与计量研讨会论文集》，香港城市大学，1998年，香港。

154. 二十世纪中国的数理语言学，载《二十世纪的中国语言学》，北京大学出版社，1998年。

155. 迈向语文现代化的新阶段（第三届全国语文现代化学

术讨论会闭幕辞)，《第三届全国语文现代化学术讨论会论文集》，1998 年，昆明。

156. 字母词的使用要看对象，《术语标准化与信息技术》，1998 年，第 3 期。

157. 标准通用标记语言 SGML 的三个组成部分，《术语标准化与信息技术》，1998 年，第 4 期。

158. 语言学是数学和人文科学之间的桥梁，《金秋科苑》1998 年，第 2 期。

1999 年（60 岁）：8 篇

159. 评《现代汉语语法信息词典详解》（与曹右琦合著），《中文信息学报》，1999 年，第 1 期。

160. 应用语言学的范围和性质，《术语标准化与信息技术》，1999 年，第 1 期。

161. 机器翻译实用化研究，《中国计算机用户（专家论坛)》，1999 年 6 月 14 日。

162. 机器翻译-从梦想到现实，《中国翻译》，1999 年第 4—5 期（总 136—137 期)，第 5 期，CSSCI 收录。

163. 链语法述评，《语言文字应用》，1999 年，第 4 期，CSSCI 收录。

164. 机器翻译软件异彩纷呈，《术语标准化与信息技术》，1999 年第 4 期，总第 16 期。

165. 英日机器翻译系统 E-to-J 原语分析中兼类词消歧策略，《中文信息学报》，1999 年。

166. 汉语计算语义学研究的新成果——评《汉语计算语义

学——关系，关系义场和形式分析》，《语言文字应用》，1999年，第2期，CSSCI收录。

2000年（61岁）：5篇

167. 论语言文字的地位规划和本体规划，《中国语文》，2000年，第4期，CSSCI收录。

168. 基于短语结构语法的自动句法分析方法，《当代语言学》，2000年，第2期，CSSCI收录。

169. 汉语书面语改革的新问题-加空格表示词界，《术语标准化与信息技术》，2000年第1期，总第17期。

170. 语言文字研究也应当现代化，《语文现代化论丛》，第4辑，北京大学出版社，2000年6月。

171. 绝妙的空格，载《*ChinaByte. COM*》，2000年3月10日。

2001年（62岁）：13篇

172. 现代术语学主要流派，《科技术语研究》，2001年，第2期。

173. 汉字和汉语的计算机处理，《当代语言学》，2001年，第1期，CSSCI收录。

174. 范畴语法，《语言文字应用》，2001年，第3期，CSSCI收录。

175. 中国机译技术的发展，《高技术通讯》，2001年8月专辑。

176. 确定切词单位的某些非语法因素，《中文信息学报》，2001年，第4期。

177. 确定切词单位的某些语法因素，《国际中文电脑学术会议 ICCC-2001 论文集》，此文是这次国际会议的主旨发言（Keynote Speaker），获最佳论文奖，November，2001，Singapore。

178. 从汉语书面语改革谈词界问题，载于《中国的语言学研究与应用 —— 庆祝桂诗春教授七十华诞》，上海外语教育出版社，2001 年 10 月，上海。

179. 中心语驱动的短语结构语法，载《语言学问题集刊》，第一辑，吉林人民出版社，2001 年 7 月，长春。

180. 中国语文教学的发展，《古今艺文》，2001 年，台湾。

181. 汉语书面语的分词连写，《语文建设》，2001 年，第 3 期。

182. 长歌当哭——送别希文，《语言文字应用》，2001 年，第 2 期，CSSCI 收录。.

183. 现代术语学的主要流派，《科技术语研究》，2001 年，第 1 期。

184. 信息时代的汉语双文制问题，《术语标准化与信息技术》，2001 年，第 1 期。

2002 年（63 岁）：15 篇

185. 一种无回溯的自然语言自动分析算法，《语言文字应用》，2002 年，CSSCI 收录。

186. 线图分析法，《当代语言学》，2002 年，第 4 期，CSSCI 收录。

187. 机器翻译系统消歧功能测试，《机器翻译研究进展》，电子工业出版社，2002 年。

188．计算机辅助术语研究浅谈，《术语标准化于信息技术》，2002年，第3期。

189．中国术语标准化的由来和发展，《中国标准化》，2002年，第10期，CSSCI收录。

190．花园幽径句初探（与许福吉合著），《肯特岗国际汉语语言学圆桌会议论文集》，2002年。11月，新加坡。

191．从英德法语的正词法看汉语拼音正词法，《第五次语文现代化学术研讨会论文集》，开封，2002年10月；又载于《香港语文建设通讯》，第73期，2003年2月，香港。

192．框架核心语法与自然语言的计算机处理，《汉语学习》，2002年第2期，第24—25页，CSSCI收录。

193．谈谈自由语素与单纯词的界限，载《清风明月八十秋》，第37—44页，吉林人民出版社，2002年。

194 数理语言学，载《语言多学科研究与应用》（下册），外语与外语教学新视角丛书，2002年，广西教育出版社，南宁。

195．现代术语学主要流派，《科技术语研究》，2002年，第2期。

196．机器翻译的现状和问题，在973项目专家组会议上的发言（2002年10月），转载于《中文信息处理若干重要问题》（徐波、孙茂松、靳光谨主编），第353—377页，科学出版社，2003年。

197．发挥汉语拼音在信息时代的作用，《语文现代化论集》，商务印书馆，2002年。

198．线图分析法，《当代语言学》，2002年，第4期，第

266—278 页，CSSCI 收录。

199. 中国语料库研究的历史和现状，*Journal of Chinese Language and Computer*，新加坡，11（2），第 127—136 页。

2003 年（64 岁）：6 篇

200. 花园幽径句的句法语义特性，《2003 年计算语言学联合学术会议文集》，哈尔滨。

201. 花园幽径句的自动分析算法，《当代语言学》，2003 年，第 4 期，第 339—349 页，CSSCI 收录。

202. 理论词与形式词，《汉语拼音方案 45 周年纪念文集》，2003 年。

203. 学者新论：中文信息技术标准：汉字注音？拼音正词法？，载《人民网》2003 年 4 月 16 日。

204. 应用语言学三大支柱，《暨南大学华文学院学报》，2003 年，第 1 期，广州，CSSCI 收录。

205. 一种无回溯的自然语言分析算法，《语言文字应用》，2003 年，第 1 期，第 63—74 页，CSSCI 收录。

2004 年（65 岁）：5 篇

206. 汉语单词型术语的结构，《科技术语研究》，2004 年，第 1 期。

207. 汉语词组型术语的结构，《科技术语研究》，2004 年，第 2 期。

208. LFG 中从成分结构到功能结构的转换，《语言文字应用》，2004 年，第 4 期，第 105—112 页，CSSCI 收录。

209. 词义排歧方法研究，《术语标准化与信息技术》，2004

年第1期。

210. 汉语拼音运动的历史回顾（上，下），《术语标准化与信息技术》，2004年，第4期；2005年，第1期。

2005年（66岁）：13篇

211. 澄清对机器翻译的一些误解，《现代语文》，2005年，第1期。

212. 自然语言处理的学科定位，《解放军外国语学院学报》，2005年，第1期，CSSCI收录。

213. 从知识本体看自然语言处理的人文性，《语言文字应用》，2005年，第4期，第100—107页，CSSCI收录。

214. 词汇语义学与知识本体，载《应用语言学前沿讲座》，中国传媒大学出版社，2005年。

215. 科技术语古今谈，《术语标准化与信息技术》，2005年，第2期。

216. 自然语言处理中的概率语法，《当代语言学》，2005年，第2期，第166—179页，CSSCI收录。

217. 汉语术语描述中的三种结构，《科技术语研究》，2005年，第3期，第47—50页。

218. 周有光先生二三事，《语文建设通讯》，2005年第81期，第1—4页，香港，转载于《周有光年谱》，第256—263页，群言出版社，2012年。

219. 机用现代汉语“n + n”结构歧义研究（与杨泉合著），《语言研究》，2005年，第25卷，第4期，总第61期，华中科技大学中国语言研究所。

220. 文本连贯中的常识推理，《HNC 与语言研究第三次会议文集》，2005 年 12 月 21—22 日，北京。

221. 本体论与知识本体，《科技术语研究》，2005 年。

222. 面向中文信息处理的现代汉语“v + v”结构歧义问题研究（与杨泉合著），《语言文字应用》，2005 年，第 2 期，CSSCI 收录。

223. 汉语拼音运动的历史回顾，《术语标准化与信息技术》，2005 年，第 1 期。

2006 年（67 岁）：17 篇

224. 所指判定与文本连贯的计算机处理，载《语言学问题论丛》（第一辑），三联书店，2006 年，第 100—145 页。

225. 《现代韩国语动词语义组合关系研究》序言，民族出版社，2005 年 11 月出版。

226. 当前自然语言处理发展的几个特点，《暨南大学华文学院学报》，2006 年，第 1 期，CSSCI 收录。

227. 用上下文无关语法来描述汉字结构，《语言科学》，第 5 卷，第 3 期，第 14—23 页，2006 年 5 月，CSSCI 收录。

228. 从格语法到框架网络，《解放军外国语学院学报》，2006 年，第 3 期，第 1—9 页，CSSCI 收录。

229. 机器翻译词典中语言信息的形式表示方法，《语文研究》，2006 年，第 3 期，总第 100 期，第 12—23 页。

230. 从人名用字谈汉语规范化，《语文建设通讯》，2006 年 8 月，第 84 期，香港。

231. 术语学中的概念系统与知识本体，《术语标准化与信息技术》，2006年，第1期。

232. 《应用语言学中的语料库》导读. Corpora in Applied Linguistics, Susan Hunston 著. 世界图书出版公司 & 剑桥大学出版社联合出版，2006年8月。

233. 关于信息时代的多语言问题的一些思考，《现代语文》，2006年，第12期，总第258期。

234. 《译者的电子工具》导读. 外语教学与研究出版社，2006年9月。

235. 术语命名中的隐喻，《科技术语研究》，2006年，第3期。

236. 语文现代化的火炬代代相传——沉痛悼念王均先生，《语文建设通讯》，2006年12月，第85期，香港。

237. 汉语科技术语中的潜在歧义，《科技术语研究》，2006年，第1期，第35—39页.

238. 汉语时体的分类和语义解释（与瞿云华合著），《浙江大学学报（人文社会科学版）》，2006年，第3期，第36页。

239. 汉语科技术语中的潜在歧义（续），《科技术语研究》，2006年，第2期，第14—15页。

240. 机器翻译词典中语言信息的形式表示方法，《语文研究》，2006年，第3期。

2007年（68岁）：17篇

241. 基于经验主义的语料库研究，《术语标准化与信息技术》，2007年，第1期，总第45期，第29—36页。

242. 我与计算语言学的缘分，《现代语文》，2007 年，第 9 期，总第 282 期，第 127—128 页。

243. 论语言符号的八大特性，《暨南大学华文学院学报》，2007 年，第 1 期，第 37—50 页，CSSCI 收录。

244. “术语学”读书札记一：术语学与语言学的关系，《中国科技术语》，2007 年，第三期。

245. 关于“学名”的一些资料——纪念瑞典生物学家林奈诞生 200 周年，《语言文建设通讯》，2007 年 9 月，第 87 期，香港。

246.《人工智能在第二语言教学中的应用——提高对偏误的意识》导读，世界图书出版公司，2007 年。

247. 术语学的特点——“术语学”读书札记之二，《中国科技术语》，2007 年，第 6 期。

248. 同义术语与多义术语刍议——纪念唐作藩老师 80 华诞，载《唐作藩教授 80 寿辰纪念文集》，中国大百科全书出版社，2007 年。

249. 自然语言处理中的哲学问题，《心智与计算》，2007 年，第 30 期，第 333—353 页.

250. 自然语言处理的概率配价模式理论（与刘海涛合作），《语言科学》，2007 年，第 3 期，第 32—41 页，CSSCI 收录。

251. 面向信息处理的现代汉语同类词短语句法功能歧义研究（与杨泉合作），《语言文字应用》2007 年，第 2 期，第 141—141 页，CSSCI 收录。

252. 自然语言处理中理性主义和经验主义的利弊得失，《长江学术》，2007年，第2期，第79—85页。

253. 关于“犹太”译名改字问题之我见，《暨南大学华文学院学报》，2007年，第3期。

254. 信息时代的翻译工具，《北华大学学报（社会科学版）》，2007年，第6期，第68—75页。

255. 框架网络的理解和构建（与李丽合作），《内容计算的研究与应用前沿》，清华大学出版社，2007年，第314—319页。

256. 冯志伟. 机器翻译与语言研究（上），《术语标准化与信息技术》，2007年，第3期，第39—43页。

257. 冯志伟. 机器翻译与语言研究（下），《术语标准化与信息技术》，2007年，第4期，第38—41页。

2008年（69岁）：20篇

258.《统计自然语言处理》（宗成庆著）序言，清华大学出版社，2008年。

259. 统计机器翻译讲稿，中国传媒大学，2008年。

260.《基于认知的汉语计算语言学研究》（袁毓林著）序言，北京大学出版社，2008年。

261. 一个关于机器翻译的史料错误，《语文建设通讯》，第89期，2008年3月，香港。

262. 香港“双语法例资料系统”法律术语的统计分析（与那日松、揭春雨合作），《术语标准化与信息技术》，2008年，第2期。

263.《基于双语语料库的汉英视点体对比研究》（瞿云华著）序言，科学出版社，2008年。

264. 概念的逻辑关系和本体论关系——“术语学”读书札记之三，《中国科技术语》，2008年，第2期。

265. 概念的有序性—概念系统——“术语学”读书札记之四，《中国科技术语》，2008年，第4期。

266. 一个新兴的术语学科——计算术语学，《术语标准化与信息技术》，2008年，第4期，第4—9页。

267. 概念系统的图形表示方法——“术语学”读书札记之五，《中国科技术语》，2008年，第6期。

268.《现代语言学名著导读》序（萧国政编），北京大学出版社，2008年12月。

269. 乔姆斯基《最简方案》，载《现代语言学名著导读》，北京大学出版社，2008年12月。

270. 语言描写的三个模型（Chomsky著，张和友译，冯志伟校），载《现代语言学名著导读》，北京大学出版社，2008年12月。

271. 自然语言处理的历史与现状，《中国外语》，2008年，CSSCI收录。

272. 汉语拼音运动的历史功绩——纪念《汉语拼音方案》公布50周年，《北华大学学报（社会科学版）》，2008年，第2期，第8页.

273. 汉语视点体的派生现象探讨（与瞿云华合作），《浙江大学学报（人文社会科学版）》，2008年，第4期，第38卷。

274. 概念的有序性——概念系统，《中国科技术语》，2008年，第4期，第12—15页。

275. 前苏联术语学家德雷森（E. K. Drezen），《术语标准化与信息技术》，2008 年，第 3 期，第 48 页。

276. 机用现代汉语“v + v + v”结构句法功能歧义问题研究（与杨泉合作），《语文研究》，2008 年，第 12 期，第 14—20 页。

277. 面向中文信息处理的现代汉语“n + n + n”结构句法功能歧义问题研究（与杨泉合作），《汉语学习》，2008 年，第 12 期，第 37—47 页。

2009 年（70 岁）：15 篇

278. 机器翻译 任重道远，载《语文建设通讯》，2009 年 1 月，第 91 期，第 17—22 页，香港。

279.《语料库语言学与计算语言学研究丛书》序，世界图书出版公司出版，2009 年。

280. 《语言学中的数学方法》（Mathematical Methods in Linguistics）导读，世界图书出版公司，2009 年 3 月出版。

281. 主题与分类——“术语学”读书札记之六，《中国科技术语》，2009 年，第 1 期。

282.《信息处理系统语言文字评测规范（草案）》三个规范研制报告，2009 年。

283. 国家社科基金项目《计算语言学方法研究》成果简介，载《国家社会科学基金项目成果选介》，2009 年出版。

284. 基于知识本体的术语定义（与揭春雨合作），《术语标准化与信息技术》，2009 年，第 2 期。

285. 篇际英语词汇增幅率研究（与李晶洁合作），《术语标准化与信息技术》，2009 年，第 2 期。

286. 《牛津计算语言学手册》（The Oxford Handbook of Computational Linguistics）导读，外语教学与研究出版社、牛津大学出版社合作出版，2009 年 9 月，北京。

287. 自然语言处理中的一些宏观问题之我见，《中国外语》，2009 年，第 5 期，第 36—41 页，CSSCI 收录。

288. 单词型术语的结构自动分析，《中国科技术语》，2009 年，第 11 卷，第 3 期。

289. 词组型术语结构的自动句法剖析，《中国科技术语》，2009 年，第 11 卷，第 5 期。

290. 《俄罗斯计算语言学与机器翻译》序言，语文出版社，2009 年 8 月。

291. 语言规划的重要领域——术语学，《北华大学学报（社会科学版）》，2009 年，第 3 期，第 37—46 页。

292. 语义互联网与辞书编纂，《华文教学与研究》（暨南大学华文学院学报），2009 年，第 4 期，第 88—94 页，CSSCI 收录。

2010 年（71 岁）：13 篇

293.《系统与语料—二者关联探索》导读，世界图书出版公司出版，2010 年。

294. 语音合成中的文本归一化问题，《北华大学学报》，2010 年，第 2 期，第 41—47 页。

295. 数学是语言学现代化的重要工具——评介《语言学中的数学方法》，《中国社会科学报》，2010 年 4 月 20 日，总 81 期。

296. 从语料库中挖掘知识和抽取信息，《外语与外语教学》，2010 年，第 4 期，总第 253 期，第 1—7 页，CSSCI 收录。

297 双语语料库的建设与用途，《现代外语（季刊）》，第33卷，第4期，2010年11月，CSSCI收录。

298. 国家通用语言文字法是自然语言处理的法律保证，《语言文字报》，第515期，第1—3版，2010年12月8日。

299. 基于字根的机写汉字学习法（与欧阳贵林合作），《现代语文》，2010年，12月。

300. 一种新型词频统计方法及其在对外汉语教学中的应用（与杨泉合作），《长江学术》，2010年，第1期。

301. 术语形成的经济律——FEL公式（转载自《中国社会科学》），《中国科技术语》，2010年，第2期，第9—15页。

302. 信息时代的多语言问题和对策，《术语标准化与信息技术》，2010年，第2期，第34—37页。

303 语料库语言学与中国外语教学（与桂诗春、杨惠中、何安平、卫乃兴、李文中、梁茂成合作），《现代外语》，2010年，第4期，CSSCI收录。

304. 基于语料库的机器翻译系统，《术语标准化与信息技术》，2010年，第1期，第28—35页。

305. 语料库研究与当前语言学的战略转移，《汉语与汉语国际教育》，2010年，韩国学古房出版社，第499—532页。

2011年（72岁）：15篇

306. 从自然语言处理的角度看二分法，《东方语言学》，第8辑，上海教育出版社，第1—17页，2011年。

307. 我与语言学割舍不断的缘分，《当代外语研究》，2011年，第1期。

308. 计算语言学的历史回顾与现状分析，《外国语》（上海外国语大学学报），2011 年，第 1 期（总 191 期），第 9—17 页，CSSCI 收录，《人大报刊资料社》收录。

309. “理论词”和“语素”的概念在语言学上的严重缺陷，《现代语文》，2011 年，第 7 期，总第 424 期，第 4—6 页。

310. “罗马化”还是“拉丁化”，《中国科技术语》，2011 年 4 月，第 13 卷，第 2 期，第 54—56 页。

311. 论语言学研究中的战略转移，《现代外语》，2011 年，第 1 期，第 1—11 页，CSSCI 收录。

312. ISO-TC46 文献与信息标准化会议侧记，《现代语文》，2011 年，第 22 期，第 149—151 页。

313. 《普通术语学和术语词典编纂学导论》审校者的话，商务印书馆，2011 年。

314. 《术语学、知识论和知识技术》审校者的话，商务印书馆，2011 年。

315. 《基于动态流通语料库的新词语监测研究》（刘长征著）序言，世界图书出版公司，2011 年。

316. 传统的术语定义和它的局限性，载《术语翻译研究》（“面向翻译的术语研究”全国学术讨论会论文集，2010 年，南京），南京大学出版社，2011 年。

317. 术语研究的历史和现状，《语文现代化论丛》，第 8 辑，第 344—365 页，2011 年，语文出版社。

318. 从不同的角度看知识本体，《山东外语教学》，2011 年，第 6 期，第 8—16 页，《人大报刊资料社》收录。

319. 从语料库中挖掘知识，载《首届汉语中介语语料库建设与应用国际学术会议论文选集》，2011 年，第 9—23 页，世界图书出版公司。

320. 基于依存树库的文本聚类研究（与高松合作），《中文信息学报》，第 25 卷，2011 年，第 3 期，第 59—63 页。

2012 年（73 岁）：11 篇

321. 用计量方法研究语言，《外语教学与研究》，2012 年，第 2 期，第 256—269 页，CSSCI 收录。

322. 树邻接语法，《外语研究》，2012 年，第 3 期，CSSCI 收录。

323. 评《普通术语学和术语词典编纂学导论》（第三版），《中国科技术语》，2012 年，第 4 期，第 54—57 页。

324. 转写和译音是两个不同的概念，《中国科技术语》，第 5 期，第 32—34 页。

325. 自然语言问答系统的发展与现状，《外国语》，2012 年，第 6 期，第 11—26 页，CSSCI 收录。

326. 大哉，计算语言学之为用！《中国社会科学报》，2012 年，12 月，A07 版。

327. 关注认知语言学的研究，《科学中国人》，2012 年，第 23 期，第 20—24 页。

328. 语言学中一个不容忽视的学科：术语学，《山东外语教学》，第 33 卷，2012 年，第 6 期，第 31—39 页。

329. “语料库语言学在中国”专家论坛发言摘登——平行语料库建设对于语言学的意义，《外语教学与研究》（外国语文双月刊），第44卷，2012年，第3期，第371—372页，CSSCI收录。

330. 英汉词汇量与篇章长度关系比较研究（与赵小东合作），《外语与外语教学》，2012年，第3期，第51—56页，CSSCI收录。

331. “俄罗斯《语言学大百科词典》翻译工程”的重要意义，《俄罗斯语言文学与文化研究》，2012年，第2期，第73—75页。

2013年（74岁）：7篇

332. 词汇长度与词汇频数关系的计量语言学研究（与邓耀臣合作），《外国语》，2013年，第3期，第29—39页，CSSCI收录。

333. 关于修订中文罗马字母拼写法国际标准ISO 7098（1991）的情况说明，《北华大学学报》，2013年，第14卷，第3期，总第76期，第4—13页。

334.《统计机器翻译》述评，《外语教学与研究》，第45卷，2013年，第4期，第629—633页，CSSCI收录。

335. 我的好友徐文堪，《中西文化交流学报》，第5卷，第1期，2013年7月，第5—8页。

336. 隐马尔可夫模型及其在自动词类标注中的应用，《燕山大学学报》，2013年，第4期，第283—298页。

337. 对于索绪尔语言符号特性理论的再认识，《当代外语研究》，2013年，第7期。

338. 语言学正面临战略转移的重要时刻，《南开语言学刊》，2013年，第1期，总第21期，第7—19页，CSSCI收录。

2014 年（75 岁）：13 篇

339. 言语行为理论和会话智能代理，《外国语》，2014 年，第 1 期，第 21—36 页，CSSCI 收录。

340. R. Hausser 的左结合语法，《外语学刊》，2014 年，第 2 期，第 30—34 页，CSSCI 收录。

341. 严复手批《植物名词中英对照表》原稿本的发现，《中国科技术语》，2014 年，第 2 期，第 50—54 页。

342. 重温叶斯柏森的语言学理论，《现代语文》，2014 年，第 6 期，总第 531 期，第 4—7 页。

343. 汉语中介语语料库建设与应用的两个重要特色，《第二届汉语中介语语料库建设与应用国际学术讨论会论文选集》，北京语言大学出版社，第 9—11 页，2014 年 3 月，北京。

344. 语料库的标注和它的局限性，《第二届汉语中介语语料库建设与应用国际学术讨论会论文选集》，北京语言大学出版社，第 44—66 页，2014 年 3 月，北京。

345. 《现代语言学流派》（增订本）前言，《现代语文》，2014 年，第 9 期，总第 534 期，第 161 页。

346. 运动事件词汇化模式不容忽视的两个问题（与冯绍锋合作），《现代语文》，2014 年，第 21 期，第 12—15 页。

347. 词汇化公式：诠释与思考（与冯绍锋合作），《现代语文》，2014 年，第 27 期，第 21—23 页。

348. 基于 COCA 语料库辨析近义动词 finish，complete 和 accomplish，《语言教育》（与王晶晶合作），2014 年，第 3 期，第 47—51 页。

349. 第一次机器翻译试验的前前后后——纪念机器翻译60周年（与冯绍锋合作），《现代语文》，2014年，第24期，第4—7页。

350. 教育叙事：英语教师的研究话语（与骆琤合作），《语言教育》，2014年，第4期，第20—23页。

351. 词典学研究中的一门新兴学科-计算术语学，《辞书研究与辞书发展论集》（2012年8月1—2日第三届汉语辞书高层论坛会议论文集），上海辞书出版社，2014年11月，第1—16页。

2015年（76岁）：16篇

352. 会话智能代理系统中的BDI模型（与余卫华合作），《外国语》，2015年，第2期，第2—14页，CSSCI收录。

353. 现代语言学的奠基人索绪尔——纪念索绪尔逝世101周年，《现代语文》，第9期，第4—12页。

354.《汉语拼音词汇》序言，《现代语文》，2015年，第12期，第161页。

355. 在博客上研究词汇问题，《当代外语研究》，2015年，第2期，第3—7页。《中国社会科学网》（http://www.cssn.cn）2015年11月24日转载。

356. 用计算机分析术语结构的尝试，《术语学研究新进展》，国防工业出版社，2005年3月。

357. school多义辐射网络构建延伸四法视野（与冯绍锋合作），《现代语文》，2015年，第9期，第14—17页。

358. 间接言语行为的多维视角（与冯绍锋合作），《鲁东大学学报》，2015年，第3期，第42—46页。

359. “N + N”歧义消解的博弈论模型研究（与杨泉合作），《语言科学》，2015年，第5期，第250—257页，CSSCI收录。

360. 学术论文的H指数（与冯绍锋合作），《现代语文》，2015年，第6期。

361. 计算语言学超学科研究刍议（与李颖合作），《现代外语》，2015年，第3期，第407—415页，CSSCI收录，《中国社会科学文摘》月刊2015年第10期收录。

362. 自然语言的计算复杂性，《外语教学与研究》，2015年，9月，第47卷，第5期，第659—672页，CSSCI收录。

363. 《牛津计算语言学手册》评介，《现代语文》，2015年10月，第30期，第153—157页。

364. 哥本哈根学派的语言学理论—纪念叶尔姆斯列夫逝世50周年（与周建合作），《现代语文》，2015年，第11期，第4—7页。

365. 特鲁别茨柯依布与拉格学派—纪念特鲁别茨柯依诞生125周年（与余卫华合作），《现代语文》，2015年，第36期，第4—10页。

366. 用计算机分析术语结构的尝试，《术语学研究新进展》，国防工业出版社，2015年3月，第1—13页。

367. 基于短语和句法的统计机器翻译，《燕山大学学报（自然科学版）》，2015年，第6期，第1—9页。

2016年（77岁）：16篇

368. ISO7098中文罗马字母拼写法的修订：从WD到DIS，《北华大学学报》（社会科学版），2016年，第2期，第1—17页。

369. 汉语拼音国际标准化的新进展，《语言战略研究》，2016年，第2期，第94—96页。

370. 我国语料库翻译学的研究现状：回顾与展望（与冯绍锋合作），《当代外语研究》，2016年，第2期，第74—79页。

371. 国际标准ISO 7098：2015《中文罗马字母拼写法》的研制，《现代语文》，2016年，第2期，第4—9页。

372. 基于大规模语料的英语词汇重复率研究（与赵小东合作），《外语与外语教学》，2016年，第2期，CSSCI收录。

373. 《自然语言交流的计算机模型》评介，《现代语文》，2016年。

374. 单一罗马化原则与路名标志书写法，《语言政策与规划研究》，2016年，第3卷，第1期。

375. 《中文罗马字母拼写法》标准的国际意义，《外语教学与研究》，2016年，第6期。CSSCI收录。

376. 国际标准ISO 7098：2015的四个特色，《数字图书馆论坛》（中国科技核心期刊），2016年，第12期，总第151期，第40—47页。

377. 世界也需要汉语拼音，《光明日报》，2017年1月15日，第5版。

378. 中文罗马字母拼写法及其在人机交互中的应用，《现代语文》，2016年1月，第1期，第4—10页。

379. 我国语料库翻译学的研究现状：回顾与展望（与冯绍锋合作），《当代外语研究》，2016年，第2期，第74—79页。

380. 基于大规模语料的英语词汇重复率研究（与赵小东合

作），《外语与外语教学》，2016 年，第 2 期，CSSCI 收录。

381. 单一罗马化原则与路名标志书写法，《语言政策与规划研究》，2016 年，第 3 卷，第 1 期。

382. 纪念我的恩师沃古瓦教授，《现代语文》，2016 年，第 30 期，第 4—8 页。

383. 基于 BNC 语料库的近义副词 absolutely，completely，utterly 辨析（与冯绍锋合作），《鲁东大学学报》，2016 年，哲学社会科学版），2016 年，第 4 期，第 41—46 页；转载于《国际性外语人才培养研究》，上海交通大学出版社，第 44—55 页，2016 年。

2017 年（78 岁）：12 篇

384. 国际标准《中文罗马字母拼写法（2015）》的内容梗概，香港《语文建设通讯》，2017 年 1 月，第 113 期，第 1—16 页。

385. 国际标准《中文罗马字母拼写法（2015）》的内容梗概：后记，香港《语文建设通讯》，2017 年 1 月，第 113 期，第 17—19 页。

386. “世界也需要汉语拼音”，《光明日报》，2017 年 1 月 15 日，光明视野，05 版。

387. 梅耶与法兰西学派（与周建合作），《现代语文》，2017 年，第 3 期，第 4—8 页。

388. 网络时代的自然语言处理（与余卫华合作），《光明日报》，2017 年 4 月 9 日。

389. 用数学逻辑之美揭示语言结构之妙，《光明日报》，

2017年7月9日，《中国社会科学网》，2017年7月9日19：23转载。

390. 房德里耶斯与法兰西学派（与周建合作），《现代语文》，2017年，第15期，第4—7页。

391. 78岁一年总结，《现代语文》，2017年，第15期，第161页。

392. 语料库系统的评测，《语料库语言学研究》，2017年，创刊号。

393.《计量语言学导论》评介，《外语电化教学》，2017年，第176期，第95—96页。

394.《395. 公共服务领域英文译写规范》与城市路名整顿，《语言规划学研究》，2017年，第1期。

395. 语音的形式描述，《实验语言学》，2017年，第1期。

英文论文：39篇

1. Multi-label and multi-branch tree analysis of Chinese sentences, < Proceedings ofICCIP'83 >, 1983, Beijing.

2. Automatic generation and analysis of Chinese language in machine translation, *Proceedings of SEARCC'84*, 1984, Hongkong.

3. Analysis of formation of Chinese terms in data processing, Research Report in Fraunhofer Institute, 1988, Stuttgart.

4. Chinese Character Index for Chinese Term in GLOT-C, Research Report in Fraunhofer Institute, 1988, Stuttgart.

5. FEL Formula——Economical Law in the Formation of Terms, *Social Sciences in China*, 《中国社会科学》（英文版），1988, No

4，p171—180，CSSCI 收录，SSCI 收录。

6. Description of Complex Features for Chinese Language, *Proceedings of COLING'90*, 1990, Helsinki.

7. On Potential Ambiguity in Chinese Terminology, *Proceedings of TSTT'91*, Beijing.

8. A Terminological Databank in Chinese Language——GLOT-C, *Proceedings of ICCIP'92*, Beijing.

9. Language Resources and Language Technology in China, *Proceedings of TELRI Seminar*, Tihany, Hungary, 1995/09/14—17.

10. The Bracket Description for Construction of Chinese Characters, *Chinese Teaching in the World*《世界汉语教学》英文论文，1996, No. 2, Jun., Beijing, CSSCI 收录。

11. A Study of Translation Equivalence in the Chinese-English text of Plato's Republic, *TELRI Proceedings of the Third European Seminar*, Montecatini Terme, Italy, October 16—18, 1997.

12. The Application of the Specialized Dictionary in Machine Translation, *Proceedings of the International Conference on Professional Communication and Knowledge Transfer*, Vienna, 24—26 August 1998, Volume II, 4th INFOTERM SYMPOSIUM.

13. Precedence Parallel Hypothesis between Personal Names Structure and Modifier-Head Construction in Language（人名结构格式与语言中偏正结构之间的前于关系平行假说），*The 30th International Conference on Sino-Tibetan language and Linguistics*, August 24—26, 1997, Beijing.

14. Romanization of Place Name from Chinese characters, *ICOS' 99*, 1999, Spain.

15. Chinese translation technology: past, present and future, *Proceedings of LISA Conference*-1999, Shanghai, 1999/05/26—28.

16. Hybrid Approaches for Automatic Segmentation and Annotation of Chinese Text Corpus, *International Journal of Corpus Linguistics*, Vol. 6 (Special issue) 2001, John Benjamin Publishing Co. Amsterdam, The Netherlands, SSCI 收录。

17. Semantic loanwords and phonemic loanwords in Chinese language, *Proceedings of* 11th *International Symposium of NIJLA*, Tokyo, March 2004.

18. Standardization of Chinese scientific loanword, *Proceedings of* 11th *International Symposium of NIJLA*, Tokyo, March 2004.

19. Structure of Chinese loanwords, *Proceedings of* 11th *International Symposium of NIJLA*, Tokyo, March 2004.

20. PAR-based Japanese-Chinese MT,《第二届中日自然语言处理专家研讨会论文集》, 2002 年 10 月 30 日 - 11 月 2 日, P104—117.

21. Translation Divergence in MT, *7th TELRI*, Dubnovnik, Croatia, 2002-Sept-25-30.

22. Linguistic Divergence in Machine Translation, in: Linguistic Cultural Identity and International Communication, 187—203, AQ-Verlag, 2003, Saarbruecken.

23. The Chinese diagraphia problem in the information age,

Studies in the Linguistic Sciences, Volume 30, Number 1 (spring 2000), 229—234, 2000, Department of Linguistics, University of Illinois at Urbana-Champaign, USA, (co-author: Binyong Yin).

24. A Contrastive Study of Chinese Progressive Aspect Structure, "zai + verb" and its English Correspondents: A Bilingual Parallel Corpus-based Perspective (co-author Qu Yunhua), *IEEE Conference*, Wuhan, 2005.

25. Findings in Preliminary Study on the Rhetorical Structure of Chinese TV News Reports (co-author Yue Ming), *Conference on Systemic Functional Grammar* (*CSFG*05), July-2005, Sydney, Austraria.

26. Evolution and present situation of corpus research in China. *International Journal of Corpus Linguistics*, 11: 2 (2006), 173—207, SSCI 收录.

27. Translation Divergence in Machine Translation, *Eafterm Symposium*, Haikou, 2006.

28. KOD-Intermediate Representation for MT. *International conference for KOD*, Regensburg, Germany, 2006-Oct-12 to Oct-14.

29. Application of CTT in Grammar Teaching and Studying of Chinese (Co-author: Zhang Junping), *Proceedings of* 6th *Chinese Lexical Semantics Workshop*, (CLSW-6), Singapore, COLIPS publication, Singapore, p292—304, 2006.

30. China's Machine Translation Technology-keynote speech at The 5th International Conference on ELT in China & The 1st Applied

Linguistics Congress of China，简称 CELEA2007，May 15—21 ，2007，Beijing.

31. The role of English language in China. 5th *Nitobe Symposium*，European Languages and Asian Nations：History，Politics，Possibilities，August 2—3，2007，Tokyo.

32. Automatic Chinese Multi-word Term Extraction（co-author：Narisong，Chunyu Kit），*Proceedings of International Conference on Advanced Language Processing and Web Information Technology*（ALPIT 2008），p181—184，23—25 July 2008，Dalian，Published by the IEEE Computer Society.

33. Automatic Paring of "NP + you + VP" in Chinese Japanese and Indonesian Based on CTT and Complex Feathers（Co-authors：Zhang Junping，Zhang Xiaoling），p53—58，*Proceedings of ALPIT* 2008，23—25 July 2008，Dalian，Published by the IEEE Computer Society.

34. Using a Chinese Treebank to measuring the Dependency Distance（co-authors：Haitao Liu，Hudson），*Corpus Linguistics and Linguistic Theory*，2009 5（2），p161—175，SSCI 收录。

35. Corpus-based study on the relation between word length and word frequency in Chinese（Co-author：Deng Yaochen），*Proceedings of* 7th *International Corpus Linguistics Conference*（CL2013），Lancaster，U. K.，p59—61.

36. Adynamic study of English intertextual lexical repetition rate（co-author：Zhao Xiaodong），*Journal of Quantitative Linguistics*，

2014，Vol. 21，No. 1，65—84，SSCI 收录。

37. Chinese Romanization and Its Application in HCI，M. Kurosu（Ed.）：*Human-Computer Interaction*，*Advanced Interaction Modalities and Techniques*，*Proceedings of* 16th *International Conference HCI International*，*Part II*，*Lecture Notes in Computer Science*（*LNCS* 8511），© Springer International Publishing Switzerland 2014，p 406—416. ISSN：0737—0024. DBLP（Computer Science Bibliography）和 EI 收录。

38. A synergetic Approach to the relationship between the length and frenquency among English Multiwword Formulaic Sequences，Co-authers：Xueting Dai，Yunhua Qu，*Journal of Quantitative Linguistics*，2017，SSCI 收录。

39. American English Perfect Construction across Registers，Co-authers：Chenyao Bao，Yunhua Qu，*Journal of Quantitative Linguistics*，2017，SSCI 收录。

法文论文：2 篇

1. Memoire pour une tentative de traduction automatique multilangue de chinois en francais，anglais，japonais，russe et allemand，*Proceedings of COLING'*82，Prague，1982.

2. La normalisation terminologique en Chine，*Revue d'amanagement linguistique*，Numero 106，Ete 2003，pp 27—46，Les publication du Quebec，Canada.

德文论文：2 篇

1. Ueber linguistische Information in Saetzen der chinesischen

Sprache, *Research Report in Fraunhofer Institute*, Stuttgart, 1987，本文英文论文载于 *Proceedings of International Congress on Terminology and Knowledge Engineering* , INDEKS Verlag, 1987.

2. Die Entwicklung der chinesischen Spracherziehung, 载于 *Bruecke zwischen Kulturen*, Ostasien-Pazifik, Band 17, pp 127—141. LIT Verlag, 2003.

四．导读外文专著：7 本

1.《应用语言学中的语料库》，世界图书出版公司 & 剑桥大学出版社，2006 年版。

2.《译者的电子工具》，外语教育与研究出版社，2006 年版。

3.《人工智能在第二语言教学中的应用—提高对于偏误的意识》，世界图书出版公司，2007 年版。

4.《系统与语料》，世界图书出版公司，2009 年版。

5.《语言学中的数学方法》，世界图书出版公司，2009 年版。

6.《牛津计算语言学手册》，外语教育与研究出版社，2010 年版。

7.《自然语言生成系统的建造》，北京大学出版社，2011 年版。

五．序言：28 篇

1.《现代韩国语动词语义组合关系研究》（毕玉德著）序言。

2.《现代语言学名著导读》（萧国政著）序言。

3.《统计自然语言处理》（宗成庆著）序言。

4.《论汉英平行语料的平行处理》（冯敏萱著）序言。

5.《十三经字频研究》（蒋柳文著）序言。

6. 《现代汉语动宾搭配的语义分析和计算》（李斌著）序言。

7. 《语料库语言学研究丛书》序言。

8. 《基于认知的汉语计算语言学研究》（袁毓林著）序言。

9. 《俄罗斯计算语言学与机器翻译》（易绵竹等著）序言。

10. 《基于双语语料库的汉英视点体对比研究》（瞿云华著）序言。

11. 《面向信息检索的汉语同义词自动识别》（陆勇著）序言。

12. 《句子语义学》（司联合著）序言。

13. 《俄语潜在歧义研究》（张录彭著）序言。

14. 《汉语计算语言学——汉语形式语法和形式分析》（吴蔚天著）序言。

15. 《依存语法的理论与实践》（刘海涛著）序言。

16. 《翻译和本地化工程》（崔启亮著）序言。

17. 《面向大学英语教学的通用计算机作文评分和反馈方法研究》（葛诗利著）序言。

18. 《基于动态流通语料库的新词语监测研究》（刘长征著）序言。

19. 《英译汉网上自动评测》（田艳著）序言。

20. “语料库语言学与计算语言学丛书”序言。

21. 《汉语拼音词汇》（专有名词部分，董琨、李志江等著）序言。

22. 《面向大数据的高效能垃圾文本分类》（刘伍颖著）序言。

23.《逻辑缀词理论与汉语特殊句式句法结构》（吴会芹著）序言。

24.《跨学科视域下的翻译研究》（霍跃红著）序言。

25.《词语认知属性的语言知识库建设》（李斌著）序言。

26.《术语管理概论》（王华树、冷冰冰著）序言。

27.《基于修辞结构树库的篇章衔接标记用法研究》（乐明著）序言。

28.《语言探秘》（李斌著）序言。

六、编写的讲义：14 部

1、ATEF 与 CETA（有限状态文句分析及树形图的控制与转换），上机手册。

2、TRANSF 与 SYGMOR（词汇转换与形态生成系统），上机手册。

3、ARIANE-78 人机联作系统，上机手册。

4、法国自动翻译 ARIANE-78 系统的数学原理，软件技术资料。

5、语言学中的离散数学方法，北京大学讲义。

6、论语言的数学面貌，技术资料。

7、现代语言学讲义（上、下册），中国科技情报所研究生教材。

8、国外机器翻译研究概况，中国科技情报所机译训练班教材。

9、数理语言学讲稿，中国科技情报所机译训练班教材。

10、机器翻译导论，中国科技情报所研究生教材。

11、机器翻译方法和技术研究，中国传媒大学博士生教材。

12、语言信息处理专题研究，中国传媒大学博士生教材。

13、语音合成与语音识别，中国传媒大学博士生教材。

14、Natural Language Processing，中国传媒大学硕士生英文教材（有录音资料）。

七．应用系统开发

（一）研制机器翻译系统5个：

1．FAJRA：汉-法/英/日/俄/德自动翻译系统（1979—1981）。

2．GCAT：德-汉自动翻译系统（1982）。

3．FCAT：法-汉自动翻译系统（1983）。

4．JCAY：日-汉自动翻译系统（1994—1998），为Creative公司研制。

5．E-to-J：英-日机器翻译系统（1988），已经由NEC公司在日本推出上市。

（二）研制术语数据库3个：

1．GLOT-C：数据处理术语数据库（1986—1988）。

2．TAL：应用语言学术语数据库（1990—1992），国家社会科学基金课题。

3．COL：计算语言学术语数据库（1992—1993）。

八．规范标准编制

——参与编制国家标准6个：

1．汉语信息处理词汇02部分：汉语和汉字（GB/T 12200.2—94，1994—12—07发布，1995—08—10实施）。

2. 术语数据库开发文件编制指南 术语数据库开发指南（GB/T 15387. 1 ~ 15387. 2—94，1994—12—27 发布，1995—08—01 实施）。

3. 术语数据库技术评价指南（GB/T 15526—1995，1995—06—30 发布，1996—10—01 实施）。

4. 术语工作 计算机应用 词汇（GB/T 17532—1998，eqv ISO/DIS 1087—2. 2：1996）。

5. 术语工作 计算机应用 数据类目（GB/T 16786—1997，1997—15—23 发布，1997—12—01 实施）。

6. 信息与文献：文字名称代码表示法（GB/T ）。

——主持编制国家规范 3 个：

1.《文语转换和语音识别系统语言文字评测规范》（2008 年 10 月 1 日完成）。

2.《机器翻译系统语言文字评测规范》（2008 年 10 月 1 日完成）。

3.《语料库系统语言文字评测规范》（2008 年 10 月 1 日完成）。

——主持编写国际标准 1 个：

ISO-7098：2015 Documentation and Information Romanization of Chinese《文献与信息：中文罗马字母拼写法》（2015 年通过 19 个国家投票，全票通过，于 2015 年 12 月 15 日由 ISO 正式出版）。

九. 编写程序

编写程序的工作量比写文章的工作量还大，写出的字符比文章还多，有必要加以总结。

甲、汉——法/英/日/俄/德多语言自动翻译程序，共 22 个程序模块：

1、CAM——汉语形态分析程序

2、CAS——汉语结构分析程序

3、CFTL——汉法词汇转换程序

4、CFTS——汉法结构转换程序

5、FGS——法语结构生成程序

6、FGM——法语形态生成程序

7、CETL——英汉词汇转换程序

8、CETS——英汉结构转换程序

9、EGS——英语结构生成程序

10、EGM——英语形态生成程序

11、CJTL——日汉词汇转换程序

12、CJTS——日汉结构转换程序

13、JGS——日语结构生成程序

14、JGM——日语形态生成程序

15、CRTL——汉俄词汇转换程序

16、CRTS——汉俄结构转换程序

17、RGS——俄语结构生成程序

18、RGM——俄语形态生成程序

19、CGTL——汉德词汇转换程序

20、CGTS——汉德结构转换程序

21、GGS——德语结构生成程序

22、GGM——德语形态生成程序

乙、德汉自动翻译 GCAT 系统的程序，共 6 个模块：

1、GAM——德语形态分析程序

2、GAS——德语结构分析程序

3、GCTL——德汉词汇转换程序

4、GCTS——德汉结构转换程序

5、CGS——汉语结构生成程序

6、CGM——汉语形态生成程序

丙、法汉自动翻译 FCAT 系统的程序，共 4 个模块：

1、FAM——法语形态分析程序

2、FAS——法语结构分析程序

3、FCTL——法汉词汇转换程序

4、FCTS——法汉结构转换程序

FCAT 系统的汉语结构生成程序与汉语形态生成程序与 GCAT 系统共用，这就大大地节省了程序量，由此可看出 MMT 模型（多叉多标记树形图模型）的优越性。

丁、GLOT-C 中文术语数据库程序，共 12 个子库模块：

1、CG——中文术语子库

2、EG——英文术语子库

3、CC——概念分类子库

4、CS——中文同义术语子库

5、MO——中文多源术语子库

6、AB——缩写术语子库

7、AU——用户态度子库

8、DM——使用领域子库

9、ST——词组型术语结构分类子库

10、WF——单词型术语构词子库

11、AM——歧义类型子库

12、FR——单词频率子库

十. 国内外学术界对于冯志伟的评论文章

1. 张敏，《现代语言学流派》评介，《语文建设》，1989年，第4期。

2. Victor Mair（美国：梅维恒），评冯志伟教授的两本书，《中文信息》，1995年，第4期；英文原文载美国 *Sino-Platonic papers*，46，Philadelphia，USA，July，1994.

3. Dorothea Wippermann（德国：韦荷雅），REZENTION ueber *Die chinesischen Schriftzeichen in Vergangenheit und Gegenwart*，CHUN CHINESISCH UNTERRICHT，JULIU Groot Verlag Heidelberg，Deutschland，11-1995. 中文译文载《学术集林》，卷八，评冯志伟新著《汉字的历史和现状》，1996年9月，上海。

4. 王均，评《自然语言机器翻译新论》，BYTE，1998年。

5. 张在云，壮哉，云岭一杰！台湾《古今艺文》杂志，第23卷，1996年，第1期，台北。

6. 张在云，壮哉，云岭一杰——记著名计算语言学家和术语数据库专家冯志伟先生，《术语标准化与信息技术》，1997年，第1期，总第5期。

7. 张在云，伟哉，云岭一杰！记著名计算语言学家冯志伟，《中文信息》，1997年第5期，总第60期。

8. 张在云，云南文字信息处理发展简介，《中文与东方语言信息处理学会通讯》，第 6 卷，第 1 期，1996 年 7 月，新加坡。

9. 刘海涛，从语言学角度看自然语言处理——评《自然语言的计算机处理》，《术语标准化与信息技术》，1997 年第 3 期，总第 7 期。

10. 刘海涛，机器翻译的新景观——评《自然语言机器翻译新论》，《术语标准化与信息技术》，1998 年第 2 期，总第 10 期。

11. 刘海涛，应用语言学的新天地——评冯志伟《应用语言学新论》，《语言文字应用》，2000 年，第 4 期，总第 36 期。

12. 刘海涛，信息时代语言学研究的基础——读《语言与数学》有感，载《语言与数学》，世界图书出版公司，2010 年。

13. 张在云，一位信息时代新语言学者的人生历程，《现代语文》，2009 年，第 21 期。

14. 北华大学学报编辑部，多语言信息网络时代的语言学家：冯志伟，《北华大学学报》，2009 年，第 3 期。

15. 赵晶，与数理语言学共舞，《新华书目报》·《科技新书目》，第 919 期，A05 版，《科技人物》专栏，2010 年 12 月 9 日出版。

16. 张在云，走在文理结合的道路上——记自然语言处理专家冯志伟先生，载《自然语言计算机形式分析的理论与方法》，第 821—846 页，中国科学技术出版社，2017 年。